The Qurán: Tr. Into Urdú Language By Abdul Qádir Ibn I Shah Walí Ullah, With A Preface And Introduction In English By T.p. Hughes, And An Index In Urdu By E.m. Wherry...

Thomas Patrick Hughes, Elwood Morris Wherry

Koran, Urdu

THE QURÁN,

TRANSLATED INTO THE URDU LANGUAGE

BY

SHAIKH ABDUL QÁDIR IBN I SHÁH WALÍ ULLAH,

OF DELHÍ, A. D. 1790,

WITH A PREFACE AND INTRODUCTION IN ENGLISH

BY THE

REV. T. P. HUGHES, C. M. S.

PESHAWAR,

AND AN INDEX IN URDU

BY

THE REV. E. M. WHERRY.

PRINTED AND PUBLISHED

AT

THE MISSION PRESS, LODIANA.

1876.

THE PREFACE.

The present work is a transliteration into Roman Urdú of Shaikh Ạbdul Qádir's Urdú Translation of the Qurán, published for the use of Missionaries and others, engaged in evangelistic work amongst the Muhammadans of India.

Although there is no *authorized* translation of the Qurán in any language, that by Ạbdul Qádir is held in high estimation by learned Muslims, and Nawáb Sádiq Hasan of Bhopál in his book, called the Iksír, bears the following testimony to its integrity.—"It is in the popular idiom and is profitable for all classes of people, indeed it is so well known, and so acceptable amongst Muslims as to need no recommendation, and the fact that it has been printed over and over again by different printing presses is a proof that its popularity is daily increasing.[1]"

A quotation from this translation will, therefore, be accepted by Muhammadan doctors, as being a correct rendering of the original Arabic, and it is hoped that its publication will be of some service to the Christian Evangelist, as it will enable him to quote the Qurán in idiomatic Urdú from a translation of admitted authority amongst the Muhammadans themselves.

Shaikh Ạbdul Qádir lived at Delhí, about eighty years ago, and was a son of the celebrated Moulvie Sháh Walí Ulláh, who is the author of very numerous works on Muhammadan Law. Sháh Walí Ulláh translated the Qurán into Persian, and it is

(1) The Iksír, by Nawáb Sádiq Hasan, Cawnpur A. H. 1290 A. D. 1873, page 106.

said, that his son availed himself of the critical scholarship of his father in producing his Urdú version, which first appeared in the year of the Hijra 1205 (A. D. 1790).

The Qurán was first printed in Roman Urdú type at the Alláhábád Mission Press A. D. 1844, and was published with controversial Notes and Comments. The present work has been transliterated from a Persian Urdú translation printed at the Matbại Muḥammadí Bombay, A. D. 1853, and instead of the controversial Notes of the former edition, a broad margin has been left, upon which the Christian controversialist can inscribe his own comments and references.

The Index, has been specially compiled for this edition by the Rev. E. M Wherry, of the Lodiana Mission; and the Introductory Essay, by the Rev. T. P. Hughes, is intended as a guide to an intelligent study of the Qurán, according to the principles laid down in the exegetical treatises of Muhammadan scholars. It is perhaps not altogether unnecessary, that those who are not fully acquainted with the tenets of the Muslim religion should be informed, that the Qurán does not contain the whole of the Muhammadan creed, but that all Muhammadans, whether Shíạh, Sunní, or Waḥábí, receive the Ḥadís or sayings of their Prophet side by side with the Qurán itself.[1] For example the daily prayer, which is regarded as a divine institution, is founded upon the teaching of the traditions, the injunctions contained in the Qurán on the subject being exceedingly meagre.

Everything Muhammad said, or did, with regard to matters

(1) The seven principal collections of Traditions, (Ahádís,) received by the Sunnís, are those by Imám Muhammad-bin-Ismáíl Bokhárí, Imám Muslim, Abu Ịsá Tirmizí, Abu Dáúd, Abu Abdul Rahmán Nasai, Abu Abdullah ibn-i-Májah and Imám Málik. A selection, from the above traditionists, will be found in the Mishkát-ul-Musábíh, a work which has been translated into English, (New edition. W. H. Allen and Co. London). The traditions acknowledged by the Shíạhs are found in the five books entitled Káfí, Manlayạzarah-ul-Faqíh, Tahzíb, Istibsár, and Nahaj-ul-Balághat. The most important of these Shíạh traditions are collected in a work called the Hayát-ul-Kulub, an English translation of which is published. (Phillips Sampson and Co. Boston. U. S. 1850.)

of religion, is believed to have been inspired by God; the only question for discussion being the authenticity and genuineness of the traditions handed down.

There are therefore four foundations of orthodoxy:—(1) the Qurán, (2) the Sunna or Ḥadís, (3) the Ijmạ or the consent of the learned doctors, and (4) Qiyás, or analogical reasoning of the learned, and upon these four pillars are constructed that vast system of dogma called Islám.[1]

T. P. H.

---

(1) See Mishkát, Book 1, Chapter VI. Pt. 2. Also Súra i Najm (LIII,) 3, which is held by Imám Baghawi and Qází Bezáwí to allude to everything Muhammad said.

INTRODUCTION.

The word QURÁN is derived from the Arabic *Qara,* which occurs at the commencement of the XCVIth Súra, which is said to have been the first chapter revealed to Muhammad, and has the same meaning as the Hebrew *kara* "to read," or "to recite," which is frequently used in Jeremiah XXXVI, as well as in other places in the Old Testament. It is, therefore, equivalent to the Hebrew *mikra,* rendered in Nehemiah VIII. 18. "the reading." It is the title given to the Muhammadan Scriptures which are usually appealed to and quoted from as the "*Qurán Majíd,*" or the "Glorious Qurán;" the "*Qurán Sharíf,*" or the "Noble Qurán;" and is also called the "*Furqán,*" or Distinguisher," "*Kalám Ulláh*" or the "Word of God," "*Al kitáb*", or "the Book."[1]

Muhammadans believe the Qurán to be the inspired[2] Word

---

(1) According to Jalál-ud-dín Syuty there are fifty five titles of the Qurán. (See the Itqán page 117.)

(2) According to Shaikh Ahmad in his book, the Núr-ul-Anwár, "*Wahí* or Inspiration is either *Záhir,* (*external*) or *Bátin,* (*internal*)."

"*Wahí Záhir* is divided into three classes. (1) *Wahí Qurán,* or that which was given by the mouth of the Angel Gabriel and which reached the ear of the Prophet after he knew that it was Gabriel who spoke to him. (2) *Ishárát-Ul-Malak,* or that which was received from Gabriel, but not by word of mouth, as when the Prophet said "the Holy Ghost has breathed into my heart." (3) *Ilhám,* or *Wahí Qálb,* or that which was made known to the Prophet by the light of prophecy. This kind of inspiration is possessed by *Walis* or Saints, but in their case it may be true or false."

"*Wahí Bátin* is that which the Prophet obtained by analogical reasoning, (*Qiyás*) just as the enlightened doctors or Mujhtahadin obtain it."

of God sent down to the lowest heaven complete,[1] and then revealed from time to time to the Prophet by the Angel Gabriel.

There is, however, only one[2] distinct assertion in the Qurán of Gabriel having been the medium of inspiration, and this occurs in a Madína Súra, revealed about seven years after the Prophet's rule had been established. In the Súra i Shụra (XXVI) 192, the Qurán is said to have been given by the "*Rúh ul Amín,*" or Faithful Spirit; and in the Súra i Najm (LIII) 5. Muhammad claims to have been taught by the "*Shadíd ul Qud*" or One terrible in power; and in the traditions the agent of inspiration is generally spoken of as "an angel" (*Malak*). It is therefore not quite certain through what agency Muhammad believed himself to be inspired of God.

According to Ayeshah one of the Prophet's wives, the revelation was first communicated in dreams. Ayeshah relates[4] :— "The first revelations which the Prophet received were in true dreams, and he never dreamt but it came to pass as regularly as the dawn of day. After this the Prophet was fond of retirement, and used to seclude himself in a cave in mount Híráa and worship there day and night. He would, whenever he wished, return to his family at Mecca, and then go back again, taking with him the necessaries of life. Thus he continued to return to Khadíjah from time to time, until one day the revelation came down to him, and the angel (*malak*)[5] came to him and said, "read"

(1) See Jalál-ud-dín's Itqán P. 91. The "Recording angels" mentioned in the Súra i Abas, (LXXX) 15, are said to have written the Qurán before it was sent down from heaven.

(2) Gabriel (*Jibráil*) is only mentioned twice by name in the Qurán: once in the verse quoted above, and again in the Súra i Tahrím, (LXVI) 4. He is supposed to be alluded to under the title of Rúh ul Quds, or the Holy Spirit in Súras Baqr, (II,) 82, 254. Máida, (V,) 109. Nahl, (XVI,) 104.

(3) *Malak.* Hebrew, Malokh, an angel; prophet; a name of office, not of nature. see Wilson's Hebrew Lexion. p. 13.

(4) Mishkát. Book XXIV. Chapter V. Pt. 1.

(5) Captain Matthews, in his edition of the Mishkát, has followed the Persian Commentator, and translated the word *Malak*, Gabriel, instead of Angel, and most of our English authors have quoted the tradition from his Book.

(*iqarda*) but the Prophet said, I am not a reader.' And the Prophet related, that, He (i. e. the angel) took hold of me and squeezed me as much as I could bear, and he then let me go and said again, "read"! And I said 'I am not a reader.' Then he took hold of me a second time, and squeezed me as much as I could bear, and then let me go, and said 'read'! And I said 'I am not a reader.' Then he took hold of me a third time and squeezed me as much as I could bear and said :"—

"Read! In the name of thy Lord who created;"—
Created man from a clot of blood in the womb;
Read! "For thy Lord is the most Beneficent,
He hath taught men the use of the pen :—
He hath taught man that which he knoweth not."[1]

"Then the Prophet repeated the words himself, and with his heart trembling he returned (i. e. from Híráa to Mecca) to Ḳhadíjah and said 'wrap me up, wrap me up.' And they wrapped him up in a garment, till his fear was dispelled, and he told Ḳhadíjah what had passed, and he said, 'verily I was afraid I should have died.' Then Ḳhadíjah said 'No it will not be so. I swear by God, He will never make you melancholy or sad. For verily you are kind to your relatives, you speak the truth, you are faithful in trust, you bear the afflictions of the people, you spend in good works what you gain in trade, you are hospitable, and you assist your fellow men.' After this, Ḳhadíjah took the Prophet to Waraqa, who was the son of her uncle, and she said to him 'O son of my uncle! hear what your brother's son says.' Then Waraqa said to the Prophet, 'O son of my brother! what do you see?' Then the Prophet told Waraqa what he saw, and Waraqa said, 'That is the Námus[2] which God sent to Moses.'" Ayeshah also relates that Haris-ibn-Hishám asked the Prophet,

(1) Súra i Alaq (XCVI) the first five verses. The other verses of the chapter are of a later date.

(2) *Námus*. Understood by all Commentators to be the angel Gabriel. It has however many significations, e. g. Law, Voice, Sound, &c. (See Johnson's Arabic Dictionary.) Probably a corruption of the Greek *Nomos* which is always used in the New Testament for the Law of Moses.

'How did the revelation come to you?' and the Prophet said, "Sometimes like the noise of a bell, and sometimes the angel would come and converse with me in the shape of a man."

According to Ayeshah's statement, the Súra i Alaq (XCVI) was the first portion of the Qurán revealed, but it is more probable that the poetical Súras, in which there is no express declaration of the prophetic office, or of a divine commission, were composed at an earlier period. Internal evidence would assign the earliest date to the Súras Zilzál (XCIX), Asar (CIII) Ádiyát (C), and Fátiha (I), which are rather the utterances of a searcher after truth than of an Apostle of God.

The whole book was not arranged until after Muhammad's death, but it is believed that the Prophet himself divided the Súras and gave most of them their present titles, which are chosen from some word which occurs in the chapter.[1] The following is the account of the collection and arrangement of the Qurán, as it stands at present, as given in traditions recorded by Bokhárí: —

"Zaid-Ibn-Sábit, relates[2]:—'Abú-Bakr sent a person to me, and called me to him, at the time of the battle with the people of Zemámah; and I went to him, and Umar was with him; and Abú-Bakr said to me, "Umar came to me and said, 'Verily a great many of the readers of the Qurán were slain on the day of the battle with the people of Zemámah; and really I am afraid, that if the slaughter should be great, much will be lost from the Qurán, because every person remembers something of it; and verily I see it advisable for you to order the Qurán to be collected into one book.'" I said to Umar, "How can I do a thing which the Prophet has not done." He said, "I swear by God, this collecting of the Qurán is the best way." And Umar

(1) The ancient Jews divided the whole Law of Moses into fifty four Sections which were called *Sidráh*, or an order or division. These sections had each a technical name, e. g. the first was called "Bereshith," and the second "Noah." (See Dr. Adam Clark on Genesis).

(2) Mishkát, Book VIII Chapter III. Pt. 3.

used to be constantly returning to me and saying, "You must collect the Qurán", till at length God opened my breast so to do, and I saw what Ụmar had been advising. And Zaid-Ibn Sábit says, that, Abú-Bakr said to me, "You are a young and sensible man, and I do not suspect you of forgetfulness, negligence, or perfidy; and verily you used to write for the Prophet his instructions from above; then look for the Qurán in every place, and collect it. "I said, I swear by God, that if people had ordered me to carry a mountain about from one place to another, it would not be heavier upon me than the order which Abú-Bakr has given for collecting the Qurán. I said to Abú Bakr, "How do you do a thing which the Prophet of God did not? He said, "By God, this collecting of the Qurán is a good act." And he used prepetually to return to me, until God put it into my heart to do the thing which the heart of Ụmar had been set upon. Then I sought for the Qurán, and collected it from the leaves of the date, and white stones, and the breasts of people that remembered it; till I found the last part of the chapter entitled Tauba (Repentance,) with Abú Ḳhuzaimah Ansárí, and with no other person. These leaves were in the possession of Abú-Bakr, until God caused him to die; after which Ụmar had them, in his life time; after that, they remained with his daughter, Hafsah; after that, Ụsmán compiled them in to one book."

"Anas-Ibn-Málik relates :—"Huzaifah came to Ụsmán, and he had fought with the people of Syria in the conquest of Armenia; and had fought in Azurbaiján, with the people of Irák, and he was shocked at the different ways of people reading the Qurán. And Huzaifah said to Ụsmán, "O Ụsmán assist this people, before they differ in the book of God, just as the Jews and Christians differ in their books." Then Ụsmán, sent a person to Hafsah, ordering her to send those portions which she had; and saying, "I shall have a number of copies of them taken, and will then return them to you." And Hafsah sent the portions to Ụsmán, and Ụsmán ordered Zaid-Ibn-Sábit

Ansári, and Abdullah-Bin-Zubair, and Said-Ibn-Alnas, and Abdulláh-Ibn-ul-Háris-Bin-Hishám; and these were all of the Quraish tribe, except Zaid-Ibn-Sábit, and Usmán; and he said to the three Quraishites, When you, and Zaid-Ibn-Sábit differ about any part of the dialect of the Qurán, then do ye write it in the Quraish dialect, because it came not down in the language of any tribe but theirs. Then they did as Usmán had ordered; and when a number of copies had been taken, Usmán returned the leaves to Hafsah. And Usmán sent a copy to every quarter of the countries of Islám; and ordered all other leaves to be burnt, and Ibn-Shaháb said, "Kharíjah, son of Zaid-Ibn-Sábit, informed me, Saying,—'I could not find one verse when I was writing the Qurán, which verily I heard from the Prophet; then I looked for it, and found it with Khuzaimah Ansárí, and entered it into the Súra-i-Ahzáb."

This recension of the Qurán produced by Khalífa Usmán has been handed down to us unaltered, and, as Sir William Muir remarks,—"there is probably no other book in the world which has remained twelve centuries with so pure a text."[1]

That various readings (such as Christians understand by the term) did exist when Usmán produced the first uniform edition is more than probable, and the Shiáhs have always charged the Ansárs[2] with "having mutilated and changed and made the Qurán what they pleased;" a charge however which they do not attempt to prove, beyond the mere assertion that certain passages were omitted which favored the claims of Alí to be the first Khalif.

The various readings (*Qiraat*) in the Qurán are not such as are usually understood by the term in English authors, but

---

(1) Muir's Life of Mohamet Vol. I. Introduction.

(2) See the Hyát-ul-Kalúb a Shiáh book of Traditions, leaf 420. "The Ansárs were ordained to oppose the claims of the family of Muhammad and this was the reason why the other wretches took the office of Khalif by force. After thus treating one Khalif of God, they then mutilated and changed the other Khalif, which is the book of God."

different *dialects* of the Arabic language. Ibn Ạbbas says the Prophet said, "Gabriel taught me to read the Qurán in one dialect, and when I recited it he taught me to recite it in another dialect, and so on until the number of dialects increased to seven.[1]"

Muhammad seems to have adopted this expedient to satisfy the desire of the leading tribes to have a Qurán in their own dialect, for Ạbdul Ḥaqq[2] says; "The Qurán was first revealed in the dialect of the Quraish, which was the Prophet's native tongue, but when the Prophet saw that the people of other tribes recited it with difficulty then he obtained permission from God to extend its currency by allowing it to be recited in all the chief dialects of Arabia, which were seven:—Quraish, Taí, Hawázin, Ahl i Yaman, Saqíf, Huzail, and Baní Tamín. Every one of these tribes accordingly read the Qurán in its own dialect, till the time of Ụsmán, when these differences of reading were prohibited."

These seven dialects are called *Sabạta-Ahrúf*, and the science of reading the Qurán in the correct dialect is called *Ịlm i Tajwíd.*

The chronological arrangement of the chapters of the Qurán is most important. In the present Urdú Edition, as well as in all Arabic editions, the Súrás are placed as they must have been arranged by Zaid-Ibn-i-Sábit, who put them together regardless of all choronological sequence. If therefore we arrange them according to the order which is given in Syuty's Itqán,[3] we shall not fail to mark the gradual development of Muhammad's mind from that of a mere moral Teacher and Reformer, to that of a Prophet and warrior Chief. The contrast between the earlier, middle, and later Súrás is

(1) Mishkát. Book II Chapter II. Pt. I.

(2) Ạbdul Ḥaqq the Persian Commentator of the Mishkát.

(3) The choronological list as given in Jalál-ud-dín Syuty's Itqán will be found in the Index of the Súrás.

very striking. He who at Mecca is the admonisher and persuader, at Madína is the legislator and the warrior, who dictates obedience, and uses other weapons than the pen of the poet and the scribe. When business pressed as at Madína, poetry makes way for prose, and although touches of the poetical element occasionally break forth, and he has to defend himself up to a very late period against the charge of being merely a poet, yet this is rarely the case in the Madína Súrás in which we so frequently meet with injunctions to obey God and the Prophet.[1]

To fully realize the gradual growth of Muhammad's religious system in his own mind, it is absolutely necessary to read the Qurán through, not in the order in which it now stands, but that in which Muslim divines admit that it was revealed. At the same time it must be remembered that all Muhammadan doctors allow that in most of the Súrás there are verses which belong to a different date from that of other portions of the chapter; for example in the Súra-i-Alaq the first five verses belong to a much earlier date than the others, and in Súra-i-Baqr verse 234 is acknowledged by all commentators to have been revealed after verse 240 which it abrogates.

The sources whence Muhammad derived the materials for his Qurán, are, over and above the more poetical parts, which are his own creation, the legends of his time and country, Jewish traditions based upon the Talmud, perverted to suit his own purposes,[2] and the floating Christian traditions of Arabia and South Syria. Muhammadanism, however, owes more

(1) See Rodwell's introduction to the English Qurán in which the Súrás are chronologically arranged.

(2) The exact measure of the sincerity of the Arabian prophet is now regarded as an historic problem. In the days of Marracio no one ever thought of admitting the possibility of Muhammad being anything but a self conscious impostor. Carlyle was the first English historian to declare his belief that "Sincerity in all senses seemed to be the merit of the Koran," and di-

to Judaism[1] than it does to either Christianity or Sabeanism, for it is simply Talmudic Judaism adapted to Arabia, plus the Apostleship of Jesus and Muhammad. Wherever Muhammad departs from the monotheistic principles of Judaism, as in the idolatrous practices of the Pilgrimage to the Kaba, it is evident that it is done as a necessary concession to the national feelings and sympathies of the people of Arabia, and it is absolutely impossible for Muhammadan divines to reconcile the idolatrous rites of the Kaba with that simple monotheism which it was evidently Muhammad's intention to establish in Arabia.

The Qurán is divided into:—

1. *Harf* (pl. *Hurúf*) Letters; of which there are said to be 323, 671.

2. *Kalama* (pl. *Kalamát*) Words; of which there are 77934.

3. *Áyat* (pl. *Áyát*) Verses. Áyát is a word which signifies

---

luted Carlylism is the characteristic feature of its modern apologists amongst European writers. Upon this view Mojar Durie Osborn (Islam under the Arabs p. 21) remarks :—"There are modern biographers of the prophet who would have us believe that he was not conscious of falsehood when making these assertions. He was under a hallucination, of course, but he believed what he said. This is to me incredible. The legends in the Koran are derived chiefly from Talmudic sources. Muhammad must have learned them from some Jew resident in or near Mekka. To work them up in the form of rhymed Suras, to put his own peculiar doctrines in the mouth of Jewish patriarchs, the Virgin Mary, and the infant Jesus (who talks like a good Moslem from his birth,) must have required time, thought, and labor. It is not possible that the man who had done this could have forgotten all about it, and believed that these legends had been brought to him ready prepared by an Angelic visitor. Muhammad was guilty of falsehood under circumstances where he deemed the end justified the means." * * * * * * * . "He was brought face to face with the question which every spiritual reformer has to consider, against which so many noble spirits have gone to ruin, Will not the *end* justify the means?"

(1) See a book by M. Geiger entitled "Was hat Muhammed aus dem Judenthume aufgenommen," in which that learned Jew has traced all the leading features of Islám to Talmudic sources. Also "Literary Remains of Emanuel Deutsch." Essay on Islám.

Signs, and it was used by Muhammad for short sections or verses of his supposed revelation. There are said to be 6,616 verses in the whole book, but the division of verses differs in different editions of the Arabic Qurán, in which they are not marked as in the present Roman Urdú Edition, the number being recorded after the title of the Súra, and the verses distinguished in the text by a small cypher or circle. The verses as marked in the present Urdú edition will be found to correspond with the Arabic Edition of the Qurán most used in India.[1]

4. *Súra* (pl. *Suwar*) Chapters. A word which signifies a row or series, but which is now used exclusively for the chapters of the Qurán, which are one hundred and fourteen in number. These chapters are called after some word which occurs in the text, and if the traditions are to be trusted, they were so named by Muhammad himself, although the verses of their repective Súrás were undoubtedly arranged after his death, and sometimes with little regard to their sequence. Musalman doctors admit that the Khalif Usmán arranged the chapters in the order in which they now stand in the Qurán.

5. *Rukú* (pl. *Rukúát*) Prostrations. These are of two kinds, the *Rukú* of a Súra and the *Rukú* of a Sípára, and are distinguished in the Arabic Qurán by the letter *ain* on the margin. Muhammadans generally quote by the Rukú and not by the verse.

6. *Rubą.* The quarter of a Sípára.

7. *Nisf.* The half of a Sípára.

8. *Suls.* Three quarters of a Sípára.

9. *Sípára*[2] The Persian for the Arabic *Juz.* The Sípáras or juz, are thirty in number and it is said that the Qurán is so divided to enable the pious Muslim to recite the whole of the Qurán in the thirty days of Ramazán. Muhammadans generally

---

(1) Unfortunately the verses in Rodwell's English Qurán do not correspond with the Arabic Qurán in use amongst the Muhammadans of India.

(2) The Persian word Sípára is derived from *Sí*, thirty, and *pára*, a portion,

quote their Qurán by the *Sipàra* and *Ruku* and not by the *Súra* and *Ayat.*

10 *Manzil* (pl. *manázil*) Stages. These are seven in number and are marked by the letters F. M. Y. B. Sh. W. and Q. which words are said to spell *Famibeshauq* i. e. "My mouth with desire." They have been arranged to enable the devout Muslim to recite the whole in the course of a week.

Ilm-i-Usúl,[1] or the Exegesis of the Qurán, is a science, some knowledge of which is absolutely necessary to enable the Christian controvertialist to meet a Muhammadan opponent. It is used by the Muslim divine to explain away many apparent or real contradictions which exist in the Qurán, and it is also available for a similar purpose when rightly used by the Christian in explanation of the exegesis of his own Sacred Books.

The words *(alfáz)* of the Qurán are of four classes. *Kháss, Amm, Mushtarak,* and *Muawwal.*

(1) *Kháss* :—Words used in a special sense. These are of three kinds: *Khusús-ul-jins,* Special genus; *Khusús-un-nawá* Special species; *Khusús-ul-ain* Special individuality.

(2) *Amm* :—Collective or common, which embrace many individuals or things.

(3) *Mushtarak*:—Complex words, which have several significations; e. g. *ain,* a word which signifies an Eye, a Fountain, the Knee, or the Sun.

(4) *Muawwal*:—Words which require to be explained; e. g. *Salát* may mean either the Liturgical daily prayer, *(Namáz,)* or simple Prayer, *(Duá).*

II. The Sentences *(Ibárat)* of the Qurán are either *Záhir* or *Khafi,* i. e. either Obvious or Hidden.

Obvious Sentences are of four classes: *Záhir, Nass, Mufassar, Muhkam.*

---

(1) Ilm-i-Usúl embraces both the exegesis of the Qurán and Hadís. The most authoritative works on the Ilm-i-Usúl of the Qurán are Syuty's Itqán, (Sprenger's edition,) and the Manár-ul-Usúl, and its commentary the Núr-ul-Anwár.

(1) *Záhir.*—Those sentences, the meaning of which is *Obvious*, or clear, without any assistance from the context (*Karína.*)

(2) *Nass.*—Those sentences the meaning of which is *Manifest* from the text; e. g. "Take in marriage of such other women as please you, two, three, or four." Here it is manifest that the expression "such other women as please you" is restricted.

(3) *Mufassar.*—Sentences which are *explained* by some expression in the verse; e. g. "And the angels prostrated themselves all of them with one accord *save Iblís.*" Here it is explained that Iblís did not prostrate himself.

(4) *Muhkam.*—Perspicuous sentences, the meaning of which is incontrovertible. e. g. Súra-i-Máida (V) 98 "He (God) knoweth all things."

Hidden sentences are either *Khafí*, *Mushkil*, *Mujmal*, or *Mutashábih.*

(1) *Khafí.*—Sentences in which other persons or things are hidden beneath the plain meaning of a word or expression contained therein; e. g. Súra-i-Máida (V) 42. "As for a thief whether male or female cut ye off their hands in recompense for their doings." In this sentence the word *Sáriq*, thief, is understood to have *hidden* beneath its literal meaning, both pick-pockets and highway robbers.

(2) *Mushkil*:—Sentences which are *ambiguous*, e. g. Sura-i-Dahr (LXXVI) 15. "Vessels of silver and decanters which are of glass, decanters of glass with silver whose measure they shall mete."

(3) *Mujmal.*—Sentences which are *compendious*, and have many interpretations: e. g. Súra-i-Márij (LXX) 19 "Man truly is by creation hasty."

(4) *Mutashábih.*—*Intricate* sentences, or expressions, the exact meaning of which it is impossible for man to ascertain until the day of resurrection, but which was known to the Prophet: e. g. the letters Alif, Lám, Mím, (A. L. M.) Alif, Lám, Rá, (A. L. R.) Alif, Lám, Mím, Rá, (A. L. M. R.) &c. at the

commencement of different Súras or Chapters. Also Súra-i-Mulk (LXVII) 1: "In whose hand is the Kingdom" i. e. God's *hand* (Arabic *Yad*). And Súra-i-T. H. (XX). "He is most merciful and sitteth on His throne," i e God *sitteth* (Arabic *Istawá*); and Súra-i-Baqr (II) 115. "The face of God" (Arabic *Waj-ullah*).

III. The use (*istimál*) of words in the Qurán is divided into four classes. They are either *Ḥaqíqat*, *Majáz*, *Ṣaríḥ*, or *Kináyah*.

(1) *Ḥaqíqat*.—Words which are used in their *literal* meaning: e. g. *rukú* a prostration, *ziná* adultery.

(2) *Majáz*.—Words which are *figurative*.

(3) *Ṣaríḥ*.—Words the meaning of which is *clear* and *palpable*. e. g. "Thou art *free*." "Thou art *divorced*."

(4) *Kináyah*.—Words which are *Metaphorical* in their meaning: e. g. "Thou art *separated*;" by which may be meant "thou art *divorced*."

IV. The deduction of arguments, or *Istidlál* as expressed in the Qurán, is divided into four sections: *Ibárat*, *Ishárat*, *Dalálat*, and *Iqtizá*.

(1) *Ibárat*.—The plain sentence.

(2) *Ishárat*.—A sign or hint. e. g. "Born of him;" meaning, of course, the father.

(3) *Dalálat*.—The *Argument* arising from a word or expression: e. g. Súra-i-Baní Isráíl (XVII) 23. "Say not unto your parents fie," (Arabic *Uff*.) From which it is *argued* that children are not either to abuse or beat their parents.

(4) *Iqtizá*.—*Demanding* certain conditions: e. g. Súra-i-Nisá (IV) 91, "Whoso killeth a Mumin (believer) by mischance shall be bound to free a slave." Here the condition demanded is that the slave shall be the property of the person who frees him.

Some passages of the Qurán are contradictory, and are often made the subject of attack, but it is part of the theological belief of the Muslim doctor that certain passages of the Qurán re *Mansúkh* or abrogated, by verses afterwards revealed. This was the doctrine taught by the Arabian prophet in the Súra-i-Baqr (II) 105, "Whatever verses we (i. e. God) cancel or cause thee to forget, we bring a better or its like." This convenient doctrine fell in with that law of expediency which appears to be the salient feature in Muḥammad's prophetical career.

In the Tafsír-i-Ạzízí, it is written, that abrogated (*Mansúḳh*) verses of the Qurán are of three kinds: (1) Where the verse has been removed from the Qurán and another given in its place. (2) Where the injunction is abrogated and the letters of the verse remain. (3) Where both the verse and its injunction are removed from the text. This is also the view of Imám Baghawí, who says, that the number of abrogated verses has been variously estimated from 5 to 500, and he gives the following table of 20 verses which most commentators acknowledge to be abrogated, or *Mansúḳh*, with those verses which cancel them, or (*Násiḳh.*)[1]

---

(1) It is to be regretted that the greek verb *Katalúo* in St Matthew V. 17 has been translated in some of the versions of the New Testament by *Mansúḳh*, for it gives rise to needless controversy and conveys a wrong impression to the Muhammadan mind as to the Christian view regarding this question. According to most Greek lexicons, the Greek word means *to throw down*, or *to destroy*, (as of a building,) which is the meaning given to the word in our authorized English translation. Christ did not come to destroy, or to pull down, the Law and the Prophets, but we all admit that certain precepts of the Old Testament were abrogated by those of the New Testament. Indeed we further admit that the old covenant was abrogated by the new covenant of grace. "He taketh away the first that he may establish they second," Heb. X. 9.

In the Arabic translation of the New Testament printed at Beyrut A. D. 1869, *Katalúo* is translated by *Náqz*, *to demolish*; And in Mr. Loewenthal's Pashto translation A. D. 1863 by *Bátilawal*, *to destroy*, or *render void.*; And in Henry Martyn's Persian Testament A. D. 1837 it is also translated by the Arabic *Ibtál* i. e. *making void*. In both the Arabic-Urdú and Roman-Urdú it is unfortunately rendered *Mansúḳh*, a word which has a technical meaning in Muhammadan theology contrary to that implied in the word used by our Lord in Matthew. V. 17.

No.	MANSUḲH.	NASIḲH.	SUBJECT.
1	Súra-i-Baqr, (II) 115,	Súra-i-Baqr, (II) 145,	The Qibla.
2	Súra-i-Baqr, (II) 178,	{ Súra-i-Máida, (IV) 49, Súra-i-Baní Isráíl, (XVII) 35, }	Qisás, or Retaliation.
3	Súra-i-Baqr, (II) 183,	Súra-i-Baqr, (II) 187,	The Fast of Ramazán.
4	Súra-i-Baqr, (II) 184,	Súra-i-Baqr, (II) 185,	Fidya, or Expiation.
5	Súra-i-Ál-i-Imrán, (III) 102,	Súra-i-Taghábun, (LXIV) 16,	The fear of God.
6	Súra-i-Nisá, (IV) 88,	{ Súra i-Nisá, (IV) 89, Súra-i-Tauba, (IX) 5, }	Jihád, or war with infidels.
7	Súra-i-Baqr, (II) 216,	Súra-i-Tauba, (IX) 36,	Jihád in the Sacred months.
8	Súra-i-Baqr, (II) 240,	Súra-i-Baqr, (II) 234,	Provision for widows.
9	Súra-i-Baqr, (II) 191,	Súra-i-Tauba, (IX) 5,	Slaying enemies in the Sacred Mosque.
10	Súra-i-Nisá, (IV) 14,	Súra-i-Núr, (XXIV) 2,	Imprisonment of the adulteress.
11	Súra-i-Máida, (V) 105,	Súra-i-Taláq, (LXV) 2,	Witnesses.
12	Súra-i-Anfál, (VII) 66,	Súra-i-Anfál, (VII) 67,	Jihád, or war with infidels.
13	Súra-i-Núr, (XXIV) 3,	Súra-i-Núr, (XXIV) 32,	The marriage of adulterers.
14	Súra-i-Aḥzáb, (XXXIII) 52,	Súra-i-Aḥzáb, (XXXIII) 49,	The Prophet's wives.
15	Súra-i-Mujádila, (LVIII,) 13 first part of verse.	Súra-i-Mujádila, (LVIII) 13, latter part verse.	Giving alms before assembling a council.
16	Súra-i-Mumtaḥina, (LX) 11,	Súra-i-Tauba, (IX) 1,	Giving money to infidels for women taken in marriage.
17	Súra-i-Tauba, (IX) 39,	Súra-i-Tauba, (IX) 92,	Jihád, or war with infidels.
18	Súra-i-Muzammil, (LXXIII,) 2,	Súra-i-Muzammil (LXXIII) 20	The night prayer.
19	Súra-i-Núr, (XXIV) 57,	Súra-i-Núr, (XXIV) 58,	Permission to young children to enter a house.
20	Súra-i-Nisá, (IV) 7,	Súra-i-Nisá, (IV) 11,	Division of property.

Upon a careful perusal of the Qurán, it does not appear that Muḥammad ever distinctly declared that it was the object of his mission either to abrogate, or to destroy, the teaching of the previous prophets. On the contrary, we are told that the Qurán is "A book *confirmatory* of the previous Scriptures and their *safeguard*."[1]

And yet such is the Anti-Christian character of Islám that it demands nothing short of the entire destruction of God's revealed will to mankind contained in the New Testament.

In dealing with serious minded Muḥammadans we should, as far as possible, abstain from attacking any real or apparant contradictions which may exist in the Qurán, and insist more upon a general comparison between the two systems :—the teaching of Jesus and the teaching of Muḥammad, the position of man under the Gospel and the position of man under the Qurán, the sonship of the Christian and the servitude of the Muslim, the covenant of Grace and the covenant of Works; and endeavour to show the true seeker after Truth and Salvation, that it is impossible for the mission of Muḥammad to abrogate and supersede that of Jesus.

It must be admitted that the Qurán deserves the highest praise for its conception of the Divine Nature, that it embodies much deep and noble earnestness; but still, it is not what it professes to be—it pulls down what it professes to build up, it destroys what it professes to confirm. It is not Truth, and as the counterfeit of Truth we reject it. In the Qurán we read[2] "We believe in God, and that which was sent down unto us and that which was sent down to Ibráhím and Ismáíl and Isḥáq and Yaqúb and the Tribes, and that which was delivered to Moses and the Prophets from the Lord and we make no distinction between any of them." And yet this very book which "makes no distinction between any of them" and which is said to be "confir-

(1) Súra-i-Máida (V) 52.

(2) Súra-i-Baqr, (II) 136. also Súra-i-Al-i-Imrán (III) 83.

matory" of the Scriptures, ignores the Atonement, the Sacraments of Baptism and the Lord's Supper, and denies the Crucifixion of the Saviour, the Sonship of Christ and the doctrine of the Holy Trinity.

PESHÁWAR

August 30th, 1876. T. P. HUGHES.

Index to the Suras.

No.	Title of Sura.	Meaning in English.	Page in this Edition.	The Chronological Order.		
				According to Jalál-ud-dín.	According to Rev. J. M. Rodwell.	According to Sir. W. Muir.
1	Fátiha,	Preface,	1	uncertain	8	6
2	Baqr,	Cow,	2	86	91	uncertain
3	Ál-i-Imrán,	Family of Imrán,	44	88	97	A. H. 2 to 10
4	Nisá,	Women,	69	91	100	uncertain
5	Máida,	Table,	95	112	114	A. H. 6 to 10
6	Anám,	Cattle	113	54	89	81
7	Aráf,	Aráf,	134	88	87	91
8	Anfál,	Spoils,	158	87	95	A. H. 2
9	Tauba,	Repentance,	166	113	113	The last
10	Yúnus,	Jonah,	184	50	84	79
11	Húd,	Hud,	196	51	75	78
12	Yúsuf,	Joseph,	201	52	77	77
13	Rad,	Thunder,	222	95	90	89
14	Ibráhím,	Abraham,	228	71	76	80
15	Hajr,	Hajr,	234	53	57	62
16	Nahl,	Bee,	240	69	73	88
17	Baní Isráíl,	Children of Israel,	253	49	67	87
18	Kahaf,	Cave,	264	68	69	69
19	Maryam,	Mary,	275	48	58	68
20	Twá Há,	T. H.	283	44	55	75

21	Ambiyá,	Prophets,	293	72	65	86
22	Hajj,	Pilgrimage,	302	103	107	85
23	Múminún,	Believers,	311	73	64	84
24	Núr,	Light,	320	102	105	A. H. 5
25	Furqán,	Qurán,	329	41	66	74
26	Shurá,	Poets,	336	46	56	61
27	Namal,	Ant,	348	47	68	70
28	Qasas,	Story,	356	48	79	83
29	Ankabút,	Spider,	366	84	81	90
30	Rúm,	Greeks,	373	83	74	60
31	Luqmán,	Luqmán,	379	56	82	50
32	Sijda,	Prostration,	383	74	70	44
33	Ahzáb,	Confederates,	386	89	108	uncertain
34	Sabá,	Saba,	395	57	85	49
35	Maláika,	Angels,	401	42	86	66
36	Yá Sín,	Y. S,	407	40	60	67
37	Sáffát,	Ranks,	413	55	50	59
38	Swád,	S,	421	37	59	73
39	Zamár,	Troops,	427	58	80	45
40	Múmin,	Believer,	435	59	78	72
41	Fussilat,	Explanation,	444	60	71	53
42	Shorí,	Council	450	61	83	71
43	Zukhráf,	Jewels,	456	62	61	76
44	Dukhán,	Smoke,	463	63	53	58
45	Jásiya,	Kneeling,	466	64	72	57
46	Ahqáf,	Ahqáf,	469	65	88	64
47	Muhammad,	Muhammad,	474	94	96	uncertain
48	Fatah,	Victory,	478	111	108	A. H. 6

49	Hujrát,	Chambers,	482	106	112	uncertain
50	Qáf,	Q,	484	83	54	56
51	Záriát,	Breath of Winds,	488	66	48	63
52	Túr,	Mountain,	491	75	44	55
53	Najam,	Star,	494	22	46	43
54	Qamar,	Moon,	497	86	49	48
55	Rahmán,	Merciful,	500	96	48	40
56	Wáqia,	Inevitable,	504	45	45	41
57	Hadíd,	Iron,	508	93	99	uncertain
58	Mujádila,	Disputer,	512	105	106	uncertain
59	Hashar,	Assembly,	515	101	102	A. H. 4
60	Mumtahiná,	Proof,	518	90	110	A. H. 7
61	Saf,	Array,	521	110	98	uncertain
62	Juma,	Assembly,	523	108	94	uncertain
63	Munáfiqún,	Hypocrites,	524	104	104	A. H. 65
64	Tagábun,	Deceit,	526	109	93	82
65	Taláq,	Divorce,	528	108	101	uncertain
66	Tahrím,	Prohibition,	530	107	109	A. H. 7 to 8
67	Mulk,	Kingdom,	532	76	63	42
68	Qalam,	Pen,	534	2	17	52
69	Háqa,	Inevitable-Day	537	77	42	51
70	Maárij,	Steps,	540	78	47	37
71	Núh,	Noah,	542	70	51	54
72	Jinn,	Genii,	544	39	62	65
73	Muzzammil,	Wrapped up,	546	3	8	46
74	Muddassir,	Mantle,	548	4	2	21
75	Qiyámat,	Resurrection,	550	30	40	36
76	Dahr,	Man,	552	97	52	35

T. P. H,

ĢALAT NAMA

Page.	58	verse	117	for	pher	read	phir.
"	59	"	125	"	Aelbatta	"	Albatta.
"	69	"	3	"	ṣurten	"	ṣuraten.
"	"	"	4	"	pakṛádo	"	pakaṛádo.
"	76	"	44	"	sun	"	suna.
"	86	"	113	"	kahe	"	kare.
"	96	"	7	"	pher	"	phir.
"	97	"	12	"	"	"	"
"	98	"	15	"	"	"	"
"	"	"	19	"	"	"	"
"	112	"	116	"	logo	"	logon.
"	116	"	25	"	snmajhte	"	samajhte.
"	130	"	136	"	ḳhyál	"	ḳhiyál.
"	152	"	160	"	hian	"	hain.
"	168	"	10	"	muslmán	"	musalmán.
"	184	"		for	"Makkí hai; 109 áyat kí hai;	read	Makke men názil húá 109 ayát kí hai.
"	207	"	102	"	ne	"	na.
"	208	"	109	"	hai	"	hain.
"	210	"	210	"	201	"	210.
"	211	"	13	"	3	"	13.
"	214	"	35	"	nishníon	"	nishánion.
"	221	"	104	"	nek	"	neg.
"	238	"	67	"	kharte	"	karte.
"	246	"	65	"	sawáre	"	sanwáre.
"	249	"	94	"	parakhta	"	parakta.
"	259	"	61	"	hapq	"	haqq.
"	"	"	64	"	dil	"	dhíl.
"	260	"	75	"	wuhí	"	wahí.
"	261	"	83	"	nikál	"	nikal.
"	262	"	99	"	lagegí	"	lagenge.
"	264	"	110	"	ḳháse	"	ḳhásse.
"	"	"	2	"	nek	"	neg.
"	269	"	47	"	rakkhá	"	rakhá.
"	290	"	97	"	ṭhákar	"	ṭhákur.
"	293	"	2	"	pahuchí	"	pahunchí.
"	299	"	78	"	bakaríán	"	bakrían.
"	302	"	105	"	ákhir	"	akhír.
"	311	"	1	"	nikál	"	nikále.
"	339	"	52	"	nikal	"	nikáł.
"	371	"	43	"	banáve	"	banáwe.
"	"	"	45	"	utará	"	utrá.
"	378	"	53	"	(3 *R.*)	"	(5 *R*).
"	392	"	48	"	hahin	"	nahín.
"	398	"	17	"	behja	"	bhejá.
"	404	"	29	"	sanwregá	"	sanwaregá.
"	421	"	4	"	badal	"	badle.
"	"	"	6	"	dín	"	din.
"	441	"	58	"	hai	"	hain.
"	455	"	47	"	ríjhtá	"	ríjhte.
"	"	"	50	"	hadd	"	haqq.
"	461	"	16	"	Eirám	"	Firaun.
"	480	"	18	"	un jo ke	"	un ke jo.
"	500	"	14	"	ján	"	jinn.
"	"	"	*Paging*		400	"	500.
"	502	"	41	"	pahcháne	"	pahchánne.
"	518	"	"	"	*Maáms*	"	*Madíne.*
"	519	"	4	"	Rahb	"	Rabb.

QURAN.

SURA I FATIHA.

Makke men̲ názil húí; is men̲ 7 áyat hain̲.

BISMI-L-LÁHI-R-RAHMÁNI-R-RAHÍM.

1 SAB taríf Alláh ko hai, jo Sáhib sáre
jahán ká;
2 Bahut mihrbán, niháyat rahm wálá;
3 Málik insáf ke din ká!
4 Tujh hí ko ham bandagí karen̲, aur tujh
hí se madad cháhen̲.
5 Chalá ham ko ráh sídhí,
6 Ráh un kí jin par tú ne fazl kiyá;
7 Na jin par gussa húá, aur na bahakne
wále.

A

SURA I BAQR.

Madíne men̲ názil húí, 286 *áyat kí hai.*

BISMI-L-LÁHI-R-RAHMÁ NI-R-RAHÍM.

1 A. L. M.

2 Is kitáb men̲ kuchh shakk nahín̲, ráh batátí hai ḍarwálon̲ ko.

3 Jo yaqín karte hain̲ bin dekhá, aur durust karte hain̲ namáz, aur hamárá diyá kuchh ḳharch karte hain̲.

4 Aur jo yaqín karte hain̲, jo kuchh utrá tujh par, aur jo kuchh utrá tujh se pahle, aur áḳhirat ko we yaqín jánte hain̲.

5 Unhon̲ ne páí hai ráh apne Rabb kí, aur wuhí murád ko pahunche.

6 We jo munkir húe, barábar hai, un ko tú ḍaráwe, yá na ḍaráwe, we na mánenge.

7 Muhar kar dí Alláh ne un ke dil par, aur un ke kán par, aur un kí ánkhon̲ par hai parda, aur un ke liye barí már hai.

(2 *R.*) 8 Aur ek log we hain̲, jo kahte hain̲, ham yaqín láe Alláh par, aur pichhle din par, aur un ko yaqín nahín̲.

9 Dagábází karte hain̲ Alláh se, aur ímán-wálon̲ se; aur kisí ko dagá nahín̲ dete magar áp ko, aur nahín̲ bújhte.

10 Un ke dil men̲ ázár hai, phir ziyáda diyá Alláh ne un ko ázár, aur un ko dukh kí már hai, is par ki jhúṭh kahte the.

11 Aur jab kahiye un ko, Fasád na ḍálo mulk men̲, kahen̲, Hamárá kám to san̲wár hai.

12 Sun rakho, wuhí hain̲ bigáṛnewále, par nahín̲ samajhte.

13 Aur jab kahiye un ko, Ímán meṉ áo, jis tarah áe sab log, kaheṉ, kyá ham us tarah Musalmán hoṉ jaise Musalmán húe haiṉ bewaqúf? suntá hai wuhí haiṉ bewaqúf, par nahíṉ jánte.

14 Aur jab muláqát kareṉ Musalmánoṉ se kaheṉ, Ham Musalmán húe; aur jab akele jáweṉ apne shaitánoṉ pás, kaheṉ, Ham sáth haiṉ tumháre, ham to hansí karte haiṉ.

15 Alláh hansí kartá hai un se, aur baṛhátá hai un ko un kí sharárat meṉ bahake húe.

16 Wuhí haiṉ, jinhoṉ ne ḳharíd kí ráh ke badle gumráhí, so nafạ na lái un ko saudágarí, aur na pái ráh.

17 Un kí misál jaise ek shaḳhs ne sulgái ág, phir jab roshan kiyá us ke gird ko le gayá Alláh un kí roshní, aur chhoṛá un ko andheroṉ meṉ nazar nahíṉ átá.

18 Bahre haiṉ, gúnge, andhe, so we nahíṉ phirne ke.

19 Yá jaisá meṉh paṛtá ásmán se us meṉ haiṉ andherá, aur garj, aur bijlí, ḍálte haiṉ ungliáṉ apne kánoṉ meṉ máre kaṛak ke ḍar se maut ke; aur Alláh gher rahá hai munkiroṉ ko.

20 Qaríb hai bijlí ki uchakle un kí ánkheṉ, jis bár chamaktí hai un par chalte haiṉ us meṉ, aur jab andherá paṛá khaṛe rahe aur agar cháhe Alláh lejáwe un ke kán aur ánkheṉ; beshakk Alláh har chíz par qádir hai.

(3 *R.*) 21 Logo, bandagí karo apne Rabb kí, jis ne banáyá tum ko aur tum se agloṉ ko, sháyad tum parhezgárí karo.

22 Jis ne baná diyá tum ko zamín bichhauná aur ásmán ịmárat, aur utárá ásmán se páni, phir nikále us se mewe kháná tumhárá, so na

ṭhahráo Alláh ke barábar koí, aur tum jánte ho.

23 Aur agar tum shakk meṉ ho us kalám se, jo utárá ham ne apne bande par, to láo ek súrat is qism kí, aur buláo jin ko házir karte ho Alláh ke siwáe, agar tum sachche ho.

24 Phir agar na karo, aur albatta na kar sakoge, to bacho ág se, jis kí chhipṭiáṉ haiṉ ádmí aur patthar, taiyár hai munkiroṉ ke wáste.

25 Aur khushí sunáo un ko, jo yaqín láe aur kám nek kiye, ki un ko haiṉ bág, bahtíṉ níche un ke naddiáṉ, jis bár mile un ko waháṉ koí mewa kháne ko, kaheṉ yih wuhí hai jo milá thá ham ko áge, aur un pás wuh áwegá ek tarah ká, un ko haiṉ waháṉ ʿaurateṉ suthrí, aur un ko waháṉ hamesha rahná.

26 Alláh kuchh sharmátá nahíṉ ki bayán kare koí misál ek machhar kí, yá us se úpar, phir jo yaqín rakhte haiṉ, so jánte haiṉ, ki wuh ṭhík hai un ke Rabb ká kahá, aur jo munkir haiṉ, so kahte haiṉ. Kyá garaz thí Alláh ko is misál se? gumráh kartá hai us se bahutere, aur ráh par látá hai us se bahutere; aur gumráh kartá hai unhíṉ ko jo be-hukm haiṉ.

27 Jo toṛte haiṉ qarár Alláh ká mazbút kiye píchhe, aur toṛte haiṉ jo chíz Alláh ne farmáí joṛní, aur fasád karte haiṉ mulk meṉ, unhíṉ ko áyá nuqsán.

28 Tum kis tarah munkir ho Alláh se, aur the tum murde? phir us ne jiláyá tum ko, mártá hai, phir jiláwegá, phir usí pás ulṭe jáoge.

29 Wuhí hai jis ne baná diyá tumháre wáste jo kuchh zamín meṉ hai sab, phir chaṛh gayá ásmán ko; to ṭhík kiyá un ko sát ásmán, aur wuh har chíz se wáqif hai.

(4 R.) 30 Aur jab kahá tere Rabb ne Firishton̠
ko, Mujh ko banáná hai zamín men̠ ek náib,
bole, kyá tú rakhegá us men̠ jo shak̲h̲s fasád
kare wahán̠, aur k̲h̲ún kare? aur ham paṛhte
hain̠, terí k̲h̲úbíán̠, aur yád karte hain̠ terí pák
zát ko ; kahá, Mujh ko m̤alúm hai, jo tum
nahín̠ jánte.

31 Aur sikháe Ádam ko nám sáre ; phir
wuh dikháe Firishton̠ ko ; kahá, Batáo mujh
ko in ke nám, agar tum ho sachche.

32 Bole Tú sab se nirálá hai ; ham ko m̤alúm
nahín̠, magar jitná tú ne sikháyá ; tú hí hai
asal dáná puk̲h̲ta kár.

33 Kahá, Ai Ádam, batá de un ko nám
un ke ; phir jab us ne batá diye un ke nám,
kahá, Main̠ ne na kahá thá tum ko, mujh ko
m̤alúm hain̠ parde ásmán o zamín ke ; aur
m̤alúm hai jo tum záhir karo, aur jo chhipá-
te ho ?

34 Aur jab kahá ham ne Firishton̠ ko, sijda
karo Ádam ko, to sijda kar paṛe, magar Iblís
ne qabúl na rakhá, aur takabbur kiyá, aur
wuh thá munkiron̠ men̠ ká.

35 Aur kahá ham ne ai Ádam bas tú aur
terí aurat Jannat men̠, aur k̲h̲áo us men̠
mahzúz hokar jis jagah cháho, aur nazdík
na jáo us darak̲h̲t ke phir tum be-insáf hoge.
Phir d̤agáyá un ko Shaitán ne, us se phir nikálá
un ko wahán̠ se jis árám men̠ the, aur kahá
ham ne, Tum sab utro ; tum ek dúsre ke
dushman ho ; aur tum ko zamín men̠ ṭhaharná
hai, aur kám chaláná ek waqt tak.

36 Phir sikh lín̠ Ádam ne apne Rabb se kaí
báten̠ ; phir mutawajjih húá us par, barhaqq
wuhí hai muáf karnewálá, mihrbán.

37 Ham ne kahá, Tum utro yahán̠ se sáre,

phir kabhí pahunche tum ko merí taraf se ráh kí khabar, to jo koí chalá mere batáe par na ḍar hogá un ko aur na gam.

38 Aur jo munkir húe aur jhúṭhláeṉ hámárí nishániáṉ, we haiṉ dozakh ke log, we usí meṉ rah paṛe.

(5 *R.*) 39 Ai Baní Isráíl, yád karo merá ihsán, jo maiṉ ne kiyá tum par, aur púrá karo qarár merá, to maiṉ púrá karúṉ qarár tumhárá; aur merá hí ḍar rakho.

40 Aur máno jo kuchh maiṉ ne utárá, sach batátá tumháre páswálí ko, aur mat ho tum pahle munkir us ke, aur na lo merí áyatoṉ par mol thoṛá, aur mujhí se bachte raho.

41 Aur mat miláo sahíh meṉ galat, aur yih ki chhipáo sach ko ján kar.

42 Aur khaṛí karo namáz, aur diyá karo zakát, aur jhuko sáth jhuknewáloṉ ke.

43 Kyá hukm karte ho logoṉ ko nek kám ká, aur bhúlte ho áp ko? aur tum paṛhte ho kitáb, phir kyá nahíṉ bújhte?

44 Aur qúwat pakaṛo mihnat sahárne se aur namáz se, aur albatta wuh bhárí hai, magar unhíṉ par jin ke dil pighle haiṉ;

45 Jin ko khiyál hai ki un ko milná hai apne Rabb se, aur un ko usí taraf ulṭe jáná.

RUBA. (6 *R.*) 46 Ai Baní Isráíl, yád karo ihsán merá, jo maiṉ ne tum par kiyá, aur wuh, jo maiṉ ne tum ko baṛá kiyá jahán ke logoṉ par.

47 Aur bacho us din se, ki kám na áwe koí shakhs kisí ke ek zará, aur qabúl na ho us kí taraf se sifárish, aur na leṉ us ke badle meṉ kuchh, aur na un ko madad pahunche.

48 Aur jab chhoṛáyá ham ne tum ko Firaun ke logoṉ se; dete tum ko baṛí taklíf; zabih karte tumháre beṭe, aur jítí rakhte tumhárí

auraten; aur us men madad húí tumháre Rabb
kí barí.
49 Aur jab ham ne chírá tumháre paiṭhne
ke sáth daryá, phir bachá diyá tum ko aur
ḍubáyá Firaun ke logon ko, aur tum dekhte
the.
50 Aur jab wada kiyá ham ne Músá se
chálís rát ká phir tum ne baná liyá bachhṛá,
us ke píchhe, aur tum beinsáf ho.
51 Phir muáf kiyá ham ne tum ko is par
bhí, sháyad ihsán máno.
52 Aur jab dí ham ne Músá ko kitáb aur
chakautí sháyad ráh páo.
53 Aur jab kahá Músá ne apní qaum ko, Ai
qaum, tum ne tum ne nuqsán kiyá apná, yih
bachhṛá baná lekar; ab tauba karo apne Paidá-
karnewále kí taraf, aur már ḍálo apní apní ján;
yih bihtar hai tum ko apne Khálíq pás, phir
mutawajjih húá tum par, barhaqq wuhí hai
muáf karnewálá, mihrbán.
54 Aur jab tum ne kahá, Ai Músá, ham
yaqín na karenge terá jab tak na dekhen Alláh
ko sámhne, phir liyá tum ko bijlí ne, aur tum
dekhte the.
55 Phir uṭhá khaṛá kiyá ham ne tum ko
mar gaye píchhe, sháyad tum ihsán máno.
56 Aur sáyá kiyá ham ne tum par abr
ká, aur utárá tum par mann aur salwá, kháo
suthrí chízen, jo dí ham ne tum ko, aur hamárá
kuchh nuqsán na kiyá, par apná nuqsán karte
rahe.
57 Aur jab kahá ham ne, Dákhil ho is
shahr men, aur kháte phiro, us men jahán
cháho mahzúz hokar, aur dákhil ho darwáze
men sijda kar kar, aur kaho, gunáh utre, to

bakhshen ham tum ko tumhárí taqsíren, aur
ziyáda bhí denge nekí wálon ko.

58 Phir badal lí be-insáfon ne aur bát siwáe
us ke jo kah dí thí us ko; phir utárá ham ne
be-insáfon par azáb ásmán se un kí be-hukmí
par.

(7 R.) 59 Aur jab pání mángá Músá ne apní
qaum ke wáste, to kahá ham ne, Már apní
asá se patthar ko; phir bah nikle us se bárah
chashme, pahchán liyá har qaum ne apná gháṭ,
kháo aur pío rozí Alláh kí, aur na phiro mulk
men fasád macháte.

60 Aur jab kahá tum ne, Ai Músá, ham
na ṭhahrenge ek kháne par; so pukár hamáre
wáste apne Rabb ko, ki nikál de ham ko jo
ugtá hai zamín se, zamín ká ság aur kakṛí
aur gehún, aur masúr aur piyáz; bolá, Kyá
tum cháhte ho ek chíz, jo adná hai badle men
ek chíz ke jo bihtar hai ? utro kisí shahr men,
to tum ko mile jo mángte ho : aur ḍálí gaí
un par zillat aur muhtájí, aur kamá láye
gussa Alláh ká, is par ki we the na mánte
hukm Alláh ke, aur khún karte Nabíon ká
náhaqq : yih is se ki be-hukm the aur hadd
par na rahte the.

(8 R.) 61 Yún hai ki jo log Musalmán húe,
aur jo log Yahúd húe, aur Nasárá aur Sábaín,
jo koi yaqín láyá Alláh par, aur pichhle din
par, aur kám kiyá nek, to un ko hai un kí
mazdúrí apne Rabb ke pás, aur na un ko ḍar
hai, aur na we gam kháwen.

62 Aur jab liyá ham ne iqrár tum se, aur
únchá kiyá tum par pahár, pakro jo ham
ne diyá tum ko zor se, aur yád karte raho jo
us men hai, sháyad tum ko ḍar ho.

63 Phir tum phir gaye us ke bad, so agar

na hotá fazl Alláh ká tum par, aur us kí mihr, to tum kharáb hote.

64 Aur ján chuke ho, to jinhon ne tum men se ziyádatí kí hafte ke din men, to ham ne kahá, ki Ho jáo bandar phitkáre.

65 Phir ham ne wuh dahshat rakhí us shahr ke rúbarú-wálon ko, aur píchhe-wálon ko, aur nasíhat rakhí darwálon ko.

66 Aur jab kahá Músá ne apní qaum ko, Alláh farmátá hai tum ko zabh karo ek gáe, bole Kyá tú ham ko pakartá hai thatthe men? Kahá, Panáh Alláh kí ki main hún nádánon men.

67 Bole, Pukár hamáre wáste apne Rabb ko, ki bayán kar de ham ko wuh kaisí hai? Kahá, Wuh farmátá hai ki wuh ek gáe hai na burhí na bin biyái, miyána hai un ke bích, ab karo jo tum ko hukm hai.

68 Bole, Pukár hamáre wáste apne Rabb ko, bayán kar de ham ko kaisá hai rang us ká? Kahá, Wuh farmátá hai, wuh ek gáe hai zard dahdahá rang us ká; khush átí dekhnewálon ko.

69 Bole, Pukár hamáre wáste apne Rabb ko, bayán kar de ham ko, kis qism men hai wuh gáeon men? Shubha pará hai ham ko, aur ham Alláh ne cháhá to ráh pá lenge.

70 Kahá, Wuh farmátá hai, wuh ek gáe hai, mihnat-wálí nahín, jo báhtí ho zamín ko, yá pání detí ho khet ko; badan se púrí hai, dág kuchh nahín us men. Bole, Ab láyá tú thík bát; phir us ko zabh kiyá, aur lagte na the ki karenge.

(*R.* 9) 71 Aur jab tum ne már dálá thá ek shakhs, phir lage ek dúsre par dharne aur Alláh ko nikálná jo tum chhipáte ho.

72 Phir ham ne kahá, Máro us murde ko, us gáe ká ek ṭukṛá isí tarah jiláwegá Alláh murde aur dikhátá hai tum ko apne namúne, sháyad tum bújho.

73 Phir tumháre dil saḳht ho gaye is sab ke bad, so we hain, jaise patthar yá un se bhí saḳht, aur pattharon men to we bhí hain, jin se phúṭtí hain nahren, aur un men to we bhí hain, jo phaṭte hain, aur nikaltá hai un se pání; aur un men to we bhí hain jo girparte hain Alláh ke ḍar se, aur Alláh beḳhabar nahín tumháre kám se.

74 Ab kyá tum Musalmán tawaqqa rakhte ho ki we mánen tumhárí bát? Aur ek log the un men ki sunte the kalám Alláh ká, phir us ko badal ḍálte bújh lekar, aur un ko malúm hai.

75 Aur jab milte hain Musalmánon se, kahte hain, Ham Musalmán húe, aur jab akele hote hain, ek dúsre pás kahte hain. Tum kyún kah dete ho un se jo kholá hai? Alláh ne tum par ki jhúṭhláwen tum ko usí se, tumháre Rabb ke áge kyá tum ko aql nahín?

76 Kyá itná bhí nahín jánte ki Alláh ko malúm hai jo chhipáte hain, aur jo kholte hain?

NISF. 77 Aur ek un men anpaṛh hain, nahín ḳhabar rakhte kitáb kí, magar bándh lí apní árzúen, aur un pás nahín, magar apne ḳhiyál.

78 So ḳharábí hai un kí jo likhte hain kitáb apne háth se, phir kahte hain, Yih Alláh ke pás se hai, ki mol lewen us par mol thoṛá, so ḳharábí hai un ko apne háth ke likhe se, aur ḳharábí hai un ko apní kamáí se.

79 Aur kahte hain, Ham ko ág na lagegí, magar kaí din gintí ke; tú kah, Kyá le chuke

ho Alláh ke yahán se qarár, to albatta khiláf na karegá Alláh apná qarár, yá jorte ho Alláh par jo malúm nahín rakhte.

80 Kyún nahín jis ne kamáyá gunáh, aur gher liyá us ko us ke gunáh ne, so wuhí hain log dozakh ke, we usí men rah pare.

81 Aur jo yaqín láye, aur amal nek kiye, we log hain Jannat ke, we usí men rah pare.

(10 *R.*) 82 Aur jab ham ne liyá iqrár Baní Isráíl ká, bandagí na kariyo magar Alláh kí, aur má báp se sulúk nek, aur qarábat-wále se, aur yatímon se, aur muhtájon se, aur kahiyo logon ko bhalí bát, aur kharí rakhiyo namáz, aur dete rahiyo zakát, phir tum phir gaye, magar thore tum men, aur tum ko dhyán nahín.

83 Aur jab liyá ham ne qarár tumhárá ki na karoge khún ápas men, aur na nikál doge apnon ko apne watan se, phir tum ne iqrár kiyá, aur tum jánte ho.

84 Phir tum waise hí khún karte ho ápas men, aur nikál dete ho apne ek firqe ko un ke watan se; charháí karte ho un par gunáh se, aur zulm se, aur agar wuhí áwen tum pás kisí ke qaid men pare, to un kí chhuráí dete ho; aur wuh bhí harám hai tum par un ká nikál dená; phir kyá mánte ho, thorí kitáb aur munkir hote ho thorí se; phir kuchh sazá nahín us kí, jo koí tum men yih kám kartá hai, magar ruswáí dunyá kí zindagí men, aur qiyámat ke din pahuncháe jáwen sakht se sakht azáb men, aur Alláh bekhabar nahín tumháre kám se.

85 Wuhí hain, jinhon ne kharíd kí zindagí dunyá kí ákhirat dekar, so na halká hogá un par azáb, aur na un ko madad pahunchegí.

(*R.* 11) 86 Aur ham ne dí hai Músá ko kitáb, aur pai dar pai bheje us ke píchhe Rasúl, aur diye Isá Maryam ke beṭe ko mụjaze saríh, aur qúwat dí us ko Rúh Pák se. Phir bhalá jab tum pás láyá koí Rasúl, jo na cháhá tumháre jí ne, tum takabbur karne lage; phir ek jamáạt ko jhuṭhláyá, aur ek jamáạt ko már ḍálte.

87 Aur kahte haiṉ, Hamáre dil par giláf hai; yúnhíṉ lạnat kí hai Alláh ne un ke inkár se, so kam yaqín láte haiṉ.

88 Aur jab un ko pahunchí kitáb Alláh kí taraf se, sachchá batátí un ke pás wálí ko, aur pahle se fath mángte the káfiroṉ par; phir jab pahunchá un ko jo pahchán rakhá thá, us se munkir húe, so lạnat hai Alláh kí munkiroṉ par.

89 Baṛe mol kharíd kiyá apní ján ko, ki munkir húe Alláh ke utáre kalám se, is zidd par, ki utáre Alláh apne fazl se jis par cháhe apne bandoṉ meṉ se; so kamá láye gusse par gussa, aur munkiroṉ ko ạzáb hai zillat ká.

90 Aur jab kahiye, Máno Alláh ká utárá, kaheṉ, Ham mánte haiṉ, jo utárá ham par, aur we nahíṉ mánte jo píchhe áyá us se aur wuh asl tahqíq hai, sach batátá un pás wálí ko; kah, Phir kyúṉ márte rahe ho Nabí Alláh ke pahle se, agar tum ímán rakhte the?

91 Aur á chuká tum pás Músá saríh mụjaze lekar, phir tum ne baná liyá bachhṛá us ke píchhe, aur tum zálim ho.

92 Aur jab ham ne liyá qarár tumhárá aur únchá kiyá tum par paháṛ, pakṛo jo ham ne tum ko diyá zor se, aur Suno; Bole, Suná ham ne, aur na máná aur rach rahá un ke diloṉ

meṇ wuh bachhṛá máre kufr ke; tú kah,
Burá kuchh sikhátá hai tum ko ímán tumhá-
rá, agar tum ímánwále ho.

93 Tú kah, Agar tum ko milná hai ghar
áḵẖirat Alláh ke yabáṇ alag siwáe aur logoṇ
ke, to tum marne kí árzú karo, agar sach
kahte ho.

94 Aur yih árzú kabhí na karenge jis
wáste áge pahunch chuke haiṇ háth un ke; aur
Alláh ḵẖub jántá hai gunahgároṇ ko.

95 Aur tú dekhe, un ko sab logoṇ se ziyáda
harís jíne ke, aur sharík pakaṛnewáloṇ se
bhí ek ek cháhtá hai, ki umr páwe hazár
baras; aur kuchh us ko sarká na degá azáb
se itná jíná, aur Alláh dekhtá hai jo karte
haiṇ.

(12 R.) 96 Tú kah, Jo koí hogá dushman
Jibráíl ká, so us ne to utárá hai yih kalám tere
dil par Alláh ke hukm se; sach batátá us
kalám ko jo áge hai, aur ráh dikhátá, aur
ḵẖushí sunátá ímán-wáloṇ ko.

97 Jo koí hogá dushman Alláh ká, aur
us ke Firishtoṇ ká, aur Rasúloṇ ká aur Jibráíl
Míkáíl ká, to Alláh dushman hai un káfiroṇ
ká.

98 Aur ham ne utáríṇ terí taraf áyateṇ
wázih, aur munkir na honge un se magar
wuhí, jo be-hukm haiṇ.

99 Kyá aur jis bár bándhenge ek qarár
phenk denge us ko ek jamáat un meṇ se,
balki aksar we yaqín nahíṇ rakhte.

100 Aur jab pahunchá un ko Rasúl Alláh
kí taraf se sach batátá un pás-wálí ko, phenk-
dí ek jamáat ne kitáb pánewáloṇ meṇ kitáb
Alláh kí apní píṭh ke píchhe, goyá un ko
ḵẖabar nahíṇ.

101 Aur píchhe lage haiṉ us ịlm ke, jo paṛhte the Shaitán, Saltanat meṉ Sulemán kí, aur Kufar nahíṉ kiyá Sulemán ne, lekin Shaitánoṉ ne kufar kiyá logoṉ ko sikháte sihr us ịlm ke, aur jo utrá do Firishtoṉ par Bábul meṉ, Hárút aur Márút par, aur we na sikháte kisí ko jab tak na kahte, ki ham to haiṉ ázmáne ko, so tú mat káfir ho; phir un se síkhte jis chíz se judáí ḍálte haiṉ mard meṉ aur us kí ạurat meṉ, aur wuh us se bigáṛ nahíṉ sakte kisí ká bagair izn Alláh ke; aur síkhte haiṉ, jis se un ko nuqsán hai, aur nafạ nahíṉ; aur ján chuke haiṉ, ki jo koí us ká ḳharídár ho, us ko áḳhirat meṉ kuchh hissa nahíṉ; aur bahut burí chíz hai, jis par bechá apní jánoṉ ko, agar un ko samajh hotí.

102 Aur agar we yaqín láte aur parhez rakhte, to badlá thá Alláh ke yaháṉ se bihtar, agar un ko samajh hotí.

(13 *R.*) 103 Ai ímánwálo, tum na kaho *Ráịná*, aur kaho *Unzurná* aur sunte raho; aur munkiroṉ ko dukh kí már hai.

104 Dil nahíṉ cháhtá un logoṉ ká, jo munkir haiṉ kitáb-wáloṉ meṉ, aur na shirk-wáloṉ meṉ, yih ki utre tum par kuchh nek bát tumháre Rabb se, aur Alláh ḳháss kartá hai apní mihr se jis ko cháhe, aur Alláh baṛá fazl rakhtá hai.

105 Jo mauqúf karte haiṉ ham koí áyat, yá bhulá dete haiṉ, to pahuncháte haiṉ us se bihtar yá us ke barábar; kyá tujh ko mạlúm nahíṉ, ki Alláh har chíz par qádir hai?

106 Kyá tujh ko mạlúm nahíṉ, ki Alláh hí ko saltanat hai ásmán o zamín kí, aur

tumháre wáste nahíṉ Alláh ke siwáe koí
himáyatí, aur madad-wálá ?

107 Kyá tum Musalmán bhí cháhte ho, ki
sawál shurú karo apne Rasúl se, jaise sawál
ho chuke haiṉ Músá se pahle, aur jo koí
lewe inkár yaqín ke badle, wuh bhúlá sidhí
ráh se.

108 Dil cháhtá hai bahut kitáb-wáloṉ ká
kisí tarah tum ko phir kar Musalmán hone ke
píchhe káfir kar deṉ, hasd kar kar apne andar
se bad us ke ki khul chuká un par haqq, so
tum darguzaro aur ḳhiyál meṉ na láo, jab
tak bheje Alláh apná hukm : Alláh har chíz
par qádir hai.

SULS. 109 Aur kharí rakho namáz aur dete
raho zakát, aur jo áge bhejoge apne wáste
bhalái wuh páoge Alláh ke pás : Alláh tum-
háre kám dekhtá hai.

110 Aur kahte haiṉ, hargiz na jáweṉ jan-
nat meṉ, magar jo honge Yahúd, yá Nasárá
yih árzúeṉ bándh lí haiṉ unhoṉ ne ; kah, Láo
sanad apní, agar tum sachche ho.

111 Kyúṉ nahíṉ jis ne tábi kiyá muṉh
apná Alláh kí or, aur wuh nekí par hai, usí
ko mazdúrí us kí apne Rabb ke pás, aur na
dar hai un par, aur na un ko gam.

(R. 14) 112 Aur Yahúd ne kahá, Nahíṉ
Nasárá kuchh ráh par ; aur kahá Nasárá ne,
Nahíṉ Yahúd kuchh ráh par, aur we sab
paṛhte haiṉ kitáb, isí tarah kahí un logoṉ ne
jin pás ilm nahíṉ unhíṉ kí sí bát ; ab Alláh
hukm karegá un meṉ din qiyámat ke jis bát
meṉ jhagaṛte the.

113 Aur us se zálim kaun jis ne mana kiyá
Alláh kí masjidoṉ meṉ, ki paṛhiye waháṉ
nám us ká, aur dauṛá un ke ujáṛne ko, aisoṉ

ko nahín pahunchtá, ki baiṭheṇ un meṇ, magar ḍarte húe.

114 Un ko dunyá meṇ zillat hai, aur un ko áḳhirat meṇ baṛí már hai.

115 Aur Alláh kí hai mashriq aur magrib; so jis taraf tum muṇh karo wahán hí mutawajjih hai Alláh; barhaqq Alláh gunjáish-wálá hai, ḳhabardár.

116 Aur kahte hain, Alláh rakhtá hai aulád; wuh sab se nirálá, balki us ká mál hai jo kuchh hai ásmán o zamín meṇ; sab us ke áge adab se haiṇ.

117 Biná nikálnewálá ásman o zamín ká; aur jab hukm kartá hai ek kám ko to yih hí kahtá hai us ko, ki "*Ho*" wuh hotá hai.

118 Aur kahne lage jin ko ilm nahíṇ, Kyúṇ nahíṇ bát kartá ham se Alláh? Yá ham ko áwe koí áyat? Isí tarah kah chuke haiṇ un se agle inhíṇ kí sí bát; ek se haiṇ dil bhí un ke. Ham ne bayán kar díṇ nishániáṇ un logoṇ ko jin ko yaqín hai.

119 Ham ne tujh ko bhejá ṭhík bát lekar ḳhushí aur ḍar sunáne ko, aur tujh se púchh nahíṇ dozaḳh-wáloṇ kí.

120 Aur hargiz rází na honge tujh se Yahúd, aur na Nasárá, jab tak tábi na ho tú un ke dín ká; tú kah, Jo ráh Alláh dikháwe wuhí ráh hai, aur kabhí tú chalá un kí pasand par baḍ us ilm ke jo tujh ko pahunchá, to terá koí nahíṇ Alláh ke háth se himáyat karnewálá, aur na madadgár.

121 Jin ko ham ne dí hai kitáb, we us ko paṛhte haiṇ jo haqq hai paṛhne ká, we us par yaqín láte haiṇ, aur jo munkir hogá us se so unhíṇ ko nuqsán hai.

(15 *R.*) 122 Ai Baní-Isráíl, yád karo ihsán

merá, jo maiṉ ne tum par kiyá, aur wuh, ki
baṛá kiyá tum ko sáre jahán par.
123 Aur bacho us din se, ki na kám áwe
koí shakhs kisí shakhs ke zara, aur na qabúl
ho us kí taraf se badlá, aur na kám áwe us ko
sifárish, aur na un ko madad pahunche.
124 Aur jab ázmáyá Ibráhím ko us ke
Rabb ne, kaí bátoṉ meṉ, phir us ne we púrí
kíṉ; farmáyá, Maiṉ karúngá tujh ko sab
logoṉ ká peshwá; bolá, aur merí aulád meṉ
bhí? Kahá, Nahíṉ pahunchtá merá qarár
beinsáfoṉ ko.
125 Aur jab ṭhahráyá ham ne yih ghar
kaba ijtimá kí jagah logoṉ ke aur panáh,
aur kar rakho jahán khaṛá húá Ibráhím
namáz kí jagah, aur kah diyá ham ne Ibrá-
hím aur Ismáíl ko, ki pák rakho ghar merá
wáste tawáfwáloṉ ke, aur itikáfwáloṉ ke, aur
rúkú aur sijdawáloṉ ke.
126 Aur jab kahá Ibráhím ne, Ai Rabb,
kar is ko shahr aman ká, aur rozí de us ke
logoṉ ko mewe, jo koí un meṉ yaqín láwe Al-
láh par, aur pichhle din par; farmáyá, Aur jo
koí munkir hai, us ko bhí fáida dúngá thoṛe
dinoṉ, phir us ko qaid kar buláúngá dozakh
ke azáb meṉ, aur burí jagah pahunch hai.
127 Aur jab uṭháne lagá Ibráhím bunyádeṉ
us ghar kí, aur Ismáíl; Ai Rabb, qabúl kar
ham se. tú hí hai asl suntá jántá.
128 Ai Rabb hamáre, aur kar ham ko hukm-
bardár apná, aur hamárí aulád meṉ bhí ek
ummat hukmbardár apní, aur jatá ham ko
dastúr hajj karne ke, aur ham ko muáf kar;
tú hí hai asl muáf karnewálá, mihrbán.
129 Ai Rabb hamáre, aur uṭhá un meṉ
ek Rasúl unhíṉ meṉ ká paṛhe un par terí

áyaten, aur sikháwe un ko kitáb, aur pakkí báten, aur un ko sanwáre, tú hí hai zabardast hukmwálá.

(16 *R.*) 130 Aur kaun pasand na rakhe dín Ibráhím ká, magar jo bewaqúf hai apne jí se? Aur ham ne us ko khássa kiyá dunyá men, aur wuh ákhirat men nek hai.

131 Jab us ko kahá us ke Rabb ne, Hukmbardár ho; bolá, Main hukm men áyá jahán ke Sáhib ke.

132 Aur yih wasíyat kar gayá Ibráhím apne beton ko, aur Yaqúb. Ai beto, Alláh ne chun kar diyá hai tum ko dín; phir na maríyo magar Musalmání par.

133 Kyá tum házir the jis waqt pahunchí Yaqúb ko maut? Jab kahá apne beton ko, Tum kyá pújoge bad mere? Bole, Ham bandagí karenge tere Rabb, aur tere bápdádon ke Rabb ko, Ibráhím, aur Ismáíl aur Isháq: wuhí ek Rabb, aur ham usí ke hukm par hain.

134 Wuh ek jamáat thí, guzar gaí, un ká hai jo kamá gae, aur tumhárá hai jo tum kamáo, aur tum se púchh nahín un ke kám kí.

135 Aur kahte hain, Ho jáo Yahúd, yá Nasárá, to ráh par áo; tú kah, Nahín, balki ham ne pakrí ráh Ibráhím kí, jo ek taraf ká thá aur na thá sharíkwálon men.

136 Tum kaho, Ham ne yaqín kiyá Alláh par aur jo utrá ham par, aur jo utrá Ibráhím, aur Ismáíl, aur Isháq, aur Yaqúb, aur us kí aulád par, aur jo milá Músá ko, aur Ísá ko, jo milá sab nabíon ko, apne Rabb se. Ham faraq nahín karte ek men un sab se, aur ham usí ke hukm par hain.

137 Phir agar we bhí yaqín láwen, jis tarah

par tum yaqín láe, to ráh páwen; aur agar phir jáwen, to ab wuhí hain zidd par; so ab kifáyat hai terí taraf se un ko Alláh, aur wuhí hai suntá, jántá.

138 Rang Alláh ká, aur kis ká rang hai Alláh se bihtar? Aur ham usí kí bandagí par hain.

139 Kah, Ab tum jhagarte ho ham se Alláh men, aur wuhí hai Rabb, hamárá, aur Rabb tumhárá; aur ham ko amal hamáre, aur tum ko amal tumháre, aur ham usí ke hain nire.

140 Kyá tum kahte ho, ki Ibráhím, aur Ismáil, aur Isháq, aur Yaqúb, aur us kí aulád, Yahúd the, yá Nasárá? Kah, Tum bare khabardár, yá Alláh? Aur us se zálim kaun jis ne chhipái gawáhí jo thí us pás Alláh kí? Aur Alláh bekhabar nahín tumháre kám se.

141 Wuh ek jamáat thí, guzar gaí, un ká húá, jo kamá gae, aur tumhárá hai jo tum kamáo, aur tum se púchh nahín un ke kám kí.

DUSRA SIPARA. (17 *R.*) 142 Ab kahenge bewaqúf log, Káhe par phir gae Musalmán apne qible se, jis par the? Tú kah, Alláh kí hai mashriq, aur magrib, chaláwe jis ko cháhe sídhí ráh.

143 Aur isí tarah kiyá ham ne tum ko ummat mutadil, ki ho batánewále logon par aur Rasúl ho tum par batánewálá.

144 Aur wuh qibla jo ham ne thahráyá, jis par tú thá nahín, magar isí wáste ki malúm karen, kaun tábi hai Rasúl ká, aur kaun phir jáwegá ulte pánw? Aur yih bát bhárí húí, magar un par jin ko ráh dí Alláh ne, aur Alláh aisá nahín ki záí kare tumhárá yaqín láná; albatta Alláh logon par shafaqat rakhtá hai, mihrbán.

145 Ham dekhte haiṉ, phir phir jáná terá muṉh ásmán meṉ, so albatta pherenge tujh ko, jis qible kí taraf tú rází hai; ab pher muṉh apná Masjid-ul-harám kí taraf, aur jis jagah tum húá karo, phero muṉh usí kí taraf, aur jin ko milí hai kitáb, albatta jánte haiṉ, ki yihí ṭhík hai un ke Rabb kí taraf se; aur Alláh beḳhabar nahíṉ un kámoṉ se, jo karte haiṉ.

146 Aur agar tú láwe kitábwáloṉ pás sárí nisháníáṉ, na chalenge tere qible par, aur na tú máne un ká qibla, aur na un meṉ ek mántá hai dúsre ká qibla; aur kabhí tú chalá un kí pasand par, baʻd us ilm ke jo tujh ko pahunchá, to beshakk tú bhí hai be-insáfoṉ meṉ.

147 Jin ko ham ne dí hai kitáb, pahchánte haiṉ yih bát, jáisá pahchánte haiṉ apne beṭoṉ ko; aur ek firqa un meṉ chhipáte haiṉ haqq ko, jánkar.

148 Haqq wuhí jo terá Rabb kahe; phir tú na ho shakk karnewálá.

(18 *R.*) 149 Aur har kisí ko ek taraf hai, ki muṉh kartá hai us taraf; so tum sabqat cháho nekíoṉ meṉ, jis jagah tum hoge, karláwegá Alláh ekaṭṭhe; beshakk Alláh har chíz kar saktá hai.

150 Aur jis jagah se tú nikle, muṉh kar taraf Masjid-ul-harám kí, aur yihí tahqíq hai tere Rabb kí taraf se; aur Alláh be-ḳhabar nahíṉ tumháre kám se.

151 Aur jaháṉ se tú nikle, tú muṉh kar taraf Masjid-ul-harám kí, aur jis jagah tum húá karo, muṉh karo usí taraf ki na rahe logoṉ ko tum se jahgaṛne kí jagah; magar jo un meṉ be-insáf haiṉ, so un se mat ḍaro, aur

mujh se ḍaro, aur is wáste, ki púrá karúṇ tum par fazl apná, aur sháyad tum ráh páo.

152 Jaisá bhejá ham ne tum ko Rasúl tum hí meṇ ká paṛhtá tumháre pás áyateṇ hamárí, aur tum ko sanwártá aur sikhátá kitáb, aur tahqíq bát, aur sikhátá tum ko jo tum na jánte the.

153 To tum yád rakho mujh ko, maiṇ yád rakhúṇ tum ko, aur ihsán máno merá, aur náshukrí mat karo.

(19 *R.*) 154 Ai Musalmáno, quwwat pakṛo sábit rahne se, aur namáz se; beshakk Alláh sáth hai sábit rahnewáloṇ ke.

155 Aur na kaho, jo koí márá jáwe Alláh kí ráh meṇ, ki murde haiṇ, balki we zinde haiṇ; lekin tum ko khabar nahíṇ.

156 Aur albatta ham ázmáwenge tum ko kuchh ek ḍar se, aur bhúkh se, aur nuqsán se, máloṇ ke, aur jánoṇ ke, aur mewoṇ ke; aur khushí suná sábit rahnewáloṇ ko.

157 Ki jab un ko pahunche kuchh musíbat, kaheṇ, Ham Alláh ke mál haiṇ, aur ham ko usí kí taraf phir jáná.

158 Aise log unhíṇ par shábásheṇ haiṇ apne Rabb kí, aur mihrbání, aur wuhí haiṇ ráh par.

159 Safá o Marwá jo haiṇ, nishán haiṇ Alláh ke; phir jo koí hajj kare us ghar ká, yá ziyárat, to gunáh nahíṇ us ko, ki tawáf kare in donoṇ meṇ, aur jo koí shauq se kare kuchh nekí, to Alláh qadrdán hai, sab jántá.

160 Jo log chhipáte haiṇ, jo kuchh ham ne utáre sáf hukm aur ráh ke nishán, baḍ us ke ki ham un ko khol chuke logoṇ ke wáste kitáb meṇ, un ko lạnat detá hai Alláh, aur lạnat dete haiṇ sab lạnat denewále.

161 Magar jinhon ne tauba kí, aur sanwárá, aur bayán kar diyá, to un ko muáf kartá hún, aur main hún muáf karnewálá, mihrbán.

162 Jo log munkir húe, aur mar gae munkir hí, unhín par lanat Alláh kí, aur Firishton kí, aur logon kí, sab kí.

163 Rah pare usí men, na halká hogá un par azáb, aur na un ko fursat milegí.

164 Aur tumhárá Rabb akelá Rabb hai; kisí ko pújná nahín us ke siwáe, bará mihrbán, rahmwálá.

(20 *R.*) 165 Ásmán zamín ká banáná, aur rát din ká badalte áná, aur kishtí jo lekar chaltí hai daryá men jo chízen kám áwen logon ko, aur wuh jo utárá Alláh ne ásmán se, pání phir jiláyá us se zamín ko mar gae píchhe, aur bikhere us men sab qism ke jánwar, aur phirná báwon ká, aur abr jo hukm ká tábi hai darmiyán ásmán aur zamín ke, un men namúne hain aqlmand logon ko.

166 Aur baze log hain, jo pakarte hain Alláh ke siwáe auron ko dost, muhabbat rakhte hain un kí, jaise muhabbat Alláh kí, aur ímánwálon ko us se ziyáda muhabbat hai Alláh kí, aur kabhí dekhen be-insáf, us waqt ko, jab dekhenge azáb, ki zor sárá Alláh ko hai, aur Alláh kí már sakht hai.

167 Jab alag ho jáwen jin ke sáth húe the apne sáth wálon se, aur dekhen azáb, aur tút jáwen un ke sab taraf ke iláqe;

168 Aur kahenge sáth pakarnewále, Kásh ki ham ko dúsre bár zindagí ho, to ham alag howen un se, jaise ye alag ho gae ham se; is tarah dikhátá hai Alláh un ko kám un ke afsos diláne ko, aur un ko nikalná nahín ág se.

(21 *R.*) 169 Logo, kháo zamín kí chízon men se jo halál hai, suthrá, aur na chalo qadamon par Shaitán ke; wuh tumhárá dushman hai sarih.

170 Wuh to yihí hukm karegá tum ko bure kám, aur behayáí ká, aur yih, ki jhúṭh bolo Alláh par, jo tum ko malúm nahín.

171 Aur jo un ko kahiye, Chalo us par jo názil kiyá Alláh ne; kahen, Nahín, ham chalenge us par jis par dekhá apne bápdádon ko, aur bhalá agarchi un ke bápdáde na aql rakhe hon, kuchh aur na ráh kí khabar.

172 Aur misál un munkiron kí jaise misál ek shakhs kí, ki chillátá hai ek chíz ko. jo suntí nahín, magar pukárná aur chilláná, bahre, gúnge, andhe hain, so un ko aql nahín.

173 Ai ímánwálo, kháo suthrí chízen, jo tum ko rozí dí ham ne, aur shukr karo Alláh ká, agar tum usí ke bande ho.

174 Yihí harám kiyá hai tum par murda, aur lahú, aur gosht súar ká, aur jis par nám pukárá Alláh ke siwáe ká, phir jo koí phansá ho, na be-hukmí kartá hai, na ziyádatí, to us par nahín gunáh; Alláh bakhshnewálá hai, mihrbán.

175 Jo log chhipáte hain jo kuchh názil kí Alláh ne kitáb se, aur lete hain us par mol thoṛá, we nahín kháte apne peṭ men magar ág, aur na bát karegá un se Alláh qiyámat ke din; aur na sanwáregá un ko, aur un ko dukh kí már hai.

176 Wuhí hain, jinhon ne kharíd kí gumráhí badle ráh ke, aur már badle mihr ke, so kyá sabár hai un ko ág kí? Is wáste ki Alláh Taálá ne utárí kitáb sachchí, aur jinhon

ne kaí ráheṉ nikáliṉ kitáb meṉ, we zidd meṉ daur paṛe haiṉ.

RUBA (22 R.) 177 Nekí yihí nahíṉ, ki muṉh karo apne mashriq kí taraf yá magrib kí; walekin nekí wuh hai, jo koí ímán láwe Alláh par, aur pichhle din par, aur firishtoṉ par, aur kitáb par, aur nabíoṉ par, aur dewe mál us kí muhabbat par nátewáloṉ ko, aur yatímoṉ ko, aur muhtájoṉ ko, aur ráh ke musáfir ko, aur mángnewáloṉ ko, aur gardaneṉ chhoṛáne meṉ, aur khaṛí rakhe namáz, aur diyá kare zakát, aur púrá karnewále apne qarár ko, jab púrá kareṉ, aur ṭhaharnewále sakhtí meṉ, aur taklíf meṉ, aur waqt laṛáí ke, wuhí log haiṉ, jo sachche húe, aur wuhí bacháo meṉ áe.

178 Ai ímánwálo, hukm húá hai tum par, badlá barábar máre gaeoṉ meṉ, sáhib ke badle sáhib, aur gulám ke badle gulám, aur aurat ke badle aurat; phir jis ko muáf húá us ke bháí kí taraf se, kuchh ek to cháhiye marzí par chalná, muwáfiq dastúr ke, aur pahchánná us ko nekí se yá ásání húí tumháre Rabb kí taraf se, aur mihrbání; phir jo koí ziyádatí kare bad us ke, to us ko dukh kí már hai.

179 Aur tum ko qisás meṉ zindagí hai, ai aqlmando, sháyad bachte raho.

180 Hukm húá hai tum par, jab házir ho kisi ko tum meṉ se maut, agar kuchh mál chhoṛe, ki dilwá mere má báp ko, aur nátewáloṉ ko dastúr se: zarúr hai parhezgároṉ ko.

181 Phir jo koí us ko badle bad is ke, ki sun chuká, to us ká gunáh unhíṉ par, jinhoṉ ne badlá us ko; beshakk Alláh suntá, jántá.

182 Phir jo koí ḍará dilwánewále kí tarafdárí se yá gunáh se phir un meṉ sulh karwá de,

to us par nahíṉ gunáh: albatta Alláh bakhsh-
newálá, mihrbán hai.

(23 *R.*) 183 Ai ímánwálo, hukm húá tum
par roze ká, jaise hukm húá thá tum se aglon
par. sháyad tum parhezgár ho jáo.

184 Kaí din gintí ke; phir jo koí tum meṉ
bímár ho, yá safar meṉ, to gintí cháhiye aur
dinoṉ se; aur jin ko táqat hai, to badlá
cháhiye ek faqír ká kháná; phir jo koí shauq
se kare nekí, to us ko bihtar hai; aur roza
rakho, to tumhárá bhalá hai, agar tum samajh
rakhte ho.

185 Mahína Ramzán ká, jis meṉ názil húá
Qurán, hidáyat wáste logoṉ ke, aur khulí
nishániáṉ ráh kí, aur faisala; phir jo koí páwe
tum meṉ yih mahína, to wuh roza rakhe, aur
jo koí ho bímár, yá safar meṉ, to gintí cháhiye
aur dinoṉ se; Alláh cháhtá hai tum par ásání,
aur nahín cháhtá tum par mushkil, aur is
wáste ki púrí karo gintí, aur baṛáí karo Alláh
kí us par, ki tum ko ráh batáí, aur sháyad
tum ihsán máno.

186 Aur jab tujh se púchheṉ bande mere
mujh ko, to maiṉ nazdík húṉ; pahúnchtá húṉ
pukárte kí pukár ko, jis waqt mujh ko pukár-
tá hai: to cháhiye hukm máneṉ merá, aur
yaqín láweṉ mujh par, sháyad nek ráh par
áweṉ.

187 Halál húá tum ko roze kí rát meṉ be-
parda honá apní ạuratoṉ se; we poshák haiṉ
tumhárí, aur tum poshák un kí; Alláh ne
ṃalúm kiyá, ki tum apní chorí karte the; so
muạ́f kiyá tum ko, aur darguzar kí tum se;
phir ab milo un se, aur cháho jo likh diyá
Alláh ne tum ko, aur kháo, aur pío, jab tak
sáf nazar áwe tum ko dhárí sufed judí dhárí

siyáh se fajr kí, phir púrá karo roza rát tak, aur na lago un se jab ịtikáf men̲ baiṭhe ho masjidon̲ men̲; ye hadden̲ bándhí hain̲ Alláh kí, so un ke nazdík na jáo; is tarah bayán kartá hai Alláh apní áyaten̲ logon̲ ko; sháyad we bachte rahen̲.

188 Aur na kháo mál ek dúsre ke ápas men̲ náhaqq, aur na pahuncháo unhen̲ hákimon̲ tak, ki khá jáo káṭkar logon̲ ke mál men̲ se máre gunáh ke, aur tum ko malúm hai.

(24 *R.*) 189 Tujh se púchhte hain̲ nae chánd ká nikalná; tú kah, Ye waqt ṭhahre hain̲, wáste logon̲ ke aur hajj ke. Aur nekí yih nahín̲, ki gharon̲ men̲ áo chhat par se; lekin nekí wuh hai, jo bachtá rahe; aur gharon̲ men̲ áo darwázon̲ se, aur Alláh se ḍarte raho, sháyad murád ko pahuncho.

190 Aur laṛo Alláh kí ráh men̲ un se, jo laṛte hain̲ tum se, aur ziyádatí mat karo; Alláh nahín cháhtá ziyádatíwálon̲ ko.

191 Aur már ḍálo un ko jis jagah páo, aur nikál do jáhán̲ se unhon̲ ne tum ko nikálá; aur dín se bichhláná qatl karne se ziyáda; aur na laṛo un se Masjid-ul-harám pás, jab tak we na laṛen̲ tum se us jagah; phir agar we laṛen̲, to un ko máro; yihí sazá hai munkiron̲ kí.

192 Phir agar we báz áwen̲, to Alláh bakhsnewalá, mihrbán hai.

193 Aur laṛo un se, jab tak báqí na rahe fasád, aur hukm rahe Alláh ká; phir agar we báz áwen̲, to ziyádatí nahín̲, magar be-insáfon̲ par.

194 Hurmat ká mahína muqábil hurmat ke mahíne ke aur ádáb rakhne men̲ badlá

hai. Phir jis ne tum par ziyádatí kí, tum us par ziyádatí karo, jaise us ne ziyádatí kí tum par; aur ḍarte raho Alláh se; aur ján rakho, ki Alláh sáth hai parhezgáron ke.

195 Aur ḳharch karo Alláh kí ráh men, aur na ḍálo apní ján ko halákat men, aur nekí karo; Alláh cháhtá hai nekíwálon ko.

196 Aur púrá karo hajj aur umra Alláh ke wáste; phir agar tum roke gae, to jo mayassar ho qurbání bhejo, aur hajámat na karo sir kí jab tak pahunch na chuke qurbání apne ṭhikáne. Phir jo koí tum men maríz ho, yá us ko dukh diyá us ke sir ne, to badlá dewe roze, yá ḳhairát, yá zabh karná; phir jab tum ko ḳhátir jama ho, to jo koí fáida lewe umra milá kar hajj ke sáth, to jo mayassar ho qurbání pahuncháwe. Phir jis ko paidá na ho, to roza tín din ká hajj ke waqt men, aur sát din jab phirkar jáo; ye das húe púre; yih us ko hai jis ke gharwále na hon rahte Masjid-ul-harám pás; aur ḍarte raho Alláh se, aur ján rakho ki Alláh ká azáb saḳht hai.

(25*R.*) 197 Hajj ke kaí mahíne hain malúm, phir jis ne lázim kar liyá un men hajj to beparda honá nahín auraton se, na gunáh karná, na jhagṛá karná hajj men, aur jo kuchh tum karoge nekí, Alláh ko malúm hogí, aur kharch i ráh liyá karo, ki bihtar ḳharch i ráh gunáh se bachná hai, aur mujh se ḍarte raho, ai aqlmando.

198 Kuchh gunáh nahín tum par, ki talásh karo fazl apne Rabb ká; phir jab tawáf ko chalo Arfát se, to yád karo Alláh ko nazdík Mashar-ul-harám ke; aur us ko yád karo jis tarah tum ko sikháyá, aur tum the is se pahle ráh bhúle.

199 Phir tawáf ko chalo jahán se sab log chalen, aur gunáh bakhshwáo Alláh se; Alláh hai bakhshnewálá, mihrbán hai.

200 Phir jab púre kar chuko apne hajj ke kám, to yád karo Alláh ko, jaise yád karte the apne báp dádon ko, balki un se ziyáda. Phir koí ádmí kahtá hai, ki Ai Rabb hamáre, de ham ko dunyá men; aur us ko ákhirat men kuchh hissa nahín.

201 Aur koí un men kahtá hai, Ai Rabb hamáre, de ham ko dunyá men khúbí, aur ákhirat men khúbí, aur bachá ham ko dozakh ke azáb se. Ye log in ko hai hissa apní kamáí se, aur Alláh jald letá hai hisáb.

NISAF. 202 Aur yád karo Alláh ko kaí din gintí ke; phir jo koí jaldí chalá gayá do din men us par nahín gunáh, aur jo koí rah gayá us par nahín gunáh jo koí dartá rahe; aur darte raho Alláh se, aur ján rakho ki tum usí pás jama hoge.

203 Aur baza ádmí hai, ki khush áwe tujh ko us kí bát dunyá kí zindagí men, aur gawáh pakartá hai Alláh ko apne dil kí bát par, aur wuh sakht jhagrálú hai.

204 Aur jab píth phere to daurtá phire mulk men, ki us men wíráni kare aur halák kare khetíán, aur jánen; aur Alláh dost nahín rakhtá fasád karne ko.

205 Aur jo kahiye us ko, Alláh se dar tú, khínch láwe us ko takabbur gunáh par, phir bas hai us ko dozakh aur burí taiyárí hai.

206 Aur koí shakhs bechtá hai apní ján, talásh kartá hai khushí Alláh kí, aur Alláh shafaqat rakhtá hai bandon par.

207 Ai ímánwálo, dákhil ho Musalmání

meṉ púre, aur mat chalo qadamoṉ par Shaitán ke, wuh tumhárá saríh dushman hai.

208 Phir agar ḍigne lago baḍ us ke, ki pahunche tum ko sáf hukm, to ján rakho ki Alláh zabardast hai, hikmatwálá.

209 Kyá log yihí intizár rakhte haiṉ, ki áwe un par Alláh abr ke sáyabánoṉ meṉ, aur firishte, aur faisal húe kám; aur Alláh kí taraf rujú haiṉ sab kám.

(26 R.) 210 Púchh baní Isráíl se, Kitní díṉ un ko áyateṉ wázih? Aur jo koí badal ḍále Alláh kí niamat baḍ us ke ki pahúnch chuke us ko, to Alláh kí már sakht hai.

211 Rijháyá hai munkiroṉ ko dunyá kí zindagí par, aur haṉste haiṉ ímánwáloṉ se, aur parhezgár un se úpar honge qiyámat ke din, aur Alláh rozí dewe jis ko cháhe beshumár.

212 Logoṉ ká dín ek hai, phir bheje Alláh ne Nabí khushí aur ḍar sunánewále, aur utárí un ke sáth kitáb sachchí, ki faisal kare logoṉ meṉ jis bát meṉ jhagrá kareṉ, aur kitáb meṉ jhagrá ḍálá nahíṉ, magar unhoṉ ne jin ko milí thí baḍ us ke, ki un ko pahunch chuke sáf hukm, ápas kí zidd se. Phir ab ráh dí Alláh ne ímánwáloṉ ko; us sachchí bát kí, jis meṉ we jhagaṛ rahe the apne hukm se; aur Alláh chaláwe jis ko cháhe sídhí ráh.

213 Kyá tum ko khiyál hai, ki jannat meṉ chale jáoge? Aur abhí tum par áe nahíṉ ahwál un ke, jo áge ho chuke tum se, pahunchí un ko sakhtí aur taklíf, aur jharjhaṛáe gae yaháṉ tak, ki kahne lagá Rasúl aur jo us ke sáth ímán láe, kab áwe madad Alláh kí, sun rakho madad Alláh kí nazdík hai.

214 Tujh se púchhte hain, Kyá chíz kharch karen? Tú kah, Jo chíz kharch karo fáide ko, so má báp ko, aur nazdík ke nátewálon ko, aur yatímon ko, aur muhtájon ko, aur ráh ke musáfir ko; aur jo karoge bhaláí, so wuh Alláh ko malúm hai.

215 Hukm húá tum par laráí ká, aur wuh burí lagí hai tum ko, aur sháyad tum ko burí lage ek chíz, aur wuh bihtar ho tum ko; aur sháyad tum ko khush lage ek chíz, aur wuh burí ho tum ko; Alláh jántá hai, aur tum nahín jánte.

(27 R.) 216 Tujh se púchhte hain, harám ke mahíne ko us men laráí karní; Tú kah, Laráí us men bará gunáh hai, aur rokná Alláh kí ráh se, aur us ko na mánná, aur Masjid-ul-harám se rokná, aur nikál dená us ke logon ko wahán se, is se ziyáda gunáh hai Alláh ke yahán, aur dín se bichláná már dálne se ziyáda, aur we to lagehí rahte hain, tum se larne ko, yahán tak, ki tum ko pher den tumháre dín se, agar maqdúr páwen, aur jo koí phiregá tum men apne dín se, phir mar jáwegá kufr hí par, to aison ke záí húe amal dunyá aur ákhirat men, aur we ágwále hain, we usí men rah pare.

217 Jo log ímán láe, aur jinhon ne hijrat kí, aur lare Alláh kí ráh men, we ummedwár hain Alláh kí mihr ke, aur Alláh bakhshnewálá, mihrbán hai.

218 Tujh se púchhte hain hukm sharáb ká, aur júe ká; tú kah, In men bará gunáh hai, aur fáide bhí hain logon ko, aur in ká gunáh fáide se bará. Aur púchhte hain tujh se, Kyá kharch karen?

219 Tú kah, Jo afzúd ho; isí tarah bayán kartá hai Alláh tumháre wáste hukm, sháyad tum dhyán karo.

220 Dunyá men bhí aur ákhirat men bhí; aur púchhte hain tujh se yatímon ká hukm; Tú kah, Sanwárná un ká bihtar hai, aur agar kharch milá rakho un ká, to tumháre bháí hain aur Alláh ko malúm hai kharáb karnewálá, aur sanwárnewálá, aur agar cháhtá Alláh tum par mushkil dáltá; Alláh zabardast hai, tadbírwálá.

221 Aur nikáh men na láo shirkwálí auraten, jab tak ímán na láwen, aur albatta laundí Musalmán bihtar hai kisí shirkwálí se, agarchi tum ko khush áwe; aur nikáh na karo shirkwálon ko, jab tak ímán na láwen; aur albatta gulám Musalmán bihtar hai kisí shirkwále se, agarchi tum ko khush áwe; we log buláte hain dozakh kí taraf, aur Alláh bulátá hai jannat kí taraf, aur bakhshish kí taraf apne hukm se, aur batátá hai apne hukm logon ko, sháyad we chaukas ho jáwen.

(28 *R.*) 222 Aur púchhte hain tujh se hukm haiz ká: Tú kah, Wuh gandagí hai, so tum pare raho auraton se haiz ke waqt, aur nazdík na ho un se jab tak pák na howen; phir jab suthráí kar len jáo un pás, jahán se hukm diyá tum ko Alláh ne; Alláh ko khush átí hain tauba karnewálí, aur khush átí hain suthráíwálí.

223 Auraten tumhárí khetí hain tumhárí, so jáo apní khetí men jahán se cháho, aur áge kí tadbír karo apne wáste, aur darte raho Alláh se, aur ján rakho, ki tum ko us se milná hai, khushkhabarí suuná ímánwálon ko.

224 Aur na ṭhahráo Alláh ko batkhaṇḍá apní qasmeṇ kháne ká, ki salúk karo, aur parhezgárí, aur sulh darmiyán logoṇ ke, aur Alláh suntá hai, jántá.

225 Nahíṇ pakartá tum ko Alláh tumhárí nakárí qasmoṇ par, lekin pakartá hai us kám par jo karte haiṇ tumháre dil; aur Alláh bakhshtá hai, tahammulwálá.

226 Jo log qasm khá rahe haiṇ apní aurat-oṇ se, un ko fursat hai chár mahíne ki, phir agar mil gae, to Alláh bakhshnewálá, mihrbán hai.

227 Aur agar ṭhahráyá rukhsat karná, to Alláh suntá hai, jántá.

228 Aur taláqwálí aurateṇ intizár karwá-deṇ apne taíṇ tín haiz tak, aur un ko halál nahíṇ ki chhipá rakhen jo paidá kiyá Alláh ne un ke peṭ meṇ, agar ímán rakhtí haiṇ Alláh par, aur pichhle din par. aur un ke kháwindoṇ ko pahunchtá hai, phir lená un ká utní der meṇ, agar cháheṇ sulh karní; aur auratoṇ ká bhí haqq hai, jaisá un par haqq hai, muwáfiq dastúr ke, aur mardoṇ ko un par darjá hai; aur Alláh zabardast hai, tadbírwálá.

(29 R.) 229 Taláq, do bár tak, phir rakhná muwáfiq dastúr ke, yá rukhsat karná nekí se; aur tum ko rawá nahíṇ, ki le lo kuchh apná diyá húá auratoṇ ko, magar ki we donoṇ ḍareṇ, ki na ṭhík rakhenge, qáide Alláh ke; phir agar tum log ḍaro ki we donoṇ na ṭhík ra-khenge qáide Alláh ke, to gunáh nahíṇ donoṇ par jo badlá dekar chhúte aurat. Ye dastúr bándhe haiṇ Alláh ke; so in se áge mat baṛ-ho; aur jo koí baṛh chale Alláh ke qáidoṇ se, so wuhí log haiṇ gunahgár.

230 Phir agar us ko taláq de, to ab us ko halál nahín wuh aurat us ke bad, jab tak nikáh na kare kisí khấwind se us ke siwáe; phir agar wuh shakhs us ko taláq de, tab gunáh nahín un donon ko ki phir mil jáwen, agar khiyál karen, ki thík rakhenge qáide Alláh ke; aur ye dastúr bándhe hain Alláh ke, bayán kartá hai wáste jánnewálon ke.

231 Aur jab taláq dín tum ne auraton ko, phir pahunchen apní iddat tak, to rakh lo un ko dastúr se, yá rukhsat karo un ko dastúr se, aur mat band karo un ke satáne ko, tá ziyádatí karo; aur jo koí yih kám kare, us ne burá kiyá apná; aur mat thahráo hukm Alláh ke hansí; aur yád karo ihsán Alláh ká, jo tum par hai, aur jo utárí tum par kitáb, aur kám kí báten, ki tum ko samajháwe; aur darte raho Alláh se, aur ján rakho, ki Alláh sab chíz jántá hai.

SULS (30 *R.*) 232 Aur jab taláq dí tum ne auraton ko, phir pahunch chukín apní iddat tak, tab rakho un ko, ki nikáh kar len apne khấwindon se, jab rází ho jáwen muwáfiq dastúr ke; yih nasíhat miltí hai us ko, jo koí tum men Alláh par yaqín rakhtá hai, aur pichhle din par; isí men sanwár ziyáda hai tum ko, aur suthráí, aur Alláh jántá hai, aur tum nahín jánte.

233 Aur larkewálián dúdh piláwen apne larkon ko do baras púre, jo koí cháhe ki púrí kare dúdh kí muddat, aur larkewále par hai kháná, aur pahinná un ká, muwáfiq dastúr ke, taklíf nahín kisí shakhs ko, magar jo us kí gunjáish hai, na zarar cháhe apní aulád ká, aur na larkewálá apní aulád ká, aur wáris par bhí yihí zimma hai; phir agar donon

cháheṉ dúdh chhoṛáná ápas kí razá se, aur mashwarat se, to un ko nahíṉ gunáh; aur agar tum mard cháho, ki dúdh pilwáo apní aulád ko, to tum par nahíṉ gunáh, jab hawále kar diyá jo tum ne ṭhahráyá thá muwáfiq dastúr ke; aur ḍaro Alláh se, aur ján rakho, ki Alláh tumháre kám dekhtá hai.

234 Aur jo log mar jáweṉ tum meṉ, aur chhoṛ jáweṉ ʿauraten, we intizár karwáweṉ apní taíṉ chár mahíne aur das din; phir jab pahunch chukíṉ apní ʿiddat ko to tum par gunáh nahíṉ jo we apne haqq meṉ kareṉ muwáfiq dastúr ke; aur Alláh ko tumháre kám kí ḳhabar hai.

235 Aur gunáh nahíṉ tum par agar parde meṉ kaho paigám nikáh ká ʿaurat ko, yá chhipá rakho apne dil meṉ; maʿlúm hai Alláh ko, ki tum albatta un ká dhiyán karoge, lekin waʿda na kar rakho un se chhip kar, magar yihí ki kah do ek bát jis ká riwáj hai, aur na bándho gira nikáh kí, jab tak pahunch chuke hukm Alláh ká apní muddat ko; aur ján rakho, ki Alláh ko maʿlúm hai jo tumháre dil meṉ hai; to us se ḍarte raho, aur ján rakho ki Alláh baḳhshtá hai, tahammulwálá.

(31 *R.*) 236 Gunáh nahíṉ tum par, agar taláq do ʿauratoṉ ko, jab tak yih nahín ki un ko háth lagáyá ho, yá muqarrar kiyá ho un ká kuchh haqq aur un ko ḳharch do, wasaṭwále par uske muwáfiq hai, aur tangíwále par us ke muwáfiq jo ḳharch dastúr hai; lázim hai nekíwáloṉ ko.

237 Aur agar taláq do un ko háth lagáne se pahle, aur ṭhahrá chuke ho un ká haqq, to lázim húá ádhá jo kuchh ṭhahráyá thá, magar yih, ki dar guzar kareṉ ʿauraten yá

dar guzar kare jis ke háth gira hai nikáh kí, aur tum mard dar guzar karo, to qaríb hai parhezgárí se, aur na bhulá do baṛáí rakhní ápas meṉ tahqíq; Alláh, jo karte ho, so dekhtá hai.

238 Ḳhabardár raho namázoṉ se, aur bíchwálí namáz se, aur raho Alláh ke áge adab se.

239 Phir agar tum ko ḍar ho to piyáde paṛh lo, yá sawár; phir jis waqt chain páo to yád karo Alláh ko jaisá tum ko sikháyá hai, jo tum na jánte the.

240 Aur jo log tum meṉ mar jáweṉ aur chhoṛ jáweṉ ʿauratеṉ, wasíyat kar deṉ apní ʿauratoṉ ke wáste ḳharch dená, ek baras tak na nikál dená; phir agar nikal jáweṉ, to gunáh nahíṉ tum par, jo kuchh kareṉ apne haqq meṉ dastúr kí bát, aur Alláh zabardast hai, hikmatwálá.

241 Aur taláqwálíoṉ ko ḳharch dená hai, muwáfiq dastúr ke, lázim hai parhezwáloṉ ko.

242 Is tarah bayán kartá hai Alláh tumháre wáste apní áyateṉ, sháyad tum bújh rakho.

(32*R.*) 243 Tú ne na dekhe we log jo nikle apne gharoṉ se, aur we hazároṉ the maut ke ḍar se, phir kahá un ko Alláh ne, Mar jáo; píchhe un ko jilá diyá; Alláh to fazal rakhtá hai logoṉ par, lekin aksar log shukr nahíṉ karte.

244 Aur laṛo Alláh kí ráh meṉ, aur ján lo ki Alláh suntá hai, jántá.

245 Kaun shaḳhs aisá hai ki qaraz de Alláh ko, achchhá qaraz, ki wuh us ko dúná kar de kitte barábar, aur Alláh tangí kartá hai, aur kusháish, aur usí pás ulṭe jáoge.

246 Tú ne na dekhí ek jamáạt Baní Isráíl meṉ Músá ke baḍ, jab kahá apne nabí ko, Khaṛá kar de hamáre wáste ek pádsháh, ki

ham laṛáí kareṉ Alláh kí ráh meṉ; wuh bolá, ki Yih bhí tawaqqa hai tum se, ki agar hukm ho tum ko laṛáí ká, tab na laṛo; bole, Ham ko kyá húá, ki ham na laṛeṉ Alláh kí ráh meṉ, aur ham ko nikál diyá hai, hamáre ghar se, aur beṭoṉ se; phir jab hukm húá un ko laṛáí ká phir gae, magar thoṛe un meṉ; aur Alláh ko malúm hai gunahgár.

247 Aur kahá un ko un ke nabí ne, Alláh ne khaṛá kar diyá tum ko Tálút pádsháh; bole, Kaháṉ hogí us ko saltanat hamáre úpar, aur hamárá haqq ziyáda hai saltanat meṉ us se, aur us ko milí nahíṉ kusháish mál kí; kahá, Alláh ne us ko, Pasand kiyá tum se, aur ziyáda kusháish dí aql meṉ, aur badan meṉ, aur Alláh detá hai apní saltanat jis ko cháhe, aur Alláh kusháishwálá hai, sab jántá.

248 Aur kahá un ko un ke nabí ne, Nishán us kí saltanat ká yih, ki áwe tum ko sandúq jis meṉ diljamaí hai tumháre Rabb kí taraf se, aur kuchh bachí chízeṉ jo chhoṛ gae Músá aur Hárún kí aulád; uṭhá láweṉ us ko Firishte, us meṉ nishání púrí hai tum ko, agar yaqín rakhte ho.

(38 *R.*) 249 Phir jab báhar húá Tálút faujeṉ lekar, kahá, Alláh tum ko ázmátá hai ek nahr se; phir jis ne páni piyá us ká, wuh merá nahíṉ, aur jis ne us ko na chakhá, wuh hai merá, magar jo koí bhar le ek chillú apne háth se; phir pí gae us ká pání magar thoṛe un meṉ se; phir jab pár húá wuh aur ímánwále sáth us ke kahne lage, Quwwat nahíṉ ham ko áj Jálút ki, aur us ke lashkaroṉ kí; bole, Jin ko khiyál thá, ki un ko milná hai Alláh se bahut jagah jamáat thoṛí gálib húí jamáat

babut par Alláh ke hukm se; aur Alláh sáth hai thabarnewálon ke.

250 Aur jab sámhne húe Jálút ke, aur us kí faujon ke, bole, Ai Rabb hamáre, dál de ham men jitní mazbútí hai, aur thahrá hamáre pánw aur madad kar hamárí is káfir qaum par.

251 Phir shikast dí un ko Alláh ke hukm se, aur márá Dáúd ne Jálút ko, aur dí Alláh ne us ko saltanat, aur tadbír aur sikháyá us ko jo cháhá, aur agar dafa na karwáwe Alláh logon ko ek ko ek se, to kharáb ho jáwe mulk, lekin Alláh fazl rakhtá hai jahán ke logon par.

252 Ye áyaten Alláh kí hain; ham tujh ko sunáte hain tahqíq, aur tú beshakk Rasúlon men hai.

TISRA SIPARA. 253 Ye sab Rasúl baṛáí dí ham ne un men ek ko ek se, koí hai ki kalám kiyá us se Alláh ne aur baland kiye bazon ke darje, aur dín ham ne Ísá Maryam ke bete ko nishánián saríh, aur zor diyá us ko Rúh Pák se; aur agar cháhtá Alláh na laṛte un ke pichhle, bad is ke ki pahunche un ko sáf hukm, lekin we phaṭ gae, phir koí un men yaqín láyá aur koí munkir húá, aur agar cháhtá Alláh, na laṛte; lekin Alláh kartá hai jo cháhe.

(34 *R.*) 254 Ai ímánwálo, kharch karo kuchh hamárá diyá pahle us din ke áne se, jis men na bikná hai, aur na áshnáí hai, na sifárish, aur jo munkir hain wuhí hain gunahgár.

255 Alláh, us ke siwáe kisí kí bandagí nahín; wuh jítá hai sab ká thámhnewálá; nahín pakartí us ko úng aur na nínd: usí ká hai jo kuchh hai ásmán o zamín men. Kaun

aisá hai ki sifárish kare us ke pás, magar us
ke hukm se? Jántá hai jo ḳhalq ke rúbarú
hai, aur jo píṭh píchhe, aur yih ki nahíṇ gher
sakte us ke ilm meṇ se kuchh, magar jo wuh
cháhe gunjáish hai; us kí kursí meṇ ásmán
o zamín ko, aur thaktá nahíṇ un ke thámhne
se, aur wuhí hai úpar sab se baṛá.

256 Zor nahíṇ dín kí bát meṇ, ḳhul chukí
hai salábíyat aur beráhí; ab jo koí munkir
ho mufsid se aur yaqín láwe Alláh par, us ne
pakṛí gah mazbút, jo ṭúṭnewálí nahíṇ, aur
Alláh suntá hai, jántá.

257 Alláh kám banánewálá hai ímánwáloṇ
ká, nikáltá hai un ko andheroṇ se ujále meṇ,
aur we jo munkir haiṇ un ke rafíq haiṇ Shai-
tán, nikálte haiṇ un ko ujále se andheroṇ meṇ;
we haiṇ dozaḳhwále, we usí meṇ rah paṛe.

(35 R.) 258 Tú ne na dekhá wuh shaḳhs jo
jhagṛá Ibráhím se, us ke Rabb par, is wáste, ki
dí thí us ko Alláh ne saltanat, jab kahá Ibrá-
hím ne, Merá Rabb wuh hai jo jilátá hai, aur
mártá hai, bolá, Maiṇ húṇ jilátá aur mártá.
Kahá Ibráhím ne, Alláh to látá hai súraj ko
mashriq se, phir tú le á us ko magrib se; tab
hairán rah gayá wuh munkir; aur Alláh ráh
nahíṇ detá beinsáf logoṇ ko.

259 Yá jaisá wuh shaḳhs ki guzrá ek shahr
par, aur wuh girá paṛá thá apní chhatoṇ par, bo-
lá kaháṇ jiláwegá us ko Alláh mar gae píchhe,
phir már rakhá us shaḳhs ko Alláh ne, sau
baras píchhe phir uṭháyá; kahá, Tú kitní der
rahá? Bolá, Maiṇ rahá ek din, yá din se kuchh
kam; Kahá, Nahíṇ, balki tú rahá sau baras.
Ab dekh, apná kháná aur píná saṛ nahíṇ
gayá? Aur dekh apne gadhe ko, aur tujh
ko ham namúná kiyá cháheṇ logoṇ ke wáste

aur dekh haḍḍíáṉ kis tarah ubhárte haiṉ, phir
un par pahnáte hain gosht, phir jab us par
záhir húá, bolá maiṉ jántá húṉ ki Alláh har
chíz par qádir hai.

260 Aur jab kahá Ibráhím ne, Ai Rabb,
dikhá mujh ko kyúnkar jiláwegá tú murde;
farmáyá, ki Tú ne yaqín nahíṉ kiyá; kahá,
Kyúṉ nahíṉ? Lekin is wáste ki taskín ho
mere dil ko; Farmáyá, ki Tú pakaṛ chár
jánwar uṛte; phir un ko hilá apne sáth; phir
ḍál har paháṛ par un ká ṭúkrá ek ek; phir
un ko kah; áweṉ tere pás dauṛte, aur ján le;
ki Alláh zabardast hai, hikmatwálá.

(36 R.) 261 Misál un kí, jo kharch karte
haiṉ apne mál Alláh kí ráh meṉ, jaise ek
dána, us se úgeṉ sát báleṉ, har bál meṉ sau
sau dáne; aur Alláh baṛhátá hai jis ke wáste
cháhe; aur Alláh kusháishwálá hai, sab
jántá.

262 Jo log kharch karte haiṉ apne mál
Alláh kí ráh meṉ, phir pichhe kharch karke
ihsán nahíṉ rakhte, na satáte haiṉ, unhíṉ ko
hai sawáb un ká apne Rabb ke yaháṉ, aur
na ḍar hai uu par, aur na we gam kháweṉ.

263 Bát kahní maqúl, aur ḍar guzar karní
bihtar us khairát se, jis ke píchhe satáná;
aur Alláh be-parwá hai, tahammulwálá.

264 Ai ímánwálo, mat záyi karo apní khai-
rát, ihsán rakhkar, aur satákar, jaise wuh
shakhs ki kharch kartá hai apná mál logoṉ
ke dikháne ko, aur yaqín nahíṉ rakhtá Alláh
par, aur pichhle din par; so us kí misál jaise
sáf patthar, us par paṛí hai miṭṭí, phir us par
barsá zor ká meṉh, to us ko kar rakhá sakht;
kuchh háth nahíṉ lagtí un ko apní kamáí;
aur Alláh ráh nahíṉ detá munkiroṉ ko.

265 Aur misál un kí jo kharch karte haiṉ mál apne Alláh kí khushí cháhkar, aur apná dil sábit kar kar, jaise ek bág balandí par, us par pará menh, to láyá apne phal dúne; phir agar na pará us par menh to os hí parí; aur Alláh tumháre kám dekhtá hai.

266 Bhalá, khush lagtá hai tum meṉ kisí ko, ki howe us ká ek bág, khajúr aur angúr ká, níche us ke bahtí naddíáṉ, us ko waháṉ hásil sab tarah ká mewa, aur us par burhápá pará, aur us kí aulád haiṉ zaíf, tab pará us bág par bagúlá jis meṉ ág thí, to wuh jal gayá; yúṉ samjhátá hai Alláh tum ko áyateṉ, sháyad tum dhiyán karo.

(37 *R.*) 267 Ai ímánwálo, kharch karo suthrí chízeṉ apní kamáí meṉ se, aur jo ham ne nikál diyá tum ko zamín se, aur niyat na rakho gandí chíz par, ki kharch karo, aur tum áp wuh na loge, magar jo ánkheṉ múnd lo, aur ján rakho, ki Alláh be parwá hai, khúbíoṉwálá.

268 Shaitán wada detá hai tum ko tangí ká, aur hukm kartá hai be-hayáí ká; aur Alláh wada detá hai tum ko apní bakhshish ká, aur fazl ká; aur Alláh kusháishwálá hai, sab jántá.

269 Detá hai samajh jis ko cháhe, aur jis ko samajh milí bahut khúbí milí, aur wuhí samajheṉ jin ko aql hai.

270 Aur jo kharch karoge koí khairát, yá qabúl karoge koí minnat, so Alláh ko malúm hai; aur gunahgároṉ ká koí nahíṉ madadgár.

271 Agar khule do khairát, to kyá achchhí bát, aur agar chhipáo aur faqíroṉ ko pahuncháo, to tum ko bihtar hai, aur utártá hai

kuchh gunáh tumháre; aur Alláh tumháre kám se wáqif hai.

272 Terá zimma nahín un ko ráh par láná, lekin Alláh ráh par láwe jis ko cháhe, aur jo mál ḳharch karoge, so apne wáste, jab tak na ḳharch karoge magar Alláh kí ḳhushí cháhkar; aur jo ḳharch karoge ḳhairát, púrí milegí tum ko, aur tumhárá haqq na rahegá.

273 Dená hai un muflison ko jo aṭak rahe hain Alláh kí ráh men, chal phir nahín sakte mulk men; samjhe un ko beḳhabar mahzúz un ke na mángne se, to paichántá hai un ko un ke chihre se; nahín mángte logon se lipaṭkar; aur jo ḳharch karoge kám kí chíz, wuh Alláh ko malúm hai.

RUBA. (38 *R.*) 274 Jo log ḳharch karte hain apne mál Alláh kí ráh men, rát aur din, chhipe, aur khule, to un ko hai mazdúrí un kí apne Rabb ke pás, aur na ḍar hai un par, na we gam kháwenge.

275 Jo log kháte hain súd, na uṭhenge qiyámat ko, magar jis tarah uṭhtá hai wuh jis ke hawás kho diye hain jinn ne lipaṭkar, yih is wáste ki unhon ne kahá, Saudá karná bhí to waisá hí hai jaisá súd lená, aur Alláh ne halál kiyá saudá, aur harám kiyá súd; phir jis ko pahunchí nasíhat apne Rabb kí, aur báz áyá, to us ká hai jo áge ho chuká aur us ká hukm Alláh ke iḳhtiyár; aur jo koí phir kare, wuhí hain dozaḳh ke log; we usí men rah pare.

276 Miṭátá hai Alláh súd, aur baṛhátá hai khairát; aur Alláh nahín cháhtá kisí náshukr gunahgár ko.

277 Jo log ímán láe, aur amal nek kiye, aur qáim rakhí namáz, aur dí zakát, un ko

hai badlá un ká apne Rabb ke pás, aur na un par ḍar hai, na we gam kháwenge.

278 Ai ímánwálo, ḍaro Alláh se, aur chhoṛ do jo rah gayá súd, agar tum ko yaqín hai.

279 Phir agar nahíṉ karte, to ḳhabardár ho jáo laṛne ko Alláh se, aur us ke Rasúl se; aur agar tauba karte ho, to tum ko pahunchte haiṉ asl mál tumháre, na tum kisí par zulm karo, na koí tum par.

280 Aur ek shaḳhs hai tangíwálá, to fursat dení cháhiye jab tak kusháish páwe; aur agar ḳhairát kar do, to tumhárá bhalá hai, agar tum ko samajh hai.

281 Aur ḍarte raho us din se, jis meṉ ulṭe jáoge Alláh ke pás; phir púrá milegá har shaḳhs ko jo us ne kamáyá, aur un par zulm na hogá.

(39 *R.*) 282 Ai ímánwálo, jis waqt muamale karo udhár ke, kisí wada muqarrar tak, to us ko likho; aur cháhiye likh de tumháre darmiyán koí likhnewálá insáf se, aur na kinára kare us se likhnewálá ki likh dewe jaisá sikháyá us ko Alláh ne; so wuh likhe aur batáwe jis par haqq dená hai, aur ḍare Alláh se, jo Rabb hai us ká, aur náqis na kare us meṉ kuchh; phir agar jis shaḳhs par dená áyá be-aql hai, yá zaíf hai, yá áp nahíṉ batá saktá, to batáwe us ká iḳhtiyárwálá insáf se; aur sháhid kar do do sháhid apne mardoṉ meṉ se, phir agar na hoṉ, to ek mard aur do auratеṉ jin ko pasand rakhte ho sháhidoṉ meṉ, ki bhúl jáwe ek aurat, to yád diláwe us ko wuh dúsrí; aur kinára na kareṉ sháhid jis waqt buláye jáweṉ, aur káhilí na karo us ke likhne se chhoṭá ho, yá baṛá, us ke wade tak; us meṉ ḳhúb insáf hai Alláh ke yaháṉ, aur durust rahtí hai gawáhí, aur lagtá hai

ki tum ko shubha na paṛe, magar aisá ki saudá ho rúbarú ká, phir badal karte ho ápas meṉ, to gunáh nahíṉ tum par ki likho us ko, aur sháhid kar lo jab saudá karo, aur nuqsán na kare likhnewálá, aur na sháhid; aur agar aisá karo to yih gunáh kí bát hai tumháre andar, aur ḍarte raho Alláh se; aur Alláh tum ko sikhátá hai, aur Alláh sab chíz se wáqif hai.

283 Aur agar tum safar meṉ ho, aur na páo likhnewálá, to háth meṉ girau rakhní; phir agar iṭibár kare ek dúsre ká, to cháhiye púrá kare jis par iṭibár kiyá apne iṭibár ko; aur ḍartá rahe Alláh se, jo Rabb hai us ká; aur na chhipáo gawáhí ko; aur jo koí use chhipáwe, to gunahgár hai dil us ká; aur Alláh tumháre kám se wáqif hai.

(40 *R.*) 284 Alláh ká hai jo kuchh hai ásmán o zamín meṉ, aur agar tum khologe apne jí kí bát, yá chhipáoge, hisáb legá tum se Alláh; phir bakhshegá jis ko cháhe, aur ạzáb karegá jis ko cháhe, aur Alláh sab chíz par qádir hai.

285 Máná Rasúl ne jo kuchh utrá us ko us ke Rabb kí taraf se, aur Musalmánoṉ ne, sab ne máná Alláh ko, aur us ke firishtoṉ ko, aur kitáboṉ ko, aur Rasúloṉ ko; ham judá nahíṉ karte kisí ko us ke Rasúloṉ meṉ; aur bole, Ham ne suná aur qabúl kiyá terí bakhshish cháhiye, ai Rabb hamáre, aur tujhí tak rujụ hai.

286 Alláh taklíf nahíṉ detá kisí shakhs ko, magar jo us kí gunjáish hai, usí ko miltá hai, jo kamáyá, aur usí par paṛtá hai jo kiyá. Ai Rabb hamáre, na pakaṛ ham ko, agar ham bhúleṉ, yá chúkeṉ, ai Rabb hamáre, na ham par bojh bhárí, jaisá rakhá thá

ham se aglon par; ai Rabb hamáre, aur na uthwá ham se jis kí táqat ham ko nahín, aur darguzar kar ham se, aur bakhsh ham ko, aur rahm kar ham par. Tú hamárá Sáhib hai, so madad kar hamárí káfiron kí qaum par.

SURA I AL I IMRAN.

Madíne men názil húí 200 *áyat kí hai.*

BISMI-L-LÁ HI-R-RAHMÁ NI-R-RAHÍM.

(1 *R.*) 1 A. L. M.
2 Alláh, us ke siwáe kisí kí bandagí nahín, jítá hai, sab ká thámbnewálá.
3 Utárí tujh par kitáb tahqíq, sábit kartí aglí kitáb ko; aur utárí thí Taurát aur Injíl is se pahle logon kí hidáyat ko, aur utárá insáf.
4 Jo log munkir hain Alláh kí áyaton se, un ko sakht azáb hai. Aur Alláh zabardast hai, badlá lenewálá.
5 Alláh, us par chhipí nahín koí chíz zamín men, na ásmán men.
6 Wuhí tumhárá naqsha banátá hai má ke pet men jis tarah cháhe; kisí kí bandagí nahín us ke siwáe; zabardast hai, hikmatwálá.
7 Wuhí hai, jis ne utárí tujh par kitáb; us men bazí áyaten pakkí hain, so jar hain kitáb kí; aur dúsrí hain kaí taraf miltí. So jin ke dil phire húe hain, we lagte hain un ke dhabwálíon se, talásh karte gumráhí, aur talásh karte hain un kí kal baithání. Aur un kí kal koí nahín jántá siwáe Alláh ke.

Aur jo mazbút ilmwále haiṉ, so kahte haiṉ, Us par ham yaqín láe; sab kuchh hamáre Rabb kí taraf se hai. Aur samjháe wuhí samajhte haiṉ, jin ko ạql hai.

8 Ai Rabb hamáre, dil na pher hamáre, jab ham ko hidáyat de chuká, aur de ham ko apne yaháṉ se mihrbání; beshakk tú hí hái sab denewálá.

9 Ai Rabb hamáre, tú jamạ karnewálá hai logoṉ ko ek din, jis meṉ shubha nahíṉ; beshakk Alláh khiláf nahíṉ kartá wạda.

(2 *R.*) 10 Jo log munkir haiṉ hargiz kám na áwenge un ko un ke mál, aur na aulád Alláh ke áge kuchh, aur wuhí haiṉ chhipṭiáṉ dozakh kí.

11 Jaise dastúr Firạunwáloṉ ká, aur jo un se pahle the. Jhuṭhláíṉ hamárí áyateṉ. Phir pakṛá un ko Alláh ne un ke gunáhoṉ par. Aur Alláh kí már sakht hai.

12 Kah de munkiroṉ ko, Ab tum maglúb hoge, aur hánke jáoge dozakh ko; aur kyá burí taiyárí hai.

13 Abhí ho chuká hai tum ko ek namúna, do faujoṉ meṉ jo ṭhahrí nahíṉ; ek fauj hai ki laṛtí hai Alláh kí ráh meṉ, aur dúsrí munkir hai; yih un ko dekhtí hai apne do barábar saríh ánkhoṉ se; aur Alláh zor detá hai apní madad ká, jis ko cháhe; isí meṉ khabardár hojáweṉ jin ko ánkh hai. Rijháyá hai logoṉ ko mazoṉ kí muhabbat par, ạuratoṉ, aur beṭoṉ, aur ḍher joṛe húe sone ke, aur rúpe ke, aur ghoṛe pale húe, aur muwáshí, aur khetí se; yih baratná hai dunyá kí zindagí meṉ; aur Alláh jo hai, usí pás hai achchhá ṭhikáná.

15 Tú kah, Maiṉ batáúṉ tum ko is se bihtar:

parhezgároṉ ko apne Rabb ke yaháṉ bág haiṉ, níche bahtí naddíáṉ; rah paṛe unhiṉ meṉ; aur ạuraten haiṉ suthrí; aur razámandí Alláh kí; aur Alláh kí nigáh meṉ haiṉ bande.

16 We jo kahte haiṉ Ai Rabb hamáre, ham yaqín láe haiṉ, so bakhsh ham ko gunáh hamáre, aur bachá ham ko dozakh ke ạzáb se.

17 Mihnat uṭhánewále aur sachche aur bandagí meṉ lage rahte, aur kharch karte, aur gunáh bakhshwáte pichhlí rát ko.

18 Alláh ne gawáhí dí, ki kisí kí bandagí nahíṉ us ke siwáe, aur firishtoṉ ne, aur ịlmwáloṉ ne; wuhí hákim insáf ká; kisí ko bandagí nahíṉ siwáe us ke; zabardast hai, hikmatwálá.

NISAF. 19 Dín jo hai Alláh ke yaháṉ, so yihí musalmání hukmbardárí; aur mukhálif nahíṉ húe kitábwále, magar jab un ko mạlúm ho chuká ápas kí zidd se; aur jo koí munkir ho Alláh ke hukmoṉ se, to Alláh shitáb lenewálá hai hisáb.

20 Phir jo tujh se jhagṛeṉ, tú kah, Maiṉ ne tábị kiyá apná muṉh Alláh ke hukm par, aur jo koí mere sáth hai; aur kah de kitábwáloṉ ko aur anpaṛhoṉ ko, ki Tum bhí tábị hote ho; phir agar tábị húe, to ráh par áe; aur agar haṭ rahe, to terá zimma yihí hai pahunchá dená; aur Alláh kí nigáh meṉ haiṉ bande.

(3 *R.*) 21 Jo log munkir haiṉ Alláh kí áyatoṉ se, aur már ḍálte haiṉ nabíoṉ ko náhaqq, aur már ḍálte haiṉ, jo koí kahe insáf ko logoṉ meṉ se, so un ko khushkhabarí suná dukhwálí már kí.

22 Wuhí hain jin kí mihnat záyi húí dunyá aur ákhirat men, aur koí nahín un ká madadgár.

23 Tú ne na dekhe we log jin ko milá hai kuchh ek hissa kitáb ká; un ko buláte hain Alláh kí kitáb kí taraf, ki un men hukm kare; phir hat rahe hain baze un men tagáfil kar kar.

24 Yih is wáste ki kahte hain, Ham ko hargiz na lagegí ág, magar kaí din gintí ke, aur bahke hain apne dín men apní banáí báton par.

25 Phir kyá hogá jab ham un ko jama karenge ek din, jis men shubha nahín, aur púrá páwegá har koí apná kiyá, aur un ká haqq na rahegá?

26 Tú kah, Yá Alláh málik saltanat ke, tú saltanat dewe jis ko cháhe, aur saltanat chhín lewe jis se cháhe, aur izzat dewe jis ko cháhe, aur zalíl kare jis ko cháhe; tere háth hai sab khúbí; beshakk tú har chíz par qádir hai.

27 Tú láwe rát ko din men, aur tú láwe din ko rát men, aur tú nikále jítá murde se, aur nikále murda jíte se, aur tú rizq de jis ko cháhe beshumár.

28 Na pakren musalmán káfiron ko rafíq musalmánon ke siwáe, aur jo koí yih kám kare, wuh Alláh ká koí nahín, magar yih ki tum pakrá cháho, un se bacháo; aur Alláh tum ko darátá hai áp se; aur Alláh hí tak pahunchná hai.

29 Tú kah, Agar tum chhipáoge apne jí kí bát, yá záhir karoge, wuh Alláh ko malúm howegí; aur us ko malúm hai jo kuchh hai ásmán o zamín men, aur Alláh har chíz par qádir hai.

30 Jis din páwegá har shakhs jo kí hai nekí rúbarú, aur jo kí hai buráí, árzú karegá, ki mujh men aur us men faraq par jáwe dúr ká; aur Alláh ḍarátá hai tum ko áp se, aur Alláh shafaqat rakhtá hai bandon par.

(4 *R.*) 31 Tú kah, Agar tum muhabbat rakhte Alláh kí, to merí ráh chalo, ki Alláh tum ko cháhe, aur bakhshe gunáh tumháre; aur Alláh bakhshnewálá, mihrbán hai.

32 Tú kah, Hukm máno Alláh ká aur rasúl ká; phir agar we haṭ rahen, to Alláh nahín cháhtá munkiron ko.

33 Alláh ne pasand kiyá Ádam ko, aur Núh ko, aur Ibráhím ke ghar ko, aur Imrán ke ghar ko sáre jahán se.

34 Ki aulád hai ek dúsre kí, aur Alláh suntá, jántá hai.

35 Jab bolí aurat Imrán kí, ki Ai Rabb mere, main ne nazar kiyá jo kuchh mere peṭ men hai ázád, so tú qabúl kar mujh se; tú hí hai asl, suntá, jántá.

36 Phir jab us ko janí, bolí, Ai Rabb, main ne yih laṛkí janí, aur Alláh ko bihtar malúm hai jo kuchh janí, aur beṭá na ho jaise wuh beṭí, aur main ne us ká nám rakhá Maryam, aur main terí panáh men detí hún us ko, aur us kí aulád ko Shaitán mardúd se.

37 Phir qabúl kiyá us ko us ke Rabb ne achchhí tarah ká qabúl karná, aur baṛháyá us ko achchhí tarah ká baṛháná, aur supurd kí Zakariyá ko. Jis waqt átá us ke pás Zakariyá hujre men, pátá us pás kuchh khána. Bolá, ai Maryam, kahán se áyá tujh ko yih? kahne lagí, Yih Alláh ke pás se; Alláh rizq detá hai jis ko cháhe beqiyás.

38 Wahán duá kí Zakariyá ne apne Rabb

se; kahá, Ai Rabb mere, atá kar mujh ko apne pás se aulád pákíza; beshakk tú sunnewálá hai duá.

39 Phir us ko áwáz dí firishton ne, jab wuh khará thá namáz men hujre ke andar, ki Alláh tujh ko khushkhabarí detá hai Yahiyá kí, jo gawáhí degá Alláh ke ek hukm kí, aur sardár hogá, aur aurat pás na jawegá, aur Nabí hogá nekon men.

40 Bolá, Ai Rabb, kahán se hogá mujh ko larká? aur mujh par áyá burhápá, aur aurat merí bánjh hai? Farmáyá, Isí tarah Alláh kartá hai jo cháhe.

41 Bolá, Ai Rabb, mujh ko de kuchh nishání: kahá, Nishání terí yih, ki na bát kare tú logon se tín din, magar ishárat se, aur yád kar apne Rabb ko bahut, aur tasbíh kar shám aur subh.

(5 *R.*) 42 Aur jab firishte bole, ki Ai Maryam, Alláh ne tujh ko pasand kiyá, aur suthrá banáyá, aur pasand kiyá tujh ko jahán ki auraton se;

43 Ai Maryam, bandagí kar apne Rabb kí, aur sijda kar, aur rukú kar sáth rukú karnewálon ke.

44 Ye khabaren ghaib kí hain, ham bhejte hain tujh ko; aur tú na thá un ke pás jab dálne lage apne qalam, ki kaun pále Maryam ko; aur tú na thá un pás jab we jhagarte the.

45 Jab kahá Firishton ne, Ai Maryam, Alláh tujh ko bashárat detá hai ek apne *hukm* kí, jis ká nám Masíh Isá Maryam ká betá, martabewálá dunyá men, aur ákhirat men, aur nazdíkwálon men.

46 Aur báten karegá logon se, jab má kí

god meṉ hogá, aur jab púrí ụmr ká hogá, aur nekbakhtoṉ meṉ hai.

47 Bolí, Ai Rabb, kaháṉ se hogá mujh ko laṛká, aur mujh ko háth nahíṉ lagáyá kisí ádmí ne? Kahá, Isí tarah Alláh paidá kartá hai jo cháhe; jab hukm kartá hai ek kám ko yihí kahtá hai us ko, ki Ho, wuh hotá hai.

48 Aur sikháwegá us ko kitáb, aur kám kí báteṉ, aur Tauret o Injíl. Aur Rasúl hogá baní Isráíl kí taraf, ki maiṉ áyá húṉ tum pás nishání lekar tumháre Rabb kí, ki baná detá húṉ maiṉ tum ko miṭṭí se jánwar kí súrat; phir us meṉ phúnk mártá húṉ, to wuh ho jáwe uṛtá jánwar Alláh ke hukm se; aur changá kartá húṉ jo andhá paidá húá, aur korhí ko; aur jilátá húṉ murde Alláh ke hukm se, aur batá detá húṉ tum ko, jo khákar áo, aur jo rakh áo apne ghar meṉ: is meṉ nishání púrí hai tum ko, agar tum yaqín rakhte ho.

49 Aur sach batátá húṉ Tauret ko, jo mujh se pahle kí hai; aur is wáste ki halál kar dúṉ tum ko baẓí chíz jo harám thí tum par; aur áyá húṉ tum pás nishání lekar tumháre Rabb kí; so ḍaro Alláh se, aur merá kahá máno.

50 Beshakk Alláh hai Rabb merá, aur Rabb tumhárá; so us ko bandagí karo; yih sídhí ráh hai.

51 Phir jab mạlúm kiyá hazrat Ịsá ne baní Isráíl ká kufr, bolá, Koí hai ki merí madad kare Alláh kí ráh meṉ? kahá hawárioṉ ne, Ham haiṉ madad karnewále Alláh ke; ham yaqín láe Alláh par; aur tú gawáh rah, ki ham ne hukm qabul kiyá.

52 Ai Rabb, ham ne yaqín kiyá jo tú ne

utárá, aur ham tábi húe Rasúl ke, so tú likh le ham ko mánnewálon men.

53 Aur fareb kiyá un káfiron ne, aur fareb kiyá Alláh ne; aur Alláh ká dáo sab se bihtar hai.

SULS. (6 *R.*) 54 Jis waqt kahá Alláh ne, Ai Isá, main tujh ko phir lúngá, aur uṭhá lúngá apní taraf, aur pák kar dúngá káfiron se, aur rakhúngá tere tábion ko munkiron se úpar qiyámat ke din tak; pher merí taraf hai tum ko pher áná; pher faisala karúngá tum men, jis bát men tum jhagarte the.

55 So we jo káfir húe un ko azáb karúngá, sakht azáb dunyá men, aur ákhirat men, aur koí nahín un ká madadgár.

56 Aur we jo yaqín láye, aur amal nek kiye, so un ko púrá degá un ká haqq; aur Alláh ko khush nahín áte beinsáf.

57 Yih parh sunáte hain ham tujh ko áyaten aur mazkúr tahqíq.

58 Isá kí misál Alláh ke nazdík jaise misál Ádam kí, banáyá us ko miṭṭí se, phir kahá us ko, Ho já, wuh ho gayá.

59 Haqq bát hai tere Rabb kí taraf se; pher tú mat rah shakk men.

60 Phir jo koí jhagrá kare tujh se is bát men bad us ke ki pahunch chuká tujh ko ilm, to tú kah, Áo, buláwen ham apne beṭe, aur tumháre beṭe, aur apní auraten, aur tumhárí auraten, aur apní ján, aur tumhárí ján; pher duá karen, aur lanat ḍálen Alláh kí jhúṭhon par.

61 Yih jo hai so yihí hai bayán tahqíq; aur kisí kí bandagí nahín siwáe Alláh ke; aur Alláh jo hai, wuhí hai zabardast, hikmatwálá.

62 Phir agar qabúl na kareṉ, to Alláh ko malúm haiṉ fasád karnewále.

(7 *R.*) 63 Tú kah, Ai kitábwálo, áo ek sídhí bát par hamáre tumháre darmiyán kí, ki bandgí na kareṉ ham, magar Alláh ko, aur sharík na ṭhahráweṉ us ká kisí chíz ko, aur na pakṛeṉ ápas meṉ ek ek ko Rabb siwáe Alláh ke; phir agar we qabúl na rakheṉ to kaho sháhid raho, ki Ham to hukm ke tábi haiṉ.

64 Ai kitábwálo, kyúṉ jhagaṛte ho Ibráhím par, aur Tauret aur Injíl to utríṉ us ke bad; kyá tum ko aql nahíṉ?

65 Sunte ho tum log jhagaṛ chuke jis bát meṉ tum ko kuchh ḳhabar thí; ab kyúṉ jhagaṛte ho, jis bát meṉ tum ko ḳhabar nahíṉ? aur Alláh jántá hai, aur tum nahíṉ jánte.

66 Na thá Ibráhím Yahúdí, aur na thá Nasrání, lekin thá ek taraf ká hukmbardár, aur na thá shirkwálá.

67 Logoṉ meṉ ziyáda munásabat Ibráhím se un ko thí, jo us ke sáth the, aur is Nabí ko, aur ímánwáloṉ ko, aur Alláh wálí hai Musalmánoṉ ká.

68 Árzú hai baze kitábwáloṉ ko, kisí tarah tum ko ráh se bhuláweṉ, aur nahíṉ ráh bhuláte magar áp ko, aur nahíṉ samajhte.

69 Ai kitábwálo, kyúṉ munkir hote ho Alláh ke kalám se, aur tum qáil ho?

(8 *R.*) 70 Ai kitábwáloṉ, kyúṉ miláte ho sahíh meṉ galat, aur chhipáte ho sachchí bát jánkar?

71 Aur kahá ek logoṉ ne ahl i kitáb meṉ se, Mán lo, jo kuchh utrá Musalmánoṉ par, din chaṛhe, aur munkir ho jáo áḳhir din, sháyad we phir jáweṉ.

72 Aur yaqín na karío, magar usí ká jo

chale tumháre dín par; tú kah Hidáyat wuhí hai, jo hidáyat Alláh kare, yih is wáste ki aur ko milá jaisá kuchh tum ko milá thá, yá muqábala kiyá tum se, tumháre Rabb ke áge; tú kah, Baṛáí Alláh ke háth hai, detá hai jis ko cháhe, aur Alláh gunjáishwálá hai, khabardár.

73 Kháss kartá hai apní mihrbání jis par cháhe, aur Alláh ká fazl baṛá hai.

74 Aur bazá ahl i kitáb men se wuh hai, ki agar tú us pás amánat rakhe ḍher mál ká, adá kar de tujh ko; aur bazá un men wuh hai, ki agar tú us pas amánat rakhe ek ashrafí phir na de tujh ko, magar jab tak tú rahe us ke sir par khaṛá; yih is wáste ki unhon ne kah rakhá hai, Nahín ham par jáhilon ke haqq ká gunáh; aur jhúṭh bolte hain Alláh par jánte.

75 Kyún nahín jo koí púrá kare apná iqrár, aur parhezgár hai, to Alláh cháhtá hai parhezgáron ko.

76 Jo log kharíd karte hain Alláh ke qarár par, aur apní qasmon par thoṛá mol, un ko kuchh hissa nahín ákhirat men; aur na bát karegá un se Alláh, aur na nigáh karegá un kí taraf qiyámat ke din, aur na sanwáregá un ko, aur un ko dukh kí már hai.

77 Aur un men ek log hain ki zubán maroṛkar paṛhte hain kitáb, ki tum jáno wuh kitáb men hai, aur wuh nahín kitáb men; aur kahte hain, Wuh Alláh ká kahá hai; aur wuh nahín Alláh ká kahá; aur Alláh par jhuṭh bolte hain jánkar.

78 Kisí bashar ká kám nahín, ki Alláh us ko dewe kitáb, aur hukm, aur paigambar kare; phir wuh kahe logon ko, ki Tum mere bande ho, Alláh ko chhoṛkar, walekin tum

murabbí ho jáo, jaise the tum kitáb sikháte, aur jaise the tum paṛhte.

79 Aur na yih kahe tum ko, ki Ṭhahráo firishtoṉ ko aur nabíoṉ ko Rabb, kyá tum ko kufr sikháwegá baʿd us ke ki tum Musalmán ho chuko ?

(9 *R.*) 80 Aur jab liyá Alláh ne iqrár nabíoṉ ká, ki jo kuchh maiṉ ne tum ko diyá kitáb aur hikmat; phir áwe tum pás koí rasúl, ki sach batáwe tumháre pás wálí ko, to us par ímán láoge, aur us kí madad karoge; farmáyá, ki Tum ne iqrár kiyá, aur is shart par liyá merá zimma; bole, Ham ne iqrár kiyá; farmáyá, To sháhid raho, aur maiṉ bhí tumháre sáth sháhid húṉ.

81 Phir jo koí phir jáwe us ke baʿd, to wuhí log haiṉ be-hukm.

82 Ab kuchh aur dín ḍhúṉḍhte haiṉ siwáe dín Alláh ke, aur usí ke hukm meṉ hai, jo koí ásmán o zamín meṉ hai, ḳhushí se, yá zor se, aur usí taraf phir jáwenge.

83 Tú kah, Ham ímán láye Alláh par, aur jo kuchh utrá ham par, aur jo utrá Ibráhím par, aur Ismáʿíl par, aur Isháq par, aur Yaʿqúb par, aur us kí aulád par, aur jo milá Músá ko, aur ʿIsá ko, aur sab Nabíoṉ ko, apne Rabb kí taraf se; ham judá nahíṉ karte un meṉ kisí ko, aur ham usí ke hukm par haiṉ.

84 Aur jo koí cháhe siwáe islám ke hukmbardárí ke aur dín, so us se hargiz qabúl na hogá, aur wuh áḳhirat meṉ ḳharáb hai.

85 Kyúṉkar ráh degá Alláh aise logoṉ ko, ki munkir ho gaye mánkar; aur batá chuke ki rasúl sachchá hai, aur pahunch chuke un ko nishán; aur Alláh ráh nahíṉ detá beinsáf logoṉ ko.

86 Aise logon kí jazá yih hai, ki un par lanat Alláh kí, aur firishton kí, aur logon kí, sab kí.

87 Par rahe hain us men; na halká ho un par azáb, aur na un ko fursat mile.

88 Magar jinhon ne tauba kí us ke bad, aur sanwár pakrí, to albatta Alláh bakhshnewálá, mihrbán hai.

89 jo log munkir húe mánkar, phir barhte rahe inkár men, hargiz qabúl na hogí un kí tauba; aur wuhí hain ráh bhúle.

90 Jo log munkir húe, aur mar gaye munkir hí, to hargiz qabúl na hogá aise kisí se zamín bharkar soná, agarchi badlá de; yih kuchh un ko dukh kí már hai.

91 Aur koí nahín un ká madadgár.

CHAUTHA SIPARA. (10*R.*) 92 Na pahunchoge nekí ki hadd ko, jab tak na kharch karo kuchh ek jis se muhabbat rakhte ho; aur jo chíz kharch karoge, so wuh Alláh ko malúm hai.

93 Sab kháne kí chízen halál thín baní Isráíl ko, magar jo harám kar lí thí Isráíl ne apní ján par Tauret názil hone se pahle; tú kah, Láo Tauret, aur tum parho, agar sachche ho.

94 Phir jo koí bándhe Alláh par jhúth us ke bad, to wuhí hain beinsáf.

95 Tú kah, Sach farmáyá Alláh ne, ab tábi ho jáo dín Ibráhím ke, jo ek taraf ká thá, aur na thá shirk karnewálá.

96 Tahqíq pahlá ghar jo thahrá logon ke wáste, yihí hai, jo Makke men hai, barakatwálá, aur nek ráh jahán ke logon ko.

97 Is men nisháníán záhir hain, khare hone

kí jagah Ibráhím ke, aur jo koí us ke andar áyá, us ko aman milá; aur Alláh ká haqq hai logoṉ par hajj karná is ghar ká, jo koí páwe is tak ráh; aur jo koí munkir húá, to Alláh parwá nahíṉ rakhtá logoṉ kí.

98 Tú kah, Ai kitábwálo, kyúṉ munkir hote ho Alláh ke kalám se? aur Alláh ke rúbarú hai, jo karte ho.

99 Tú kah, Ai kitábwálo, kyúṉ rokte ho Alláh kí ráh se ímán lánewále ko; ḍhúṉḍhte ho us meṉ ạib, aur tum ḳhabar rakhte ho, aur Alláh be ḳhabar nahíṉ tumháre kám se.

100 Ai ímánwálo, agar tum mánoge baẓe ahl i kitáb kí bát, to phir kar denge tum ko ímán láye píchhe munkir.

101 Aur tum kis tarah munkir ho, aur tum par paṛhí játí haiṉ áyateṉ Alláh kí, aur tum meṉ us ká rasúl hai? aur jo koí mazbút pakṛe Alláh ko, wuh pahunchá sídhí ráh par.

(11 *R.*) 102 Ai ímánwálo, ḍarte raho Alláh se, jaisá cháhiye us se ḍarná; aur na mario magar Musalmán.

103 Aur mazbút pakṛo rassí Alláh kí sab milkar, aur phúṭ na ḍálo; aur yád karo ihsán Alláh ká apne úpar, jab tum the ápas meṉ dushman; phir ulfat dí tumháre diloṉ meṉ; ab ho gaye us ke fazl se bháí; aur the tum kináre par ek ág ke gaṛhe ke; phir tum ko ḳhalás kiyá us se; isí tarah kholtá hai Alláh tum par apní nisháníáṉ, sháyad tum ráh páo.

104 Aur cháhiye ki rahe tum meṉ ek jamáạt bulátí nek kám kí taraf, aur hukm kartí rahe pasaṉd bát ko, aur manạ kartí rahe ná pasand se, aur wuhí pahunche murád ko.

105 Mat ho un kí tarah jo phúṭ gaye aur iḳhtiláf karne lage, baẓd is ke ki pahunch

chuke un ko sáf hukm ; aur un ke wáste baṛá
azáb hai.

106 Jis din sufed honge baze munh, aur
siyáh honge baze munh, so we jo siyáh húe
un ke munh; áyá tum káfir ho gaye ímán
men ákar ?   Ab chakho azáb badlá us kufr
karne ká.

107 Aur we jo sufed húe munh un ke, so
rahmat men hain Alláh kí, we usí men rah
paṛe.

108 Ye hukm hain Alláh ke, ham sunáte
hain tujh ko tahqíq, aur Alláh nahín cháhtá
zulm jahánwálon par.

109 Aur Alláh ká mál hai jo kuchh hai
ásmán o zamín men, aur Alláh taḵ rujú hai
har kám kí.

(12 R.) 110 Tum ho bihtar sab ummaton
se jo paidá húí hain logon men, hukm karte
ho achchhí bát ká, aur mana karte ho burí bát
se, aur ímán láte ho Alláh par; aur agar
ímán láte Ahl i kitáb to un ko bihtar thá;
koí hain un men ímán par, aur aksar we
behukm hain.

111 We tumhárá kuchh na bagáṛenge magar
satáná, aur agar tum se laṛenge, to tum se
píth denge; phir un ko madad na hogí.

112 Márí gaí hai un par zillat jahán dekhiye
siwáe dastáwez Alláh kí, aur dastáwez logon
kí, aur kamá láye gussa Alláh ká, aur márí
gayí un par muhtájí; yih is wáste ki we mun-
kir rahe hain Alláh kí áyaton se, aur qatl
karte rahe nabíon ko náhaqq; yih is se ki we
behukm hain aur hadd se baṛhte hain.

113 We sab barábar nahín, Ahl i kitáb men
ek firqa hai sídhí ráh par, paṛhte hain áyaten
Alláh kí ráton ke waqt, aur we sijda karte
hain.

114 Yaqín láte hain Alláh par aur pichhle

din par, aur hukm karte hain pasand bát ko, aur mana karte hain nápasand se, aur daurte hain nek kámon par, aur we log nek bakhton men hain.

115 Aur jo karenge nek kám so náqabúl na hogá, aur Alláh ko khabar hai parhezgáron kí.

116 We log jo munkir hain, un ke kám na áwenge un ke mál, na aulád Alláh ke áge kuchh, aur we dozakh ke log hain, we us men rah pare.

117 Jo kuchh kharch karte hain is dunyá kí zindagí men, us kí misál jaisí ek bád us men pálá, wuh már gaí khetí ek logon kí jinhon ne apne haqq men burá kiyá thá, pher us ko nábúd kar gaí, aur Alláh ne un par zulm nahín kiyá, par we apne úpar zulm karte hain.

118 Ai ímánwálo, na thahráo bhedí apne gair ko, wuh kamí nahín karte tumhárí kharábí men, un kí khushí hai tum jis qadr taklíf páo, niklí partí hai dushmaní un kí zubán se, aur jo chhipá hai un ke jí men, so is se ziyáda jatá diye ham ne tum ko pate, agar tum ko aql hai.

119 Sunte ho tum log un ke dost ho, aur we tumháre dost nahín, aur tum sab kitábon ko mánte ho, aur jab tum se milte hain, kahte hain, Ham Musalmán hain, aur jab akele hote hain, kát kát kháte hain tum par unglián dushmaní se; tú kah, Maro tum apní dushmaní men, Alláh ko malúm hai jíon kí bát.

120 Agar tum ko mile kuchh bhaláí burí lage un ko, aur agar tum par pahunche buráí khush hon us se, aur agar tum thahre raho,

aur bachte raho, kuchh na bigaṛegá tumhárá un ke fareb se; jo kuchh we karte haiṉ, sab Alláh ke bas meṉ hai.

121 Aur jab fajr ko niklá tú apne ghar se, biṭháne lagá Musalmánoṉ ko laṛáí ke ṭhikánoṉ par, aur Alláh suntá, jántá hai.

122 Jab qasad kiyá do firqoṉ ne tum meṉ se ki námardí kareṉ, aur Alláh madadgár thá un ká, aur Alláh hí par cháhiye bharosá kareṉ Musalmán.

(13 *R.*) 123 Aur tumhárí madad kar chuká hai Alláh Badr kí laṛáí meṉ, aur tum bemaqdúr the; so ḍarte raho Alláh se, sháyad tum ihsán máno.

124 Jab tú kahne lagá Musalmánoṉ ko, Kyá tum ko kifáyat nahíṉ, ki tumhárí madad pahunche Rabb tumhárá? Tín hazár firishte ásmán se utre.

125 Aelbatta agar tum ṭhahre raho, aur parhezgárí karo, aur we áweṉ tum par usí dam to madad bheje tumhárá Rabb pánch hazár firishte pale húe ghoṛoṉ par.

RUBA. 126 Aur yih to Alláh ne tumháre dil kí khushí kí, aur tá taskín ho tumháre diloṉ ko, aur madad hai nirí Alláh ke pás se, jo zabardast hai, hikmatwálá.

127 Tá káṭ ḍále baze káfiroṉ ko, yá un ko zalíl kare, ki phir jáweṉ námurád.

128 Terá ikhtiyár kuchh nahíṉ, yá un ko tauba dewe, yá un par azáb kare, ki we náhaqq par haiṉ.

129 Aur Alláh ká mál hai, jo kuchh ásmán o zamín meṉ hai, bakhshe jis ko cháhe, aur azáb kare jis ko cháhe; aur Alláh bakhshnewálá, mihrbán hai.

(14 *R.*) 130 Ai ímánwálo, mat kháo súd

dúne par dúná, aur ḍaro Alláh se, sháyad tumhárá bhalá ho.

131 Aur bacho us ág se, jo taiyár húí hai káfiron ke wáste.

132 Aur hukm máno Alláh ká, aur Rasúl ká, sháyad tum par rahm ho.

133 Aur dauṛo apne Rabb kí bakhshish par, aur jannat kí taraf, jis ká phailáo hai ásmán o zamín, taiyár húí hai wáste parhezgáron ke.

134 We log, jo kharch kiye játe hain khushí men, aur taklíf men, aur dabá lete hain gussa, aur muáf karte hain logon ko; aur Alláh cháhtá hai nekí karnewálon ko.

135 Aur we log ki jab kar baiṭhen kuchh khulá gunáh, yá burá karen apne haqq men, to yád karen Alláh ko, aur bakhshish mángen apne gunáhon kí; aur kaun gunáh bakhshtá hai siwáe Alláh ke? Aur aṛ na rahe apne kiye par jánte.

136 Un kí jazá hai bakhshish un ke Rabb kí, aur bág jin ke níche bahtí nahren; rah paṛe un men; aur khúb mazdúrí hai kám karnewálon kí.

137 Ho chuke hain tum se áge dastúr, so phiro zamín men, to dekho kyá húá ákhir jhuṭhlánewálon ká.

138 Yih bayán hai logon ke wáste, aur hidáyat aur nasíhat ḍarwálon ko.

139 Aur sust na ho, aur gam na kháo, aur tumhín gálib rahoge, agar tum ímán rakhte ho.

140 Aur agar tum ne zakhm páyá, to we log bhí pá chuke hain zakhm waisá hí; aur ye din badalte láte hain ham logon men, aur is wáste ki maʿlúm kare Alláh jin ko ímán hai;

aur kar liye tum meṉ baẓe shahíd, aur Alláh cháhtá nahíṉ náhaqq wáloṉ ko.

141 Aur is wáste ki nikháre Alláh ímánwáloṉ ko, aur miṭá de munkiroṉ ko.

142 Kyá tum ko ḳhiyál hai, ki dáḳhil ho jáoge jannat meṉ aur abhí maʻlúm nahíṉ, kiyá Alláh ne jo laṛnewále haiṉ tum meṉ se, aur maʻlúm kare sábit rahnewále.

143 Aur tum árzú karte the marne kí us kí muláqát se pahle; so ab dekhá tum ne us ko ánkhoṉ ke sámhne?

(15 *R.*) 144 Aur Mohammad to ek Rasúl hai; ho chuke pahle us se bahut Rasúl; phir kyá agar wuh mar gayá, yá márá gayá, tum phir jáoge ulṭe páoṉ? Aur jo koí phir jáwegá ulṭe páṉw, wuh na bigáṛegá Alláh ká kuchh; aur Alláh sawáb degá bhalá mánnewáloṉ ko.

145 Aur koí jí mar nahíṉ saktá bagair hukm Alláh ke; likhá húá waʻda; aur jo koí cháhegá badlá dunyá ká, us meṉ se denge us ko; aur jo koí cháhegá badlá áḳhirat ká, us meṉ se denge us ko; aur ham sawáb denge ihsán mánnewáloṉ ko.

146 Aur bahut Nabí haiṉ, jin ke sáth hokar laṛe haiṉ bahut Ḳhudá ke tálib; phir na háre haiṉ kuchh taklíf pahunchne se Alláh kí ráh meṉ, aur na sust húe hain, na dab gaye haiṉ; aur Alláh cháhtá hai sábit rahnewáloṉ ko.

147 Aur kuchh nahíṉ bole, magar yihí kahá, ki Ai Rabb hamáre, baḳhsh hamáre gunáh, aur jo ham se ziyádatí húí hamáre kám meṉ, aur sábit rakh hamáre qadam, aur madad de ham ko munkir qaum par.

148 Phir diyá Alláh ne un ko sawáb dunyá ká bhí, aur ḳhub sawáb áḳhirat ká, aur Alláh cháhtá hai nekíwáloṉ ko.

(16 *R.*) 149 Ai ímánwálo, agar tum kahá

mánoge munkiron ká, to tum ko pher denge ulṭe pánw, phir já paṛoge nuqsán men.

150 Balki Alláh tumhárá madadgár hai, aur us kí madad sab se bihtar.

151 Ab ḍálenge ham káfiron ke dil men haibat, is wáste ki unhon ne sharík ṭhahráyá Alláh ká, jis kí us ne sanad nahín utárí; aur un ká ṭhikáná dozakh hai; aur burí basti hai beinsáfon kí.

152 Aur Alláh to sach kar chuká tum se apná wạda, jab tum lage un ko káṭne us ke hukm se, jab tak ki tum ne námardí kí, aur kám men jhagṛá ḍálá, aur behukmí kí, bạd us ke ki tum ko dikhá chuká tumhárí khushí kí chíz.

153 Koí tum men se cháhtá thá dunyá, aur koí tum men se cháhtá thá ákhirat; phir tum ko ulaṭ diyá un par se, is wáste ki tum ko ázmáwe; aur wuh to tum ko mụáf kar chuká; aur Alláh fazl rakhtá hai mominon par.

154 Jab tum chaṛhte játe the, aur píchhe na dekhte the kisí ko, aur Rasúl pukártá thá pichhárí men; phir tum ko tang kiyá badlá tumháre tang karne ká; to gam na kháyá karo, jo háth se jáwe, aur jo sámhne áwe; aur Alláh ko khabar hai tumháre kám kí.

155 Phir tum par utárí tangí ke bạd aman ko úngh, ki gher rahí thí tum men bạzon ko, aur bạzon ko fikr paṛá thá; apne jí ká khiyál karte the Alláh par jhúṭhe khiyál jáhilon ke; kahte the, Kuchh bhí kám hai hamáre háth; Tú kah, Sab kám hai Alláh ke háth; apne jí men chhipáte hain jo tujh se záhir nahín karte; kahte hain, Agar kuchh kám hotá hamáre háth, to ham máre na játe is jagah; tú kah, Agar tum hote apne gharon men,

albatta báhar nikalte jin par likhá thá márá hi jáná apne paṛáo par; aur Alláh ko ázmáná thá, jo kuchh tumháre jí men hai; aur nikhárná thá jo tumháre dil men hai; aur Alláh ko malúm hai jí kí bát.

NISF. 156 Jo log tum men haṭ gaye, jis din bhiṛen do faujen, so un ko ḍigá diyá Shaitán ne kuchh un ke gunáh kí shámat se, aur un ko bakhsh chuká Alláh; Alláh bakhshnewálá hai, tahammul rakhtá.

(17 *R.*) 157 Ai ímánwálo, tum na ho un kí tarah jo munkir húe, aur kahte hain apne bháion ko, jab safar ko niklen mulk men, yá hon jihád men, ki Agar rahte ham pás na marte, aur na máre játe, ki Alláh us se ḍále afsos un ke dil men; aur Alláh hai jilátá, aur mártá, aur Alláh tumháre kám dekhtá hai.

158 Aur agar tum máre gaye Alláh kí ráh men, yá mar gaye, to bakhshish Alláh kí, aur mihrbání bihtar hai us se, jo we jama karte hain.

159 Aur agar tum mar gaye, yá máre gaye, Alláh hí pás ekaṭṭhe hoge.

160 So kuchh Alláh kí mihr hai, jo tú narm dil milá un ko, aur agar tú hotá sakht go sakht dil to muntashir ho játe tere gird se, so tú un ko muáf kar, aur bakhshish máng un ke wáste; aur un se mashwarat le kám men; phir jab ṭhahar chuká, to bharosá kar Alláh par; Alláh cháhtá hai tawakkulwálon ko.

161 Agar Alláh tumhárí madad karegá, to koí tum par gálib na hogá; aur jo wuh tum ko chhoṛ degá, phir kaun hai ki tumhárí madad karegá us ke bad; aur Alláh par bharosá cháhiye Musalmánon ko.

162 Aur Nabí ká kám nahíṇ ki kuchh chhipá rakhe, aur jo koí chhipáwegá wuh láwegá apná chhipáyá húá qiyámat ke diṇ, pher púrá páwegá har koí apná kamáyá, aur un par zulm na hogá.

163 Kyá ek shakhs jo tábi Alláh kí marzí ká barábar hai us ke jo kamá láyá Alláh ká gussa? Aur us ká ṭhikáná dozakh, aur kyá burí jagah pahunchá.

164 Log kaí darje haiṇ Alláh ke yabáṇ ; aur Alláh dekhtá hai jo karte haiṇ.

165 Alláh ne ihsán kiyá ímánwáloṇ par, jo bhejá un meṇ Rasúl unhíṇ meṇ ká, paṛhtá hai un par áyateṇ us kí, aur saṇwártá hai un ko, aur sikhátá hai un ko kitáb, aur kám kí bát ; aur we to pahle saríh gumráh the.

166 Kyá jis waqt tum ko pahunchí ek taklíf, ki tum pahunchá chuke ho us ke do barábar, kahte ho, Yih kaháṇ se áí ; tú kah, Yih áí tum ko apní taraf se ; Alláh har chíz par qádir hai.

167 Aur jo kuchh tum ko sámhne áyá, jis din bhireṇ do faujeṇ, so Alláh ke hukm se ; aur is wáste, ki Alláh maĺúm kare ímánwáloṇ ko.

168 Aur tá maĺúm kare, jo munáfiq the, aur kahá un ko, ki Áo, laṛo Alláh kí ráh meṇ, yá dafa karo dushman ; Bole, Ham ko maĺúm ho laṛái, to tumhárá sáth kareṇ ; we log us din kufr kí taraf nazdík haiṇ ímán se ; kahte haiṇ apne muṇh se, jo nahíṇ un ke dil meṇ ; aur Alláh khúb jántá hai jo chhipáte haiṇ.

169 We jo kahte haiṇ apne bháioṇ ko, aur áp baiṭh rahe haiṇ, Agar we hamárí bát mánte to na máre játe ; tú kah, Ab haṭá díjiyo apne úpar se maut, agar tum sachche ho.

170 Aur tú na samajh jo log máre gaye Alláh kí ráh men murde, balki zinde hain; apne Rabb ke pás rozí páte.

171 Khushí karte hain us par, jo diyá un ko Alláh ne apne fazl se, aur khushwaqt hote hain un kí taraf se, jo in men nahín pahunche un men píchhe se, is wáste ki na dar hai un par, aur na un ko gam.

172 Khushwaqt hote hain Alláh kí niamat aur fazl se, aur us se ki Alláh záyi nahín kartá mazdúrí ímánwálon kí.

(18 *R.*) 173 Jin logon ne hukm máná Alláh aur Rasúl ká, bad is ke ki un men par chuká thá katáo jo un men nek hain, aur parhezgáron ko sawáb bará hai.

174 Jin ko kahá logon ne, ki Unhon ne jama kiyá hai asbáb tumháre muqábale ko, so tum un se khatrá karo; phir un ko ziyáda áyá ímán, aur bole, Bas hai ham ko Alláh, aur kyá khúb kársáz hai.

175 Phir chale áye Alláh ke ihsán se, aur fazl se; kuchh na pahunchí unhen buráí, aur chale Alláh kí razá par, aur Alláh ká fazl bará hai.

176 Yih jo hai so Shaitán hai, ki darátá hai apne doston se, so tum un se mat daro, aur mujh se daro, agar ímán rakhte ho.

177 Aur tujh ko gam na áye un logon se, jo daurkar lagte hain kufr karne, we na bigárenge Alláh ká kuchh; Alláh cháhtá hai ki un ko fáida na de ákhirat men; aur un ko már hai barí.

178 Jinhon ne kharíd kiyá kufr ímán ke badle, we na bigárenge Alláh ká kuchh; aur un ko dukh kí már hai.

179 Aur yih na samjhen munkir, ki Ham

jo fursat dete hain un ko, kuchh bhalá hai un ke haqq men; ham to fursat dete hain un ko, tá barh jáwen gunáh men, aur un ko zillat kí már hai.

180 Alláh wuh nahín ki chhor degá Musalmánon ko, jis tarah par tum ho, jab tak judá na kare nápák ko pák se, aur Alláh yún nahín, ki tum ko khabar de gaib kí, lekin Alláh chhánt letá hai apne Rasúlon men se jise cháhe; so tum yaqín láo Alláh par, aur us ke Rasúlon par; aur agar tum yaqín par raho, aur parhezgárí par, to tum ko bará sawáb hai.

181 Aur na samjhen jo log bukhl karte hain ek chíz par, ki dí hai un ko Alláh ne apne fazl se, yih bihtar hai un ke haqq men, balki yih burá hai un ke wáste, áge tauq paregá un ko jis par bukhl kiyá thá qiyámat ke din, aur Alláh wáris hai ásmán o zamín ká; aur Alláh, jo karte ho, so jántá hai.

(19 *R.*) 182 Alláh ne suní un kí bát jinhon ne kahá, ki Alláh faqír hai, aur ham máldár hain; ab likh rakhenge ham un kí bát, aur jo khún kiye hain Nabíon ke náhaqq, aur kahenge, Chakho jalan kí már.

183 Yih badlá is ká jo tum ne bhejá apne háthon, aur Alláh zulm nahín kartá bandon par.

184 We jo kahte hain, ki Alláh ne ham ko kah rakhá hai, ki ham yaqín na karen kisí Rasúl ká, jab tak ná láwe ham pás ek niyáz, jis ko khá jáwe ág; tú kah, Tum men á chuke kitne Rasúl mujh se pahle nishánián lekar, aur yih bhí jo tum ne kahá phir kyún qatl kiyá tum ne un ko, agar tum sachche ho.

185 Phir agar tujh ko jhuṭhláweṉ to áge tujh se jhuṭbláe gae bahut Rasúl, jo láye nishánián, aur waraq, aur kitáb chamaktí.

186 Har jí ko chakhní hai maut, aur tum ko púrá badlá milega qiyámat hí ke din; phir jis ko sarká diyá ág se, aur dákhil kiyá jannat meṉ, us ká kám baná, aur dunyá kí zindagí, to yih hai dagá kí jins.

187 Albatta tum ázmáye jáoge mál se, aur ján se, aur albatta sunoge aglí kitábwáloṉ se, aur mushrikoṉ se badgoí bahut, aur agar tum ṭhahre raho aur parhezgárí karo, to yih himmat ke kám haiṉ.

188 Aur jab Alláh ne qarár liyá kitábwáloṉ se, ki us ko bayán karoge logoṉ pás, aur na chhipáoge; phir phenk diyá wuh qarár apne píṭh ke píchhe, aur ḳharíd kiyá us ke badle mol thorá, so kyá burí ḳharíd karte haiṉ.

189 Tú na samajhiyo ki jo log ḳhush hote haiṉ apne kiye par, aur cháhte haiṉ taríf bin kiye par, so na ján, ki we ḳhalás haiṉ ạzáb se, aur un ko dukh kí már hai.

190 Aur Alláh ko hai saltanat ásmán o zamín kí, aur Alláh har chíz par qádir hai.

191 Ásmán o zamín ká banáná, aur rát din ká badalte áná, us meṉ nishánián haiṉ ạql-wáloṉ ko.

192 We jo yád karte haiṉ Alláh ko khaṛe, aur baiṭhe aur karwaṭ par leṭe, aur dhiyán karte haiṉ ásmán o zamín kí paidáish meṉ; ai Rabb hamáre, tú ne yih ạbas nahíṉ banáyá, tú pák hai ạib se, so ham ko bachá dozaḳh ke ạzáb se.

193 Ai Rabb hamáre, jis ko tú ne dozaḳh meṉ ḍálá, so us ko ruswá kiyá, aur gunahgár-oṉ ká koí nahíṉ madadgár.

194 Ai Rabb hamáre, ham ne suná, ki ek pukárnewálá pukártá hai ímán láne ko, ki ímán láo apne Rabb par, so ham ímán láye; ai Rabb hamáre, ab bakhsh ham ko gunáh hamáre, aur utár hamári buráíán, aur maut de ham ko nekon ke sáth.

195 Ai Rabb hamáre, aur de ham ko, jo tú ne wada diyá apne Rasúlon ke háth, aur ruswá na kar ham ko qiyámat ke din; tahqíq tú khiláf nahín kartá wada.

SULS. 196 Phir qabúl kí un kí duá un ke Rabb ne, ki main záyi nahín kartá mihnat kisí mihnatwále kí, tum men mard ho, yá aurat, tum ápas men ek ho. Phir jo log apne watan se chhúte, aur nikále gaye apne gharon se, aur satáye gaye merí ráh men, aur lare, aur máre gaye, main utárúngá un se buráíán un kí, aur dákhil karúngá bágon men, jin ke níche bahtí naddíán. Badlá Alláh ke yahán se, aur Alláh hí ke yahán achchhá badlá hai.

197 Tú na bahak us par, ki áte játe hain káfir shahron men. Yih fáida hai thorá sá, phir un ká thikáná dozakh hai, aur kyá burí taiyárí hai.

198 Lekin jo log darte rahe apne Rabb se, un ko bág hain, jin ke níche bahtí naddíán; rah pare un men mihmání Alláh ke yahán se; aur jo Alláh ke yahán hai, so bihtar hai nekbakhton ko.

199 Aur kitábwálon men baze we bhí hain jo mánte hain Alláh ko, aur jo utrá tumhárí taraf, aur jo utrá un kí taraf; dabe húe hain Alláh ke áge; nahín kharíd karte Alláh kí áyaton par thorá mol. We jo hain un ko un kí mazdúrí hai un ke Rabb ke yahán be-shakk; Alláh shitáb letá hai hisáb.

200 Ai ímánwálo, sábit raho, aur muqábale meṉ mazbútí karo, aur lage raho, aur ḍarte raho Alláh se, sháyad tum murád ko pahuncho.

SURA I NISA.

Madíne meṉ názil húí; 176 *áyat kí hai.*

BISMI-L-LÁHI-R-RAHMÁNI-R-RAHÍM.

(1 *R.*) 1 Logo, ḍarte raho apne Rabb se, jin ne banáyá tum ko ek ján se, aur usí se banáyá us ká joṛá, aur bakhere un donoṉ se bahut mard aur ạuraten; aur ḍarte raho Alláh se, jis ká wásta dete ho ápas meṉ, aur ḳhabardár raho nátewáloṉ se; Alláh hai tum par muttaliạ.

2 Aur de ḍálo yatímoṉ ko un ke mál, aur badal na lo gandá suthre se, aur na kháo un ke mál apne máloṉ ke sáth; beshakk yih baṛá wabál hai.

3 Aur agar ḍaro, ki insáf na karoge yatím laṛkíoṉ ke haqq meṉ, to nikáh karo, jo tum ko ḳhush áweṉ ạurteṉ do do, tín tín, chár chár; phir agar ḍaro, ki barábar na rakhoge to ek hí, yá jo apná háth ká mál hai; is meṉ lagtá hai, ki ek taraf na jhuk paṛo. Aur de ḍálo ạuratoṉ ko un ke mahr ḳhushí se; phir agar we chhoṛ deṉ tum ko us meṉ se kuchh dil kí ḳhushí se, to wuh kháo rachtá pachtá.

4 Aur mat pakṛádo be-ạqloṉ ko apne mál, jise banáí Alláh ne tumhárí guzrán; aur un ko us meṉ khiláo, aur pahnáo aur kaho un se bát maạqúl.

5 Aur sadhárte raho yatímon ko, jab tak pahunche nikáh kí umr ko; phir agar dekho un men hoshyárí, to hawále karo un ko un ke mál, aur khá na jáo un ko urákar, aur ghabrá kar, ki ye bare na ho jáwen; aur jo koí ásúda hai, to cháhiye bachtá rahe; aur jo koí muhtáj hai to kháwe muwáfiq dastúr ke; phir jab un ko hawále karo un ke mál, to sháhid kar lo us par; aur Alláh bas hai, hisáb samajhnewálá.

6 Mardon ko bhí hissa hai us men, jo chhor maren má báp, aur nátewále; aur auraton ko bhí hissa hai us men, jo chhor maren má báp, aur nátewále; is thore men yá bahut men hissa muqarrar kiyá húá.

7 Aur jab házir hon taqsím ke waqt, nátewále, aur yatím, aur muhtáj, to un ko kuchh khiládo us men se, aur kaho un ko bát maqúl.

8 Aur cháhiye daren we log, ki agar chhoren apne píchhe aulád zaif, to khatra kháwen un par; to cháhiye daren Alláh se, aur kahen bát sídhí.

9 Jo log kháte hain mál yatímon ke náhaqq, we yihí kháte hain apne pet men ág, aur ab paithenge ág men.

(2 *R.*) 10 Kah rahtá hai tum ko Alláh, tumhárí aulád men mard ko hissa barábar do aurat ke; phir agar howen nirí auraten, do se úpar, to un ko do tiháíán, jo chhor mará; aur agar ek hai, to us ko ádhá, aur maiyit ke má báp ko har ek ko donon men chhathá hissa us mál se jo chhor mará, agar maiyit kí aulád hai; phir agar us ko aulád nahín, aur wáris hai us ke má báp, to us kí má ko tihái; phir agar maiyit ke kaí bháí hain, to us kí má ko chhathá hissa, yih wasíyat ke píchhe jo dilwá

mará, yá qarz ke: tumháre báp aur beṭe, tum ko malúm nahíṉ kaun shitáb pahunchte haiṉ tumháre kám meṉ, hissa bándhá Alláh ká hai; Alláh khabardár hai, hikmatwálá.

11 Aur tum ko ádhá mál jo chhoṛ mareṉ tumhárí auratеṉ agar na ho un ke aulád; phir agar un ke aulád hai, to tum ko chauthái mál us se jo chhoṛ gaíṉ, bạd wasíyat ke, jo dilwá maríṉ, yá qarz ke, aur auratoṉ ko chauthái mál us se, jo chhoṛ maro tum, agar na ho tum ko aulád; phir agar tum ko aulád hai to un ko áṭhwáṉ hissa us se, jo tum ne chhoṛá bạd wasíyat ke, jo tum dilwá maro, yá qarz ke. Aur agar jis mard ko mírás hai, báp beṭá nahíṉ rakhtá, yá aurat húí, aur us ká ek bhái hai, yá bahin, to dono meṉ har ek ko chhaṭhá hissa; phir agar ziyáda húe is se to sab sharík haiṉ ek tihái meṉ, bạd wasíyat ke, jo ho chukí hai, yá qarz ke jab auroṉ ká nuqsán na kiyá ho; yih kah rakhá hai Alláh ne, aur Alláh sab jántá hai, tahammulwálá.

12 Ye haddeṉ bándhí Alláh kí haiṉ, aur jo koí hukm par chale Alláh ke, aur us ke Rasúl ke, wuh dákhil kare use bágoṉ meṉ, jin ke níche bahtí naddíáṉ; rah pare un meṉ, aur wuhí hai baṛí murád milní.

13 Aur jo koí behukmí kare Alláh kí, aur us ke Rasúl kí, aur baṛh jáweṉ us kí haddoṉ se, dákhil kare us ko ág meṉ; rah paṛá us meṉ, aur us ko zillat kí már hai.

(3 *R.*) 14 Aur jo koí badkárí kare tumhárí auratoṉ meṉ, to sháhid láo un par, chár mard apnoṉ meṉ se; phir agar we gawáhí deweṉ, to un ko band rakho gharoṉ meṉ, jab tak bhar lewe un ko maut, yá kar de Alláh un kí kuchh ráh.

15 Aur jo do karnewále tum men se karen wuhí kám, to satáo un ko; phir agar tauba karen, aur sanwár pakren, to un ká khiyál chhor do; Alláh tauba qabúl kartá hai, mihrbán.

16 Tauba qabúl karní Alláh ko zarúr, so un kí jo burá karte hain nadání se, phir tauba karte hain shitáb, to un ko muáf kartá hai Alláh, aur Alláh sab jántá hai, hikmatwálá.

17 Aur un kí tauba nahín jo karte játe hain bure kám, jab tak sámhne áye aise kisí kí maut, kahne lagá, Main ne tauba kí ab; aur na un kí jo marte hain kufr men; un ke wáste ham ne taiyár kí hai dukh kí már.

18 Ai ímánwálo, halál nahín tum ko, ki mírás men le lo auraton ko zor se, aur na un ko band karo, ki le lo un se kuchh apná diyá, magar jab we karen be-hayáí saríh. Aur guzrán karo un ke sáth maqúl; phir agar we tum ko na bháwen, to sháyad tum ko na bháwe ek chíz, aur Alláh ne rakhí us men bahut khubí. Aur agar badlá cháho ek aurat kí jagah dúsrí aurat, aur de chuke ho ek ko dher mál, to phir na lo us men se kuchh; kyá liyá cháhte ho náhaqq, aur saríh gunáh se?

19 Aur kyúnkar us ko le sako, aur pahunch chuke ek dúsre tak, aur le chuken tum se ahd gárhá?

20 Aur nikáh men na láo jin auraton ko nikáh men láe tumháre báp, magar jo áge ho chuká; yih be-hayáí hai, aur kám gazab ká aur burí ráh hai.

(4 *R.*) 21 Harám húí hain tum par tumhárí

máeṇ, aur beṭíáṇ, aur bahineṇ, aur phuphíáṇ,
aur kháláeṇ, aur bháí kí beṭíáṇ, aur bahin kí
beṭíáṇ, aur jin máoṇ ne tum ko dúdh diyá,
aur dúdh kí bahineṇ, aur tumhárí auratoṇ kí
máeṇ, aur un kí beṭíáṇ, jo tumhárí parwarish
meṇ haiṇ, jin auratoṇ se tum ne suhbat kí ;
phir agar tum ne suhbat nahíṇ kí, to tum par
gunáh nahíṇ.   Aur aurateṇ tumháre beṭoṇ kí,
jo tumhárí pusht se haiṇ, aur yih ki ekaṭhí
karo do bahinoṇ ko, magar jo áge ho chuká ;
Alláh bakhshnewálá, mihrbán hai.

PANCHWAN SIPARA. 22 Aur
nikáhí aurateṇ, magar jin ke málik ho jáweṇ
tumháre háth, hukm húá Alláh ká tum par,
aur balál húíṇ tum ko jo un ke siwáe haiṇ,
yúṇ ki talab karo, apne mál ke badle qaid
meṇ láne ko, na mastí nikálne ko.

28 Phir jo kám meṇ láe tum un auratoṇ
meṇ se, un ko do un ke haqq, jo muqarrár
húe, aur gunáh nahíṇ tum ko us meṇ jo
ṭhahrá lo tum donoṇ ápas kí razá se, muqarrar
hone píchhe ; Alláh hai khabardár, hikmat-
wálá.

24 Aur jo koí na rakhtá ho maqdúr tum
meṇ, ki nikáh meṇ láwe bíbíáṇ musalmán, to
jo háth ká mál hai, ápas kí tumhárí musalmán
launḍíáṇ, aur Alláh ko bihtar malúm hai
tumhárí musalmání, tum ápas meṇ ek ho, so
un ko nikáh kar lo un ke logoṇ ke hukm se,
aur do un ke mahr muwáfiq dastúr ke : qaid
meṇ átíáṇ, na mastí nikáltíáṇ, aur na yár kar-
tíáṇ chhip kar ; phir jab we qaid meṇ áchukeṇ,
aur agar kareṇ behayáí ká kám, to un par
ádhí wuh már jo bíbíoṇ par muqarrar hai ; yih
is wáste jo ki tum meṇ ḍare taklíf meṇ paṛne

se, aur sabr karo, to bihtar hai tumháre haqq men, aur Alláh bakhshnewálá, mihrbán hai.

(5 R.) 25 Alláh cháhtá hai, ki bayán kare tumháre wáste, aur cháláwe tum ko aglon kí ráh, aur tum ko muáf kare ; aur Alláh jántá hai, hikmatwálá.

26 Aur Alláh cháhtá hai, ki tum par mutawajjih howe, aur jo log lage hain apne mazon ke píchhe, we cháhte hain, ki tum muṛ jáo ráh se bahut dúr.

27 Alláh cháhtá hai ki tum se bojh halká kare, aur insán baná hai kamzor.

28 Ai ímánwálo, na kháo mál ek dúsre ke ápas men náhaqq, magar yih ki saudá ho ápas kí khushí se, aur na khún karo ápas men ; Alláh ko tum par rahm hai.

29 Aur jo koí yih kám kare zor aur zulm se, to ham ḍálenge us ko ág men, aur yih Alláh par ásán hai.

30 Agar tum bachte rahoge buṛí chízon se, jo tum ko mana húín, to ham utár denge tum se taqsíren tumhárí, aur dákhil karenge tum ko izzat ke maqám men.

31 Aur hawas mat karo jis chíz men baráí dí Alláh ne ek ko ek se ; mardon ko hissa hai apní kamáí se, aur auraton ko hissa hai apní kamáí se, aur mángo Alláh se un ká fazl ; Alláh ko har chíz malúm hai.

32 Aur har kisí ke ham ne ṭhahrá diye wáris us mál men, jo chhoṛ jáwen má báp, aur qarábatwále, aur jin se qarár bándhá tum ne un ko pahuncháo un ká hissa, Alláh ke rúbarú hai har chíz.

(6 R.) 33 Mard hákim hain auraton par, is wáste ki baráí dí Alláh ne ek ko ek par, aur is wáste ki kharch kiye unhon ne apne mál ;

phir jo nekbakhten hain, so hukm bardár hain, khabardárí kartíán hain píth píchhe, Alláh kí khabardárí se; aur jin kí badkhoí ká dar ho tum ko, to un ko samjháo, aur judá karo sone men, aur máro un ko; phir agar tumháre hukm men áwen, to mat talásh karo un par ráh ilzám kí; beshakk Alláh hai sab se úpar bará.

34 Aur agar tum log daro, ki we donon zidd rakhte hain ápas men, to khará karo ek munsif mardwálon men se, aur ek munsif aurat wálon men se; agar ye donon cháhenge sulh to Alláh miláp degá un men; Alláh sab jántá aur khabar rakhtá hai.

35 Aur bandagí karo Alláh kí, aur miláo mat us ke sáth kisí ko, aur má báp se nekí, aur qarábatwále se, aur yatímon se, aur faqíron se, aur hamsáye qaríb se, aur hamsáye ajnabí se, aur barábar ke rafíq se, aur ráh ke musáfir se, aur apne háth ke mál se; Alláh ko khush nahín átá jo koí ho itrátá, baráí kartá.

36 We jo bukhil karte hain, aur sikháte hain logon ko bukhil, aur chhipáte hain jo diyá un ko Alláh ne apne fazl se; aur rakhí hai ham ne munkiron ko zillat kí már.

37 Aur we jo kharch karte hain apne mál logon ke dikháne ko, aur yaqín nahín rakhte Alláh par, aur na pichhle din par, aur jis ká sáthí húá Shaitán, to bahut burá sáthí hai.

38 Aur kyá nuqsán thá un ká agar yaqín láte Alláh par, aur pichhle din par, aur kharch karte Alláh ke diye húe se? Aur Alláh ko un kí khúb khabar hai.

39 Alláh haqq nahín rakhtá kisí ká ek zará

barábar, aur agar nekí ho to us ko dúná kare, aur dewe apne pás se baṛá sawáb.

40 phir kyá hál hogá, jab buláwenge ham har ummat meṉ se ahwál kahnewálá, aur buláwenge tujh ko, un logoṉ par ahwál batánewálá?

41 Us din árzú karenge jo log munkir húe the, aur Rasúl kí behukmí kí thí, kisí tarah milá dijiye un ko zamín meṉ, aur na chhipá sakenge Alláh se ek bát.

(7 *R.*) 42 Ai ímánwálo, nazdík na ho namáz ke, jab tum ko nashá ho, yaháṉ tak ki samajhne lago tum jo kahte ho, aur na jab junábat meṉ ho, magar ráh chalte húe, jab tak ki gusal kar lo; aur agar tum maríz ho, yá safar meṉ, yá áyá hai koí shaḳhs tum meṉ jázarúr se, yá lage ho ạuratoṉ se; phir na páyá pání to irada karo zamín pák ká; phir malo apne muṉh ko, aur háthoṉ ko; Alláh hai muáf karnewálá, baḳhshnehárá.

43 Tú ne nahíṉ dekhá jinheṉ milá hai ek hissa kitáb se, ḳharíd karte haiṉ gumráhí, aur cháhte haiṉ ki tum bhí bahko ráh se. Aur Alláh ḳhúb jántá hai tumháre dushmanoṉ ko, aur Alláh bas hai himáyatí, aur Alláh bas hai madadgár.

44 We jo Yahúd haiṉ, bedhab karte haiṉ bát ko us ke ṭhikáne se, aur kahte haiṉ, Ham ne suná, aur na máná, aur sun, ná sunáyá jáiyo, aur ráịná moṛ dekar apne zubán ko, aur ạib dekar dín meṉ; aur agar we kahte, Ham ne suná, aur máná, aur sun, aur Ham par nazar kar, to bihtar hotá un ke haqq meṉ, aur durust, lekin lạnat kí un ko Alláh ne un ke kufr se, so ímán nahíṉ láte, magar kam.

45 Ai kitábwálo, ímán láo us par jo ham

ne názil kiyá; sach batátá tumhárí páswálí ko, pahle us se ki ham miṭá ḍálen kitne munh, phir ulaṭ den un ko píṭh kí taraf, yá un ko lanat karen, jaise lanat kí haftewálon ko; aur Alláh ne hukm kiyá, so húá.

46 Tahqíq Alláh nahín bakhshtá hai yih, ki us ká sharík pakṛe, aur bakhshtá hai us se níche, jis ko cháhe, aur jis ne ṭhahráyá sharík Alláh ká, us ne baṛá túfán bándhá.

47 Tú ne na dekhe un ko, jo pákíza ginte hain áp ko, balki Alláh pákíza kartá hai jis ko cháhe,. aur un par zulm na hogá, tágे barábar.

48 Dekh kaisá bándhte hain Alláh par jhúṭh, aur kifáyat hai yihí gunáh saríh.

(8 *R.*) 49 Tú ne na dekhe jin ko milá hai kuchh hissa kitáb ká; mánte hain buton ko, aur Shaitánon ko, aur kahte hain káfiron ko, ki Inhon ne ziyáda páí hai musalmánon se ráh.

50 Wuhí hain jin ko lanat kí Alláh ne, aur jis ko lanat kare Alláh; phir tú na páwe koí us ká madadgár.

51 Kyá un ká kuchh hissa hai saltanat men, phir to ye na denge logon ko ek til barábar.

52 Yá hasad karte hain logon ká us par, jo diyá un ko Alláh ne apne fazl se, so ham ne to dí hai Ibráhím ke ghar men kitáb, aur ilm, aur un ko dí hai ham ne baṛí saltanat.

53 Phir un men kisí ne us ko máná, aur koí us se aṭak rahá, aur dozakh bas hai, jaltí ág.

54 Jo log munkir húe hamárí áyaton se, un ko ham ḍálenge ág men, jis waqt pak jáwengí khál un kí, badal kar denge un ko aur khál,

ki chakhte rahen azáb; Alláh hai zabardast, hikmatwálá.

RUBA. 55 Aur jo log yaqín láye, aur karen nekíán, un ko ham dákhil karenge bágon men, jin ke níche bahtí nahren; rah pare wahán hamesha; un ko wahán auraten hain suthrí, aur un ko ham dákhil karenge gahan kí chhánw men.

56 Alláh tum ko farmátá hai, ki Pahuncháo amánaten amánatwálon ko, aur jab chakautí karne lago logon men, to chakautí karo insáf se; Alláh achchhí nasíhat kartá hai tum ko: Alláh hai suntá, dekhtá.

57 Ai ímánwálo, hukm máno Alláh ká, aur hukm máno Rasúl ká, aur jo ikhtiyárwále hain, tum men se; phir agar jhagar paro kisí chíz men, to us ko rujú karo Alláh kí aur Rasúl kí taraf, agar yaqín rakhte ho Alláh par, aur pichhle din par; yih khúb hai, aur bihtar tahqíq karná hai.

(9 *R.*) 58 Tú ne na dekhe we jo dawe karte hain, ki yaqín láye hain jo utrá terí taraf, aur jo utrá tujh se pahle; cháhte hain, ki qazíya le jáwen Shaitán kí taraf, aur hukm ho chuká hai un ko, ki us se munkir ho jáwen, aur cháhtá hai Shaitán ki un ko bahkákar dúr le dále.

59 Aur jo un ko kahiye, Ao Alláh ke hukm kí taraf, jo un ne utárá, aur rasúl kí taraf, to tú dekhe munáfiqon ko band ho rahte hain terí taraf se atakkar.

60 Phir wuh kaisá ki jab un ko pahunche musíbat apne háthon ke kiye se, píchhe áwen tere pás qasmen kháte Alláh kí, ki ham ko garaz na thí, magar bhalái aur miláp.

61 Ye we log hain ki Alláh jántá hai jo

un ke dil men̠ hai, so tú un se tagáful kar,
aur un ko nasíhat kar, aur un se kah un ke
haqq men̠ bát kám kí.

62 Aur ham ne koí rasúl nahín bhejá
magar isí wáste ki us ká hukm mánen̠ Alláh
ke farmáye se, aur in logon̠ ne jis waqt apná
burá kiyá thá agar áte tere pás, phir Alláh
se bak̠hshwáte aur bak̠hshwátá un ko rasúl,
to Alláh ko páte muáf karnewálá mihrbán.

63 So qasm hai tere Rabb kí in ko ímán na
hogá jab tak tujhí ko munsif na jánen̠, jo
jhagrá uthe ápas men̠, phir na páwen̠ apne
jí men̠ k̠hafagí terí chakautí se, aur qabúl
rakhen̠ mánkar.

64 Aur agar ham un par hukm karte ki
halák karo apní ján, yá chhor niklo apne
ghar, to koí na karte magar thore in men̠ se,
aur agar yihí karen̠ jo un ko nasíhat hotí
hai, to un ke haqq men̠ bihtar ho ; aur ziyáda
sábit hon̠ dín men̠.

65 Aur aise men̠ ham den̠ un ko apne
pás se bará sawáb.

66 Aur chaláwen̠ un ko sídhí ráh.

67 Aur jo log chalte hain̠ hukm men̠ Alláh
ke, aur Rasúl ke, so we un ke sáth hain̠ jin
ko Alláh ne niwázá nabí, aur sidíq, aur sha-
híd, aur nek bak̠ht, aur k̠húb hai un kí rifá-
qat.

68 Yih fazl hai Alláh kí taraf se, aur Alláh
bas hai k̠habar rakhnewálá.

(10 R.) 69 Ai ímánwálo, kar lo apní
k̠habardárí ; phir kúch karo judí judí fauj,
yá sab ekatthí.

70 Aur tum men̠ se koí aisá hai, ki albatta
der lagáwegá ; phir agar tum ko musíbat

pahunchí, kahegá, Alláh ne mujh par fazl kiyá, ki main na húá un ke sáth.

71 Aur agar tum ko pahunchá fazl Alláh kí taraf se, to is tarah kahne lagegá, ki goyá na thí tum men aur us men kuchh dostí; Ai, kásh ki main hotá un ke sáth, to barí murád pátá.

72 So cháhiye laren Alláh kí ráh men, jo log bechte hain dunyá kí zindagí ákhirat par; aur jo koí lare Alláh kí ráh men, phir márá jáwe, yá gálib howe, ham denge us ko bará sawáb.

73 Aur tum ko kyá hai, ki na laro Alláh kí ráh men, aur wáste un ke jo maglúb hain, mard, aur auraten, aur larke, jo kahte hain, Ai Rabb hamáre, nikál ham ko us bastí se, ki zálim hain us ke log, aur paidá kar hamáre wáste apne pás se koí himáyatí, aur paidá kar hamáre wáste apne pás se madadgár.

74 We jo ímánwále hain, so larte hain Alláh kí ráh men; aur we jo munkir hain, so larte hain mufsidon kí ráh men; so laro tum Shaitán ke himáyatíon se; beshakk fareb Shaitán ká sust hai.

(11 *R.*) 75 Tú ne na dekhe we log, jin ko hukm húá thá, ki apne háth band rakho, aur qáim karo namáz, aur dete raho zakát; phir jab hukm húá un par laráí ká, usí waqt ek jamáat un men darne lagí logon se, jaisá dar ho Alláh ká, yá us se ziyáda dar; aur kahne lagí, Ai Rabb hamáre, kyún farz kí ham par laráí? Kyún na jíne diyá ham ko thorí sí umr?

76 Tú kah, Fáida dunyá ká thorá hai, aur ákhirat bihtar hai parhezgár ko, aur tumhárá haqq na rahegá ek tágá.

77 Jaháṉ tum hoge maut tum ko á pakṛegí, agarchi tum ho mazbút burjoṉ meṉ; aur agar pahunche un logoṉ ko kuchh bhaláí, kaheṉ, Yih Alláh kí taraf se hai; aur agar pahunche kuchh buráí, kaheṉ, Yih terí taraf se hai; tú kah, Sab Alláh kí taraf se hai, so kyá hál hai un logoṉ ká, lagte nahíṉ ki samjheṉ ek bát.

78 Jo tujh ko bhaláí pahunchí, so Alláh kí taraf se; aur jo tujh ko buráí pahunchí, so tere nafs kí taraf se; aur ham ne tujh ko bheje paigám pahuncháne ko, aur Alláh bas hai, sámhne dekhtá.

79 Jin ne hukm máná rasúl ká, us ne hukm máná Alláh ká; aur jo ulṭá phirá, to ham ne tujh ko nahíṉ bhejá un par nigahbán.

80 Aur kahte haiṉ, ki qabúl kiyá, phir jab báhir gaye tere pás se, mashwara karte haiṉ baze un meṉ rát ko, siwáe terí bát ke, aur Alláh likhtá hai, jo ṭhahráte haiṉ, so tú tagáfil kar un se, aur bharosá kar Alláh par, aur Alláh bas hai kám bánánewálá.

81 Kyá gaur nahíṉ karte Qurán meṉ? Aur agar yih hotá kisí aur ká, siwáe Alláh ke, to páte us meṉ bahut tafáwat.

82 Aur jab un pás pahunche hai koí chíz aman kí, yá ḍar kí, us ko mashhúr karte haiṉ, aur agar us ko pahuncháte rasúl tak, aur apne ikhtiyárwáloṉ tak, to tahqíq karte us ko, jo un meṉ tahqíq karnewále haiṉ us ke; aur agar na hotá fazl Alláh ká tum par, aur us kí mihr, to tum Shaitán ke píchhe játe magar thoṛe.

83 So tú laṛ Alláh kí ráh meṉ, tujh par zimma nahíṉ magar apní ján se, aur tákíd kar musalmánoṉ ko, qaríb hai ki Alláh band

kare laṛáí káfiron kí, aur Alláh hai saḳht laṛáíwálá, aur saḳht sazá denewálá.

84 Jo koí sifárish kare nek bát men, us ko bhí mile us men se ek hissa; aur jo koí sifárish kare burí bát men, us par bhí hai ek bojh us men se; aur Alláh hai har chíz ká hissa bánṭnewálá.

85 Aur jab tum ko duá dewe koí, to tum bhí duá do us se bihtar, yá wuhí kaho ulaṭ kar; Alláh hai har chíz ká hisáb karnewálá.

NISF. 86 Alláh ke siwáe kisí kí bandagí nahín; tum ko jama karegá qiyámat ke din, us men shakk nahín; aur Alláh se sachchí kis kí bát?

(12 *R.*) 87 Phir tum ko kyá paṛá hai munáfiqon ke wáste? Do jánib ho rahe ho, aur Alláh ne un ko ulaṭ diyá un ke kámon par; kyá tum cháho, ki ráh par láo jis ko bichlá diyá Alláh ne, aur jis ko Alláh ráh na de? Phir tú na páwe us ke wáste kahín ráh.

88 Cháhte hain ki tum bhí káfir ho, jaise we káfir húe; phir sab barábar ho jáo; so tum un men kisí ko mat pakṛo rafíq, jab tak watan chhoṛ áwen Alláh kí ráh men, phir agar qabúl na rakhen, to un ko pakṛo, aur már ḍálo jahán páo, aur na ṭhahráo un men kisí ko rafíq, na madadgár.

89 Magar jo we mil rahe hain ek qaum se, jin men aur tum men ahd hai, yá áye hain tumháre pás ḳhafa ho gaye hain dil un ke, tumháre laṛne se bhí, aur apní qaum ke laṛne se bhí, aur agar Alláh cháhtá, to un ko tum par zor detá; phir tum se laṛte, to agar tum se kinára pakṛen, phir na laṛen, aur tumhárí taraf sulh láwen, to Alláh ne nahín dí tum ko un par ráh.

90 Ab tum dekhoge ek aur log cháhte
hain, ki aman men rahen tum se, aur apní
qaum se bhí, jis bár buláe játe hain fasád
karne ko, ulaṭ játe hain us hangáme men;
phir agar tum se kinára na karen, aur sulh
na láwen, aur apne háth na roken, to un ko
pakṛo, aur már ḍálo, jahán páo; aur un par
ham ne milá dí tum ko sanad saríh.
(13 R.) 91 Aur musalmán ká kám nahín,
ki már ḍále musalmán ko, magar chúk kar,
aur jin ne mārá musalmán ko chúk kar, to
ázád karní gardan ek musalmán kí, aur ḳhún
bahá pahunchání us ke ghar, magar ki we
ḳhairát karen; phir agar wuh thá ek qaum
men, ki tumháre dushman hain, aur áp
musalmán thá, to ázád karní gardan ek mu-
salmán kí. Aur agar wuh thá ek qaum men,
ki tum men aur un men ahd hai, to ḳhún
bahá pahunchání us ke ghar, aur ázád karní
gardan ek musalmán kí; phir jis ko paidá
na ho, to roza do mahíne lagte tár bakhshá-
ne ko Alláh se; aur Alláh jántá, samajhtá hai.
92 Aur jo koí máre musalmán ko, qasd
kar kar, to us kí sazá dozaḳh hai, paṛá rahe
usí men, aur Alláh us par gazab húá, aur
us ko lanat kí, aur us ke wáste taiyár kiyá
baṛá azáb.
93 Ai ímánwálo, jab safar karo Alláh
kí ráh men, to tahqíq karo, aur mat kaho, jo
shaḳhs tumhárí taraf salám alaik kare, ki Tú
musalmán nahín, cháhte ho mál dunyá kí zin-
dagí ká, to Alláh ke yahán bahut ganímaten
hain, tum aise hí the pahle, phir Alláh ne
tum par fazl kiyá, so ab tahqíq karo; Alláh
tumháre kám se wáqif hai.
(14 R.) 94 Barábar nahín baiṭhnewále

musalmán jin ko badan ká nuqsán nahín,
aur larnewále Alláh kí ráh meṇ, apne mál se,
aur ján se; Alláh ne baṛáí dí larnewálon ko,
apne mál aur ján se, un par jo baiṭhe haiṇ
darje meṇ, aur sab ko waḍa diyá Alláh ne
khúbí ká, aur ziyáda kiyá Alláh ne larne-
wálon ko baiṭhnewálon se baṛe sawáb meṇ.

95 Bahut darjoṇ meṇ apne wahán ke, aur
bakhshish meṇ, aur mihrbání meṇ; aur
Alláh hai bakhshnewálá, mihrbán.

96 Jin logoṇ kí ján khínchte haiṇ firishte,
us hál meṇ ki we burá kar rahe haiṇ apná,
kahte haiṇ, Tum kis bát meṇ the? We kahte
haiṇ, Ham the maglúb is mulk meṇ; kahte
haiṇ, Kyá na thí zamín Alláh kí kusháda ki
watan chhoṛ jáo wahán? So aisoṇ ká ṭhikáná
hai dozakh, aur bahut burí jagah pahunche.

97 Magar jo haiṇ bebas mard aur aurateṇ,
aur laṛke na kar sakte haiṇ talásh, aur na
jánte haiṇ ráh,

98 So aisoṇ ko ummed hai ki Alláh
muáf kare: aur Alláh hai muáf karnewálá,
bakhshtá.

99 Aur jo koí watan chhoṛe Alláh kí ráh
meṇ, páwe un ke muqábale meṇ jagah bahut,
aur kusháish, aur jo koí nikle apne ghar se
watan chhoṛkar Alláh aur rasúl kí taraf,
phir á pakṛe us ko maut, so ṭhahar chuká
us ká sawáb Alláh par; aur Alláh bakhshne-
wálá mihrbán hai.

(15 R.) 100 Aur jab tum safar karo mulk
meṇ, to tum par gunáh nahíṇ ki kuchh kam
karo namáz meṇ se, agar tum ko ḍar ho, ki
satáwenge tum ko káfir, albatta káfir tumháre
dushman haiṇ saríh.

101 Aur jab tú un meṇ ho phir un ko namáz

men khará kare, to cháhiye ek jamáat un kí kharí ho tere sáth, aur sáth lewen apne hathyár, phir ye sijda kar chuken to pare ho jáwen, aur áwe dúsrí jamáat, jin ne namáz nahín kí, we namáz karen tere sáth, aur pás lewen apná bacháo, aur hathyár, káfir cháhte hain kisí tarah tum bekhabar ho apne hathyáron se, aur asbáb se, to tum par jhuk paren ek hamla kar kar, aur gunáh nahín tum par agar tum ko taklíf ho menh se, yá tum bímár ho, ki utár rakho apne hathyár, aur sáth lo apná bacháo; Alláh ne rakhí hai munkiron ke wáste zillat kí már.

102 Phir jab namáz kar chuko, to yád karo Alláh ko khare, aur baithe, aur pare; phir jab khátir jama se ho, to durust karo namáz; yih namáz hai musalmánon par waqt bándhá hukm.

103 Aur mat háro un ká píchhá karne se, agar tum beárám ho, to we bhí beárám hain jis tarah tum ho, aur tum ko Alláh se ummed hai jo un ko nahín, aur Alláh sab jántá hai, hikmatwálá.

(16 *R.*) 104 Ham ne utárí tujh ko kitáb sachchí, ki tú insáf kare logon men, jo samajháwe tujh ko Alláh; aur tú mat ho dagábázon kí taraf se jhagarnewálá.

105 Aur bakhshwá Alláh se, beshakk Alláh bakhshnewálá hai, mihrbán.

106 Aur mat jhagar un kí taraf se jo apne jí men dagá rakhte hain; Alláh ko khush nahín átá jo koí ho dagábáz gunahgár.

107 Chhipte hain logon se, aur nahín chhipte Alláh se, aur wuh un ke sáth hai jab rát ko thahráte hain jis bát se wuh rází nahín, aur jo karte hain Alláh ke qábú men hai.

108 Sunte ho tum log jhagṛe un kí taraf se dunyá kí zindagí meṉ; phir kaun jhagṛegá un ke badle Alláh se qiyámat ke din, yá kaun hogá un ká kám banánewálá?

109 Aur jo koí gunáh kare yá apná burá kare; phir Alláh se bakhshwáwe, páwe Alláh ko bakhshtá, mihrbán.

110 Aur jo koí kamáwe gunáh, so kamátá hai apne haqq meṉ, aur Alláh sab jántá hai hikmatwálá.

111 Aur jo koí kamáwe taqsír yá gunáh, phir lagáwe begunáh ko, us ne sir dhará túfán aur gunáh saríh.

(17 *R.*) 112 Aur agar na hotá tujh par fazl Alláh ká, aur mihr, to qasd kiyá hí thá un meṉ ek jamáat ne ki tujh ko bahkáwe, aur bahká na sakte magar áp ko, aur terá kuchh na bigáṛte; Alláh ne názil kí tujh par kitáb aur kám kí bát, aur tujh ko sikháyá jo tú na ján saktá; aur Alláh ká fazl tujh par baṛá hai.

SULS. 113 Kuchh bhalí nahíṉ aksar un kí mashwarat, magar jo koí kahe khairát ko, yá nek bát ko, yá sulh karwáne ko logoṉ meṉ; aur jo koí ye chízeṉ kareṉ Alláh kí khushí cháhkar, to ham us ko denge baṛá sawáb.

114 Aur jo koí mukhálifat kare rasúl se, jab khul chukí us par ráh kí bát, aur chale sab musalmánoṉ kí ráh se siwáe, ham us ko hawále kareṉ wuhí taraf jo us ne pakṛí, aur ḍáleṉ us ko dozakh meṉ, aur bahut burí jagah pahunchá.

(18 *R.*) 115 Alláh yih nahíṉ bakhshtá ki us ká sharík ṭhahráiye, aur is se níche bakhshtá hai jis ko cháhe; aur jis ne Alláh ká sharík ṭhahráyá, wuh dúr paṛá bhúl kar.

116 Us ke siwáe pukárte hain so auraton ko, aur us ke siwáe pukárte hain Shaitán sarkash ko,

117 Jis ko lanat kí Alláh ne; aur wuh bolá ki Main albatta lúngá tere bandon se hissa ṭhahráyá húá.

118 Aur un ko bahkáúngá, aur un ko tawaqqa men dúngá, aur un ko sikháúngá ki chiren jánwaron ke kán, aur un ko sikháúngá ki badlen súrat banáí Alláh kí, aur jo koí pakren Shaitán ko rafíq Alláh ko chhorkar, wuh dúbá saríh nuqsán men.

119 Un ko wada detá hai, aur un ko tawaqqa men batátá hai; aur jo tawaqqa detá hai un ko Shaitán, so sab dagá hai.

120 Aison ká ṭhikáná hai dozakh, aur na páwenge wahán se bhágne ko jagah.

121 Aur jo yaqín láe aur amal kiye nek, un ko ham dákhil karenge bágon men jin ke níche bahtí nahren, rah pare wahán hamesha ko; wada hai Alláh ká sachchá, aur Alláh se sachchí kis kí bát?

122 Na tumhárí árzú par hai, na kitáb-wálon kí árzú par, jo koí burá karegá us kí sazá páwegá, aur na páwegá Alláh ke siwáe apná himáyatí, na madadgár.

123 Aur jo koí kuchh amal nek karegá, mard ho yá aurat, aur ímán rakhtá hogá, so we log dákhil honge Jannat men, aur un ká haqq na rahegá til bhar.

124 Aur us se bihtar kis kí ráh jis ne munh dhará Alláh ke hukm par, aur nekí men lagá hai, aur chalá dín i Ibráhím par, jo ek taraf ká thá, aur Alláh ne kar liyá Ibráhím ko yár.

125 Aur Alláh ká hai jo kuchh ásmánon

meṉ hai aur jo kuchh zamín meṉ; aur Alláh ke dhab meṉ hai sab chíz.

(19 *R.*) 126 Aur tujh se ruḳhsat mángte haiṉ ʿauratoṉ kí; tú kah, Alláh tum ko ruḳhsat detá hai un kí, aur wuh jo tum ko sunáte haiṉ kitáb meṉ, so hukm hai yatím ʿauratoṉ ká jin ko tum nahíṉ dete, jo un ká muqarrar hai, aur cháhte ho ki un ko nikáh meṉ lo, aur maglúb laṛkoṉ ká, aur yih hai ki qáim raho yatímoṉ ke haqq meṉ insáf par; aur jo karoge bhaláí, so wuh Alláh ko maʿlúm hai.

127 Aur agar ek ʿaurat ḍare apne ḳháwind ke laṛne se, yá jí phir jáne se, to gunáh nahíṉ donoṉ par, ki kar leṉ ápas meṉ kuchh sulh, aur sulh ḳhúb chíz hai, aur jíoṉ ke sámhne dharí hai hirs, aur agar tum nekí karo, aur parhezgárí, to Alláh ko tumháre sab kám kí ḳhabar hai.

128 Aur tum hargiz barábar na kar sakoge ʿauratoṉ ko, agarchi us ká shauq karo, so nire phire na jáo ki ḍál rakho ek ko jaise adhaṛ meṉ laṭakte, aur agar saṉwárte raho aur parhezgárí karo, to Alláh baḳhshnewálá mihrbán hai.

129 Aur agar donoṉ jude ho jáweṉ, to Alláh har ek ko mahzúz karegá, apní kusháish se, aur Alláh kusháishwálá hai, tadbír jántá.

130 Aur Alláh ká hai jo kuchh hai ásmán o zamín meṉ; aur ham ne kah rakhá hai pahlí kitábwáloṉ ko, aur tum ko, ki ḍarte raho Alláh se; aur agar munkir hoge, to Alláh ká hai jo kuchh hai ásmán o zamín meṉ, aur Alláh beparwá hai, sab ḳhúbíoṉ saráhá.

131 Aur Alláh ká hai jo kuchh hai ásmán o zamín meṉ; aur Alláh bas hai kám banánewálá.

132 Agar cháhe tum ko dúr kare, logo, aur le áwe aur log, aur Alláh ko yih qudrat hai.

133 Jo koí cháhtá ho inám dunyá ká, so Alláh ke wahán hai inám dunyá ká, aur áḵhirat ká; aur Alláh hai sab suntá, dekhtá.

(20 R.) 134 Ai ímánwálo, qáim raho insáf par, gawáhí do Alláh kí taraf agarchi nuqsán ho apná, yá má báp, yá qarábatwálon ká, agar koí mahzúz hai yá muhtáj hai, to Alláh un ká khairkhwáh tum se ziyáda hai, so tum jí kí cháh na máno is bát men, ki barábar samjho. Aur agar tum zubán maloge yá bacháoge, to Alláh tumháre kám se wáqif hai.

135 Ai ímánwálo, yaqín láo Alláh par, aur us ke Rasúl par, aur kitáb par, jo názil kí hai apne Rasúl par, aur us kitáb par jo názil kí thí pahle ; aur jo koí yaqín na rakhe Alláh par, aur us ke firishton par, aur kitábon par, aur rasúlon par, aur pichhle din par, wuh dúr pará bhúl kar.

136 Jo log musalmán húe, phir munkir húe, phir musalmán húe, phir munkir húe, phir baṛhte gae inkár men, Alláh un ko bakhshnewálá nahín, aur na un ko dewe ráh.

137 Khushí suná munáfiqon ko, ki un ko hai dukh kí már.

138 We jo pakaṛte hain káfiron ko rafíq, musalmán chhoṛ kar, kyá dhúndhte hain un ke pás izzat ? So izzat Alláh kí hai sárí.

139 Aur hukm utár chuká tum par kitáb men, ki jab suno Alláh kí áyton par inkár hote, aur hansí hote ; tú na baiṭho un ke sáth, jab tak we baiṭhen, aur bát men us ke siwáe nahín, to tum bhí un ke barábar

húe; Alláh ekaṭṭhá karegá munáfiqon ko aur káfiron ko dozakh men ek jagah.

140 We jo taká karte hain tum ko, phir agar tum ko fath mile Alláh kí taraf se, kahen, Kyá ham na the tumháre sáth? Aur agar húí káfiron kí qismat, kahen, Ham ne gher na liyá thá tum ko, aur bachá diyá musalmánon se? So Alláh chakautí karegá tum men qiyámat ke din, aur hargiz na degá Alláh káfiron ko musalmánon par ráh.

(21 *R.*) 141 Munáfiq jo hain, dagábází karte hain Alláh se, aur wuhí un ko dagá degá; aur jab khaṛe hon namáz ko, to khaṛe hon jí háre, dikháne ko logon ke, aur yád na karen Alláh ko, magar kam.

142 Adhar men laṭakte donon ke bích, na un kí taraf, na in kí taraf, aur jis ko bhaṭkáwe Alláh, phir tú na páwe us ke wáste kahín ráh.

143 Ai ímánwálo, na pakṛo káfiron ko rafíq musalmán chhoṛ kar, kyá liyá cháhte ho apne úpar Alláh ká ilzám saríh?

144 Munáfiq hain sab se níche darje men ág ke, aur hargiz na páwe tú un ke wáste koí madadgár.

145 Magar jinhon ne tauba kí, aur sanwárá áp ko, aur mazbút pakṛá Alláh ko, aur nire hukmbardár húe Alláh ke; so we hain ímánwálon ke sáth, aur áge degá Alláh ímánwálon ko baṛá sawáb.

146 Kyá karegá Alláh tum ko azáb karkar, agar tum haqq máno, aur yaqín rakho? Aur Alláh qadrdán hai, sab jántá hai.

CHHATHWAN SIPARA.

147 Alláh ko khush nahín átá burí bát ká pukár-

ná, magar jis par zulm húá; aur Alláh hai suntá, jántá.

148 Agar tum khulí karo kuchh bhaláí, yá us ko chhipáo, yá muáf karo buráí ko, to Alláh bhí muáf karnewálá hai, maqdúr rakhtá.

149 Jo log munkir hain Alláh se, aur us ke rasúlon se, aur cháhte hain ki faraq nikálen Alláh men aur us ke rasúlon men, aur kahte hain, Ham mánte hain bazon ko, aur nahín mánte bazon ko; aur cháhte hain, ki nikálen bích men ek ráh:

150 Aise log wuhí hain asl káfir, aur ham ne taiyár rakhí hai munkiron ke wáste zillat kí már.

151 Aur jo log yaqín láye Alláh par, aur us ke rasúlon par, aur judá na kiyá kisí ko un men, un ko degá un ke sawáb; aur Alláh hai bakhshnewálá, mihrbán.

(22 *R.*) 152 Tujh se mángte hain kitábwále, ki un par utár láwe kitáb ásmán se; so máng chuke hain Músá se, is se barí chíz; bole, Hamen dikhá de Alláh ko sámhne; phir un ko pakrá bijlí ne un ke gunáh par; phir baná liyá bachhrá nisháníán pahunche píchhe; phir ham ne wuh bhí muáf kiyá, aur diyá Músá ko galba saríh.

153 Aur ham ne utháyá un par pahár un ke qaul lene men, aur ham ne kahá, Dákhil ho darwáze men sijda kar kar; aur ham ne kahá, Ziyádatí na karo hafte ke din men, aur un se liyá qaul gárhá.

154 So un ke qaul torne aur munkir hone par, Alláh kí áyaton se, aur khún karne par paigambaron ká náhaqq, aur is kahne par, ki Hamáre dil par giláf hai; koí nahín, par

Alláh ne muhr kí hai uu par, máre kufr ke, so yaqín nahíṇ láte, magar kam,—

155   Aur un ke kufr par, aur Maryam par baṛá túfán bolne par ;—

156   Aur is kahne par, ki Ham ne márá Masíh Ɪsá Maryam ke beṭe ko, jo rasúl thá Alláh ká, aur na us ko márá hai, na súlí par charháyá ; walekin wuhí súrat ban gaí un ke áge ; aur jo log is meṇ kaí báteṇ nikálte haiṇ, we is jagah shubhe meṇ paṛe haiṇ, kuchh nahíṇ un ko us kí k͟habar, magar aṭkal par chalná, aur us ko márá nahíṇ be-shakk,

157   Balki us ko uṭhá liyá Alláh ne apní taraf, aur hai Alláh zabardast, hikmatwálá.

158   Aur jo firqe haiṇ kitábwáloṇ meṇ, so us par yaqín láwenge us kí maut se pahle, aur qiyámat ke din hogá un ká bátanewálá.

159   So Yahúd ke gunáh se ham ne harám kíṇ un par kittí pák chízeṇ, jo un ko halál thíṇ, aur is se ki aṭakte the Alláh kí ráh se bahut ;

160   Aur un ke súd lene par, aur un ko us se mana ho chuká hai, aur logoṇ ke mál khane par náhaqq ; aur taiyár rakhí hai ham ne un meṇ munkiroṇ ke wáste dukh kí már.

161   Lekin jo sábit haiṇ ɪlm par un meṇ, aur ímánwále haiṇ, so mánte haiṇ jo utrá tujh ko, aur jo utrá tujh se pahle ; aur áfrín namáz par qáim rahnewáloṇ ko, aur denewále zakát ke, aur yaqín rakhnewále Alláh par, aur pichhle din par ; aisoṇ ko ham denge baṛá sawáb.

(28 R.) 162 Ham ne wahí bhejí terí taraf, jaise wahí bhejí Núh ko, aur nabíoṇ ko us ke bad, aur wahí bhejí Ibráhím ko, aur

Ismáíl ko aur Isháq ko, aur Yaqúb ko, aur us kí aulád ko, aur Isá ko, aur Ayúb ko, aur Yúnas ko, aur Hárún ko, aur Sulaimán ko, aur ham ne dí Dáúd ko Zabúr.
163 Aur kitte rasúl, jin ká ahwál sunáyá ham ne tujh ko áge; aur kitte rasúl, jin ká ahwál nahín sunáyá ham ne tujh ko; aur báten kín Alláh ne Músá se bolkar.
164 Kitte rasúl khushí aur ḍar sunánewále, tá na rahe logon ko Alláh par jagah ilzám kí, rasúlon ke baḍ; aur Alláh zabardast hai, hikmatwálá.
165 Lekin Alláh sháhid hai us par, jo terí taraf názil kiyá, ki yih názil kiyá hai apne ilm ke sáth, aur firishte gawáh hain; aur Alláh bas hai haqq záhir karnewálá.
166 Jo log munkir húe, aur aṭake Alláh kí ráh se, we dúr paṛe hain bhúlkar.
167 Jo log munkir húe, aur haqq dabá rakhá, hargiz Alláh bakhshnewálá nahín un ko, aur na un ko miláwe ráh, magar ráh dozakh kí; paṛe rahen us men hamesha, aur yih Alláh par ásán hai.
168 Logo, tum pás Rasúl á chuká ṭhík bát lekar tumháre Rabb kí; so máno, ki bhalá ho tumhárá; aur agar na mánoge, to Alláh ká hai, jo kuchh hai ásmán o zamín men, aur Alláh sab khabar rakhtá hai, hikmatwálá.
169 Ai kitábwálo, mat mubálaga karo apne dín kí bát men, aur mat bolo Alláh ke haqq men, magar bát tahqíq; Masíh jo hai, Isá Maryam ká beṭá, rasúl hai Alláh ká, aur us ká kalám, jo ḍál diyá Maryam kí taraf, aur Rúh hai us ke yahán kí; so máno Alláh ko, aur us ke rasúlon ko, aur mat batáo us ko tín; yih bát chhoṛo, ki bhalá ho tumhárá;

Alláh jo hai, so ek mabúd hai, is láiq nahín,
ki us kí aulád ho ; usí ká hai, jo kuchh ásmán
o zamín men hai ; aur Alláh bas hai, kám
banánewálá.

(24 R.) 170 Masíh hargiz burá na máne
is se, ki banda ho Alláh ká, aur na firishte
nazdíkwále ; aur jo koí kaniyáwe Alláh kí
bandagí se, aur takabbur kare, so wuh jama
kare un sab ko apne pás ekaṭṭhá.

171 Phir jo ímán láye, aur amal kiye nek,
so un ko púrá degá un ká sawáb, aur barhtí
degá apne fazl se ; aur jinhon ne kaniyáyá
aur takabbur kiyá, so un ko máregá dukh kí
már.

172 Aur na páwenge apne wáste Alláh ke
siwáe koí himáyatí, na madadgár.

178 Logo, tum pás pahunch chukí tum-
háre Rabb kí taraf se sanad ; aur utárí
ham ne tum par roshní wázih.

174 So, jo yaqín láye Alláh par, aur us
ko mazbút pakṛá, to un ko dákhil karegá
apní mihr men, aur fazl men, aur pahunchá-
wegá apní taraf sídhí ráh par.

175 Hukm púchhte hain tujh se ; tú kah,
Alláh hukm batátá hai tum ko kalále ká ;
agar ek mard mar gayá, ki us ko beṭá nahín,
aur us ko ek bahin hai, to us ko pahunche
ádhá jo chhoṛ mará ; aur wuh bhái wáris
hai, agar na rahe us ko beṭá ; phir agar
bahinen do hon, to un ko pahunche do tihái,
jo kuchh chhoṛ mará ; aur agar kaí shakhs
hain us náte ke, mard aur auraten, to mard
ko aurat ke do hissa barábar ; bayán kartá hai
Alláh tumháre wáste, ki na bahko ; aur Alláh
har chíz se wáqif hai.

SURA I MAIDA.

Madíne men názil húí, 120 áyat kí hai.

BISMI-L-LÁ HI-R-RAHMÁ NI-R-RAHÍM.

(1 *R.*) 1 Ai ímánwálo, púre karo qarár.
2 Halál húe tum ko chaupáe mawáshí si-
wáe us ke jo tum ko suná denge, magar halál
na jáno shikár ko apne ihrám men; Alláh
hukm kartá hai jo cháhe.
3 Ai ímánwálo, halál na samjho Alláh
ke nám kí chízen, aur na adabwálá mahína,
aur niyáz ke jánwar jo Makke ko jáwen, aur
na gale men laṭkanwálíán, aur na ánewálon
ko adabwále ghar kí taraf, ki ḍhúnḍhte hain
fazl apne Rabb ká, aur khúshí; aur jab ih-
rám se niklo to shikár karo, aur báis na ho
tum ko ek qaum kí dushmaní; ki tum ko
rokte the adabwálí masjid se, is par ki ziyá-
datí karo, aur ápas men madad karo nek
kám par, aur parhezgárí par, aur madad na
karo gunáh par, aur ziyádatí par. Aur ḍarte
raho Alláh se; Alláh ká azáb sakht hai.
4 Harám húá tum par murdá aur lahú,
aur gosht súar ká, aur jis chíz par nám pú-
kára Alláh ke siwáe ká, aur jo mar gayá
ghunṭ kar, yá choṭ se, yá gir kar, yá síngh
máre se, aur jis ko kháyá phárnewále ne,
magar jo tum ne zabh kar liyá, aur jo zabh
kiyá kisí thán par, aur yih ki bánṭá karo
pánse ḍál kar. Yih gunáh ká kám hai, áj
náummed húe káfir tumháre dín se, so un
se tum mat ḍaro, aur mujh se ḍaro, áj main
púrá de chuká tum ko dín tumhárá, aur
púrá kiyá tum par main ne ihsán apná, aur
pasand kiyá main ne tumháre wáste dín

musalmání; phir jo koí náchár ho gayá bhúkh meṉ kuchh gunáh par nahíṉ ḍhaltá, to Alláh hí bakhshnewálá hai, mihrbán.

5 Tujh se púchhte hain, ki un ko kyá halál hai? Tú kah, Tum ko halál haiṉ suthrí chízeṉ, aur jo sadháo shikárí jánwar dauṛáne ko, ki un ko sikháte ho kuchh ek jo Alláh ne tum ko sikháyá hai: so kháo us meṉ se ki rakh chhoṛeṉ tumháre wáste, aur Alláh ká nám lo us par, aur ḍarte raho Alláh se; Alláh shitáb lenewálá hai hisáb.

6 Áj halál húíṉ tum ko sab suthrí chízeṉ, aur kitábwáloṉ ká khání tum ko halál hai, aur tumhárá khání un ko halál hai, aur qaidwálí auurateṉ musalmán, aur qaidwálí aurateṉ pahle kitábwáloṉ kí, jab un ko do mahr un ke qaid meṉ láne ko, na mastí nikálne ko, aur na chhipí áshnáí karne ko, aur jo koí munkir ho ímán se, us kí mihnat záí húí; aur ákhirat meṉ wuh hárnewáloṉ meṉ hai.

(2 R.) 7 Ai ímánwálo, jab tum uṭho namáz ko, to dho lo apne muṉh, aur háth kuhníoṉ tak, aur mal lo apne sir ko, aur páoṉ ṭakhnoṉ tak, aur agar tum ko junábat ho, to khúb tarah pák ho. Aur agar tum bímár ho, yá safar meṉ, yá ek shakhs tum meṉ se áyá hai jáezarúr se, yá lage ho auratoṉ se, pher na páo pání, to qasd karo zamín pák ká, aur mal lo apne muṉh aur háth waháṉ se; Alláh nahíṉ cháhtá ki tum par kuchh mushkil rakhe, lekin cháhtá hai ki tum ko pák kare, aur apná ihsán púrá kiyá cháhtá hai tum par, ki sháyad tum ihsán máno.

8 Aur yád rakho ihsán Alláh ká apne úpar, aur ahd us ká jo tum se ṭhahar gayá hai, jab tum ne kahá, ki Ham ne suná aur

máná ; aur ḍarte raho Alláh se ; Alláh jántá hai jíon kí bát.

9 Ai ímánwálo, khaṛe ho jáyá karo, Alláh ke wáste gawáhí dene ko insáf kí, aur ek qaum kí dushmaní ke báis ạdl na chhoṛo, ạdl karo ; yihí bát lagtí hai taqwe se, aur ḍarte raho Alláh se ; Alláh ko ḳhabar hai jo karte ho.

10 Wạda diyá hai Alláh ne ímánwálon ko jo nek ạmal karte hain, ki un ko baḳhshná hai, aur baṛá sawáb hai.

11 Aur jo log munkir húe, aur jhuṭhláín hamárí áyaten, we hain dozaḳhwále.

12 Ai ímánwálo, yád rakho ihsán Alláh ká apne úpar jab qasd kiyá ek logon ne ki tum par háth chaláwen, pher rok liye tum se un ke háth ; aur ḍarte raho Alláh se, aur Alláh par cháhiye bharosá ímánwálon ko.

(3 *R.*) 13 Aur le chuká hai Alláh ạhd baní Isráíl ká, aur uṭháye ham ne un men bárah sardár, aur kahá Alláh ne, Main tumháre sáth hún tum agar khaṛí rakhoge namáz, aur dete rahoge zakát, aur yaqín láoge mere rasúlon par, aur un ko madad karoge, aur qarz doge Alláh ko achchhí tarah ká qarz, to main utárúngá tum se buráíán tumhárí, aur dáḳhil karúngá tum ko bágon men, bahtí níche un ke nahren ; phir jo koí munkir húá tum men us ke bạd, wuh beshakk bhúlá sídhí ráh.

14 So un ke ạhd toṛne par ham ne un ko lanat kí, aur kar diye un ke dil siyáh ; badalte hain kalám ko apne ṭhikáne se, aur bhúl gaye ek fáida lená us nasíhat se jo un ko kí thí : aur hamesha tú ḳhabar pátá hai un kí ek dagá kí, magar thoṛe log un men ; so muáf

kar, aur darguzar un se; Alláh cháhtá hai nekíwálon ko.

15 Aur we jo kahte hain áp ko Nasárá, un se bhí liyá thá ham ne ahd un ká, phir bhúl gae ek fáida lená us nasíhat se, jo un ko kí thí, pher ham ne lagá dí un ke ápas men dushmaní, aur kína qiyámat ke din tak, aur ákhir jatá degá un ko Alláh jo kuchh karte the.

16 Ai kitábwálo, áyá hai tum pás Rasúl hamárá, kholtá hai tum par bahut chízen, jo tum chhipáte the kitáb kí, aur darguzar kartá hai bahut chízon se.

17 Tum pás áí hai Alláh kí taraf se roshní aur kitáb bayán kartí,

18 Jis se Alláh ráh par látá hai, jo koí tábi ho us kí razá ká, bacháo kí ráh par, aur un ko nikáltá hai andheron se roshní men apne hukm se, aur un ko chalátá hai sídhí ráh.

19 Beshakk káfir húe jinhon ne kahá, Alláh wuh hí hai Masíh Maryam ká betá; tú kah, Pher kisí ká kuchh chaltá hai Alláh se, agar wuh cháhe ki khapáwe Masíh Maryam ke bete ko, aur us kí má ko, aur jitne log hain zamín men sáre.

20 Aur Alláh ko hai saltanat ásmán aur zamín kí, aur jo donon ke bích hai, banátá hai jo cháhe; aur Alláh har chíz par qádir hai.

21 Aur kahte hain Yahúd o Nasárá, Ham bete hain Alláh ke aur us ke piyáre; tú kah, Phir kyún azáb kartá hai tum ko tumháre gunáhon par? Koí nahín, tum bhí ek insán ho us kí paidáish men; bakhshe jis ko cháhe, aur azáb kare jis ko cháhe; aur Alláh ko hai saltanat ásmán aur zamín kí, aur jo donon ke bích hai, aur us hí kí taraf rujú hai.

22 Ai kitábwálo, áyá hai tum pás Rasúl hamárá, torá pare píchhe rasúlon ká; kabhí tum kaho, ki Ham pás na áyá koí khushí, yá dar sunánewálá, so á chuká tum pás khushí aur dar sunánewálá; aur Alláh har chíz par qádir hai.

(4 *R.*) 23 Aur jab kahá Músá ne apní qaum ko, Ai qaum, yád karo ihsán Alláh ká apne úpar jab paidá kiye tum men nabí, aur kar diyá tum ko bádsháh, aur diyá tum ko jo nahín diyá kisí ko jahán men.

24 Ai qaum, dákhil ho zamín pák men jo likh dí hai Alláh ne tum ko, aur ulte na jáo apní píth par, phir já paroge nuqsán men.

25 Bole, Ai Músá, wahán ek log hain zabardast, aur ham hargiz wahán na jáwenge, jab tak we nikal chuken wahán se, phir agar we niklen wahán se to ham dákhil hon.

26 Kahá do mard ne un darnewlon men se, ki Alláh kí nawázish thí un do par, Paith jáo un par hamla kar kar darwáze men; phir jab tum us men paithe, to tum gálib ho; aur Alláh par bharosá karo agar yaqín rakhte ho.

27 Bole, Ai Músá, ham hargiz na jáwenge sárí umr, jab tak we rahenge us men, so tú já, aur terá Rabb, donon laro, ham yahán hí baithe hain.

28 Bolá, Ai Rabb, mere ikhtiyár men nahín, magar merí ján, aur merá bhái, so tú faraq kariyo ham men, aur behukm logon men.

29 Kahá, to wuh harám húí un par chális baras, sir márte phirenge mulk men, so tú afsos na kar behukm logon par.

(5 *R.*) 30 Aur suná un ko tahqíq ahwál

Ádam ke do beṭon ká, jab niyáz kí donon
ne kuchh niyáz; phir qabúl húí ek se, aur
na qabúl húí dúsre se; kahá, Main tujh ko
már ḍálúngá; wuh bolá, ki Alláh qabúl kartá
hai adabwálon se.

NISF. 31 Agar tú háth chaláwegá mujh
par márne ko, main na háth chaláúngá tujh
par márne ko; main ḍartá hún Alláh se, jo
Sáhib hai sab jahán ká.

32 Main cháhtá hún ki tú hásil kare merá
gunáh, aur apná gunáh; phir ho dozakh-
wálon men, aur yihí sazá hai beinsáfon kí.

33 Phir us ko rází kiyá us ke nafs ne khún
par apne bhái ke; phir us ko már ḍálá; to ho
gayá ziyánwálon men.

34 Phir bhejá Alláh ne ek kawwá kureditá
zamín ko, ki us ko dikháwe kis tarah chhi-
pátá hai aib apne bhái ká; bolá, Ai kharábí
mujh se itná na ho saká, ki hún barábar is
kawwe ke, ki main chhipáún aib apne bhái
ká; phir lagá pachhtáne.

35 Is hí sabab se likhá ham ne baní Isráíl
par, ki jo koí már ḍále ek ján siwáe badle
ján ke, yá fasád karne par mulk men, to goyá
már ḍálá sab logon ko, aur jis ne jiláyá ek
ján ko, to goyá jiláyá sab logon ko.

36 Aur lá chuke hain un pás rasúl hamáre
sáf hukm; phir bahut log un men is par bhí
mulk men dastdarází karte hain.

37 Yihí sazá un kí jo laṛáí karte hain Alláh
se, aur us ke Rasúl se, aur dauṛte hain mulk
men fasád karne ko, ki un ko qatl kíjíye, yá
súlí chaṛháíye, yá káṭiye un ke háth, aur pán-
won muqábil ká, yá dúr kare is mulk se; yih
un kí ruswáí hai dunyá men, aur un ko ákhi-
rat men baṛí már hai.

38 Magar jinhoṉ ne tauba kí tumháre háth paṛne se pahle, to ján lo, ki Alláh bakhshnewálá, mihrbán hai.

(6 *R.*) 39 Ai ímánwálo, ḍarte raho Alláh se, aur ḍhúṉḍho us tak wasíla, aur laṛáí karo us ki ráh meṉ, sháyad tumhárá bhalá ho.

40 We jo káfir haiṉ, agar un ke pás ho jitná kuchh zamín meṉ hai sárá, aur us ke sáth utná aur, ki chhuṛwáí meṉ deṉ apní qiyámat ke azáb se, wuh un se qabúl na ho, aur un ko dukh kí már hai.

41 Cháhenge ki nikal jáweṉ ág se, aur we nikalnewále nahíṉ, aur un ko azáb dáimí hai.

42 Aur jo koí chor ho mard yá aurat, to káṭ ḍálo un ke háth sazá un kí kamáí kí, tambíh Alláh kí taraf se; aur Alláh zoráwar hai, hikmatwálá.

43 Phir jin ne tauba kí apní taqsír ke píchhe, aur saṉwár pakṛí, to Alláh us ko muáf kartá hai; beshakk Alláh bakhshnewálá, mihrbán hai.

44 Tú ne malúm nahíṉ kiyá ki Alláh ko hai saltanat ásmán o zamín kí, azáb kare jis ko cháhe, aur bakhshe jis ko cháhe; aur Alláh sab chíz par qádir hai.

45 Ai Rasúl, tú gam na khá un par, jo dauṛkar lagte haiṉ munkir hone; we jo kahte haiṉ, Ham musalmán haiṉ apne muṉh se, aur un ke dil musalmán nahíṉ; aur we jo Yahúd haiṉ jásúsí karte haiṉ jhúṭh bolne ko, aur jásús haiṉ dúsrí jamáat ke, jo tujh tak nahíṉ áí, be-uslúb karte haiṉ bát ko, us ká ṭhikáná chhoṛ kar; kahte haiṉ, Agar tum ko yih mile to lo, aur agar yih na mile to bachte raho; aur jis ko Alláh ne bichhlá dene

cháhá, so tú us ká kuchh nahín kar saktá,
Alláh ke yaháṇ wuhí log hain jin ko Alláh
ne na cháhá ki dil pák kare; un ko dunyá
men zillat hai, aur un ko áķhirat men baṛí
már hai.

46 Baṛe jásús jhúṭh kahne ko, aur baṛe
harám khánewále, so agar áwen tujh pás, tú
hukm kar de un men yá tagáful kar un se;
aur agar tú tagáful karegá to terá kuchh
na bigáṛenge, aur agar hukm kare to hukm
kar un men insáf ká ; Alláh cháhtá hai insáf-
wáloṇ ko.

47 Aur kis tarah tujh ko munsif karen-
ge, aur un ke pás Taurát hai jis men hukm
Alláh ká, phir us pichhe phere játe haiṇ, aur
we mánnewále nahíṇ.

(7 R.) 48 Ham ne utárí Taurát, us men
hidáyat aur roshní, us par hukm karte pai-
gambar jo hukm bardár the Yahúd ko, aur
darwesh ko, aur álim ko, is wáste ki nigah-
bán ṭhahráye the Alláh kí kitáb par, aur
us ke ķhabardár the ; so tum na ḍaro logoṇ
se, aur mujh se ḍaro, aur mat ķharíd karo
merí áyatoṇ par mol thoṛá, aur jo koí hukm
na kare Alláh ke utáre par, so wuhí log hain
munkir.

49 Aur likh diyá ham ne un par qisás us
kitáb men, ki jí ke badle jí, aur ánkh ke bad-
le ánkb, aur nák ke badle nák, aur kán ke
badle kán, aur dánt ke badle dánt, aur zaķh-
moṇ ká badlá barábar ; phir jin ne baķhsh
diyá, to us se wuh pák húá, aur jo koí hukm
na kare Alláh ke utáre par, so wuhí log hain
beinsáf.

50 Aur pichhárí bhejá ham ne unhíṇ ke
qadmoṇ par Ïsá Maryam ke beṭe ko, sach

batátá Taurát ko jo ágesethí, aur usko dí ham ne Injíl, jis men hidáyat aur roshní, aur sachchá kartí apní aglí Taurát ko, aur ráh batátí, aur nasíhat darwálon ko.

51 Aur cháhiye ki hukm karen Injílwále us par jo Alláh ne utárá us men, aur jo koí hukm na kare Alláh ke utáre par, so wuhí log hain behukm.

52 Aur tujh par utárí ham ne kitáb tahqíq, sachchá kartí sab aglí kitábon ko, aur sab par shámil, so tú hukm kar un men jo utárá Alláh ne aur un kí ḳhushí par mat chal chhoṛ kar haqq ráh jo tere pás áí, har ek ko tum men diyá hai ham ne ek dastúr, aur ráh.

53 Aur Alláh cháhtá to tum ko ek dín par kartá, lekin tum ko ázmáyá cháhtá hai apne diye hukm men, so tum baṛhkar lo ḳhúbián, Alláh ke pás tum sab ko pahunchná hai, phir jatáwegá jis bát men tum ko iḳhtiláf thá.

54 Aur yih farmáyá ki hukm kar un men jo Alláh ne utárá, aur mat chal un kí ḳhushí par, aur bachtá rah un se, ki tujh ko bahká na den kisí hukm se jo Alláh ne utárá tujh par; phir agar na mánen to ján le ki Alláh ne yihí cháhá hai, ki pahuncháwe un ko kuchh sazá un ke gunáhon kí, aur logon men bahut hain behukm.

55 Ab kyá hukm cháhte hain kufr ke waqt ká, Alláh se bihtar kaun hai hukm karnewálá? Yaqín rakhte logon ko.

SULS. (8 *R.*) 56 Ai ímánwálo, mat pakṛo Yahúd o Nasárá ko rafíq; wuhí ápas men rafíq hain ek ek dúsre ke, aur jo koí tum men un se rifáqat kare wuh unhín men hai; Alláh ráh nahín detá beinsáf logon ko.

57 Ab tú dekhegá jin ke dil meṉ ázár hai; dauṛkar mil játe hain un meṉ: kahte haiṉ, Ham ko ḍar hai ki á na jáwe ham par gardish, so sháyad Alláh jald bheje faisala, yá kuchh hukm apne pás se, to fajr ko láeṉ apne jí kí chhipí bát par pachhtáte.

58 Aur kahte haiṉ musalmán, ye wuhí log haiṉ ki qasameṉ kháte the Alláh kí tákíd se, ki ham tumháre sáth haiṉ, ḳharáb gae un ke ạmal, phir rah gae nuqsán meṉ.

59 Ai ímánwálo, jo koí tum meṉ phiregá apne dín se to áge Alláh láwegá ek log, ki un ko cháhtá hai wuh, aur we cháhte haiṉ us ko, naram dil haiṉ musalmánoṉ par, aur zabardast haiṉ káfiroṉ par; laṛte haiṉ Alláh kí ráh meṉ, aur ḍarte nahíṉ kisí ke ilzám se; yih fazl hai Alláh ká, degá jis ko cháhe, aur Alláh kusháishwálá hai, ḳhabardár.

60 Tumhárá rafíq wuhí Alláh hai, aur us ká Rasúl, aur ímánwále jo qáim haiṉ namáz par, aur dete haiṉ zakát, aur we nawe húe haiṉ.

61 Aur jo koí rifáqat pakṛe Alláh kí, aur us ke Rasúl kí, aur ímánwáloṉ kí, to Alláh kí jamáạt wuhí hogí gálib.

(9 *R.*) 62 Ai ímánwálo, rafíq na pakṛo aisoṉ ko jo ṭhahráte haiṉ tumhárá dín hansí aur khel, we jo kitáb dí gaí tum se pahle, aur we jo káfir haiṉ, aur ḍaro Alláh se agar yaqín rakhte ho.

63 Aur jis waqt pukáro namáz ko us ko ṭhahráweṉ hansí aur khel; yih is wáste ki we log be ạql haiṉ.

64 Tú kah, Ai kitábwálo, kyá bair hai tum ko ham se, magar yihí, ki ham yaqín láe Alláh par, aur jo ham ko utrá, aur jo utrá

pahle, aur yihí ki tum men aksar behukm hain?

65 Tú kah, Main tum ko batáún un men kis kí burí jazá hai Alláh ke yahán, wuhí jis ko Alláh ne lanat kí, aur us par gazab húá, aur un men baze bandar kiye aur súar, aur pújne lage Shaitán ko, wuhí badtar hain darje men, aur bahut bahke sídhí ráh se.

66 Aur jab pás áwen, kahen, Ham yaqín láe, aur munkir hí áe the, aur usí tarah nikle, aur Alláh khúb jántá hai jo chhipá rahe the.

67 Aur tú dekhe bahut un men daurte hain gunáh par, aur ziyádatí par, aur harám kháne par; kyá bure kám hain jo kar rahe hain.

68 Kyún nahín mana karte un ke darwesh aur mullá gunáh kí bát kahne se, aur harám kháne se; kyá bure amal hain jo kar rahe hain.

69 Aur Yahúd kahte hain, Alláh ká háth bandh gayá; unhín ke háth bándhe jáwen, aur lanat hai un ko is kahne par; balki us ke donon háth khule hain, kharch kartá hai jis tarah cháhe, aur us hukm se jo tujh ko utrá tere Rabb kí taraf se; un ko barhegí, aur sharárat, aur inkár, aur ham ne dál rakhí hai un men dushmaní, aur bair qiyámat ke din tak; jab ek ág sulgáte hain larái ke wáste, Alláh us ko bujhátá hai, aur daurte hain mulk men fasád karte; aur Alláh nahín cháhtá fasádwálon ko.

70 Aur agar kitábwále ímán láte, aur darte, to ham utár dete un kí buráián, aur un ko dákhil karte nimat ke bágon men; aur agar we qáim rakhen Taurát aur Injíl ko, aur jo utrá un ko un ke Rabb kí taraf se, to

kháwen̲ apne úpar se, aur pán̲won̲ ke níche se; kuchh log un men̲ sídhe hain̲, aur bahut un ke bure kám kar rahe hain̲.

(10 *R.*) 71 Ai Rasúl, pahunchá jo utrá tere Rabb kí taraf se, aur agar yih na kiyá, to tú ne kuchh na pahuncháyá us ká paigám; aur Alláh tujh ko bachá legá logon̲ se; Alláh ráh nahín̲ detá munkir qaum ko.

72 Tú kah, Ai kitábwálo, tum kuchh ráh par nahín̲ jab tak na qáim karo Taurát aur Injíl, aur jo tum ko utrá tumháre Rabb se; aur un men̲ bahuton̲ ko baṛhegí is kalám se jo tujh ko utrá tere Rabb se, sharárat aur inkár, so tú afsos na kar is qaum munkir par.

73 Albatta jo Musalmán hain̲, aur jo Yahúd hain̲, aur Sábáín, aur Nasárá, jo koí ímán láwe Alláh par, aur pichhle din par, aur ạmal kare nek, na un par ḍar hai, na we gam kháwen̲.

74 Ham ne liyá thá qaul baní Isráíl se, aur bheje un kí taraf rasúl; jab láyá un pás koí rasúl jo na ḳhush áyá un ke jí ko, kitton̲ ko jhuṭhláyá, aur kitton̲ ká ḳhún karne lage.

75 Aur ḳhiyál kiyá ki kuchh ḳharábí na hogí, so andhe ho gae aur bahre; phir Alláh mutawajjih húá un par, phir andhe aur bahre húe un men̲ bahut; aur Alláh dekhtá hai jo karte hain̲.

76 Beshakk káfir húe jinhon̲ ne kahá, Alláh wuhí Masíh hai Maryam ká beṭá, aur Masíh ne kahá hai, ki Ai baní Isráíl, bandagí karo Alláh kí, jo Rabb hai merá, aur tumhárá; muqarrar jis ne sharík kiyá Alláh ká so harám kí; Alláh ne us par jannat aur us ká ṭhikáná dozaḳh, aur koí nahín̲ gunahgáron̲ ká madad karnewálá.

77 Beshakk káfir húe jinhoṇ ne kahá,
Alláh hai tín meṇ ká ek; aur bandagí kisí
ko nahíṇ magar ek Maḅúd ko, aur agar na
chhoṛenge jo bát kahte haiṇ, albatta jo un
meṇ munkir haiṇ páwenge dukh kí már.

78 Kyúṇ nahíṇ tauba karte Alláh pás aur
gunáh bakhshwáte ? Aur Alláh hai bakhsh-
newálá, mihrbán.

79 Aur kuchh nahíṇ Masíh Maryam ká
beṭá magar rasúl hai, guzar chuke us se pahle
rasul, aur us kí má walí hai, donoṇ kháte the
kháná; dekh, ham kaisí batáte haiṇ un ko
nisháníaṇ; phir dekh, kaháṇ ulṭe játe haiṇ.

80 Tú kah, Tum aisí chíz pújte ho Alláh
ko chhoṛkar, jo Málik nahíṇ tumháre bure kí
na bhale kí, aur Alláh wuhí hai suntá jántá.

81 Tú kah, Ai ahl i kitáb, mat mubáliga
karo apne dín kíbát meṇ náhaqq ká, aur mat
chalo khiyál par ek logoṇ ke, jo bahak gae
haiṇ áge, aur bahká gae hain bahutoṇ ko, aur
bhúle sídhí ráh se.

(11 R.) 82 Lanat khái munkiroṇ ne baní
Isráíl meṇ se, Dáúd kí zubán par, aur Isá beṭe
Maryam kí, yih is se ki gunahgár the, aur
hadd par na rahte the; ápas meṇ mana na
karte bure kám se jo kar rahe kyá the, burá
kám hai, jo karte the.

83 Tú dekh, un meṇ bahut log rafíq hote
haiṇ káfiroṇ ke, burí taiyárí bhejí hai apne
wáste, ki Alláh gazab húá un par, aur hame-
sha we azáb meṇ haiṇ.

84 Aur agar yaqín rakhte Alláh par, aur
Nabí par, aur jo us par utrá, to un ko rafíq na
ṭhahráte; par un meṇ bahut log behukm haiṇ.

85 Tú páwegá sab logoṇ meṇ ziyáda dush-
maní Musalmánoṇ se Yahúd ko, aur sharíkwá-

lon ko aur tú páwegá sab se nazdík muhabbat men Musalmánon kí, we log jo kahte hain, ki Ham Nasárá hain; yih is wáste ki un men ạlim hain, aur darwesh hain, aur yih ki we takabbur nahín karte.

SATWAN SIPARA. 86 Aur jab sunen jo utrá Rasúl par, to dekhe un kí ánkhen ubaltí hain ánsúon se, is par jo pahcháne bát haqq kahte hain, Ai Rabb hamáre, ham ne yaqín kiyá, so tú likh ham ko mánnewálon ke sáth.

87 Aur ham ko kyá húá ki yaqín na láwen Alláh par, aur jo pahunchá ham pás haqq, aur ham ko tawaqqạ hai ki dákhil kare ham ko Rabb hamárá sáth nek bakhton ke.

88 Phir un ko badlá diyá un ke Rabb ne is kahne par bág, níche un ke bahtí nahren, rahá karen un men; aur yih hai badlá nekí karnewálon ká; aur jo munkir húe aur jhuṭhláne lage hamárí áyaten, we hain dozakh ke log.

(12 *R.*) 89 Ai ímánwálo, mat harám ṭhahráo suthrí chízen, jo Alláh ne tum ko halál kí hain, aur hadd se na baṛho; Alláh nahín cháhtá ziyádatíwálon ko.

90 Aur kháo Alláh ke diye se, jo halál ho suthrá, aur ḍarte raho Alláh se jis par yaqín rakhte ho.

91 Nahín pakaṛtá tum ko Alláh tumhárí befáida qasamon par, lekin pakaṛtá hai jo qasam tum ne girih bándhí: so us ká utárá khiláná das muhtáj ko, bích ká kháná jo dete ho apne gharwálon ko, yá un ko kapṛá dená, yá ek gardan ázád karní, phir jis ko paidá na ho, to roza tín din ká; yih utárá hai tumhárí qasamon ká, jab qasam khá baiṭho, aur thámte raho apní qasamen; yún batátá hai Alláh tum ko apne hukm, sháyad tum ihsán máno.

92 Ai ímánwálo, yih jo hai sharáb, aur júá, aur but, aur pánse, gande kám hain Shaitán ke; so in se bachte raho, sháyad tumhárá bhalá ho.

93 Shaitán yihí cháhtá hai ki ḍále tum men dushmaní, aur bair sharáb se, aur júe se, aur roke tum ko Alláh kí yád se, aur namáz se; phir ab tum báz áoge: aur hukm máno Alláh ká, aur hukm máno Rasúl ká, aur bachte raho; phir agar tum phiroge, to ján lo ki hamáre Rasúl ká zimma yihí hai, pahunchá dená kholkar.

94 Jo log ímán láe, aur amal nek kiye, un par nahín gunáh jo kuchh pahle khá chuke jab áge ḍare, aur ímán láe, aur amal nek kiye, phir ḍare, aur yaqín kiyá, phir ḍare aur nekí kí; aur Alláh cháhtá hai nekíwálon ko.

(13 *R.*) 95 Ai ímánwálo, albatta tum ko ázmáwegá Alláh kuchh ek shikár ke hukm se, jis par pahunchte hain háth tumháre, aur neze, ki malúm kare Alláh kaun us se ḍartá hai bin dekhe; phir jis ne ziyádatí kí us ke bad to us ko dukh kí már hai.

96 Ai ímánwálo, na máro shikár jis waqt tum ho ihrám men, aur jo koí tum men us ko máre ján kar, to badlá hai us máre ke barábar mawáshí men se, wuh ki ṭhahráwen do mutabar tumháre ki niyáz pahuncháwen Kabe tak, yá gunáh ká utárá hai kaí muhtáj ká kháná, yá us ke barábar roze, ki chakhen sazá apne kám kí; Alláh ne muáf kiyá jo ho chuká, aur jo koí phir karegá us se bair legá Alláh; aur Alláh zabardast hai, bair lenewálá.

97 Halál húá tum ko daryá ká shikár, aur us ká kháná fáide ko tumháre, aur musáfiron, ke; aur harám húá tum par shikár jangal ká

jab tak raho tum ihrám men ; aur ḍarte raho Alláh se jis pás jama hoge.

98 Alláh ne kiyá hai Kạba yih ghar buzurgí ká, ṭhahráo logon ke wáste, aur mahína buzurgí ká, aur qurbání pahuncháni, aur gale men laṭkanwáliạn ; yih is wáste ki tum samjho, ki Alláh ko mạlúm hai, jo kuchh hai ásmán o zamín men ; aur Alláh har chíz se wáqif hai ; ján rakho ki Alláh kí már sakht hai, aur Alláh bakhshnewálá, mihrbán hai.

99 Rasúl par zimma nahín magar pahuncháo dená ; aur Alláh ko mạlúm hai jo záhir men karoge aur jo chhipákar.

100 Tú kah, Barábar nahín gandá aur pák, agarchi tujh ko khush lage gande kí bahutáyat ; so ḍarte raho Alláh se, ai ạqlmando, sháyad tumhárá bhalá ho.

(14 R.) 101 Ai ímánwálo, mat púchho bahut chízen, ki agar tum par khule to tum ko burí lagen ; aur agar púchhoge jis waqt Qurán utartá hai to kholí jáwengí, Alláh ne un se darguzar kí hai, aur Alláh bakhshtá hai tahammulwálá.

102 Waisí báten púchh chuke hain ek log tum se pahle, phir sawere un se munkir húe ; nahín ṭhahráyá Alláh ne Bahaira, aur Sáiba, aur na Wasíla, aur na Hámí, lekin káfir bándhte hain Alláh par jhúṭh, aur un men bahuton ko ạql nahín.

103 Aur jab kahe un ko, Áo is taraf jo Alláh ne názil kiyá, aur Rasúl kí taraf, kahen, Ham ko kifáyat hai jis par páyá ham ne apne báp dádon ko ; bhalá, agar un ke báp na ilm rakhte hon kuchh, aur na ráh jánte, taubhí.

104 Ai ímánwálo, tum par lázim hai fikr apní ján ká ; tumhárá kuchh nahín bigár̤tá,

jo koí bahká, jab tum húe ráh par ; Alláh pás
phir jáná hai tum sab ko, phir wuh jatá degá
jo kuchh tum karte the.

105   Ai ímánwálo, gawáh, tumháre andar
jab pahunche kisí ko tum meṇ maut, jab lage
wasíyat karne, do shakhs muṭabar cháhiye
tum meṇ se, yá do aur hoṇ tumháre agar
tum ne safar kiyá ho mulk meṇ, phir pahun-
che tum par musíbat maut kí, donon ko khará
karo baḍ namáz ke, phir wuh qasam kháweṇ
Alláh kí, agar tum ko shubha paṛe kahen,
ki Ham nahíṇ bechte qasam mál par, agarchi
ham se qarábat ho, aur ham nahíṇ chhipáte
Alláh kí gawáhí, nahíṇ to ham gunahgár haiṇ.

106 Phir agar khabar ho jáwe ki we do-
noṇ haqq dabá gae gunáh se, to do aur khaṛe
hoṇ un kí jagah, jinká haqq dabá hai un meṇ
jo bahut nazdík haiṇ, phir qasam kháweṇ
Alláh kí, ki Hamárí gawáhí tahqíq hai un kí
gawáhí se, aur ham ne ziyáda nahíṇ kahá,
nahíṇ to ham beinsáf haiṇ.

107   Is meṇ lagtá hai ki shahádat adá ka-
reṇ ráh par, yá ḍareṇ ki ulṭí paṛegí qasam ha-
márí un kí qasam ke baḍ ; aur ḍarte raho
Alláh se, aur sun rakho ; aur Alláh ráh na-
híṇ detá behukm logoṇ ko.

(15 R.) 108 Jis din Alláh jama karegá
rasúloṇ ko, phir kahegá, Tum ko kyá jawáb
diyá ? Bolenge, Ham ko khabar nahíṇ, tú hí
hai chhipí bát jántá.

109   Jab kahegá Alláh, Ai Ísá Maryam ke
beṭe, yád kar merá ihsán apne úpar, aur apní
má par, jab madad kí maiṇ ne tujh ko Rúh
Pák se ; tú kalám kartá logoṇ se god meṇ,
aur baṛí umr meṇ.

110 Aur jab sikháí maiṇ ne tujh ko kitáb,

aur pakkí báteṉ aur Taurát, aur Injíl, aur jab tú banátá miṭṭí se jánwar kí súrat, mere hukm se; phir dam phúnktá us meṉ, to ho játá jánwar mere hukm se; aur changá kartá má ke peṭ ká andhá, aur koṛhí ko mere hukam se; aur jab nikál khaṛe kartá murde mere hukm se; aur jab roká maiṉ ne baní Isráil ko tujh se, jab tú láyá un pás nishániáṉ, to kahne lage jo káfir the un meṉ, Aur kuchh nahíṉ, yih jádú hai saríh.

111 Aur jab maiṉ ne dil meṉ ḍálá Hawáríoṉ ke, ki yaqín láo mujh par, aur mere Rasúl par; bole, Ham yaqín láe, aur tú gawáh rah, ki ham hukambardár haiṉ.

112 Jab kahá Hawáríoṉ ne, Ai Ísá Maryam ke beṭe, tere Rabb se ho sake ki utáre ham par ḳhwán bhará ásmán se? Bolá, Ḍaro Alláh se, agar tum ko yaqín hai.

113 Bole, Ham cháhte haiṉ ki kháweṉ us meṉ se, aur chain páweṉ hamáre dil, aur ham jáneṉ ki tú ne ham ko sach batáyá, aur haiṉ ham us par gawáh.

114 Bolá Ísá Maryam ká beṭá, Ai Alláh, Rabb hamáre, utár ham par ek ḳhwán bhará ásmán se, ki wuh din íd rahe hamáre pahloṉ aur pichhloṉ ko, aur nishání terí taraf se, aur rozí de ham ko, aur tú hí hai bihtar rozí denewálá.

115 Kahá Alláh ne, Maiṉ utárúngá wuh ḳhwán tum par, phir jo koí tum meṉ náshukrí kare is se pichhe, to maiṉ us ko wuh azáb karúngá jo na karúngá kisí ko jahán meṉ.

RUBA (16 *R.*) 116 Aur jab kahegá Alláh, Ai Ísá Maryam ke beṭe, tú ne kahá logo ko, ki Ṭhahráo mujh ko, aur merí má ko do mábúd siwáe Alláh ke? Bolá, Tú pák hai, mujh ko nahín ban átá ki kahún jo mujh ko nahín pahunchtá; agar main ne yih kahá hogá, to tujh ko malúm hogá; tú jántá hai jo mere jí men, aur main nahín jántá jo tere jí men, barhaqq tú hí hai jántá chhipí bát.

117 Main ne nahín kahá un ko magar jo tú ne hukm kiyá, ki Bandagí karo Alláh kí, jo Rabb hai merá, aur tumhárá, aur main un se khabardár thá jab tak un men rahá; phir jab tú ne mujhe bhar liyá, to tú hí thá khabar rakhtá un kí, aur tú har chíz se khabardár hai.

118 Agar tú un ko azáb kare, to we bande tere hain, aur agar un ko muáf kare, to tú hí hai zabardast hikmatwálá.

119 Farmáyá Alláh ne, Yih wuh din hai ki kám áwegá sachon ko un ká sach, un ko hai bág jin ke níche bahtí nahren; rahá karen un men hamesha; Alláh rází húá un se, aur we rází húe us se; yihí hai barí murád milní.

120 Alláh ko hai saltanat ásmán o zamín kí, aur jo un ke bích hai, aur wuh har chíz par qádir hai.

SURA I ANẠM.

Makke men názil húí; 165 áyat kí hai.

BISMI-L-LÁ HI-R-RAHMÁ NI-R-RAHÍM.

(1 *R.*) 1 Sab taríf Alláh ko, jis ne banáye ásmán o zamín, aur thahráín andheríán aur ujálá; phir ye munkir apne Rabb ke sáth kisí ko barábar karte hain.

2 Wuhí hai jis ne tum ko banáyá miṭṭí se, phir thahráyá ek wada, aur ek wada thahr rahá hai us ke pás, phir tum shakk láte ho

3 Aur wuhí Alláh hai ásmán o zamín men,
jántá hai tumhárá chhipá aur khulá, aur jántá
hai jo kamáte ho.
4 Aur nahín pahunchí un ko koí nishání
tere Rabb kí nisháníon men, magar karte hain
us se tagáful.
5 So jhuṭhlá chuke haqq bát ko, jab un tak
pahunchí, ab áge áwegí un par haqíqat us bát
kí jis par hanste the.
6 Kyá dekhṭe nahín kitní halák kín ham ne
pahle un se sangaten un ko, jamáyá thá ham
ne mulk men jitná tum ko nahín jamáyá, aur
chhoṛ diyá ham ne un par ásmán barsátá aur
baná dín nahren bahtí un ke níche; phir halák
kiyá un ko un ke gunáhon par, aur khaṛí kí
un ke píchhe aur sangat.
7 Aur agar utáren ham un par likhe húe
kágaz men, phir ṭaṭol len us ko apne háth
se, albatta kahenge munkir, Yih kuchh nahín
magar jádú hai saríh.
8 Aur agar kahte hain, Kyún na utrá us
par koí firishta? Aur agar ham firishta utáren,
to faisal ho chuke kám, phir un ko fursat na
milí.
9 Aur agar ham rasúl karte koí firishta, to
wuh bhí súrat men ek mard karte, aur un par
shubha ḍálte, wuhí shubha jo láte hain.
10 Aur hansí karte rahe hain bahut rasúlon
se tere pahle, phir ulaṭ paṛí un se hansíwálon
par, jis bát par hansá karte the.
(2 R.) 11 Tú kah, Phiro mulk men, to
dekho ákhir kaisá húá jhuṭhlánewálon ká.
12 Púchh, ki Kis ká hai, jo kuchh hai ásmán
o zamín men? Kah, Alláh ká, us ne likhí hai
apne zimme mihrbání, albatta tum ko jama
karegá qiyámat ke din tak, is men shakk

nahíṇ ; jinhoṇ ne hárí apní ján, wuhí nahíṇ mánte.

13 Aur usí ká hai jo baserá letá hai rát meṇ, aur din meṇ, aur wuhí hai sab suntá jántá.

14 Tú kah, Kyá aur koí pakaṛúṇ apná madadgár Alláh ke siwáe, jo bánánewálá ásmán o zamín ká, aur wuh sab ko khilátá hai ; aur us ko koí nahíṇ khilátá ; tú kah, Mujh ko hukm húá hai, ki sab se pahle hukm mánúṇ, aur tú na ho sharík pakaṛnewálá.

15 Tú kah, Maiṇ dartá húṇ, agar hukm ná mánúṇ apne Rabb ká, ek baṛe din ke azáb se.

16 Jis par se wuh ṭalá us din us par rahm kiyá, aur yihí hai baṛí murád milní.

17 Aur agar pahuncháwe tujh ko Alláh kuchh saḵẖtí, phir us ko koí na uṭháwe siwáe us ke, aur agar tujh ko pahuncháwe bhalái, to wuh har chíz par qádir hai.

18 Aur usí ká zor pahunchtá hai apne bandoṇ par, aur wuhí hai hikmatwálá ḵẖabardár.

19 Tú kah, Kis chíz kí baṛí gawáhí ? Tú kah, Alláh gawáh hai mere aur tumháre bích, aur utrá hai mujh ko yih Qurán, ki tum ko us se khabardár kar dúṇ, aur jis ko yih pahunche ; kyá tum gawáhí dete ho, ki Alláh ke sáth mabúd aur bhí haiṇ ? Tú kah, Maiṇ na gawáhí dúṇgá ; tú kah, Wuhí hai mabúd ek, aur maiṇ qabúl nahíṇ rakhtá jo tum sharík karte ho.

20 Jin ko ham ne dí hai kitáb us ko pahchánte haiṇ jaise apne beṭoṇ ko ; jinhoṇ ne hárí apní ján, wuhí nahíṇ mánte.

(8 R.) 21 Aur us se zálim kaun jo jhúṭh bándhe Alláh par, yá jhuṭhláwe us kí áyateṇ, muqarrar bhalá nahíṇ páte gunahgár.

22 Aur jis din ham jamạ kareṇge un sab

ko, phir kahenge sharíkwálon ko, Kahán hai sharík tumháre jin ká tum dawa karte the? Phir na rahegí un kí sharárat magar yihí ki kahenge, Qasam Alláh kí apne Rabb kí, ham sharík na karte the.

23 Dekh, to kaisá jhúṭh bole apne úpar, aur khoí gaín un se jo báten banáte the.

24 Aur baze un men kán rakhte hain terí taraf, aur ham ne un ke dilon par giláf rakhe hain ki un ko na samjhen, aur un ke kánon men bojh, aur agar dekhen sárí nishánián, yaqín na láwen un par jab tak na áwen tere pás jhagarne ko; tujh se kahte hain we munkir, Yih kuchh nahín magar naqlen hain aglon kí.

25 Aur we us se mana karte hain, aur us se bhágte hain, aur halák karte nahín magar áp ko, aur nahín samajhte.

26 Aur kabhí tú dekhe jis waqt in ko ṭhahráyá hai ág par, to kahte hain, Ai kásh ki ham ko phir bhejen, aur ham na jhuṭhláwen apne Rabb kí áyaten, aur rahen ímánwálon men.

27 Koí nahín balki khul gayá un se jo chhipáte the pahle; aur agar phir bhejiye, to phir karen wuhí jo mana húá thá un ko, aur we jhúṭh bolte hain.

28 Aur kahte hain, Ham ko zindagí nahín magar yihí dunyá men, aur ham ko phir nahín uṭhná.

29 Aur kabhí tú dekhe jis waqt un ko khará kiyá hai un ke Rabb ke sámhne, farmáyá, Ab yih sach nahín? Bole, Kyún nahín qasam hamáre Rabb kí? Farmáyá, To chakho azáb badlá apne kufr ká.

(4 *R.*) 30 Kharáb húe jinhon ne jhúṭh jáná milná Alláh ká, jab tak ki á pahunchí un par qiyámat bekhabar; kahne lage, Ai afsos, ki ham ne qasúr kiyá us men; aur we uṭhá-

te hain apne bojh apní píṭh par; suntá hai
baṛá bojh hai jo uṭháte hain.
31 Aur kuchh nahín dunyá ká jíná magar
khel aur jí bahláná, aur pichhlá ghar jo hai
so bihtar hai ḍarwálon ko; kyá tum ko samajh
nahín?
32 Ham jánte hain ki tujh ko gam dilátí
hain un kí báten, so we tujh ko nahín jhuṭh-
láte, lekin beinsáf Alláh ke hukmon se mun-
kir húe játe hain.
33 Aur jhuṭhláyá hai bahut rasúlon ko tujh
se pahle, phir sabar karte rahe jhuṭhláne par,
aur ízá par, jab tak pahunchí un ko madad
hamárí, aur koí badalnewálá nahín Alláh kí
báten; aur tujh ko pahunch chuká hai kuchh
ahwál rasúlon ká.
NISF. 34 Aur agar tujh par bhárí hai un ká
tagáful karná, to agar tú sake ki ḍhúnḍh ni-
kále koí surákh zamín men yá koí síṛhí ásmán
men, phir un ko láwe ek nishání; aur agar
Alláh cháhtá jama kar látá sab ko ráh par, so
mat ho nádánon men.
35 Mánte we hain jo sunte hain, aur mur-
don ko uṭháwegá Alláh, phir us kí taraf já-
wenge.
36 Aur kahte hain, Kyún nahín utrí us par
nishání us ke Rabb se? Tú kah, Alláh ko
qudrat hai, ki utáre kuchh nishání, lekin un
bahuton ko samajh nahín.
37 Aur koí chaltá nahín zamín men, na
jánwar hai ki uṛtá hai do par se, magar ek
ek ummat hai tumhárí tarah; chhoṛí nahín
ham ne likhne men koí chíz, phir apne Rabb
kí taraf ekaṭṭhe honge.
38 Aur we jo jhuṭhláte hain hamárí áya-
ten, bahre aur gúnge hain andheron men;
jis ko cháhe Alláh gumráh kare, aur jis ko
cháhe ḍál de sídhí ráh par.

39 Tú kah, Dekho, to agar áwe tum par ạzáb Alláh ká, yá áwe tum par qiyámat, kyá Alláh ke siwáe kisí ko pukároge? Batáo, agar tum sachche ho.

40 Balki usí ko pukárte ho, phir khol detá hai jis ko pukárte the agar cháhtá hai, aur bhúl játe ho jin ko sharík karte the.

(5 *R.*) 41 Aur ham ne rasúl bheje the bahut ummatoṉ par tujh se pahle, phir un ko pakṛá sakhtí meṉ, aur taklíf meṉ, sháyad we giṛgiṛáweṉ.

42 Phir kyúṉ na jab pahunchá un par ạzáb hamárá giṛgiṛáye hote? Walekin sakht ho-gae dil un ke, aur bhale dikháe un ko Shaitán ne, jo kám kar rahe the.

43 Phir jab bhúl gae jo nasíhat kí thí un ko, khol diye ham ne un par darwáze har chíz ke, yaháṉ tak ki khush húe; páí húí chíz se pakṛá ham ne un ko bekhabar, phir tabhí we rah gae ná ummed.

44 Phir kaṭ gaí jaṛ un zálimoṉ kí, aur sa-ráhaye kám Alláh ke, jo Rabb hai sáre jahán ká.

45 Tú kah, Dekho, agar chhín le Alláh tumháre kán, aur ánkheṉ, aur muhr kar de tumháre dil par, kaun wuh Rabb hai Alláh ke siwáe, jo tum ko yih lá dewe? Dekh, ham kaise pherte haiṉ báteṉ, phir wuh kinára karte haiṉ.

46 Tú kah, Dekho to, agar áwe tum par ạzáb Alláh ká, bekhabar, yá rúbarú, koí halák ho-gá magar wuhí log jo gunahgár haiṉ.

47 Aur ham jo rasúl bhejte haiṉ nahíṉ magar khushí aur ḍar sunáne ko, phir jo koí yaqín láyá aur saṉwár pakṛí, to na ḍar hai un par, aur na we gam kháweṉ.

48 Aur jinhon ne jhuthláín hamárí áyaten, un ko lagegá azáb is par ki behukmí karte the.

49 Tú kah, Main nahín kahtá tum se ki mujh pás hain khazáne Alláh ke, na main jánún gáib kí bát, aur na main kahún tum se, ki main firishta hún; main usí par chaltá hún jo mujh ko hukm átá hai; tú kah, Kab barábar ho sake andhá aur dekhtá? Kyá tum dhiyán nahín karte?

(6 *R.*) 50 Aur khabardár kar de is Qurán se, jin ko dar hai ki jama honge apne Rabb ke pás, un ká koí nahín us ke siwáe himáyatí na sifárashwálá, sháyad we bachte rahen.

51 Aur na un ko hánk jo pukárte hain apne Rabb ko, subh aur shám, cháhte hain us ká múnh; tujh par nahín un ke hisáb men se kuchh, aur na tere hisáb men se un par hai kuchh, ki tú un ko hánk de, phir howe tú beinsáfon men.

52 Aur isí tarah ham ne ázmáyá hai ek ko ek se, ki kahen, Kyá yihí log hain, jin par Alláh ne fazl kiyá ham sab men? Kyá Alláh ko malúm nahín haqq mánnewále?

53 Aur jab áwen tere pás hamárí áyaten mánnewále, tú kah, Salám hai tum par, likhí hai tumháre Rabb ne apne úpar mihr karní, ki jo koí tum men kare burái nádání se, phir us ke bad tauba kare, aur sanwár pakre, to yún hai, ki wuh hai bakhshnewálá mihrbán.

54 Aur isí tarah ham bayán karte hain áyaten, aur tau khul jáwe ráh gunahgáron kí.

(7 *R.*) 55 Tú kah, Mujh ko mana húá hai ki pújún jin ko tum pukárte ho Alláh ke siwáe. Tú kah, Main nahín chaltá tumhárí khushí par, tau to main bahak chuká, aur na húá ráh pánewálá.

56 Tú kah, Mujh ko shahádat pahunchí mere Rabb kí, aur tum ne us ko jhuṭhláyá, mere pás nahín jis kí shitábí karte ho, hukm kisí ká nahín siwáe Alláh ke, kholtá hai haqq bát, aur wuh hai bihtar chukánewálá.

57 Tú kah, Agar mere pás ho jis kí shitábí karte ho, to faisal ho chuke kám mere tumháre bích, aur Alláh ko khúb malúm hai beinsáf.

58 Aur usí ke pás hain kunjíán gaib kí, un ko nahín jántá us ke siwáe, aur wuh jántá hai jo jangal aur daryá men, aur nahín jhaṛtá koí pát jo wuh nahín jántá, aur na koí dáná zamín ke andheron men, aur na hará na súkhá, magar khulí kitáb men.

59 Aur wuhí hai ki tum ko bhar letá hai rát ko, aur jántá hai jo kamá chuke ho din ko, pher tum ko uṭhátá hai us men ki púrá ho wada jo ṭhahrá diyá, phir usí kí taraf phere jáoge, phir jatáwegá tum ko jo karte the.

(8 *R.*) 60 Aur usí ká hukm gálib hai apne bandon par, aur bhejtá hai tum par nigahbán, yahán tak ki jab pahunche tum men kisí ko maut, us ko bhar lewen hamáre bheje log, aur wuh qusúr nahín karte.

61 Phir pahuncháe jáwen Alláh kí taraf jo málik un ká hai tahqíq; sun rakho hukm usí ká hai, aur wuh shitáb letá hai hisáb.

62 Tú kah, Kaun tum ko bachá látá hai jangal ke andheron se aur daryá ke, jis ko pukárte ho giṛgiṛáte, aur chupke, Agar ham ko bachá lewe is balá se, to albatta ham ihsán mánen.

63 Tú kah, Alláh tum ko bachátá hai un se, aur har ghabráhaṭ se, phir tum sharík ṭhahráte ho.

64 Tú kah, Usí ko qudrat hai, ki bheje tum par azáb úpar se, yá tumháre pánw ke niche se, yá ṭhahráwe tum ko kai firqe karkar, aur chakháwe ek ko laṛáí ek kí; dekh, kis pher se ham kahte hain báten, sháyad we samjhen.

65 Aur us ko jhúṭh banáyá terí qaum ne, aur yih tahqíq hai; tú kah, ki Main nahín tum par dároga.

66 Harchíz ká ek waqt ṭhahrá rahá hai, aur áge ján loge.

67 Aur jab tú dekhe we log ki bakte hain hamárí áyaton men, tú un se kinára kar jab tak bakne lagen aur kisí bát men, aur kabhí bhuláwe tujh ko Shaitán, tú na baiṭh baḍ nasíhat ke beinsáf qaum ke sáth.

68 Aur parhezgáron par nahín kuchh un ká hisáb lekin nasíhat karní hai, sháyad we ḍaren.

69 Aur chhoṛ de jinhon ne ṭhahráyá apná dín khel aur tamásha, aur bahke dunyá kí zindagí par, aur us se nasíhat de un ko ki giriftár na ho jáwe koí apne kiye men, ki nahín us ko Alláh ke siwáe himáyatí na sifárishwálá.

70 Aur agar badlá de sáre badle qabúl na hon us se, wuhí hain jo giriftár húe apne kiye men, un ko píná hai garm pání, aur már hai dukhwálí badlá kufr karne ká.

(9 *R.*) 71 Tú kah, Kyá ham pukáren Alláh ke siwáe jo na bhalá kare hamárá na burá, aur phere jáwen ulṭe pánw? Jab Alláh ham ko ráh de chuká, jaise ek shakhs ko bhulá diyá, jinhon ne jangal men bahaktá us ke rafíq pukárte hain ráh kí taraf, ki Á hamáre pás; tú kah, Alláh ne ráh batáí soí ráh hai,

aur ham ko hukm húá hai, ki tábi rahen jahán
ke Sáhib ke.

72 Aur yih ki kharí rakho namáz, aur us
se ḍarte raho, aur wuhí hai jis pás ekaṭṭhe
hoge.

73 Aur wuh hai jis ne ṭhík banáe ásmán
aur zamín, aur jis din kahegá ho, ho jáwegá.

74 Usí kí bát sach hai, aur usí kí saltanat
hai jis din phúnká jáwe súr, chhipá aur khulá
jánnewálá, aur wuhí hai tadbírwálá khabardár.

SULS. 75 Aur jab kahá Ibráhím ne apne
báp Ázar kò, Tú kyá pakartá hai múraton ko
Khudá? Main dekhtá hún, tú aur terí qaum
saríh bahke húe.

76 Aur isí tarah ham dikháne lage Ibráhím
ko saltanat ásmán aur zamín kí, aur táki us
ko yaqín áwe.

77 Phir jab andherí áí us par rát, dekhá ek
tára; bolá, Yih hai merá Rabb; phir jab wuh
gáib húá, bolá, Mujh ko khush nahín áte chhip
jánewále.

78 Phir jab dekhá chánd chillaktá, bolá,
Yih hai merá Rabb; phir jab wuh gáib húá,
bolá, Agar na ráh de mujh ko Rabb merá, to
beshakk rahún main bhaṭakte logon men.

79 Phir jab dekhá súraj chillaktá, bolá, Yih
hai merá Rabb, yih sab se baṛá; phir jab wuh
gáib húá, bolá, Ai qaum, main bezár hún un
se jin ko tum sharík karte ho.

80 Main ne apná munh kiyá us kí taraf jin
ne banáe ásmán aur zamín ek taraf ká hokar,
aur main nahín sharík karnewálá.

81 Aur jhagrí us se us kí qaum; bolá,
Tum mujh se jhagrte ho Alláh par, aur wuh
mujh ko samjhá chuká, aur main ḍartá nahín
un se jin ko sharík ṭhahráte ho us ká, magar

ki merá Rabb kuchh cháhe, samáí hai mere Rabb ke ilm men sab chíz ko; kyá tum dhiyán nahín karte?

82 Aur main kyún darún tumháre sharíkon se? Aur tum nahín darte ki sharík thahráte ho Alláh ke sáth, jis par nahín utárí us ne tum ko kuchh sanad; ab donon firqon men kis ko cháhiye khátirjáma? Kaho agar samajh rakhte ho.

83 Jo log yaqín láe aur miláí nahín apne yaqín men kuchh taqsír, unhín ko hai khátirjama, aur wuhí hain ráh páe.

(10 *R.*) 84 Aur yih hamárí dalíl hai ki ham ne diye Ibráhím ko us kí qaum ke muqábil darje buland; karte hain ham jis ko cháhen; terá Rabb tadbírwálá hai khabardár.

85 Aur us ko bakhshá ham ne Isháq aur Yaqúb, sab ko hidáyat dí, aur Núh ko hidáyat dí un se pahle, aur us kí auláɗ men Dáúd aur Sulemán ko, aur Aiyúb aur Yúsuf ko, aur Músá aur Hárún ko, aur ham yún badlá dete hain nek kámwálon ko;

86 Aur Zakariyá, aur Yahiyá, aur Isá, aur Ilíyás ko, sab hain nekbakhton men;

87 Aur Ismáíl, aur Iliyasa ko, aur Yúnus ko, aur Lút ko, aur sab ko ham ne buzurgí dí sáre jahánwálon par;

88 Aur bazon ko un ke báp dádon men, aur auláɗ men, aur bháíon men; aur un ko ham ne pasand kiyá aur ráh sídhí chaláyá.

89 Yih Alláh kí hidáyat hai, us par ráh de jis ko cháhe apne bandon men, aur agar we log sharík karte albatta záya hotá jo kuchh kiyá thá.

90 We log the jin ko dí ham ne kitáb, aur sharíat, aur nabúwat, phir agar in báton ko na

máneṉ ye log, to ham ne un par muqarrar kiye haiṉ we shakhs ki we nahíṉ un se munkir.

91 We log the jin ko hidáyat dí Alláh ne, so tú chal un kí ráh; tú kah, Maiṉ nahíṉ mángtá tum se is par kuchh mázdúrí, yih to mahz nasíhat hai jahán ke logoṉ ko.

(11 *R.*) 92 Aur unhoṉ ne na jánchá Alláh ko púrá jánchná, jab kahne lage, Alláh ne utárá nahíṉ kisí insán par kuchh; púchh, To kis ne utárí wuh kitáb jo Músá láyá roshní aur hidáyat logoṉ ke wáste, jis ko tum ne waraq waraq kar kar dikháyá, aur bahut chhipá rakhá, aur tum ko us meṉ sikháyá jo na jánte the tum, aur na tumháre báp dáde? Kah, Alláh ne utárí; phir chhoṛ de un ko apní bak bak meṉ khelá kareṉ.

93 Aur ek yih kitáb hai ki ham ne utárí barkat kí, sach batátí apne agle ko, aur tá tú ḍaráwe asl bastí ko, aur ás pás wáloṉ ko, aur jin ko yaqín hai ákhirat ká, we us ko mánte haiṉ, aur we haiṉ apní namáz se khabardár.

94 Aur us se zálim kaun jo bándhe Alláh par jhúṭh, yá kahe, Mujh ko wahí áí, aur us ko wahí kuchh nahín áí, aur jo kahe, Maiṉ utártá húṉ barábar us ke jo Alláh ne utárá? Aur kabhí tú dekhe jis waqt zálim haiṉ maut kí behoshí meṉ, aur firishte háth khol rahe haiṉ, ki nikálo apní ján, áj tum ko jazá milegí zillat kí már us par kí kahte the Alláh par jhúṭh báteṉ, aur us kí áyatoṉ se takabbur karte the.

95 Aur tum hamáre pás áe ek ek jaise ham ne banáe the pahlí bár, aur chhoṛ diyá jo ham ne asbáb diyá thá píṭh ke píchhe, aur ham dekhte nahíṉ tumháre sáth sifárishwále, jin ko tum batáte the, ki un ká tum meṉ sájhá

hai, ṭúṭ gae tum ápas men, aur játe rahe jo daẉá tum karte the.

(12 *R.*) 96 Alláh hai ki phúṭ nikáltá hai dáná, aur guṭhlí, nikáltá hai murde se zindá, aur nikálnewálá zinde se murda, yih hai Alláh, phir kahán phere játe ho?

97 Phúṭ nikálnewálá subh kí roshní aur rát banáí árám, aur súraj, aur chánd hisáb, yih andáza rakhá hai zoráwar, ḳhabadár ne.

98 Aur usí ne baná diye tum ko táre, ki un se ráh páo andheron men jangal aur daryá ke? Ham ne khol sunáe pate un logon ko jo jánte hain.

99 Aur usí ne tum ko nikálá ek ján se, phir kahín tum ko ṭhahráo hai, aur kahín supurd rahná? Ham ne khol sunáe pate us qaum ko jo búјhtí hain.

100 Aur usí ne utárá ásmán se pání, phir ham ne nikálí us se ugnewálí har chíz, phir us men se nikálá sabza jis se nikálte hain dáne jaṛe húe, aur khajúr ke gábhe men se guchchhe laṭakte hain, aur bág angúr ke, aur zaitún aur anár ápas men, milte, aur jude; dekho us ká phal, jab phal látá hai, aur us ká pakná, in chízon men sab pate hain yaqín lánewálon ko.

101 Aur ṭhahráte hain sharík Alláh ke jinn, aur us ne un ko banáyá, aur taráshte hain us ke wáste beṭe, aur beṭíán bin samjhe; wuh is láiq nahín, aur bahut dúr hai in báton se, jo batáte hain.

(13 *R.*) Naí tarah bánánewálá ásmán aur zamín ká, kahán se húá us ke beṭá? Aur nahín us kí koí ạurat; aur us ne banáí har chíz, aur wuh har chíz se wáqif hai.

102 Yih Alláh hai Rabb tumhárá, us ke

siwáe kisí ko bandagí nahíṇ ; banánewálá har
chíz ká, so us kí bandagí karo, aur usí par
har chíz ká hawála hai.

103 Us ko nahíṇ pá saktíṇ ánkheṇ, aur wuh
pá saktá hai ánkhoṇ ko ; aur wuh bhed jántá
hai, khabardár.

104 Tum ko pahunch chukíṇ sújh kí báteṇ
tumháre Rabb se ; phir jis ne dekh liyá, so
apne wáste ; aur jo andhá rahá, so apne bure
ko, aur maiṇ nahíṇ tum par nigahbán.

105 Aur yúṇ pher pher samjháte haiṇ ham
áyateṇ, aur tá kaheṇ, ki tú paṛhá hai, aur tá
wázih kareṇ ham us ko wáste samajhwáloṇ ke.

106 Tú chal usí par jo hukm áwe tujh ko
tere Rabb se ; kisí kí bandagí nahíṇ siwáe us
ke, aur jáne de sharíkwáloṇ ko.

107 Aur agar Alláh cháhtá, to sharík na
karte, aur tujh ko ham ne nahíṇ kiyá un ká
nigahbán, aur tujh par nahíṇ un ká hawála.

108 Aur tum log búrá na kaho jin ko we
pukárte haiṇ Alláh ke siwáe, ki we burá kah
baiṭheṇ Alláh ko be-adabí se na samajh kar ;
isí tarah ham ne bhale dikháe haiṇ har firqe
ko un ke kám, phir un ko apne Rabb pás
pahunchná hai, tab wuh jitáwegá jo kuchh
karte the.

109 Aur qasmeṇ kháte haiṇ Alláh kí tákíd
se, ki agar un ko ek nishání pahunche albatta
us ko máneṇ ; tú kah, Nishániáṇ to Alláh ke
pás haiṇ, aur tum musalmán kyá khabar rakh-
te ho, ki jab we áwengí, to we na máneṇge ?

110 Aur ham ulaṭ denge un ke dil, aur
ánkheṇ, jaise munkir húe haiṇ us se pahlí bár,
aur chhoṛ rakhenge un ko apne josh meṇ
bahakte.

ATHWAN SIPARA. (14 *R.*) 111
Aur agar ham un par utáren firishte, aur un se bolen murde, aur jiláwen ham har chíz ko un ke sámhne; hargiz mánnewále nahín, magar jo cháhe Alláh, par ye aksar nádán hain.

112 Aur isí tarah rakhe hain ham ne har nabí ke dushman Shaitán, ádmí, aur jinn sikháte hain ek dúsre ko mulamma báten fareb kí, aur agar terá Rabb cháhtá to yih kám na karte; so chhoṛ de we jánen, aur un ká jhúṭh.

113 Aur tá jhuken us taraf dil un ke jo yaqín nahín rakhte ákhirat ká, aur we us ko pasand karen, tá kiye jáwen, jo galat kám kar rahe hain.

114 Kyá ab siwáe Alláh ke kisí aur ko munsif karún? Aur usí ne utárí tum ko kitáb wázih, aur jin ko ham ne kitáb dí hai, we samajhte hain, ki yih názil húí hai tere Rabb ke pás se tahqíq, so tú mat ho shakk lánewálá.

115 Aur tere Rabb kí bát púrí sach hai insáf kí, koí badalnewálá nahín us ke kalám ko, aur wuhí hai suntá jántá.

116 Aur agar tú kahá máne aksar logon ká, jo dunyá men hain, tujh ko bhuláwen Alláh kí ráh se, sab yihí chalte hain ḳhiyál par, aur sab aṭkal dauṛáte hain.

117 Terá Rabb hí ḳhúb jántá hai jo bahaktá hai us kí ráh se, aur wuh ḳhúb jántá hai jo ráh par hain. •

118 So tum kháo us men se jis par nám liyá Alláh ká, agar tum ho us ke hukm par yaqín karnewále.

119 Aur kyá sabab ki tum na kháo us men se jis par nám liyá Alláh ká? Aur wuh khol chuká jo kuchh tum par harám kiyá hai, magar jis waqt náchár ho us kí taraf, aur bahut

log bahkáte haiṉ apne ḳhiyál par bagair tah-
qíq; terá Rabb hí ḳhúb jántá hai, jo log badd
se baṛhte haiṉ.
120 Aur chhoṛ do khulá gunáh aur chhipá,
jo log gunáh kamáte haiṉ, sazá páwenge apne
kiye kí.
121 Aur us meṉ se na kháo jis par nám na
liyá Alláh ká, aur wuh gunáh hai; aur Shai-
tán dil meṉ ḍálte haiṉ apne rafíqoṉ ke, ki tum
se jhagṛá kareṉ, aur agar tum ne un ká kahá
máná, to tum mushrik húe,
(15 *R.*) 122 Bhalá ek shaḳhs ki murda thá,
phir ham ne us ko zinda kiyá, aur dí us ko
roshní ki liye phertá hai logoṉ meṉ, barábar
us ke ki jis ká hál yih hai andheroṉ meṉ paṛá,
waháṉ se nikal nahíṉ saktá; isí tarah bhalá
dikháyá hai káfiroṉ ko jo kám kar rahe haiṉ.
123 Aur yúṉ hí rakhe haiṉ ham ne har bastí
meṉ gunahgároṉ ke sardár, ki híla láyá kareṉ
waháṉ, aur jo híla karte haiṉ siwáe apne úpar,
aur nahíṉ bújhte.
124 Aur jab pahunche un ko ek áyat, kah-
eṉ, Ham hargiz na mánenge jab tak ham ko
na mile jaisá kuchh páte haiṉ Alláh ke rasúl,
Alláh bihtar jántá hai jaháṉ bheje apne pai-
gám; ab pahunchegí gunahgároṉ ko zillat,
Alláh ke yaháṉ, aur ạzáb saḳht badlá híle
batáne ká.
125 So jis ko Alláh cháhe, ki ráh de, khol
de us ká sína hukm baṛdárí ko, aur jis ko
cháhe ki ráh se bhuláwe, us ká sína kar de
tang ḳhafá, goyá zor se chaṛhtá hai ásmán par,
isí tarah ḍálegá Alláh ạzáb yaqín na lánewá-
loṉ par.
126 Aur yih hai ráh tere Rabb ki sídhí, ham
ne khol diye nishán dhiyán karnewáloṉ ko.

127 Un ko hai salámatí ká ghar apne Rabb ke wahán, aur wuh un ká madadgár hai, badlá un ke kiye ká.

128 Aur jis din jama karegá un sab ko, ai jamáat jinnon kí, tum ne bahut kuchh liyá insánon se, aur bole un ke dostdár insán, Ai Rabb hamáre, kám nikálá ham men ek ne dúsre se, aur pahunche apne wade ko, jo tú ne hamárá thahráyá thá; farmáwegá, Ag hai ghar tumhárá, rahá karo us men, magar jo cháhe Alláh; terá Rabb hikmatwálá khabardár hai.

129 Aur isí tarah ham sáth milá denge gunahgáron ko ek dúsre ká badlá un kí kamái ká.

(16 *R.*) 130 Ai jamáat jinn aur insán kí, kiyá tum ko na pahunche the rasúl tumháre andar ke sunáte tum ko hukm mere, aur daráte is din ke sámhne áne se? Bole, Ham ne mán liyá apná gunáh; aur un ko bahkáyá dunyá kí zindagí men, aur qáil húe apne gunáh par, ki we the munkir.

131 Yih is wáste ki terá Rabb halák karnewálá nahín bastíon ko zulm se, aur wahán ke log bekhabar hon.

132 Aur har kisí ko darje hain apne amal ke, aur terá Rabb bekhabar nahín un ke kám se.

133 Aur terá Rabb beparwá hai rahmwálá, agar cháhe tum ko le jáwe, aur píchhe tumháre qáim kare jis ko cháhe, jaisá tum ko khará kiyá auron kí aulád se.

134 Jo tum ko wada diyá, so ánewálá hai, aur tum thagá na sakoge.

135 Tú kah, Logo, kám karte raho apní jagah men; main kám kartá hún; ab áge ján

loge ki kis ko miltá hai ákhirat ká ghar muqarrar bhalá na hogá beinsáfoṉ ká.

136 Aur ṭhahráte haiṉ Alláh ká us kí paidá kí khetí, aur mawáshí meṉ ek hissa, phir kahte haiṉ yih hissa Alláh ká apne khyál par, aur yih hamáre sharíkoṉ ká, so jo un ke sharíkoṉ ká hai so na pahunche Alláh kí taraf, aur jo Alláh ká hai, so pahunche un ke sharíkoṉ kí taraf, kyá burá insáf karte haiṉ!

137 Aur isí tarah bhalí dikh áí hai bahut mushrikoṉ ko aulád mární un ke sharíkoṉ ne, ki un ko halák kareṉ, aur un ká dín galat kareṉ; aur Alláh cháhtá, to yih kám na karte; so chhoṛ de, we jáneṉ aur un ká jhúṭh.

138 Aur kahte haiṉ, Ye mawáshí aur khetí mana hai, us ko na kháwe magar jis ko ham cháheṉ apne khiyál par; aur baze mawáshí kí píṭh par chaṛhná mana ṭhahráyá hai, aur baze mawáshí ke zabh par nám nahíṉ lete Alláh ká us par jhúṭh bándh kar: wuh sazá degá un ko is jhúṭh kí.

139 Aur kahte haiṉ, Jo in mawáshí ke peṭ meṉ ho, so nirá hamáre mard kháweṉ, aur harám hai hamárí auratoṉ ko; aur agar murda ho to us meṉ sab sharík hoṉ; wuh sazá degá un ko in taqríron kí; wuh hikmatwálá hai khabardár.

140 Beshakk kharáb húe jinhoṉ ne már ḍálí apní aulád nádání se, bin samjhe, aur harám ṭhahráyá jo Alláh ne un ko rizq diyá jhúṭh bándh kar Alláh par; beshakk bahke, aur na áe ráh par.

RUBA. (17 *R.*) 141 Aur usí ne paidá kiye bágchhatríoṉ ke, aur bagair chhatríoṉ ke, aur khajúr, aur khetí kaí tarah hai us ká phal, aur zaitún, aur anár, ápas meṉ miltá aur judá;

kháo us ke phal men se jis waqt phal láwe, aur do us ká haqq jis din kate, aur bejá na uṛáo us ko; khush nahín áte uṛánewále.

142 Aur paidá kiye mawáshí men ladnewále, aur dabe kháo Alláh ke rizq men se, aur mat chalo Shaitán ke qadmon par; wuh tumhárá dushman saríh hai.

143 Paidá kiye áṭh nar o máda, bheṛ men se do, aur bakrí men se do; púchh, To donon nar harám kiye hain, yá donon máda, yá jo lipaṭ rahá hai mádaon ke peṭ men? Batáo mujh ko sanad agar tum sachche ho.

144 Aur paidá kiye úṇṭ men se do, aur gáe men se do; púchh, To donon nar harám kiye hain, yá donon máda, yá jo lipaṭ rahá hai mádaon ke peṭ men, yá tum házir the jis waqt Alláh ne tum ko yih kah diyá thá? Phir us se zálim kaun, jo jhúṭh bándhe Alláh par, tá logon ko bahkáwe bagair tahqíq; beshakk Alláh ráh nahín detá beinsáf logon ko.

(18 *R.*) 145 Tú kah, Main nahín pátá jis hukm men ki mujh ko pahunchá, koí chíz harám khánewále ko, jo us ko kháwe magar yih ki murda ho, yá lahú phenk dene ká, yá gosht súwar ká, ki wuh nápák hai, yá gunáh kí chíz jis par pukárá Alláh ke siwáe kisí ká nám; phir jo koí ájiz ho, na zor kartá, na ziyádatí, to terá Rabb muáf kartá hai mihrbán.

146 Aur Yahúd par ham ne harám kiyá thá har nákhúnwálá, aur gáe bakrí men se harám kí un kí charbí, magar jo lagí ho píṭh par, yá ánt men, yá milí ho haḍḍí ke sáth; yih ham ne sazá dí thí un kí sharárat par, aur ham sach kahte hain.

147 Phir agar tujh ko jhúṭhláwen, tú kah,

Tumháre Rabb kí mihr men barí samái hai,
aur phertá nahín us ká azáb gunahgár logon se.
148 Ab kahenge mushrik, Agar Alláh cháhtá, to sharík na thahráte ham, na hamáre báp aur na harám kar lete koí chíz; isí tarah jhuthláyá kiye in se agle, jab tak chakhá hamárá azáb; tú kah, Kuchh ilm bhí hai tum pás ki hamáre áge nikálo? Nirí atkal par chalte ho, aur sab tajwízen karte ho.
149 Tú kah, Pas Alláh ká ilzám púrá hai, so agar wuh cháhtá to ráh detá tum sab ko.
150 Tú kah, Láo apne gawáh jo batáwen Alláh ne harám kí hai yih chíz, phir agar we kahen bhí, to tú na kah un ke sáth, aur na chal un kí khushí par, jinhon ne jhuthláe hamáre hukm, aur jo yaqín nahín rakhtá ákhirat ká, aur we apne Rabb ke barábar karte hain aur ko.
(19 *R.*) 151 Tú kah, Ao, main suná dún jo harám kiyá hai tum par tumháre Rabb ne, ki sharík na karo us ke sáth kisí chíz ko aur má báp se nekí, aur már na dálo apní aulád muflasí se; ham rizq dete hain tum ko, aur un ko; aur nazdík na ho bebayáí ke kám ke, jo khulá ho us men aur jo chhipá; aur már na dálo ján, jis ko harám kiyá Alláh ne, magar haqq par; yih tum ko kah diyá hai, sháyad tum samjho.
152 Aur pás na jáo mál yatím ke, magar jis tarah bihtar ho, jab tak we pahunche quwwat ko; aur púrí karo máp, aur taul, insáf se; ham kisí par wuhí rakhte hain jo us ká maqdúr hai, aur jab bát kaho to haqq kí kaho, agarchi wuh ho apná nátewálá, aur Alláh ká qaul púrá karo; yih tum ko kah diyá hai, sháyad tum dhiyán rakho.
153 Aur kahú, ki Yih ráh hai merí sídhí, so

us par chalo, aur mat chalo kaí ráhen; phir tum ko pher denge us kí ráh se; yih kah diyá hai tum ko sháyad tum bachte raho.

154 Phir dí ham ne Músá ko kitáb púrá fazl nekí wále par, aur bayán har chíz ká, aur hidáyat, aur mihr, sháyad we log apne Rabb ká milná yaqín karen.

(20 R.) 155 Aur ek yih kitáb hai, ki ham ne utárí barakat kí; so us par chalo, aur bachte raho, sháyad tum par-rahm ho.

156 Is wáste ki kabhí kaho, Kitáb jo utrí thí, so do hí firqon par, ham se pahle, aur ham ko un ke paṛhne paṛháne kí ḳhabar na thí.

157 Yá kaho, ki Agar ham par utartí kitáb, to ham ráh chalte un se bihtar; so á chukí tum ko tumháre Rabb se sháhidí, aur hidáyat, aur mihrbání; ab us se beinsáf kaun, jo jhuṭhláwe Alláh kí áyaten, aur un se katráwe? Ham sazá denge katránewálon ko hamárí áyaton se, burí tarah kí már badlá us katráne ká.

158 Káhe kí ráh dekhte hain ye log magar yihí ki un par áwen firishte, yá áwe terá Rabb, yá áwe koí nishán tere Rabb ká; jis din áwegá ek nishán tere Rabb ká, kám na áwegá ímán láná kisí ko, jo pahle se ímán na láyá thá, yá apne ímán men kuchh nekí na kí thí; tú kah, Ráh dekho; ham bhí ráh dekhte hain.

159 Jinhon ne ráhen nikálín apne dín men, aur ho gae kaí firqe, tujh ko un se kám nahín; un ká kám hawále Alláh ke; phir wuhí jatáwegá un ko jaisá kuchh karte the.

160 Jo koí láyá nekí, us ko hai us ke das barábar, aur jo láyá buráí, so jazá páwegá to utní hí, aur un par zulm na hogá.

161 Tú kah, Mujh ko to samjhá dí mere Rabb ne ráh sídhí.

162 Dín sahíh millat Ibráhím kí, jo ek taraf
ká thá, aur na thá sharíkwálon men.
163 Tú kah, Merí namáz, aur qurbání, aur
merá jíná, aur marná Alláh kí taraf hai, koí
nahín us ká sharík, aur yihí mujh ko hukm
húá, aur main sab se pahle hukmbardár húṉ.
164 Tú kah, Ab main siwáe Alláh ke talásh
karúṉ koí Rabb, aur wuhí hai Rabb har chíz
ká? Aur jo koí kamáwegá so us ke zimme par,
aur bojh na uṭháwegá ek shaḳhs dúsre ká,
phir tumháre Rabb pás hai rujú tumhárí, so
wuh chitáwegá jis bát men tum jhagaṛte the.
165 Aur usí ne tum ko kiyá náib zamín
meṉ, aur buland kiye tum meṉ darje ek ke
ek par, ki ázmáwe tum ko apne diye hukm
meṉ; terá Rabb shitáb kartá hai ạzáb, aur
wuh baḳhshnewálá mihrbán bhí hai.

SURA I ARAF.

Makke meṉ názil húí, 206 áyat kí hai.

BISMI-L-LÁHI-R-RAHMÁNI-R-RAHÍM.

(1 *R.*) 1 A. L. M. Ṣ.
2 Yih kitáb utrí hai tujh ko, so is se terá jí
na roke ki ḳhabardár kar de tú is se, aur nasí-
hat ho ímánwáloṉ ko.
3 Chalo usí par jo utrá tum ko tumháre
Rabb se, aur na chalo us ke siwáe aur rafíqoṉ
ke píchhe; tum kam dhiyán karte ho.
4 Aur kitní bastiáṉ ham ne khapá díṉ, ki
pahunchá un par hamárá ạzáb rátoṉ rát, yá do
pahar ko sote.
5 Phir yihí thí un kí pukár, jab pahunchá

un par hamárá azáb, ki kahne lage, Ham the gunahgár..

6 So ham ko púchhná hai un se, jin pás rasúl bheje the, aur ham ko púchhná hai rasúlon se.

7 Phir ham ahwál suná denge un ko apne ilm se, aur ham kahín gáib na the.

8 Aur taul us din ṭhík hai; so jin ki taulen bhárí paṛen, so we hí hain jin ká bhalá húá.

9 Aur jin kí taulen halkí paṛen, so wuhí hain, jo háre apní ján, is par ki hamárí áyaton se zabardastí karte the.

10 Aur ham ne tum ko jagah dí zamín men, aur baná dín us men tum ko rozíán; tum thoṛá shukr karte ho.

(2 *R.*) 11 Aur ham ne tum ko paidá kiyá; phir súrat dí; phir kahá firishton ko, Sijda karo Ádam ko, to sijda kiyá, magar Iblís na thá sijdewálon men.

12 Kahá Tujh ko kyá mane thá, ki sijda na kiyá, jab main ne farmáyá? Bolá Main is se bihtar hún, mujh ko tú ne banáyá ág se, aur is ko banáyá khák se.

13 Kahá, Tú utar yahán se, tujh ko yih na milegá, ki takabbur kare yahán, so nikal, tú zalíl hai.

14 Bolá, Mujh ko fursat de jis din tak log jí uṭhen.

15 Kahá, tujh ko fursat hai.

16 Bolá, To jaisá tú ne mujh bad ráh kiyá hai, main baiṭhúngá un kí ták men, terí sidhí ráh par.

17 Phir un par áúngá áge se, aur píchhe se aur dahne se aur báen se, aur na páwegá tú un men aksar shukrguzár.

18 Kahá, Nikal yahán se, mardúd khadeṛá.

19 Jo koí un meṉ terí ráh chalá, maiṉ bharúngá dozakh tum sab se ekaṭṭhe.

NISF. 20 Aur ai Ádam, bas tú, aur terá joṛá jannat meṉ; phir kháo jahán se cháho, aur pás na jáo is darakht ke, phir tum hoge gunahgár.

21 Phir bahkáyá un ko Shaitán ne, ki khole un par, jo ḍhake the un se un ke aib, aur bolá, Tum ko jo mana kiyá hai tumháre Rabb ne, is darakht se nahíṉ, magar yih, ki kabhí ho jáo firishte, yá ho jáo hamesha jínewále.

22 Aur un ke pás qasm kháí, ki Maiṉ tumhárá dost húṉ.

23 Phir ḍhalá liyá un ko fareb se; phir jab chakhá donoṉ ne darakht, khul gae un par aib un ke, aur lage joṛne apne úpar pát bihisht ke; aur pukárá un ko un ke Rabb ne, Maiṉ ne mana na kiyá thá tum ko, is darakht se, aur kahá thá tum ko, ki Shaitán tumhárá dushman sáf hai?

24 Bole, Ai Rabb hamáre, ham ne kharáb kiyá apní ján ko, aur agar na bakhshe tú ham ko, aur ham par rahm na kare, to ham ho jáweṉ námurád.

25 Kahá, Tum utro, ek dúsre ke dushman húe, aur tum ko zamín meṉ ṭhaharná hai, aur baratná ek waqt tak.

26 Kahá, usí meṉ tum jíoge, aur usí meṉ maroge, aur usí se nikále jáoge.

(3 *R.*) 27 Ai aulád Ádam kí, ham ne tum par utárí poshák ki ḍhánke tumháre aib, aur raunaq, aur kapṛe parhezgárí ke, so bihtar hain, yih qudrateṉ hain Alláh kí, sháyad we log dhiyán kareṉ.

28 Ai aulád Ádam kí, na bahkáwe tum ko Shaitán, jaisá nikálá tumháre má báp ko bihisht se, utarwáe un ke kapṛe, ki dikháwe un

ko aib un ke; wuh dekhtá hai tum ko, aur us kí qaum jahán se tum un ko na dekho; ham ne rakhe hain Shaitán rafíq un ke, jo ímán nahín láte.

29 Aur jab karen kuchh aib ká kám, kahen Ham ne páyá is par apne báp dádon ko, aur Alláh ne ham ko yih hukm kiyá; tú kah, Alláh hukm nahín kartá aib ke kám ko; kyún jhúṭh bolte ho Alláh par, jis ká ilm nahín rakhte?

30 Tú kah, Mere Rabb ne farmáyá hai díndárí, aur sídhe karo apne munh har namáz ke waqt, aur pukáro us ko, nire us ke hukm bardár hokar; jaisá tum ko pahle banáyá, dúsrí bár banoge.

31 Ek firqe ko ráh dí, aur ek firqe par ṭhahrí gumráhí unhon ne pakṛá Shaitán ko rafíq Alláh chhoṛ kar, aur samajhte hain, ki we ráh par hain.

32 Ai aulád Ádam kí, le lo apní raunaq har namáz ke waqt, aur kháo, aur pío, aur mat uṛáo; us ko khush nahín áte uṛánewále.

(4 *R.*) 33 Tú kah, Kis ne mana kí hai raunaq Alláh kí, jo paidá kí us ne apne bandon ke wáste, aur suthrí chízen kháne kí? Tú kah, Wuh hai ímánwálon ke wáste dunyá kí zindagí men nirí un kí hai qiyámat ke din; yún batáte hain, ham áyaten jin logon ko bújh hai.

34 Tú kah, Mere Rabb ne mana kiyá behayáí ke kám, jo khule hain un men, aur jo chhipe, aur gunáh, aur ziyádatí ná haqq kí, aur yih ki sharík karo Alláh ká, jis kí us ne sanad nahín utárí; aur yih ki jhúṭh bolo Alláh par, jo tum ko malúm nahín.

35 Aur har firqe ká ek wada hai; phir jab pahunchá un ká wada, na der karenge ek ghaṛí, na jaldí.

R

36 Ai aulád Ádam kí, kabhí pahunche tum pás rasúl tum men ke, suná den tum ko áyaten merí, to jin ne khatra kiyá, aur sanwár pakṛí, na ḍar hai un par, aur na we gam kháwen.

37 Aur jinhon ne jhúth jánín áyaten hamárí, aur takabbur kiyá un kí taraf se, we bain dozakh ke log ; we us men rah paṛe.

38 Phir us se zálim kaun, jo jhúth bándhe Alláh par, yá jhúthláwe us ke hukm ? We log páwenge, jo un ká bissa likhá kitáb men, yahán tak, ki jab pahunche un pás bheje húe, hamáre ján lene ko, kahá, Kyá húe jin ko tum pukárte the Alláh ke siwáe ? Bole, Ham se gum húe ; aur qáil húe apní ján par, ki we the munkir.

39 Farmáyá, Dákhil ho sáth aur ummaton ke, jo tum se pahle ho chukí hain, jinn aur insán kí, ág men, jahán dákhil húí ek ummat, lanat karne lagí dúsre ko, jab tak gir chuke us men sáre ; kahá pichhlon ne pahlon ko Rabb hamáre, ham ko unhon ne gumráh kiyá, so tú de un ko dúná azáb ág ká ; farmáyá, Donon ko dúná hai, par tum nahín jánte.

40 Aur kahá pahlon ne pichhlon ko, Ab kuchh na húí tum ko ham par ziyádatí ; so chakho azáb badlá apní kamái ká.

(5 R.) 41 Beshakk jinhon ne jhúthláín hamárí áyaten aur un ke sámhne takabbur kiyá, na khulenge un ke liye darwáze ásmán ke, aur na dákhil honge jannat men ? Jab tak paith únt súí ke náke men ; aur ham yún badlá dete hain gunahgáron ko.

42 Un ko dozakh ke farsh hain, aur úpar sáyabán, aur ham yún badlá dete hain bein-sáfon ko.

43 Aur jo yaqín láe, aur kín bhaláíán, ham

bojh nahíṉ rakhte kisí par, magar us ke maqdúr ká, we haiṉ jannat ke log, aur us meṉ rah pare.

44 Aur nikál lí ham ne, jo un ke dil meṉ thí khafagí; bahtí haiṉ un ke níche nahreṉ, aur kahte haiṉ, Shukr Alláh ká, jin ne ham ko yaháṉ ráh dí, aur ham na the ráh pánewále, agar na ráh detá Alláh, beshakk láe the rasúl hamáre Rabb kí tahqíq bát, aur áwáz húí, ki yih jannat hai, wáris húe tum us ke badla apne kámoṉ ká.

45 Aur pukárá jannatwáloṉ ne ágwáloṉ ko, ki Ham pá chuke, jo ham ko wada diyá thá hamáre Rabb ne tahqíq, so tum ne bhí páyá, jo tumháre Rabb ne wada diyá thá tahqíq; bole, Háṉ; phir pukárá ek pukárnewále un ke bích meṉ, ki Lanat hai Alláh kí beinsáfoṉ par;

46 Jo rokte haiṉ Alláh kí ráh se, aur dhúndhte haiṉ us meṉ kají, aur we ákhirat se munkir haiṉ.

47 Aur, donoṉ ke bích hai ek díwár, aur us ke sire par mard haiṉ, ki pahchánte haiṉ har ek ko us ke nishán se, aur pukárá jannatwáloṉ ko, ki Salámatí hai tum par; dákhil nahíṉ húe jannat meṉ, aur ummedwár haiṉ.

48 Aur jab phirí un kí nigáh dozakhwáloṉ kí taraf, bole, Ai Rabb hamáre, ham ko na kar gunahgár logoṉ ke sáth.

SULS. (6 *R.*) 49 Aur pukárá díwár ke sirewáloṉ ne ek mardoṉ ko, ki Un ko pahchánte haiṉ nishán se; bole, Kyá kám áyá tum ko jama karná, aur tum jo takabbur karte the.

50 Ab yihí haiṉ, ki tum qasam kháte the, na pahuncháwegá un ko Alláh kuchh mihr; chale jáo jannat meṉ, na dar hai tum par, aur na tum gam kháo.

51 Aur pukárá ágwáloṉ ne jannatwáloṉ ko, ki Baháo ham par thorá pání, yá jo rozí dí tum ko Alláh ne; bole, Alláh ne ye donoṉ band kiye haiṉ munkir se.

52 Jinhoṉ ne ṭhabráyá apná dín tamáshá aur khel, aur bahke dunyá kí zindagí par, so áj ham un ko bhulá denge, jaise we bhúle apne is din ká milná, aur jaise the hamárí áyatoṉ se jhagarte.

53 Aur ham ne un ko pahunchá dí hai kitáb, jo kholkar bayán kí hai khabardárí se, ráh batátí, aur mihr mánnewáloṉ ko.

54 Kahá, Kyá ráh dekhte haiṉ, magar yihí, ki wuh ṭhík pare? Jis din wuh ṭhík paregí, kahne lagenge, jo us ko bhúl rahe the pahle, Sach bát láe the hamáre Rabb ke rasúl, ab koí haiṉ sifárishwále, to hamárí sifárish kareṉ; yá ham ko phir jáná ho, to ham kám kareṉ siwáe uske, jo kar rahe the; tahqíq hárí apní ján, aur bhúl gayá jo jhúṭh banáte the.

(7 *R.*) 55 Tumhárá Rabb Alláh hai, jis ne banáe ásmán o zamín chha din meṉ: phir baiṭhá takht par urátá hai rát par din, us ke píchhe lagá átá hai daurtá, aur súraj, aur chánd, aur táre kám lage us ke hukm par; sun lo, usí ká kám hai banáná, aur hukm farmáná. barí barakat Alláh kí, jo sáhib sáre jahán ká.

56 Pukáro apne Rabb ko girgiráte, aur chupke; us ko khush nahíṉ áte hadd se barhnewále.

57 Aur mat kharábí macháo zamín meṉ us ke saṉwáre píchhe, aur pukáro us ko dar aur tawaqú se; beshakk mihr Alláh kí nazdík hai nekíwáloṉ se.

58 Aur wuhí hai, ki chalátá hai bádeṉ khush khabar látíṉ áge us ke mihr se, yaháṉ

tak, ki jab uṭhá láeṉ badliáṉ bhárí, hánká ham ne us ko ek shahr murde kí taraf; phir us meṉ utárá pání; phir us se nikále sab tarah ke phal, isí tarah nikálenge murdoṉ ko, sháyad tum dhiyán karo.

59 Aur jo zilá suthrá hai, us ká sabza nikaltá hai us ke Rabb ke hukm se, aur jo kharáb hai, us meṉ nikle so náqis, yúṉ pher pher bátáte haiṉ ham áyateṉ haqq mánnewále logoṉ ko.

(8 R.) 60 Ham ne bhejá Núh ko us kí qaum kí taraf, to bolá, Ai qaum bandagí karo Alláh kí; koí nahíṉ tumhárá sáhib us ke siwáe; maiṉ ḍartá húṉ tum par ek baṛe din ke azáb se.

61 Bole sardár us ke qaum ke, Ham dekhte haiṉ tujh ko saríh bahká hai.

62 Bolá Ai qaum, maiṉ kuchh bahká nahíṉ, lekin maiṉ bhejá húá húṉ jahán ke Sáhib ká.

63 Pahunchátá húṉ tum ko paigám tumháre Rabb kí, aur nasíhat kartá húṉ, aur jántá húṉ Alláh kí taraf se, jo tum nahíṉ jánte.

64 Kyá tum ko taajjub húá, ki áí tum ko nasíhat tumháre Rabb kí taraf se, ek mard ke háth tumháre bích meṉ se, ki tum ko ḍar sunáwe, aur tum bacho, aur sháyad tum par rahm ho?

65 Phir us ko jhuṭhláyá; phir ham ne bachá liyá us ko, aur jo us ke sáth the kishtí meṉ, aur garq kiye unheṉ jo jhuṭhláte the hamárí áyateṉ; we log the andhe.

(9 R.) 66 Aur Ád kí taraf bhejá un ke bháí Húd ko; bolá, Ai qaum, bandagí karo Alláh kí, koí nahíṉ tumhárá sáhib us ke siwáe, kyá tum ko ḍar nahíṉ?

67 Bole sardár, jo munkir the us kí qaum meṉ, Ham to dekhte haiṉ tujh ko aql nahíṉ, aur hamárí aṭkal meṉ tú jhúṭhá hai.

68 Bolá, Ai qaum, main kuchh be-aql nahín, lekin main bhejá húá hún jahán ke Sáhib ká.

69 Pahunchátá hún tum ko paigám apne Rabb ke, aur main tumhárá khairkhwáh hún muatabar.

70 Kyá tum ko taajjub húá, ki áí tum ko nasíhat tumháre Rabb kí, ek mard ke háth tumháre bích men se, ki tum ko dar sunáwe? Aur wuh yád karo, ki tum ko sardár kar diyá píchhe qaum Núh ke, aur ziyáda diyá tum ko badan men phailáo, so yád karo ihsán Alláh ke, sháyad tumhárá bhalá ho.

71 Bole, Kyá tú is wáste áyá ham pás, ki bandagí karen nire Alláh kí? Aur chhor den jin ko pújte rahe hamáre báp dáde? Tú le á, jo wada detá hai ham ko, agar tú sachchá hai. Kahá, Tum par par chukí hai tumháre Rabb ke háth se balá, aur gussa.

72 Kyún jhagarte ho mujh se kaí námon par, ki rakh liye hain tum ne, aur tumháre báp dádon ne? Nahín utárí Alláh ne un kí kuchh sanad.

73 So ráh dekho, main bhí tumháre sáth ráh dekhtá hún. Phir ham ne bachá diyá us ko, aur jo us ke sáth the, apní mihr se aur píchhárí kátí un kí, jo jhuthláte the hamárí áyaten, aur na the mánnewále.

(10 *R.*) 74 Aur Samúd kí taraf bhejá un ká bhái Sálih; bolá, Ai qaum, bandagí karo Alláh kí, koí nahín tumhárá sáhib us ke siwáe; tum ko pahunch chukí dalíl tumháre Rabb kí taraf se; yih úntní Alláh kí hai tum ko nishání, so us ko chhor do; kháwe Alláh kí zamín men; aur us ko háth na lagáo burí tarah; phir tum ko paregí dukh kí már.

75 Aur wuh yád karo, jab tum ko sardár

kiyá Ád ke píchhe, aur thikáná diyá zamín men, banáte ho narm zamín men mahall. Aur taráshte ho paháron ke ghar; so yád karo ihsán Alláh ke, aur mat macháte phiro zamín men fasád.

76 Kahne lage sardár, jo baráí rakhte the us kí qaum men se, garíb logon ko, jo un men yaqín rakhte the, Yih tum ko malúm hai, ki Sálih bhejá húá hai apne Rabb ká? Bole, Ham ko jo us ke háth bhejá yaqín hai.

77 Kahne lage baráíwále, Jo tum ne yaqín kiyá, so ham nahín mánte.

78 Phir kát dálí úntní, aur phire apne Rabb ke hukm se, aur bole, Ai Sálih, le á ham par, jo wada detá hai, agar tú bhejá húá hai.

79 Phir pakrá un ko zalzale ne; phir subh ko rah gaye apne ghar men aundhe pare.

80 Phir ultá phirá un se, aur bolá, Ai qaum, main pahunchá chuká tum ko paigám apne Rabb ká, aur bhalá cháhá tumhárá, lekin tum nahín cháhte bhalá cháhnewálon ko.

81 Aur Lút ko bhejá, jab kahá us ne apní qaum ko, Kyá karte ho behayáí? Tum se pahle nahín kí yih kisí ne jahán men?

82 Tum to daurte ho mardon par shahwat ke máre auraten chhorkar, balki tum log hadd par nahín rahte.

83 Aur kuchh jawáb na diyá us kí qaum ne, magar yihí kahá, Nikálo un ko apne shahr se, ye log hain suthráí cháhte.

84 Phir bachá diyá ham ne us ko, aur us ke gharwálon ko, magar us kí aurat rah gaí rahnewálon men.

85 Aur barsáyá un par barsáo; phir dekh, ákhir kaisá húá hál gunahgáron ká.

(11 *R.*) 86 Aur Madyan ko bhejá un ke bháí

Shuaib ko. Bolá, Ai qaum, bandagí karo Alláh kí, koí nahíṉ tumhárá sáhib us ke siwáe; pahunch chukí tum ko dalíl tumháre Rabb kí taraf se; so púrí karo máp, aur taul, aur mat ghaṭá do logoṉ ko un kí chízeṉ, aur mat kharábí ḍálo zamín meṉ uske sanwárne ke píchhe; yih bhalá hai tumhárá, agar tum ko yaqín hai.

87 Aur mat baiṭho har ráh par ḍarke dete, aur rokte Alláh kí ráh se, jo koí yaqín láwe us par, aur ḍhúṉḍhte us meṉ aib, aur wuh yád karo jab the tum thoṛe; phir tum ko bahut kiyá, aur dekho, ákhir kaisá húá hál bigáṛnewáloṉ ká.

88 Aur agar tum meṉ ek firqe ne máná hai jo mere háth bhejá, aur ek firqe ne nahíṉ máná, to sabr karo, jab tak Alláh faisala kare hamáre bích, aur wuh sab se bihtar faisala karnewálá.

NAUNWAN SIPARA. 89 Bole sardár, jo baṛái rakte the, us qaum ke, Ham nikál denge, ai Shuaib, tujh ko, aur jo yaqín láe haiṉ tere sáth apne shahr se, yá tum phir áo hamáre dín meṉ. Bole, Kyá ham bezár hoṉ?

90 Taubhí ham ne jhúṭh bándhá Alláh par, agar phir áweṉ tumháre dín meṉ, jab Alláh ham ko khalás kar chuká us se, aur hamárá kám nahíṉ, ki phir áweṉ us se, magar kabhí Alláh cháhe, Rabb hamárá; hamáre Rabb kí samáí meṉ hai sab chíz kí khabar; Alláh par ham ne bharosá kiyá; ai Rabb, faisala kar hamáre, aur hamáre qaum ke bích insáf ká, aur tú hai bihtar faisal karnewálá.

91 Aur bole sardár, jo munkir the, us kí qaum ke, Agar tum chale Shuaib kí ráh, to beshakk tum kharáb húe.

92 Phir pakṛá un ko zalzale ne; phir subh ko rah gae apne ghar men aundhe paṛe.

93 Jinhon ne jhuṭhláyá Shuaib ko, jaise kabhí na rahe the wahán; jinhon ne jhuṭhláyá Shuaib ko, wuhí húe kharáb.

94 Phir ulṭá pherá un se, aur bolá, Ai qaum, pahunchá chuká tum ko paigám apne Rabb ke, aur bhalá cháhá tumhárá, ab kyá gam kháún na mánte logon par?

(12 *R.*) 95 Aur nahín bhejá ham ne kisí bastí men koí nabí, ki pakṛá wahán ke logon ko sakhtí, aur taklíf men, sháyad we giṛgiṛáwen.

96 Phir badal dí ham ne buráí kí jagah bhaláí, jab tak ki baṛh gaye, aur kahne lage, Pahunch lí hai hamáre báp dádon ko bhí taklíf, aur khushí; phir pakṛá ham ne un ko nágahán, aur we khabar na rakhte the.

97 Kabhí bastíonwále yaqín láte, aur bach chalte, to ham khol dete un par khúbíán ásmán o zamín se. Lekin jhuṭhláne lage, to pakṛá ham ne un ko badlá un kí kamáí ká.

98 Ab kyá niḍar hain bastíonwále, ki á pahunche un par áfat hamárí rát í rát, jab sote hon?

99 Yá niḍar húe bastíonwále, ki á pahunche un par áfat hamárí din chaṛhe, jab khelte hon?

100 Kyá niḍar húe Alláh ke dáo se? So niḍar nahín Alláh ke dáo se, magar jo log kharáb honge.

(13 *R.*) 101 Aur kyá sújh na áí un ko, jo qáim hote hain mulk par, wahán ke logon ke jáne bad, ki ham cháhen, to un ko pakṛen un ke gunáhon par? Aur ham muhr karte hain un ke dil par, we nahín sunte.

102 Ye bastián hain, ki sunáte hain tujh ko kuchh ahwál un ká, aur un pás pahunch chuke

un ke rasúl nishániáŋ lekar; phir hargiz na húá, ki yaqín láweŋ us bát par, jo pahle jhuṭhlá chuke; yúŋ muhr kartá hai Alláh munkiroŋ ke dil par.

103 Aur na páyá ham ne un ke aksaroŋ meŋ nibáh, aur aksar un meŋ páye behukm.

104 Phir bhejá un ke píchhe Músá ko, apní nisháníáŋ dekar Firaun aur us ke sardároŋ pás; phir zabardastí kí un ke sámhne; so dekh ákhir kaisá húá hál bigárnewáloŋ ká.

105 Aur kahá Músá ne, Ai Firaun, maiŋ bhejá húá húŋ jahán ke Sáhib ká.

106 Qáim húŋ us par, ki na kahúŋ Alláh kí taraf se, magar jo sach hai; láyá húŋ tum pás nisháni tumháre Rabb kí, so rukhsat kar mere sáth baní Isráíl ko. Bolá, Agar tú áyá hai kuchh nisháni lekar, to wuh lá, agar tú sachchá hai.

107 Tab ḍálá apná asá, to usí waqt wuh húá azdahá saríh.

108 Aur nikálá apná háth, to usí waqt wuh sufed nazar áyá dekhtoŋ ko.

(14 *R.*) 109 Bole sardár Firaun ke, Ye beshakk koí paṛhá jádúgar hai.

110 Nikálá cháhtá hai tum ko tumháre mulk se, ab kyá mashwarat dete ho?

111 Bole, Ḍhíl de is ko, aur is ke bhái ko, aur bhej parganoŋ meŋ naqíb.

112 Ki lá deŋ tujh pás jo ho paṛhá jadúgar.

113 Aur áe jádúgar Firaun pás.

114 Bol, Hamárí kuchh mazdúrí hai, agar ham gálib húe?

115 Bolá Háŋ; aur tum mere pás rahá karoge.

116 Bole, Ai Músá, yá tú ḍál, yá ham ḍálte haiŋ; kahá, Tum ḍálo.

117 Phir jab ḍálá, bándh díṉ logoṉ kí ánkheṉ,
aur un ko ḍará diyá, aur kar láe baṛá jádú.
118 Aur ham ne hukm bhejá Músá ko, ki
Ḍál de apná ạsá, taubhí wuh lagá nigalne, jo
sáng we banáte the.
119 Tab sábit húá haqq, aur galat húá, jo
kuchh we karte the.
120 Tab háre us jagah, aur phire zalíl hokar,
121 Aur ḍale gae sáhir sijde meṉ.
122 Bole, Ham ne máná jahán ke Sáhib ko,
123 Jo Sáhib Músá o Hárún ká.
124 Firạun bolá, Tum ne mán liyá us ko, ab
hí maiṉ ne hukm nahíṉ diyá tum ko, yih
makar hai, ki bándh láe ho shahr meṉ, ki
nikálo yaháṉ se us ke logoṉ ko, so ab tum
jánoge.
125 Maiṉ káṭúngá tumháre háth, aur dúsre
páṉw; phir súlí chaṛháúngá tum sab ko.
126 Bole, Ham ko apne Rabb kí taraf phir
jáná.
127 Aur tú ham se yihí bair kartá hai, ki
ham ne mániṉ apne Rabb kí nishániáṉ, jab
ham tak pahunchiṉ. Ai Rabb k hol de ham par
daháne sabr ke, aur ham ko már musalmán.
(15 *R.*) 128 Aur bole sardár qaum Firạun
ke, Kyúṉ chhoṛtá hai Músá ko, aur us kí qaum
ko, ki dhúm uṭháweṉ mulk meṉ, aur mauqúf
kare tujh ko, aur tere butoṉ ko? Bolá, Ab
ham márenge un ke beṭe, aur jítí rakhenge
un kí ạurateṉ, aur un par ham zoráwar haiṉ.
129 Músá ne kahá apní qaum ko, Madad
mángo Alláh se, aur sábit raho; zamín hai
Alláh kí, wáris kare us ká jis ko cháhe apne
bandoṉ meṉ; aur ákhir bhalá hai ḍarwáloṉ ká.
130 Bole, Ham par taklíf rahí tere áne se
pahle, aur jab tú ham meṉ á chuká, kahá,

Nazdík hai, ki Rabb tumhárá khapá de tumháre dushman ko, aur náib kare tum ko mulk men; phir dekhiye tum kaisá kám karte ho.

(16 R.) 131 Aur ham ne pakrá Firaunwálon ko qahton men, aur mewon ke nuqsán men, sháyad we dhiyán karen.

132 Phir jab pahunchí un ko bhaláí, kahne lage, Yih hai hamáre wáste; aur agar pahunchí buráí, shúmí batáte Músá kí, aur us ke sáthwálon kí; sun lo, shúmí un kí Alláh hí pás hai, par aksar log nahín jánte.

133 Aur kahne lage, Jo tú láwegá ham pás nishání, ki ham ko us se jádú kare, so ham tujh ko na mánenge.

134 Phir ham ne bhejá un par garq áb, aur tiddí, aur chichirí, aur mendak, aur lahú, kitní nishánián judí judí; phir takabbur karte rahe, aur the we log gunahgár.

135 Aur jis bár pará un par azáb, bole, Ai Músá, pukár hamáre wáste apne Rabb ko, jaisá sikhá rakhá hai tujh ko, agar tú ne utháyá ham se yih azáb, to beshakk tujh ko mánenge, aur rukhsat karenge tere sáth baní Isráíl ko; phir jab ham ne uthá liyá un se azáb, ek wade tak, ki un ko pahunchná thá, tab hí munkir ho játe the.

136 Phir ham ne badlá liyá un se; phir dubá diyá gahre pání men, is par ki jhuthláín hamárí áyaten, aur kar rahe un se tagáful.

137 Aur wáris kiyá ham ne un ko, jo log kamzor ho rahe the, us zamín kí mashriq aur magrib ká, jis men barakat rakhí hai ham ne, aur púrá huá nekí ká wada tere Rabb ká baní Isráíl par, us par ki we thahre rahe; aur kharáb kiyá ham ne, jo banáyá thá Firaun,

aur us kí qaum ne, aur angúr charháí chhatrí-
on par.

RUBA. 138 Aur pár utárá ham ne baní Isráíl ko daryá se, to we pahunche ek logon par, ki pújne men lag rahe the apne buton ke; bole, Ai Músá, baná de ham ko bhí ek but, jaise un ke but hain; kahá, Tum log jihl karte ho.

139 Ye log jo hain, unhen tabáh honá hai, jis kám men lage hain, aur galat hai, jo kar rahe hain.

140 Kahá, Kyá Alláh ke siwáe lá dún tum ko koí mabúd? Aur us ne tum ko buzurgí dí sab jahán par.

141 Aur wuh waqt yád karo, jab bachá nikálá ham ne tum ko Firaunwálon se; dete the tum ko burí már, már már dálte tumháre beṭe, aur jítí rakhte tumhárí auraten, aur us men ihsán hai tumháre Rabb ká bará.

(17 *R.*) 142 Aur wada ṭhahráyá ham ne Músá se tís rát ká, aur púrá kiyá un ko aur das se, tab púrí húí muddat tere Rabb kí chálís rát; aur kahá Músá ne apne bháí Hárún ko, Merá khalífa rah merí qaum men, aur sanwár, aur na chal bigárnewálon kí ráh.

143 Aur jab pahunchá Músá hamáre waqt par, aur kalám kiyá us se us ke Rabb ne; bolá, Ai Rabb, tú mujh ko dikhá, ki main tujh ko dekhún; kahá, Tú mujh ko hargiz na dekhegá, lekin dekhtá rah pahár kí taraf, jo wuh ṭhahrá apní jagah, to áge tú dekhegá mujh ko; phir jab namúd húá Rabb us ká pahár kí taraf, kiyá us ko ḍhákar barábar, aur gir pará Músá behosh; phir jab chaunká, bolá, Terí zát pák hai, main ne tauba kí tere pás, aur main sab se pahle yaqín láyá.

114 Farmáyá, Ai Músá, maiṉ ne tujh ko imtiyáz diyá logoṉ se, apne paigám bhejne ká, aur apne kalám karne ká, so le jo maiṉ ne tujh ko diyá, aur shákir rah.

145 Aur likh dí ham ne us ko takhtoṉ par, har chíz meṉ se samjhautí, aur bayán har chíz ká, so pakaṛ un ko zor se, aur kah apní qaum ko, ki Pakṛe raheṉ us kí bihtar báteṉ; ab maiṉ tum ko dikháúngá ghar behukm logoṉ ká.

146 Maiṉ pher dúngá apní áyatoṉ se un ko, jo baṛáí ḍhúnḍhte haiṉ mulk meṉ náhaqq, aur agar dekheṉ sárí nishániáṉ, yaqíṉ na kareṉ un ko; aur agar dekheṉ ráh saṉwár kí, use na ṭhahráweṉ ráh; aur agar dekheṉ ráh ulṭí, us ko ṭhahráweṉ ráh; yih is wáste ki unhoṉ ne jhúṭh jáníṉ hamárí áyateṉ, aur ho rahe un se bekhabar.

147 Aur jinhoṉ ne jhúṭh jáníṉ hamárí áyateṉ, aur ákhirat kí muláqát záyạ húíṉ un kí mihnateṉ, wuhí badlá páwenge, jo kuchh ạmal karte ṭhe.

(18 *R.*) 148 Aur baná liyá Músá kí qaum ne us ke píchhe apne zewar se bachhṛá, ek dhaṛ us meṉ gáe kí áwáz, yih na dekhá unhoṉ ne, ki wuh un se bát nahíṉ kartá, aur na dikháwe ráh, unhoṉ ne us ko ṭhahrá liyá, aur we the beinsáf.

149 Aur jab pachhtáe aur samjhe, ki ham bahke, kahne lage, Agar na rahm kare ham par Rabb hamárá, aur na bakhshe, to beshakk ham kharáb honge.

150 Aur jab phir áyá Músá apní qaum meṉ gussa bhará aur afsos, bolá, Kyá burí niyábat kí tum ne merí, bạd mere? Kyúṉ jaldí kí apne Rabb ke hukm se? Aur ḍáliṉ

we takhtíán, aur pakṛá sir apne bhái ká, lagá
khínchne apuí taraf; wuh bolá, ki Ai merí
má ke jane, logon ne mujhe bodá samjhá, aur
nazdík the, ki mujh ko már ḍálen; so mat
hansá mujh par dushmanon ko, aur na milá
mujh ko gunahgár logon men.

151 Bolá, Ai Rabb, muáf kar mujh ko, aur
mere bhái ko, aur ham ko dákhil kar apní rah-
mat men, aur tú hai sab se ziyáda rahm kar-
newálá.

(19 R.) 152 Albatta jinhon ne bachhrá
baná liyá, un ko pahunchegá gazab un ke
Rabb ká, aur zillat dunyá kí zindagí men,
aur yihí sazá dete hain ham jhúṭh bándhne-
wálon ko.

153 Aur jinhon ne kiye bure kám; phir
baḍ us ke tauba kí, aur yaqín láe, terá Rabb
us ke píchhe bakhshtá hai, mihrbán.

154 Aur jab faro húá Músá se gussa, uṭhá-
ín takhtíán; aur jo un men likhá húá thá,
ráh kí sújh hai, aur mihr un ke wáste, jo apne
Rabb se ḍarte hain.

155 Aur chune Músá ne apní qaum se
sattar mard láne ko hamáre waḍe ke waqt;
phir jab un ko larze ne pakṛá, bolá, Ai Rabb,
agar tú cháhtá pahle hí halák kartá in ko, aur
mujh ko, kyá halák karegá ham ko ek kám
par, jo kiyá hamáre ahmaqon ne, yih sab terá
ázmáná hai; bichláwe us men jis ko cháhe,
aur ráh de jis ko cháhe; tú hai hamárá thámb-
newálá, so bakhsh ham ko, aur mihr kar ham
par, aur tú sab se bihtar bakhshnewálá.

156 Aur likh de hamáre wáste is dunyá
men nekí, aur ákhirat men; ham rujú láe terí
taraf; farmáyá, Merá azáb jo hai wuh ḍáltá
hún jis par cháhún, aur merí mihr shámil

hai har chíz ko, so wuh likh dúngá un ko jo ḍar rakhte haiṉ.

157 Aur dete haiṉ zakát, aur jo hamárí báteṉ yaqín karte haiṉ.

158 We jo tábi hote haiṉ is rasúl ke, jo nabí hai ummí, jis ko páte haiṉ likhá húá apne pás Taurát aur Injíl meṉ, batátá hai un ko nek kám, aur mana kartá hai bure kám se, aur halál kartá hai un ke wáste sab pák chízeṉ, aur harám kartá hai un par nápák, aur utártá hai un se bojh un ke, aur phánsíáṉ jo un par thíṉ, so jo us par yaqín láe aur us kí rifáqat kí, aur madad kí, aur tábi húe us núr ke jo us ke sáth utrá hai, we log pahunche murád ko.

(20 *R.*) 159 Tú kah, Ai logo, maiṉ rasúl húṉ Alláh ká tum sab kí taraf, jis kí hukúmat hai ásmán o zamín meṉ; kisí kí bandagí nahíṉ siwáe us ke, jilátá hai, aur mártá hai; so máno Alláh ko, aur us ke pichhe nabí ummí ko, jo yaqín kartá hai Alláh par, aur us ke sab kalám par, aur us ke tábi ho, sháyad tum ráh páo.

160 Aur Músá kí qaum meṉ ek firqa ráh batáte haiṉ haqq kí, aur isí par insáf karte hiaṉ.

161 Aur bánṭkar un ko ham ne kiyá kaí firqe bárah dádoṉ ke pote, aur hukm bhejá ham ne Músá ko jab pání us se mángá us kí qaum ne, ki már apní láṭhí se is patthar ko, to phúṭ nikle us se bárah chashme, pahchán liyá har ek logoṉ ne apná ghát, aur sáyá kiyá ham ne un par abr ká, aur utárá un par mann, aur salwá kháo suthrí chízeṉ ham ne rozí dí tum ko, aur hamárá kuchh na bigáṛá, lekin apná burá karte rahe.

162 Aur jab hukm húá un ko, ki baso us shahr men, aur kháo us men jahán se cháho, aur kaho gunáh utare, aur paitho darwáze men sijda karte, to bakhshen ham tumhárí taqsíren, áge aur denge nekíwálon ko.

163 So badal liyá beinsáfon ne un men se aur lafz siwáe us ke jo kah diyá thá, phir bhejá ham ne un par azáb ásmán se badlá un kí sharárat ká.

NISF. (21 R.) 164 Aur púchh un se ahwál us bastí ká, ki thí kináre daryá ke, jab hadd se barhne lage hafte ke hukm men, jab áne lagín un pás machhlián hafte ke din, pání ke úpar, aur jis din hafta na ho na áwen; yún ham ázmáne lage un ko, is wáste ki behukm the.

165 Aur jab bolá ek firqa un men, Kyún nasíhat karte ho ek logon ko ki Alláh cháhtá hai un ko halák kare, yá un ko azáb, kare sakht? bole, Ilzám utárne ko tumháre Rabb ke áge, aur sháyad we daren.

166 Phir jab bhúl gae jo un ko samjháyá thá, bachá liyá ham ne jo mana karte the bure kám se, aur pakrá gunahgáron ko bure azáb men badlá un kí behukmí ká.

167 Phir jab barhne lage jis kám se mana húá thá, ham ne hukm kiyá, ki ho jáo bandar phitkáre.

168 Aur wuh waqt yád kar, ki khabar kar dí tere Rabb ne, albatta khará rakhegá Yahúd par qiyámat ke din tak koí shakhs, ki diyá kare un ko burí már; terá Rabb shitáb sazá detá hai, aur wuh bakhshtá bhí hai mihrbán.

169 Aur mutafarriq kiyá ham ne un ko mulk men firqe, firqe, baze un men nek, aur baze aur tarah ke, aur ázmáyá un ko khúbíon men aur buráíon men, sháyad we phir áwen.

170 Phir un ke píchhe áe nákhaláí wáris kitáb ke lete asbáb is adná zindagí ká, aur kahte hain, ki Ham ko muáf hogá; aur agar waisá hí asbáb phir áwe, to le lewen; kyá un par ahd nahín liyá kitáb ke haqq men, ki na bole Alláh par siwáe sach ke, aur parhá unhon ne jo likhá hai is men, aur pichhlá ghar bihtar hai darwálon ko; kyá tum ko bújh nahín?

171 Aur jo log pakar rahe hain kitáb, aur qáim rakhte hain namáz, ham záya na karenge, sawáb nekíwálon ká.

172 Aur jis waqt uth※áyá ham ne pahár un ke úpar, jaise sáyabán, aur dare ki wuh giregá un par, pakro jo ham ne diyá hai zor se, aur yád karte raho jo us men hai, sháyad tum ko dar ho.

(22 R.) 173 Aur jis waqt nikálí tere Rabb ne Ádam ke beton kí píth men se un kí aulád aur, aur iqrár karwáyá un se un kí ján par, Kyá main nahín hún Rabb tumhárá? Bole, Albatta ham qáil hain; kabhí kaho qiyámat ke din, ham ko us kí khabar na thí;

174 Yá kaho, ki shirk to kiyá hamáre báp dádon ne pahle, aur ham húe aulád un ke píchhe, to ham ko kyún halák kartá hai ek kám par, ki kiyá hai khatáwálon ne?

175 Aur yún ham kholte hain báten, sháyad we log phir áwen.

176 Aur suná un ko ahwál us shakhs ká, ki ham ne us ko dín apní áyaten, phir un ko chhor niklá, phir píchhe lagá us ke Shaitán, to wuh húá gumráhon men.

177 Aur ham cháhte, to us ko uthá lete un áyaton se, lekin wuh girá pare zamín par, aur chalá apní cháh par, to us ká hál jaise kuttá, us par tú láde, to hánphe, aur chhor de to

hánphe; yih misál hai un logon kí, ki jhuṭhláín hamárí áyaten; so tú bayán kar ahwál shá-yad we dhiyán karen.

178 Burí kaháwat un logon kí, ki jhuṭhláín hamárí áyaten, aur apná hí nuqsán karte rahe.

179 Jis ko Alláh ráh de, wuhí páwe ráh, aur jis ko wuh bhaṭkáwe, so wuhí hai ziyán men.

180 Aur ham ne phalá rakhe hain dozakh ke wáste bahut jinn, aur ádmí, un ke dil hain un se samajhte nahín; aur ánkhen hain, un se dekhte nahín, aur kán hain, un se sunte na-hín; we jaise chaupáe, balki un se ziyáda be ráh; wuhí log hain gáfil.

181 Aur Alláh ke hain sab nám khásse, so us ko pukáro wuh kahkar aur chhoṛ do un ko jo kaj ráh chalte hain us ke námon men, we badlá pá rahenge apne kiye ká.

182 Aur hamárí paidáish men se ek log hain, ki ráh batáte hain sachchí, aur usí par insáf karte hain.

(28 *R.*) 183 Aur jinhon ne jhuṭhláín hamárí áyaten, un ko ham sahaj sahaj pakaṛenge jahán se we na jánenge.

184 Aur un ko fursat dúngá; beshakk merá dáo pakká hai.

185 Kyá dhiyán nahín kiyá unhon ne? Un ke rafíq ko kuchh junún nahín? Wuh to ḍará-newálá hai sáf; kyá nigáh nahín kí saltanat men ásmán o zamín kí, aur jo Alláh ne banáí hai koí chíz, aur yih, ki sháyad nazdík pa-hunchtá ho un ká wada, so us ke píchhe kis bát par yaqín láwenge?

186 Jis ko Alláh bhaṭkáwe, use koí nahín ráh denewálá, aur un ko chhoṛ rakhá hai un kí sharárat men bahakte.

187 Tujh se púchhte hain qiyámat kis waqt

hai, us ká ṭhahráo? Tú kah, Us kí khabar to hai mere Rabb hí pás, wuhí khol dikháwegá us ko apne waqt; bhárí bát hai ásmán o zámín meṉ; tum par áwegí, to bekhabar áwegí; tujh se púchhne lagte haiṉ goyá tú us ká talá-shí hai; tú kah, Us kí ḳhabar hai ḳhás Alláh pás, lekin aksar log samajh nahíṉ rakhte.

188 Tú kah, Maiṉ málik nahíṉ apní ján ká, bhale ká na bure ká, magar jo Alláh cháhe, aur agar maiṉ jáná kartá gaib kí bát, to bahut ḳhubíáṉ letá, aur mujh ko buráí kabhí na pa-hunchtí; maiṉ to yihí húṉ ḍar aur ḳhushí su-nánewálá mánnewáloṉ ko.

(24 R.) 189 Wuhí hai jis ne tum ko banáyá ek ján se, aur usí se banáyá us ká joṛá, ki us pás árám pakṛe; phir jab mard ne aurat ko ḍhánká hamal rahá halká sá hamal, phir baṛh-tí gaí us ke sáth, phir jab bojhal húí, donoṉ ne pukárá Alláh apne Rabb ko, Agar tú ham ko baḳhshe changá bhalá, to ham terá shukr kareṉ.

190 Phir jab diyá un ko changá bhalá, ṭhah-ráne lage us ke sharík us kí baḳhshí chíz meṉ; so Alláh úpar hai un ke sharík batáne se.

191 Kin ko sharík batáte haiṉ jo paidá na kareṉ ek chíz, aur áp paidá hote haiṉ.

192 Aur na kar sakte haiṉ un kí madad, aur na apní madad kareṉ?

193 Aur agar un ko pukáro ráh par, na chaleṉ tumhárí pukár par, barábar hai tum ko ki un ko pukáro yá chupke raho.

194 Jin ko tum pukárte ho Alláh ke siwáe bande haiṉ; tum jaise bhalá pukáro un ko, to cháhiye qabúl kareṉ tumhárá pukárná, agar tum sachche ho.

195 Kyá un ke páoṉ haiṉ, jis se chalte haiṉ?

Yá un ke háth hain, jis se pakaṛte hain ? Yá
un kí ánkhen hain, jis se dekhte hain ? Yá un
ke kán hain, jis se sunte hain? Tú kah, Pukáro
apne sharíkon ko, phir burá karo mere haqq
men, aur mujh ko ḍhil na do.

196 Merá himáyatí Alláh hai, jin ne utárí
kitáb, aur wuh himáyat kartá hai nek bandon
kí.

197 Aur jin ko tum pukárte ho us ke siwáe,
nahín kar sakte tumhárí madad, aur na apní
ján bachá saken.

198 Aur agar un ko pukáro hidáyat kí ta-
raf, kuchh na sunen ; aur tú dekhe, ki takte
hain terí taraf, aur kuchh nahín dekhte.

199 Kho pakaṛ muáf karná, aur kah, Nek
kám ko, aur kinára kar jáhilon se.

200 Aur kabhí ubhár de tujh ko Shaitán kí
chheṛ, to panáh pakaṛ Alláh kí, wuh hai suntá,
jántá.

201 Jo log ḍar rakhte hain jahán paṛ, gayá
un par Shaitán ká guzar chonk gae ? Phir ta-
bhí un ko sújh á gaí.

202 Aur jo Saitánon ke bháí hain, we un ko
khínchte játe hain galatí men, phir we kamí
nahín karte.

203 Aur jab tú lekar na jáwe un pás koí
áyat, kahen Kuchh chhánṭ kyún na láyá? Tú
kah, Main chaltá hún usí par jo hukm áwe
mujh ko mere Rabb se, yih sújh kí báten hain
tumháre Rabb kí taraf se, aur ráh kí aur mihr
hai un logon ko, jo yaqín láte hain.

204 Aur jab Qurán paṛhá jáwe, to us taraf
kán rakho, aur chup raho, sháyad tum par rahm
ho.

205 Aur yád kartá rah apne Rabb ko, dil
men giṛgiṛátá, aur ḍartá, aur pukárne se kam

áwáz bolne meṉ subh aur shám ke waqtoṉ, aur mat rah bekhabar.

206 Jo log pás haiṉ tere Rabb ke baṛái nahíṉ karte us kí bandagí se, aur yád karte haiṉ us kí pák zát ko, aur usí ko sijda karte haiṉ.

SURA I ANFAL.

Madíne meṉ názil húí; 75 áyat kí hai.

BISMI-L-LÁ HI-R-RAHMÁ NI-R-RAHÍM.

SULS. (1 *R.*) 1 Tujh se púchhte haiṉ hukm ganímat ká; tú kah, Mál ganímat Alláh ká hai, aur Rasúl ká, so ḍaro Alláh se, aur sulh karo ápas meṉ, aur hukm meṉ chalo Alláh ke, aur us ke Rasúl ke, agar ímán rakhte ho.

2 Ímánwále wuhí haiṉ, ki jab nám áwe Alláh ká, ḍar jáweṉ un ke dil, aur jab paṛhiye un pás us ke kalám, ziyáda howe un ká ímán, aur apne Rabb par bharosá rakhte haiṉ.

3 Jo khaṛí rakhte haiṉ namáz, aur hamárá diyá kuchh kharch karte haiṉ.

4 Wuhí haiṉ sachche ímánwále, un ke wáste darje haiṉ un ke Rabb pás, aur muáfí, aur rozí ábrú kí.

5 Jaise nikálá tujh ko tere Rabb ne tere ghar se durust kám par, aur ek jamáat ímánwálí rází na thí.

6 Tujh se jhagaṛte the durust bát meṉ, wázih ho chuke píchhe, goyá un ko hánkte haiṉ maut kí taraf, ánkhoṉ dekhte.

7 Aur jis waqt wada detá hai Alláh tum ko, do jamáat meṉ se, ki ek tum ko háth lage, aur tum cháhte the, ki jis meṉ káṉṭá na lage wuh tum ko mile, aur Alláh cháhtá thá, ki sachchá

kare sach ko, apne kalámon se, aur káṭe píchhá káfiron ká,

8 Tá sachchá kare sach ko, aur jhúṭhá kare jhúṭh ko, agarchi na rází hon gunahgár.

9 Jab tum lage faryád karne apne Rabb se, to pahunchá tumhárí pukár ko, ki main madad bhejúngá tumhárí hazár firishte, lagatár ánewále.

10 Aur yih to dí Alláh ne faqt khushkhabarí, aur tá chain pakaren dil tumháre aur madad nahín magar Alláh kí taraf se; beshakk Alláh zoráwar hai hikmatwálá.

(2 *R.*) 11 Jis waqt ḍál dí tum par úngh apní taraf se taskín ko, aur utárá tum par ásmán se pání, ki us se tum ko pák kare, aur dúr kare tum se Shaitán ki najásat, aur mazbút girih de tumháre dilon par, aur sábit kare tumháre qadam.

12 Jab hukm bhejá tere Rabb ne firishton ko, ki main sáth hún tumháre, so tum dil sábit karo musalmánon ke; main ḍál dúngá dil men káfiron ke dahshat, so máro upar gardanon ke, aur káṭo un ke por por.

13 Yih is wáste ki we mukhálif húe Alláh ke, aur us ke Rasúl ke; aur jo koí mukhálif ho Alláh ká, aur us ke Rasúl ká, to Alláh kí már sakht hai.

14 Yih tum chakh lo, aur ján rakho, ki munkiron ko hai azáb dozakh ká.

15 Ai ímánwálo, jab bhiro tum káfiron se, maidán i jang men, to mat do un ko píṭh.

16 Aur jo koí un ko píṭh de us din, magar yih ki hunar kartá ho laṛáí ká, yá já miltá ho fauj men, so wuh le phirá gazab Alláh ká, aur us ká ṭhikáná dozakh hai, aur kyá burí jagah já ṭhahrá!

17 So tum ne un ko nahíṉ márá, lekin Alláh ne márá, aur tú ne nahíṉ phenkí muṭṭhí ḳhák jis waqt phenkí thí, lekin Alláh ne phenkí; aur kiyá cháhtá thá ímánwáloṉ par apní taraf se khúb ihsán; tahqíq Alláh hai suntá jántá.

18 Yih to ho chuká; aur ján rakho, ki Alláh sust karegá tadbír káfiroṉ kí.

19 Agar tum cháho faisala, so pahunchá tum ko faisala; aur agar báz áo, to tumhárá bhalá hai; aur agar phir karoge, to ham bhí phir karenge, aur kám na áwegá tum ko tumhárá jathá, agarchi bahut hoṉ; aur jáno, ki Alláh sáth hai ímánwaloṉ ke.

(8 *R.*) 20 Ai ímánwálo, hukm par chalo Alláh ke, aur us ke Rasúl ke, aur us se mat phiro sunkar.

21 Aur waise mat ho, jinhoṉ ne kahá ki Ham ne suná, aur we sunte nahíṉ.

22 Badtar sab jándároṉ meṉ Alláh ke pás wuhí bahre gúnge haiṉ, jo nahíṉ bújhte.

23 Aur agar Alláh jántá un meṉ kuchh bhaláí, to un ko sunátá, aur jo ab un ko suná de, to ulṭe bhágeṉ muṉh pherkar.

24 Ai ímánwálo, máno hukm Alláh ká, aur Rasúl ká, jis waqt buláwe tum ko ek kám par, jis meṉ tumhárí zindagí hai; aur ján lo, ki Alláh rok letá hai ádmí se us ke dil ko, aur yih ki usí pás tum jama hoge.

25 Aur bachte raho is fasád se, ki na pakṛegá tum meṉ se zálimoṉ par chunkar; aur ján lo, ki Alláh ká azáb saḳht hai.

26 Aur yád karo jis waqt tum thoṛe the, maglúb paṛe húe mulk meṉ ḍarte the, ki uchakleṉ tum ko log; phir us ne tum ko jagah

dí, aur zor diyá apní madad se, aur rozí dí
tum ko sutbrí chízeṇ, sháyad tum haqq máno.

27 Ai ímánwálo, chorí na karo Alláh se, aur
rasúl se, yá chorí karo ápas kí amánatoṇ meṇ
jánkar.

28 Aur ján lo, ki tumháre mál aur aulád jo
haiṇ, kharáb karnewále haiṇ; aur yih ki Alláh
ke pás baṛá sawáb hai.

(4 R.) 29 Ai ímánwálo, agar ḍarte rahoge
Alláh se, to kar degá tum meṇ faisala, aur utáre-
gá tum se tumháre gunáh, aur tum ko bakhshe-
gá; aur Alláh ká fazl baṛá hai.

30 Aur jab fareb batáne lage káfir, ki tujh
ko baiṭháweṇ, yá már ḍáleṇ, yá nikál deṇ, aur
we bhí fareb karte the, aur Alláh bhí fareb kar-
tá thá, aur Alláh ká fareb sab se bihtar.

31 Aur jab koí paṛhe un par hamárí áyateṇ,
kaheṇ, Ham sun chuke; ham cháheṇ, to kah
leṇ aisá; yih kuchh nahíṇ, magar ahwál haiṇ
pahloṇ ke.

32 Aur jab kahne lage, ki Yá Alláh, agar
yihí dín haqq hai tere pás se, to ham par barsá
ásmán se patthar, yá lá ham par dukh kí már.

33 Aur Alláh hargiz na azáb kartá un ko,
jab tak tú thá un meṇ, aur Alláh na azáb kare-
gá un ko, jab tak bakhshwáte haiṇ.

34 Aur un meṇ kyá hai, ki azáb na kare
un ko Alláh? aur we rokte haiṇ Masjid i harám
se, aur us ke ikhtiyárwále nahíṇ; us ke ikhti-
yárwále wuhí haiṇ, jo parhezgár haiṇ; lekin
we aksar khabar nahíṇ rakhte.

35 Aur un kí namáz kuchh na thí Kaabe ke
pás, magar síṭíáṇ bajáí, aur tálíáṇ, so chakho
azáb badlá apne kufr ká.

36 Jo log káfir haiṇ, kharch karte haiṇ ap-
ne mál, ki rokeṇ Alláh kí ráh se, so ab hí aur

ḳharch karenge; phir áḳhir hogá un par pachhtáwá, aur áḳhir maglúb honge.

87 Aur jo káfir hain, dozaḳh ko hánke jáwenge.

88 Tá judá kare Alláh nápák ko pák se, aur rakhe nápák ko ek par ek; phir us ko ḍher kare sárá; phir ḍále us ko dozaḳh men, wuhí log hain nuqsán pánewále.

(5 *R.*) 89 Tú kah de káfiron ko, Agar báz áwen, to muáf ho un ko, jo ho chuká; aur agar phir wuhí karenge, to paṛ chukí hai ráh aglon kí.

40 Aur laṛte raho un se, jab tak na rahe fasád, aur ho jáwe hukm sab Alláh ká; phir agar we báz áwen, to Alláh un ke kám dekhtá hai.

41 Aur agar we na mánen, to ján lo, ki Alláh hai himáyatí tumhárá; kyá ḳhub himáyatí hai, aur kyá ḳhúb madadgár!

DASWAN SIPARA 42 Aur ján rakho, ki jo ganímat láo kuchh chíz, so us men se pánchwán hissa Alláh ke wáste, aur Rasúl ke, aur qarábatwále, aur yatím ke, aur muhtáj ke, aur musáfir ke, agar tum yaqín láe ho Alláh par, aur us chíz par, jo ham ne utárí apne bande par, jis din faisala húá, jis din bhiṛen do faujen; aur Alláh sab chíz par qádir hai.

43 Jis waqt tum the ware ke náke, aur we pare ke náke, aur qáfila níche utar gayá tum se; aur agar ápas men tum wạde karte, to na pahunchte wạde par, lekin Alláh ko kar ḍálná ek kám, jo ho chuká thá.

44 Tá mare, jo martá hai sújhkar, aur jíwe, jo jítá hai sújhkar, aur Alláh suntá hai, jántá.

45 Jab Alláh ne un ko dikháyá tere ḳhwáb men thoṛe, aur agar wuh tujh ko bahut dikhátá tum log námardí karte, aur jhagṛá ḍálte kám

men, lekin Alláh ne bachá liyá ; us ko malúm hai jo bát hai dilon men.

46 Aur jab tum ko dikháí wuh fauj waqt muláqát ke, tumhárí ánkhon men, thorí, aur tum ko thorá dikháyá un kí ánkhon men, tá kar ḍále Alláh ek kám, jo ho chuká thá; aur Alláh tak pahunch hai har kám kí.

(6 R.) 47 Ai ímánwálo, jab bhiṛo tum kisí fauj se, to sábit raho, aur Alláh ko bahut yád karo, sháyad tum murád páo.

48 Aur hukm máno Alláh ká aur us ke rasúl ká, aur ápas men na jhagro, phir námard ho jáoge aur játí rahegí tumhárí yád, aur ṭhahre raho ; Alláh sáth hai ṭhahrnewálon ke.

49 Aur mat ho jaise we log ki nikle apne gharon se itráte, aur logon ko dikháte, aur rokte Alláh kí ráh se, aur Alláh ke qábú men hai jo karte hain.

50 Aur jis waqt sanwárne lagá Shaitán un kí nazar men un ko kám, aur bolá, Koí gálib na hogá tum par áj ke din, aur main rafíq hún tumhárá, phir jab sámhne húín do faujen ultá pherá apní eṛíon par, aur bolá, Main tumháre sáth nahín, main dekhtá hún jo tum nahín dekhte, main ḍartá hún Alláh se, aur Alláh ká azáb sakht hai.

(7 R.) 51 Jab kahne lage munáfiq log aur jin ke dil men ázár hai, ye log magrúr hain apne dín par, aur jo koí bharosá kare Alláh par, to Alláh zabardast hai hikmatwálá.

52 Aur kabhí tú dekhe jis waqt ján lete hain firishte káfiron kí, márte hain un ke munh par ; aur píchhe, aur chakho azáb jalne ká.

53 Yih badlá hai usí ká, jo tum ne bhejá apne háthon, aur is wáste ki Alláh zulm nahín kartá bandon par.

54 Jaise dastúr Firaun wálon ká, aur jo un se pahle the, munkir húe Alláh kí báton se, so pakṛá un ko Alláh ne un ke gunáhon par, Alláh zoráwar hai, sakht azáb karnewálá.
55 Yih is par kahá, ki Alláh badalnewálá nahín niamat ká, jo dí thí ek qaum ko, jab tak we na badlen apne jí kí bát, aur Alláh suntá jántá hai.
56 Jaise dastúr Firaun wálon ká, aur jo un se pahle the, jhuṭhláín báten apne Rabb kí, phir khapá diyá ham ne un ke gunáhon par, aur ḍubá diyá Firaun ke logon ko, we sáre zálim the.
57 Badtar jánwaron men Alláh ke yahán we hain, jo munkir húe, phir we nahín mánte.
58 Jin se tú ne qarár kiyá hai, phir we toṛte hain apná qarár har bár, aur ḍar nahín rakhte.
59 So agar kabhí tú páwe un ko laṛáí men, to aisí sazá de, ki dekhkar bhágen un ke pichhle, sháyad we ibrat pakṛen.
60 Aur agar tujh ko ḍar ho ek qaum kí dagá ká, to jawáb de un ko barábar ke barábar, Alláh ko khush nahín áte dagábáz.
(8 *R.*) 61 Aur yih na samajhen munkir log, ki we bhág nikle, we thaká na sakenge.
62 Aur saranjám karo un kí laṛáí ko, jo paidá kar sako zoráwar ghoṛe pálne, ki us se dhák paṛe Alláh ke dushmanon par, aur tumháre dushmanon par, aur ek aur logon par siwáe un ke jin ko tum nahín jánte, Alláh un ko jántá hai, aur jo kharch karoge Alláh kí ráh men púrá milegá tum ko, aur tumhárá haqq na rahegá.
63 Aur agar we jhuken sulh ko, to tú bhí jhuk us taraf, aur bharosá kar Alláh par, beshakk wuhí hai suntá jántá.

64 Aur agar we cháhen, ki tujh ko dagá den, to tujh ko bas hai Alláh, usí ne tujh ko zor diyá apní madad ká, aur musalmánon ká; aur un ke dil men ulfat ḍálí; agar tú ḳharch kartá, jo sáre mulk men hai tamám ulfat na de saktá un ke dil men; lekin Alláh ne ulfat ḍálí un men; be-shakk wuh zoráwar hai hikmatwálá.

(9 *R.*) 65 Ai Nabí, kifáyat hai tujh ko Alláh, aur jitne tere sáth húe hain musalmán.

66 Ai Nabí, shauq dilá musalmánon ko laṛáí ká; agar hon tum men bís shaḳhs sábit, gálib hon do sau par, aur agar hon tum men sau shaḳhs, gálib hon hazár káfiron ke úpar, is wáste ki we log samajh nahín rakhte.

67 Ab bojh halká kiyá Alláh ne tum par, aur jáná ki tum men sustí hai; so agar hon tum men sau shaḳhs sábit, gálib hon do sau par, aur agar hon hazár shaḳhs gálib hon do hazár par Alláh ke hukm se, aur Alláh sáth hai sábit rahnewálon ke.

68 Kyá cháhiye nabí ko us ke yahán qaidí áwen jab tak na qatl karen mulk men, tum cháhte ho jins dunyá kí, aur Alláh cháhtá hai áḳhirat, aur Alláh zoráwar hai, hikmatwálá.

69 Agar na hotí ek bát, ki likh chuká Alláh áge, to tum ko á paṛtá is lene men baṛá azáb.

70 So kháo jo ganímat láo halál suthrí, aur ḍarte raho Alláh se, Alláh hai baḳhshnewálá, mihrbán.

(10 *R.*) 71 Ai Nabí, kah de un ko, jo tumháre háth men hain qaidí, agar jánegá Alláh tumháre dil men kuchh nekí, to degá tum ko bihtar is se, jo tum se chhín gayá, aur tum ko baḳhshegá; aur Alláh hai baḳhshnewálá, mihrbán.

72 Aur agar cháhenge tujh se dagá karne,

so dagá kar chuke hain pahle Alláh se, phir us ne pakarwá diye; aur Alláh sab jántá hai, hikmatwálá.

73 Jo log ímán láe, aur ghar chhorá, aur lare apne mál, aur ján se, Alláh kí ráh men, aur jin logon ne jagah dí, aur madad kí, we ek dúsre ke rafíq hain, aur jo ímán láe aur ghar nahín chhorá, tum ko un kí rifáqat se kuchh kám nahín, jab tak ghar na chhor áwen; aur agar tum se madad cháhen dín men, to tum ko lázim hai madad karní, magar muqábale men aison ke, jin men tum men ahd hai, aur Alláh, jo karte ho, wuh dekhtá hai.

74 Aur jo log káfir hain, we ek dúsre ke rafíq hain, agar tum yún na karoge, to dhúm machegí mulk men, aur barí kharábí hogí.

75 Aur jo log ímán láe, aur ghar chhor áe, aur lare Alláh kí ráh men, aur jin logon ne jagah dí, aur madad kí, wuhí hain musalmán thík; un ko bakhshish hai aur rozí izzat kí.

76 Aur jo ímán láe píchhe, aur ghar chhor áe, aur lare tumháre sáth hokar, so we tumhí men hain, aur nátewále ápas men haqqdár ziyáda hain ek dúsre ke Alláh ke hukm men; tahqíq Alláh har chíz se khabardár hai.

SURA I TAUBA.

Madíne men názil húí; 130 *áyat kí hai.*

RUBA. (1 R.) 1 Jawáb hai Alláh kí taraf se, aur us ke Rasúl se, un mushrikon ko, jin se tum ko ahd thá.

2 So phir lo is mulk men chár mahíne,

aur ján lo ki tum na thaká sakoge Alláh ko,
aur yih ki Alláh ruswá kartá hai munkiron ko.
3 Aur suná dená hai Alláh kí taraf se, aur
us ke Rasúl se logon ko bare hajj ke din, ki
Alláh alag hai mushrikon se, aur us ká Rasúl;
so agar tum tauba karo, to tumháre liye bhalá
hai; aur agar na máno, to ján lo, ki tum na
thaká sakoge Alláh ko, aur khushkhabarí de
munkiron ko dukhwálí már kí.
4 Magar jin mushrikon se tum ko ahd thá,
phir kuchh qasúr na kiyá tumháre sáth, aur
madad na kí tumháre muqábale men kisí kí,
so púre karo un se ahd un ke wade tak; Alláh
ko khush áte hain ihtiyátwále.
5 Phir jab guzar jáwen mahíne panáh ke,
to máro mushrikon ko jahán páo, aur pakro,
aur ghero, aur baitho har jagah un kí ták par;
phir agar we tauba karen, aur khari rakhen
namáz, aur diyá karen zakát, to chhoro un kí
ráh; Alláh hai bakhshtá mihrbán.
6 Aur agar koí mushrik tujh se panáh mán-
ge, tú us ko panáh de, jab tak wuh sun le
kalám Alláh ká; phir pahunchá de us ko
jahán na dar ho: yih is wáste ki we log ilm na-
hín rakhte.
(2 *R.*) 7 Kyúnkar howe mushrikon ko ahd
Alláh ke aur us ke Rasúl pás, magar jin se
tum ne ahd kiyá, Masjid ul harám ke nazdík;
so jab tak tum se sídhe rahen, tum un se sídhe
raho; Alláh ko khush áte hain ihtiyátwále.
8 Kyúnkar sulh rahí, aur agar we tum par
háth páwen na liház karen tumhárí kheshí ká,
na ahd ká, tum ko rází kar dete hain apne
munh kí bát se, aur un ke dil nahín mánte,
aur bahut un men be-hukm hain.

9 Beche unhoṇ ne hukm Alláh ke thorí qímat par, phir roká us kí ráh se, bure kám haiṇ jo we log kar rahe baiṇ.

10 Na liház kareṇ kisí muslmán ke haqq meṇ kheshí ká, na ahd ká; aur wuhí haiṇ ziyádatí par.

11 So agar tauba kareṇ aur kharí rakheṇ namáz, aur dete raheṇ zakát, to tumháre bháí haiṇ hukm shara meṇ, aur ham kholte haiṇ pate jánnewále logoṇ ke wáste.

12 Aur agar toreṇ apni qasmeṇ ahd ke píchhe, aur aib deweṇ tumháre dín meṇ, to laṛo kufr ke sardároṇ se, un kí qasmeṇ kuchh nahíṇ, sháyad we báz áweṇ.

13 Kyún na laṛo aise logoṇ se, ki toreṇ apní qasmeṇ aur fikr meṇ raheṇ ki Rasúl ko nikál deweṇ, aur unhoṇ ne pahle chheṛí tum se, kyá un se ḍarte ho? so Alláh ká ḍar cháhiye tum ko ziyáda, agar ímán rakhte ho.

14 Laṛo un se tá azáb kare Alláh un ko tumháre háthoṇ, aur ruswá kare, aur tum ko un par gálib kare, aur thanḍe kare dil kitte musalmán logoṇ ke.

15 Aur nikále un ke dil kí jalan, aur Alláh tauba degá jis ko cháhegá, aur Alláh sab jántá hai hikmatwálá.

16 Kyá jánte ho ki chhút jáoge, aur abhí malúm nahíṇ kiye Alláh ne tum meṇ se jo log laṛe haiṇ, aur nahíṇ pakṛá unhoṇ ne siwáe Alláh ke, aur us ke Rasúl ke, aur muslmánoṇ ke, kisí ko bhedí, aur Alláh ko sab khabar hai tumháre kám kí.

(3 R.) 17 Mushrikoṇ ká kám nahíṇ ki ábád kareṇ Alláh kí masjideṇ, aur mánte jáweṇ apne úpar kufr ko, we log kharáb gae un ke amal, aur ág meṇ rahenge we hamesha.

18 Wuhí ábád kare masjiden Alláh kí, jo yaqín láyá Alláh par, aur pichhle din par, aur kharí kí namáz, aur dí zakát, aur na ḍará siwáe Alláh ke kisí se, so ummedwár hain we log, ki howen hidáyatwálon men.

19 Kyá tum ne ṭhabráyá hájíon ká pání piláná, aur Masjid ul harám ko basáná barábar us ke, jo yaqín láyá Alláh par, aur pichhle din par, aur laṛá Alláh kí ráh men ? Nahín barábar Alláh ke pás, aur Alláh ráh nahín detá be-insáf logon ko.

20 Jo yaqín láe aur ghar chhoṛ áe, aur laṛe Alláh kí ráh men, apne mál aur ján se, un ko baṛá darja hai Alláh ke pás, aur wuhí murád ko pahunche.

21 Khushkhabarí detá hai un ko un ká parwardigár apní taraf se, mihrbání kí, aur razámandí kí, aur bágon kí, jin men un ko árám hai hameshagí ká.

22 Rahá karen un men mudám, besbakk Alláh ke pás baṛá sawáb hai.

28 Ai ímánwálo, na pakṛo apne bápon ko aur bháíon ko rafíq, agar we azíz rakhen kufr ko ímán se, aur jo tum men un kí rifáqat kare, so wuhí log hain gunahgár.

24 Tú kah, Agar tumháre báp, aur beṭe, aur bhái, aur auraten, aur birádarí, aur mál, jo kamáe hain, aur saudágarí, jis ke band hone se ḍarte ho, aur hawelíán, jo pasand rakhte ho, tum ko azíz hai Alláh se, aur us ke Rasúl se, aur laṛne se us kí ráh men, to ráh dekho jab tak bheje Alláh hukm apná, aur Alláh ráh nabín detá náfarmán logon ko.

(4 R.) 25 Madad kar chuká hai tum ko Alláh bahut maidánon men, aur din Hunáin ke, jab itráe tum apní bahutáyat par, pher wuh

kuchh kám na áí tumháre aur tang ho gaí tum par zamín apní farákhí ke sáth, pher hatte tum píṭh dekar.

26 Pher utárí Alláh ne apní taraf se taskín apne Rasúl par, aur ímánwálon par, aur utárín faujen, jo tum ne nahín dekhín, aur már dí káfiron ko, aur yihí sazá hai munkiron kí.

27 Pher tauba degá Alláh us ke bad jis ko cháhe, aur Alláh bakhshtá hai mihrbán.

28 Ai ímánwálo, mushrik jo hain, palíd hain, so nazdík na áwen Masjid ul harám ke is baras ke bad. aur agar tum ḍarte ho muflisí se, to áge ganí karegá tum ko Alláh apne fazl se, agar cháhe; Alláh hai sab jántá hikmatwálá.

29 Laṛo un logon se, jo yaqín nahín rakhte Alláh par, na pichhle din par, na harám jáne jo harám kiyá Alláh ne, aur us ke Rasúl ne, aur na qabúl karen dín sachchá, we jo kitábwále hain jab tak dewen jazía, ye sab ek háth se, aur we beqadr hon.

(5 *R.*) 30 Aur Yahúd ne kahá, Uzair beṭá Alláh ká, aur Nasárá ne kahá, Masíh beṭá Alláh ká, ye báten kahte hain apne munh se: Rís karne lage agle munkiron kí bát ki, már ḍále un ko Alláh, kahán se phire játe hain.

31 Ṭhabaráe hain apne álim aur darweshon ko Khudá Alláh ko chhoṛ kar, aur Masíh Maryam ke beṭe ko, aur hukm yihí húá thá, ki bandagí karen ek Sáhib kí, kisí kí bandagí nahín us ke siwáe, wuh pák hai un ke sharík batáne se.

32 Cháhen ki bujhá den roshní Alláh kí apne munh se, aur Alláh na rahe bin púrí kiye apní roshní, aur paṛe burá mánen munkir.

NISF. 33 Usí ne bhejá apná Rasúl hidáyat

lekar, aur dín sachchá, tá us ko úpar kare har
dín se, aur paṛe burá mánen mushrik.
84 Ai ímánwálo, bahut álim, aur darwesh,
Ahl i kitáb ke, kháte hain mál logon ke náhaqq,
aur rokte hain Alláh kí ráh se, aur jo log gáṛ
rakhte hain soná, aur rúpá, aur kharch nahín
karte Alláh kí ráh men, so un ko khushkhabrí
suná dukhwálí már kí.
85 Jis din ág dahká denge us par dozakh
kí, pher dágenge us se un ke máthe, aur kar-
waṭen, aur píṭhen, yih hai jo tum gáṛte the ap-
ne wáste: ab chakho mazá apne gáṛne ká.
86 Mahínon kí gintí Alláh ke pás bárah
mahíne hain Alláh ke hukm men, jis din paidá
kiye ásmán o zamín, un men chár hain adab
ke, yihí hai sídhá dín, so un men zulm na karo
apne úpar, aur laṛo mushrikon se har hál, jaise
we laṛte hain tum se har hál, aur jáno ki Alláh
sáth hai ḍarwálon ke.
87 Yih jo mahíná haṭá dená hai, so baṛháí
húí bát hai kufr ke ahd men, gumráhí men
paṛte hain; is se káfir chhuṭá ginte hain us ko
ek baras, aur adab ká ginte hain ek baras, ki
púrí kar len gintí jo Alláh ne rakhí adab kí;
pher halál karte hain jo mana kiyá Alláh ne;
bhale dikháe hain un ko un ke kám, aur Al-
láh ráh nahín detá munkir qaum ko.
(6 *R.*) 88 Ai ímánwálo, kyá húá hai tum
ko jab kahiye, Kúch karo Alláh kí ráh men,
dhahe játe ho zamín par, kyá rijhe dunyá kí
zindagí par ákhirat chhoṛ kar, so kuchh nahín
dunyá ká baratná, ákhirat ke hisáb men magar
thoṛá.
89 Agar na nikloge, tum ko degá dukh kí
már: aur badal láwegá aur log tumháre siwáe,

aur kuchh na bigáṛoge us ká, aur Alláh sab chíz par qádir hai.

40 Agar tum na madad karoge Rasúl kí, to us kí madad kí hai Alláh ne, jis waqt us ko nikálá káfiroṉ ne do jánoṉ se. jab donoṉ the gár meṉ; jab kahne lagá apne rafíq ko, Tú gam na khá, Alláh hamáre sáth hai; pher Alláh ne utárí apní taraf se taskín us par, aur madad ko us kí bhejíṉ we faujeṉ, ki tum ne nahíṉ dekhíṉ; aur níche ḍálí bát káfiroṉ kí. aur Alláh kí bát hamesha úpar hai, aur Alláh zabardast hai hikmatwálá.

41 Niklo halke, aur bojhal, aur laṛo apne mál aur ján se Alláh kí ráh meṉ, yih bihtar hai tumháre haqq meṉ, agar tum ko samajh hai.

42 Agar kuchh mál hotá nazdík, aur safar halká, to tere sáth chalte, lekin dúr nazar áe un ko taraf; aur ab qasmeṉ kháwenge Alláh kí, ki Ham maqdúr rakhte, to nikalte tumháre sáth, wabál meṉ ḍálte haiṉ apní ján aur Alláh jántá hai we jhúṭhe haiṉ.

(7 *R.*) 43 Alláh bakhshe tujh ko; kyúṉ rukhsat dí tú ne un ko jab tak malúm hotí tujh par, jinhoṉ ne sach kahá, aur jántá tú jhúṭhoṉ ko.

44 Nahíṉ rukhsat mángte tujh se, jo log yaqín rakhte haiṉ Alláh par, aur pichhle din par, is se ki laṛeṉ apne mál aur ján se, aur Alláh khúb jántá hai ḍarnewáloṉ ko.

45 Rukhsat wuhí mángte haiṉ tujh se, jo nahíṉ yaqín rakhte Alláh par, aur pichhle din par, aur shakk meṉ paṛe haiṉ dil un ke, so we apne shakk hí meṉ bahakte haiṉ.

46 Aur agar cháhte nikalná taiyár karte kuchh us ká asbáb, walekin khush na áyá Alláh ko un ká uṭhná, so bojhal kar diyá un ko,

aur hukm húá ki baiṭho sáth baiṭhnewáloṉ ke.

47 Agar nikalte tum meṉ kuchh, na baṛháte tumhárá magar ḳharábí, aur ghoṛe dauṛáte tumháre andar bigáṛkarwáne kí talásh, aur tum meṉ baze jásús haiṉ un ke, aur Alláh ḳhúb jántá hai beinsáfoṉ ko.

48 Karte rahe talásh bigáṛ kí áge se, aur ulṭe rahe haiṉ tere kám, jab tak á pahuṉchá sachchá wada, aur gálib húá hukm Alláh ká, aur we náḳhush hí rahe.

49 Aur baze un meṉ kahte haiṉ, Mujh ko ruḳhsat de, aur gumráhí meṉ na ḍál; suntá hai we to gumráhí hí meṉ paṛe haiṉ, aur dozaḳh gher rahí hai munkiroṉ ko.

50 Agar tujh ko pahunche kuchh ḳhúbí, wuh burí lage un ko; aur agar pahunche saḳhtí, kaheṉ, Ham ne sambhál liyá thá apná kám áge hí, aur phir kar jáweṉ ḳhushíáṉ karte.

51 Tú kah, Ham ko na pahunchegá magar wuhí jo likh diyá Alláh ne ham ko; wuhí hai Sáhib hamárá, aur Alláh hí par cháhiye bharosá kareṉ musalmán.

52 Tú kah, Tum kyá chetoge hamáre haqq meṉ magar do ḳhúbí meṉ se ek ? Aur ham ummedwár haiṉ tumháre haqq meṉ, ki ḍále tum par Alláh kuchh azáb apne pás se, yá hamáre háthoṉ se, so muntazir raho, ham bhí tumháre sáth muntazir haiṉ.

53 Tú kah, ki Mál ḳharch karo ḳhushí se yá náḳhushí se, hargiz qabúl na hogá tum se; tahqíq tum húe ho log behukm.

54 Aur mauqúf nahíṉ húá qabúl honá un ke ḳharch ká, magar isí par ki we munkir húe Alláh se, aur us ke Rasúl se, aur nahíṉ áte namáz ko, magar jí háre, aur ḳharch nahíṉ karte magar bure dil se.

(8 *R.*) 55   So tú tajjub na kar un ke mál aur aulád se ; Alláh yihí cháhtá hai, ki un ko azáb kare un chízoṇ se dunyá ke jíte, aur nikle un kí ján jab tak ᴡe káfir hí raheṇ.

56   Aur qasmeṇ kháte haiṇ Alláh kí, ki we beshakk tum meṇ haiṇ, aur we tum meṇ nahíṇ, walekin we log ḍarte haiṇ.

57   Agar páweṇ kahíṇ bacháo yá koí garhí, yá sar ghusáne kí jagah, to ulṭe bhág jáweṇ us taraf bágeṇ turáte.

58   Aur baze un meṇ haiṇ, ki tujh ko ṭana dete haiṇ zakát bánṭne meṇ, so agar un ko mile us meṇ se, to rází hoṇ, aur agar un ko na mile, tabhí nákhush ho jáweṇ.

59   Aur kyá khúb thá agar we rází hote, jo diyá un ko Alláh ne, aur us ke Rasúl ne, aur kahte, Bas hai ham ko Alláh, de rahegá ham ko Alláh apne fazl se, aur us ká Rasúl, ham ko Alláh hí cháhiye.

60   Zakát jo hai, so haqq hai muflisoṇ ká, aur muhtájoṇ ká, aur is kám par jánewáloṇ ká, aur jin ká dil parcháná hai, aur gardan chhuṛáne meṇ, aur jo táwán bhare, aur Alláh kí ráh meṇ, aur ráh ke musáfir ko ṭhahrá diyá hai Alláh ká, aur Alláh sab jántá hai hikmatwálá.

61   Aur baze un meṇ badgoí karte haiṇ nabí kí, aur kahte haiṇ, Yih shakhs kán hai ; tú kah, Kán hai tumháre bhale ko, yaqín látá hai Alláh par, aur yaqín kartá hai bát musalmánoṇ kí.

62   Aur mihr hai imánwáloṇ ke haqq meṇ tum meṇ se, aur jo log badgoí karte haiṇ Alláh ke Rasúl kí, un ko dukh kí már hai.

63   Qasmeṇ kháte haiṇ Alláh kí tumháre áge, ki tum ko rází kareṇ ; aur Alláh ko, aur

us ke Rasúl ko bahut zarúr hai rází karná, agar we ímán rakhte haiṉ.

64 Kyá we ján nahíṉ chuke, ki jo koí muqábala kare Alláh, aur Rasúl se, to us ko hai dozakh kí ág, paṛá rahe us meṉ, yihí hai baṛí ruswáí.

65 Ḍará karte haiṉ munáfiq, ki názil na ho un par koí súra, ki jitá de un ko jo un ke dil meṉ hai; tú kah, Ṭhaṭṭhe karte raho; Alláh kholnewálá hai jis chíz ká tum ko ḍar hai.

SULS. 66 Aur jo tú un se púchhe, to kahen, Ham to bol chál karte the, aur khel; tú kah, Kyá Alláh se, aur us ke kalám se, aur us ke rasúl se, ṭhaṭṭhe karte the?

67 Baháne mat banáo, tum káfir ho gae ímán lákar, agar ham muáf karenge tum meṉ baẓoṉ ko, to albatta már bhí denge baẓoṉ ko, us par ki we gunahgár the.

(9 *R.*) 68 Munáfiq mard aur ạuraten sab kí ek chál hai, sikháweṉ bát burí, aur chhuṛáweṉ bhale kám se, aur band rakheṉ apní muṭṭhí, bhúl gae haiṉ Alláh ko, so wuh bhúl gayá un ko, tahqíq munáfiq wuhí haiṉ behukm.

69 Wada diyá Alláh ne munáfiq mard aur ạuratoṉ ko, aur munkiroṉ ko, dozakh kí ág, paṛe raheṉ us meṉ, wuhí bas hai un ko, aur Alláh ne un ko phiṭkárá, aur un ko hai ạzáb barqarár.

70 Jis tarah tum se agle ziyáda the zor meṉ tum se, aur bahut rakhte mál aur aulád, phir barat gae apná hissa, pher tum ne barat liyá apná hissa, jaise barat gae tum se agle apná hissa, aur tum ne qadam ḍále haiṉ, jaise unhoṉ ne qadam ḍále the; we log miṭ gae un ke kiye dunyá meṉ, aur ákhirat meṉ, aur wuhí log paṛe haiṉ ziyán meṉ.

71 Kyá pahunchá nahíṉ un ko ahwál agloṉ ká, qaum Núh ká, aur Ád, aur Samúd ká, aur qaum Ibráhím ká, aur Madyanwáloṉ ká, aur ulṭí bastíoṉ ká; pahunche un pás un ke rasúl sáf hukm lekar, phir Alláh aisá na thá ki un par zulm kartá, lekin we apne úpar áp zulm karte the.

72 Aur ímánwále mard aur ạurateṉ ek dúsre ke madadgár haiṉ, sikháte haiṉ nek bát, aur manạ karte haiṉ bure se, aur khaṛí karte haiṉ namáz, aur dete haiṉ zakát, aur hukm meṉ chalte haiṉ Alláh ke aur Rasúl ke we log, un par rahm karegá Alláh, albatta Alláh zabardast hai hikmatwálá.

73 Wạda diyá Alláh ne ímánwále mardoṉ aur ạuratoṉ ko bág, bahtí haiṉ níche un ke nahreṉ, rahá kareṉ un meṉ, aur makán suthre rahne ke bágoṉ meṉ, aur razámandí Alláh kí sab se baṛí, yihí hai murád milní baṛí.

(10 *R.*) 74 Ai nabí, laṛáí kar káfiroṉ se, aur munáfiqoṉ se, aur tundḳhoí kar un par, aur un ká ṭhikáná dozaḳh hai, aur burí jagah pahunche.

75 Qasmeṉ kháte haiṉ Alláh kí, Ham ne nahíṉ kahá; beshakk kahá hai lafz kufr ká; aur munkir ho gae haiṉ musalmán hokar, aur fikr kiyá thá jo na milá, aur ye sab karte haiṉ badlá us ká ki daulatmand kar diyá un ko Alláh ne, aur Rasúl ne apne fazl se, so agar tauba kareṉ, to bhalá hai un ke haqq meṉ, aur agar na mánenge, to már degá un ko Alláh dukh kí már dunyá meṉ aur áḳhirat meṉ, aur nahíṉ in ká rú i zámín meṉ koí himáyatí na madadgár.

76 Aur bạze un meṉ we haiṉ ki ạhd kiyá thá Alláh se, agar dewe ham ko apne fazl se,

to ham khairát karen, aur ho rahen nekíwálon
men.
77 Phir jab un ko diyá apne fazl se, us men
bukhal kiyá, aur phir gae talá kar.
78 Phir us ká asar rakhá nifáq un ke dil
men jis din tak us se milenge, us par ki khiláf
kiyá Alláh se, jo wada kiyá, aur us par ki bolte
the jhúth.
79 Ján nahín chuke Alláh jántá hai un ká
bhed, aur mashwarat, aur yih ki Alláh jánne-
wálá hai har chhipe ká.
80 We jo tan karte hain dil khol kar khairát
karnewále muslmánon ko, aur un par jo na-
hín rakhte magar apní mihnat ká, phir un par
thatthe karte hain, Alláh ne un se thatthá
kiyá hai, aur un ko dukh kí már hai.
81 Tú un ke haqq men bakhshish máng,
yá na máng, agar un ke wáste sattar bár bakh-
shish mánge taubhí hargiz na bakhshe un ko
Alláh; yih is par ki we munkir húe Alláh se,
aur Rasúl se, aur Alláh ráh nahín detá behukm
logon ko.
(11 *R.*) 82 Khush húe pichhárí wále baith
rah kar judá Rasúl Alláh se, aur burá lagá ki
laren apne mál aur ján se Alláh kí ráh men,
aur bole, Mat kúch karo garmí men; tú kah,
Dozakh kí ág aur sakht garm hai, agar un ko
samajh hotí.
83 So hans lewen thorá aur rowen bahut sá,
badlá us ká jo kamáte the.
84 So agar pher le jáwe tujh ko Alláh kisí
firqe kí taraf un men se, phir ye rukhsat chá-
hen tujh se nikalne ko, to tú kah, Tum har-
giz na nikloge mere sáth kabhí, aur na laroge
mere sáth kisí dushman se; tum ko pasand

áyá baiṭh rahná pahlí bár, so baiṭh raho sáth
pichhárí wálon ke.
85 Aur namáz na paṛh un men kisí par jo
marjáwe kabhí, aur na khaṛá ho us kí qabr
par; we munkir húe Alláh se, aur us ke Rasúl
se, aur mare hain behukm.
86 Aur taajjub na kar un ke mál aur aulád
se; yihí cháhtá hai Alláh ki azáb kare un ko,
un chízon se dunyá men, aur nikle un kí ján
jab tak káfir hí rahen.
87 Aur jab názil hotí hai koí súrat, ki yaqín
láo Alláh par, aur laṛáí karo us ke Rasúl ke
sáth hokar, rukhsat mángte hain un ke maqdúr-
wále, aur kahte hain, Ham ko chhoṛ de, rah
jáwen sáth baiṭhnewálon ke.
88 Khush áyá unhen ki rah jáwen we sáth
pichhlí auraton ke, aur muhr húí hai un ke dil
par, so un ko bújh nahín.
89 Lekin Rasúl, aur jo ímán láe hain sáth us
ke, laṛte hain apne mál aur ján se, aur unhín ko
hain khúbíán, aur wuhí pahunche murád ko.
90 Taiyár rakhe hain Alláh ne un ke wáste
bág, bahtí hain níche un ke nahren, rahá karen
un men, yihí hai baṛí murád milní.
(12 *R.*) 91 Aur áe baháne karte ganwár,
tá rukhsat mile un ko, aur baiṭh rahe jo jhú-
ṭhe húe Alláh se, aur Rasúl se; ab pahunchegí
un ko un men jo munkir húe dukh kí már.
92 Zaífon par taklíf nahín, aur na marízon
par, na un par jin ko paidá nahín jo kharch
karen, jab dil sáf hon Alláh aur Rasúl ke sáth,
nahín nekíwálon par ilzám kí ráh, aur Alláh
bakhshnewálá mihrbán hai.
93 Aur na un par ki jab tere pás áe tá un
ko sawárí de, tú ne kahá, Nahín pátá hún wuh
chíz ki us par tum ko sawár karún; ulṭe phere,

aur un kí ánkhon̲ se bahte hain̲ ánsú is gam
se, ki nahín̲ páte jo ḳharch karen̲.
94 Ráh ilzám kí un par hai jo ruḳhsat máng-
te hain̲ tujh se, aur máldár hain̲, ḳhush lagá
unhen̲ ki rah jáwen̲ pichhlí auraton̲ ke sáth,
aur muhr kí hai Alláh ne un ke dil par, so we
nahín̲ jánte.

GYARAHWAN SIPARA.

95
Baháne láwenge tumháre pás jab phir jáoge
un kí taraf; tú kah, Baháne mat banáo, ham
hargiz yaqín na karenge tumhárá, ham ko
batá chuká hai Alláh tumháre ahwál, aur
abhí dekhegá Alláh tumháre kám, aur us ká
Rasúl; pher jáoge us jánnewále chhipe aur
khule kí taraf, so wuh batá degá tum ko jo
kar rahe the.
96 Ab qasamen̲ kháwenge Alláh kí tum-
háre pás, jab phir kar jáoge un kí taraf, tá un
se dar guzar karo; so dar guzar karo un se,
we log nápák hain̲, aur un ká ṭhikáná dozaḳh
badlá un kí kamái ká.
97 Qasamen̲ kháwenge tumháre pás, ki
tum un se rází ho jáo; so agar tum un se rází
hoge, to Alláh rází nahín̲ behukm logon̲ se.
98 We ganwár saḳht munkir aur munáfiq
hain̲, aur isí láiq ki na síkhen̲ qáide jo názil
kiye Alláh ne apne Rasúl par, aur Alláh sab
jántá hai hikmatwálá.
99 Aur baze ganwár we hain̲ ki ṭhahráte
hain̲ apná ḳharch karná chaṭṭí, aur tákte hain̲
tum par zamáne kí gardishen̲; unhín̲ par paṛí
gardish burí, aur Alláh sab suntá hai jántá.
100 Aur baze ganwár jo ímán láe Alláh par,
aur pichhle din par, aur ṭhahráte hain̲ apná
ḳharch karná nazdík honá Alláh se, aur duá
lení Rasúl kí, suntá hai wuh un ke haqq men̲

nazdíkí ká sabab hai, dákhil karne par hai un
ko Alláh apní mihr meṇ; beshakk Alláh
bakhshnewálá mihrbán hai.

(13 R.) 101 Aur jo log qadím haiṇ pahle
watan chhoṛnewále, aur madad karnewále,
aur jo un ke píchhe áe nekí se, Alláh rází húá
un se, aur we rází búe us se, aur rakhe haiṇ
un ke wáste bág, níche bahtí nahreṇ, rahá
kareṇ un meṇ hamesha, yihí hai baṛí murád
milní.

102 Aur baze tumháre gird ke gaṇwár mu-
náfiq haiṇ, aur baze Madínewále aṛ rahe haiṇ
nifáq par, tú un ko nahíṇ jántá, ham ko malúm
haiṇ, un ko ham azáb karenge do bár, phir
phere jáwenge we baṛe azáb kí taraf.

108 Aur baze auroṇ ne mán liyá apná gunáh
miláyá ek kám nek aur dúsrá bad, sháyad Al-
láh muáf kare un ko, beshakk Alláh bakhsh-
newálá mihrbán hai.

104 Le un ke mál meṇ se zakát ki un ko
pák kare us se, aur tarbiyat aur duá de un ko,
albatta terí duá un ke wáste ásúdagí hai, aur
Alláh sab suntá hai jántá.

105 Kyá ján nahíṇ chuke ki Alláh áp qabúl
kartá hai taubu apne bandoṇ se, aur letá hai
zakáteṇ, aur Alláh hí tauba qabúl karnewálá
mihrbán hai.

106 Aur kah, ki Amal kiye jáo, phir áge
dekhegá Alláh kám tumháre, aur Rasúl us ká,
aur musalmán, aur jald phere jáoge us chhi-
pe aur khule ke wáqif pás, phir wuh jatáwegá
tum ko jo kuchh tum kar rahe the.

107 Aur baze aur log haiṇ ki un ká kám
ḍhíl meṇ hai hukm par Alláh ke, yá un ko
azáb kare, yá un ko muáf kare, aur Alláh sab
jántá hai hikmatwálá.

108 Aur jinhoṉ ne banáí ek masjid zidd par, aur kufr par, aur phúṭ ḍálne ko musalmánoṉ meṉ, aur tháng us shaḳhs kí jo laṛ rahá hai Alláh se, aur Rasúl se, áge ká, aur qasameṉ kháwenge, ki Ham ne to bhaláí hí cháhí thí, aur Alláh gawáh hai ki we jhuṭhe haiṉ.

109 Tú na khaṛá ho us meṉ kabhí; jis masjid kí bunyád dharí parhezgárí par pahle din se, wuh láiq hai, ki tú khaṛá ho us meṉ; us meṉ we mard haiṉ jin ko ḳhushí hai pák rahne kí, aur Alláh cháhtá hai suthráíwáloṉ ko.

110 Bhalá jis ne bunyád dharí apní ịmárat kí parhezgárí par Alláh se, aur razámandí par, wuh bihtar; yá jis ne new rakhí apní ịmárat kí kináre par ek kháí ke, jo ḍhahtá hai, phir us ko lekar ḍhah paṛá dozaḳh kí ág meṉ, aur Alláh ráh nahíṉ batátá beinsáf logoṉ ko.

111 Hamesha rahegá is ịmárat se jo banáí thí shubha un ke dil meṉ, magar jab ṭukṛe ho jáweṉ un ke dil, aur Alláh sab jántá hai hikmatwálá.

(14 *R.*) 112 Alláh ne ḳharíd lí musalmánoṉ se un kí ján aur mál, is qímat par, ki un ke liye bihisht hai, laṛte haiṉ Alláh kí ráh meṉ, phir márte haiṉ aur marte haiṉ, wạda ho chuká us ke zimme par sachchá Taurát, aur Injíl, aur Qurán meṉ, aur kaun hai qaul ká púrá Alláh se ziyáda? so ḳhushíáṉ karo is muạmle par, jo tum ne kí hai us se, aur yihí hai baṛí murád milní.

113 Tauba karnewále, bandagí karnewále, shukr karnewále, betaạlluq rahnewále, rukú karnewále, sijda karnewále, hukm karnewále nek bát ko, aur manạ karnewále burí bát se, aur thámnewále haddeṉ bándhí húíṉ Alláh kí, aur ḳhushḳhabarí suná ímánwáloṉ ko.

114 Nabíṉ pahunchtá Nabí ko, aur musalmánoṉ ko, ki bakhshish mángeṉ mushrikoṉ kí, aur agarchi we hoṉ nátewále, jab khul chuká un par, ki we haiṉ dozakhwále.

115 Aur bakhshish mángná Ibráhím ká apne báp ke wáste, so na thá magar waḍe ke sabab, ki waḍa kar chuká thá us se, phir jab us par khulá ki wuh dushman hai Alláh ká, us se bezár húá; Ibráhím baṛá narm dil hai tahammulwálá.

116 Aur Alláh aisá nahíṉ ki gumráh kare kisí qaum ko, jab un ko ráh par lá chuká, jab tak khol na de un par jis se un ko bachná; Alláh sab chíz se wáqif hai.

117 Alláh jo hai usí kí saltanat hai ásmán o zamín meṉ, jilátá hai, aur mártá hai, aur tum ko koí nahíṉ Alláh ke siwá himáyatí, na madadgár.

118 Alláh mihrbán húá Nabí par, aur muhájirín, aur ansár par, jo sáth rahe Nabí ke mushkil kí ghaṛí meṉ, baḍ us ke ki qaríb húe ki dil phir jáweṉ baẓoṉ ke un meṉ se, phir mihrbán húá un par, wuh un par mihrbán hai rahm karnewálá.

119 Aur un tín shakhs par jin ko píchhe rakhá thá, yaháṉ tak ki jab tang húí un par zamín sáth is ke ki kusháda hai, aur tang húí un par apní ján, aur aṭkale ki koí panáh nahíṉ Alláh se, magar usí kí taraf; phir mihrbán húá un par ki wuh phir áweṉ; Alláh hí hai mihrbán rahmwálá.

(15 *R.*) 120 Ai ímánwálo, ḍarte raho Alláh se, aur raho sáth sachchoṉ ke.

121 Na cháhiye Madínewáloṉ ko, aur jo un ke gird gaṉwár haiṉ, ki rah jáweṉ Rasúl Alláh ke sáth se, aur na yih ki apní ján chá-

hen ziyáda us kí ján se, yih is wáste ki na kahín piyás khainchte hain, aur na mihnat, na bhúkh Alláh kí ráh men, aur na páon pherte hain kahín jis se khafá hon káfir, aur na chhínte hain dushman se kuchh chíz magar likhá játá hai us par un ko nek amal; tahqíq Alláh nahín khotá haqq nekíwálon ká.

122 Aur na kharch karte hain kuchh kharch chhotá yá bará, aur na kátte hain koí maidán, magar likhte hain un ke wáste ki badlá de un ko Alláh bihtar kám ká, jo karte the.

123 Aur aise to nahín musalmán ke sáre kúch men niklen, so kyún na nikle har firqe men se un ke ek hissa, tá samajh paidá karen dín men, aur tá khabar pahuncháwen apní qaum ko, jab pher áwen un kí taraf, sháyad we bachte rahen.

RUBA. (16 *R.*) 124 Ai ímánwálo, larte jáo apne nazdík ke káfiron se, aur cháhiye un par malúm ho tumháre bích men sakhtí, aur jáno ki Alláh sáth hai darwálon ke.

125 Aur jab názil húí ek súra, to baze un men kahte hain, Kis ko tum men ziyáda kiyá is súra ne ímán ? So jo log yaqín rakhte hain un ko ziyáda kiyá ímán, aur we khushwaqtí karte hain.

126 Aur jin ke dil men ázár hai, so un ko barháí gandagí par gandagí, aur we mare jab tak káfir rahe.

127 Yih nahín dekhte ki we ázmáne men áte hain har baras ek bár, yá do bár, phir tauba nahín karte, aur na nasíhat pakarte hain.

128 Aur jab názil húí ek súra, dekhne lage ek dúsre kí taraf, ki koí bhí dekhtá hai tum ko, phir chale gae, phir diye hain Alláh ne

dil un ke is wáste ki we log hain ki samajh nahín rakhte.

129 Kyá hai tum pás rasúl tum men ká, bhárí hotí hain us par, jo tum taklíf páo; talásh rakhtá hai tumhárí ímánwálon par, shafaqat rakhtá hai mihrbán.

130 Phir agar we jáwen to tú kah, Bas hai mujh ko Alláh, kisí kí bandagí nahín siwáe us ke, usí par main ne bharosá kiyá, aur wuhí hai sáhib bare takht ká.

SURA I YUNAS.

Makkí hai; 109 *Áyat kí.*

BISMI-LÁ HI-R-RAHMÁNI-R-RAHÍM.

(1 *R.*) 1 A. L. R. Ye áyaten hain pakkí kitáb kí.

2 Kyá logon ko tajjub húá, ki hukm bhejá ham ne ek mard ko un men se, ki dar suná logon ko, aur khushkhabarí suná de, jo koí yaqín láwen, ki un ko hai páyá sachchá apne Rabb ke yahán. Kahne lage munkir, Beshakk yih jádúgar hai saríh.

3 Tumhárá Rabb Alláh hai, jin ne banáye ásmán o zamín chha din men; phir qáim húá arsh par; tadbír kartá kám kí; koí sifárish na kar sake magar jo pahle us ká hukm ho; wuh Alláh hai Rabb tumhárá, so us ko pújo; kyá tum dhiyán nahín karte?

4 Us kí taraf phir jáná tum sab ko; wada hai Alláh ká sachchá; wuhí baná we pahle, phir us ko dhiráwegá, tá badlá de un ko, jo yaqín láe the, aur kiye the kám nek insáf se;

aur jo munkir húe, un ko píná hai khaultá pání
aur dukh kí már, is par ki munkir hote the.
5 Wuhí hai, jin ne banáyá súraj aur chánd
ko ujálá, aur ṭhaharáín us ko manzilen to pah-
cháno gintí barson kí, aur hisáb, yún nahín
banáyá Alláh ne yih sab, magar tadbír se
kholtá hai pate ek logon par, jin ko samajh hai.
6 Albatta badalne men rát aur din ke; aur
jo banáyá Alláh ne ásmán o zamín men, pate
hain ek logon ko, jo ḍar rakhte hain.
7 Jo ummed nahín rakhte hamáre milne kí,
aur rází húe dunyá kí zindagí par, aur usí par
chain pakṛá, aur jo hamárí qudraton se ḳhabar
nahín rakhte.
8 Aison ká ṭhikána hai ág badalá us ká jo
kamáte the.
9 Jo log yaqín láe aur kiyá unhon ne nek
kám, ráh degá un ko Rabb un ká un ke ímán
se, bahtí hain un ke níche nahren bágon men
árám ke.
10 Un kí duạ́ us jagah yih, ki pák zát hai
terí, yá Alláh, aur muláqát un kí salám.
11 Aur tamám un kí duạ́ is par, ki Sab
ḳhúbí Alláh ko, jo Sáhib sáre jahán ká.
(2 *R.*) 12 Aur agar shitáb láwe Alláh logon
par burái jaise shitáb mángte hain bhalái, to
púrí kar chuke un kí umr, so ham chhoṛ
rakhte hain, jin ko ummed nahín hamárí
muláqát kí, un kí sharárat men bahakte.
13 Aur jab pahunche insán ko taklíf, ham
ko pukáre paṛá húá, yá baiṭhá, yá khaṛá, phir
jab ham ne khol dí us se wuh taklíf chalá gayá,
goyá kabhí na pukárá thá ham ko kisí taklíf
ke pahunchte; isí tarah ban áyá hai beliház
logon ko, jo kuchh kar rahe hain.

X

14 Aur ham khapá chuke hain we sangaten tum se pahle jab zálim ho gae, aur láe the un pás rasúl un ke khulí nishániáṉ, aur hargiz na the ímán lánewále; yúṉ hí sazá dete hain ham qaum gunahgár ko.

15 Phir tum ko ham ne náib kiyá zamín meṉ un ke baḍ, ki dekheṉ tum kyá karte ho.

16 Aur jab paṛhiye un pás áyateṉ hamárí, sáf kahte hain jin ko ummed nahíṉ ham se muláqát kí, Le á koí aur Qurán is ke siwá, yá is ko badal ḍál; tú kah, Merá kám nahíṉ ki us ko badlúṉ apní taraf se; main tábi húṉ usí ká, jo hukm áwe merí taraf; main ḍartá húṉ, agar behukmí karúṉ apne Rabb kí, baṛe din kí már se.

17 Tú kah, Agar Alláh cháhtá, to main na paṛhtá yih tumháre pás, aur na tum ko khabar kartá us kí, kyúṉki main rah chuká húṉ tum meṉ ek umr is se pahle; kyá phir tum nahíṉ bújhte?

18 Phir kaun zálim us se, jo banáwe Alláh par jhúṭh, yá jhuṭhláwe us kí áyateṉ? beshakk bhalá nahíṉ hotá gunahgároṉ ká.

19 Aur púјte hain Alláh se níche jo chíz na burá kare un ká, na bhalá, aur kahte hain, Ye hamáre sifárishí hain Alláh ke pás; tú kah, Tum Alláh ko chitáte ho, jo us ko malúm nahíṉ kahíṉ ásmánoṉ meṉ, na zamín meṉ. Wuh pák hai, aur bahut dúr hai us se, jis se sharík karte hain.

20 Aur log jo hain, so ek hí ummat hain; píchhe judá judá húe. Aur agar na ek bát áge ho chuktí tere Rabb kí, to faisala ho játá un meṉ, jis bát meṉ phúṭ rahe hain.

21 Aur kahte hain, Kyúṉ na utrí us par ek nishání us ke Rabb se? so tú kah, Chhipí bát

Allah hí jáne; so ráh dekho; main tumháre sáth hún ráh dekhtá.

(3 *R.*) 22 Aur jab chakháwen ham logon ko mazá apní mihr ká bad ek taklíf ke, jo un ko lagí thí, usí waqt banáne lagen híle hamárí qudraton men; tú kah, Alláh sab se jald baná saktá hai híle; tahqíq hamáre firishte likhte hain híle banáne tumháre.

23 Wuhí tum ko pherátá hai jangal aur daryá men, yahán tak, ki jab tum húe kishtí men, aur lekar chalíán logon ko achchhí báo se, aur khush húe us se, áí un par báo jhoke kí, aur áí un par lahar har jagah se, aur aṭkalá unhon ne, ki we ghir gae us men, Pukárne lage Alláh ko nire hokar us kí bandagí men, agar tú bacháwe ham ko is se, to beshakk ham rahen shukrguzár.

24 Phir jab bachá diyá un ko Alláh ne, usí waqt sharárat karne lage zamín men náhaqq kí: suno, logo, tumhárí sharárat hai tumhín par, barat lo dunyá ke jíte, phir hamáre pás hai tum ko phir áná, phir ham jatá denge jo kuchh ki tum karte the.

25 Dunyá ká jíná wuhí kaháwat hai, jaise ham ne pání utárá ásmán se, phir ek mel niklá us men se sabza zamín ká, jo kháwen ádmí aur jánwar, yahán tak ki jab pakṛí zamín ne chamak, aur singár par áí, aur aṭkalá zamínwálon ne, ki yih hamáre háth lage, pahunchá us par hamárá hukm rát ko yá din ko, phir kar ḍálá us ko káṭ kar ḍher, goyá kal ko yahán na thí bastí; isí tarah ham kholte hain pate un logon pás, jin ko dhiyán hai.

26 Aur Alláh bulátá hai salámatí ke ghar kí taraf, aur dikhátá hai, jis ko cháhe ráh sídhí.

27 Jinhon ne kí bhaláí, un ko hai bhaláí

aur baṛhtí, aur na chaṛhegí un ke muṉh par siyáhí, aur na ruswáí; we haiṉ jannatwále, we us meṉ rahá kareṉge.

28 Aur jinhoṉ ne kamáí buráíṉ badlá buráí ká us ke barábar, aur un par chaṛhegí ruswáí; koí nahíṉ un ko Alláh se bachánewálá, jaise ḍhánk diyá hai un ke muṉh par ek andherá ṭukṛa rát ká, we haiṉ ágwále, we us meṉ rahá kareṉge.

29 Aur jis din jamạ kareṉge ham un sab ko, phir kaheṉge sharíkwáloṉ ko Khaṛe ho apní apní jagah tum aur tumháre sharík, phir toṛáweṉge ápas meṉ un ko, aur kaheṉge un ke sharík, Tum hamárí to bandagí na karte the.

30 So Alláh bas hai sháhid hamáre tumháre bích meṉ; ham tumhárí bandagí kí ḳhabar nahíṉ rakhte.

31 Waháṉ jánch legá har koí, jo áge bhejá, aur rujụ́ honge Alláh kí taraf, jo sachchá Sáhib hai un ká, aur gum ho jáegá un pás se, jo jhúṭh bándhte the.

NISF. (4 *R.*) 32 Tú púchh, ki Kaun rozí detá hai tum ko ásmán se, aur zamín se, yá kaun Málik hai kán aur ánkhoṉ ká, aur kaun nikáltá hai jítá murde se, aur nikáltá murda jíte se, aur kaun tadbír kartá hai kám kí? so kaheṉge, ki Alláh, Tú kah, ki Phir tum ḍarte nahíṉ?

33 So yih Alláh hai Rabb tumhárá sachchá; phir kyá rahá sach píchhe magar bhaṭakná, so kaháṉ phire játe ho?

34 Isí tarah ṭhík áí bát tere Rabb kí un be-hukmoṉ par, ki yih yaqín na láweṉge.

35 Púchh, Koí hai tumháre sharíkoṉ meṉ, jo pahle banáwe, phir us ko dhiráwe? tú kah, Alláh pahle banátá hai, phir us ko dhiráwegá; so kaháṉ se ulaṭ játe ho?

36 Púchh, Koí hai tumhárá sharíkon men, jo ráh batáwe sahíh? Tú kah, Alláh ráh batátá hai sahíh; ab jo koí ráh batáwe sahíh, us ko cháhiye mánná, yá jo áp na páwe ráh, magar jab koí batáwe; to kyá húá hai tum ko? Kaisá insáf karte ho?

37 Aur we aksar chalte hain aṭkal par so aṭkal kám nahín kartí sahíh bát men kuchh; Alláh ko malúm hai, jo kám karte hain.

38 Aur wuh nahín yih Qurán, ki koí baná le Alláh ke siwáe, walekin sachchá kartá hai agle kalám ko, aur bayán Kitáb ká, jis men shubha nahín, jahán ke Sáhib se.

39 Kyá log kahte hain, yih baná láyá? Tú kah, Tum le áo ek súrat aisí, aur pukáro jis ko pukár sako Alláh ke siwáe, agar tum sachche ho.

40 Koí nahín jhuṭhláne lage hain, jis ke samajhne par qábú na páyá, aur abhí áí nahín us kí haqíqat. Yún hi jhuṭhláte rahe un se agle; so dekh le, kaisá húá ákhir gunahgáron ká.

41 Aur koí un men yaqín karegá us ko, aur koí yaqín na karegá. Aur tere Rabb ko khúb malúm hain sharáratwále.

(5 *R.*) 42 Aur agar tujh ko jhúṭhláwen, tú kah, Mujh ko merá kám karná, aur tum ko tumhárá kám; tum par zimma nahín mere kám ká, aur mujh par zimma nahín jo tum karte ho.

43 Aur baze un men kán rakhte hain terí taraf; kyá tú sunáwegá bahron ko, agarchi we bújh na rakhte hon?

44 Aur baze un men nigáh karte hain terí taraf; kyá tú ráh dikháwegá andhon ko, agarchi we sújh na rakhte hon?

45 Alláh zulm nahín kartá logon par kuchh, lekin log apne par áp zulm karte hain.

46 Aur jis din un ko jama karegá, goyá na
rahe the magar koí gharí din ápas men pah-
chánenge; be-shakk kharáb húe jinhon ne
jhuthláyá Alláh ká milná, aur na áe ráh par.
47 Aur agar ham dikháwenge tujh ko koí
un wadon men se, jo dete hain un ko, yá púrí
kar denge terí umr, so hamárí taraf hai un ko
phir áná; phir Alláh sháhid hai un kámon par,
jo karte hain.
48 Aur har firqe ká ek rasúl hai; phir jab
pahunchá un par rasúl un ká, faisala húá un
men insáf se, aur un par zulm nahín hotá.
49 Aur kahte hain, Kab hai yih wada, agar
tum sachche ho?
50 Tú kah, Main málik nahín apne wáste
bure ká, na bhale ká, magar jo cháhe Alláh;
har firqe ká ek wada hai, jab pahunchá un ká
wada, phir na dhíl karen ek gharí, na jaldí.
51 Tú kah, Bhalá, dekho to, agar á pahun-
chá tum par us ká azáb ráton rát yá din ko,
kyá kar lenge us se pahle gunahgár?
52 Kyá phir jab par chukegá, tab yaqín ka-
roge us ko? Ab qáil húe, aur tum the us kí
jaldí karte.
53 Phir kahenge gunahgáron ko, Chakho
azáb hameshagí ká, wuhí badlá páte ho, jo
kuchh kamáte the.
54 Aur tujh se khabar lete hain, Kyá sach
hai yih bát? Tú kah, Albatta qasam mere
Rabb kí, yih sach hai, aur tum thaká na sakoge.
(6 *R.*) 55 Aur agar ho har shakhs gunah-
gár pás jitná kuchh hai zamín men, albatta
de dále apní chhurwáí men; aur chhipe chhipe
pachtáwenge jab dekhenge azáb, aur un men
faisala hogá insáf se; aur un par zulm na hogá.
56 Sun rakho, Alláh ká hai jo kuchh hai

ásmán o zamín men; sun rakho, wada Alláh
ká sach hai; par bahut log nahín jánte.
57 Wuhí jilátá hai, aur máregá, aur usí kí
taraf phir jáoge.
58 Logo, tum ko áí hai nasíhat tumháre
Rabb se, aur changí karne ko jíon ke rog, aur
ráh sujháne aur mihrbání yaqín lánewálon ko.
59 Kah, Alláh ke fazl se aur us kí mihr se,
so is hí par cháhiye khushí karen, yih bihtar
hai un chízon se, jo samette hain.
60 Tú kah, Bhalá, dekho to, Alláh ne jo
utárí tumháre wáste rozí, phir tum ne thahrá
lí us men se koí harám, aur koí halál. Kah,
Alláh ne hukm diyá tum ko, yá Alláh par
jhuth bándhte ho.
61 Aur kyá atkale hain jhúth bándhnewále
Alláh par qiyámat ke din ko? Alláh to fazl
rakhtá hai logon par, walekin bahut log haqq
nahín mánte.
(7 *R.*) 62 Aur nahín hotá to kisí hál men,
aur na parhtá hai us men se kuchh Qurán, aur
nahín karte ho tum log kuchh kám, ki ham
nahín hote házir tum pás, jab lagte ho us men,
aur gáib nahín rahtá tere Rabb se ek zarra
bhar zamín men, na ásmán men, aur na chho-
tá us se aur na bará, jo nahín hai khulí kitáb
men.
63 Sun rakho, jo log Alláh kí taraf hain,
na dar hai un par, na we gam kháwen.
64 Jo log yaqín láe aur rahe parhez karte,
65 Un ko hai khush-khabarí dunyá ke jíte
aur ákhirat men; badaltín nahín Alláh kí bá-
ten; yihí hai barí murád milní.
66 Aur na gam khá un kí bát se; asl sab zor
Alláh ko hai, wuhí hai suntá jántá.
67 Suntá hai, Alláh ká hai jo koí hai ásmánon

men, aur jo koí hai zamín men ; aur ye, jo píchhe paṛe hain, sharík pukárnewále Alláh ke siwáe, kuchh nahín magar píchhe paṛe hain khiyál ke, aur kuchh nahín magar aṭkale dauráte.

68 Wuhí hai, jis ne baná dí tum ko rát, ki chain pakaṛo us men ; aur din diyá dikhánewálá, us men nishánián hain un logon ko, jo sunte hain.

69 Kahte hain, Alláh ne koí beṭá ṭhahrá liyá, wuh pák hai ; wuh be niyáz hai ; usí ká hai jo kuchh hai ásmánon men aur zamín men ; nahín tum pás kuchh sanad us kí ; kyún jhuṭh kahte ho Alláh par, jo bát nahín jánte.

70 Kah jo log bándhte hain Alláh par jhuṭh, bhalái nahín páte.

71 Thoṛá sá barat lená dunyá men, phir hamárí taraf hai un ko phir áná, phir chakháwenge ham un ko saḵẖt azáb, is par ki we munkir hote the.

SULS. (8 R.) 72 Aur suná un ko ahwál Núh ká, jab kahá apne qaum ko, Ai qaum, agar bhárí húá hai tum par merá khaṛá honá aur samjháná Alláh kí báton se, to main ne Alláh par bharosá kiyá ; ab tum sab milkar muqarrar karo apná kám, aur jama karo apne sharík ; phir na rahe tum ko apne kám men shubha, phir kar chuko merí taraf, aur mujh ko fursat na do.

73 Phir agar haṭ jáoge, to main ne nahín cháhí tum se mazdúrí ; merí mazdúrí hai Alláh par ; aur mujh ko hukm hai, ki rahún hukmbardár.

74 Phir us ko jhuṭhláyá, phir ham ne bachá diyá us ko, aur jo us ke sáth the kishtí men, aur un ko qáim kiyá jagah par, aur ḍubá diyá

jo jhuṭhláte the hamárí báteṇ; so dekh, kaisí húí áqibat un kí, jin ko ḍaráyá thá.

75 Phir bheje ham ne us ke píchhe kitte rasúl un kí qaum kí taraf, phir láe un pás khulí nishániáṇ, so hargiz na húe ki yaqín láweṇ, jo bát jhuṭhlá chuke pahle se; isí tarah ham muhr karte haiṇ diloṇ par ziyádatíwáloṇ ke.

76 Phir bhejá ham ne un ke píchhe Músá aur Hárún ko Firaun aur us ke sardároṇ pás apní nishániáṇ dekar; phir takabbur karne lage; aur we the log gunahgár.

77 Jab pahunchí un ko tahqíq bát hamáre pás se; kahne lage, Yih to hai jádú saríh.

78 Kahá Músá ne, Tum yih kahte ho tahqíq bát ko, jab wub pahunhchí tum pás, kyá jádú hai yih? aur chhuṭkárá nahíṇ páte jádú karne-wále.

79 Bole, Kyá tú áyá hai, ki ham ko pher de is ráh se, jis par páyá ham ne apne báp dádoṇ ko? aur tum donoṇ kí sardárí ho is mulk meṇ, aur ham nahíṇ tum ko mánnewále.

80 Aur bolá Firaun, ki Láo mere pás jo jádú-gar ho paṛhá. Phir jab áe jádúgar, kahá un ko Músá ne, Ḍálo jo tum ḍálte ho.

81 Jab unhoṇ ne ḍálá, Músá bolá, ki jo tum láe ho so jádú hai. Ab Alláh us ko bigáṛtá hai; Alláh nahíṇ saṇwártá sharíroṇ ke kám.

82 Aur Alláh sachchá kartá hai sach ko, apne hukm se, aur paṛe burá máneṇ gunahgár.

(9 R.) 83 Phir kisí ne na máná Músá ko, magar kitte laṛkoṇ ne us kí qaum se darte húe Firaun se, aur un ke sardároṇ se, ki un ko bichlá na de, aur Firaun chaṛh rahá hai mulk meṇ, aur us ne háth chhoṛ rakhá hai.

84 Aur kahá Músá ne, Ai qaum, jo tum yaqín

láe ho Alláh par, to usí par bharosá karo, agar ho tum hukmbardár.

85 Tab bole, Ham ne Alláh par bharosá kiyá; ai Rabb hamáre, na ázmá ham par zor is zálim qaum ká.

86 Aur chhuṛá ham ko apní mihr kar is munkir qaum se.

87 Aur hukm bhejá ham ne Músá ko, aur us ke bhái ko, ki Ṭhahráo apní qaum ke wáste Misr meṉ se ghar, aur banáo apne ghar qible kí taraf, aur qáim karo namáz, aur ḳhush ḳahbarí de ímánwáloṉ ko.

88 Aur kahá Músá ne, Ai Rabb hamáre, tú ne dí hai Firaun ko, aur us ke sardároṉ ko, raunaq aur mál dunyá kí zindagí meṉ, ai Rabb, is wáste ki bahkáweṉ terí ráh se; ai Rabb, miṭá de un ke mál, aur saḳht kar un ke dil ko, ki na ímán láweṉ jab tak dekheṉ dukh kí már.

89 Farmáyá, Qabúl ho chukí duá tumhárí; so tum donoṉ sábit raho, aur mat chalo ráh un kí, jo anján haiṉ.

90 Aur pár kiyá ham ne baní Isráíl ko daryá se, phir píchhe paṛá un ke Firaun aur us ká lashkar sharárat se, aur ziyádatí se, jab tak ki pahunchá us par ḍubá; kahá, Yaqín jáná maiṉ ne, ki koí mabúd nahín, magar jis par yaqín láe Baní Isráíl; aur maiṉ húṉ hukmbardároṉ meṉ.

91 Ab yih kahne lagá, aur tú behukm rahá pahle, aur rahá bigáṛwáloṉ meṉ.

92 So áj bacháwenge ham tujh ko tere badan se, to howe tú apne pichhloṉ ko nishání, aur albatta bahut log hamárí qudratoṉ par dhiyán nahíṉ karte.

(10 *R.*) 93 Aur jagah dí ham ne Baní Isráíl ko púrí jagah dení, aur kháne ko díṉ suthrí

chízen, so wuh phúṭe nahíṇ jab tak á chukí un
ko k̲habar ; ab terá Rabb un meṇ faisala kare-
gá qiyámat ke din, jis bát meṇ we phúṭ rahe
the.

94 So agar tú hai shakk meṇ us chíz se, jo
utárí ham ne terí taraf, to púchh un se, jo
paṛhte haiṇ kitáb tujh se áge ; beshakk áyá hai
tujh ko haqq tere Rabb kí taraf se ; so tú mat
ho shubha lánewálá.

95 Aur mat ho un meṇ jinhoṇ ne jhuṭhláíṇ
báteṇ Alláh kí, phir tú bhí howe k̲haráb
honewálá.

96 Jin par ṭhík áí bát tere Rabb kí, we na
mánenge.

97 Agarchi bhejíṇ un ko sárí nishániáṇ, jab
tak na dekheṇ dukh kí már.

98 So na húí koí bastí, ki yaqín látí ; phir
k̲ám átá un ko yaqín láná, magar Yúnas kí
qaum, jab wuh yaqín láí, khol diyá ham ne un
par se zillat ká azáb dunyá ke jíte, aur kám
chaláyá un ká ek waqt tak.

99 Aur agar terá Rabb cháhtá, yaqín hí láte
jitne log zamín meṇ haiṇ sáre tamám ; ab kyá
tú zor karegá logoṇ par, ki ho jáweṇ bá ímán ?

100 Aur kisí jí ko nahíṇ miltá, ki yaqín láwe,
magar Alláh ke hukm se ; aur wuh ḍáltá hai
gandagí un par, jo nahíṇ bújhte.

101 Tú kah, Dekho to, kyá kuchh hai
ásmánoṇ meṇ aur zamín meṇ, aur kuchh kám
nahíṇ átíṇ nishániáṇ, aur ḍaráte un logoṇ ko,
jo nahíṇ mánte ?

102 So ab kuchh ráh dekhte haiṇ magar un-
híṇ ke se din, jo ho chuke haiṇ un se pahle ;
Tú kah, Ab ráh dekho, maiṇ bhí tumháre sáth
ráh dekhtá húṇ.

103 Phir ham bachá dete haiṇ apne rasúloṇ

ko, aur jo ímán láe; isí tarah zimma hai hamárá, bacháwenge ímánwálon ko.

(11 *R.*) 104 Tú kah, Logo, agar tum shakk menho mere dín se, to main nahín pújtá jin ko tum pújte ho Alláh ke siwáe, lekin main pújtá hún Alláh ko, jo tum ko khínch letá hai; aur mujh ko hukm hai, ki rahún ímánwálon men.

105 Aur yih ki sídhá kar munh apná dín par haníf hokar, aur mat ho sharíkwálon men.

106 Aur mat pukár Alláh ke siwáe aise ko, ki na bhalá kare terá, na burá; phir agar tú ne yih kiyá, to tú bhí is waqt hai gunahgáron men.

107 Aur agar pahuncháwe tujh ko Alláh kuchh taklíf, to koí nahín us ko kholnewálá us ke siwáe; aur agar cháhe tujh par kuchh bhaláí, to koí phernewálá nahín us ke fazl ko; pahuncháwe wuh jis par cháhe apne bandon men, aur wuhí hai bakhshnewálá mihrbán.

108 Tú kah, Logo, á chuká haqq tum ko tumháre Rabb se; ab jo koí ráh par áwe, so ráh pátá hai apne bhale ko, aur jo koí bhúlá phire, so bhúlá phiregá apne bure ko, aur main tum par nahín hún mukhtár.

109 Aur tú chal usí par, jo hukm pahunche terí taraf, aur sábit rah jab tak faisala kare Alláh; aur wuh sab se bihtar faisala karnewálá.

SURA I HUD.

Makke men názil húí; 123 *áyat kí hai.*

BISMI-L-LÁHI-R-RAHMÁNI-R-RAHÍM.

(1 *R.*) 1 A. L. R. 2 Kitáb hai ki jánch lí hain báten us kí, phir kholí gaí hain ek hikmatwále khabardár ke pás se.

3 Ki na pújo magar Alláh ko. Maiṉ tum ko usí kí taraf se ḍar sunátá, aur ḳhushḳhabrí pahunchátá húṉ.

4 Aur yih ki gunáh baḳhshwáo apne Rabb se; phir rujú láo us kí taraf; ki baratwáwe tum ko achchhá baratwáná ek wạda muqarrara tak; aur dewe har ziyádatíwáloṉ ko ziyádatí apní. Aur agar tum phir jáoge, to ḍartá húṉ tum par ek baṛe din kí már se.

5 Alláh kí taraf hai tum ko phir jáná, aur wuh har chíz par qádír hai.

6 Suntá hai we dhare karte haiṉ apne síne, ki parda kareṉ us se; suntá hai jis waqt oṛhte haiṉ apne kapre, wuh jántá hai jo chhipáte haiṉ, aur jo kholte haiṉ; wuh to jánnewálá hai jíoṉ kí bát.

BARAHWAN SIPARA. 7 Aur
koí nahíṉ páṉw chalnewálá zamín par magar Alláh par hai us kí rozí, aur jántá hai aur jaháṉ ṭhaharná hai aur jaháṉ sompá jáná hai; sab maujúd hai khulí kitab meṉ.

8 Aur wuhí hai, jis ne banáe ásmán aur zamín chha din meṉ, aur thá taḳht us ká pání par, ki tum ko ázmáwe ki kaun tum meṉ achchhá kartá hai kám; aur agar tú kahe, ki tum uṭhoge marne ke bạd, to albatta káfir kahne lageṉ, yih kuchh nahíṉ magar jádú saríh.

9 Aur agar ham der lagáweṉ un se ạzáb ko ek muddat gintí tak, to kahne lageṉ, Kyá rok rahá hai us ko? suntá hai jis din áwegá un par, na pherá jáwegá un se, aur ulaṭ paṛegá un par, jis par ṭhaṭṭhe karte the.

(2 *R.*) 10 Aur agar ham chakháweṉ ádmí ko apní taraf se mihr, phir chhín le us se, to wuh náummed, ná shukr ho.

11 Aur agar ham chakháweṉ us ko árám
baḍ taklíf ke, jo pahunchí us ko, to kahne
lage, Gayíṉ buráíáṉ mujh se; to wuh ḳhushíáṉ
kareṉ buráíáṉ kartá.
12 Magar jo log sábit haiṉ, aur karte haiṉ
nekíáṉ, un ko baḳhshish hai aur sawáb baṛá.
13 So kaheṉ, Tú chhoṛ baiṭhegá koí chíz,
jo wahí ái terí taraf, aur ḳhafa hogá us se terá
jí is par ki we kahte haiṉ, Kyúṉ na utrá us
par ḳhazána, yá átá us ke sáth firishta? to tú
ḍaránewálá hai, aur Alláh har chíz par zimma
rakhnewálá.
14 Kyá kahte haiṉ, Bándh láyá hai us ko?
tú kah, Tum láo ek das súrateṉ aisí bándh
kar, aur pukáro jis ko pukár sako Alláh ke
siwáe, agar ho tum sachche.
15 Phir agar na adá kareṉ tumhárá kahná,
to ján lo yih utrá hai Alláh kí ḳhabar se, aur
koí hákim nahíṉ siwáe us ke: phir ab tum
hukm mánte ho?
16 Jo koí cháhtá ho dunyá ká jíná aur us
kí raunaq, pher deṉ ham un ko un ke ạmal
usí meṉ, aur un ko us meṉ nuqsán nahíṉ.
17 Wuhí haiṉ, jin ko kuchh nahíṉ pichhle
ghar meṉ siwá ág ke; aur miṭ gayá jo kiyá thá
us jagah, aur ḳharáb húá jo kamáte the.
18 Bhalá ek shaḳhs jo hai nazar átá ráh par
apne Rabb kí, aur pahunchtí hai us ko gawáhí
us se, aur pahle us se kitáb Músá kí ráhwálí
aur mihrbání, wuhí log mánte haiṉ us ko, aur
jo koí munkir ho us se sab firqoṉ meṉ, so ág
hai wạda us ká; so tú mat rah shubhe meṉ us
se; yih tahqíq hai tere Rabb kí taraf se, par
bahut log yaqín nahíṉ rakhte.
19 Aur kaun zálim us se, jo bándhe Alláh
par jhúṭh; we log rúbarú áwenge apne Rabb

ke, aur kahenge, Gawáhíwále yihí hain, jinhon
ne jhúṭh kahá apne Rabb par; sun lo, phiṭkár
hai Alláh kí beinsáf logon par.
20 Jo rokte hain Alláh kí ráh se, aur ḍhúnḍh-
te hain us men kají, aur wuhí hain ákhirat se
munkir.
21 We log nahín thakánewále zamín men
bhág kar, aur nahín un ko Alláh ke siwá himá-
yatí; dúná hai un ke liye azáb; na sakte the
sunne aur na the dekhte.
22 Wuhí hain, jo hár baiṭhe apní ján, aur
gum ho gayá un se, jo jhúṭh bándhte the.
23 Áp hí húá ki ye log ákhirat men yihí hain
sab se kharáb.
24 Albatta jo yaqín láe, aur kín nekíán,
aur ájizí kí apne Rabb kí taraf, we hain jan-
nat ke log, us men rahá karenge.
25 Misál donon firqon kí jaise ek andhá aur
bahrá, aur ek dekhtá aur suntá; kyá barábar
hai donon ká hál? Phir kyá tum dhiyán na-
hín karte.

(3 *R.*) 26 Aur ham ne bhejá Núh ko us kí
qaum kí taraf, ki main tum ko ḍar sunátá hún
kholkar.
27 Ki na púјo siwá Alláh ke; main ḍartá
hún tum par azáb se dukhwále din ke.
28 Phir bole sardár, jo munkir the us kí
qaum ke, Ham dekhte nahín tujh ko magar
ádmí, jaise ham; aur dekhte nahín koí tábi
húá terá, magar jo ham men ních qaum hain
úpar kí aql se; aur ham nahín dekhte tum ko
apne úpar kuchh baṛáí, balki ham ko khiyál
hai ki tum jhúṭhe ho.
29 Bolá, Ai qaum, dekho, to agar main húá
nazar átí ráh par apne Rabb kí, aur us ne dí
mujh ko mihr apne pás se, phir wuh tumhárí

áṉkh se chhipá rakhí; kyá ham lagáweṉ wuh
tum ko, aur tum us se bezár ho?
30 Aur ai qaum, maiṉ nahíṉ mángtá tum se
is par kuchh mál; merí mazdúrí nahíṉ magar
Alláh par, aur maiṉ nahíṉ hánknewálá ímán-
wáloṉ ko; un ko milná hai apne Rabb se;
lekin maiṉ dekhtá húṉ tum log jáhil ho.
31 Aur ai qaum, kaun chhoṛáwe mujh ko
Alláh se, agar un ko hánk dúṉ? kyá tum
dhyáṉ nahíṉ karte?
32 Aur maiṉ nahíṉ kahtá tum ko, ki mere
pás haiṉ khazáne Alláh ke, aur na maiṉ khabar
rakhúṉ ghaib kí, aur na kahúṉ, ki maiṉ firishta
húṉ, aur na kahúngá, ki jo tumhárí áṉkh meṉ
haqír haiṉ na degá un ko Alláh bhaláí; Alláh
bihtar jánnewálá hai us ká, jo un ke jí meṉ
hai; yih kahúṉ to maiṉ beinsáf húṉ.
33 Bole, Ai Núh, tú ham se jhagṛá, aur
bahut jhagaṛ chuká; ab le á jo waḍa detá hai
ham ko, agar tú sachchá hai.
34 Kahá, ki Láwegá to us ko Alláh hí agar
cháhegá, aur tum na thakáoge bhágkar.
35 Aur na kám karegí tum ko merí nasí-
hat, jo maiṉ cháhúṉ tum ko nasíhat karúṉ,
agar Alláh cháhtá hogá, ki tum ko beráh
chaláwe; wuhí hai Rabb tumhárá, aur usí kí
taraf phir jáoge.
36 Kyá kahte haiṉ, baná láyá Qurán ko?
Tu kah, Agar maiṉ baná láyá húṉ, to mujh
par hai merá gunáh, aur merá zimma nahíṉ,
jo tum gunáh karte ho.
(4 *R.*) 37 Aur hukm húá Núh kí taraf, ki
ab ímán na láwegá terí qaum meṉ, magar jo
ímán lá chuká; so gamgín na rah in kámoṉ
par, jo kar rahe haiṉ.

38 Aur baná kishtí rúbarú hamáre, aur hamá-
re hukm se, aur na bol mujh se zálimon̲ ke
wáste; ye albatta ġarq honge.
39 Aur wuh kishtí banátá thá; aur jab guzarte
us par sardár us kí qaum ke, han̲sí karte us
se; bolá, Agar tum han̲ste ho ham se, to ham
han̲ste hain̲ tum se, jaise tum han̲ste ho.
40 Ab áge ján loge ki kis par átá hai ạzáb,
ki ruswá kare us ko, aur utartá hai us par ạzáb
hamesha ká, yahán̲ tak ki jab pahunchá hukm
hamárá, aur josh márá tanúr ne; kahá ham
ne, Lád le us men̲ har qism se joṛá dohrá, aur
apne ghar ke log, magar jis par pahle paṛ chukí
bát, aur jo ímán láyá ho, aur ímán na láe the
us ke sáth magar thoṛe.
41 Aur bolá, Sawár ho us men̲, Alláh ke
nám se hai us ká bahná aur ṭhaharná; tahqíq
merá Rabb hai bakhshnewálá mihrbán.
42 Aur wuh liye bahtí hai un ko lahron̲ men̲
jaise paháṛ, aur pukárá Núh ne apne beṭe ko,
aur wuh ho rahá thá kináre, Ai beṭe, sawár
ho sáth hamáre, aur mat rah sáth munkiron̲ ke.
43 Kahá, Main̲ lag rahúngá kisí paháṛ ko,
bachá legá mujh ko pání se; bolá, Koí bacháne-
wálá nahín̲ áj ke din Alláh ke hukm se, magar
jis par wuh mihr kare; aur bích men̲ á paṛí
donon̲ ke mauj, phir ho gayá wuh ḍúbnewálon̲
men̲.
44 Aur hukm áyá, Ai zamín, nigal já apná
pání, aur ai ásmán, tham já, aur sukhá diyá
pání, aur ho chuká kám, aur kishtí ṭhaharí jú-
dí paháṛ par, aur hukm húá, ki dúr hon̲ qaum
beinsáf.
RUBA. 45 Aur pukárá Núh ne apne Rabb
ko, bolá Ai Rabb, merá beṭá hai mere ghar-

wálon men, aur terá wada sach hai, aur tú sab se bará hákim.

46 Farmáyá, Ai Núh, wuh nahín tere gharwálon men; us ke kám hain nakáre, so mat púchh mujh se jo tujh ko malúm nahín; main nasíhat kartá hún tujh ko, ki na ho jáwe tú jáhilon men.

47 Bolá, Ai Rabb, main panáh letá hún terí is se ki púchhún jo malúm na ho mujh ko, aur agar tú na bakhshe mujh ko aur rahm kare, to main hún kharábíwálon men.

48 Hukm húá, Ai Núh, utar salámatí ke sáth hamárí taraf se, aur barakaton ke sáth tujh par, aur kitne firqon par tere sáthwálon men, aur kitne firqon ko fáida denge; phir pahunchegí un ko hamárí taraf se dukh kí már.

49 Bazí chízen hain gaib kí, ki ham bhejhte hain terí taraf; un ko jántá na thá tú, na terí qaum is se pahle, so tú thahrá rah; albatta ákhir bhalá hai darwálon ká.

(5 *R.*) 50 Aur Ád kí taraf bhejá ham ne Húd ko; bolá, Ai qaum, bandagí karo Alláh kí; koí tumhárá hákim nahín siwá us ke; tum sab jhúth kahte ho.

51 Ai qaum, main tum se nahín mángtá is par mazdúrí; merí mazdúrí us par hai, jis ne mujh ko paidá kiyá, phir kyá tum nahín búj hte?

52 Aur ai qaum, gunáh bakhshwáo apne Rabb se, phir rujú láo us kí taraf, chhor de tum par ásmán kí dháren, aur ziyáda de tum ko zor par zor, aur na phere jáo gunahgár hokar.

53 Bole, Ai Húd, tú ham pás kuchh sanad se nahín áyá, aur ham nahín chhornewále apne thákuron ko tere kahne se, aur ham nahín tujh ko mánnewále.

54 Ham to yihí kahte hain, ki tujh ko jha-

paṭ liyá hai kisí hamáre ṭhákuroṇ ne burí tarah;
bolá, maiṇ gawáh kartá húṇ Alláh ko; aur tum
gawáh raho, ki maiṇ bezár húṇ un se, jin ko
tum sharík karte ho us ke siwá.

55 So badí karo mere haqq meṇ, sab mil-
kar, phir mujh ko fursat na do.

56 Maiṇ ne bharosá kiyá Alláh par, jo
Rabb hai merá aur tumhárá; koí nahíṇ páṇw
dharnewálá magar us ke háth meṇ hai choṭí us
kí; beshakk merá Rabb hai sídhí ráh par.

57 Phir agar phir jáoge, to maiṇ pahunchá
chuká jo mere háth bhejá thá tum ko, aur
qáim maqám tumháre karegá merá Rabb koí
aur log, aur na bigáṛ sakoge kuchh; tahqíq
merá Rabb hai har chíz par nigahbán.

58 Aur jab pahunchá hamárá hukm, bachá
diyá ham ne Húd ko, aur jo yaqín láe the us
ke sáth apní mihr se, aur bacháyá un ko ek
gáṛhí már se.

59 Aur ye the Ád munkir húe apne Rabb
kí bátoṇ se, aur na máná us ke rasúloṇ ko, aur
máná hukm un ká, jo sarkash the mukhálif.

60 Aur píchhe páí is dunyá meṇ phiṭkár,
aur qiyámat ke din; sun lo, Ád munkir húe
apne Rabb se; sun lo, phiṭkár haiṇ Ád ko, jo
qaum thí Húd kí.

(6 R.) 61 Aur Samúd kí taraf bhejá un ká
bhái Sálih; bolá, Ai qaum, bandagí karo Al-
láh kí; koí hákim nahíṇ tumhárá us ke siwá,
usí ne banáyá tum ko zamín se, aur basáyá
tum ko us meṇ; so bakhshwáo us se, aur us
kí taraf áo; tahqíq merá Rabb nazdík hai
qabúl karnewálá.

62 Bole, Ai Sálih, tujh par ham ko ummed
thí us se pahle; kyá tú ham ko mana kartá hai,
ki pújeṇ jin ko pújte rahe hamáre báp dáde?

aur ham ko to shubha hai is meṉ jis taraf tú
bulátá hai, aisá ki dil nahíṉ thahartá.

63 Bolá, Ai qaum, bhalá dekho to, agar
mujh ko sújh mil gaí apne Rabb se, aur us ne
mujh ko dí mihr apní taraf se, phir kaun merí
madad kare Alláh ke sámhne, agar us kí be-
hukmí karúṉ ? so tum kuchh nahíṉ barháte
merá siwá nuqsán ke.

64 Aur ai qaum, yih úṉṭní hai Alláh kí tum
ko nishání, so chhor do is ko, kháti phire Alláh
kí zamín meṉ, aur na chhero us ko burí tarah,
to pakṟegá tum ko azáb nazdík ká.

65 Phir us ke páṉw káṭe, tab kahá, Barat lo
apne gharoṉ meṉ tín din ; yih waḍa jhúṭhá na
hogá.

66 Phir jab pahunchá hukm hamárá, bachá
diyá ham ne Sálih ko, aur jo yaqín láe us ke
sáth apní mihr kar kar, aur us din kí ruswáí se ;
tahqíq terá Rabb wuhí hai zoráwar zabardast.

67 Aur pakṟá un zálimoṉ ko chinghár ne, phir
subh ko rah gae apne gharoṉ meṉ aundhe paṟe,

68 Jaise kabhí rahe na the us meṉ ; sun lo,
Samúd munkir húe apne Rabb se ; sun lo,
phiṭkár hai Samúd ko.

(7 R.) 69 Aur á chuke haiṉ hamáre bheje
Ibráhím pás khushkhabarí lekar ; bole, Sa-
lám ; wuh bolá, Salám hai ; phir der na kí ki
le áyá ek bachhṟá talá húá.

70 Phir jab dekhá un ke háth nahíṉ áte
kháne par, úparí samajhá, aur dil meṉ un se
ḍará ; we bole, Mat ḍar, ham bheje áe haiṉ
taraf qaum i Lút kí.

71 Aur us kí aurat kharí thí, wuh haṉs paṟí ;
phir ham ne khushkhabarí dí us ko Isháq kí,
aur Isháq ke píchhe Yaqúb kí.

72 Bolí, Ai kharábí ; kyá maiṉ janúṉgí, aur

main burhiyá húṇ, aur yih khárwind merá hai
búrhá ? yih to ek ajab chíz hai.

73 We bole, Kyá tajjub kartí hai Alláh ke
hukm se ? Alláh kí mihr hai aur barakateṇ tum
par ; ai gharwálo, wuh hai saráhá baráioṇwálá.

74 Phir jab gayá Ibráhím se ḍar, aur áí us
ko khushkhabarí, jhagaṛne lagá ham se Lút
ke haqq meṇ. Albatta Ibráhím tahammulwálá
narm dil hai, rujú rahnewálá.

75 Ai Ibráhím, chhoṛ yih khiyál ; wuh to á
chuká hukm tere Rabb ká, aur un par átá hai
azáb, jo pherá nahíṇ játá.

76 Aur jab pahunche hamáre bheje Lút pás,
khafa húá un ke áne se, aur ruk gayá jí meṇ,
aur bolá, Áj din baṛá sakht hai.

77 Aur áí us pás qaum us kí dauṛtí be-
ikhtiyár, aur áge se kar rahe the bure kám ;
bolá, Ai qaum, ye merí beṭíáṇ házir haiṇ ; ye
pák haiṇ tum ko un se ; so ḍaro Alláh se, aur
mat ruswá karo mujh ko mere mihmánoṇ meṇ ;
Kyá tum meṇ ek mard bhí nahíṇ nek ráh ?

78 Bole, To tú ján chuká hai ham ko ; terí
beṭioṇ se dawí nahíṇ ; aur tujh ko to malúm
hai, jo ham cháhte haiṇ.

79 Kahne lagá, Kahíṇ se mujh ko tumháre
sámhne zor hotá, yá já baiṭhtá kisí muhkam
ásre meṇ.

80 Mihmán bole, Ai Lút, ham bheje haiṇ
tere Rabb ke ; ye hargiz na pahunch sakenge
tujh tak, so le nikal apne ghar ko kuchh rát
se, aur muṛkar na dekhe tum meṇ koí magar
terí aurat, yúṇ hai ki us par paṛná hai jo un
par paṛegá ; un ke waḍe ká waqt hai subh ; kyá
subh nahíṇ nazdík ?

81 Phir jab pahunchá hukm hamárá, kar

dálí ham ne wuh bastí úpar níche, aur barsáí
ham ne us par pattharíáṉ kankar kí tah ba tah.

82 Sáf banáí tere Rabb ke pás, aur nahíṉ
wuh bastí un zálimoṉ se kuchh dúr.

NISF. (8 *R.*) 83 Aur Madyan kí taraf bhejá
un ke bháí Shuaib ko; bolá, Ai qaum, bandagí
karo Alláh kí; koí nahíṉ tumhárá hákim us
ke siwá; aur na ghaṭáo máp aur taul meṉ;
maiṉ dekhtá húṉ tum ko ásúda, aur ḍartá húṉ
tum par áfat se ek ghernewále din kí.

84 Aur ai qaum, púrá karo máp aur taul ko
insáf se, aur na ghaṭá do logoṉ ko un kí chí-
zeṉ, aur na macháo zamín meṉ kharábí.

85 Jo bach rahe Alláh ká diyá, wuh bihtar
hai tum ko, agar ho tum yaqín rakhte.

86 Aur maiṉ nahíṉ húṉ tum par nigahbán.

87 Bole, Ai Shuaib, tere namáz paṛhne ne
tujh ko yih sikháyá, ki ham chhoṛ deṉ jin ko
pújte rahe hamáre báp dáde, yá chhoṛ deṉ
karná apne máloṉ meṉ jo cháheṉ; tú hí baṛá
báwaqár hai nek chálwálá.

88 Bolá, Ai qaum, dekho to, agar mujh ko
sújh húí apne Rabb kí taraf se, aur us ne rozí
dí mujh ko nek rozí, aur maiṉ nahíṉ cháhtá,
ki píchhe áp karúṉ, jo kám tum se chhoṛáúṉ,
maiṉ to cháhtá húṉ, yihí sanwárná jaháṉ tak
ho sake, aur ban láná hai Alláh se; usí par maiṉ
ne bharosá kiyá, aur usí kí taraf rujú húṉ.

89 Aur ai qaum, na kamáíyo merí zidd kar
kar yih, ki paṛe tum par jaisá kuchh paṛá qaum
i Núh par, yá qaum i Húd par, yá qaum i Sálih
par, aur qaum i Lút, to tum se dúr nahíṉ.

90 Aur gunáh bakhshwáo apne Rabb se, aur
us kí taraf rujú láo; albatta merá Rbb mihrbán
hai muhabbatwálá.

91 Bole, Ai Shuaib, ham nahíṉ bújhte bahut.

báteņ, jo tú kahtá hai; aur ham dekhte haiņ tú ham meņ kamzor hai; aur agar na hote tere bhái band, to tujh ko ham pattharáo karte; aur kuchh tú ham par sardár nahíņ.

92 Bolá, Ai qaum, kyá mere bhái bandoņ ká dabáo tum par ziyáda hai Alláh se? aur us ko ḍál rakhá tum ne píṭh píchhe farámosh; tahqíq mere Rabb ke qábú meņ hai jo karteho.

93 Aur ai qaum, kám kiye jáo apní jagah; maiņ bhí kám kartá húņ: áge malúm karoge; Kis par átá hai azáb, ki us ko ruswá kare, aur kaun hai jhúṭhá.

94 Aur tákte raho; maiņ bhí tumháre sáth húņ táktá.

95 Aur jab pahunchá hamárá hukm, bachá diyá ham ne Shuaib ko, aur jo yaqín láe the us ke sáth, apní mihr se, aur pakṛá un zálimoņ ko chinghár ne, phir subh ko rah gae apne gharoņ meņ aundhe paṛe,

96 Jaise kabhí na base the un meņ; sun lo, phiṭkár hai Madyan ko, jaise phiṭkár pái Samúd ne.

(9 *R.*) 97 Aur bhej chuke haiņ ham Músá ko apní nisháníoņ se, aur wázih sanad se,

98 Firaun aur us ke sardároņ pás; phir chale kahne meņ Firaun ke, aur nahíņ bát Firaun kí kuchh nek chál rakhtí.

99 Áge hogá apní qaum ke qiyámat ke din, phir pahunchá degá un ko ág par, aur burá ghát hai jis par pahunche.

100 Aur píchhe se milí is jahán meņ lanat, aur din qiyámat ke, burá inám hai jo milá.

101 Yih thoṛe ahwál haiņ bastíoņ ke, ki ham sunáte haiņ tujh ko; koí un meņ qáim hai, aur koí kaṭ gayá.

102 Aur ham ne un par zulm ne kiyá, lekin

zulm kar gae apní ján par; phir kuchh kám na áe un ke ṭhákur, jin ko pukárte the Alláh ke siwá, kisí chíz men, jab pahunchá hukm tere Rabb ká, aur kuchh na baṛháyá un ke haqq men siwá halák karná.

103 Aur aisá hí hai pakaṛ tere Rabb kí, jab pakaṛtá hai bastíon ko; aur wuh zulm kar rahte hain; beshakk us kí pakaṛ dukh denewálí hai zor kí.

104 Is bát men nishání hai us ko, jo ḍartá ho ákhirat ke azáb se; wuh din hai, jis men jamạ honge sab log, aur wuh din hai dekhne ká.

105 Aur us ko ham der jo karte hain, so ek wạde kí gintí ko.

106 Jis din wuh áwegá, na bolegá koí jándár magar us ke hukm se, so un men koí badbakht hai, aur koí nekbakht.

107 So wuh log jo badbakht hain, so ág men hain; un ko wahán chillána aur dháṛná.

108 Rahá karen un men jab tak rahe ásmán o zamín, magar jo cháhe terá Rabb; kar ḍáltá hai jo cháhe.

109 Aur we jo nekbakht hain, so jannat men hai; rahá karen us men jab tak rahe ásmán o zamín; magar jo cháhe terá Rabb, bakhshish hai be-intihá.

110 So tú na rah dhokhe men un chízon se, jin ko pújte hain ye log; nahín pújte magar waisá hí jaisá pújte the un ke báp dáde is se pahle; aur ham denewále hain un ko un ká hissa bin ghaṭáyá.

(10 *R.*) 111 Aur ham ne dí thí Músá ko kitáb; phir us men phúṭ paṛ gaí; aur agar na hotá ek lafz ki áge nikal chuká tere Rabb se, to faisala ho játá un men; aur un ko us men shubha hai, ki jí nahín ṭhahartá.

112 Aur jitne log hain, jab waqt áyá, púrá degá terá Rabb un ko un ke kiye; us ko sab khabar hai jo kar rahe hain.

113 So tú sídhá chalá já, jaisá tujh ko hukm húá, aur jis ne tauba kí tere sáth, aur hadd se na baṛho; wuh dekhtá hai jo tum karte ho.

114 Aur mat jhuko un kí taraf, jo zálim hain; phir tum ko lagegí ág, aur koí nahín tumhárá Alláh ke siwá madadgár; phir kahín madad na páoge.

115 Aur khaṛí kar namáz donon sire din ke, aur kuchh ṭukṛon men rát ke; albatta nekíán dúr kartí hain buráíon ko; yih yádgárí hai yád rakhnewálon ko.

116 Aur ṭhahrá rah; albatta Alláh záyạ nahín kartá sawáb nekíwálon ká.

117 So kyún na húe un sangaton men tum se pahle koí, log jin men asar rahá ho, ki manạ karte bigáṛ karne se mulk men, magar thoṛe, jo ham ne bachá liye un men se; aur chale we log, jo zálim the, wuhí ráh, jis men ạish páyá; aur the gunahgár.

118 Aur terá Rabb aisá nahín ki halák kare bastíon ko zabardastí se; aur log wahán ke nek hon.

119 Aur agar cháhtá terá Rabb, kar ḍáltá logon ko ek ráh par; aur hamesha rahte hain ikhtiláf men, magar jin par rahm kiyá tere Rabb ne; aur isí wáste un ko paidá kiyá hai, aur púrá húá lafz tere Rabb ká, ki albatta bharúngá dozakh jinnon se, aur ádmíon se ekaṭṭhe.

120 Aur sab bayán karte hain ham tere pás rasúlon ke ahwál, jis se tasallí den tere dil ko; aur áí tujh ko is súre men tahqíq bát, aur nasíhat, aur samjhautí ímánwálon ko.

121 Aur kah de un ko, jo yaqín nahín karte, Kám kiye jáo apní jagah; ham bhí kám karte hain.

122 Aur ráh dekho; ham bhí ráh dekhte hain.

123 Aur Alláh ke pás hai chhipí bát ásmánon kí, aur zamín kí, aur usí kí taraf rujú hai sárá kám; so us kí bandagí kar, aur us par bharosá rakh, aur terá Rabb bekhabar nahín, jo kám karte ho.

SURA I YUSUF.

Makke men názil húí; 111 *áyat kí hai.*

BISMI-L-LÁHI-R-RAHMÁNI-R-RAHÍM.

(1 *R.*) 1 A. L. R. Ye áyaten hain wázih kitáb kí.

2 Ham ne us ko utárá hai Qurán Arabí zubán ká, sháyad tum búj ho.

3 Ham bayán karte hain tere pás bihtar bayán, is wáste ki bhejá ham ne terí taraf yih Qurán, aur tú thá us se pahle albatta be khabaron men.

4 Jis waqt kahá Yúsuf ne apne báp ko, Ai báp, main ne dekhe giyárah táre, aur súraj, aur chánd, dekhe mere taín sijda karte.

5 Kahá, Ai bete, mat bayán kar khwáb apná apne bháíon pás; phir we banáwenge tere wáste kuchh fareb; albatta Shaitán hai insán ká saríh dushman.

6 Aur isí tarah nawázegá tujh ko terá Rabb, aur sikháwegá kal bithání báton kí, aur púrá karegá apná inám tujh par, aur Yaqúb ke ghar par, jaisá púrá kiyá hai tere do báp dádon par

pahle se, Ibráhím o Isháq par; albatta terá Rabb khabardár hai hikmaton wálá.

7 Albatta hain Yúsuf ke mazkúr men, aur us ke bháíon ke, nishánián púchhnewálon ko.

8 Jab kahne lage, Albatta Yúsuf aur us ká bhái ziyáda piyárá hai hamáre báp ko ham se, aur ham qúwat ke log hain; albatta hamárá báp khatá men hai saríh.

9 Már dálo Yúsuf ko, yá phenk do kisí mulk men, ki akelá rahe tum par tawajjuh tumháre báp ká, aur ho rahíyo us ke píchhe nek log.

10 Bolá ek bolnewálá, Mat már dálo Yúsuf ko, aur phenk do un ko gumnám kúe men, ki uthá le jáwe us ko koí musáfir, agar tum ko karná hai.

11 Bole, Ai báp, kyá hai ki iatibár nahín kartá hamárá Yúsuf par, aur ham to us ke khair khwáh hain?

12 Bhej us ko hamáre sáth kal, ki kuchh chare, aur khele; aur ham to us ke nigahbán hain.

SULS. (2 *R.*) 13 Bolá, Mujh ko gam pakartá hai us se, ki le jáo us ko, aur dartá hún, ki khá jáwe us ko bheriyá, aur tum us se bekhabar ho.

14 Bole Agar khá gayá us ko bheriyá, aur ham yih jamáat hain qúwatwar, tau to ham ne sab kuchh ganwáyá.

15 Phir jab lekar chale us ko, aur muttafiq húe ki dálen us ko gumnám kúe men, aur ham ne ishárat kí us ko, ki tú jatáwegá un ko un ká yih kám, aur we na jánenge.

16 Aur áe apne báp pás andherá pare rote.

17 Kahne lage, Ai báp, ham daurne lage áge nikalne ko, aur chhorá Yúsuf ko apne asbáb pás, phir us ko khá gayá bheriyá; aur tú báwar na karegá hamárá kahná, agarchi ham sachche hon.

18 Aur láe us ke kurte, par lahú lagá jhúṭh;
bolá, Koí nahíṇ balki baná dí hai tum ko tum-
háre jíoṇ ne ek bát; ab sabr hí ban áwe, aur
Alláh hí se madad mángtá húṇ us bát par, jo
banáte ho.

19 Aur áyá ek qáfila, phir bhejá apná panhi-
yárá, us ne laṭkáyá apná ḍol; bolá kyá khushí
kí bát hai, yih hai ek laṛká, aur chhipá liyá us
ko púnjí samajhkar; aur Alláh khúb jántá hai
jo we karte haiṇ.

20 Aur bech áe us ko náqis mol ko, gintí kí
kai páulíáṇ, aur ho rahe the us se bezár.

(3 R.) 21 Aur kahá, jis shakhs ne kharíd kiyá
us ko, Misr se apní aurat ko, Ábrú se rakh is ko
sháyad hamáre kám áwe, yá ham kar leṇ us ko
beṭá; aur isí tarah jagah dí ham ne Yúsuf ko
us mulk meṇ, aur is wáste ki us ko sikháweṇ
kuchh kal biṭhání bátoṇ kí; aur Alláh jít rakhtá
hai apná kám, walekin aksar log nahíṇ jánte.

22 Aur jab pahunchá qúwat ko, diyá ham
ne us ko hukm aur ịlm, aur aisá hí badlá dete
haiṇ ham nekíwáloṇ ko.

23 Aur phusláyá us ko aurat ne, jis ke ghar
meṇ thá, apná jí thámne se, aur band kiye
darwáze, aur bolí, Shitábí kar; kahá, Khudá
kí panáh; wuh Azíz málik hai merá; achchhí
tarah rakhá hai mujh ko; albattá bhalá nahíṇ
páte, jo log beinsáf hoṇ.

24 Aur albatta aurat ne fikr kiyá us ká, aur
us ne fikr kiyá aurat ká, agar na hotá yih ki
dekhe qudrat apne Rabb kí; yúṇ hí húá is wás-
te, ki haṭáweṇ ham us se burái aur behayái;
albatta wuh hai hamáre chune bandoṇ meṇ.

25 Aur donoṇ dauṛe darwáze ko, aur aurat
ne chír ḍálá us ká kurtá píchhe se, aur donoṇ
mil gae aurat ke kháwind se darwáze pás; bolí,

Aur kuchh sazá nahíṇ aise shaḵhs kí, jo cháhe
tere ghar meṇ burái, magar yihí, ki qaid paṛe,
yá dukh kí már.

26 Yúsuf bolá, Usí ne ḵhwáhish kí mujh se,
ki na thámúṇ apná jí; aur gawáhí dí ek gawáh
ne ạurat ke logoṇ meṇ se, agar hai kurtá us ká
phaṭá áge se, to ạurat sachchí hai, aur wuh
jhúṭhá.

(4 R.) 27 Aur agar hai kurtá us ká phaṭá
píchhe se, to yih jhúṭhí hai, aur wuh sachchá.

28 Phir jab dekhá Azíz ne kurtá us ká
phaṭá píchhe se; kahá, Yih beshakk ek fareb hai
tum ạuratoṇ ká, albatta tumhárá fareb baṛá hai.

29 Yúsuf, jáne de yih mazkúr; aur ạurat, tú
baḵhshwá apná gunáh, yaqín hai ki tú hí gu-
nahgár thí.

30 Aur kahne lagíṇ ạurateṇ us shahr meṇ,
Azíz kí ạurat ḵhwáhish kartí hai apne gulám
se; us ká jí farefta ho gayá us kí muhabbat
meṇ; ham to dekhtí haiṇ wuh bahkí saríh.

31 Aur jab suná un ká fareb bulwá bhejá
un ko, aur taiyár kí un ke wáste ek majlis, aur
dí un ko har ek ke háth meṇ ek chhurí, aur
bolí, Yúsaf, nikal á un ke sámhne; phir jab
dekhá us ko dahshat meṇ á gayíṇ, aur káṭ ḍále
apne háth, aur kahne lagíáṇ, Hásha Lillábe,
nahíṇ yih shaḵhs ádmí; yih to koí firishta
hai buzurg!

32 Bolí, So yih wuhí hai ki ṭana diyá tum
ne us ke wáste, aur maiṇ ne chábá us se us ká
jí, phir us ne thám rakhá; aur muqarrar agar
na karegá jo maiṇ us ko kahtí húṇ, albatta qaid
paṛegá, aur hogá be izzat.

33 Yúsuf bolá, Ai Rabb, mujh ko qaid
pasand hai is bát se jis taraf mujh ko bulátíáṇ
haiṇ, aur agar tú na dafạ karegá mujh se uṇ

ká fareb, to máil ho jáún un kí taraf, aur ho jáún be aql.

34 So qabúl kar lí us kí duá us ke Rabb ne, phir dafa kiyá us se un ká fareb, wuhí hai sunnewálá khabardár.

35 Phir yih sújhá logon ko un nishníon ke dekhne par, ki qaid rakhen us ko ek muddat.

(5 *R.*) 36 Aur dákhil húe bandí kháne men us ke sáth do jawán; kahne lagá un men se ek, Main dekhtá hún, ki main nichortá hún sharáb; aur dúsre ne kahá, Main dekhtá hún, ki uthá rahá hún apne sar par rotí, ki jánwar kháte hain us men se; batá ham ko us kí tabír; ham dekhte hain tujh ko nekíwálá.

37 Bolá, na áne páwegá tum ko kháná, jo har roz tum ko miltá hai, magar batá chukúngá tum ko us kí tabír us ke áne se pahle; yih ilm hai ki mujh ko sikháyá mere Rabb ne; main ne chhorá dín is qaum ká, ki yaqín nahín rakhte Alláh par, aur we ákhirat se munkir hain.

38 Aur pakrá main ne dín apne báp dádon ká, Ibráhím, aur Isháq, aur Yaqúb ká; hamárá kám nahín ki sharík karen Alláh ká kisí chíz ko; yih fazl hai Alláh ká ham par aur sab logon par, lekin bahut log bhalá nahín mánte.

39 Ai rafíqo, bandí-kháne ke, bhalá, kaí mabúd judá judá bihtar, yá Alláh akelá zabardast?

40 Kuchh nahín pújte ho siwáe us ke, magar nám hai ki rakh liye hain tum ne, aur tumháre báp dádon ne; nahín utárí Alláh ne koí un kí sanad; hukúmat nahín kisí kí siwáe Alláh ke; us ne farmáyá, ki na pújo magar usí ko; yihí hai ráh sídhí, par bahut log nahín jánte.

41 Ai rafíqo, bandí-kháne ke, ek jo hai tum donon men, so piláwegá apne kháwind ko sharáb; aur dúsrá jo hai, so súlí charhegá;

phir kháwenge jánwar us ke sar men se; faisal
húá kám, jis kí tahqíq tum cháhte the.
42 Aur kah diyá us ko, jis ko aṭkalá, bachegá
un donon men, Merá zikr karíyo apne ḳhá-
wind pás; so bhulá diyá us ko Shaitán ne zikr
karná apne ḳháwind se; phir rah gayá qaid
men kai baras.
(6 R.) 43 Aur kahá bádsháh ne, Main ne
ḳhwáb men dekhá sát gáen moṭí, un ko
kkhátíán hain sát dublí; aur sát bálen harí, aur
dúsre súḳhí; ai darbárwálo, tabír kaho mujh
se mere ḳhwáb kí, agar ho tum ḳhwáb kí
tabír karte.
44 Bole, Yih urte ḳhwáb hain, aur ham
ko tabír ḳhwábon kí malúm nahín.
45 Aur bolá wuh, jo bachá thá un donon
men, aur yád kiyá muddat ke bad, Main batáún
tum ko us kí tabír, so tum mujh ko bhejo.
46 Jákar kahá, ai Yúsuf, sachche hukm
de ham ko is ḳhwáb men sát gáen moṭí, un
ko kháwen sát dublí; aur sát bálen harí, aur
dúsre súkhí; ki main le jáún logon pás, sháyad
un ko malúm ho.
47 Kahá, Tum khetí karoge sát baras lag kar,
so jo káṭo us ko chhoṛ do us ke bál men,
magar thoṛá, jo kháte ho.
48 Phir áwenge us ke píchhe sát baras sakhtí
ke; khá jáwen jo rakhá tum ne un ke wáste,
magar thoṛá, jo rok rakhoge.
49 Phir áwegá us píchhe ek baras us men
menh páwenge log, aur us men ras nichoṛenge.
(7 R.) 50 Aur kahá bádsháh ne, Le áo us
ko mere pás; phir jab pahunchá us pás bhejá
ádmí, kahá, Phir já apne ḳháwind pás, aur
púchh us se, Kyá haqíqat hai un auraton kí,

jinhon̲ ne kát̤e háth apne ? Merá Rabb to un
ká fareb sab jántá hai,

51 Púchhá bádsháh ne a̤uraton̲ ko, Kyá
haqíqat hai tumhárí, jab tum ne phusláyá Yúsuf
ko us ke jí se ?   Bolín̲, Hásha Lilláhe, ham
ko ma̤lúm nahín̲ us par kuchh burái; bolí
a̤urat A̤zíz kí, Ab khul gaí sachchí bát; main̲
ne phusláyá thá us ko us ke jí se, aur wuh
sachchá hai.

52 Yúsuf ne kahá, Itná is wáste ki wuh shakhs
ma̤lúm kare, ki main̲ ne chorí nahín̲ kí us A̤zíz
kí chhip kar; aur yih, ki Alláh nahín̲ chalátá
fareb dagábázon̲ ká.

TERAHWAN SIPARA.—53 Aur
main̲ pák; nahín̲ kahtá, apne jí ko, Jí, tú sikhátá
hai burái; magar jo rahm kiyá mere Rabb ne; be-
shakk merá Rabb bakhshnewálá hai mihrbán.

54 Aur kahá bádsháh ne, Le áo us ko mere
pás; main̲ khális kar rakhún̲ us ko apne kám
men̲; phir jab bátchít kí us se, kahá, Tú ne áj
hamáre pás jagah páí mṳatabar ho kar.

55 Yúsuf ne kahá, Mujh ko muqarrar kar
mulk ke khazánon̲ par; main̲ khúb nigahbán
hún̲ khabardár.

56 Aur yún̲ qudrat dí ham ne Yúsuf ko us
zamín men̲, jagah pak̤re us men̲ jahán̲ cháhe;
pahuncháte hain̲ ham mihr apní jis ko cháhen̲,
aur záya̤ nahín̲ karte nek bhaláíwálon̲ ká.

57 Aur nek ákhirat ká bihtar hai un ko, jo
yaqín láe, aur rahe parhezgárí men̲.

(8 R.)   58 Aur áe bhái Yúsuf ke, phir
dákhil húe us ke pás, to us ne pahcháná un
ko, aur we nahín̲ pahchánte.

69 Aur jab taiyár kar diyá un ko un ká
ásbáb, kahá, Le áiyo mere pás ek bhái, jo tum-
hárá hai báp kí taraf se; nahín̲ dekhte ki main̲

púre detá húṉ bharne, aur ḳhúb tarah utártá húṉ.

60 Phir us ko agar na láe mere pás, to bharne nahíṉ tum ko mere nazdík, aur mere pás na áo.

61 Bole, Ham ḳhwáhish karenge us ke báp se, aur albatta ham ko karná hai.

62 Aur kah diyá ḳhidmatgároṉ ko apne, Rakh do un kí púnjí un ke bojhoṉ meṉ, sháyad us ko pahcháne jab phir kar jáweṉ apne ghar; sháyad we phir áweṉ.

63 Phir jab phir gae apne báp pás, bole, Ai báp, band húe ham se bharne, so bhej hamáre sáth bhái hamárá, ki bharne láweṉ, aur ham us ke nigahbán haiṉ.

64 Kahá, Maiṉ kyá ịtibár karúṉ tumhárá is par, magar wuhí jaisá ịtibár kiyá thá us ke bhái par pahle; so Alláh bihtar nigahbán hai, aur wuh sab mihrbánoṉ se mihrbán.

65 Aur jab kholí apní chíz bast, páí apní púnjí, phir ái un kí taraf; bole, Ai báp, de jo ham mángte haiṉ, yih púnjí hamárí phir de ham ko, aur rasad láweṉ ham apne ghar ko, aur ḳhabardárí karenge apne bhái kí, aur ziyáda leweṉ bharne ek úṉṭ ke, wuh bharná ásán hai.

66 Kahá, Hargiz na bhejúngá us ko tumháre sáth, jab tak do mujh ko ạhd Ḳhudá ká, ki albatta pahunchá doge mere pás us ko, magar ki ghere jáo tum sáre; phir jab diyá us ko ạhd sab ne, bolá, Zimma Alláh ká hai, jo báteṉ ham kahte haiṉ.

67 Aur kahá, Ai beṭo, na dáḳhil hújiyo ek darwáze se, aur paiṭhiyo kai darwázoṉ se judá judá, aur maiṉ nahíṉ bachá saktá tum ko Alláh kí kisí chíz se; hukm kisí ká nahíṉ siwáe Alláh ke; usí par mujh ko bharosá hai, aur usí par bharosá cháhiye bharosá karnewáloṉ ko.

68 Aur jab dák̲h̲bil húe jahán se kahá thá un ke báp ne, kuchh na bachá saktá thá un ko Alláh kí kisí chíz se, magar ek k̲hwáhish thí Yaqúb ke jí men, so kar chuká ; aur wuh to k̲habardár thá hamáre sik̲hás se, lekin bahut log k̲habar nahín rakhte.

(9 R.) 69 Aur jab dák̲h̲bil húe Yúsuf ke pás, apne pás rakhá apne bhái ko; kahá, Main hún bhái terá ; so tú gamgín na rah un kámon se, jo karte rahe hain.

70 Phir jab taiyár kar diyá un ko ásbáb un ká, aur rakh diyá píne ká básan bojh men apne bhái ke. phir pukárá pukárnewále ne, Ai qáfilewálo, tum muqarrar chor ho.

71 Kahne lage munh kar kar un kí taraf, Tum kyá nahín páte?

72 Bole, ham nahín páte bádsháh ká máp, aur jo koí wuh láwe, us ko mile ek bojh únt ká, aur main hún us ká zámin.

73 Bole, Qasam Alláh kí, tum ko malúm hai, ham sharárat karne ko nahín áe mulk men, aur na ham kabhí chor the.

74 Bole, Phir kyá sazá hai us kí, agar tum jhúthe ho?

75 Kahne lage, Us kí sazá yih, ki jis ke bojh men páwe, wuhí jáwe us ke badle men ; ham yihí sazá dete hain gunahgáron ko.

76 Phir shurú kín Yúsuf ne un kí k̲hurjíán dekhní, apne bhái kí k̲hurjí se pahle; ák̲hir ko wuh básan nikálá k̲hurjí se apne bhái kí ; yún dánw batá diyá ham ne Yúsuf ko, hargiz na le saktá apne bhái ko us bádsháh ke insáf men, magar jo cháhe Alláh ; ham darje buland karte hain jis ko cháhen, aur har k̲habarwále se úpar hai ek k̲habardár.

77 Kahne lage, Agar us ne churáyá, to chorí kí us ke ek bhái ne bhí pahle; tab áhista kahá Yúsuf ne apne jí men, aur un ko na jatáyá; bolá, ki Tum aur badtar ho darje men; aur Alláh khúb jántá hai jo tum batáte ho.

78 Kahne lage, Ai azíz, us ká ek báp hai búṛhá baṛí umr ká; so rakh le ek ham men se us kí jagah; ham dekhte hain tú hai ihsán karnewálá.

79 Bolá, Alláh panáh de, ki ham kisí ko pakṛen, magar jis pás páí apní chíz, tau to ham beinsáf húe.

(10 R.) 80 Phir jab ná ummed húe us se, akele baiṭhe maslahat ko; bolá un men ká baṛá, Tum nahín jánte ki tumháre báp ne liyá hai tum se ahd Alláh ká, aur pahle jo qusúr kar chuke Yúsuf ke hál men; so main na sarkúngá is mulk se jab tak hukm de mujh ko báp merá, yá qaziya chuká de Alláh merí taraf se; aur wuh hai sab se bihtar chukánewálá.

81 Phir jáo apne báp pás, aur kaho, Ai báp, tere beṭe ne chorí kí, aur ham ne wuhí kahá thá, jo ham ko khabar thí, aur ham ko gaib kí khabar yád na thí.

82 Aur púchh le us bastí se, jis men ham the, aur us qáfile se, jis men ham áe hain, aur ham besbakk sach kahte hain.

83 Bolá, Koí nahín; baná lí hai tumháre jí ne ek bát; ab sabr hí ban áwe; sháyad Alláh le áwe mere pás un sab ko; wuhí hai khabardár hikmatonwálá.

84 Aur ulṭá phirá un ke pás se, aur bolá, Ai afsos Yúsuf par! aur sufed ho gaín ánkhen us ke gam se; so áp ko ghúnṭ rahá.

85 Kahne lage, Qasam Alláh kí, tú na chhoṛe-

gá yád Yúsuf kí, jab tak ki gal jáwe, yá ho jáwe murda.

86 Bolá, Maiṉ to kholtá húṉ apná ahwál aur gam Alláh hí ke pás, aur jántá húṉ Alláh kí taraf se jo tum nahíṉ jánte.

87 Ai beṭo, jáo, aur talásh karo Yúsuf kí, aur us ke bhái kí, aur mat ná ummed ho Alláh ke faiz se; beshakk ná ummed nahíṉ Alláh ke faiz se, magar wuhí log jo munkir haiṉ.

88 Phir jab dákhil húe us ke pás, bole, Ai ạzíz, paṛí ham par aur hamáre ghar par sakhtí, aur láe haiṉ ham púnjí náqis; so púre de ham ko bharne, aur khairát kar ham par; Alláh badlá detá hai khairát karnewáloṉ ko.

89 Kahá, Kuchh khabar rakhte ho tum, kyá kiyá tum ne Yúsuf se, aur us ke bhái se, jab tum ko samajh na thí?

90 Bole, Kyá sach tú hí hai Yúsuf? kahá, Maiṉ Yúsuf húṉ, aur yih merá bhái: Alláh ne ihsán kiyá ham par; albatta jo koí parhezgár ho, aur sábit rahe, to Alláh nahíṉ khotá haqq nekíwáloṉ ká.

91 Bole, Qasam Alláh kí, albatta tujh ko pasand rakhá Alláh ne ham se, aur ham the chúknewále.

92 Kahá, Kuchh ilzám nahíṉ tum par áj; bakhshe Alláh tum ko; aur wuh hai sab mihrbánoṉ se mihrbán.

93 Le jáo kurtá merá, aur ḍálo muṉh par mere báp ke, ki chalá áwe ánkhoṉ se dekhtá; aur le áo mere pás ghar apná sárá.

RUBA. (11 *R.*) 94 Aur jab judá húá qáfila, kahá, un ke báp ne, Maiṉ pátá húṉ bú Yúsuf kí, agar na kaho, ki búṛhá bahak gayá.

95 Log bole, Qasam Alláh kí, tú hai apní usí galatí meṉ qadím kí.

96 Phir jab pahunchá ḳhushḳhabaríwálá, ḍálá wuh kurtá us ke munh par, to ulṭá phirá ánkhon se dekhtá.

97 Bolá, Main ne na kahá thá tum ko, Main jántá hún Alláh kí taraf se, jo tum nahín jánte?

98 Bole, Ai báp, baḳhshwá hamáre gunáhon ko; beshakk ham the chúknewále.

99 Kahá, Rabo; baḳhshwáúngá apne Rabb se; wuhí hai baḳhshnewálá mihrbán.

100 Phir jab dáḳhil húe Yúsuf pás, jagah dí apne pás má báp ko, aur kahá, Dáḳhil ho Misr men; Alláh ne cháhá to ḳhátirjamạ se.

101 Aur únchá baiṭháyá apne má báp ko taḳht par, aur sab gire us ke áge sijde men. Aur kahá, Ai báp, yih bayán hai mere us pahle ḳhwáb ká; us ko mere Rabb ne sach kiyá, aur us ne ḳhúbí kí mujh se jab mujh ko nikálá qaid se, aur tum ko le áyá gánw se, bạd us se ki jhagaṛá uṭháyá Shaitán ne mujh men aur mere bháíon men; merá Rabb tadbír se kartá hai jo cháhe; beshakk wuhí hai ḳhabardár hikmatonwálá.

102 Ai Rabb, tú ne dí mujh ko kuchh hukúmat, aur sikháyá mujh ko kuchh phir báton ká; ai paidá karnewále ásmán o zamín ke, tú hí merá kársáz hai dunyá men aur áḳhirat men; maut de mujh ko nek baḳhton men.

103 Ye ḳhabaren hain gaib kí; ham bhejte hain tujh ko; aur tú na thá un ke pás jab ṭhahráne lage apná kám, aur fareb karne lage; aur nahín bahut log yaqín lánewále, agarchi tú lalcháwe.

104 Aur tú mángtá nahín un se us par kuchh nek; yih to aur kuchh nahín magar nasíhat sáre ạlam ko.

(12 *R.*) 105 Aur bahuterí nishánían hain

ásmán aur zamín men, jin par ho nikalte hain, aur un par dhiyán nahín karte.

106 Aur yaqín nahín láte bahut log Alláh par, magar sáth sharík bhí karte hain.

107 Kyá niḍar húe hain, ki á ḍhánke un ko ek áfat Alláh ke azáb kí, yá á pahunche qiyámat achának, aur un ko khabar na ho?

108 Kah, Yih merí ráh hai; bulátá hún Alláh kí taraf samajh bújhkar, main, aur jo mere sáth hai; aur Alláh pák hai, aur main nahín sharík bátánewálá.

109 Aur jitne bheje ham ne tujh se pahle, yihí mard the, ki hukm bhejte the ham un ko bastíon ke rahnewále; so kyá ye log nahín phire mulk men, ki dekhen kaisá húá ákhir un ká, jo un se pahle the? aur pichhlá ghar to bihtar hai parhezwálon ko: ab kyá tum nahín bújhte?

110 Yahán tak ki jab ná ummed hone lage rasúl, aur khiyál karne lage, ki un se jhúṭh kahá thá, pahunchí un ko madad hamárí; phir bachá diyá jinko ham ne cháhá, aur pherí nahín játí áfat hamárí qaum gunahgár se.

111 Albatta un ke ahwál se apná hál qiyás hai aqlwálon ko; kuchh bát banáí húí nahín, lekin muwáfiq us ke kalám ke, jo us se pahle hai; aur kholná har chíz ká, aur ráh samjhání aur mihrbání un logon ko, jo yaqín láte hain.

SÚRA I RAD.

Makke men ndzil húí; 43 Áyat kí hai.

BISMI-L-LÁHI-R-RAHMÁNI-R-RAHÍM.

(1 R.)   1 A. L. M. R. Ye áyaten hain

kitáb kí; aur jo kuchh utrá tujh ko tere Rabb
se, so haqq hai, lekin bahut log nahíṉ mánte.
2 Alláh wuh hai jin ne únche banáe ásmán
bin satún, dekhte ho phir qáim húá ạrash par,
aur kám lagáyá súraj aur chánd; har ek chaltá
hai ek ṭhaharí muddat tak, tadbír kartá hai
kám kí, kholtá hai nishániáṉ, sháyad tum apne
Rabb se milná yaqín karo.
3 Aur wuhí hai jin ne phailáí zamín, aur
rakhe us meṉ bojh, aur nadiáṉ, aur har mewe
ke rakhe us meṉ joṛe dohre; ḍhámptá hai din
par rát, us meṉ nishániáṉ haiṉ un ko, jo dhyán
karte haiṉ.
4 Aur zamín meṉ kaí khet haiṉ lagte húe,
aur bág haiṉ angúr ke, aur khetí aur khajúreṉ
jaṛ milí, aur bin milí páte haiṉ ek pání; aur
ham ziyáda karte haiṉ ek ko ek se mewe meṉ;
us meṉ nishániáṉ haiṉ un ko, jo bújhte haiṉ.
5 Aur agar tú achambhe kí bát cháhe, to
achambhá hai un ká kahná; kyá jab ho gae
ham miṭṭí, kyá ham naye banenge?
6 Wuhí haiṉ jo munkir húe apne Rabb se,
aur wuhí haiṉ ki tauq haiṉ un kí gardanoṉ
men, aur we haiṉ dozakhwále, we us meṉ
rahá karenge.
7 Aur shitáb cháhte haiṉ tujh se buráí áge
bhaláí se, aur ho chukí haiṉ un se pahle kahá-
wateṉ, aur terá Rabb muạf bhí kartá hai logoṉ
ko un kí gunahgárí par, aur tere Rabb kí már
bhí sakht hai.
8 Aur kahte haiṉ munkir, Kyúṉ na utrí
us par koí nishání us ke Rabb se? tú to ḍar
sunánewálá hai; aur har qaum ko húá hai ráh
batánewálá.
(2 *R.*) 9 Alláh jántá hai jo peṭ meṉ rakhtí

hai har máda, aur sukarte hain peṭ aur baṛhte hain, aur har chíz kí hai us pás gintí.

10 Jánnewálá chhipe aur khule ká, sab se baṛá úpar.

11 Barábar hai tum men jo chup kí bát kahe, aur jo kahe pukár kar, aur jo chhip rahá hai rát men, aur galíon men phirtá hai din ko.

12 Us ke pahrewále hain bande ke áge se, aur píchhe se us ko bacháte hain Alláh ke hukm se; Alláh nahín badaltá jo hai kisí qaum ko, jab tak we na badlen jo apne bích hai; aur jab cháhe Alláh kisí qaum par burái, phir wuh nahín phirtí; aur koí nahín un ko us bin madadgár.

13 Wuhí hai ki tum ko dikhátá hai bijlí ḍar ko, aur ummed ko, aur uṭhátá hai badlíán bhárí.

14 Aur paṛhtí hai garaj khúbíán us kí, aur sab Firishte us ke ḍar se, aur bhejtá hai kaṛáke, phir ḍáltá hai jis par cháhe; aur ye log jhagaṛte hain Alláh kí bát men, aur us kí án sakht hai.

15 Aur usí ká pukárná sach hai; aur jin ko pukárte hain us ke siwáe nahín pahunchte un ke kám par kuchh, magar jaise koí phailá rahá do háth pání kí taraf, ki á pahunche us ke munh tak, aur wuh kabhí na pahunchegá; aur jitní pukár hai munkiron kí, sab gumráhí hai.

16 Aur Alláh ko sijda kartá hai jo koí hai ásmán o zamín men khushí aur zor se, aur un kí parchháíán subh aur shám.

17 Púchh, Kaun hai Rabb ásmán o zamín ká? kah, Alláh; kah ki Phir tum ne pakṛe hain us ke siwáe himáyatí, jo málik nahín apne bhale bure ke; kah, Koí barábar hotá hai andhá aur dekhtá? yá kahín barábar hai andherá aur

ujálá? yá ṭhahráe hain unhon ne Alláh ke sha-
rík, ki unhon ne kuchh banáyá hai, jaise baná-
yá Alláh ne, phir mil gaí paidáish un kí nazar
men? kah, Alláh hai banánewálá har chíz ká,
aur wuh hí hai akelá zabardast.

18 Utárá ásmán se pání, phir bahe nále apne-
apne muwáfiq, phir úpar láyá wuh nálá jhág
phúlá húá, aur jis chíz ko dhaunkte hain ág men
wáste zewar ke, yá asbáb ke, us men bhí jhág
hai, waisá hí yún baṛhátá hai Alláh sahíh aur galat
ko; so wuh jo jhág hai so játá hai súkh kar,
aur wuh, jo kám átá hai logon ke, so rahtá hai
zamín men; yún batátá hai Alláh kaháwaten.
Jinhon ne máná apne Rabb ká hukm, un ko hai
bhaláí; aur jinhon ne us ká hukm na máná, agar
un pás ho jitná kuchh zamín men hai sárá, aur
us ke barábar sáth us ke sab den apne chhuṛwáí
men, un logon ke liye hai burá hisáb, aur ṭhikáná
un ká dozakh hai, aur burí hai taiyárí.

NISF. (3 *R.*) 19 Bhalá, jo shakhs jántá hai,
ki jo kuchh utrá tujh ko tere Rabb se tahqíq
hai, barábar hogá us ke, jo andhá hai? wuhí
samajhte hain, jin ko aql hai.

20 We, jo púrá karte hain qarár Alláh ká, aur
nahín toṛte qarár;

21 Aur we, jo joṛte hain jis ko Alláh ne far-
máyá joṛne, aur ḍarte hain apne Rabb se, aur
andesha rakhte hain bure hisáb ká;

22 Aur we, jo sábit rahe, cháhte tawajjuh
apne Rabb kí, aur khaṛí rakhte namáz, aur
kharch kiyá hamáre diye men se chhipe aur
khule, aur karte hain buráí ke muqábil bhaláí,
un logon ko hai pichhlá ghar.

23 Bág hain rahne ke: dákhil honge un
men, we, aur jo nek húe un ke báp dádon men,

aur jorúon men, aur aulád men ; aur Firishte
áte hain un pás har darwáze se;
24 Kahte hain, Salámatí tum par badle us ke
ki tum sábit rahe; so khúb milá pichhlá ghar.
25 Aur jo log torte hain qarár Alláh ká, us ko
pakká kar kar, aur kátte hain jo chíz kahá Alláh
ne us ko jorne, aur fasád uṭháte hain mulk men,
aise log un ko hai lanat aur un ko hai burá ghar.
26 Alláh kushád kartá hai rozí jis ko cháhe,
aur tang, aur we ríjhe hain dunyá kí zindagí
par; aur dunyá kí zindagí kuchh nahín ákhirat
ke hisáb men, magar thorá bartná.
(4 *R.*) 27 Aur kahte hain munkir, Kyún na
utarí us par koí nisháni us ke Rabb se? kah,
Alláh bichlátá hai jis ko cháhe, aur ráh detá
hai apní taraf us ko, jo rujú húá.
28 We, jo yaqín láe, aur chain pakarte hain
un ke dil Alláh kí yád se, suntá hai Alláh kí
yád hí se chain páte hain dil. Jo yaqín láe aur kín
nekíán, khúbí hai un ko, aur achchhá ṭhikáná.
29 Isí tarah tujh ko bhejá ham ne ek um-
mat men, ki ho chukí hain us se pahle ummat-
en, tá sunáwe tú un ko, jo hukm bhejá ham ne
terí taraf; aur we munkir hote hain Rahmán
se; tú kah, Wuhí Rabb merá hai; kisí kí banda-
gí nahín us ke siwá; usí par mian ne bharosá
rakhá hai, aur usí kí taraf átá hún chhúṭ kar.
30 Aur agar koí Qurán húá hotá ki chale us
se pahár, yá ṭukre húe us se zamín, yá bole us
se murda, balki Alláh ke háth men hai sab
kám; so kyá khátir jama nahín ímánwálon ko
is par, ki agar cháhe Alláh, ráh par láwe sab log;
31 Aur pahunchátá rahegá munkiron ko un
ke kiye par kharká, yá utregá nazdík un ke
ghar se jab tak pahunche wada Alláh ká; be-
shakk Alláh khiláf nahín kartá wada.

(5*R.*) 32 Aur ṭhaṭṭhá kar chuke hain kitte rasúlon se tujh se áge, so ḍhíl dí main ne munkiron ko; phir un ko pakṛá; to kaisá thá merá badlá!

33 Bhalá, jo shakhs liye khaṛá hai har kisí ke sar par us ká kiyá, aur ṭhaharáe hain Alláh ke sharík, kah, Un ká nám lo, yá Alláh ko jatáte ho, jo wuh nahín jántá zamín men, yá karte ho úpar úpar báten; koí nahín par bhale samjháe hain munkiron ko fareb, aur roke gae hain ráh se; aur jis ko bichláwe Alláh, koí nahín us ko batánewálá.

34 Un ko már paṛtí hai dunyá kí zindagí men, aur ákhirat kí már to bahut sakht, aur koí nahín un ko Alláh se bachánewálá.

35 Ahwál Jannat ká, jo wada milá hai ḍarwálon ko, bahtí hain us ke níche nahren, mewa us ká hamesha hai, aur sáya; yih badlá hai un ká, jo bachte rahe; aur badlá munkiron ká ág.

36 Aur jin ko ham ne dí hai kitáb, khush hote hain us se, jo utrá terí taraf; aur baze firqe nahín mánte us kí bazí bát; kah, Mujh ko yihí hukm húá, ki bandagí karún Alláh kí, aur sharík na karún us ke sáth; usí kí taraf bulátá hún, aur usí kí taraf merá ṭhikáná.

37 Aur ísí tarah utárá ham ne yih kalám hukm Arabí zubán men; aur agar tú chale un ke shauq par bad is ilm ke, jo tujh ko pahunchá, koí nahín terá Alláh se himáyatí, aur na bachánewálá.

(6*R.*) 38 Aur bheje hain ham ne kaí rasúl tujh se áge, aur dí thín un ko jorúen, aur laṛke; aur na thá kisí rasúl ko ki le áwe koí nishání magar Alláh ke izn se; har wada hai likhá húá.

39 Miṭátá hai Alláh jo cháhe, aur rakhtá hai; aur usí pás hai asl kitáb.

40 Aur yá kabhí dikháwen ham tujh ko koí wada, jo dete hain un ko, yá tujh ko bhar lewen; so terá zimma to pahuncháná hai, aur hamárá zimma hisáb lená.

41 Kyá nahín dekhte, ki ham chale áte hain zamín par, ghaṭáte us ko kináron se? aur Alláh hukm kartá hai; koí nahín ki píchhe ḍále us ká hukm; aur wuh shitáb letá hai hisáb.

42 Aur fareb kar chuke hain un se agle; so Alláh ke háth men hain sab fareb; jántá hai jo kamátá hai har jí; aur ab malúm karenge munkir kis ká hotá hai pichhlá ghar.

43 Aur kahte hain munkir, Tú bhejá húá nahín áyá; kah, Alláh bas hai gawáh mere tumháre bích, aur jis ko ḳhabar hai kitáb kí.

SURA I IBRAHIM.

Makke men názil húí; 52 áyat kí hai.

BISMI-L-LÁHI-R-RAHMÁNI-R-RAHÍM.

(1 *R.*) 1 A. L. R. Ek kitáb hai, ki ham ne utárí terí taraf, ki tú nikále logon ko andheron se ujále kí or, un ke Rabb ke hukm se, ráh par us zabardast saráhe Alláh kí,

2 Jis ká hai jo kuchh ásmán aur zamín men, aur ḳharábí hai munkiron ko ek saḳht azáb se,

3 Jo pasand rakhte hain zindagí dunyá kí áḳhirat se, aur rokte hain Alláh kí ráh se, aur ḍhúnḍhte hain us men kají, we bhúl paṛe hain dúr.

4 Aur koí rasúl nahín bhejá ham ne magar bolí boltá apne qaum kí, ki un ke áge bayán kare; phir bhaṭkátá hai Alláh jis ko cháhe, aur

ráh detá hai jis ko cháhe, aur wuh zabardast hai hikmatoṉwálá.

5 Aur bhejá thá ham ne Músá ko apní nishá-
níáṉ dekar, ki nikál apní qaum ko andheroṉ
se ujále kí taraf, aur yád dilá un ko din Alláh
ke; us meṉ nisháníáṉ haiṉ us ko, jo sábit rah-
newálá hai haqq mánnewálá.

6 Aur jab kahá Músá ne apní qaum ko, Yád
karo Alláh ká ihsán apne úpar, jab chhuṛáyá
tum ko Firaun kí qaum se; we dete tum ko
burí már, aur zabh karte beṭe tumháre, aur jítí
rakhte auraten tumhárí; aur us meṉ madad húí
tumháre Rabb kí baṛí.

SULS. (2 *R.*) 7 Aur jab suná diyá tumháre
Rabb ne, ki Agar haqq mánoge, to aur dúngá
tum ko; aur agar ná shukrí karo, to merí már
sakht hai.

8 Aur kahá Músá ne, Agar munkir hoge
tum, aur jo log zamín meṉ haiṉ sáre, to Alláh
beparwá hai sab khúbíoṉ saráhá.

9 Kyá nahíṉ pahunchí tum ko khabar un kí,
jo pahle tum se, the qaum Núh kí, aur Ád, aur
Samúd?

10 Aur jo un se píchhe húe? un kí khabar
nahíṉ magar Alláh ko; áe un pás rasúl un ke
nisháníáṉ lekar, phir ulṭe diye apne háth munh
meṉ, aur bole, Ham nahíṉ mánte jo tumháre
háth bhejá, aur ham ko shubha hai us ráh meṉ,
jis taraf ham ko buláte ho, jis se khátir jama
nahíṉ.

11 Bole un ke rasúl, Kyá Alláh meṉ shubha
hai, jis ne banáe ásmán o zamín, tum ko bulátá
hai ki bakhshe kuchh gunáh tumháre, aur ḍhíl
de tum ko ek wade tak, jo ṭhahar chuká hai?

12 Kahne lage, Tum to yihí ádmí ho ham se,
cháhte ho ki rok do ham ko un chízoṉ se, jin

ko pújte rahe hamáre báp dáde; so láo koí sanad khulí.

13 Un ko kahá un ke rasúloṉ ne, Ham yihí ádmí haiṉ jaise tum, lekin Alláh ihsán kartá hai apne bandoṉ meṉ jis par cháhe, aur hamárá kám nahíṉ ki le áweṉ tum pás sanad,

14 Magar Alláh ke hukm se; aur Alláh par bharosá cháhiye ímánwáloṉ ko.

15 Aur ham ko kyá húá ki bharosá na kareṉ Alláh par, aur wuh samjhá chuká ham ko hamárí ráheṉ, aur ham sabar karenge ízá par, jo ham ko dete ho, aur Alláh par bharosá cháhiye bharose wáloṉ ko.

(3 *R.*) 16 Aur kahá munkiroṉ ne apne rasúloṉ ko, Ham nikál denge tum ko apní zamín se, yá phir áo hamáre dín meṉ; tab hukm bhejá un ko un ke Rabb ne, ham khapá denge un zálimoṉ ko.

17 Aur basá denge tum ko is zamín meṉ un ke píchhe; yih miltá hai us ko, jò ḍará khaṛe hone se mere sámhne, aur ḍará mere ḍar ke se,

18 Aur faisala lage mángne, aur ná murád húá, jo sarkash thá zidd karnewálá.

19 Píchhe us ke dozakh hai, aur piláwenge us ko pání píp ká.

20 Ghúṉṭ ghúṉṭ letá hai us ko, aur gale se nahíṉ utár saktá, aur chalí átí hai us par maut har jagah se, aur wuh nahíṉ martá, aur us ke píchhe már hai gáṛhí.

21 Ahwál un ká, jo munkir húe apne Rabb se, un ke liye jaise rákh, zor kí chalí us par báo ándhí ke din; kuchh háth meṉ nahíṉ apní kamáí meṉ se; yihí hai dúr bahak paṛná.

22 Tú ne nahíṉ dekhá ki Alláh ne banáe ásmán o zamín jaise cháhiye; agar cháhe, tum ko le jáwe, aur láwe koí paidáish naí.

23 Aur yih Alláh par mushkil nahíṉ.
24 Aur sámhne khaṛe honge Alláh ke sáre,
phir kahenge kamzor baṛáíwáloṉ ko, Ham the
tumháre píchhe, so bacháoge tum ham se Alláh
kí már kuchh?
25 We bole, Agar ráh par látá ham ko Alláh,
to ham tum ko ráh par láte; ab barábar hai ha-
máre haqq meṉ; ham beqarárí kareṉ, yá sabr
kareṉ, ham ko nahíṉ khalásí.
(4 *R.*) 26 Aur bolá Shaitán jab faisal ho chu-
ká kám, Alláh ne tum ko diyá thá sachchá
waḍa, aur maiṉ ne waḍa diyá, phir jhúṭh kiyá,
aur merí tum par hukúmat na thí.
27 Magar maiṉ ne buláyá tum ko, phir tum
ne mán liyá mujh ko, so ilzám na do mujhe, aur
ilzám do apne taíṉ; na maiṉ tumhárí faryád
par pahunchúṉ, na tum merí faryád par pahun-
cho; maiṉ nahíṉ qabúl rakhtá jo tum ne mujh
ko sharík ṭhahráyá thá pahle; albatta jo zálim
haiṉ, un ko dukh kí már hai.
28 Aur dákhil kiye gae jo log ímán láe the
aur kám kiye the nek, bágoṉ meṉ; bahtí ní-
che un ke nadíáṉ; rahá kareṉ un meṉ apne
Rabb ke hukm se; un kí muláqát hai waháṉ
salám.
29 Tú ne na dekhá kaisí bayán kí Alláh ne
ek misál, ek bát suthrí, jaise ek darakht suthrá,
us kí jaṛ mazbút hai, aur ṭahní ásmán meṉ;
30 Látá hai phal apná har waqt par, apne
Rabb ke hukm se; aur bayán kartá hai Alláh
kaháwateṉ logoṉ ko, sháyad we soch kareṉ.
31 Aur misál gandí bát kí, jaise darakht
gandá; ukháṛ liyá úpar se; zamín ke kuchh
nahíṉ us ko ṭhahráo.
32 Mazbút kartá hai Alláh ímánwáloṉ ko
mazbút bát se dunyá meṉ, aur ákhirat meṉ,

aur bichlá detá hai Alláh beinsáfoṇ ko, aur
kartá hai Alláh jo cháhe.

(5 R.) 88 Tú ne na dekhá jinhoṇ ne badlá
kiyá Alláh ke ihsán ká ná shukrí, aur utárá
apní qaum ko tabáhí ke ghar meṇ?

34 Jo dozakh hai paiṭhenge us meṇ, aur bu-
rá thikáná hai.

35 Aur ṭhahráe Alláh ke muqábil, ki bah-
káwe logon ko us ráh se; tú kah, Bart lo ; phir
tum ko phir jáná hai ág kí taraf. Kah de mere
bandoṇ ko, jo yaqín láe haiṇ, Qáim rakheṇ
namáz, aur kharch kareṇ hamárí dí rozí meṇ
se, chhipe aur khule,

36 Pahle us se ki áwe wuh din, jis meṇ na
sauda hai, na dostí.

87 Alláh wuhí, jis ne banáe ásmán o zamín,
aur utárá ásmán se pání, phir us se nikálí rozí
tumhárí mewe, aur kám meṇ dí tumháre kish-
tí, kí chale daryá meṇ, us ke hukm se; aur
kám meṇ dín tumháre nadíáṇ; aur kám meṇ
lagáe tumháre súraj aur chánd ek dastúr par;
aur kám meṇ lagáe tumháre rát aur din ; aur
diyá tum ko har chíz meṇ se jo tum ne mángí;
aur agar gino ihsán Alláh ke, púre na kar sa-
ko ; beshakk ádmí bará be insáf hai ná shukr.

(6 R.) 38 Aur jis waqt kahá Ibráhím ne, Ai
Rabb, kar is shahr ko aman ká, aur bachá mujh
ko aur merí aulád ko is se, ki ham pújeṇ múraten.

39 Ai Rabb, unhoṇ ne bahkáyá bahut logoṇ
ko ; so jo koí merí ráh chalá, so wuh to merá hai,
aur jis ne merá kahá na máná, so tú bakhshne-
wálá mihrbán hai.

40 Ai Rabb, main ne basáí hai ek aulád ap-
ní maidán meṇ, jahán khetí nahíṇ, tere adab-
wále ghar pás ; ai Rabb hamáre, tá qáim rakheṇ
namáz, so rakh baze logoṇ ke dil jhukte un kí

taraf, aur rozí de un ko mewoṇ se, sháyad we
shukr kareṇ.

41 Ai Rabb hamáre, tú to jántá hai jo ham
chhipáweṇ, aur jo kholeṇ; aur chhipá nahíṇ
Alláh par kuchh zamín meṇ, na ásmán meṇ;
shukr hai Alláh ko, jis ne baḵhshá mujh ko
baṛí umr meṇ Ismáíl aur Isháq; beshakk me-
rá Rabb suntá hai pukár.

42 Ai Rabb mere, kar mujh ko ki qáim
rakhúṇ namáz, aur baẓí merí aulád ko; ai Rabb
mere, qabúl kar merí duá.   Ai Rabb hamáre,
baḵhsh mujh ko, aur mere má báp ko, aur sab
ímánwáloṇ ko, jis din kharrá howe hisáb.

(7 R.) 43 Aur mat ḵhiyál kar ki Alláh be-
ḵhabar hai un kámoṇ se, jo karte haiṇ beinsáf.
Un ko to chhoṛ rakhá hai us din par, jis meṇ
úpar lag jáwengí ánkheṇ.

44 Dauṛte honge úpar uṭháe apne sar, phir-
tí nahíṇ apní taraf un kí ánkh, aur dil un ke
uṛ gae haiṇ; aur ḍaráwe logoṇ ko us din se ki
áwegá un ko aẓáb;

45 Tab kahenge beinsáf, Ai Rabb hamáre,
fursat de ham ko thoṛí muddat,

46 Ki ham máneṇ terá buláná, aur sáth hoṇ
rasúloṇ ke; tum áge qasam na kháte the, ki
tum ko nahíṇ kisí tarah ṭalná.

47 Aur base the tum bastíoṇ meṇ unhíṇ kí,
jinhoṇ ne zulm kiyá apní ján par, aur khul
chuká tum ko, ki kyá kiyá ham ne un par, aur
batáíṇ ham ne tum ko kaháwateṇ.   Aur yih
baná chuke haiṇ apná dáo, aur Alláh ke áge
hai un ká dáo, aur na hogá un ká dáo ki ṭal
jáweṇ us se pahár.

48 So mat ḵhiyál kar ki Alláh ḵhiláf kare-
gá apná waḍa apne rasúloṇ se; beshakk Alláh
zabardast hai badlá lenewálá.

49 Jis din badalí jáwe is zamín se, aur zamín
aur ásmán, aur log nikal khaṛe hon sámhne
Alláh akele zabardast ke.
50 Aur dekhe tú gunahgár us din joṛe húe
zanjíron men.
51 Kurte un ke hain gandhak ke, aur ḍhánke
letí hai un ke munh ko ág; tá badlá de Alláh
har jí ko us kí kamáí ká; beshakk Alláh shi-
táb karnewálá hai hisáb.
52 Yih ḳhabar dení hai logon ko, aur tá
chaunk rahen is se, aur tá jánen ki mạbúd wuhí
ek hai, aur tá soch karen ạqlwále.

SURA I HAJR.

Makke men názil húí; 99 áyat kí hai.

BISMI-L-LÁHI-R-RAHMÁNI-R-RAHÍM.

(1 *R.*) 1 A. L. R. Ye áyaten hain kitáb kí
aur khule Qurán kí.

CHAUDAHWAN SIPARA.

2 Kisí waqt árzú karenge ye log, jo mun-
kir hain kisí tarah hote musalmán.
3 Chhoṛ de un ko; khá len, aur barat len,
aur ummed par bhúle rahen, ki áge mạlúm
karenge.
4 Aur koí bastí ham ne nahín khapáí magar
us ká likhá thá muqarrar.
5 Na shitábí kare koí firqa apne wạde se,
aur na der kare.
6 Aur log kahte hain, Ai shaḳhs ki tujh par
utrí hai nasíhat, tú muqarrar díwána hai.
7 Kyún nahín le átá hamáre pás firishte, agar
tú sachchá hai?

8 Ham nahíṉ utárte firishte magar kám ṭhará-
kar, aur us waqt na milegí un ko ḍhíl.
9 Ham ne áp utárí hai yih nasíhat, aur ham
áp us ke nigahbán haiṉ.
10 Aur ham bhej chuke haiṉ rasúl tujh se
pahle kaí firqoṉ meṉ agle.
11 Aur nahíṉ áyá un pás koí rasúl magar
karte rahe us se hansí.
12 Isí tarah paiṭháte haiṉ ham us ko dil meṉ
gunahgároṉ ke.
13 Yaqín na láwenge us par, aur ho áí hai
rasm pahloṉ kí.
14 Aur agar ham khol deṉ un par darwáze
ásmán se, aur sáre din us meṉ chaṛhte raheṉ;
15 Yihí kaheṉ, ki Hamárí nigáh hí band gaí
hai; nahíṉ ham logoṉ par jádú húá hai.
(2 *R.*) 16 Aur ham ne banáe haiṉ ásmán meṉ
burj, aur raunaq dí us ko dekhtoṉ ke áge.
17 Aur bachá rakhá ham ne us ko har Shai-
tán mardúd se.
18 Jo chorí se sun gayá, so us ke píchhe
paṛá angárá chamaktá.
19 Aur zamín ko ham ne phailáyá, aur ḍále
us par bojh, aur ugáí us meṉ har chíz andáz kí.
20 Aur bana dín tum ko us meṉ roziáṉ, aur
jin ko tum nahíṉ rozí dete.
21 Aur har chíz ke ham pás ḳhazáne haiṉ,
aur utárte haiṉ ham ṭhahare húe andáze par.
22 Aur chalá dín ham ne báweṉ ras bharí;
phir utárá ham ne ásmán se pání, phir tum ko
wuh piláyá, aur tum nahíṉ rakhte us ká
ḳhazána.
23 Aur ham hí haiṉ jiláte, aur márte; aur
ham haiṉ píchhe rahte.
24 Aur ham ne ján rakhá hai jo áge baṛhe

haiṉ tum meṉ, aur ján rakhe haiṉ pichhárí-
wále.
25 Aur terá Rabb wuhí gher láwegá un ko,
beshakk wuhí hai hikmatoṉwálá khabardár.
(3R.) 26 Aur banáyá ham ne ádmí khankha-
náte sane gáre se.
27 Aur ján ko banáyá ham ne us se pahle
lauṉ kí ág se.
28 Aur jab kahá tere Rabb ne firishtoṉ ko,
Maiṉ banáúṉgá ek bashar khankhanáte sane
gáre se;
29 Phir jab ṭhík karúṉ us ko, aur phúnk
dúṉ us meṉ apní ján se, to gir paṛiyo us ke
sijde meṉ.
30 Tab sijda kiyá un firishtoṉ ne sáre ekaṭ-
ṭhe;
31 Magar Iblís ne na máná ki sáth ho sijda
karnewáloṉ ke.
32 Farmáyá, Ai Iblís, kyá húá tujh ko ki
na sáth húá sijdewáloṉ ke?
33 Bolá, Maiṉ wuh nahíṉ ki sijda karúṉ ek
bashar ko, ki tú ne banáyá khankhanáte sane
gáre se.
34 Farmáyá, Tú to nikal yaháṉ se; tujh par
phenk már hai;
35 Aur tujh par piṭkár hai insáf ke din tak.
36 Bolá, Ai Rabb, tú mujh ko ḍhíl de us
din tak ki murde jíweṉ.
37 Farmáyá, To tujh ko ḍhíl hai,
38 Ṭhahare waqt ke din tak.
39 Bolá, Ai Rabb, jaisá tú ne mujh ko ráh
se khoyá, maiṉ in sab ko baháreṉ dikhláúṉgá
zamín meṉ, aur ráh se khoúngá un ko,
40 Magar jo tere chune bande haiṉ.
41 Farmáyá, Yih ráh hai mujh tak sídhí.
42 Jo mere bande haiṉ, tujh ko un par kuchh

zor nahín, magar jo terí ráh chalá ḳharáb logon
men;
43 Aur dozaḳh par wada hai un sab ká.
44 Us ke sát darwáze hain; har darwáze ko
un men ek firqa baṭ rahá hai.
(4 *R.*) 45 Jo parhezgár hain, bágon men
hain, aur nadíon men.
46 Jáo us men salámatí se ḳhátir jama se.
47 Aur nikál ḍále ham ne jo un ke jíon men
thí ḳhafagí; bháí ho gae taḳhton par baiṭhe
sámhne.
48 Na pahunchegí un ko wahán kuchh tak-
líf, aur na un ko wahán se koí nikále.
49 Ḳhabar suná de mere bandon ko, ki main
asl baḳhshnewálá, mihrbán hún.
50 Aur yih bhí ki merí már wuhí dukh kí
már hai.
51 Aur ahwál suná un ko Ibráhím ke mih-
mánon ká.
52 Jab chale áe us ke ghar men, aur bole,
Salám, wuh bolá Ham ko tum se ḍar malúm
hotá hai.
53 Bole, Ḍar mat; ham tujh ko ḳhushí su-
náte hain ek hoshyár laṛke kí.
54 Bolá, Tum ḳhushí sunáte ho mujh ko jab
pahunch chuká mujh ko buṛhápá; ab káhe
par ḳhushí sunáte ho?
55 Bole, Ham ne tujh ko ḳhushí sunáí tha-
qíq, so mat ho náummaidon men.
56 Bolá, Aur kaun ás toṛe apne Rabb kí
mihr se, magar jo ráh bhúle hain.
57 Bolá, Phir kyá muhim hai tumhárí, Ai
Alláh ke bhejo.
58 Bole, Ham bheje áe hain ek qaum gunah-
gár par.

59 Magar Lút ke gharwále, ham un ko bachá lenge sab ko.
60 Magar ek us kí aurat ham ne ṭhahrá liyá; wuh hai rah jánewálon men.
61 Phir jab pahunche Lút ke ghar, we bheje húe,
62 Bolá, Tum log hoge opare.
(5 *R.*) 63 Bole, Nahín, par ham láe hain tujh pás jis men we jhagarte the.
64 Aur ham láe hain tujh pás muqarrar bát, aur ham sach kahte hain.
65 So le nikal apne ghar ko rát hí se, aur áp chal un ke píchhe, aur muṛkar na dekhe tum men koí, aur chale jáo jahán tum ko hukm hai.
66 Aur chuká diyá ham ne us ko wuh kám, ki un kí jaṛ kaṭí hai subh hote.
67 Aur áe shahr log ḳhushíán karte.
68 Bolá, Ye log mihmán hain, so mujh ko mat ruswá karo.
69 Aur ḍaro Alláh se, aur merí ábrú mat kho.
70 Bole, Ham ne tujh ko nahín mana kiyá jahán kí himáyat se.
71 Bolá, Ye házir hain merí beṭíán, agar tum ko karná hai.
72 Qasam hai terí ján kí, we apní mastí men madhosh hain.
73 Phir pukaṛá un ko chinghár ne súraj nikalte.
74 Phir kar ḍálí ham ne wuh bastí úpar tale, aur barsáe un par patthar kankar ke.
75 Albatta us men nishánián hain áṭkal-wálon ko.
76 Aur wuh bastí hai sídhí ráh par.

77 Albatta us men nishání hai yaqín karne-
wálon ko.
78 Aur tahqíq the ban ke rahnewále gunah-
gár.
79 So ham ne badalá liyá un se, aur ye donon
shahr ráh par hain nazar áte.
(6 *R.*) 80 Aur tahqíq jhuṭhláyá Hajrwálon
ne rasúlon ko.
81 Aur dín ham ne un ko apní nishánián;
so rahe un ko ṭaláte.
82 Aur the taráshte pahāṛon ke ghar k̤hátir
jamạ se.
83 Phir pakaṛá un ko chinghár ne subh hote.
84 Phir kám na áyá un ko jo kamáte the.
85 Aur ham ne banáe nahín ásmán o zamín,
aur jo un ke bích hai, bagair tadbír; aur qiyá-
mat muqarrar ánewálí hai, so kinára pakaṛ
achchhí tarah kinára.
86 Terá Rabb jo hai, wuhí hai banánewálá
k̤habardár.
RUBA. 87 Aur ham ne tujh ko dí hain sát
áyaten wazífa, aur Qurán baṛe darje ká.
88 Mat pasár apní ánkhen un chízon par,
jo baratne ko dín ham ne un ko kaí tarah kí
logon ko, aur na gam khá un par, aur jhuká
apne bázú ímánwálon ke wáste.
89 Aur kah, ki Main wuhí hún ḍaránewálá
kholkar.
90 Jaisá ham ne pahuncháyá hai un bánṭí
karnewálon par,
91 Jinhon ne kiyá hai Qurán ko boṭíán;
92 So qasam hai tere Rabb kí, ham ko púchh-
ná hai un sab se,
93 Jo kám karte the.

94 So kholkar suná de jo tujh ko hukm húá, aur dhiyán na kar sharíkwálon ká.

95 Ham bas hain terí taraf se ṭhaṭṭhe karnewálon ko.

96 Jo ṭhaharáte hain Alláh ke sáth aur kisí kí bandagí, so áge malúm karenge.

97 Aur ham jánte hain, ki terá jí ruktá hai un kí báton se.

98 So tú yád kar ḳhúbíán apne Rabb kí, aur ho sijde karnewálon men.

99 Aur bandagí kar apne Rabb kí, jab tak pahunche tujh ko yaqín.

SURA I NAHL.

Makke men názil húí; 128 áyat kí hai.

BISMI-L-LÁHI-R-RAHMÁNI-R-RAHÍM.

(1 *R.*) 1 Pahunchá hukm Alláh ká, so us kí shitábí mat karo; wuh pák hai, aur úpar hai un ke sharík batáne se.

2 Utártá hai firishte bhed lekar apne hukm se, jis par cháhe apne bandon men, ki ḳhabar pahunchá do, ki Kisí kí bandagí nahín siwáe mere, so mujh se ḍaro.

3 Banáe ásmán o zamín; ṭhík wuh úpar hai un ke sharík batáne se.

4 Banáyá ádmí ek búnd se; tabhí wuh ho gayá jhagaṛtá boltá.

5 Aur chaupáe baná diye; tum ko un men charáwal hai, aur kitte fáide, aur bazon ko kháte ho.

6 Aur tum ko un se raunaq hai, jab shám phir láte ho, aur jab charáte ho.

7 Aur uṭhá le chalte hain bojh tumhárá un shahron tak, ki tum na pahunchte wahán

magar ján toṛ kar; beshakk tumhárá Rabb baṛá shafaqatwálá mihrbán hai.

8 Aur ghoṛe banáe, aur khacharen, aur gadhe, ki un par sawár ho, aur raunaq; aur banátá hai jo tum nahíṉ jánte.

9 Aur Alláh par pahunchí hai sídhí ráh, aur koí ráh kaj bhí hai; aur wuh cháhe, to ráh de tum sab ko.

(2 *R.*) 10 Wuhí hai, jis ne utárá ásmán se pání; tumhárá us se píná hai, aur us se darakht haiṉ, jin meṉ charáte ho.

11 Ugátá hai tumháre wáste us se khetí, aur zaitún, aur khajúreṉ, aur angúr, aur har qism ke mewe; us meṉ nishání hai un logoṉ ko, jo dhiyán karte haiṉ.

12 Aur kám lagáe tumháre rát aur din, aur súraj, aur chánd, aur táre, kám meṉ lage haiṉ us ke hukm se; us meṉ nisháníáṉ haiṉ un logoṉ ko, jo bújh rakhte haiṉ.

13 Aur jo bikherá hai tumháre wáste zamín meṉ, kaí rang ká, us meṉ nishání hai un logoṉ ko, jo sochte haiṉ.

14 Aur wuhí hai, ki jis ne kám lagáyá daryá ko, ki kháo us meṉ se gosht táza, aur nikálo us se gahná, jo pahinte ho, aur dekhe tú kishtíáṉ phárti chaltí us meṉ, aur is wáste ki talásh karo us ke fazl se, aur sháyad ihsán máno.

15 Aur ḍále zamín meṉ bojh, ki kabhí jhuk paṛe tum ko lekar, aur nadíáṉ banáíṉ, aur ráheṉ, sháyad tum ráh páo.

16 Aur banáe pate, aur táre se log ráh páte haiṉ.

17 Bhalá, jo paidá kare barábar hai us ke, jo kuchh na paidá kare? kyá tum soch nahíṉ karte?

18 Aur agar gino niạmateṉ Alláh kí, na púrá

kar sako un ko; beshakk Alláh bakhshnewálá mihrbán hai.

19 Aur Alláh jántá hai jo chhipáte ho, aur jo kholte ho.

20 Aur jin ko pukárte hain Alláh ke siwáe, kuchh paidá nahín karte, aur áp paidá hote hain.

21 Murde hain, jin men jí nahín; aur khabar nahín rakhte:

22 Kab uṭháe jáwenge?

(3R.) 23 Mabúd tumhárá mabúd hai akelá, so jo yaqín nahín rakhte pichhlí zindagí ká, un ke dil nahín mánte, aur we magrúr hain.

24 Ṭhík bát hai, ki Alláh jántá hai jo chhipáte hain, aur jo jatáte hain.

25 Beshakk wuh nahín cháhtá gurúr karnewálon ko.

26 Aur jab kahiye un ko, Kyá utárá hai tumháre Rabb ne? kahen, Naqlen hain pahlon kí.

27 Ki uṭháwen bojh apne púre din qiyámat ke, aur kuchh bojh un ke, jin ko bahkáte hain be tahqíq; suntá hai bará bojh hai, jo uṭháte hain.

(4R.) 28 Dagábází kar chuke hain un se agle; phir pahunchá Alláh un kí chunáí par neo se; phir gir parí un par chhat úpar se, aur áyá un par azáb jahán se khabar na rakhte the.

29 Phir qiyámat ke din ruswá karegá un ko, aur kahegá, Kahán hain mere sharík, jin par tum zidd karte the? Bolenge, jin ko khabar milí thí, Beshakk ruswáí áj ke din, aur buráí munkiron par hai.

30 Jin kí ján lete hain firishte, aur we burá kar rahe hain apne haqq men, tab á girenge itáat se, ki ham to na karte the kuchh buráí; kyún nahín? Alláh khúb jántá hai jo tum karte the.

31 So paiṭho darwázon men dozakh ke; rahá karo us men; so kyá burá ṭhikáná hai gurúr karnewálon ká.

32 Aur kahá parhezgáron ko, Kyá utárá tumháre Rabb ne? bole, Nek bát; jinhon ne bhaláí kí is dunyá men, un ko bhaláí hai, aur pichhlá ghar bihtar hai; aur kyá khúb ghar hai parhezgáron ká!

33 Bág hain rahne ke, jin men we jáwenge; bahtí hain un ke níche se nahren; un ko wahán hai jo cháhen; aisá badlá degá Alláh parhezgáron ko.

34 Jin kí ján lete hain, firishte, aur wuh suthre hain, un ko kahte hain, Salámatí hai tum par; jáo bihisht men, badlá us ká, jo tum karte the.

35 Ab kuchh ráh dekhte hain magar yihí, ki áwen un par firishte, yá pahunche hukm tere Rabb ká; isí tarah kiyá un se aglon ne; aur Alláh ne zulm na kiyá un par, lekin we apná burá karte rahe.

36 Phir paṛe un par un ke bure kám, aur ulaṭ paṛá un par jo ṭhaṭṭhá karte the.

(5 *R.*) 37 Aur bole sharík pakaṛnewále, Agar cháhtá Alláh, na pújte ham us ke siwáe koí chíz, aur na hamáre báp, aur na harám ṭhahrá lete ham us ke siwáe koí chíz; isí tarah kiyá un se aglon ne: so rasúlon par zimma nahín magar pahunchá dená kholkar.

38 Aur ham ne uṭháe hain har ummat men rasúl, ki bandagí karo Alláh kí, aur bacho har dange se; so kisí ko ráh dí Alláh ne, aur kisí par sábit húí gumráhí; so phiro zamín men, to dekho kaisá húá ákhir jhuṭlánewálon ká.

39 Agar tú lalcháwe un ko ráh par láne ko,

Alláh ráh nahíṇ detá jis ko bichlátá hai, aur koí nahíṇ un ká madadgár.

40 Aur qasmeṇ kháte haiṇ, Alláh kí pach kí qasmeṇ, ki na uṭháwegá Alláh jo koí mar jáwe; kyúṇ nahíṇ? waḍa bo chuká is par sábit, lekin aksar log nahíṇ jánte.

41 Is wáste ki khol de un par, jis bát meṇ jhagarte haiṇ; aur tá malúm kareṇ munkir, ki we jhúṭhe the.

NIẞF. (6 R.) 42 Hamárá kahná kisí chíz ko, jab ham ne us ko cháhá, yihí hai, ki kaheṇ us ko, Ho, to wuh ho jáwe.

43 Aur jinhoṇ ne ghar chhoṛá Alláh ke wáste, bad us ke ki zulm uṭháyá, albatta un ko ṭhikáná denge ham dunyá meṇ achchhá, aur sawáb áḳhirat ká to bahut baṛá hai, agar un ko malúm hotá;

44 Jo sábit rahe, aur apne Rabb par bharosá kiyá.

45 Aur tujh se pable bhí ham ne yihí mard bheje the, ki hukm bhejte the un kí taraf; so púchho yád rakhnewáloṇ se, agar tum ko malúm nahíṇ.

46 Bheje the nisháníáṇ lekar, aur waraq, aur tujh ko utárí ham ne yih yáddásht, ki tú khol de logoṇ pás jo utárá un kí taraf, aur sháyad we dhiyán kareṇ.

47 So kyá niḍar húe haiṇ, jo bure dáo karte haiṇ, ki dhasá de Alláh un ko zamín meṇ, yá bheje un ko azáb, jahán se ḳhabar na rakhte hoṇ?

48 Yá pakaṛe un ko chalte phirte, so we nahíṇ ṭhikánewále.

49 Yá pakaṛe un ko ḍaráne kar, so tumhárá Rabb baṛá narm hai mihrbán.

50 Kyá nahíṇ dekhte jo Alláh ne banáí hai?

koí chíz ḍhaltí haiṉ chháweṉ un ke dahine se, aur báweṉ se, sijda kartí Alláh ko, aur we ájizí meṉ haiṉ.

51 Aur Alláh ko sijda kartá hai jo ásmán meṉ hai, aur jo zamín meṉ hai, jándároṉ se aur firishte, aur we baṛáí nahíṉ karte.

52 Ḍar rakhte haiṉ apne Rabb ká úpar se, aur karte haiṉ jo hukm páte haiṉ.

(7 *R.*) 53 Aur kahá hai Alláh ne, Na pakaṛo do mạbúd; wuh mạbúd ek hí hai; so mujhí se ḍaro.

54 Aur usí ká hai jo kuchh hai ásmánoṉ aur zamín meṉ, aur usí ká insáf hai hamesha; so kyá siwáe Alláh ke kisí se ḳhatrá rakhte ho?

55 Aur jo tumháre pás hai koí niạmat, so Alláh kí taraf se; phir jab lagtí hai tum ko saḳhtí, to usí kí taraf chilláte ho.

56 Phir jab khol dí saḳhtí tum se, tabhí ek firqa tum meṉ apne Rabb ke sáth lagtá hai sharík batáne,

57 Tá munkir ho jáweṉ us chíz se, jo ham ne dí; so barat lo; áḳhir mạlúm karoge.

58 Aur ṭhahráte haiṉ aisoṉ ko, jin kí ḳhabar nahíṉ rakhte ek hissa hamárí dí rozí meṉ se; qasam Alláh kí, tum se púchhná hai, jo jhúṭh bándhte the.

59 Aur ṭhahráte haiṉ Alláh ko beṭíáṉ; wuh is láiq nahíṉ, aur áp ko jo dil cháhe.

60 Aur jab ḳhushḳhabarí milí aise ko beṭí kí, sáre din rahe us ká muṉh siyáh, aur jí meṉ ghunṭ rahá.

61 Chhipá phire logoṉ se máre us ḳhushḳhabarí kí burái se, jo sune us ko rahne de zillat qabúl kar kar, yá us ko dáb de miṭṭí meṉ; suntá hai burí chakautí karte haiṉ.

62 Jo nahíṉ mánte pichhle din ko, unhíṉ

par burí kahâwat hai; aur Alláh kí kahâwat sab se úpar, aur wuhí hai zabardast hikmatwálá.

(8 *R.*) 63 Aur agar pakaṛe Alláh logon ko un kí beinsáfí par, na chhoṛe zamín par ek chalnewálá, lekin ḍhíl detá hai un ko ek ṭhahare wạde tak; phir jab pahunchá un ká wạda na der karenge ek ghaṛí, aur na jaldí.

64 Aur karte hain Alláh ká, jo apná jí na cháhe, aur batáte hain zubánen un kí jhúṭh, ki un ko ḳhúbí hai, áp hí sábit húá, ki un ko ág hai, aur we baṛháe játe hain.

65 Qasam Alláh kí, ham ne rasúl bheje kitne firqon men tujh se pahle; phir sawáre un ke áge Shaitán ne un ke kám, so wuhí rafíq un ká hai áj, aur un ko dukh kí már hai.

66 Aur ham ne utárí tujh par kitáb, isí wáste ki khol sunáwe un ko jis men jhagaṛ rahe hain, aur samjháne ko, aur mihr ko un logon par, jo mánte hain.

67 Aur Alláh ne utárá ásmán se pání, phir us se jiláyá zamín ko us ke marne píchhe; us men pate hain un logon ko, jo sunte hain.

68 Aur tum ko chaupáeon men bojh kí jagah hai, piláte hain tum ko us ke peṭ kí chízon men se gobar, aur lahú ke bích men se dúdh suthrá, rachtá pínewálon ko.

69 Aur mewon se ḳhajúr ke, aur angúr ke, banáte ho us se nashá, aur rozí ḳhásí; us men patá hai un logon ko, jo bújhte hain.

(9 *R.*) 70 Aur hukm bhejá tere Rabb ne shahd kí makkhí ko, ki baná le paháṛon men ghar, aur daraḳhton men, aur jahán chhatarían ḍálte hain.

71 Phir khá har tarah ke mewon se; phir chal ráhon men apne Rabb kí sáf paṛí hain; nikaltí hai un ke peṭ men se píne kí chíz, jis

ke kaí rang hain; us men ázár change hote hain logon ke; us men patá hai un logon ko, jo dhiyán karte hain.

72 Aur Alláh ne tum ko paidá kiyá, phir tum ko maut detá hai, aur koí tum men pahunchtá hai na kamí umr ko, ki samajhke píchhe kuchh na samajhne lage; Alláh sab khabar rakhtá hai qudratwálá.

73 Aur Alláh ne baṛáí dí tum men ek ko ek se rozí kí; so jin ko baṛáí dí nahín pahunchâte apní rozí un ko, jin ke málik un ke háth hain, ki we sab us men barábar rahen; kyá Alláh kí niamat ke munkir hain?

(10 *R.*) 74 Aur Alláh ne baná dín tum ko tumhárí qism se auraten, aur diye tum ko tumhárí auraton se beṭe, aur pote; aur kháne ko dín tum ko suthrí chízen; so kyá jhúṭhí báten mánte hain, aur Alláh ke fazl ko nahín mánte!

75 Aur pújte hain Alláh ke siwáe aison ko, jo mukhtár nahín un kí rozí ke, ásmán o zamín men se kuchh; aur na maqdúr rakhte hain.

76 So mat biṭháo Alláh par kaháwaten; Alláh jántá hai, aur tum nahín jánte.

77 Alláh ne batáí ek kaháwat; ek banda paráyá mál maqdúr nahín rakhtá kisí chíz par; aur ek, jis ko ham ne rozí dí apní taraf se khásí rozí, so wuh kharch kartá hai us men se chhipe aur khule, kahen barábar hote hain? sab taríf Alláh ko hai, par we bahut log nahín jánte.

78 Aur batáí Alláh ne ek misál; do mard hain, ek gúngá, kuchh kám nahín kar saktá, aur wuh bojh hai apne sáhib par; jis taraf us ko bheje na kar láwe kuchh bhalá; kahín barábar hai wuh, aur ek shakhs, jo hukm kartá hai insáf par, aur hai sídhí ráh par?

(11 *R.*) 79 Aur Alláh pás haiṉ bhed ásmán o zamín ke, aur qiyámat ká kám waisá hí hai jaise lapak nigáh kí, yá is se qaríb; aur Alláh har chíz par qádir hai.

80 Aur Alláh ne tum ko nikálá tumhárí má ke peṭ se; na jánte the tum kuchh; diye tum ko kán aur ánkheṉ, aur dil, sháyad ihsán máno.

81 Kyá nahíṉ dekhte uṛte jánwar hukm ke bándhe ásmán kí hawá meṉ? koí nahíṉ thám rahá un ko siwáe Alláh ke; us meṉ pate haiṉ un logoṉ ko, jo yaqín láe haiṉ.

82 Aur Alláh ne baná diye tum ko tumháre ghar basne kí jagah, aur baná diye chaupáeoṉ kí khál se ḍere, jo halke lagte haiṉ tum ko, jis din safar meṉ ho, aur jis din ghar meṉ, aur un kí ún se aur babríoṉ se aur báloṉ se, kitte asbáb, aur baratne kí chíz ek waqt tak.

83 Aur Alláh ne baná diye tum ko apní banáí chízoṉ kí chháweṉ, aur baná díṉ tum ko paháṛoṉ meṉ chhipne kí jagaheṉ, aur baná diye tum ko kuṛte, jo bacháo hai garmí ká, aur kuṛte, jo bacháo hai laṛáí ká; isí tarah púrá kartá hai apná ihsán tum par, sháyad tum hukm meṉ áo.

84 Phir agar phir jáweṉ, to terá kám yihí hai kholkar suná dená.

85 Pahchánte haiṉ Alláh ká ihsán, phir munkir ho játe haiṉ, aur bahut un meṉ ná shukr haiṉ.

(12 *R.*) 86 Aur jis din khaṛá kareṉ ham har firqe meṉ ek batánewálá, phir hukm na mile munkiroṉ ko, aur na un se tauba mánge.

87 Aur jab dekheṉ beinsáf már, phir halkí na ho un se, aur na un ko ḍhíl mile.

88 Aur jab dekheṉ sharík pakaṛnewále apne sharíkoṉ ko, boleṉ, Ai Rabb, Ye hamáre

sharík haiṉ, jin ko ham pukárte the tere siwáe; tab we un par ḍáleṉ bát, ki Tum jhúṭhe ho.
89 Aur á paṛeṉ Alláh ke áge us din ájiz ho kar, aur bhúl jáwe un ko, jo jhúṭh bándhte the.
90 Jo munkir húe, aur rokte haiṉ Alláh kí ráh se, un kí hai baṛháí már par már badlá us ká jo sharárat karte the.
91 Aur jis din khaṛá karenge ham har firqe meṉ ek batánewálá un par unhíṉ meṉ ká, aur tujh ko láweṉ batáne ko un logoṉ par, aur utárí ham ne tujh par kitáb bewrá har chíz ká, aur ráh kí sújh, aur mihr aur ḳhushḳhabrí hukm bardároṉ ko.
SULS. (13 *R.*) 92 Alláh hukm kartá hai insáf ko, aur bhaláí ko, aur dene ko nátewále ke, aur mana kartá hai behayáí ko, aur námaqúl kám ko, aur sarkashí ko, tum ko samjhátá hai, sháyad tum yád rakho.
93 Aur púrá karo qarár Alláh ká, jab ápas meṉ qarár karo, aur na toṛo qasameṉ pakkí kiye píchhe, aur karke Alláh ko apná zámin; Alláh jántá hai jo karte ho.
94 Aur na ho jaisí wuh aurat, ki toṛá us ne apná sút kátá, mihnat kiye píchhe, ṭukṛe ṭukṛe, ki ṭhahráo apní qasameṉ paiṭhne ká baháná ek dúsre meṉ, is wáste ki ek firqe ho, ki ziyáda chaṛh rahá dúsre se; yih to Alláh parakhtá hai tum ko is se, aur áge khol degá Alláh tum ko qiyámat ke din, jis bát meṉ tum phúṭ rahe the.
95 Aur Alláh cháhtá, to tum sab ko ek hí firqa kartá, lekin bahkátá hai jis ko cháhe, aur sujhátá hai jis ko cháhe, aur tum se púchh hotí hai, jo kám tum karte the.
96 Aur na ṭhahráweṉ apní qasameṉ ralne ká bahána ek dúsre se, ki ḍig na jáweṉ kisí

ká pánw jame píchhe, aur tum chakho sazá us par, ki tum ne roká Alláh kí ráh se, aur tum ko barí már ho.

97 Aur na lo Alláh ke qarár par mol thorá; beshakk jo Alláh ke yahán hai, wuhí bihtar hai tum ko, agar jánte ho.

98 Jo tum pás hai nibar jáegá, aur jo Alláh pás hai, so rahtá hai, aur ham badle men denge thaharnewálon ko un ká haqq bihtar kámon par, jo karte the.

99 Jis ne kiyá nek kám, mard ho yá aurat, aur wuh yaqín par hai, to ham us ko jilá denge ek achchhí zindagí, aur badle men denge un ko haqq un ká bihtar kámon par, jo karte the.

100 So jab tú parhne lage Qurán, phir to panáh le Alláh kí Shaitán i mardúd se.

101 Us ká zor nahín chaltá un par, jo yaqín rakhte hain, aur apne Rabb par bharosá karte hain.

102 Us ká zor unhín par hai, jo us ko rafíq samajhte hain, aur jo us ko sharík thahráte hain.

(14 *R.*) 103 Aur jab ham badalte hain ek áyat kí jagah dúsrí; aur Alláh bihtar jántá hai, jo utártá hai; kahte hain, Tú to baná látá hai; yún nahín, par un bahuton ko khabar nahín.

104 Tú kah, Us ko utárá hai pák firishte ne tere Rabb kí taraf se tahqíq, tá sábit kare ímánwálon ko, aur ráh kí sújh, aur khushkhabrí musalmánon ko.

105 Aur ham ko malúm hai, ki we kahte hain, us ko to sikhátá hai *ádmí*, jis par taríz karte hain, us kí zubán hai oprí; aur yih zubán Arabí hai sáf.

106 Jin ko Alláh kí báten yaqín nahín áín,

un ko Alláh ráh nahín detá, aur un ko dukh kí már hai.

107 Jhúṭh batáte we hain, jin ko yaqín nahín Alláh kí báton par, aur wuhí log hain jhúṭhe.

108 Jo koí munkir húá Alláh se, yaqín láe píchhe, magar wuh nahín jis par zabardastí kí, aur us ká dil barqarár hai ímán par, lekin jo koí dil kholkar munkir húá, so un par gazab húá Alláh ká, aur un ko baṛí már hai.

109 Ye is wáste ki unhon ne azíz rakhí dunyá kí zindagí áḳhirat se, aur Alláh ráh nahín detá munkir logon ko.

110 Wuhí hain, ki muhr kar dí Alláh ne un ke dil par, aur kánon par, aur ánkhon par, aur wuhí hain behosh. Áp hí sábit húá, ki áḳhirat men wuh hí ḳharáb hain.

111 Phir yún hai, ki terá Rabb un logon par, ki watan chhoṛá hai, bad is ke ki bichhláe gae; phir laṛte rahe, aur ṭhahare rahe, terá Rabb in báton ke bad baḳhshnewálá hai, mihrbán.

(15 *R.*) 112 Jis din áwegá har jí jawáb sawál kartá apní taraf se, aur púrá milegá har kisí ko jo us ne kamáyá, aur un par zulm na hogá.

113 Aur batáí Alláh ne kaháwat, ek bastí thí, chain amn se chalí átí thí, us ko rozí farágat kí har jagah se; phir ná shukrí kí Alláh ke ihsánon kí; phir chakháyá us ko Alláh ne maza, ki un ke tan ke kapṛe húe bhúkh, aur ḍar badlá us ká, jo karte the.

114 Aur un ko pahunch chuká rasúl unhín men ká; phir us ko jhuṭhláyá; phir pakṛá un ko azáb ne, aur we gunahgár the.

115 So kháo jo rozí dí tum ko Alláh ne halál, aur pák, aur shukr karo Alláh ke ihsán ká, agar tum usí ko-pújte ho.

116 Yihí harám kiyá hai tum par, murda,

aur lahú aur súar ká gosht, aur jis par nám pukárá Alláh ke siwáe kisí ká; phir jo koí náchár ho jáwe, na zor kartá ho, na ziyádatí to Alláh bakhshnewálá, mihrbán hai.

117 Aur mat kaho apní zubán ke jhúṭh batáne se, ki Yih ḥalál hai, aur yih ḥarám hai, ki Alláh par jhúṭh bándhte ho; beshakk jo jhúṭh bándhte hain Alláh par, bhalá nahín páte.

118 Thoṛá sá barat len, aur un ko dukh kí már hai.

119 Aur jo log Yahúdí hain, un par ḥarám kiyá thá, jo tujh ko suná chuke the, aur ham ne un par zulm nahín kiyá, par apne úpar áp zulm karte the.

120 Phir yún hai, ki terá Rabb un logon par, jinhon ne buráí kí nádání se, phir tauba kí us ke píchhe, aur sanwár pakaṛí, terá Rabb in báton ke píchhe bakhshnewálá, mihrbán hai.

(16 *R.*) 121 Asl Ibráhím thá ráh ḍálnewálá, hukm bardár Alláh ká, ek taraf ká hokar, aur na thá sharíkwálon men, haqq mánnewálá us ke ihsánon ká.

122 Us ko Alláh ne chun liyá, aur chaláyá sídhí ráh par.

123 Aur dí dunyá men ham ne us ko khúbí, aur wuh ákhirat men achchhe logon men hai.

124 Phir hukm bhejá ham ne tujh ko, ki chal dín Ibráhím par, jo ek taraf ká thá, aur na thá wuh sharíkwálon men.

125 Hafte ká din jo ṭhahráyá, so unhín par, jo us men phúṭh gae, aur terá Rabb hukm karegá un men qiyámat ke din, jis bát men phúṭh rahe the.

126 Bulá apne Rabb kí ráh par pakkí báten samjhá kar, aur nasíhat kar kar bhalí tarah, aur ilzám de un ko jis tarah bihtar ho; terá

Rabb hí bihtar jántá hai, jo bhúlá us ke ráh se, aur wuhí bihtar jáne, jo ráh par hain.

127 Aur agar badlá do, to badlá do is qadr jitní tum ko taklíf pahunchí; aur agar sabr karo, to yih bihtar hai sabrwálon ko.

128 Aur tú sabr kar, aur tujh se sabr ho sake Alláh kí madad se; aur un par gam na khá, aur na khafa rah un ke fareb se; Alláh sáth hai un ke jo parhezgár hain, aur jo nekí karte hain.

SURA I BANI ISRAIL.

Makke men názil húí; 111 *áyat kí hai.*

BISMI-L-LÁ HI-R-RAHMÁ NI-R-RAHÍM.

PANDRAHWAN SIPARA.

(1 R.) 1 Pák zát hai, jo le gayá apne bande ko rátí rát adabwálí masjid se parlí masjid tak, jis men ham ne khúbíán rakhí hain, ki dikháwen us ko kuchh apní qudrat ke namúne; wuhí hai suntá dekhtá.

2 Aur dí ham ne Músá ko kitáb, aur sújh dí baní Isráíl ko, ki na hawále karo mere siwáe kisí par kám.

3 Tum, jo auládho un kí, jin ko lád liyá ham ne Núh ke sáth: wuh thá banda haqq mánnewálá.

4 Aur sáf kah sunáyá ham ne baní Isráíl ko kitáb men, ki tum kharábí karoge mulk men do bára, aur charh jáoge burí tarah ká charhná.

5 Phir jab áyá pahlá wada, uthác ham ne tum par ek bande apne sakht laráíwále; phir phail pare shahron ke bích; aur wuh wada honá hí thá.

6 Phir ham ne pherí tumhárí bárí un par,

aur zor diyá tum ko mál se, aur beṭoṉ se, aur us se ziyáda kar dí tumhárí bhír.

7 Agar bhaláí kí tum ne, bhaláí kí apní; aur agar buráí kí, to áp ko; phir jab pahunchá wạda pichhlí bár ká, ki we log udás kareṉ tumháre muṉh, aur paiṭheṉ masjid meṉ, jaise paiṭhe pahlí bár, aur ḳharáb kareṉ jis jagah gálib hoṉ púrí ḳharábí.

8 Áyá hai Rabb tumhárá is par, ki tum ko rahm kare; aur agar phir wuhí karoge, to ham phir wuhí karenge, aur rakhá hai ham ne dozaḳh munkiroṉ ká bandíḳhána.

9 Yih Qurán batátá hai wuh ráh, jo sab se sídhí; aur ḳhushí sunátá hai.

10 Un ko, jo yaqín láe aur nekíáṉ kíṉ, ki un ko hai baṛá sawáb.

11 Aur yih, ki jo nahíṉ mánte pichhlá din, un ke liye rakhí hai ham ne dukh kí már.

(2 R.) 12 Aur mángtá hai ádmí buráí, jaise mángtá hai bhaláí; aur hai insán utáolá.

13 Aur ham ne banáí rát aur din do namúne, phir miṭá diyá namúna rát ká, aur baná diyá din ká namúna dekhne ko, ki talásh karo fazl apne Rabb ká, aur malúm karo gintí barsoṉ kí, aur hisáb; aur sab chíz sunáí ham ne kholkar.

14 Aur jo ádmí hai, lagá dí ham ne us kí burí qismat us kí gardan se, aur nikál dikháwenge us ko qiyámat ke din likhá, ki páwegá us ko khulá.

15 Paṛh le likhá apná tú hí; bas hai áj ke din apná hisáb lenewálá.

16 Jo koí ráh par áyá, to áyá apne hí wáste; aur jo koí bahká rahá, to bahká rahá apne hí bure ko; aur kisí par nahíṉ paṛtá bojh dúsre ká; aur ham kuchh nahíṉ balá ḍálte jab tak na bhejeṉ koí rasúl.

17 Aur jab ham ne cháhá, ki khapáweṉ koí
bastí, hukm bhejá us ke aish karnewáloṉ par;
phir unhoṉ ne behukmí kí; tab sábit húí un
par bát; tab ukháṛ márá un ko uṭhá kar.

18 Aur kitní khapá díṉ ham ne sangateṉ
Núh se píchhe; aur bas hai, terá Rabb apne
bandoṉ ke gunáh jántá dekhtá.

19 Jo koí cháhtá ho pahlá ghar, shitáb de
chuke ham us ko usí meṉ jitná cháheṉ, jis ko
cháheṉ; phir ṭhahráyá hai ham ne us ke wáste
dozakh; paiṭhegá us meṉ burá sun kar dha-
kelá já kar.

20 Aur jis ne cháhá pichhlá ghar, aur dauṛ
kí us ke wáste jo us kí dauṛ hai, aur wuh yaqín
par hai, so aisoṉ kí dauṛ nek lagí hai.

21 Har ek ko ham pahuncháe játe haiṉ un
ko, aur un ko tere Rabb kí bakhshish meṉ se,
aur tere Rabb kí bakhshish kisí ne nabíṉ gherí.

22 Dekh, kaisá baṛháyá ham ne ek ko ek
se, aur pichhle ghar meṉ to aur baṛe darje
haiṉ aur baṛí baṛái.

23 Na ṭhahrá Alláh ke sáth dúsrá hákim;
phir baiṭh rahegá tú ulahná pákar bekas ho kar.

(3 R.) 24 Aur chuká diyá tere Rabb ne, ki
na pújo us ke siwáe, aur má báp se bhalái;
kabhí pahunch na jáwe tere sámhne burhápe
ko, wuh ek yá donoṉ, tá na kaho un ko, Hoṉ,
aur na jhiṛak un ko, aur kah un ko bát adab kí.

25 Aur jhuká un ke áge kandhe ájzí kar
kar niyáz se, aur kah, Ai Rabb un par rahm
kar, jaisá pálá unhoṉ ne mujh ko chhoṭá.

26 Tumhárá Rabb khúb jántá hai jo tum-
háre jí meṉ hai; jo tum nek hoge,

27 To wuh rujúwáloṉ ko bakhshtá hai.

28 Aur de nátewále ko us ká haqq, aur muh-
táj ko, aur musáfir ko, aur mat uṛá bikher kar.

29 Beshakk uṛánewále bhái haiṉ Shaitánoṉ ke, aur Shaitán hai apne Rabb ká ná shukr.

30 Aur agar kabhí tagáful kare, to un kí taraf se talásh meṉ mihrbání kí apne Rabb kí taraf se, jis kí tauwaqu rakhtá hai; tú kah un ko bát narmí kí.

31 Aur na rakh apná háth bandhá apní gardan ke sáth, aur na khol de us ko nirá kholná; phir tú baiṭh rahe ilzám kháyá hárá.

32 Terá Rabb kusháda kartá hai rozí jis ko cháhe, aur kastá hai; wuhí hai apne bandoṉ ko jántá dekhtá.

33 Aur na már ḍálo apní aulád ḍar se muflisí ke; ham rozí dete haiṉ un ko aur tum ko; beshakk un ká márná baṛí chúk hai.

(4 R.) 34 Aur pás na jáo badkárí ke; wuh hai behayáí, aur burí ráh hai.

35 Aur na máro ján, jo manạ kí Alláh ne magar haqq par; aur jo márá gayá zulm se, to diyá ham ne us ke wáris ko zor; so ab háth na chhoṛe ḳhún par; us ko madad hotí hai.

36 Aur pás na jáo yatím ke mál ke; magar jis tarah bihtar ho jab tak pahunche wuh apní jawání ko, aur púrá karo qarár ko; beshakk qarár kí púchh hai.

37 Aur púrá bhar do máp jab máp dene lago, aur taulo sídhí tarázú se. Yih bihtar hai, aur achchhá us ká anjám.

38 Aur na píchhe paṛ, jis bát kí ḳhabar nahíṉ tujh ko; beshakk kán, aur ánkh aur dil un sab kí us se púchh hai.

39 Aur na chal zamín par itrátá; tú pháṛ na ḍálegá zamín, aur na pahunchegá paháṛoṉ tak lambá ho kar.

40 Yih jitní báteṉ haiṉ, un meṉ sab se burí chíz hai tere Rabb kí bezárí.

41 Yih hai kuchh ek, jo wahí kiyá tere Rabb
ne terí taraf aql ke kámoṇ se ; aur na ṭhará
Alláh ke siwáe aur kí bandagí ; phir paṛe do-
zakh meṇ ulábná kháyá ḍhakelá.

42 Kyá tum ko chunkar diye tumháre Rabb
ne beṭe, aur áp liye firishte beṭíáṇ ? tum kahte
ho bát baṛí.

(5 R.)   43 Aur phir phir samjháyá ham ne
is Qurán meṇ, tá we socheṇ, aur un ko ziyáda
hotá hai wuhí bharakná.

44 Kah, Agar hote us ke sáth aur hákim
jaisá ye batáte haiṇ, to nikálte takht ke Sáhib
kí taraf ráh.

45 Wuh pák hai, aur úpar hai un kí bátoṇ
se bahut dúr.

46 Us kí suthráí bolte haiṇ sátoṇ ásmán, aur
zamín, aur jo koí un meṇ hai ; aur koí chíz
nahíṇ, jo nahíṇ paṛhtí khúbíáṇ us kí, lekin tum
nahíṇ samajhte un ká paṛhná ; beshakk wuh
hai tahammulwálá bakhshtá.

47 Aur jab tú paṛhtá hai Qurán, kar dete
haiṇ ham bích meṇ tere aur un logoṇ ke, jo
nahíṇ mánte pichhlá jíná, ek parda ḍhánká ;

48 Aur rakhte haiṇ un ke diloṇ par oṭ, ki
us ko samjheṇ, aur un ke kánoṇ meṇ bojh.

49 Aur jab mazkúr kartá hai tú Qurán meṇ
apne Rabb ká akelá kar kar, bhágte haiṇ ap-
ní píṭh par bidak kar.

50 Ham khúb jánte haiṇ jaisá we sunte haiṇ
jis waqt kán rakhte haiṇ terí taraf, aur jab we
mashwarat karte haiṇ, jab kahte haiṇ beinsáf,
jis ke kahe par chalte ho, Nahíṇ wuh magar
ek mard jádú ká márá.

51 Dekh, kaisí baiṭháte haiṇ tujh par kahá-
wateṇ, aur bahakte haiṇ ; so ráh nahíṇ pá sakte.

52 Aur kahte haiṇ, Kyá jab ham ho gaye

haḍḍíáṉ, aur chúra kiyá, ham phir uṭhenge nae bankar ?

53 Tú kah, Tum ho jáo patthar, yá lohá, yá koí ḳhilqat jo mushkil lage tumháre jí meṉ; phir ab kahenge, Kaun uṭháegá ham ko? kah, Jis ne banáyá tum ko pahlí bár; phir ab maṭkáwenge terí taraf apne sar, aur kahenge, Kab hai wuh? tú kah, Sháyad nazdík hí hogá.

54 Jis din tum ko pukáregá, phir chale áoge saráhte us ko, aur aṭkaloge ki der nahíṉ lagí tum ko magar thoṛí.

RUBA. (6*R.*) 55 Aur kah de mere bandoṉ ko, Bát wuhí kaheṉ, jo bihtar ho; Shaitán jhaṛapwátá hai ápas meṉ; Shaitán hai insán ká beshakk dushman i saríh.

56 Tumhárá Rabb bihtar jántá hai tum ko, agar cháhe tum par rahm kare, aur agar cháhe tum ko már de; aur tujh ko nahíṉ bhejá ham ne un par zimma lenewálá.

57 Aur terá Rabb bihtar jántá hai jo koí hai ásmánoṉ meṉ aur zamín meṉ; aur ham ne ziyáda kiyá hai baẕe nabíoṉ ko baẕoṉ se, aur dí ham ne Dáúd ko Zabúr.

58 Kah, Pukáro jin ko samajhte ho siwáe us ke; so nahíṉ iḳhtiyár rakhte, ki taklíf khol deṉ tum se, aur na badal deṉ.

59 We log jin ko ye pukárte haiṉ, ḍhúnḍhte haiṉ apne Rabb tak wasíla, ki kaun banda bahut nazdík hai, aur ummed rakhte haiṉ us kí mihrbání kí, aur ḍarte haiṉ us kí már se; beshakk tere Rabb kí már ḍarne kí chíz hai.

60 Aur koí bastí nahíṉ, jis ko ham na khapá denge qiyámat se pahle, yá áfat ḍálenge us par saḳht áfat; yihí kitáb meṉ likhá gayá.

61 Aur ham ne isí se mauqúf kíṉ nishániáṉ bhejní, ki agloṉ ne un ko jhuṭhláyá; aur dí

ham ne Samúd ko úntní samjháne ko; phir us
ká hapq na máná; aur nisháníán, jo ham bhejte
hain, so daráne ko.

62 Aur jab kah diyá ham ne tujh se, ki Tere
Rabb ne gher liyá hai logon ko, aur wuh dikh-
wá jo tujh ko dikháyá ham ne, so jánchne ko
logon ke; aur wuh darakht, jis par phiṭkár
hai Qurán men. aur ham un ko daráte hain, to
un ko ziyáda hotí hai baṛí sharárat.

(7R.) 63 Aur jab ham ne kahá firishton ko,
Sijda karo Ádam ko, to sijda kar paṛe magar
Iblis; bolá, Kyá main sijda karún ek shakhs
ko, jo tú ne banáyá miṭṭí ká?

64 Kahne lagá, Bhalá, dekh to, yih jis ko tú
ne mujh se charháyá, agar tú mujh ko dil de
qiyámat ke din tak, to us kí aulád ko ḍháṭhí
de lún, magar thoṛe se.

65 Farmáyá, Já, phir jo koí terá sáth húá un
men se, so dozakh hai tum sab kí sazá púrá
badlá.

66 Aur ghabrá le un men jis ko tú ghabrá
sake apní áwáz se, aur pukár lá un par apne
sawár, aur piyáde, aur sájhá kar un se mál men,
aur aulád men, aur waḍa de un ko; aur kuchh
nahín waḍa detá un ko Shaitán magar dagábází.

67 Aur jo mere bande hain, un par nahín
terí hukúmat; aur terá Rabb bas hai kám baná-
newálá.

68 Tumhárá Rabb wuh hai, jo hánktá hai
tumháre wáste kishtí daryá men, ki talásh ka-
ro us ká fazl; wuhí hai tum par mihrbán.

69 Aur jab tum par taklíf paṛe daryá men,
bhúlte ho jin ko pukárte the us ke siwáe; phir
jab bachá láyá tum ko jangal kí taraf, ṭalá gae;
aur hai insán baṛá ná shukr.

70 So kyá niḍar húe ho, ki dhasáwe tum ko

jangal ke kanáre, yá bhej de tum par ándhí, phir na páo apná koí kám banánewálá.

71 Yá niḍar húe ho, ki phir le jáwe tum ko us meṇ dúsrí bár, phir pahunche tum par ek jhonká báo ká, phir ḍubá de tum ko badlá us ná shukrí ká, phir na páo apní tarafse ham par us ká ḍawá karnewálá.

72 Aur ham ne izzat dí hai Ádam kí aulád ko, aur sawárí dí un ko jangal aur daryá meṇ, aur rozí dí un ko suthrí chízoṇ se, aur ziyáda kiyá un ko apne banáe húe bahut shakhsoṇ par baṛhtí dekar.

(8 R.) 73 Jis din ham buláwenge har firqe ko un ke sardároṇ ke sáth, so Jis ko milá us ká likhá dahne meṇ, so paṛhte haiṇ apná likhá, aur zulm na hogá un par ek táge ká.

74 Aur jo koí rahá is jahán meṇ andhá, so pichhle jahán meṇ andhá hai, aur ziyáda dúr paṛá ráh se.

75 Aur we to lage the, ki tujh ko bichhlá deṇ us chíz se, jo wuhí bhejí ham ne terí taraf, tá bándh láwe tú us ke siwáe, aur tab pakaṛte tujh ko dost.

76 Aur agar yih na hotá, ki ham ne tujh ko ṭhabrá rakhá, to tú laghí játá jhukne un kí taraf thoṛá sá.

77 Tab muqarrar chakháte ham tujh ko dúná maza zindagí meṇ, aur dúná marne meṇ; phir na pátá tú apne wáste ham par madad karnewálá.

78 Aur we to lage the ghabráne tujh ko is zamín se, ki nikál deṇ tujh ko yahán se, aur tab na ṭhaharenge tere píchhe magar thoṛá sá.

79 Dastúr paṛá húá hai un rasúloṇ ká, jo tujh se pahle bheje ham ne; aur na páwegá tú hamáre dastúr meṇ tafáwat.

(9 R.) 80 Kharí rakh namáz súraj ḍhale se rát kí andherí tak, aur Qurán paṛhná fajr ká; beshakk Qurán paṛhná fajr ká honá hai rúbarú.

81 Aur kuchh rát jágtá rah; us men yih baṛhtí hai tujh ko; sháyad khaṛá kare tujh ko terá Rabb taríf ke maqán men.

82 Aur kah, Ai Rabb, paiṭhá mujh ko sachchá paiṭháná, aur nikál mujh ko sachchá nikálná, aur baná de mujh ko apne pás se ek hukúmat kí madad.

83 Aur kah, Áyá sach, aur nikál bhágá jhúṭh; beshakk jhúṭh hai nikal bhágnewálá.

84 Aur ham utárte hain Qurán men se jis se rog change hon, aur mihr ímánwálon ko; aur gunahgáron ko yihí baṛhtá hai nuqsán.

85 Aur jab ham árám bhejen insán par, ṭalá jáwe, aur haṭáwe apná bázú; aur jab lage us ko buráí, rah jáwe ás ṭúṭá.

86 Tú kah, Har koí kám kartá hai apne ḍaul par, so terá Rabb ḳhúb jántá hai kaun ḳhúb sújhá hai ráh.

(10 R.) 87 Aur tujh se púchhte hain rúh ko; tú kah, Rúh hai mere Rabb ke hukm se, aur tum ko ḳhabar dí hai thoṛí sí.

88 Aur agar ham cháhen, le jáwen jo chíz tujh ko wahí bhejí, phir tú na páwe us ke lá dene ko ham par koí zimma lenewálá.

89 Magar mihrbání se tere Rabb kí, us kí baḳhshish tujh par baṛí hai.

90 Kah, Agar jama howen ádmí aur jinn is par, ki láwen aisá Qurán, na láwenge aisá Qurán, aur baṛí madad karen ek kí ek.

91 Aur ham ne phir phir samjháí logon ko is qurán men har kahawat, so nahín rahte bahut log bin ná shukrí kiye.

92 Aur bole, Ham na mánenge terá kahá

jab tak tú bahá nikále hamáre wáste zamín
se ek chashma;
93 Yá ho jáwe tere wáste ek bág khajúr
aur angúr ká, phir bahá le tú us ke bích
nahren chalá kar;
94 Yá girá de ásmán ham par, jaisá kahá
kartá hai ṭukṛe ṭukṛe; yá le á Alláh ko aur
firishton ko zámin;
95 Yá ho jáwe tujh ko ek ghar sutbrá; yá
chaṛh jáwe tú ásmán men; aur ham yaqín na
karenge terá chaṛhná jab tak na utár láwe ham
par ek likhá, jo ham paṛhlen; Tú kah, Su-
bhán Alláh, main kaun hún, magar ek ádmí
hún bhejá húá.
(11 R.) 96 Aur logon ko aṭkáo nahín búá is
se, ki yaqín láwen jab pahunchí un ko ráh kí
bújh, magar yihí ki kahne lage, Kyá Alláh ne
bhejá ádmí paigám lekar?
97 Kah, Agar hote zamín men firishte phir-
te baste, to ham utárte un par ásmán se koí
firishta paigám lekar.
98 Kah, Alláh bas hai haqq sábit karnewálá
mere tumháre bích; wuh hai apne bandon se
ḳhabardár dekhnewálá.
99 Aur jis ko sujháwe Alláh, wuhí hai sújhá;
aur jis ko bhaṭkáwe, phir to na páwe un ke
wáste koí rafíq us ke siwáe; aur uṭháwenge
ham un ko qiyámat ke din aundhe munh par,
andhe, aur gúnge, aur bahre; ṭhikána un ká
dozaḳh hai, jab lagegí bújhne, aur denge un
par bhaṛká.
100 Yih un kí sazá hai is wáste ki munkir
húe hamárí áyaton se, aur bole, Kyá jab ham
ho gae haḍḍián, aur chúra, kyá ham ko uṭhá-
ná hai nae baná kar?
NISF. 101 Kyá nahín dekh chuke, ki jis

Alláh ne banáe ásmán o zamín, saktá hai aison ko banáná? aur ṭhahráyá hai un ká ek wạda beshubah; so nahín rahte beinsáf bin ná shukrí kiye.

102 Kah, Agar tumháre háth men hote mere Rabb kí mihr ke ḳhazáne, to muqarrar múnd rakhte is ḍar se, ki ḳharch na ho jáwen; aur hai insán dil ká tang.

(12 *R.*) 103 Aur dín ham ne Músá ko nau nishánián sáf; phir púchh Baní Isráíl se, jab áyá wuh un ke pás, to kahá us ko Firạun ne, Merí aṭkal men, Músá tujh par jádú húá.

104 Bolá, Tú ján chuká hai, ki ye chízen kisí ne nahín utárín magar ásmán o zamín ke málik ne samajháne ko, aur merí aṭkal men, Firạun, tú khapá cháhtá hai.

105 Phir cháhá, ki un ko chain na de us zamín men; phir ḍubá diyá ham ne us ko aur us ke sáthwálon ko sáre.

106 Aur kahá ham ne us ke píchhe Baní Isráíl ko, Baso tum zamín men; phir jab áwegá wạda áḳhirat ká, le áwenge ham tum ko sameṭ kar. Aur sach ke sáth utárá ham ne yih Qurán, aur sach ke sáth utará, aur tujh ko, jo bhejá ham ne, so ḳhushí aur ḍar sunátá.

107 Aur paṛhne ká wazífa kiyá ham ne us ko bánṭ kar, ki paṛhe tú us ko logon par ṭhahar ṭhahar kar, aur us ko ham ne utárte utárá.

108 Kah, Tum us ko máno, yá na máno, jin ko ịlm milá hai us ke áge se jab un pás us ko paṛhiye girte hain ṭuḍḍíon par sijde men; Aur kahte hain, pák hai hamárá Rabb; beshakk hamáre Rabb ká wạda albatta honá.

109 Aur girte hain ṭuḍḍíon par rote húe, aur ziyáda hotí hai ájizí.

110 Tú kah, Alláh kar pukáro, yá Rahmán kar, jo kah kar pukároge, so usí ke haiṉ sab nám ḳháse, aur na tú pukár apní namáz meṉ, na chupke paṛh; aur ḍhúnḍh le us ke bích meṉ ráh.

111 Aur kah, Saráhiye Alláh ko, jis ne nahíṉ rakhí aulád, na koí us ká sájhí saltanat meṉ, na koí us ká madadgár zillat ke waqt; aur us kí baṛáí kar baṛá jánkar.

SURA I KAHAF.

Makke meṉ názil húí; 110 áyat kí hai.

BISMI-L-LÁHI-R-RAHMÁNI-R-RAHÍM.

(1 *R.*) 1 Saráhiye Alláh ko, jis ne utárí apne bande par kitáb, aur na rakhí us meṉ kuchh kají.

2 Ṭhík utárí, tá ḍar sunáwe ek saḳht áfat ká us kí taraf se, aur ḳhushḳhabrí yaqín lánewáloṉ ko, jo karte haiṉ nekíáṉ, ki un ko achchhá nek hai, jis meṉ rahá kareṉ hamesha.

3 Aur ḍar sunáwe un ko, jo kahte haiṉ, Alláh rakhtá hai aulád.

4 Kuchh ḳhabar nahíṉ un ko is bát kí, na un ke báp dádoṉ ko; kyá burí bát hokar nikaltí hai un ke muṉh se; sab jhúṭh hai, jo kahte haiṉ.

5 So kaheṉ, to ghúnṭh ḍálegá apní ján un ke píchhe agar we na mánenge is bát ko pachtá pachtá kar.

6 Ham ne banáyá hai jo kuchh zamín par hai us kí raunaq, tá jáncheṉ logoṉ ko, kaun un meṉ achchhá kartá hai kám.

7 Aur ham ko karná hai jo kuchh us par
hai maidán chhánṭ kar.
8 Kyá tú khiyál rakhtá hai, ki gár aur khoh-
wále hamárí qudraton men achambhá the?
9 Jab já paiṭhe we jawán us khoh men, phir
bole, Ai Rabb, de ham ko apne pás se mihr,
aur hamáre kám ká banáo.
10 Phir thapak diye ham ne un ke kán us
khoh men kaí baras gintí ke.
11 Phir ham ne un ko uṭháyá, ki malúm
karen do firqon men kis ne yád rakhí hai jitní
muddat we rahe.
(2 *R.*) 12 Ham suná den tujh ko un ká ahwál
tahqíq; we kaí jawán hain, ki yaqín láye apne
Rabb par, aur ziyáda dí ham ne un ko sújh.
13 Aur girah dí un ke dil par jab khaṛe
húe; phir bole, Hamárá Rabb hai Rabb ásmán o
zamín ká; na pukárenge ham us ke siwá kisí
ko ṭhákur; to kahí ham ne bát aql se dúr.
14 Ye hamárí qaum hain; pakṛá hai inhon
ne us ke siwá aur mabúd; kyún nahín láte un
ke wáste koí sanad khulí? Phir us se gunah-
gár kaun, jis ne bándhá Alláh par jhúṭh?
15 Aur jab tum ne kanára pakṛá un se,
aur jin ko we pújte hain Alláh ke siwáe, ab
já baiṭho us khoh men; phailá de tum par
Rabb tumhárá kuchh apní mihr, aur baná de
tum ko tumháre kám ká áráın.
16 Aur tú dekhe dhúp jab tak nikaltí hai
bach ke játí hai un kí khoh se dahne ko, aur
jab ḍúbtí hai katrá játí hai un se báwen ko, aur
we maidán men hain us ke; yih hai qudraton
se Alláh kí; jis ko Alláh ráh de, wuhí áwe
ráh par; aur jis ko wuh bichláwe, phir tú na
páwe us ká koí rafíq ráh par lánewálá.
(3 *R.*) 17 Aur tú jáne we jágte hain, aur we

sote hain, aur karwat diláte hain ham un ko dahne aur báen, aur kuttá un ká pasár rahá hai apní báhen chaukhaṭ par. Agar tú jhánk dekhe un ko to píṭh dekar bháge un se, aur bhar jáwe tujh men un kí dahshat.

18 Aur isí tarah un ko jagá diyá ham ne, ki ápas men lage púchhne; ek bolá un men, Kitti der ṭhahre tum? bole, Ham ṭhahre ek din, yá din se kam; bole, Tumhárá Rabb bihtar jáne kitní der rahe ho; ab bhejo apne men se ek ko yih rúpayá lekar apná us shahr ko; phir dekhe kaun suthrá khání, so lá de tum ko us men se khání; aur narmí se jáwe, aur jatá na de tumhárí ḳhabar kisí ko.

NISF-UL-QURAN. 19 We log agar ḳhabar páwen tumhárí, patthráo karen tum ko, yá ulṭá pheren tumhen apne dín men, aur tab bhalá na ho tumhárá kabhí.

20 Aur isí tarah ḳhabar khol dí ham ne un kí, tá log jánen ki wada Alláh ká ṭhík hai, aur wuh gharí ání us men dhokhá nahín, jab jhagaṛ rahe the ápas men apní bát par; phir kahne lage, Banáo un par ek ịmárat, un ká Rabb bihtar jáne un ko; bole jin ká kám zabr thá, Ham banáwenge un ke makán par ịbádat-ḳhána.

21 Ab hí kahenge, we tín hain, chauthá un ká kuttá; aur yih bhí kahenge, we pánch hain, chhaṭhá un ká kuttá, bin dekhe nishána patthar chalání; aur yih bhí kahenge, we sát hain, aur áṭhwán un ká kuttá; tú kah merá Rabb bihtar jáne un kí gintí; un kí ḳhabar nahín rakhte magar thoṛe log.

22 So tú mat jhagaṛ un kí bát men, magar sarsarí jhagṛá; aur mat tahqíq kar un ká ahwál unhon men kisí se.

23 Aur na kahiyo kisí kám ko, ki Maiṇ yih karúngá kal, magar yih, ki Alláh cháhe; aur yád kar le apne Rabb ko jab bhúl jáwe, aur kah, Ummed hai, ki merá Rabb mujh ko samajháwe is se nazdík ráh nekí kí.

24 Aur muddat guzrí un par apní khoh meṇ tín sau baras, aur úpar se nau.

25 Tú kah, Alláh ḳhúb jántá hai jitní muddat we rahe; usí pás chhipe bhed ásmán o zamín ke; ajab dekhtá suntá hai; koí nahíṇ bandoṇ par us ke siwáe muḳhtár, aur nahíṇ sharík kartá apne hukm meṇ kisí ko.

(4 *R.*) 26 Aur paṛh jo wahí húí tujh ko tere Rabb kí kitáb se; koí badalnewálá nahíṇ us kí báteṇ, aur kahíṇ na páwegá tú us ke siwáe chhipne ko jagah.

27 Aur thám rakh áp ko un ke sáth jo pukárte haiṇ apne Rabb ko subh aur shám; tálib haiṇ us ke muṇh ke, aur na dauṛeṇ terí áṇkheṇ un ko chhoṛkar talásh meṇ raunaq dunyá kí zindagí kí, aur na kahá mán us ká jis ká dil gáfil kiyá ham ne apní yád se, aur píchhe lagá hai wuh apne cháo ke, aur us ká kám hai hadd par na rahná.

SULS. 28 Aur kah, Sachchí bát hai tumháre Rabb kí taraf se; phir jo koí cháhe máne, aur jo koí cháhe na máne; ham ne rakhí hai gunahgároṇ ke wáste ág, jo gher rahí haiṇ un ko us kí qanáteṇ; aur agar faryád karenge, to milegá pání jaise píb, bhún ḍále muṇh ko; kyá burá píná hai, aur kyá burá árám!

29 Beshakk jo log yaqín láe, aur kíṇ nekíáṇ, ham nahíṇ khote neg us ká, jis ne bhalá kiyá kám.

30 Aisoṇ ke bág haiṇ basne ke, bahtí haiṇ un ke níche nahreṇ, pahináte haiṇ un ko

wahán kuchh kangan sone ke, aur pahinte
hain kapŗe sabz patle aur gáŗhe resham ke,
lage baiṭhe hain un men takhton par; kyá
khúb badlá hai, aur kyá khúb árám.

(5 R.) 31 Aur batá un ko kaháwat do mar-
don kí, baná diye ham ne ek ko un ke do bág
angúr ke, aur gird un ke khajúren, aur rakhí
donon ke bích men khetí; donon bág láte hain
apná mewa, aur na ghaṭáte us men se kuchh.

32 Aur baháí ham ne un donon ke bích
nahr, aur us ko phal milá; phir bolá apne dús-
re se jab báten karne lagá us se, Mujh pás
ziyáda hai tujh se mál, aur ábrú ke log.

33 Aur gayá apne bág men, aur wuh burá
kar rahá thá apní ján par; bolá, Nahín átá mujh
ko khiyál ki kharáb ho yih bág kabhí;

34 Aur nahin khiyál kartá hún main, ki qiyá-
mat honewálí hai; aur agar kabhí pahuncháyá
mujh ko mere Rabb ke pás, páúngá bihtar is
se, us taraf pahunchkar.

35 Kahá us ko dúsre ne jab bát karne lagá,
Kyá tú munkir ho gayá us shakhs se, jis ne
banáyá tujh ko miṭṭi se, phir búnd se, phir
púrá kar diyá tujh ko mard?

36 Par main to kahún, wuhí Alláh hai merá
Rabb, aur na mánún na sájhí apne Rabb ká
kisí ko.

37 Aur kyún na, jab tú áyá thá apne bág
men, kahá hotá, jo cháhá Alláh ká, kuchh zor
nahín, magar diyá Alláh ká; agar tú dekhtá
hai mujh ko, ki main kam hún tujh se mál
aur aulád men,

38 To ummed hai ki merá Rabb dewe
mujh ko tere bág se bihtar, aur bhej de us
par ek bhabhúká ásmán se, phir subh ko rah
jáwe maidán ṭappar.

39 Yá subh ko horahe uská pání ḳhushk, phir na sake tú ki us ko ḍhúnḍh láwe.
40 Aur sameṭ liyá us ká sárá phal, phir subh ko rah gayá háth nachátá us mál par jo us meṉ lagáyá, aur wuh ḍhá paṛá thá apní chhataríoṉ par, aur kahne lagá, Kyá ḳhúb thá agar maiṉ sájhí na banátá apne Rabb ká kisí ko.
41 Aur na húí us kí jamáạt ki madad kareṉ us ko Alláh ke siwáe, aur na húá wuh ki badlá le sake.
42 Waháṉ sab iḳhtiyár hai Alláh sachche ká, usí ká inạ́m bihtar hai, aur usí ká diyá badlá.
(6 *R.*) 43 Aur batá un ko kaháwat dunyá kí zindagí kí, jaise pání utárá ham ne ásmán se, phir baṛh kar niklá us se zamín ká sabza, phir kal ko ho rahá chúra báo meṉ uṛtá; aur Alláh ko hai har chíz par qudrat.
44 Mál aur beṭe raunaq haiṉ dunyá kí jíte, aur rahnewále nekíoṉ par bihtar hai tere Rabb ke yaháṉ badlá, aur bihtar hai tawaqqạ.
45 Aur jis din ham chaláweṉ pahár, aur tú dekhe zamín khul gaí, aur gher buláweṉ un ko, phir na chhoṛeṉ un meṉ ek ko.
46 Aur sámhne láye tere Rabb ke qatár kar kar, á pahunche tum hamáre pás, jaisá ham ne banáyá thá tum ko pahlí bár, nahíṉ tum batáte the ki na ṭhahráwenge ham tumhárá koí wạda.
47 Aur rakkhá jáegá kágaz, phir tú dekhe gunahgár ḍarte haiṉ us ke bích ke likhe se, aur kahte haiṉ, Ai ḳharábí, kaisá hai yih likhá; na chhoṛí chhoṭí bát na baṛí bát, jo us meṉ nahíṉ gher lí, aur páwenge jo kiyá hai sámhne; aur terá Rabb zulm na karegá kisí par.
(7 *R.*) 48 Aur jab kahá ham ne firishtoṉ ko, Sijda karo Ádam ko, to sijda kar paṛe magar

Iblís, thá jinn kí qism se, so nikal bhágá apne Rabb ke hukm se; so ab tum ṭhahráte ho us ko aur us kí aulád ko rafíq mere siwáe, aur we tumháre dushman haiṉ; burá háth lagá beinsáfoṉ ke badlá.

49 Dekhá nahíṉ liyá maiṉ ne un ko banáná ásmán o zamín ká, aur na banáná un ká, aur maiṉ wuh nahíṉ ki ṭhahrá lúṉ bahkánewáloṉ ko bázú.

50 Aur jis din farmáwegá, Pukáro mere sharíkoṉ ko, jo tum batáte the; phir pukárenge, phir we jawáb na denge; aur kar denge ham un ke in ke bích marne ká asbáb.

(8 *R.*) 51 Aur dekhenge gunahgár ág ko; phir aṭkalenge, ki un ko paṛná hai us meṉ, aur na páwenge us se ráh badalne.

52 Aur phir phir samajháí ham ne is Qurán meṉ logoṉ ko har ek kahávat, aur hai insán sab chíz se ziyáda jhagaṛne ko.

53 Aur logoṉ ko inkár, jo rahá is se, ki yaqín láweṉ jab pahunche un ko ráh kí sújh, aur gunáh bakhshwáweṉ apne Rabb se, so yihí ki pahunche un par rasm pahloṉ kí, yá á khaṛá ho un par azáb sámhne.

54 Aur ham jo rasúl bhejte haiṉ, so khushí aur ḍar sunáne ko, aur jhagṛe láte haiṉ munkir jhúṭhe jhagṛe, ki ḍigáweṉ us se sachchí bát, aur ṭhahráyá hai mere kalám ko aur jo ḍar sunáe ṭhaṭṭhá.

55 Aur kaun zálim us se, jis ko samajháyá us ke Rabb ke kalám se, phir munh pherá us kí taraf se, aur bhúl gayá jo áge bhej chuke haiṉ us ke háth; ham ne rakhí hai un ke diloṉ par oṭ, ki us ko na samjheṉ, aur un ke kánoṉ meṉ bojh.

56 Aur jo tú un ko buláwe ráh par, to hargiz na áweṉ ráh par us waqt kabhí.

57 Aur terá Rabb bará bakhshnewálá hai,
mihr rakhtá, aur agar un ko pakṛe un ke kiye
par, to jald ḍále un par azáb; par un ká ek
waḍa hai, kahíṇ na páwenge us se ware sarak-
ne ko jagah.

58 Aur yih sab bastíáṇ haiṇ, jin ko ham ne
khapá diyá jab zálim ho gaye, aur rakhá thá
un ke khapne ká ek waḍa.

(9 R.) 59 Aur jab kahá Músá ne apne jawán
ko, Maiṇ na baithúgá jab tak na pahunchúṇ
do daryá kí miláp tak, yá chalá jáúṇ Qarnoṇ.

60 Phir jab pahunche donoṇ daryá ke miláp
tak, bhúl gae apní machhlí; phir us ne apní
ráh kar lí daryá meṇ surang baná kar.

61 Phir jab áge chale, kahá Músá ne apne
jawán ko, Lá hamáre pás hamárá kháná; páí
ham ne apne is safar meṇ taklíf.

62 Wuh bolá, Dekhá tú ne jab ham ne
jagah pakaṛí us patthar pás, so maiṇ bhúl gayá
machhlí, aur yih mujh ko bhúláyá Shaitán hí
ne ki us ká mazkúr karúṇ, aur wuh kar gaí
apní ráh daryá meṇ ajab tarah.

63 Kahá, Yihí hai jo ham cháhte the, phir
ulṭe phire apne pair pahchánte.

64 Phir páyá ek banda hamáre bandoṇ meṇ
ká, jis ko dí thí ham ne mihr apne pás se, aur
sikháyá thá apne pás se ek ilm.

65 Kahá us ko Músá ne, Kahe to tere sáth
rahúṇ, is par ki mujh ko sikhá de kuchh, jo
tujh ko sikháí hai bhalí ráh.

66 Bolá, Tú na sakegá mere sáth ṭhaharne.

67 Aur kyúnkar ṭhahare dekh kar ek chíz,
jo tere qábú meṇ nahíṇ us kí samajh.

68 Kahá, Tú páwegá agar Alláh ne cháhá
mujh ko ṭhaharnewálá, aur na ṭálúngá terá
koí hukm.

69 Bolá, Phir agar mere sáth rahtá hai, to mat púchhiyo mujh se koí chíz jab tak main shurú na karún tere áge us ká mazkúr.

(10 *R.*) 70 Phir donon chale yahán tak ki jab charhe náw men us ko phár dálá; Músá bolá, Tú ne us ko phár dálá ki dubá de us ke logon ko; tú ne kí ek chíz anokhí!

71 Bolá, Main ne na kahá thá, tú na sakegá mere sáth thaharne?

72 Kahá, Mujh ko na pakar merí bhúl par, aur na dál mujh par merá kám mushkil.

73 Phir donon chale, yahán tak ki mile ek larke se; us ko már dálá; Músá ne kahá, Tú ne már dálí ek ján suthrí bin badle kisí ján ke; tú ne kí ek chíz námaqúl!

SOLAHWAN SIPARA. 74 Bolá, Main ne na kahá thá tujh ko, Tú na sakegá mere sáth thaharne?

75 Kahá, agar tujh se púchhún koí chíz is ke píchhe, phir mujh ko sáth na rakhiyo; tú utár chuká merí taraf se ilzám.

76 Phir donon chale yahán tak, ki pahunche ek gánw ke logon tak; kháná cháhá wahán ke logon se; unhon ne na máná ki mihmán rakhen un ko; phir pái us men ek díwár girá cháhtí thí, us ko sídhá kiyá, bolá Músá, Agar tú cháhtá, letá is par mazdúrí.

77 Kahá. Ab judáí hai mere tere darmiyán, ab jatátá hún tujh ko phir un báton ká, jis par tú na thahar saká.

78 Wuh jo kishtí thí, so thí kitne muhtájon kí, mihnat karte daryá men, so main ne cháhá ki us men nuqsán dálún, aur un se pare thá ek bádsháh, letá thá har ek kishtí chhín kar.

79 Aur wuh jo larká thá, so us ke má báp the

ímán par, phir ham ḍare ki un ko ájiz kare zabardastí aur kufr kar kar.

80 Phir ham ne cháhá ki badlá de un ko un ká Rabb is se bihtar suthráí meṉ, aur lagáo rakhtá mahabbat meṉ.

81 Aur wuh jo díwár thí, so do yatím larkoṉ kí thí us shahr meṉ, aur us ke níche mál gaṛá thá un ká, aur un ká báp thá nek, phir cháhá tere Rabb ne ki we pahuncheṉ apne zor ko, aur nikáleṉ apná mál gaṛá mihrbání se tere Rabb kí, aur maiṉ ne yih nahíṉ kiyá apne hukm se, yih pher hai un chízoṉ ká jin par tú na ṭhahar saká.

(11 *R.*) 82 Aur tujh se púchhte haiṉ Zul Qarnain ko; kah, Ab paṛhtá húṉ tumháre áge us ká kuchh mazkúr.

83 Ham ne us ko jamáyá thá mulk meṉ, aur diyá thá har chíz ká asbáb; phir píchhe paṛá ek asbáb ke,

84 Yaháṉ tak ki jab pahunchá súraj ḍúbne kí jagah, páyá ki wuh ḍúbtá hai ek daldal kí nadí meṉ, aur pái us ke pás ek qaum.

85 Ham ne kahá, Ai Zul Qarnain, yá logoṉ ko taklíf de, aur yá rakh un meṉ ḳhúbí.

86 Bolá, Jo koí hogá beinsáf, so us ko ham már denge; phir ulṭá jáwegá apne Rabb ke pás: wuh már degá us ko burí már.

87 Aur jo koí yaqín láyá aur kiyá us ne bhalá kám, so us ko badle meṉ bhaláí hai, aur ham kahenge us ko apne kám meṉ ásání.

88 Phir lagá ek asbáb ke píchhe,

89 Yaháṉ tak ki jab pahunchá súraj nikalne kí jagah, páyá ki wuh nikaltá hai ek logoṉ par ki nahín batá dí ham ne un ko us se ware kuchh oṭ.

90 Yúnhí hai, aur hamáre qábú men á chukí hai us ke pás kí khabar.

91 Phir lagá ek asbáb ke píchhe,

92 Yahán tak ki jab pahunchá do ár ke bích, páye un se ware ek log, lagte nahín ki we samjhen ek bát ko.

93 Bole, Ai Zul Qarnain, yih Yájúj o Májúj dhúm uṭháte hain mulk men, so kahe to, Ham ṭhahrá den tere wáste kuchh mahsúl, us par ki baná de tú ham men un men ek áṛ.

94 Bolá, Jo maqdúr diyá mujh ko mere Rabb ne, wuh bihtar hai; so madad karo merí mihnat men, baná dún tumháre un ke bích ek dhábá.

95 Lá do mujh ko takhte lohe ke yahán tak ki jab barábar kar diyá do phánkon tak pahár kí, kahá dhaunko yahán tak ki jab kar diyá us ko ág, kahá, Láo mere pás, ki ḍálún us par pighlá támbá.

96 Phir na saken ki us par chaṛh áwen, aur na saken us men súrákh karne.

97 Bolá, Ek mihr hai mere Rabb kí.

98 Phir jab áwe wạda mere Rabb ká, girá de us ko ḍháh kar, aur hai wạda mere Rabb ká sachchá.

99 Aur chhoṛ denge ham khalq ko us din ek dúsre men dhaste, aur phúnk máren Súr men, phir jamạ kar láwen ham un ko sáre.

100 Aur dikháwen ham dozakh us din káfiron ko sámhne,

101 Jin kí ánkhon par parda paṛá thá merí yád se, aur na sakte the sunne.

(12 *R.*) 102 Ab kyá yih samjhte hain munkir, ki ṭhaharáwen mere bandon ko mere siwáe himáyatí? Ham ne rakhí hai dozakh munkiron kí mihmání.

103 Tú kah, Ham batáweṉ tum ko kin ke kiye bahut akárat.
104 Jin kí dauṛ bhaṭak rahí dunyá kí zindagí meṉ, aur we samajhte haiṉ, ki ḳhúb banáte haiṉ kám.
105 Wuhí haiṉ, jo munkir húe apne Rabb kí nisháníoṉ se, aur us ke milne se, so miṭ gae un ke kiye, phir na khaṛí karenge ham un ke wáste taul.
106 Badlá hai un ká dozaḳh is par ki we munkir húe, aur ṭhahráíṉ merí báteṉ aur mere rasúl ko ṭhaṭṭhá.
107 Jo log yaqín láe haiṉ, aur kiye unhoṉ ne bhale kám, un ko hai ṭhanḍí chháoṉ ke bág mihmání.
108 Rahá kareṉ un meṉ, na cháheṉ wahán se jagah badalne.
109 Tú kah, Agar daryá siyáhí ho, ki likhe mere Rabb kí báteṉ, beshakk daryá nibar chuke, abhí na nibreṉ mere Rabb kí báteṉ; aur agar dúsrá bhí láweṉ ham aisá us kí madad ko.
110 Tú kab, Maiṉ bhí ek ádmí húṉ jaise tum; hukm átá hai mujh ko, ki tumhárá Sáhib ek Sáhib hai; phir jis ko ummed ho milne kí apne Rabb se, so kare kuchh kám nek, aur sájhá na rakhe apne Rabb kí bandgí meṉ kisí ká.

SURA I MARYAM.

Makke meṉ názil húí; 98 *áyat kí hai.*

BISMI-L-LÁ HI-R-RAHMÁ NI-R-RAHÍM.

(1 *R.*) 1 K. H. Y. Ạ. Ṣ. Yih mazkúr hai tere Rabb kí mihr ká apne bande Zakariyá par.
2 Jab pukárá apne Rabb ko chhipí pukár,

3 Bolá, Ai Rabb mere, búṛhí ho gaíṇ merí haḍḍíáṇ, aur ḍík niklí sar se buṛhápe kí.

4 Aur tujh se máng kar, ai Rabb, maiṇ mahrúm nahíṇ rahá.

5 Aur maiṇ ḍartá húṇ bháí bandoṇ se apne píchhe, aur aurat merí bánjh hai; so bakhsh mujh ko apne pás se ek kám uṭhánewálá,

6 Jo merí jagah baiṭhe, aur Yaqúb kí aulád kí; aur kar us ko, ai Rabb, man mántá.

7 Ai Zakariyá, ham tujh ko khushí sunáwen ek laṛke kí, jis ká nám Yahiyá.

8 Nahíṇ kiyá ham ne pahle is nám ká koí.

9 Bolá, Ai Rabb, kaháṇ se hogá mujh ko laṛká, aur merí aurat bánjh hai, aur maiṇ búṛhá ho gayá yaháṇ tak ki akaṛ gayá ?

10 Kahá, Yúnhí farmáyá tere Rabb ne, Wuh mujh par ásán hai, aur tujh ko banáyá maiṇ ne pahle se, aur tú na thá kuchh chíz.

11 Bolá, Ai Rabb, ṭhahrá de mujh ko kuchh nishání; farmáyá, Terí nishání yih, ki bát na kare tú logoṇ se tín rát tak changá bhalá.

12 Phir niklá apne logoṇ pás hujre se, to ishárat se kahá un ko, ki yád karná subh o shám.

13 Ai Yahiyá, uṭhá le kitáb zor se; aur diyá ham ne us ko hukm karná laṛkápan meṇ.

14 Aur shauq diyá apní taraf se, aur sutbráí; aur thá parhezgár. Aur nekí kartá apne má báp se; aur na thá zabardast, behukm.

15 Aur salám us par jis din paidá húá, aur jis din mare, aur jis din uṭh khaṛá ho jí kar.

RUBA. (2R.) 16 Aur mazkúr kar kitáb meṇ Maryam ká, jab kanáre húí apne logoṇ se ek sharqí makán meṇ.

17 Phir pakaṛ liyá un se ware ek parda; phir bhejá ham ne us pás apná firishtá; phir ban áyá us ke áge ádmí púrá.

18 Bolí, Mujh ko Rahmán kí panáh tujh
se, agar tú ḍar rakhtá hai.
19 Bolá, Main to bhejá hún tere Rabb ká,
ki de jáún tujh ko ek laṛká suthrá.
20 Bolí, Kahán se hogá merá laṛká, aur chhúá
nahín mujh ko ádmí ne, aur kabhí na thí main
badkár?
21 Bolá, Yúnhí farmáyá tere Rabb ne, wuh
mujh par ásán hai, aur us ko ham kiyá cháhen
logon ke liye nishání, aur mihr hamárí
taraf se; aur hai yih kám ṭhahar chuká.
22 Phir peṭ men liyá us ko; phir kanáre
húí us ko lekar ek pare makán men.
23 Phir le áyá us ko janne ká dard ek khajúr
kí jaṛ men; bolí, Kisí tarah main mar chuktí
is se pahle, aur ho játí bhúlí bisrí.
24 Phir áwáz dí us ko us ke níche se, ki
Ġam na khá; kar diyá tere Rabb ne tere
níche ek chashma.
25 Aur hilá apní taraf khajúr kí jaṛ, us se
giren tujh par pakkí khajúren.
26 Ab khá, aur pí, aur ánkh ṭhanḍí rakh;
so kabhí tú dekhe koí ádmí,
27 To kahiyo, Main ne máná hai Rahmán
ká roza, so bát na karúngí áj kisí ádmí se.
28 Phir láí us ko apne logon pás god men;
bole, Ai Maryam, tú ne kí yih chíz túfán.
29 Ai bahin Hárún kí! na thá terá báp burá
ádmí, aur na thí terí má badkár!
30 Phir háth se batáyá us laṛke ko; bole,
Ham kyúnkar bát karen is shaḳhs se, ki wuh
god men laṛká?
31 Wuh bolá, Main banda hún Alláh ká;
mujh ko us ne kitáb dí hai, aur mujh ko nabí
kiyá.
32 Aur banáyá mujh ko barkatwálá jis jagah

main hún, aur tákíd kí mujh ko namáz kí, aur
zakát kí, jab tak main rahún jítá.
33 Aur sulúkwálá apní má se; aur nahín
banáyá mujh ko zabardast badbakht.
34 Aur salám hai mujh par jis din main
paidá húá, aur jis din marún, aur jis din uṭh
khaṛá hún jí kar.
35 Yih hai Ísá Maryam ká beṭá, sachchí
bát, jis men log jhagaṛte hain.
36 Alláh aisá nahín ki rakhe aulád; wuh
pák zát hai, jab ṭhahrátá hai kuchh kám, yihí
kahtá hai us ko, ki Ho! wuh hotá hai.
37 Aur kahá, Beshakk Alláh hai Rabb me-
rá, aur Rabb tumhárá, so usí kí bandagí karo:
yih hai ráh sídhí.
38 Phir kaí ráh ho gae firqe un men se; so
ḳharábí hai munkiron ko, jis waqt dekhenge
ek din baṛá.
39 Kyá sunte dekhte honge jis din áwenge
hamáre pás, par beinsáf áj ke din saríh bhaṭak-
te hain.
40 Aur ḍar suná de un ko us pachtáwe ke
din ká, jab faisal ho chukegá kám; aur we bhúl
rahe hain, aur we yaqín nahín láte.
41 Ham wáris honge zamín ke, aur jo koí
zamín par, aur hamárí taraf phir áwenge.
(3 *R.*) 42 Aur mazkúr kar kitáb men Ibrá-
hím ká; beshakk wuh thá sachchá nabí.
43 Jab kahá apne báp ko, Ai báp mere, kyún
pújtá hai jo chíz na sune na dekhe, aur na kám
áwe tere kuchh?
44 Ai báp mere, mujh ko áí hai ḳhabar ek
chíz kí, jo tujh ko nahín áí; so merí ráh chal,
samjhá dún tujh ko ráh sídhí.
45 Ai báp mere, mat púj Shaitán ko; be-
shakk Shaitán hai Rahmán ká behukm.

46 Ai báp mere, main ḍartá hún kahín á
lage tujh ko ek áfat Rahmán se, phir tú ho jáwe
Shaitán ká sáthí.
47 Wuh bolá, Kyá tú phirá húá hai mere
ṭhákuron se, ai Ibráhím? agar tú na chhoṛegá,
to tujh ko pattharon se márúngá, aur mujh se
dúr já ek muddat.
48 Kahá, Terí salámatí rahe! main gunáh
bakhsháúngá apne Rabb se; beshakk wuh hai
mujh par mihrbán.
49 Aur kanárá pakaṛtá hún tum se, aur jin
ko tum pukárte ho Alláh ke siwáe; aur main
pukárúngá apne Rabb ko; ummed hai ki na
rahúngá apne Rabb ko pukár kar mahrúm.
50 Phir jab kanáre húá un se, aur jin ko
we pújte Alláh ke siwáe, bakhshá ham ne us
ko Isháq aur Yaqúb, aur donon ko nabí kiyá.
51 Aur diyá ham ne un ko apní mihr se, aur
kahá un ke wáste sachchá bol buland.
52 Aur mazkúr kar kitáb men Músá ká; wuh
thá chuná húá, aur thá rasúl nabí.
53 Aur pukárá ham ne us ko dahní taraf
se Túr pahár kí ár; nazdík buláyá us ko bhed
kahne ko.
54 Aur bakhshá ham ne us ko apní mihr se
bhái us ká Hárún nabí.
55 Aur mazkúr kar kitáb men Ismáíl ká;
wuh thá wade ká sachchá, aur thá rasúl nabí.
56 Aur hukm kartá thá apne gharwálon ko
namáz aur zakát ká; aur thá apne Rabb ke
yahán pasand.
57 Aur mazkúr kar kitáb men Idrís ká; wuh
thá sachchá nabí.
58 Aur uṭhá liyá ham ne us ko únche ma-
kán par.
59 We log hain, jin par niamat dí Alláh ne

nabíon men, aur Ádam kí aulád men, aur un men, jin ko lád liyá ham ne Núh ke sáth, aur Ibráhím kí aulád men, aur Isráíl kí, aur un men jin ko ham ne sújh dí, aur pasand kiyá; jab un ko sunáiye áyaten Rahmán kí, girte hain sijde men, aur rote.

(4 *R.*) 60 Phir un kí jagah áe ná khalaf ganwáí namáz, aur píchhe pare mazon ke; so áge milegí gumráhí.

61 Magar jis ne tauba kí, aur yaqín láyá, aur kí nekí, so we log jáwenge bihisht men, aur un ká haqq na rahegá kuchh.

62 Bágon men basne ke, jin ká wada diyá hai Rahmán ne apne bandon ko bin dekhe; beshakk hai us ke wade par pahunchná.

63 Na sunenge wahán bak bak siwáe salám, aur un ko hai un kí rozí wahán subh aur shám.

64 Wuh bihisht hai, jo mírás denge apne bandon men jo koí hogá parhezgár.

65 Aur ham nahín utarte magar hukm se tere Rabb ke; usí ká hai jo hamáre áge, aur jo hamáre píchhe, aur jo us ke bích, aur terá Rabb nahín bhúlnewálá.

66 Rabb ásmánon ká, aur zamín ká, aur jo un ke bích hai, so usí kí bandagí kar, aur thahará ráh us kí bandagí par; koí pahchántá hai tú us ke nám ká?

(5 *R.*) 67 Aur kahtá hai ádmí, Kyá jab main mar gayá, phir niklúngá jí kar?

68 Kyá yád nahín rakhtá ádmí, ki ham ne us ko banáyá pahle se, aur wuh kuchh chíz na thá?

69 So qasam hai tere Rabb kí, ham gher buláwenge un ko, aur Shaitánon ko; phir sámhne láwenge gird dozakh ke ghutnon par gire.

70 Phir judá karenge ham har firqe men se

kaun sá un meṇ saḳht rakhtá thá Rahmán se akaṛ.
71 Phir ham ko ḳhúb málúm hai jo bahut qábil haiṇ us meṇ paiṭhne ke.
72 Aur koí nahíṇ tum meṇ, jo na pahunchegá us par; ho chuká tere Rabb par zarúr muqarrar.
73 Phir bachá denge ham un ko, jo ḍarte rahe; aur chhoṛ denge gunahgároṇ ko usí meṇ aundhe gire.
74 Aur jab sunáiye un ko hamárí áyateṇ khulí kahte haiṇ jo log munkir haiṇ, Ímánwáloṇ ko donoṇ firqoṇ meṇ kis ká makán bihtar hai, aur achchhí lagtí hai majlis.
75 Aur kitte khapá chuke ham pahle in se sangateṇ! we in se bihtar the asbáb meṇ, aur namúd meṇ.
76 Tú kah, Jo koí rahá bhaṭaktá, so cháhiye khínch le jáwe us ko Rahmán lambá;
77 Yaháṇ tak ki jab dekhenge jo wada páte haiṇ, yá áfat yá qiyámat, so tab málúm karenge kis ká baṛá darja hai, aur kis kí fauj kamzor.
78 Aur baṛhátá jáwe Alláh sújhe búoṇ ko sújh;
79 Aur rahnewálí nekíáṇ bihtar rakhtí haiṇ tere Rabb ke yaháṇ badlá, aur bihtar phir jáne ko jagah.
80 Bhalá tú ne dekhá wuh, jo munkir húá hamárí áyatoṇ se, aur kahá, Mujh ko miltá hai mál aur aulád.
81 Kyá jhánk áyá hai gaib ko, yá le rakhá hai Rahmán ke yaháṇ qarár?
82 Yúṇ nahíṇ ham likh rakhenge jo kahtá hai, aur baṛháte jáwenge us ko azáb meṇ lambá.
83 Aur ham le lenge us ke mare par jo batátá hai, aur áwegá ham pás akelá.

84 Aur pakṛá hai logoṉ ne Alláh ke siwáe auroṉ ká pújná, ki we hoṉ un kí madad.
85 Yúṉ nahíṉ, we munkir honge un ke bandagí se, aur ho jáwenge un ke mukhálif.
(6 *R.*) 86 Tú ne nahíṉ dekhá ki ham ne chhoṛ rakhe haiṉ Shaitán munkiroṉ par; uchhálte haiṉ un ko ubhár kar.
87 So tú jaldí na kar un par; ham to púrí karte haiṉ un kí gintí.
88 Jis din ham ekaṭṭhá kar láwenge parhezgároṉ ko Rahmán ke pás mihmán buláe.
89 Aur hánk le jáwenge gunahgároṉ ko dozakh kí taraf piyáse.
90 Nahíṉ ikhtiyár rakhte log sifárish ká, magar jis ne le liyá hai Rahmán se qarár.
91 Aur log kahte haiṉ. Rahmán rakhtá hai aulád; á gae ho bhárí chíz meṉ.
92 Abhí ásmán phaṭ paṛeṉ is bát se, aur ṭukṛe ho zamín, aur gir paṛeṉ paháṛ ḍhah kar.
93 Is par ki pukárte haiṉ Rahmán ke nám par beṭá; aur nahíṉ ban átá Rahmán ko ki rakhe aulád.
94 Koí nahíṉ ásmán o zamín meṉ, jo na áwe Rahmán ká banda ho kar. Us pás un ká shumár hai, aur gin rakhí un kí gintí.
95 Aur har koí un meṉ áwegá us pás qiyámat ke din akelá.
96 Albatta jo yaqín láe, aur kíṉ haiṉ unhoṉ ne nekíáṉ, un ko degá Rahmán muhabbat.
97 So ham ne ásán kiyá yih Qurán terí zubán meṉ, is wáste ki khushí suná de tú ḍarwáloṉ ko, aur ḍará de jhagṛálú logoṉ ko.
98 Aur kittí khapá chuke ham un se pahle sangateṉ! áhaṭ pátá hai tú un meṉ kisí kí, yá suntá hai un ki bhanak?

SURA I Ṭ. H.

Makke men názil húí; 135 áyat ki hai.

BISMI-L-LÁ HI-R-RAHMÁ NI-R-RAHÍM.

NISF. (1 *R.*) 1 Ṭ. H. Is wáste nahín utárá ham ne tujh par Qurán, ki tú mihnat men paṛe,
2 Magar nasíhat ke wáste, jis ko ḍar hai.
3 Utárá hai us shakhs ká, jis ne banáí zamín, aur ásmán únche.
4 Wuh baṛí mihrwálá hai, takht ke úpar qáim húá.
5 Usí ká hai, jo kuchh hai ásmán aur zamín men, aur un donon ke bích, aur níche sílí zamín ke.
6 Aur agar tú bát kahe pukár kar, to us ko khabar hai chhipe kí, aur us se chhipe kí.
7 Alláh hai, jis ke siwáe bandagí nahín kisí kí. Usí ke hain sab nám khásse.
8 Aur pahunchí hai tujh ko bát Músá kí.
9 Jab us ne dekhí ek ág, to kahá, apne gharwálon ko, Thaharo, main ne dekhí hai ab ág.
10 Sháyad le áún tum pás us men se sulgákar, yá páún us ág par ráh ká patá.
11 Pher jab pahunchá ág pás, áwáz áí, Ai Músá,
12 Main hún terá Rabb, utár apní páposhen, tú hai pák maidán Tawá men.
13 Aur main ne tujh ko pasand kiyá, so tú suntá rah, jo hukm húá.
14 Main jo hún, main Alláh hún, kisí kí bandagí nahín siwáe mere; so merí bandagí kar, aur namáz khaṛí rakh merí yád ko.
15 Qiyámat muqarrar ání hai, main hún chhipá rakhtá us ko;

16 Ki badlá mile har jí ko, jo wuh kamátá hai.
17 So, kahíṉ tujh ko na rok de us se wuh,
jo yaqín nahíṉ rakhtá us ká, aur píchhe paṛá
hai apne mazoṉ ke; phir tú paṭká jáwe.
18 Aur yih kyá hai tere dahine háth meṉ,
ai Músá?
19 Bolá, Yih merí láṭhí hai, us par ṭektá
húṉ, aur patte jháṛtá húṉ is se apní bakríoṉ
par, aur mere us meṉ kitte kám haiṉ aur.
20 Farmáyá, Ḍál de us ko, ai Músá.
21 To us ko ḍál diyá; phir tabhí wuh sámp
hai dauṛtá.
22 Farmáyá, Pakaṛ le us ko, aur na ḍar,
ham pher denge us ko pahle hál par.
23 Aur lagá apná háth apne bázú se, ki
nikle chiṭṭá hokar na kuchh burí tarah ek
nishání aur.
24 Ki dekháne jáweṉ ham tujh ko apní
nishániáṉ baṛí.'
25 Já taraf Firaun ke, ki us ne sar uṭháyá.
26 Bolá, Ai Rabb, kusháda kar merá síná,
(2 *R.*) 27 Aur ásán kar merá kám,
28 Aur khol girih merí zubán se,
29 Ki búljheṉ merí bát.
30 Aur de mujh ko ek kám banánewálá
mere ghar ká:
31 Hárún merá bháí:
32 Us se bandhá merí kamar.
33 Aur sharík kar us ko mere kám ká;
34 Ki terí pák zát ká bayán kareṉ ham bahut
sá, aur yád kareṉ ham tujh ko bahut.
35 Tú to hai ham ko khúb dekhtá.
36 Farmáyá Milá tujh ko terá sawál, ai Músá.
37 Aur ihsán kiyá hai ham ne tujh par ek
bár aur.

38 Hukm bhejá ham ne terí má ko, jo áge
sunáte hain,
39 Ki ḍál us ko sandúq men; phir us ko ḍál
de pání men; phir pání us ko le ḍále kanáre
par; uṭhá le us ko ek dushman merá, aur us
ká; aur ḍál dí main ne tujh par muhabbat apní
taraf se,
40 Aur táki taiyár ho tú merí ánkh ke sámhne.
41 Jab chalne lagí terí bahin, aur kahne lagí,
Main batáún tum ko ek shaḳhs, ki us ko pále;
phir pahuncháyá ham ne tujh ko terí má pás,
ki ṭhanḍí rahe us kí ánkh, aur gam na kháwe;
aur tú ne már ḍálí ek ján; phir nikálá ham ne
tujh ko us gam se, aur jánchá tujh ko ek zara
jánchná;
42 Phir ṭhahrá tú kaí baras Madyánwálon
men; phir áyá tú taqdír se, ai Músá.
43 Aur banáyá main ne tujh ko ḳháss apne
wáste.
44 Já, tú, aur terá bhái, lekar merí nishá-
nián, aur sustí na karo merí yád men.
45 Jáo taraf Firaun ke, us ne sar uṭháyá.
46 So kaho us se bát narm, sháyad wuh soch
kare, yá ḍare.
47 Bole, Rabb hamáre, ham ḍarte hain
ki bhapke ham par, yá josh men áwe.
48 Farmáyá, Na ḍaro, main sáth hún, tum-
háre suntá hún, aur dekhtá.
49 So jáo us pás, aur kaho, Ham donon
rasúl hain tere Rabb ke, so bhej de hamáre
sáth baní Isráíl ko, aur na satá un ko; ham
áe hain tere pás nishání lekar tere Rabb kí,
aur salámatí ho us kí, jo máne ráh kí bát.
50 Hukm húá hai ham ko, ki azáb hai us
par jo jhuṭhláwe aur munh phere.

51 Bolá, Phir kaun hai Sáhib tum donoṉ ká, ai Músá?
52 Kahá, Sáhib hamárá wuh hai, jis ne dí har chíz ko us kí súrat; phir ráh sujháí.
53 Bolá, phir kyá haqíqat hai un pahlí sangatoṉ kí?
54 Kahá, Un kí ḳhabar mere Rabb ke pás likhí hai, na bahaktá hai merá Rabb, na bhúltá.
55 Wuh hai, jis ne baná dí tum ko zamín bichhauná, aur chalá díṉ tum ko us meṉ ráheṉ, aur utárá ásmán se pání, phir nikálá ham ne us se bhánt bhánt ke sabze,
56 Kháo, aur charháo apne chaupáioṉ ko albatta us meṉ pate haiṉ ạql rakhnewáloṉ ko.
(3 *R.*) 57 Isí zamín se ham ne tum ko banáyá, aur isí meṉ tum ko phir ḍálte haiṉ, aur isí se nikálenge tum ko dúsrí bár.
58 Aur ham ne us ko dikhá díṉ apní sab nisháníáṉ; phir jhuṭhláyá, aur na máná.
59 Bolá, Kyá tú áyá hai ham ko nikálne ko hamáre mulk se, apne jádú ke zor se, ai Músá?
60 So ham bhí láwenge tujh par ek aisá hí jádú, so ṭhabrá hamáre apne bích ek wạda, na tafáwat kareṉ us se ham, na tú ek maidán sáf meṉ.
61 Kahá, Wạda tumhárá hai, jashan ká din, aur yih ki jamạ kare logoṉ ko din chaṛhe.
62 Phir ulṭa phirá Firạun; ekaṭṭhe kiye apne sáre dáo, phir áyá.
63 Kahá un ko Músá ne, Kambaḳhtí tumhárí jhúṭh na bolo Alláh par.
64 Phir khapáwe tum ko kisí áfat se, aur murád ko nahíṉ pahunchá jis ne jhúṭh bándhá.
65 Phir jhagṛe apne kám par ápas meṉ, aur chhip kar kí mashwarat.
66 Bole, Ye donoṉ muqarrar jádúgar haiṉ,

cháhte hain, ki nikál den tum ko tumháre mulk se, apne jádú ke zor se, aur uṭhá den tumhárí ráh ḳhássí.

67 So muqarrar karo apní tadbír; phir áo qatár bándh kar, aur jít gayá áj, jo úpar rahá.

68 Bole, Ai Músá, yá tú ḍál, yá ham hon pahle ḍálnewále.

69 Kahá, Nahín, tum ḍálo; phir tabbí un kí rassíán aur láṭhíán us ke ḳhiyál men áín, un ke jádú se, ki dauṛtí hain.

70 Phir páne lagá apne jí men ḍar Músá.

71 Ham ne kahá, Tú na ḍar; muqarrar tú hí rahegá úpar.

72 Aur ḍál de jo tere dáhine men hai, ki nigal jáwe jo un ne banáyá; un ká banáyá to fareb hai jádúgar ká, aur jádúgar nahín kám le nikaltá jahán áyá.

73 Aur gir paṛe jádúgar sijde men; bole, Ham yaqín láe Rabb par Hárún aur Músá ke.

74 Bolá Firaun, Tum ne us ko mán liyá, abhí main ne hukm na diyá thá, wuhí tumhárá baṛá hai, jis ne tum ko sikháyá jádú, so ab main kaṭwáúngá tumháre háth, aur dúsre pánw, aur súlí dúngá tum ko khajúr ke ḍhúnḍh par, aur ján loge ham men kis ki már saḳht hai, aur der tak rahtí.

75 We bole, Ham tujh ko ziyáda na samjhenge us chíz se, jo pahunchí ham ko sáf dalíl, aur us se jis ne ham ko banáyá; so tú kar chuk, jo kartá hai; tú yihí karegá is dunyá kí zindagí men; ham yaqín láe hain apne Rabb par, baḳhshe ham ko hamárí taqsíren, aur jo tú ne karwáyá, ham se zoráwarí yih jádú, aur Alláh bihtar hai, aur der rahnewálá.

76 Muqarrar hai jo koí áyá apne Rabb pás

gunahgár hokar, so us ke wáste dozakh hai, na mare us meṉ, na jíwe.

77 Aur jo áyá us pás ímán se kar kar nekíáṉ, so un logoṉ ko haiṉ darje baland.

78 Bág haiṉ basne ke, bahtí un ke níche se nahreṉ; rahá karenge un meṉ, aur yih badlá hai us ká, jo pák húá.

SULS (4 R.) 79 Aur ham ne hukm bhejá Músá ko, ki le nikál rát se mere bandoṉ ko; phir ḍál de un ko samundar kí ráh meṉ súkhí;

80 Na khatra tujh ko á pakaṛne ká, na ḍar.

81 Phir píchhe lagá un ke Firaun, apne lashkar lekar; phir gher liyá un ko pání ne, jaisá gher liyá; aur bahkáyá Firaun ne apní qaum ko, aur na samjháyá.

82 Ai aulád Isráíl, chhuṛáyá ham ne tum ko tumháre dushman se, aur wada rakhá tum se paháṛ kí dahiní taraf, aur utárá tum par mann aur salwá.

83 Kháo suthrí chízeṉ, jo rozí díṉ ham ne tum ko, aur na karo us meṉ ziyádatí; phir názil howe tum par merá gazab, aur jis par názil húá merá gazab, wuh paṭká gayá.

84 Aur merí baṛí bakhshish hai us par, jo tauba kare, aur yaqín láwe, aur kare bhalá kám, phir ráh par rahe.

85 Aur kyúṉ jaldí kí tú ne apní qaum se, ai Músá?

86 Bolá, We mere píchhe haiṉ, aur maiṉ jald áyá terí taraf. ai Rabb mere ki tú rázi ho,

87 Farmáyá, Ham ne to bichlá diyá, terí qaum ko tere píchhe, aur bahkáyá un ko Sámerí ne.

88 Phir ulṭá phirá Músá apní qaum pás, gusse se bhará pachtátá húá;

89 Kahá, Ai qaum, tum ko wada na diyá

thá tumháre Rabb ne, achchhá waḍa? Kyá
lambí ho gaí tum par muddat, yá cháhá tum ne,
ki názil ho tum par gazab tumháre Rabb ká?
is se khiláf kiyá tum ne merá waḍa?

90 Bole, Ham ne khiláf nahín kiyá terá waḍa,
apne iḳhtiyár se, walekin uṭhá liye ham ne
bojh kahne se, is qaum ke gahne ká, so ham
ne wuh phenk diye; phir yih naqsha ḍálá Sá-
merí ne.   Phir baná nikálá un ke wáste, ek
bachhrá, ek dhar jis meṇ chillaná gáe ká; phir
kahne lage, Yih sáhib hai tumhárá, aur sáhib
Músá ká, so wuh bhúl gayá.

91 Bhalá, yih nahíṇ dekhte, ki wuh jawáb
nahíṇ detá un ko kisí bát ká, aur iḳhtiyár na-
híṇ rakhtá un ke bure ká, na bhale ká.

(5 R.) 92 Aur kahá thá un ko Hárún ne pah-
le se, Ai qaum, aur kuchh nahíṇ tum ko bahká
diyá hai is par, aur tumhárá Rabb Rahmán
hai, so chalo merí ráh, aur máno merí bát.

93 Bole, Ham rahenge isí par lage baiṭhe,
jab tak phir áwe ham pás Músá.

94 Kahá Músá ne, Ai Hárún, tujh ko kyá
aṭkáo thá, jab dekhá tú ne, ki we bahke? Tú
mere píchhe na áyá; kyá tú ne radd kiyá merá
hukm?

95 Wuh bolá, Ai merí má ke jane, na pakar
merí dáṛhí, na sar, maiṇ ḍará, ki tú kahegá
phúṭ ḍál dí tú ne baní Isráíl meṇ, aur yád na
rakhí merí bát.

96 Kahá Músá ne, Ab terí kyá haqíqat hai,
ai Sámerí? Bolá, Maiṇ ne dekh liyá, jo sab ne
na dekhá; phir bhar lí maiṇ ne ek muṭṭhí páoṇ
ke níche se, us bheje ke; phir wubí ḍál dí, aur
yihí maslahat dí mujh ko mere jí ne.

97 Kahá Músá ne, Chal, tujh ko zindagí meṇ
itná hai, ki kahá kar na chheṛo, aur tujh ko ek

wạda hai, wuh tujh se ḳhiláf na hogá, aur dekh apne ṭhákar ko, jis par sáre din lagá baiṭhá thá, ham us ko jaláwenge; phir bikherenge daryá men uṛá kar.

98 Tumhárá Sáhib, wuhí Alláh hai, jis ke siwáe bandagí nahín kisí kí; samá gaí hai sab chíz us ke ịlm men.

99 Yún sunáte hain ham tujh ko ahwál se un ke, jo pahle guzre, aur ham ne diyá tujh ko apne pás se ek paṛhná.

100 Jo koí munh phere us se, so uṭháwegá din qiyámat ke ek bojh.

101 Paṛe rahenge us men, aur burá hai un par qiyámat men, wuh bojh uṭháne ká.

102 Jis din phúnkenge súr men, aur gher láwenge ham gunahgáron ko nílí ánkhen.

103 Chupke chupke kahte hain ápas men, der nahín húí tum ko, magar das din.

104 Ham ko ḳhúb mạlúm hai, jo kahte hain, jab bolegá un men achchhí ráhwálá tum ko, der nahín lagí, magar ek din.

(6 *R.*) 105 Aur tujh se púchhte hain pahá-ṛon ká hál; so tú kah, Un ko bikher degá merá Rabb uṛá kar.

106 Phir kar chhoṛegá zamín ko paṭpar maidán; tú na dekhe us men moṛ, na ṭílá.

107 Us din píchhe dauṛenge pukárnewále ke, ṭeṛhí nahín jis kí bát, aur dab gaín áwázen Rahmán ke ḍar se; phir tú na sune khaskhasí áwáz.

108 Us din kám na áwegí sifárish, magar jis ko hukm diyá Rahmán ne, aur pasand kí us kí bát.

109 Wuh jántá hai, jo un ke áge, aur píchhe, aur ye nahín qábú men láte us ko, daryáft karkar.

110 Aur ragarte hain munh áge us jíte hameshe rahte ke, aur ḳharáb húá, jis ne bojh uṭháyá zulm ká.

111 Aur jo kare kuchh bhaláíán, aur wuh yaqín rakhtá ho, so us ko ḍar nahín beinsáfí ká, aur na dabáne ká.

112 Aur isí tarah utárá ham ne Qurán Ạrabí zubán ká, aur pher pher sunáyá us men ḍar ká, sháyad we bach chalen, yá paidá ho un ko soch.

113 So buland darja Alláh ká us sachche pádsháh ká, aur tú jaldí na kar Qurán lene men jab tak na púrá ho chuke us ká utarná; aur kah, Ai parwardigár, ziyáda kar merí bújh.

114 Aur ham ne taqayud kar diyá thá Ádam ko is se pahle; phir bhúl gayá, aur na páí ham ne us men kuchh himmat.

(7 *R*.) 115 Aur jab kahá ham ne firishton ko, Sijda karo Ádam ko, to sijda kar paṛe, magar Iblís ne na máná. Phir kah diyá ham ne, Ai Ádam, yih dushman hai terá, aur terí joru ká, so nikalwá na de tum ko bihisht se; phir tú taklíf men paṛegá.

116 Tujh ko yih milá hai, ki na bhúkhá ho tú us men, na nangá.

117 Aur yih ki na piyás khainche tú us men, na dhúp.

118 Phir jí men ḍálá us ke Shaitán ne, kahá, Ai Ádam, main batáún tujh ko daraḳht sadá jíne ká, aur pádsháhí jo purání na ho.

119 Phir donon khá gae us men se; phir khul gain un par un kí burí chízen, aur lage gánṭhne apne úpar patte bihisht ke, aur be-hukmí kí Ádam ne apne Rabb kí; phir ráh se bahká.

120 Phir nawáza us ko us ke Rabb ne; phir mutwajjih húá, aur ráh par láyá.

121 Farmáyá, Utaro yahán se, donon ekaṭṭhe raho ek dúsre ke dushman; phir kabhí pahunche tum ko merí taraf se ráh kí ḳhabar.
122 Phir jo chalá merí batáí ráh par, na bahkegá wuh, aur na taklíf men paṛegá.
123 Aur jis ne munh pherá merí yád se, to us ko miltí hai guzrán tangí kí.
124 Aur láwenge ham us ko qiyámat ke din andhá.
125 Wuh kahegá, Ai Rabb, kyún uṭháyá tú ne mujh ko andhá, aur main to thá dekhtá?
126 Farmáyá, Yúnhín pahunchí thín tujh ko hamárí áyaten; phir tú ne un ko bhulá diyá; aur isí tarah áj tujh ko bhulá denge.
127 Aur isí tarah ham badlá denge us ko jin ne háth chhoṛá, aur yaqín na láyá apne Rabb kí báten, aur pichhle ghar ká azáb saḳht hai, aur bahut der rahtá.
128 So kyá un ko sújh na áí, us se kittí khapá dín ham ne pahle un se sangaten? Ye pherte hain un ke gharon men, is men ḳhúb pate hain aql rakhnewálon ko.
(8 *R.*) 129 Aur kabhí na hotí ek bát nikal gaí tere Rabb se, to muqarrar hotá bhenṭá aur jo na hotá wada ṭhahráyá.
130 So tú sahtá rah, jo kahen, aur paṛhtá rah, ḳhúbíyán apne Rabb kí, súraj nikalne se pahle, aur ḍúbne se pahle, aur kuchh ghaṛíon men rát kí paṛhá kar, aur din kí haddon par, sháyad tú rází hogá.
131 Aur na pasár apní ánkhen us chíz par jo baratne ko dí ham ne un bhánt bhánt logon ko raunaq dunyá ke jíte, un ke jánchne ko, aur tere Rabb kí dí rozí bihtar hai, aur der rahnewálí.
132 Aur hukm kar apne gharwálon ko na-

máz ká, aur áp qáim rah us par; ham nahíṉ mángte tujh se rozí; ham rozí dete haiṉ tujh ko, aur áḵhir bhalá hai parhezgárí ká.

133 Aur log kahte haiṉ, Yih kyúṉ nahíṉ le átá ham pás koí nishání apne Rabb se? Kyá pahunch nahíṉ chukí un ko nishání aglí kitáboṉ meṉ kí?

134 Aur agar ham khapá dete un ko kisí áfat meṉ is se pahle, to kahte, Ai Rabb, kyúṉ na bhejá ham tak kisí ko paigám lekar, ki ham chalte tere kalám par zalíl o ruswá hone se pahle?

135 Tú kah, Har koí ráh dekhtá hai, so tum ráh dekho, áge ján loge kaun haiṉ sídhí ráhwále, aur kis ne ráh páí.

SURA I AMBIYÁ.

Makke meṉ názil húí; 112 *áyat kí hai.*

BISMI-L-LÁHI-R-RAHMÁNI-R-RAHÍM.

SATRAHWAN SIPARA. (1*R.*)

1 Nazdík á lagá logoṉ ko un ke hisáb ká waqt, aur we beḵhabar ṭaláte haiṉ.

2 Koí nasíhat nahíṉ pahuchí un ko un ke Rabb se naí, magar us ko sunte haiṉ khel meṉ lage húe.

3 Khel meṉ paṛe haiṉ dil un ke, aur chupke maslahat kí beinsáfoṉ ne, yih shaḵhs kaun hai? Ek ádmí hai tum hisá; phir kyúṉ paṛte ho jádú meṉ áṉkhoṉ dekhte?

4 Us ne kahá, mere Rabb ko ḵhabar hai bát kí, ásmán meṉ ho, yá zamín meṉ, aur wuh suntá jántá.

5 Yih chhoṛkar kahte haiṉ, *Uṛte ḳhwáb* haiṉ, nahíṉ *jhúṭh bándh liyá* hai, nahíṉ *shiạr* kahtá hai; phir cháhe le áwe ham pás *koí nishání* jaise paigám láe haiṉ pahle.

6 Nahíṉ máná un se pahle kisí bastí ne, jo khapáí ham ne; ab koí le mánenge?

7 Aur paigám nahíṉ bhejá ham ne tujh se pahle, magar yihí mardoṉ ke háth hukm bheje the ham ne un ko; so púchho yád rakhnewáloṉ se, agar tum nahíṉ jánte.

8 Aur na banáe the ham ne aise badan, ki we khání na kháweṉ, aur na the rah jánewále.

9 Phir sach kiyá ham ne un se wạda, phir bachá diyá un ko, aur jis ko ham ne cháhá, aur khapá diye háth chhoṛnewále.

10 Ham ne utárí hai tum ko kitáb, ki us meṉ tumhárá nám hai; kyá tum ko bújh nahíṉ?

(2 *R.*) 11 Aur kittí toṛ máríṉ ham ne bastíáṉ, jo thíṉ gunahgár; aur uṭhá khaṛe kiye un ke píchhe aur log.

12 Phir jab áhaṭ pái hamárí áfat kí, tab hí lage waháṉ se eṛ karne.

13 Eṛ mat karo, aur phir jáo jaháṉ tum ko ạish milá thá, aur apne gharoṉ meṉ, sháyad koí tum ko púchhe.

14 Kahne lage, Ai ḳharábí hamárí, ham the beshakk gunahgár.

15 Phir yihí rahí un kí pukár, jab tak ḍher kar diye káṭkar píchhe paṛe.

16 Aur ham ne nahíṉ banáyá ásmán aur zamín, aur jo un ke bích hai khelte.

17 Agar cháhte, ki baná leṉ kuchh khilauná, to baná lete apne pás se, agar ham ko karná hotá.

18 Yúṉ nahíṉ, par ham phenk márte haiṉ sach ko jhúṭh par; phir wuh us ká sar phoṛtá

hai, phir tab wuh saṭak játá hai; aur tum ko ḳharábí hai un báton se, jo banáte ho.

19 Aur usí ká hai, jo koí hai ásmán o zamín men, aur jo us ke nazdík rahte hain, baṛáí nahín karte us kí bandagí se, aur nahín karte káhilí.

20 Yád karte hain, rát aur din nahín thakte.

21 Kyá ṭhahráe hain unhon ne aur sáhib zamín men ke? We uṭhá khaṛá karenge.

22 Agar hote un donon men aur hákim siwáe Alláh ke, to donon ḳharáb hote; so pák hai Alláh, taḳht ká sáhib in báton se, jo banáte hain.

23 Us se púchhá na jáwe jo kare, aur un se púchhá jáwe.

24 Kyá pakṛe hain unhon ne us se ḍare aur sáhib? Tú kah, Láo apní sanad; yihí bát hai, mere sáthwálon kí, aur mujh se pahlon kí koí nahín, par we bahut log nahín samajhte sachchí bát, phir ṭaláte hain.

25 Aur nahín bhejá ham ne tujh se pahle koí rasúl, magar us ko yihí hukm bhejá, ki bát yún hai, ki kisí kí bandagí nahín siwáe mere, so merí bandagí karo.

26 Aur kahte hain, Rahmán ne kar liyá koí beṭá; wuh is láiq nahín, lekin we bande hain, jin ko izzat dí hai.

27 Us se baṛh kar nahín bol sakte, aur we usí ke hukm par kám karte hain.

28 Us ko malúm hai jo un ke áge aur píchhe, aur we sifárish nahín karte,

29 Magar us kí, jis se wuh rází ho; aur we us kí haibat se ḍarte hain.

30 Aur jo koí un men kahe, ki Merí bandagí hai us se ware, so us ko ham badlá den dozaḳh: yún hín ham badlá dete hain beinsáfon ko?

(3 *R.*) 31 Aur kyá nahíṉ dekhá un munkiroṉ ne, ki ásmán aur zamín muṉh band the; phir ham ne un ko kholá, aur banáí ham ne pání se jis chíz meṉ jí hai; phir kyá yaqín nahíṉ karte?

32 Aur rakhe ham ne zamín meṉ bojh, kabhí un ko lekar jhuk paṛe, aur rakheṉ us meṉ kusháda ráheṉ; sháyad we ráh páweṉ.

33 Aur banáyá ham ne ásmán ko chhat bachái kí, aur we us ke namúne dhiyán meṉ nahíṉ láte.

34 Aur wuhí hai, jis ne banáí rát, aur din, aur súraj, aur chánd; sab ek ek ghar meṉ phirte haiṉ.

35 Aur nahíṉ diyá ham ne tujh se pahle kisí ádmí ko hamesha jíná; phir kyá agar tú mar gayá, to we rah jáwenge?

36 Har jí ko chakhní hai maut, aur ham tum ko jánchte haiṉ burái se, aur bhalái se ázmáne ko, aur hamárí taraf phir áoge.

37 Aur jaháṉ tujh ko dekhá munkiroṉ ne, aur kám nahíṉ tujh se, magar ṭhaṭṭhe meṉ pakaṛná, Kyá yihí shakhs hai, ki nám letá hai tumháre ṭhákuroṉ ká, aur we Rahmán ke nám se munkir haiṉ?

38 Baná hai ádmí shitábí ká; ab dikhátá húṉ tum ko apne namúne, so mujh se jaldí mat karo.

39 Aur kahte haiṉ, Kab hogá yih wạda, agar tum sachche ho?

40 Kabhí jáneṉ ye munkir us waqt ko, ki na rok sakenge apne muṉh se ág, aur na apní píṭh se, aur na un ko madad pahunchegí.

41 Koí nahíṉ, wuh áwegí in par bekhabar, phir un kí hosh kho degí, phir na sakenge ki us ko pher deṉ, na un ko fursat milegí.

42 Aur ṭhaṭṭhe ho chuke hain kitte rasúlon
ke sáth tujh se pahle; phir ulaṭ paṛí ṭhaṭṭhá-
wálon par un men se, jis chíz ká ṭhaṭṭhá karte
the.

(4 *R.*) 43 Tú kah, Kaun bachá detá hai tum-
hen rát men, aur din men, Rahmán se? Koí na-
hín; we apne Rabb ke mazkúr se ṭál karte hain.

44 Kyá un ke koí ṭhákur hain, ki un ko ba-
cháte hain hamáre siwáe? We nahín kar sakte
apní madad, aur na un ko hamárí taraf se
rifáqat.

45 Koí nahín, par ham ne baratwáyá un ko,
aur un ke báp dádon ko, yahán tak, ki baṛh
gaí un par zindagí; phir kyá nahín dekhte,
ki ham chale áte hain zamín ko ghaṭáte us ke
kanáron se? ab kyá we jítnewále hain?

46 Tú kah, Main jo tum ko ḍar sunátá hún,
so hukm ke muwáfiq; aur sunte nahín bahre
pukár ko, jab koí un ko ḍar sunáwe.

47 Aur kabhí pahunche un tak ek bháp tere
Rabb kí áfat kí, to muqarrar kahne lagen, Ai
ḳharábí hamárí, beshakk ham the gunahgár.

48 Aur rakhenge ham tarázúen insáf kí qiyá-
mat ke din; phir zulm na hogá kisí jí par ek
zara; aur agar hogá barábar ráí ke dáne ke,
wuh ham le áwenge; aur ham bas hain hisáb
karne ko.

49 Aur ham ne dí thí Músá ko, aur Hárún ko
chakautí, aur roshní, aur nasíhat, ḍarwálon ko.

50 Jo ḍarte hain apne Rabb se bin dekhe,
aur we qiyámat ká ḳhatra rakhte hain.

51 Aur ek yih nasíhat hai barakat kí, jo ham
ne utárí; so kyá tum us ko nahín mánte?

(5 *R.*) 52 Aur áge dí thí ham ne Ibráhím ko
us kí nek ráh, aur ham rakhte hain us kí ḳhabar.

53 Jab kahá us ne báp ko, aur apní qaum

ko, Yih kyá múraten hain, jin par tum lage baithe ho?
54 Bole, Ham ne páyá apne báp dádon ko unhín ko pújte.
55 Bolá, Muqarrar rahe ho tum aur tumháre báp dáde saríh galatí men.
56 Bole, Tú ham pás láyá hai sachchí bát; yá tú khiláríán kartá hai.
57 Bolá, Nahín; par Rabb tumhárá wuhí hai Rabb ásmán o zamín ká, jis ne un ko banáyá, aur main usí bát ká qáil hún.
58 Aur qasam hai Alláh kí main iláj karúngá tumháre buton ká jab tum já chukoge píth pher kar.
59 Phir kar dálá un ko tukre, magar ek bará un ká, sháyad us pás phir áwen.
60 Kahne lage, kis ne kiyá yih kám hamáre thákuron se? wuh koí beinsáf hai.
61 Bole, Ham ne suná hai ek jawán, un ko kuchh kahtá hai, us ko pukárte hain Ibráhím.
62 We bole, Us ko le áo logon ke sámhne, sháyad we dekhen.
63 Bole, Kyá tú ne kiyá hai yih hamáre thákuron par, ai Ibráhím?
64 Bolá, Nahín; par yih kiyá un ke us bare ne, so un se púchh lo agar we bolte hain.
65 Phir soche apne jí men, phir bole, Logo, tum hí bare beinsáf ho.
66 Phir aundhe ho rahe sar dál kar, to tú jántá hai jaisá ye bolte hain.
RUBA. 67 Bolá, Phir tum pújte ho Alláh se ware aise ko ki tumhárá kuchh bhalá kare na burá. Bezár hún main tum se, aur jin ko tum pújte ho Alláh ke siwáe; kyá tum ko bújh nahín?

68 Bole, Us ko jaláo, aur madad karo apne ṭhákuron kí, agar kuchh karte ho.
69 Ham ne kahá, Ai ág, ṭhanḍhak ho já, aur árám Ibráhím par.
70 Aur cháhne lage us ká burá, phir unhín ko ham ne ḍálá nuqsán men.
71 Aur bachá nikálá ham ne us ko aur Lút ko us zamín kí taraf, jis men barakat rakhí ham ne jahán ke wáste.
72 Aur bakhshá ham ne us ko Isháq, aur Yaqúb, diyá inám men, aur sab ko nek bakht kiyá.
73 Aur un ko kiyá ham ne peshwá ráh batáte hamáre hukm se, aur kah bhejá un ko karná nekíon ká, aur khaṛí rakhní namáz, aur dení zakát, aur we the hamárí bandagí men lage.
74 Aur Lút ko diyá ham ne hukm, aur samajh aur bachá nikálá us ko us shahr se, jo karte the gande kám; we the log bure behukm.
(6 *R.*) 75 Aur us ko le liyá ham ne apní mihr men, wuh hai nek bakhton men.
76 Aur Núh ko, jab us ne pukárá us se pahle, phir sun lí ham ne us kí pukár, so bachá diyá us ko aur us ke ghar ko baṛí ghabráhaṭ se.
77 Aur madad kí us kí un logon par, jo jhuṭhláte the hamárí báten; we the bure log; phir ḍubá diyá ham ne un sab ko.
78 Aur Dáúd aur Sulaimán ko, jab lage faisal karne khetí ká jhagṛá, jab rawand gaí thín use rát ko bakarían ek logon kí, aur rú barú thá hamáre un ká faisala.
79 Phir samajhá diyá ham ne wuh faisala Sulaimán ko, aur donon ko diyá thá hukm aur samajh; aur tábi kiye ham ne Dáúd ke sáth pahár parhá karte, aur urte jánwar, aur ham ne yih kiyá thá.

80 Aur us ko sikháyá ham ne banáná ek tumhárá pahráwá, ki bacháo ho tum ko tumhárí laṛáí se, so kuchh tum shukr karte ho?

81 Aur Sulaimán ke tábiʿ kiye bád jhapke kí chaltí us ke hukm se zamín kí taraf, jahán barakat dí hai ham ne; aur ham ko sab chíz kí k͟habar hai.

82 Aur tábiʿ kiye kitte Shaitán, jo gote lagáte us ke wáste, aur kuchh kám banáte us ke siwáe; aur ham the un ko thám rahe.

83 Aur Aiyúb ko jis waqt pukárá apne Rabb ko, ki mujh ko paṛí hai taklíf, aur tú sab rahmwáloṉ se rahmwálá.

84 Phir ham ne sun lí us kí pukár; so uṭhá dí jo us par thí taklíf, aur dí us ko us kí gharwálí, aur un ke barábar sáth un ke, apne pás kí mihr se, aur nasíhat bandagí wáloṉ ko.

85 Aur Ismáʿíl, aur Idrís ko, aur Zúlkifl ko; yih sab haiṉ sahárnewále.

86 Aur le liyá ham ne un ko apní mihr meṉ, we haiṉ nek bak͟htoṉ meṉ.

87 Aur Machhlíwále ko, jab chalá gayá gusse se laṛkar, phir samajhá ki ham na pakaṛ sakenge, pukárá un andheroṉ meṉ ki koí hákim nahíṉ siwáe tere; tú be-ʿaib hai; maiṉ thá gunahgároṉ se.

88 Phir sun lí ham ne us kí pukár, aur bachá diyá us ko us ghaṭne se, aur yúṉhíṉ ham bachá dete haiṉ ímánwáloṉ ko.

89 Aur Zakariyá jab pukárá apne Rabb ko, ai Rabb, na chhoṛ mujh ko akelá; aur tú hai sab se bihtar wáris.

90 Phir ham ne sun lí us kí pukár, aur bak͟hshá us ko Yahiyá, aur changí kar dí us kí ʿaurat; we log dauṛte the bhaláíoṉ par, aur pukárte

the ham ko tawaqqu se, aur ḍar se, aur the hamáre áge dabe.

91 Aur wuh ạurat, jis ne qaid men̲ rakhí apní shahwat, phir phúnk dí ham ne us ạurat men̲ *apní* Rúh, aur kiyá us ko aur us ke beṭe ko namúna tamám ạlam ke liye;

92 Ye log hain̲ tumháre dín ke, sab ek dín par; aur main̲ hún̲ Rabb tumhárá, so merí bandagí karo.

93 Aur ṭukṛe ṭukṛe bánṭ liyá logon̲ ne ápas men̲ apná kám, sab hamáre pás phir áwenge.

(7 *R.*) 94 So jo koí kare kuchh nek kám, aur wuh yaqín rakhtá ho, so akárath na karenge us kí dauṛ, aur ham us ko likhte hain̲.

95 Aur muqarrar ho rahá hai har bastí par jis ko ham ne khapá diyá, ki we nahín̲ phirte.

96 Yahán̲ tak ki jab khol dewe Yájúj o Májúj ko, aur we har uncháu se phailte áwen̲.

97 Aur nazdík pahunche sachchá wạda, phir tabhí úpar lag rahen̲ munkiron̲ kí ánkhen̲; Ai ḳharábí, hamárí, ham beḳhabar rahe us se nahín̲, par ham the gunahgár.

98 Tum aur jo kuchh púјte ho Alláh ke siwáe, jhonkná hai dozaḳh men̲, tum ko us par pahunchná.

99 Agar hote ye log ṭhákur, na pahunchte us par, aur sáre us men̲ paṛe rahenge.

100 Un ko wahán̲ chilláná hai, aur we us men̲ bát nahín̲ sunte.

101 Jin ko áge ṭhahar chukí hamárí taraf se nekí, we us se dúr rahenge.

102 Nahín̲ sunte us kí áhaṭ, aur we apne jí ke mazon̲ men̲ sadá hain̲.

103 Na gam hogá un ko us baṛí ghabráhaṭ men̲, aur lene áwenge un ko firishte ; áj din tumhárá hai jis ká tum se wạda thá.

104 Jis din ham lapeṭ leṉ ásmán ko, jaise
lapeṭte haiṉ túmár meṉ kágaz, jaise sire se
banáyá pahlí bár, phir us ko dharáwenge wạda,
zarúr ho chuká ham par, ham ko karná.
105 Aur ham ne likh diyá hai Zabúr meṉ
nasíhat se píchhe, ákhir zamín par málik honge
mere nek bande.
106 Is meṉ matlab ko pahunche haiṉ ek log
bandagíwále.
107 Aur tujh ko, jo ham ne bhejá, so mihr
ḳar kar jahán ke logoṉ par.
108 Tú kah, Mujh ko to hukm áyá hai, ki
Sáhib tumhárá ek Sáhib hai; phir ho tum
hukmbardárí karte.
109 Phir agar muṉh moṛo, to kah, Maiṉ ne
ḳhabar kar dí tum ko donoṉ taraf barábar, aur
maiṉ nahíṉ jántá nazdík hai yá dúr hai jo tum
ko wạda miltá hai.
110 Wuh Rabb jántá hai pukár kí bát, aur
jántá hai jo tum chhipáte ho.
111 Aur maiṉ nahíṉ jántá, sháyad us meṉ
tum ko jánchná hai aur bartwáná ek waqt tak.
112 Rasúl ne kahá hai, Ai Rabb, faisal kar
insáf ká, aur Rabb hamárá Rahmán hai; usí
se madad mángte haiṉ in bátoṉ par, jo tum
batáte ho.

SURA I HAJJ.

Makke meṉ názil húí; 79 áyat kí hai.

BISMI-L-LÁ HI-R-RAHMÁ NI-R-RAHÍM.

NISF. (1 *R.*) 1 Logo, ḍaro apne Rabb se,
beshakk bhoṉchál qiyámat ká ek baṛí chíz hai.
2 Jis din us ko dekhoge, bhúl jáwegí har
dúdh pilánewálí apne dúdh piláe ko, aur ḍál

degí har peṭwálí, apná peṭ, aur dekhe tú logoṇ
par nasha, aur un par nasha nahíṇ, par áfat
Alláh kí sakht hai.

3 Aur bazá shakhs hai, jo jhagaṛtá hai Alláh
kí bát meṇ bekhabar, aur sáth pakaṛtá hai
har Shaitán behukm ká,

4 Jis kí qismat meṇ likhá hai, ki jo koí us
ká dost ho, so wuh us ko bahkáwe, aur le jáwe
azáb meṇ dozakh ke.

5 Ai Logo, agar tum ko dhokhá hai jí uṭhne
meṇ, to ham ne tum ko banáyá miṭṭí se, phir
búnd se, phir phuṭkí se, phir boṭí se, phir
naqsha bane, aur bin naqsha bane, is wáste ki
tum ko khol sunáweṇ, aur ṭhahrá rakhte haiṇ
ham peṭ meṇ, jo kuchh cháheṇ ek ṭhahare húe
waḍe tak; phir tum ko nikálte haiṇ laṛká; phir
jab tak ki pahuncho apne jawání ke zor ko,
aur koí tum meṇ púrá bhar liyá, aur koí tum
meṇ phir chaláyá nikammí umr tak, tá samajh
ke píchhe kuchh na samajhne lage, aur tú
dekhtá hai zamín dabí paṛí, phir jaháṇ ham ne
utárá us par pání, tází húí, aur ubhrí, aur ugáíṇ
har bhánt bhánt rauṇaq kí chízeṇ.

6 Yih is wáste, ki Alláh wuhí hai tahqíq,
aur wuh jilátá hai murde, aur wuh har chíz
kar saktá hai.

7 Aur yih ki qiyámat ání hai, is meṇ dhokhá
nahíṇ, aur yih ki Alláh uṭháwegá qabr meṇ
paroṇ ko.

8 Aur bazá shakhs hai, jo jhagaṛtá hai Al-
láh kí bát meṇ bin khabar, aur bin sújh, aur
bin kitáb chamaktí.

9 Apní karwaṭ moṛ kar, ki bahkáwe Alláh
kí ráh se, us ko dunyá meṇ ruswáí hai, aur
chakháwenge ham us ko qiyámat ke din jalan
kí már.

10 Yih is par hai, jo áge bhej chuke tere do háth, aur yih ki Alláh zulm nahín kartá bandon par.

(2 *R.*) 11 Aur bazá shakhs hai, ki bandagí kartá hai Alláh kí, kanáre par; phir agar mil gaí us ko bhaláí, chain pakṛá us par, aur agar mil gaí us ko jánch, phir gayá ulṭá apne munh par, ganwáí dunyá aur ákhirat, yihí hai ṭoṭá saríh.

12 Pukártá hai Alláh ke siwáe aisí chíz, ki us ká burá nahín kartí, aur aisí chíz ki us ká bhalá nahín kartí, yihí hai dúr paṛná bhúlkar.

13 Pukáre játá hai albatta jis ká zarar pahle pahunche nafa se, beshakk burá dost hai, aur burá rafíq.

14 Alláh dákhil karegá un ko, jo yaqín láe, aur kín nekíán, bágon men; bahtí níche un ke nahren; Alláh kartá hai jo cháhe.

15 Jis ko yih khiyál ho, ki hargiz madad na karegá us ko Alláh dunyá men, aur ákhirat men, to táne ek rassí ásmán ko, phir káṭ de, ab dekhe kuchh gayá us kí tadbír se us kí jí ká gussa.

16 Aur yún utárá ham ne yih Qurán khulí báten, aur yih hai, ki Alláh sújh detá hai jis ko cháhe.

17 Jo log musalmán hain, aur jo Yahúd hain, aur Sábaín, aur Nasárá aur Majús, aur jo shirk karte hain, Alláh faisala kar degá un men qiyámat ke din; Alláh ke sámhne hai har chíz.

18 Tú ne na dekhá, ki Alláh ko sijda kartá hai, jo koí ásmán men hai, aur jo koí zamín men hai, aur súraj, aur chánd, aur táre, aur paháṛ, aur darakht, aur jánwar, aur bahut ádmí, aur bahut hain, ki un par ṭhahar chuká azáb,

aur jis ko Alláh zalíl kare, use koí nahíṇ izzat denewálá, Alláh kartá hai jo cháhe.

19 Ye do muddaí haiṇ, jhagaṛe haiṇ apne Rabb par, so jo munkir húe un ke wáste biyonte haiṇ kapṛe ág ke, ḍálte haiṇ un ke sar par jaltá pání.

20 Nichuṛ játá hai us se jo un ke peṭ meṇ hai, aur khál bhí.

21 Aur un ke wáste mungaríáṇ haiṇ lohe kí.

22 Jab cháheṇ ki nikal paṛeṇ us se ghuṭne ke máre, phir ḍál diye andar, aur chakhte raho jalan kí már.

(3 *R.*) 23 Alláh dákhil karegá un ko, jo yaqín láe, aur kíṇ bhaláíáṇ bágoṇ meṇ; bahtí níche un ke nahreṇ; gahna pahná denge un ko waháṇ kangan sone ke, aur motí, aur un kí poshák hai waháṇ resham kí.

24 Aur ráh páí hai unhoṇ ne suthrí bát kí, aur páí us khúbíáṇ saráhe kí ráh.

25 Jo log munkir húe, aur rokte haiṇ Alláh kí ráh se, aur adabwálí masjid se, jo ham ne banáí sab logoṇ ke wáste, barábar hai, us meṇ lagá rahnewálá aur báhar ká;

26 Aur jo koí us meṇ cháhe ṭeṛhí ráh sharárat se, use ham chakhá denge ek dukh kí már.

(4 *R.*) 27 Aur jab ṭhík kar diyá ham ne Ibráhím ko ṭhikáná us ghar ká, ki sharík na kar mere sáth kisí ko, aur pák rakh merá ghar tawáf karnewáloṇ, aur khaṛe rahnewáloṇ aur rukú sijda karnewáloṇ ke wáste:

28 Aur pukár de logoṇ meṇ hajj ke wáste, ki áweṇ terí taraf páṇw chalte, aur sawár hokar duble duble únṭoṇ par chale áte dúr kí ráhoṇ se.

29 Ki pahuncheṇ apne bhale kí jagahoṇ par, aur paṛheṇ Alláh ká nám kaí din, jo malúm

hain zabh par, chaupáeon mawáshí ke, jo us ne diye hain un ko;

30 So kháo us men se, aur khiláo bure hál ke muhtáj ko.

31 Phir cháhiye niberen apná mail kuchail, aur púrí karen apní mannaten, aur tawáf karen qadím ghar ká.

32 Yih sun chuke, aur jo koí baṛáí rakhe Alláh ke adab kí, so wuh bihtar hai us ko apne Rabb ke pás; aur halál hain tum ko chaupáe magar jo tum ko sunáte hain; so bachte raho buton kí gandagí se, aur bachte raho jhúṭhí bát se.

33 Ek Alláh kí taraf hokar na us ke sáth sájhí banákar, aur jis ne sharík banáyá Alláh ká, so jaise gir paṛá ásmán se, phir uchakte hain us ko uṛte jánwar, yá le ḍálá us ko báo ne kisí dúr makán men.

34 Yih sun chuke; aur jo koí adab rakhe Alláh ke nám lagí chízon ká, so wuh dil kí parhezgárí se hai.

35 Tum ko chaupáeon men fáide hain ek, ṭhahare wạde tak; phir un ko pahuncháná us qadím ghar tak.

(5 *R.*) 36 Aur har firqe ko ham ne ṭhahrá dí hai qurbání, ki yád karen Alláh ká nám chaupáeon ke zabh par, jo un ko diye; so Alláh tumhárá ek Alláh hai, so usí ke hukm par raho; aur khushí suná ájizí karnewálon ko.

37 We jab nám lījiye Alláh ká, ḍar jáwen un ke dil, aur sahnewále jo un par paṛe, aur khaṛí rakhnewále namáz ke, aur hamárá diyá kuchh kharch karte hain.

38 Aur Kạbe ko chaṛháne ke únṭ ṭhahráe hain ham ne tumháre wáste nishání Alláh ke nám kí, tumhárá us men bhalá hai, so paṛho

un par nám Alláh ká, qatár bándh kar, phir jab
gir pare un kí karwaṭ, to kháo us meṉ se, aur
khiláo sabr karnewále ko, aur beqarárí karte
ko ; isí tarah tumháre bas meṉ diye ham ne
we jánwar, sháyad tum ihsán máno.

39 Alláh ko nahíṉ pahunchte un ke gosht,
na lahú ; lekin us ko pahunchtá hai tumháre
dil ká adab; isí tarah un ko bas meṉ diyá tum-
háre, ki Alláh kí baṛáí par ho, is par ki tum
ko ráh sujháí, aur khushí suná nekíwáloṉ ko.

40   Alláh dushmanoṉ ko haṭá degá ímán-
wáloṉ se; Alláh ko khush nahíṉ átá koí dagá-
báz ná-shukr.

(6 R.) 41 Hukm húá un ko, jin se log larte
haiṉ, is wáste ki un par zulm húá ; aur Alláh
un kí madad karne par qádir hai.

42   We, jin ko nikálá un ke gharoṉ se,
aur kuchh dawá nahíṉ siwáe us ke, ki we
kahte haiṉ, ki hamárá Rabb Alláh hai; aur
agar na haṭáyá kartá Alláh logoṉ ko ek ko
ek se, to ḍháe játe takiye aur madrase, aur ibá-
dat kháne, aur masjideṉ, jin meṉ nám paṛhá
játá hai Alláh ká bahut; aur Alláh muqarrar
madad karegá us kí, jo madad karegá us kí,
beshakk Alláh zabardast hai zorwálá.

SULS. 43 We ki agar ham un ko maqdúr
deṉ mulk meṉ, khaṛí kareṉ namáz, aur deṉ
zakát, aur hukm kareṉ bhale kám ká, aur
mana kareṉ bure se; aur Alláh ke ikhtiyár
hai ákhir har kám ká.

44 Aur agar tujh ko jhuṭbláweṉ, to un se
pahle jhuṭhlá chukí hai Núh kí qaum, aur Ád
aur Samúd,

45 Aur Ibráhím kí qaum, aur Lút kí qaum,
aur Madyan ke log, aur Músá ko jhuṭhláyá;

phir main ne ḍhíl dí munkiron ko; phir un ko pakṛá; to kaisá húá merá inkár?

46 So kittí bastián ham ne khapá dín, aur we gunahgár the; ab we ḍhahe paṛe hain apní chhaton par, aur kitte kúe nikamme paṛe, aur kitte mahall gachgírí.

47 Kyá phere nahín mulk men, jo un ko dil hote jin se bújhte, yá kán hote jin se sunte; so kuchh ánkhen andhí nahín hotín par andhe hote hain dil, jo síne men hain.

48 Aur tujh se jaldí mángte hain azáb, aur Alláh hargiz na ṭálegá apná wada, aur ek din tere Rabb ke yahán hazár baras ke barábar hai, jo tum ginte ho.

49 Aur kittí bastián hain, ki main ne un ko ḍhíl dí, phir un ko pakṛá, aur merí taraf phirná hai.

(7R.) 50 Tú kah, Logo, main to ḍar sunánewálá hún tum ko khol kar.

51 So jo yaqín láe aur kín bhaláián, un ke gunáh bakhshte hain, aur rozí izzat kí.

52 Aur jo dauṛe hamárí áyaton ke haráne ko, we hain log dozakh ke.

53 Aur jo rásúl bhejá ham ne tujh se pahle, yá nabí, so jab khiyál bándhte Shaitán ne milá diyá us ke khiyál men; phir Alláh haṭátá hai Shaitán ká miláyá, phir pakkí kartá hai apní báten, aur Alláh sab khabar rakhtá hai hikmatonwálá.

54 Is wáste ki us Shaitán ke miláe se jánche un ko jin ke dil men rog hai, aur jin ke dil sakht hain, aur gunahgár to hain mukhálifat men dúr paṛe.

55 Aur is wáste ki malúm karen jin ko samajh milí hai; yih tahqíq hai tere Rabb kí taraf se; phir us par yaqín láwen, aur dabén

us ke áge un ke dil; aur Alláh samajhánewálá hai yaqín lánewálon ko ráh sídhí.

56 Aur munkiron ko hameshá rahegá us men dhokhá jab tak á pahunche un par qiyámat bekhabar, yá á pahunche un ko áfat ek din kí, jis men ráh nahín khalásí kí.

57 Ráj us din Alláh ká hai; un men cha-káutí karegá; so jo yaqín láe, aur kín bhaláíán, niamat ke bágon men hain;

58 Aur jo munkir húe, aur jhúthláín hamárí báten, so un ko hai zillat kí már.

(8 R.) 59 Aur jo log ghar chhor áe Alláh kí ráh men, phir máre gae yá mar gae, un ko degá Alláh rozí khássí, aur Alláh hí hai sab se bihtar rozí detá.

60 Albatta pahuncháwegá un ko ek jagah, jis ko pasand karenge; aur Alláh sab jántá hai tahammulwálá.

61 Yih sun chuke; aur jis ne badlá diyá jai-sá us se kiyá thá, phir us par koí ziyádatí kare, to albatta us kí madad karegá Alláh; beshakk Alláh dar guzar kartá hai, bakhshtá.

62 Yih is wáste ki Alláh pithátá hai rát ko din men, aur din ko rát men; aur Alláh suntá hai, dekhtá.

63 Yih is wáste ki Alláh wuhí hai sahíh, aur jis ko pukárte hain us ke siwáe wuhí hai galat, aur Alláh wuhí hai bará.

64 Tú ne nahín dekhá ki Alláh ne utárá ás-mán se pání, phir subh ko zamín ho játí hai sabz. Beshakk Alláh chhipí tadbíren jántá hai khabardár.

65 Usí ká hai jo kuchh ásmán o zamín men hai; aur Alláh wuhí hai be parwá khúbíon saráhá.

(9 R.) 66 Tú ne na dekhá ki Alláh ne bas

men diyá tumháre jo kuchh hai zamín men, aur
kishtí chaltí daryá men us ke hukm se, aur
thám rakhtá hai ásmán ko us se, ki gir pare
zamín par, magar us ke hukm se; muqarrar
Alláh logon par narmí kartá hai mihrbán.
67 Aur usí ne tum ko jiláyá, phir mártá hai,
phir jiláwegá; beshakk insán ná shukr hai.
68 Har firqe ko ham ne thahrá dí hai ek ráh
bandagí kí, ki we us tarah karte hain bandagí;
so cháhiye tujh se jhagrá na karen is kám men,
aur tú buláe já apne Rabb ki taraf; beshakk
tú hai sídhí ráh par sújhá.
69 Aur agar tujh se jhagarne lagen, tú kah,
Alláh bihtar jántá hai jo tum karte ho.
70 Alláh chakautí karegá tum men qiyámat
ke din, jis chíz men tum kaí ráh the.
71 Kyá tujh ko malúm nahín ki Alláh jántá
hai jo kuchh hai ásmán o zamín men, yih hai
likhá kitáb men; yih Alláh par ásán hai.
72 Aur pújte hain Alláh ke siwáe jis kí sanad
nahín utárí us ne, aur jis kí khabar nahín un
ko; aur beinsáfon ká koí nahín madadgár.
73 Aur jab sunáe un ko hamárí áyaten sáf,
to pahcháne munkiron ke munh par burí shakl;
nazdík hote hain ki dauren un par jo parhte
hain un ke pás hamárí áyaten; tú kah, Main
tum ko batáún ek chíz is se burí, wuh ág hai;
us ká wada diyá hai Alláh ne munkiron ko,
aur bahut burí hai phir jáne kí jagah.
(10 *R.*) 74 Logo, ek kaháwat kahí hai, us
par kán rakho, aur jin ko tum pújte ho Alláh
ke siwáe hargiz na baná saken ek makkhí,
agarchi sáre jama hon; aur agar kuchh chhín
le un se makkhí, chhurá na saken we us se;
bodá hai cháhnewálá, aur jin ko cháhtá hai.
75 Alláh kí qadr nahín samajhí jaisí us kí qud-

rat hai; beshakk Alláh zoráwar hai zabardast.
76 Alláh chhánṭ letá hai firishton men paigám pahunchánewálá, aur ádmíon men; Alláh suntá hai dekhtá.
77 Jántá hai jo un ke áge aur jo un ke píchhe, aur Alláh tak pahunch har kám kí.
78 Ai ímánwálo, rukú karo, aur sijda karo, aur bandagí karo apne Rabb kí, aur karo bhaláí, sháyad bhalá páo.
79 Aur mihnat karo Alláh ke wáste, jo cháhiye us kí mihnat; us ne tum ko pasand kiyá, aur nahín rakhí tum par dín men kuchh mushkil, dín tumháre báp Ibráhím ká; us ne nám rakhá tumhárá musalmán, hukmbardár pahle se, aur is Qurán men, tá rasúl ho batánewálá tum par, aur tum ho batánewále logon par; so khaṛí rakho namáz, aur dete raho zakát, aur gah pakaṛo Alláh ko; wuh tumhárá Sáhib hai, so khúb Sáhib hai, aur khúb madadgár.

SURA I MUMINUN.

Makke men názil húí; 119 áyat kí hai.

BISMI-L-LÁHI-R-RAHMÁNI-R-RAHÍM.

ATHARAHWAN SIPARA.

(1 *R.*) 1 Kám nikál gae ímánwále,
2 Jo apní namáz men nawe hain,
3 Aur jo nikammí bát par dhiyán nahín karte,
4 Aur jo zakát diyá karte hain,
5 Aur jo apní shahwat kí jagah thámte hain,
6 Magar apní auraton par, yá apne háth ke mál par; so un par nahín uláhná.
7 Phir jo koí ḍhúnḍhe us ke siwáe, so wuhí hain hadd se baṛhnewále.

8 Aur jo apní amánatoṉ se, aur apne qarár
se ḳhabardár haiṉ,
9 Aur jo apní namázoṉ se ḳhabardár haiṉ.
10 Wuhí haiṉ mírás lenewále.
11 Jo mírás páwenge bág ṭhanḍí chháṉoṉ
ke, we usí meṉ rah paṛe.
12 Aur ham ne banáyá hai ádmí chanalí
miṭṭí se.
13 Phir rakhá us ko búnd kar kar ek jamí
ṭhaharáo meṉ.
14 Phir banáí us búnd se phuṭkí, phir banáí
us phuṭkí se boṭí, phir banáí us boṭí se haḍḍí-
áṉ, phir paháináyá haḍḍíoṉ par gosht, phir uṭhá
khaṛá kiyá us ko ek naí súrat meṉ, so baṛí
barakat Alláh kí, jo sab se bihtar banánewálá.
15 Phir tum us ke píchhe maroge.
16 Phir tum qiyámat ke din khaṛe kiye jáoge.
17 Aur ham ne banáí haiṉ tumháre úpar sát
ráheṉ, aur ham nabíṉ haiṉ ḳhalq se beḳhabar.
18 Aur utárá ham ne ásmán se páuí máp
kar, phir us ko ṭhahará diyá zamín meṉ, aur
ham us ko lejáweṉ, to sakte haiṉ.
19 Phir ugá diye tum ko us se bág khajúr
aur angúr ke.
20 Tum ko un se mewe haiṉ, aur un hí meṉ
se kháte ho.
21 Aur wuh daraḳht, jo nikaltá hai Sainá
pahár se, le ugtá hai tel, aur roṭí ḍuboná kháne-
wáloṉ ko.
22 Aur tum ko chaupáeoṉ meṉ dhiyán kar-
ná hai; piláte haiṉ ham tum ko un ke peṭ kí
chíz se, aur tum ko un meṉ bahut fáide haiṉ,
aur bạzoṉ ko kháte ho.
23 Aur uṉ par, aur kishtí par lade phirte ho.
(2 *R.*) 24 Aur ham ne bhejá Núh ko us kí
qaum pás; to us ne kahá, Ai qaum, bandagí

karo Alláh kí; tumhárá koí hákim nahíṉ us
ke siwáe; kyá tum ko ḍar nahíṉ?

25 Tab bole sardár, jo munkir the us kí
qaum ke, Yih kyá hai? ek ádmí hai jaise tum;
cháhtá hai, ki baṛáí kare tum par; aur agar
Alláh cháhtá, to utártá firishte; yih nahíṉ suná
apne agle bápdádoṉ meṉ.

26 Aur kuchh nahíṉ, yih ek mard hai, ki is
ko saudá hai; so ráh dekho us kí ek waqt tak.

27 Bolá, Ai Rabb, tú madad kar merí, ki
unhoṉ ne mujh ko jhuṭhláyá.

28 Phir ham ne hukm bhejá us ko, ki Baná
kishtí hamárí ánkhoṉ ke sámhne, aur hamáre
hukm se; phir jab pahunche hamárá hukm,
aur uble tanúr,

29 To ḍál le us meṉ har chíz ká joṛá dubrá,
aur apne ghar ke log, magar jis kí qismat meṉ
áge par chukí bát; aur na kahá mujh se un zá-
limoṉ ke wáste; un ko ḍúbná hai.

80 Phir jab charh chuke tú, aur jo tere sáth
hai kishtí par, to kah, Shukr Alláh ká, jis ne
chhuṛáyá ham ko gunahgár logoṉ se.

81 Aur kah, Ai Rabb, utár mujh ko barakat
ká utárná, aur tú hai bihtar utárnewálá.

82 Is meṉ nisháníáṉ haiṉ, aur ham haiṉ jánch-
newále,

83 Phir uṭhái ham ne un se píchhe ek sangat
aur.

84 Phir bhejá ham ne un meṉ ek rasúl un
meṉ ká, ki bandagí karo Alláh kí; koí nahíṉ
tumhárá hákim us ke siwáe; phir kyá tum ko
ḍar nahíṉ?

(8 R.) 85 Aur bole sardár us kí qaum ke,
jo munkir the, aur jhuṭhláte the ákhirat kí
muláqát ko, aur árám diyá thá un ko ham ne
dunyá ke jíte, Aur kuchh nahíṉ, yih ek ádmí

hai jaise tum, khátá hai jis qism se tum kháte
ho, aur pítá hai jis qism se tum píte ho.
36 Aur kabhí tum chale kahe par ek ádmí ke
apne barábar ke, to beshakk tum kharáb húe.
37 Kyá tum ko wada detá hai, ki jab mar
gae, aur ho gae miṭṭí aur haḍḍíán, ki tum ko
nikalná hai.
38 Kahán ho saktá hai, kahán ho saktá hai
jo wada tum ko miltá hai?
39 Aur kuchh nahín, yihí jíná hai hamárá
dunyá ká, marte hain aur jíte hain, aur ham
ko phir uṭháná nahín.
40 Aur kuchh nahín, yih ek mard hai, bándh
láyá Alláh par jhúṭh, aur ham us ko nahín
mánnewále.
41 Bolá, Ai Rabb, merí madad kar, unhon
ne mujh ko jhuṭhláyá.
42 Farmáyá, Ab thoṛe dinon men subh ko
rah jáwenge pachhtáte.
43 Phir pakṛá un ko chingáṛ ne tahqíq, phir
kar diyá ham ne un ko kúṛá, so dúr ho jáwen
gunahgár log.
44 Phir uṭháín ham ne un se píchhe sanga-
ten aur.
45 Na pahle jáwe koí qaum apne wade se,
na píchhe rahen.
46 Phir bhejte rahe ham apne rasúl lagte
tár; jahán pahunchá kisí ummat pás un ká
rasúl, us ko jhuṭhlá diyá, phir chilláte gae ham
ek ke píchhe dúsre, aur kar ḍálá un ko kahání-
án, so dúr ho jáwe, jo log nahín mánte.
47 Phir bhejá ham ne Músá, aur us ke bháí
Hárún ko apní nishánián dekar, aur sanad
khulí,
48 Firaun aur us ke sardáron pás; phir baṛáí
karne lage, aur the we log chaṛh rahe.

49 So bole, Kyá ham mánenge ek do ádmíoṉ
ko, apne barábar ke, aur un kí qaum kartí haiṉ
hamárí bandagí?
50 Phir jhuṭhláyá un donoṉ ko, phir húe
khapnewáloṉ meṉ.
51 Aur ham ne dí Músá ko kitáb, sháyad we
ráh páweṉ.
52 Aur banáyá ham ne Maryam ke beṭe,
aur us kí má ko ek nishání, aur un ko ṭhikáná
diyá ek ṭíle par jahán ṭhahráo thá, aur pání
nithrá.
(4 *R.*) 53 Ai rasúlo, kháo suthrí chízeṉ, aur
kám karo bhalá; jo karte ho, maiṉ jántá húṉ.
54 Aur ye log haiṉ tumháre dín ke, sab ek
dín par, aur maiṉ húṉ tumhárá Rabb; so mujh
se ḍarte raho.
55 Phir phúṭkar kar liyá apná kám ápas meṉ
ṭukṛe ṭukṛe har firqe, jo un ke pás hai, us par
ríjh rahe haiṉ.
56 So chhoṛ de un ko un kí behoshí meṉ
ḍúbe ek waqt tak.
57 Kyá ḳhiyál rakhte haiṉ, ki yih jo ham
un ko diye játe haiṉ mál aur aulád.
58 Dauṛ dauṛ miláte haiṉ un ko bhaláíáṉ;
koí nahíṉ, un ko bújh nahíṉ.
59 Albatta jo log apne Rabb ke ḳhauf se
andesha rakhte haiṉ,
60 Aur jo log apne Rabb kí báteṉ yaqín kar-
te haiṉ,
61 Aur jo log apne Rabb ke sáth sharík na-
híṉ ṭhahráte, aur jo log ki dete haiṉ jo dete
haiṉ, aur un ke diloṉ meṉ ḍar hai, ki un ko ap-
ne Rabb kí taraf phir jáná,
62 We dauṛ dauṛ lete haiṉ bhaláíáṉ, aur we
un par pahunche sab se áge.
63 Aur ham kisí par bojh nahíṉ ḍálte, magar

jo us kí samáí hai; aur hamáre pás likhá hai, jo boltá hai sach, aur un par zulm na hogá.

64 Koí nahíṇ, un ke dil behosh haiṇ isí tarah se, aur un ko aur kám lage haiṇ us ke siwáe, ki we un ko kar rahe haiṇ.

65 Yabáṇ tak ki jab pakaṛenge ham un ke ásúda logoṇ ko áfat meṇ, tab hí we lagenge chilláne.

66 Mat chilláo áj ke din, tum ham se chhuṛáe na jáoge.

67 Sunáí játí thíṇ merí áyateṇ tum ko, to tum eṛíoṇ par ulṭe bhágte the.

68 Us se baṛáí kar kar ek kaháníwále ko chhoṛ kar chale gae.

69 So kyá dhiyán nahíṇ kí yih bát? yá áyá hai un pás jo na áyá thá un ke pahle bápdádoṇ pás?

70 Yá pahcháná nahíṇ unhoṇ ne paigám lánewálá? so us ko úprí samjhte haiṇ.

71 Yá kahte haiṇ, us ko saudá hai; koí nahíṇ, wuh láyá hai un ke pás sachchí bát, aur in bahutoṇ ko sachchí bát burí lagtí hai.

72 Aur agar sachchá Rabb chale un kí khushí par, kharáb hoṇ ásmán o zamín, aur jo koí un ke bích hai; koí nahíṇ, ham ne pahunchái hai un ko un kí nasíhat, so we apní nasíhat ko dhiyán nahíṇ karte.

73 Yá to un se mángtá hai kuchh hásil, so hásil tere Rabb ká bihtar hai, aur wuh hai bihtar rozí denewálá.

74 Aur tú to bulátá hai un ko sídhí ráh par.

75 Aur jo log nahíṇ mánte pichhlá ghar, ráh se ṭeṛhe húe haiṇ.

76 Aur agar ham un ko rahm kareṇ, aur khol deṇ jo taklíf hai un par muqarrar, lage jáweṇ apní sharárat meṇ babke.

RUBA. 77 Aur ham ne pakṛá thá un ko

azáb meṉ, phir na dabe apne Rabb ke áge, aur nahíṉ girgiráte.

78 Yaháṉ tak ki jab kholenge ham un par darwáza ek saḳht áfat ká, tab us meṉ un kí ás ṭúṭegí.

(5 R.) 79 Aur usí ne baná diye tum ko kán, aur áṉkheṉ, aur dil; tum bahut thoṛá haqq mánte ho.

80 Aur usí ne tum ko bakher rakhá hai zámín meṉ, aur usí kí taraf jama hoke jáoge.

81 Aur wuhí hai jilátá, aur mártá, aur usí ká kám hai badalná rát aur din ká, so kyá tum ko bújh nahíṉ?

82 Koí nahíṉ, yih wuhí kahte haiṉ jaisá kah chuke haiṉ pahle.

83 Kahte haiṉ, Kyá jab ham mar gae, aur ho gae miṭṭí aur haḍḍíáṉ, kyá ham ko jilá uṭháná hai?

84 Wada mil chuká ham ko, aur hamáre bápdádoṉ ko, yihí pahle se; aur kuchh nahíṉ, ye naqleṉ haiṉ pahloṉ kí.

85 Tú kah, Kis kí hai zamín, aur jo koí us ke bích hai? batáo agar tum jánte ho.

86 Ab kahenge Alláh ká. Tú kah, phir tum soch nahíṉ karte?

87 Tú kah, Kaun hai málik sát ásmánoṉ ká, aur málik us baṛe taḳht ká?

88 Ab batáwenge Alláh ká. Tú kah, Phir tum ḍar nahíṉ rakhte?

89 Tú kah, Kis ke háth hai hukúmat har chíz kí, aur wuh bachá letá hai, aur use koí bachá nahíṉ saktá? batáo, agar tum jánte ho.

90 Ab batáwenge Alláh ká. Tú kah, Phir kaháṉ se tum par jádú paṛ játá hai?

91 Koí nahíṉ, ham ne un ko pahuncháyá sach, aur we albatta jhúṭhe the.

92 Alláh ne koí beṭá nahíṉ kiyá, aur na us
ke sáth kisí ká hukm chale, yúṉ hotá, to le
játá har hukmwálá apne banáe ko, aur chaṛh
játá ek par ek; Alláh nirálá hai un ke batáne se.
93 Jánnewálá chhipe aur khule ká, wuh
bahut úpar hai us se, jo ye sharík batáte haiṉ.
(6 *R.*) 94 Tú kah, Ai Rabb, kabhí tú
dikhá de mujh ko, jo un ko wạda miltá hai?
95 To ai Rabb, mujh ko na kariyo un gunah-
gár logoṉ meṉ.
96 Aur ham ko qudrat hai, ki tujh ko di-
kháweṉ jo wạda un ko dete haiṉ.
97 Burí bát ke jawáb meṉ wuh kah jo bih-
tar hai; ham ḳhúb jánte haiṉ jo ye batáte haiṉ.
98 Aur kah, Ai Rabb, maiṉ terí panáh cháh-
tá húṉ Shaitánoṉ kí chheṛ se,
99 Aur panáh terí cháhtá húṉ, ai Rabb, is
se ki mere pás áweṉ.
100 Yaháṉ tak, ki jab pahunche un meṉ
kisí ko maut, kahegá, Ai Rabb, mujh ko phir
bhejo,
101 Sháyad maiṉ kuchh bhalá kám karúṉ
us meṉ, jo píchhe chhoṛ áyá; koí nahíṉ, yih
bát hai ki wuhí kahtá hai, aur un ke píchhe
aṭkáo hai, jis din tak uṭháe jáweṉ.
102 Phir jis waqt phúnk máre súr meṉ, to
na záteṉ us din, na ápas meṉ púchhná.
103 So jis kí bhárí howe tauleṉ, wuhí log
kám ke nikle.
104 Aur jis kí halkí howeṉ tauleṉ, so wuhí
haiṉ jo hár baiṭhe apní ján; dozaḳh meṉ rahá
karenge.
105 Márte haiṉ un ke muṉh par ág, aur we
us meṉ badshakl ho rahe haiṉ.
106 Tum ko sunáte na the hamárí áyateṉ?
phir tum un ko jhuṭhláte the?

107 Bole, Ai Rabb, zor kiyá ham par hamárí
kambakhtí ne, aur rahe ham log bahke.
108 Ai Rabb, nikál le ham ko is men se,
agar ham phir karen, to gunahgár.
109 Farmáyá, Pare raho phitkáre is men,
aur mujh se na bolo.
110 Ek firqa thá mere bandon men, jo kah-
te the, Ai Rabb hamáre, ham yaqín láe, so
muáf kar ham ko, aur mihr kar ham par, aur
tú sab mihrwálon se bihtar hai.
111 Phir tum ne un ko thatthon men pak-
rá, yahán tak ki bhúle un ke píchhe merí yád,
aur tum un se hanste rahe.
112 Main ne áj diyá un ko badlá un ke sahne
ká, ki wuhí hain murád ko pahunche.
113 Farmáyá, Tum kittí der rahe zamín
men barason kí gintí se?
114 Bole, Ham rahe ek din, yá kuchh din
se kam, tú púchh le gintíwálon se.
115 Farmáyá, Tum us men bahut nahín,
thorá hí rahe ho, agar tum jánte hote.
116 So kyá tum khiyál rakhte ho, ki ham
ne tum ko banáyá khelne ko, aur tum ham pás
phir na áoge?
117 So bahut úpar hai Alláh, wuh bádsháh
sachchá, koí hákim nahín us ke siwáe, málik
us khásse takht ká.
118 Aur jo koí pukáre Alláh ke sáth dúsrá
hákim jis kí sanad nahín us ke pás, so us ká
hisáb hai us ke Rabb ke nazdík, beshakk bhalá
na páwenge munkir.
119 Aur tú kah, Ai Rabb, muáf kar, aur
mihr kar, aur tú hai bihtar sab mihrwálon se,

SURA I NUR.

Madíne men̤ ndzil húí; 64 áyat kí hai.

BISMI-L-LÁHI-R-RAHMÁNI-R-RAHÍM.

(1 *R.*) 1 Ek Súra hai ham ne utárí aur zimme par lázim kí, aur utáríṉ us meṉ báteṉ sáf, sháyad tum yád rakho.

2 Badkárí karnewálí aurat, aur mard, so máro ek ek ko donoṉ meṉ se sau choṭ qamchí kí, aur na áwe tum ko un par taras Alláh ke hukm chaláne meṉ, agar tum yaqín rakhte ho Alláh par, aur pichhle din par; aur dekheṉ un ká márná kuchh log musalmán.

3 Badkár mard nahín byáhtá magar aurat badkár ko, yá sharíkwálí; aur badkár aurat ko byáh nahíṉ letá magar badkár mard, yá sharíkwálá, aur yih harám húá hai ímánwáloṉ par.

4 Aur jo log aib lagáte haiṉ qaidwálíoṉ ko; Phir na láe chár mard sháhid, to máro un ko assí choṭ qamchí kí, aur na máno un kí koí gawáhí kabhí, aur wuhí log haiṉ behukm.

5 Magar jinhoṉ ne tauba kí us píchhe, aur saṉwár pakrí, to Alláh baḵhshtá hai mihrbán.

6 Aur jo log aib lagáweṉ apní jorúoṉ ko, aur sháhid na hoṉ un ke pás, siwáe un kí ján ke, to aise kisí kí gawáhí, yih ki chár gawáhí deṉ Alláh ke nám kí, muqarrar yih shaḵhs sachchá hai.

7 Aur pánchweṉ, yih ki Alláh kí phiṭkár ho us shaḵhs par, agar wuh jhúṭhá ho.

8 Aur aurat se talní hai már, yúṉ ki gawáhí de chár gawáhí Alláh ke nám kí, ki muqarrar wuh shaḵhs jhúṭhá hai.

9 Aur pánchwen, yih ki Alláh ká gazab áwe us aurat par, agar wuh shakhs sachchá ho.

10 Aur kabhí na hotá Alláh ká fazl tumháre úpar, aur us kí mihr, aur yih ki Alláh muáf karnewálá hai, hikmaten jántá, to kyá kuchh hotá?

(2 *R.*) 11 Jo log láe hain yih túfán, tumhín men ek jamáat hain, tum us ko na samajho burá apne haqq men, balki yih bihtar hai tumháre haqq men, har ádmí ko un men se pahunchtá hai jitná kamáyá gunáh, aur jin ne uṭháyá hai us ká baṛá bojh, us ko baṛí már hai.

12 Kyún na jab tum ne us ko suná thá khiyál kiyá hotá ímánwále mardon aur auraton ne apne logon par bhalá khiyál, aur kahá hotá, Yih saríh túfán hai?

13 Kyún na láe we is bát par chár sháhid? Phir jab na láe sháhid, to we log Alláh ke yahán wuhí hain jhúṭhe.

14 Aur kabhí na hotá Alláh ká fazl tum par, aur us kí mihr dunyá aur ákhirat men, albatta tum par paṛtí is charchá karne men koí áfat baṛí, jab lene lage tum us ko apní zubánon par, aur bolne lage apne munh se jis chíz ki tum ko khabar nahín, aur tum samajhte ho us ko halkí bát, aur yih Alláh ke yahán bahut baṛí hai.

NISF. 15 Aur kyún na jab tum ne us ko suná thá kahá hotá, Ham ko láiq nahín, ki munh par láwen yih bát, Alláh to pák hai, yih baṛá buhtán hai.

16 Alláh tum ko samajhátá hai, ki phir na karo aisá kám kabhí, agar tum yaqín rakhte ho.

17 Aur kholtá hai Alláh tumáre wáste pate, aur Alláh sab jántá hai hikmatwálá.

18 Jo log cháhte hain, ki charchá ho bad-

kárí ká ímánwálon̲ men̲, un ko dukh kí már hai dunyá, aur áḳhirat men̲.

19 Aur Alláh jántá hai, aur tum nahín̲ jánte.

20 Aur kabhí na hotá Alláh ká fazl tum par, aur us kí mihr, aur yih ki Alláh narmí karnewálá hai, mihrbán, to kyá kuchh nahín̲ hotá?

(3 *R.*) 21 Ai ímánwálo, na chalo qadamon̲ par Shaitán ke; aur jo koí chalegá qadamon̲ par Shaitán ke, so wuh yihí batáwegá behayáí, aur burí bát; aur kabhí na hotá fazl Alláh ká tum par, aur us kí mihr, na san̲wartá tum men̲ ek shaḳhs kabhí, walekin Alláh san̲wártá hai jis ko cháhe, aur Alláh sab suntá, jántá hai.

22 Aur qasam na kháwen̲ baṛáíwále aur kusháishwále tum men̲ is par, ki dewen̲ nátewálon̲ ko, aur muhtájon̲ ko, aur watan chhoṛnewálon̲ ko, Alláh kí ráh men̲; aur cháhiye muáf karen̲ aur darguzar karen̲; kyá tum nahín̲ cháhte, ki Alláh tum ko muáf kare? aur Alláh baḳhshnewálá hai, mihrbán.

23 Jo log aib lagáte hain̲ qaidwálí beḳhabar ímánwálíon̲ ko, un ko phiṭkár hai dunyá, aur áḳhirat men̲, aur un ko hai baṛí már.

24 Jis din batáwengí un kí zubánen̲, aur háth, aur páon̲, jo kuchh we karte the;

25 Us din púrí degá Alláh un kí sazá jo cháhiye, aur jánenge, Alláh wuhí hai sachchá kholnewálá.

26 Gandíán̲ hain̲ gandon̲ ke wáste, aur gande wáste gandíon̲ ke aur suthrían̲ hain̲ wáste suthron̲ ke, aur suthre wáste suthríon̲ ke, we log belagáo hain̲ in báton̲ se, jo kahte hain̲, un ko baḳhshná hai, aur rozí hai izzat kí.

(4 *R.*) 27 Ai ímánwálo, mat jáyá karo kisí gharon̲ men̲, apne gharon̲ ke siwáe, jab tak na bol chál kar lo, aur salám de lo un gharwálon̲

par, yih bihtar hai tumháre haqq men sháyad tum yád rakho.

28 Phir agar na páo us men koí, to us men na jáo jab tak parwánagí na ho tum ko; aur agar tum ko kahe. ki phir jáo, to phir jáo, is men khúb suthráí hai tumhárí, aur Alláh jo karte ho jántá hai.

29 Nahín gunáh tum par is men, ki jáo un gharon men, jahán koí nahín bastá, us men kuchh chíz ho tumhárí, aur Alláh ko malúm hai, jo kholte ho, aur jo chhipáte ho.

30 Kah de ímánwálon ko, Níchí rakhen ṭuk apní ánkhen, aur thámte rahen apne satar, is men khúb sutharáí hai un kí, Alláh ko khabar hai, jo karte hain.

31 Aur kah de ímánwálíonko, Níchí rakhen ṭuk apní ánkhen, aur thámtí rahen apne satar, aur na dikháwen apná singár, magar jo khulí chíz hai us men se, aur ḍálen apní orhní apne garebán par, aur na kholen apná singár, magar apne kháwind ke áge, yá apne báp ke, yá apne kháwind ke báp ke, yá apne beṭe ke, yá káhwind ke beṭe ke, yá apne bháí ke, yá apne bhatíjon ke, yá apne bhánjon ke, yá apní auraton ke, yá apne háth ke mál ke, yá kanízon ke, jo mard kuchh garaz nahín rakhte, yá larkon ke, jinhon ne nahín pahcháne auraton ke bhed, aur na dhamak den apne páon se, ki jáná jáwe jo chhipátí hain apná singár, aur tauba karo Alláh ke áge sab milkar, ai ímánwálo, sháyad tum bhaláí páo.

32 Aur byáh do rándon ko apne andar, aur jo nek hon tumháre gulám, aur laundíán; agar we muflis honge, Alláh un ko gani karegá apne fazl se; aur Alláh samáíwálá hai, sab jántá.

33 Aur áp ko thámte rahen, jin ko nahín

miltá byáh, jab tak maqdúr de un ko Alláh apne fazl se; aur jo log cháhen likhá tumháre háth ke mál men se, to un ko likhá de do, agar samajho un men kuchh nekí, aur do un ko Alláh ke mál se, jo tum ko diyá hai, aur zor na karo apní chhokríon par badkárí ke wáste; agar we cháhen qaid se rahná, ki kamáyá cháho asbáb dunyá kí zindagí ká; aur jo koí un par zor kare, to Alláh un kí bebasí píchhe bakhshnewálá hai, mihrbán.

34 Aur ham ne utárín tumhárí taraf áyaten khulí, aur ek dastúr un ká, jo ho chuke hain tum se áge, aur nasíhat darwálon ko.

(5 *R.*) 35 Alláh roshní hai ásmánon kí, aur zamín kí; kahawat us kí roshní kí, jaise ek táq, us men ek chirág, chirág dhará ek shíshe men; shíshá jaise ek tárá hai chamaktá, tel jaltá hai us men ek barakat ke darakht se, wuh zaitún hai, na súraj nikalne kí taraf, na dúbne kí taraf lagtá hai, ki us ká tel sulag uthe; abhí na lagí ho us men ág roshní par roshní; Alláh ráh detá hai apní roshní kí jis ko cháhe, aur batátá hai Alláh kahawaten logon ko, aur Alláh sab chíz jántá hai.

36 Un gharon men, ki Alláh ne hukm diyá un ko buland karne ká, aur wahán us ke nám parhne ká, yád karte hain us kí wahán subh aur shám.

37 We mard ki nahín gáfil hote saudá karne men, na bechne men Alláh kí yád se, aur namáz khari rakhne se, aur zakát dene se, dar rakhte hain us din ká, jis men ulte jáwenge dil aur ánkhen.

38 Ki badlá de un ko Alláh un ke bihtar se bihtar kám ká, aur barhtí de un ko apne

fazl se, aur Alláh rozí detá hai jis ko cháhe beshumár.

39 Aur jo log munkir hain, un ke kám jaise ret jangal men, pyásá jáne us ko pání yahán tak, ki jab pahunchá us par us ko kuchh na páyá, aur Alláh ko páyá apne pás; phir us ko púrá pahunchá diyá us ká lekhá, aur Alláh jald lenewálá hai hisáb.

40 Yá jaise andhere gahre daryá men charhí átí hai us par ek lahar, us par ek lahar us ke upar badlí, andhere hain ek par ek, jab nikále apná háth lagtá nahín, ki us ko sújhe. aur jis ko Alláh ne na dí roshní, us ko kahín nahín roshní.

(6 *R.*) 41 Tú ne na dekhá, ki Alláh kí yád karte hain, jo koí hain ásmán o zamín men, aur urte jánwar par khole har ek ne ján rakhí hai apní tarah kí bandagí, aur yád, aur Alláh ko malúm hai jo karte hain.

42 Aur Alláh kí hukúmat hai ásmán o zamín men, aur Alláh hí tak phir jáná hai.

43 Tú ne na dekhá, ki Alláh hánk látá hai bádal; phir un ko milátá hai, phir un ko rakhtá hai tah ba tah: phir tú dekhe menh nikáltá hai us ke bích se, aur utártá hai ásmán se, us men jo pahár hain olon ke; phir wuh dáltá hai jis par cháhe, aur bachá detá hai jise cháhe, ab hí us kí bijlí kí kaundh le jáwe ánkhen.

44 Alláh badaltá hai rát aur din, is men dhyán kí jagah hai ánkhwálon ko, aur Alláh ne banáyá har phirnewálá ek pání se; phir koí hai ki chaltá hai apne pet par, aur koí hai ki chaltá hai do pánwon par, aur koí hai ki chaltá hai chár par, banátá hai Alláh jo cháhtá hai; beshakk Alláh har chíz kar saktá hai.

45 Ham ne utárín áyaten khol batánewálí; aur Alláh chaláwe jis ko cháhe sidhí ráh par.

46 Aur log kahte hain, Ham ne máná Alláh ko, aur Rasúl ko, aur hukm men áe, phir phirá játá hai ek firqa un men se us píchhe, aur we log nahín mánnewále.

47 Aur jab un ko buláiye Alláh, aur Rasúl kí taraf, ki un men qaziya chukáde, tabhí ek firqe ke log un men munh morte hain.

SULS. 48 Aur agar un ko kuchh pahunchtá ho, to chale áwen us kí taraf qabúl kar kar.

49 Kyá un ke dil men rog hain, yá dhokhe men pare hain, yá ḍarte hain, ki beinsáfí karegá un par Alláh, aur us ká Rasúl? Koí nahín wuhí log beinsáf hain.

(7 *R.*) 50 Ímánwálon kí bát yih thí, jab buláiye un ko Alláh aur Rasúl kí taraf faisala karne ko un men, ki kahen, Ham ne suná, aur hukm máná, aur we log un hí ká bhalá hai.

51 Aur jo koí hukm par chale Alláh ke, aur us ke Rasúl ke, aur ḍartá rahe Alláh se, aur bach kar chale us se, so wuhí log hain murád ko pahunche.

52 Aur qasmen kháte hain apní tákíd kí qasmen, ki Agar tú hukm kare, to sab kuchh chhor niklen; tú kah, Qasmen na kháo, hukm bardárí cháhiye, jo dastúr hai; albatta Alláh ko khabar hai jo karte ho.

53 Tú kah, Hukm máno Alláh ká, aur hukm máno Rasúl ká; phir agar tum munh pheroge, to us ká zimma hai jo bojh us par rakhá, aur tumhárá zimma jo bojh tum par rakhá, aur agar us ká kahá máno, to ráh par áo, aur paigámwále ká zimma nahín magar pahunchá dená kholkar.

54 Wada diyá Alláh ne jo log tum men ímán láe hain, aur kiye hain nek kám, albatta píchhe hákim karegá un ko mulk men, jaisá

hákim kiyá thá un se aglon ko, aur jamá degá
un ko dín un ká jo pasand kar diyá un ke wáste,
aur degá un ko un ke ḍar ke badle men aman;
merí bandagí karenge, sharík na karenge me-
rá kisí ko; aur jo koí ná shukrí kare is píchhe
so wuhí log hain be-hukm.

55 Aur kharí rakho namáz, aur dete raho
zakát, aur hukm men chalo Rasúl ke, sháyad
tum par rahm ho.

56 Na khiyál kar, ki ye jo munkir hain
thakáwenge bhág kar mulk men, aur un ká
ṭhikáná ág hai, aur burí jagah hai phir jáne kí.

(8 R.) 57 Ai ímánwálo, parwánagí máng
kar áwen tum se, jo tumháre háth ke mál
hain, aur jo nahín pahunche tum men aql kí
hadd ko, tín bár, fajr kí namáz se pahle, aur
jis waqt utár rakhte ho apne kapṛe do pahar
men, aur asháki namáz se píchhe, ye tín waqt
khulne ke hain tumháre, kuchh gunáh nahín
tum par, na un par un ke píchhe phirá hí karte
ho ek dúsre pás, yún kholtá hai Alláh tumháre
áge báten, aur Alláh sab jántá hai, hikmatwálá.

58 Aur jab pahunchen laṛke tum men ke
aql kí hadd ko, to waisí parwánagí len, jaisí
lete rahe hain un se agle, yún khol sunátá hai
Alláh tum ko apní báten, aur Alláh sab jántá
hai, hikmatwálá.

59 Aur jo baiṭh rahen tumhárí auraton men,
jin ko tawaqqu nahín byáh ki, un par gunáh
nahín ki utár rakhen apne kapṛe, yih nahín ki
dikhátí phiren apná singár, aur us se bhí bachen
to bihtar hai un ko, aur Alláh sab suntá hai,
jántá.

60 Nahín andhe par kuchh taklíf, aur na
langṛe par taklíf, aur na bímár par taklíf, aur
nahín taklíf tum logon par, ki khá lo apne

gharon se, yá apne báp ke ghar se, yá apní má ke ghar se, yá apne bháí ke ghar se, yá apní bahin ke ghar se, yá apne chachá ke ghar se, yá apní phuphí ke ghar se, yá apne mámú ke ghar se, yá apní khálá ke ghar se, yá jis kí kunjíon ke málik húe ho, yá apne dost ke ghar se, nahín gunáh tum par ki kháo milkar yá judá ho kar.

61 Phir jab jáne lago kabhí gharon men, to salám kaho apne logon par, nek duá hai Alláh ke yahán se barakat kí suthrí; yún kholtá hai Alláh tumháre áge báten, sháyad tum bújh rakho.

(9 *R.*) 62 Ímánwále we hain jo yaqín láe hain Alláh par, aur us ke Rasúl par, aur jab hote hain us ke sáth kisí jama hone ke kám men, to chale nahín játe us se parwánagí na len jab tak; jo log tujh se parwánagí le lete hain, wuhí hain jo mánte hain Alláh ko, aur us ke Rasúl ko; phir jab parwánagí mángen tujh se apne kisí kám ko, to de parwánagí jis ko un men tú cháhe, aur muáfí máng un ke wáste Alláh se, Alláh bakhshnewálá hai, mihrbán.

63 Mat ṭhahráo Rasúl ká bulána apne andar us ke barábar jo bulátá hai tum men ek ko ek, Alláh jántá hai un logon ko tum men jo saṭak játe hain ánkh bachákar, so ḍarte rahen jo log khiláf karte hain us ke hukm ká, ki pare un par kuchh kharábí, yá pahunche un ko dukh kí már.

64 Sunte ho, Alláh ká hai jo kuchh hai ásmán aur zamín men, us ko malúm hai jis hál par tum ho, aur jis din phere jáwenge us kí taraf, to batá degá jo unhon ne kiyá, aur Alláh sab chíz jántá hai.

Makke meṇ ndzil húí ; 77 dyat kí hai.

Bismi-l-láhi-r-rahmáni-r-rahím.

(1 *R.*) 1 Barakat hai us kí, jis ne utárá faisala
apne bande par, ki rahe jahán wáloṇ ko daráo.

2 Wuh jis kí hai saltanat ásmáṇ o zamín kí,
aur nahíṇ pakaṛá us ne beṭá, aur nahíṇ koí
us ká sájhí ráj meṇ, aur banáí haṛ chíz ; phir
ṭhík kiyá us ko máp kar.

8 Aur logoṇ ne pakaṛe haiṇ us se ware kitte
hákim, jo nahíṇ banáte kuchh chíz, aur áp
bane haiṇ.

4 Aur nahíṇ málik apne haqq meṇ bure ke,
na bhale ke, aur nahíṇ málik marne ke, na jí-
ne ke, aur na jí uṭhne ke.

5 Aur kahne lage jo munkir haiṇ, Aur kuchh
nahíṇ yih. magar jhúṭh bándh láyá hai, aur
sáth diyá hai us ká is meṇ aur logoṇ ne, so áe
beinsáfí aur jhúṭh par.

6 Aur kahne lage, Ye naqleṇ haiṇ pabloṇ
kí, jo likh liyá hai, so wuhí likhwáí játí haiṇ us
pás subh aur shám.

7 Tú kah, Us ko utárá hai us shakhs ne jo
jántá hai chhipe bhed ásmánoṇ meṇ aur zamín
meṇ ; muqarrar wuh bakhshnewálá hai, mihr-
bán.

8 Aur kahne lage, Yih kaisá rasúl hai ! khátá
hai kháná, aur phirtá hai bázároṇ meṇ ! kyúṇ
na utrá us kí taraf koí firishta, ki rahtá us ke
sáth daráwe ko?

9 Yá á paṛtá us ke pás khazána, yá ho játá
us ko ek bág, ki kháyá kartá us meṇ se; aur

kahne lage beinsáf, Tum sáth pakarte ho yihí
ek mard jádú máre ká.
10 Dekh, kaisí baiṭháen tujh par kaháwaten,
aur bahke ab pá nahín sakte ráh.
(2 *R.*) 11 Barí barakat hai us kí jo agar cháhe,
kar de tujh ko is se bihtar bág; níche bahtí
nahren, aur kar de tere wáste mahall.
12 Koí nahín, we jhuṭhláte hain qiyámat ko,
aur ham ne taiyár kí hai jo koí jhuṭhláwe qiyámat
ko us ke wáste ág.
13 Jab wuh dekhegí un ko dúr jagah se,
sunenge us ká jhunjhláná aur chilláná,
14 Aur ḍále jáwenge us men ek jagah tang
ek zanjír men kaí bandhe; pukárenge us jagah
maut ko.
15 Mat pukáro áj ek marne ko, aur pukáro
bahut se marne.
16 Tú kah, Bhalá, yih chíz bihtar yá bág
hamesha rahne ká, jis ká wada milá parhezgáron
ko? wuh hogá un ká badlá, aur phir jáne
kí jagah.
17 Un ko wahán hai jo cháhen, rahá karen
hamesha, ho chuká tere Rabb ke zimme wada
mángtá pahunchtá.
18 Aur jis din jama kar buláwegá un ko,
aur jin ko ye pújte hain Alláh ke siwáe; phir
un se kahegá, Yih tum ne bahkáyá mere in
bandon ko, yá we áp bahke ráh se?
19 Bolenge, Tú pák hai, ham ko ban na áyá
thá, ki pakren tere bagair koí rafíq, lekin tú
ne in ko baratne diyá, aur un ke báp aur dádon
ko yahán tak ki bhúl gae yád, aur ye the log
khapnewále.
20 So we to jhuṭhlá chuke tum ko tumhárí
bát men, ab tum na phir de sakte ho, na madad
kar sakte.

21 Aur jo koí tum men gunahgár hai, us ko
ham chakháwenge barí már.
22 Aur jitne bhejhe ham ne tujh se pahle
rasúl, sab kháte the khána, aur phirte the bá-
záron men, aur ham ne rakhá hai tum men
ek dúsre ke jánchne ko, dekhen sábit rahte
ho; aur terá Rabb sab dekhtá hai.
UNNISWAN SIPARA. (3 *R.*) 23
Aur bole, jo log ummed nahín rakhte, ki ham
se milenge, Kyún na utare ham par firishte?
yá ham dekhte apne Rabb ko? Bahut baráí
rakhte hain apne jí men, aur sar charhe hain
barí sharárat par.
24 Jis din dekhenge firishte, kuchh khush-
khabarí nahín us din gunahgáron ko, aur ka-
henge, Kahín rokí jáwe koí ot.
25 Aur ham pahunche un ke kámon par jo
kiye the; phir kar dálá us ko khák urtí.
26 Bihisht ke log us din khúb rakhte hain
thikáná, aur khúb jagah do pahar ke áram kí.
27 Aur jis din phat jáwe ásmán badlí se, aur
utáre jáwen firishte utárá lagákar.
28 Ráj us din sachchá Rahmán ká, aur hai
wuh din munkiron par mushkil.
29 Aur jis din kát kát kháwegá gunahgár
apne háth, kahegá, kisí tarah main ne pakrí
hotí rasúl ke sáth ráh.
30 Ai kharábí merí, kahín na pakrí hotí
main ne fuláne kí dostí.
31 Us ne bahká diyá mujh ko nasíhat se,
mujh tak pahunche píchhe, aur hai Shaitán ád-
mí ko waqt par dagá denewálá.
32 Aur kahá Rasúl ne, Ai Rabb, merí qaum
ne thahráyá is Qurán ko jhak jhak.
33 Aur isí tarah rakhe hain ham ne har nabí
ke dushman gunahgáron men se, aur bas hai

terá Rabb ráh dikháne ko aur madad karne ko.

84 Aur kahne lage we log jo munkir hain, Kyún na utará us par Qurán sárá ek jagah isí tarah? tá sábit rakhen ham is se terá dil? aur parh sunáyá ham ne us ko ṭhahar ṭhahar kar.

85 Aur nahín láte tujh pás koí kahávat, ki ham nahín pahuncháte tujh ko ṭhík bát, aur is se bihtar khol kar.

86 Jo log ghere áwenge aundhe pare munh par dozakh kí taraf, unhín ká burá darja hai, aur bahut bahke hain ráh se.

(4 *R.*) 87 Aur ham ne dí hai Músá ko kitáb, aur ṭhahráyá us ke sáth us ká bhái Hárún kám banánewálá.

88 Phir kahá ham ne, Tum donon jáo un logon pás jinhon ne jhuṭhláín hamárí báten, phir de márá ham ne un ko ukhár kar.

39 Aur Núh kí qaum ko jab unhon ne jhuṭhláyá paigám lánewálon ko, ham ne un ko ḍubá diyá, aur kiyá un ko logon ke haqq men nishání, aur rakhí hai ham ne gunahgáron ke wáste dukh kí már.

40 Aur Ád ko, aur Samúd ko, aur kúewálon ko, aur kaí sangten us bích men bahut.

41 Aur sab ko kah sunáín ham ne kaháwaten. aur sab ko kho diyá ham ne khapá kar.

42 Aur ye log ho áye hain us bastí pás jin par barsá burá barsáo; kyá dekhte na the us ko? nahín, par ummed nahín rakhte jí uṭhne kí.

43 Aur jahán tujh ko dekhá kuchh kám nahín tujh se magar ṭhaṭṭhe karne; Kyá yihí hai jis ko bhejá Alláh ne paigám dekar?

44 Yih to lagá hí thá ki bichláwe ham ko hamáre ṭhákuron se, kabhí ham na sábit rahte un par, aur áge jánenge jis waqt dekhenge azáb kaun bichlá hai ráh se.

45 Bhalá, dekh to jis ne pújná pakṛá apní cháo ká, kahíṉ tú le saktá hai us ká zimma?
46 Yá tú khiyál rakhtá hai, ki bahut un meṉ sunte yá samajhte haiṉ, aur kuchh nahíṉ, barábar haiṉ chaupáeoṉ ke, balki we aur bahke haiṉ ráh se.
(5 R.) 47 Tú ne na dekhá apne Rabb kí taraf kaisí lambí kí parchháíṉ, aur agar cháhtá us ko ṭhahrá rakhtá, phir ham ne ṭhahráyá súraj us ká ráh batánewálá.
48 Phir khaiṉch liyá us ko apní taraf sahaj sahaj sameṭ kar.
49 Aur wuhí hai jis ne baná diyá tujhe rát ko oṛhná aur nínd ko árám, aur din baná diyá uṭh nikalne ko.
50 Aur wuhí hai, jis ne chaláíṉ báweṉ khushkhabarí látí us kí mihr se áge; aur utárá ham ne ásmán se pání suthrái karne ká.
51 Ki jiláweṉ us se mar gae des ko, aur piláweṉ us ko apne banáe bahut chaupáeoṉ, aur ádmíoṉ ko.
52 Aur tarah tarah báṉṭá us ko un ke bích meṉ, tá dhiyán rakheṉ; phir nahíṉ rahte bahut log bin náshukrí kiye.
53 Aur agar ham cháhte uṭháne har bastí meṉ koí ḍaránewálá.
54 So tú kahá na mán munkiroṉ ká, aur muqábala kar un ká, is se baṛe zor se.
55 Aur wuhí hai, jis ne mile chaláe do daryá, yih míṭhá hai piyás bujhátá, aur yih khárí karwá; aur rakhá un donoṉ ke bích parda, aur oṭ rokí húí.
56 Aur wuhí hai, jis ne banáyá pání se ádmí, phir ṭhahráyá us ko jadd, aur susrál, aur hai terá Rabb sab kar saktá.
57 Aur pújte haiṉ Alláh ko chhoṛkar wuh

chíz, ki na bhalá kare un ká, na burá; aur hai munkir apne Rabb kí taraf píṭh de rahá.
58 Aur tujh ko, jo ham ne bhejá, yihí ḳhushí aur ḍar sunáne ko.
59 Tú kah, Maiṉ nahíṉ mángtá tum se is par kuchh mazdúrí, magar jo koí cháhe ki le rakhe apne Rabb kí taraf ráh.
60 Aur bharosá kar us jíte par, jo nahíṉ martá, aur yád kar us kí ḳhúbíáṉ, aur bas hai, apne bandoṉ ke gunáhoṉ se ḳhabardár. Jis ne banáe ásmán aur zamín, aur jo kuchh un ke bích hai chha din meṉ; phir qáim húá taḳht par, baṛí mihrwálá, púchh us se jo us kí ḳhabar rakhtá ho.
61 Aur jab kahiye un ko. Sijda karo Rahmán ko, kaheṉ, Rahmán kyá hai? kyá sijda karne lageṉ ham jis ko tú farmáwegá? aur baṛhtá hai un ká bidakná.
62 Baṛí barakat hai us kí jin ne banáe ásmán meṉ burj, aur rakhá us meṉ chirág, aur chánd ujálá karnewálá.
(6 *R.*) 63 Aur wuhí hai, jis ne banáí rát aur din, badalte us ke wáste, jo cháhe dhiyán rakhne yá cháhe shukr karne.
64 Aur bande Rahmán ke we haiṉ, jo chalte haiṉ zamín par dabe páoṉ, aur jab bát karne lage, un se besamajh log, kaheṉ, Sáhib salámat.
65 Aur we jo rát káṭte haiṉ, apne Rabb ke áge sijda meṉ, yá khaṛe.
66 Aur we jo kahte haiṉ, Ai Rabb, haṭá ham se dozaḳh ká azáb, beshakk us ká azáb baṛí chaṭṭí hai; wuh burí jagah hai ṭhahráo kí, aur burí jagah rahne kí.
67 Aur we jab ki ḳharch karne lageṉ, na

uṛáweṉ, aur na tangí kareṉ, aur hai us ke bích
ek sidhí guzrán.
68 Aur we jo nahíṉ pukárte Alláh ke sáth
aur hákim ko, aur nahíṉ ḳhún karte ján ká,
jo mana kiyá Alláh ne, magar jaháṉ cháhe,
aur badkárí nahíṉ karte; aur jo koí kare yih
kám, wuh ṭhahre gunáh se.
69 Dúná ho us ko azáb qiyámat ke din,
aur paṛá rahe us meṉ ḳhwár hokar.
70 Magar jis ne tauba kí, aur yaqín láyá, aur
kiyá kuchh kám nek, so un ko badal degá Al-
láh buráíoṉ kí jagah bhaláíáṉ, aur hai Alláh
baḳhshnewálá, mihrbán.
71 Aur jo koí tauba kare, aur kare kám nek,
so wuh phir átá hai Alláh kí taraf, phir áne
kí jagah.
72 Aur we jo shámil nahíṉ hote jhúṭhe kám
meṉ, aur jab ho nikleṉ khel kí bátoṉ par, nikal
jáweṉ buzurgí rakh kar.
73 Aur we ki jab un ko samjháiye un ke
Rabb kí báteṉ. na ho paṛeṉ un par bahre andhe.
74 Aur we jo kahte haiṉ, Ai Rabb, de ham
ko hamárí auratoṉ kí taraf se, aur aulád kí
taraf se ánkh kí ṭhanḍhak, aur kar ham ko
parhezgároṉ ke áge.
75 Un ko badlá milegá koṭhoṉ ke jharokhe,
is par ki ṭhahre rahe aur lene áwenge un ko
waháṉ duá, aur salám kahte.
76 Rahá kareṉ un meṉ; ḳhúb jagah hai
ṭhahráo kí, aur ḳhúb jagah rahne kí.
77 Tú kah, Parwá nahíṉ rakhtá merá Rabb
tumhárí; agar tum us ko na pukárá karo, so
tum jhuṭhlá chuke; ab áge honá hai bhenṭá.

SURA I SHURA.

Makke men názil húí; 228 áyat kí hai.

BISMI-L-LÁ HI-R-RAHMÁ NI-R-RAHÍM.

RUBA. (1 *R.*) 1 T. S. M. Ye áyaten hain
khulí kitáb kí.
2 Sháyad tú ghúnt máre apní ján is par, ki
we yaqín nahín karte.
3 Agar ham cháhen, utáren un par ásmán
se ek nishání, phir rah jáwen un kí gardanen
us ke áge níchí.
4 Aur nahín pahunchí un pás koí nasíhat
Rahmán se nai, jis se munh nahín morte.
5 So yih jhuṭhlá chuke ab pahunchegí un
par haqíqat us bát kí, jis par ṭhaṭṭhá karte the.
6 Kyá nahín dekhte zamín ko, kittí ugáín
ham ne us men har ek bhánt kí chízen khássí?
7 Is men albatta nishání hai, aur we bahut
log nahín mánnewále.
8 Aur terá Rabb wuhí hai zabardast rahm-
wálá.
(2 *R.*) 9 Aur jab pukárá tere Rabb ne Músá
ko, ki Já us qaum gunahgár pás,
10 Firaun kí qaum, kyá un ko ḍar nahín?
11 Bolá. Ai Rabb, main ḍartá hún ki mujh
ko jhuṭhláwen.
12 Aur ruk játá hai merá jí, aur nahín chal-
tí hai merí zubán, so paigám de Hárún ko.
13 Aur un ko mujh par hai ek gunáh ká
dawá, so ḍartá hún ki mujh ko már ḍálen.
14 Farmáyá, Koí nahín, tum donon jáo lekar
hamárí nishániáu; ham sáth tumháre sunte
hain.

15 So jáo Firaun pás, aur kaho, Ham paigám
láe hain jahán ke Sáhib ká,
16 Ki bhej de hamáre sáth baní Isráíl ko.
17 Bolá, Kyá nahín pálá ham ne tujh ko
apne andar larká sá, aur rahá ham men apní
umr men se kaí baras?
18 Aur kar gayá tú apná wuh kám, jo kar
gayá; aur tú hai ná shukr.
19 Kahá, Kiyá to hai main ne wuh, aur
main thá chúknewálá.
20 Phir bhágá main tum se, jab tumhárá
dar dekhá; phir bakhshá mujh ko mere Rabb
ne hukm, aur ṭhahráyá mujh ko paigám
pahunchánewálá.
21 Aur wuh ihsán, jo mujh par rakhe, ki
gulám kar liye tú ne baní Isráíl.
22 Bolá Firaun, Kyá mane jahán ká Sáhib?
23 Kahá, Sáhib Asmán o zamín ká, aur jo
un ke bích hai, agar tum yaqín karo.
24 Bolá apne girdwálon se, Tum nahín sunte?
25 Kahá, Sáhib tumhárá, aur Sáhib tumháre
agle báp dádon ká.
26 Bolá, Tumhárá paigámwálá, jo tumhárí
taraf bhejá hai, so báolá hai.
27 Kahá, Rabb mashriq aur magrib ká, aur
jo un ke bích hai, agar tum bújh rakhte ho.
28 Bolá, Agar tú ne ṭhahráyá koí aur hákim
mere siwáe, to muqarrar dálúngá tujh ko qaid
men.
29 Kahá, Aur jo láyá hún tere pás ek chíz
khol denewálí.
30 Bolá, Tú wuh chíz lá, agar tú sach kahtá
hai.
31 Phir dál dí apní láṭhí, to usí waqt wuh
nág ho gaí saríh.

82 Aur andar se nikálá apná háth, to usí waqt wuh chiṭṭá hai dekhton ke sámhne.

(8 R.) 83 Bolá apne gird ke sardáron se, Yih koí jádúgar hai paṛhá.

84 Cháhtá hai, ki nikál de tum ko tumháre des se apne jádú ke zor se, so ab kyá hukm dete ho?

85 Bole, Dhíl de us ko aur us ke bháí ko, aur bhej shahron men naqíb.

86 Le áwen tere pás jo baṛá jádúgar ho paṛhá.

87 Phir ekaṭṭhe kiye jádúgar wạde par ek muqarrar din ke.

88 Aur kah diyá logon ko, Tum bhí ekaṭṭhe ho:

89 Sháyad ham ráh pakṛen jádúgaron kí, agar ho jáwen wuhí zabar.

40 Phir jab áe jádúgar, kahne lage Firaun se, Bhalá, kuchh hamárá neg bhí hai, agar ho jáwen ham zabar?

41 Bolá, Albatta, aur tum us waqt nazdík-wálon men hoge.

42 Kahá un ko Músá ne, Ḍálo jo tum ḍálte ho.

43 Phir ḍálíŋ unhon ne apní rassíán aur láṭhíán, aur bole, Firaun ke iqbál se ham hí zabar rahe.

44 Phir ḍálá Músá ne apná asá, phir tabhí wuh nigalne lagá jo sáng unhon ne banáyá thá.

45 Phir aundhe já gire jádúgar sijde men.

46 Bole, ham ne máná jahán ke Rabb ko,

47 Jo Rabb Músá aur Hárún ká.

48 Bolá, tum ne us ko mán liyá? abhí main ne hukm nahín diyá; muqarrar wuh tumhárá baṛá hai, jis ne tum ko sikháyá jádú, so ab malúm karoge.

49 Albatta káṭúngá tumháre háth, aur dúsre
páon, aur súlí chaṛháúṉ tum sab ko.
50 Bole, Kuchh ḍar nahíṉ; ham ko apne
Rabb kí taraf phir jáná.
51 Ham garaz rakhte haiṉ, ki bakhshe ham
ko Rabb hamárá taqsíreṉ hamárí, is wáste ki
ham húe pahle qabúl karnewále.
(4 R.) 52 Aur hukm bhejá ham ne Músá ko,
ki rát ko le nikal mere bandoṉ ko; albatta
tumháre píchhe lagenge.
53 Phir bheje Firaun ne shahroṉ meṉ naqíb.
54 Ye log jo haiṉ, so ek jamáat haiṉ thoṛí sí.
55 Aur we muqarrar ham se jí jale haiṉ.
56 Aur ham sáre khatra rakhte haiṉ.
57 Phir nikálá ham ne un ko bág aur chash-
me chhoṛ kar,
58 Aur khazáne, aur ghar khásse;
59 Isí tarah, aur háth lagáeṉ ye chízeṉ baní
Isráíl ko.
60 Phir píchhe paṛe un ke súraj nikalte.
61 Phir jab muqábil húíṉ donoṉ faujeṉ,
kahne lage Músá ke log, Ham to pakṛe gae.
62 Kahá, Koí nahíṉ, mere sáth hai merá Rabb;
ab mujh ko ráh batáwegá.
63 Phir hukm bhejá ham ne Músá ko, ki
Már apne asá se daryá ko; phir phaṭ gayá, to
ho gaí har phánk jaisá baṛá pahár.
64 Aur pás pahuncháyá ham ne us jagah
dúsroṉ ko.
65 Aur bachá diyá ham ne Músá ko, aur jo
log the us ke sáth sáre.
66 Phir ḍúbá diyá un dúsroṉ ko.
67 Is chíz meṉ ek nishání hai; aur nahíṉ
we bahut log mánnewále.
68 Aur terá Rabb wuhí hai zabardast rahm-
wálá.

(5 *R.*) 69 Aur suná un ko khabar Ibráhím kí.
70 Jab kahá apne báp ko, aur us kí qaum
ko, Tum kyá pújte ho?
71 Bole, Ham pújte hain múraton ko; phir
sáre din un pás lage baithe rahen.
72 Kahá, Kuchh sunte hain tumhárá jab pu-
kárte ho?
73 Yá bhalá karte hain tumhárá, yá burá?
74 Bole, Nahín par ham ne páe apne bápdá-
de yihí karte.
75 Kahá, Bhalá, dekhte ho jin ko pújte rahe ho,
76 Tum aur tumháre bápdáde agle?
77 So we mere ganím hain, magar Sáhib
jahán ká,
78 Jis ne mujh ko banáyá, so wuhí mujh
ko sújh detá hai.
79 Aur wuh, jo mujh ko khilátá aur pilátá hai.
80 Aur jab main bímár hún, to wuhí changá
kartá hai.
81 Aur wuh, jo mujh ko máregá, phir jilá-
wegá.
82 Aur wuh, jo mujh ko tawaqqu hai, ki
bakhshe merí taqsíron ko insáf ke din.
83 Ai Rabb, de mujh ko hukm, aur milá mujh
ko nekon men.
84 Aur rakh merá bol sachchá pichhlon men.
85 Aur kar mujh ko wárison men niamat ke
bág ká.
86 Aur muáf kar mere báp ko; wuh thá ráh
bhúlon men.
87 Aur ruswá na kar mujh ko, jis din jí kar
uthen:
88 Jis din kám na áwe koí mál, na bete:
89 Magar jo koí áyá Alláh pás lekar dil
changá.
90 Aur pás láe bihisht wáste darwálon ke.

91 Aur nikálí dozakh sámhne be ráhon ke.
92 Aur kahe un ko, Kahán hain jin ko púj-
te the,
93 Alláh ke siwáe? kuchh madad karte hain
tumhárí, yá badlá le sakte?
94 Phir aundhe ḍál diye us men we, aur sab
be ráh,
95 Aur lashkar Iblís ke sáre.
96 Kahenge, jab we wahán jhagaṛne lage,
97 Qasam Alláh kí, ham the saríh galatí men,
98 Jab tum ko barábar karte the jahán ke
Sáhib ke.
99 Aur ham ko ráh se bhuláyá in gunahgá-
ron ne.
100 Phir koí nahín hamárí sifárish karnewálá:
101 Aur na koí dost muhabbat karnewálá.
102 So kisí tarah ham ko phir jáná ho, to
ham hon ímánwálon men.
103 Us bát men nishán hai, aur we bahut
log nahín mánnewále.
104 Aur terá Rabb wuhí hai zabardast rahm-
wálá.
105 Jhuṭhláyá Núh kí qaum ne paigám láne-
wálon ko.
(6 *R.*) 106 Jab kahá un ko un ke bháí Núh
ne, Kyá tum ko ḍar nahín?
107 Main tumháre wáste paigám lánewálá
hún mutabar.
108 Ḍaro Alláh se, aur merá kahá máno.
109 Aur mángtá nahín main tum se is par
kuchh neg; merá neg hai usí jahán ke sáhib par.
110 So ḍaro Alláh se, aur merá kahá máno.
111 Bolá, Kyá ham tujh ko mánen, aur tere
sáth ho rahe hain kamíne?
112 Kahá, Mujh ko kyá ilm hai, jo kám we
kar rahe hain?

113 Un ká hisáb bújhná mere Rabb hí par hai, agar tum samajh rakhte ho.

114 Aur maiṉ hánknewálá nahíṉ ímán lánewáloṉ ko.

115 Maiṉ to yihí ḍar suná denewálá húṉ kholkar.

116 Bole, Agar tú na chhoṛegá, ai Núh, to hogá sangsár.

117 Kahá, Ai Rabb, merí qaum ne mujh ko jhuṭhláyá.

118 So faisala kar mere un ke bích kisí tarah faisala, aur bachá le mujh ko, aur jo mere sáth haiṉ ímánwále.

119 Phir bachá diyá ham ne us ko, aur jo us ke sáth the, us ladí kishtí meṉ.

120 Phir ḍubá diyá píchhe un rahe húoṉ ko.

121 Albatta is bát meṉ nishán hai, aur we bahut log nahíṉ mánnewále.

122 Aur terá Rabb wuhí hai zabardast rahmwálá.

(7R.) 123 Jhuṭhláyá Ád ne paigám lánewále ko.

124 Jab kahá un ko un ke bhái Húd ne, Kyá tum ko ḍar nahíṉ?

125 Main tumháre pás paigám lánewálá húṉ mutabar.

126 So ḍaro Alláh se, aur merá kahá máno.

127 Aur nahíṉ mángtá maiṉ tum se is par kuchh neg; merá neg hai usí jahán ke sáhib par.

128 Kyá banáte ho har ṭíle par ek nishán khelne ko?

129 Aur banáte ho kárígaríáṉ, sháyad tum hamesha rahoge?

130 Aur jab háth ḍálte ho, to panja márte ho zulm se.

131 So ḍaro Alláh se, aur merá kahá máno.

132 Aur ḍaro us se, jin ne tum ko pahuncháyá hai jo kuchh jánte ho.
133 Bhejá hai tum ko chaupáe, aur beṭe,
134 Aur bág, aur chashme.
135 Main ḍartá húṉ tum par ek baṛe din kí áfat se.
136 Bole, Ham ko barábar hai tú nasíhat kare, yá na bane nasíhatwálá.
137 Aur kuchh nahíṉ, yih ádat hai agle logoṉ kí.
138 Aur ham ko áfat ánewálí nahíṉ.
139 Phir us ko jhuṭhláne lage, to ham ne un ko khapá diyá; is bát meṉ albattá nishán hai, aur we bahut log nahíṉ mánnewále.
140 Aur terá Rabb wuh hí hai zabardast rahmwálá.
(8 R.) 141 Jhuṭhláyá Samúd ne paigám lánewáloṉ ko.
142 Jab kahá un ko un ke bháí Sálih ne, Kyá tum ko ḍar nahíṉ ?
143 Main tum pás paigám lánewálá húṉ mutabar.
144 So ḍaro Alláh se, aur merá kahá máno.
145 Aur main nahíṉ mángtá tum se is par kuchh neg; merá neg hai usí jahán ke Sáhib par.
146 Kyá chhoṛ denge yaháṉ kí chízoṉ meṉ nidar,
147 Bágoṉ meṉ, aur chashmoṉ meṉ,
148 Aur khetíoṉ meṉ, aur khajúroṉ meṉ, jin ká gábhá muláim hai ?
149 Aur taráshte ho paháṛoṉ ke ghar takalluf se ?
150 So ḍaro Alláh se, aur merá kahá máno.
151 Aur na máno hukm bebák logoṉ ká,
152 Jo bigáṛ karte haiṉ mulk meṉ, aur sanwár nahíṉ karte.

153 Bole, Tujh par to kisí ne jádú kiyá hai.
154 Tú bhí ek ádmí hai jaise ham; so le á kuchh nishání, agar tú sachchá hai.
155 Kahá, Yih úntní hai, is ko pání píne kí ek bárí, aur tum ko bárí ek din kí muqarrar.
156 Aur na chheṛiyo is ko burí tarah, phir pakṛe tum ko áfat ek baṛe din kí.
157 Phir káṭ ḍálí wuh úntní; phir kal rah gae pachhtáte.
158 Phir pakṛá un ko azáb ne; albatta is bát meṉ nishání hai, aur we bahut log nahíṉ mánnewále.
159 Aur terá Rabb wuhí hai zabardast rahmwálá.
(9*R.*) 160 Jhuṭhláyá Lút kí qaum ne paigám lánewáloṉ ko.
161 Jab kahá un ko un ke bháí Lút ne, Kyá tum ko ḍar nahíṉ?
162 Maiṉ tum ko paigám lánewálá húṉ mutabar.
163 So ḍaro Alláh se, aur merá kahá máno.
164 Aur mángtá nahíṉ maiṉ tum se is par kuchh neg; merá neg hai usí jahán ke Sáhib par.
165 Kyá dauṛte ho jahán ke mardoṉ par?
166 Aur chhoṛte ho jo tum ko baná díṉ tumháre Rabb ne tumhárí jorúeṉ? balki tum log ho hadd se baṛhnewále.
167 Bole, Agar na chhoṛegá tú, ai Lút, to tú nikálá jáwegá.
168 Kahá, Maiṉ tumháre kám se albatta bezár húṉ.
169 Ai Rabb, chhuṛá mujh ko aur mere gharwáloṉ ko in kámoṉ se, jo yih karte haiṉ.
170 Phir bachá diyá ham ne us ko, aur us ke gharwáloṉ ko sáre.
171 Magar ek buṛhiyá rahí rahnewáloṉ meṉ.

172 Phir ukhár márá ham ne un dúsron ko,
173 Aur barsává un par ek barsáo, so kyá burá barsáo thá daráe húon ká.
174 Albatta is bát men nishání hai, aur bahut log nahín mánnewále.
175 Aur terá Rabb wuhí hai zabardast rahmwálá.
(10 *R.*) 176 Jhuthláyá ban ke rahnewálon ne paigám lánewálon ko,
177 Jab kahá un ko Shuaib ne, Kyá tum ko dar nahín?
178 Main tum ko paigám lánewálá hún mutabar.
179 So daro Alláh se, aur merá kahá máno.
180 Aur nahín mángtá main tum se is par kuchh neg; merá neg hai is jahán ke Sáhib par.
181 Púrá bhar do máp, aur na ho nuqsán denewále,
182 Aur taulo sídhí tarázú se,
183 Aur mat ghatá do logon ko un kí chízen, aur mat dauro mulk men kharábí dálte.
184 Aur daro us se, jis ne banáyá tum ko, aur aglí khilqat ko.
185 Bole, Tujh ko to kisí ne jádú kiyá hai.
186 Aur tú yihí ek ádmí hai, jaise ham, aur hamáre khiyál men tú to jhúthá hai.
187 So de már ham par koí tukrá ásmán ká, agar tú sachchá hai.
188 Kahá, Merá Rabb khúb jántá hai jo tum karte ho.
189 Phir us ko jhuthláyá, phir pakrá un ko áfat ne sáebánwále din kí; beshakk wuh thá azáb bare din ká.
190 Albatta is bát men nishání hai, aur we bahut log nahín mánnewále.

191 Aur terá Rabb wuhí hai zabardast
rahmwálá.
(11 *R.*) 192 Aur yih Qurán hai, utárá jahán
ke Sáhib ká.
193 Le utará hai us ko firishta mutabar,
194 Tere dil par, ki tú ho ḍar sunánewálá,
195 Khulí Arabí zubán se.
196 Aur yih likhá hai pahlon kí kitábon men.
197 Kyá un kewáste nishání nahín ho chukí,
yih ki us kí khabar rakhte hain parhe log baní
Isráíl ke ?
198 Aur agar utárte ham yih kitáb kisí
úparí zubánwále par,
199 Aur wuh us ko paṛhtá, tau bhí us ko
yaqín na láte.
200 Isí tarah paiṭháyá ham ne us ko gunah-
gáron ke dilon men,
201 We na mánenge us ko jab tak na dekh-
enge dukh kí már.
202 Phir áwe un par achának, aur un ko
khabar na ho,
203 Phir kahne lagen, Kuchh bhí ham ko
fursat mile !
204 Kyá hamárí már jald mángte hain ?
205 Bhalá, dekh tú, agar baratne diyá ham
ne un ko kaí baras,
206 Phir pahunchá un par jis ká un se wạda
thá,
207 Kyá kám áwegá un ke jitná baratte rahe?
208 Aur koí bastí nahín khapáí ham ne, jis
ko na the ḍar sunánewále,
209 Yád diláne ko ; aur hamárá kám nahín
zulm karná.
210 Aur us ko nahín le utare Shaitán.
211 Aur un se ban na áwe, aur we kar na
saken.

212 Un ko to sunne kí jagah se kanáre kar diyá.
213 So tú mat pukár Alláh ke sáth dúsrá hákim, phir tú paṛe ạzáb men̲.
214 Aur ḍar suná de apne nazdík ke nátewálon̲ ko.
215 Aur apne bázú níche rakh un ke wáste, jo tere sáth hon̲ ímánwále.
216 Phir, agar terí behukmí karen̲, to kah de, Main̲ alag hún̲ tumháre kám se.
217 Aur bharosá kar us zabardast rahmwále par,
218 Jo dekhtá hai tujh ko, jab tú uṭhtá hai,
219 Aur terá phirná namázíon men̲.
220 Wuh jo hai, wuhí hai suntá jántá.
221 Main̲ batáún̲ tum ko kis par utarte hain̲ Shaitán.
222 Utarte hain̲ har jhúṭhe gunahgár par.
223 Lá ḍálte hain̲ suní bát, aur bahut un men̲ jhúṭhe hain̲.
224 Aur sháịron̲ kí bát par chalen̲ wuhí, jo be ráh hain̲.
225 Tú ne nahín̲ dekhá, ki we har maidán men̲ sar márte phirte hain̲.
226 Aur yih, ki we kahte hain̲ jo nahín̲ karte.
227 Magar jo yaqín láe, aur kín̲ nekíán̲, aur yád kí Alláh kí bahut,
228 Aur badlá liyá us píchhe ki un par zulm húá, aur ab mạlúm karenge zulm karnewále kis karwaṭ ulaṭte hain̲.

SURA I NAML.

Makke meṉ názil húí; 95 *áyat kí hai.*

BISMI-L-LÁHI-R-RAHMÁNI-R-RAHÍM.

(1 *R.*) 1 Ṭ. S. Yih áyateṉ haiṉ Qurán aur khulí kitáb kí,

2 Sújh, aur khushkhabarí ímánwáloṉ ko.

3 Jo khaṛí rakhte haiṉ namáz ko, aur dete haiṉ zakát, aur we pichhle ghar ko yaqín jánte haiṉ.

4 Jo log nahíṉ mánte ákhirat ko, un ko bhale dikháe haiṉ ham ne un ke kám, so we bahke phirte haiṉ.

5 Wuhí haiṉ jin ko burí tarah kí már hai; aur ákhirat meṉ wuhí haiṉ kharáb.

6 Aur tujh ko to Qurán miltá hai ek hikmatwále khabardár se.

SULS. 7 Jab kahá Músá ne apne gharwáloṉ ko, Maiṉ ne dekhí hai ek ág, ab látá húṉ tumhá e pás wahán se kuchh khabar, yá látá húṉ ar gárá sulgákar, sháyad tum tápo.

8 Phir, jab pahunchá us pás áwáz húí, ki Barakat rakhtá hai jo koí ág meṉ hai, aur jo us ke ás pás hai; aur pák hai zát Alláh kí, jo Sáhib sáre jahán ká.

9 Ai Músá, wuh maiṉ Alláh húṉ zabardast, hikmatoṉwálá.

10 Aur ḍál de láṭhí apní, phir jab dekhá us ko phanphanáte jaise sámp kí si saṭak, phirá píṭh dekar, aur pichhe na dekhá; ai Músá, ḍar na khá, maiṉ jo húṉ mere pás nahíṉ ḍarte rasúl.

11 Magar jis ne ziyadatí kí, phir badalkar

nekí kí burái ke píchhe; to main bakhshne-
wálá mihrbán hún.
12 Aur dál de háth apná apne girebán men,
ki nikle chiṭṭá na kuchh burái se, yih milkar
nau nishánián Firaun aur uski qaum kí taraf;
beshakk we the log behukm.
13 Phir jab pahunchín un pás hamárí nishán-
íán sujháne ko, bole, Yih jádú hai saríh.
14 Aur un se munkir ho gae, aur un ko
yaqín ján chuke the apne jí men beinsáfí aur
gurúr se; so dekh, kaisá húá ákhir bigárnewá-
lon ká.
(2 *R.*) 15 Aur ham ne diyá Dáúd aur Sulai-
mán ko ek ilm, aur bole, Shukr Alláh ká, jin
ne ham ko baṛháyá apne bahut bandon ímán-
wálon par.
16 Aur wáris húá Sulaimán Dáúd ká, aur
bolá, Logo, ham ko sikháyá hai bolí uṛte ján-
waron kí, aur diyá ham ko har chíz men se;
beshakk yihí hai baṛái saríh.
17 Aur jama kiye Sulaimán ke pás us ke
lashkar jinn aur insán, aur uṛte jánwar phir un
kí mislen baiṭhín,
18 Yahán, tak ki jab pahunche chyúnṭíon
ke maidán par, kahá ek chyúnṭí ne, Ai chyún-
ṭío ghus jáo apne gharon men na pís ḍále
tum ko Sulaimán aur us ke lashkar, aur un
ko khabar na ho.
19 Phir muskarákar hans paṛá us kí bát
se, aur bolá, Ai Rabb, merí qismat men de,
ki shukr karún tere ihsán ká, jo tú ne kiyá
mujh par, aur mere má báp par, aur yih, ki
karún kám nek jo tú pasand kare, aur milá le
mujh ko apní mihr se apne nek bandon men.
20 Aur khabar lí uṛte jánwaron kí, to kahá,

Kyá hai, nahíṉ dekhtá maiṉ Hudhud ko, yá ho
rahá wuh gáib?
21 Us ko már dúngá zor kí már, yá zabh
kar ḍálúngá, yá láwe mere pás koí sanad saríh.
22 Phir bahut der na kí, ki ákar kahá, Maiṉ
le áyá ḳhabar ek chíz kí ki tujh ko us kí
ḳhabar na thí, aur áyá húṉ tere pás Sabá se
ek ḳhabar lekar tahqíq.
23 Maiṉ ne páí ek ąurat un ke ráj par, aur
us ko sab chíz milí haiṉ, aur us ká ek taḳht
hai baṛá.
24 Maiṉ ne páyá ki wuh aur us kí qaum
sijda karte haiṉ súraj ko Alláh ke siwáe, aur
bhale dikháe haiṉ un ko Shaitán ne un ke kám;
phir pher rakhá hai un ko ráh se, so we ráh
nahíṉ páte.
25 Kyúṉ na sijda kareṉ Alláh ko, jo nikáltá
hai chhipí chíz ásmánoṉ meṉ, aur zamín meṉ,
aur jántá hai jo chhipáte ho, aur jo kholte ho?
26. Alláh, kisí kí bandagí nahíṉ us ke siwáe,
Sáhib baṛe taḳht ká.
27 Kahá ham dekhenge tú ne sach kahá,
yá tú jhuṭhá hai.
28 Le já merá yih ḳhatt, aur ḍál de un kí
taraf, phir un pás se haṭ á, phir dekh we kyá
jawáb dete haiṉ.
29 Kahne lagí, Ai darbárwálo, mere pás
ḍál diyá hai ek ḳhatt ịzzat ká.
30 Wuh ḳhatt hai Sulaimán kí taraf se, aur
wuh hai shurú Alláh ke nám se, jo baṛá mihr-
bán rahmwálá.
31 Ki zor na karo mere muqábil, aur chale
áo hukmbardár hokar.
(3 R.) 32 Kahne lagí, Ai darbárwálo, mash-
wara do mujh ko mere kám ká; muqarrar maiṉ
nahíṉ kartí koí kám jab tak tum na házir ho.

33 We bole, Ham log zoráwar hain, aur
saḳht laṛáíwále, aur kám tere iḳhtiyár hai, so
tú dekh le jo hukm kare.

34 Kahne lagí, Bádsháh jab paiṭhen kisí bastí
men us ko ḳharáb karen, aur kar ḍálen wahán
ke sardáron ko beizzat, aur bhí kuchh karenge.

35 Aur main bhejtí hún un kí taraf kuchh
tuhfa, phir dekhti hún kyá jawáb lekar phirte
hain bheje húe.

36 Phir jab pahunchá Sulaimán pás, bolá,
Kyá tum merí rifáqat karte ho mál se? so, jo
Alláh ne mujh ko diyá hai bihtar is se jo tum ko
diyá nahín, tum apne tuhfe se ḳhush raho.

37 Phir já un ke pás, ab ham bhejte hain un
par sáth lashkaron ke jin ká sámhná na ho sake
un se, aur nikál denge un ko wahán se beizzat
kar kar, aur we ḳhwár honge.

38 Kahá, Ai darbárwálo, tum men koí hai
ki le áwe mere pás us ká taḳht pahle is se ki
wuh áwe mere pás hukmbardár hokar?

39 Bolá ek rákas jinnon men se, Main lá
detá hún wuh tujh ko pahle is se, ki tú uṭhe apní
jagah se, aur main us par zor ká hún mutabar.

40 Bolá wuh shaḳhs jis ke pás thá ek ilm
kitáb ká, Main lá detá hún tujh ko wuh pahle
us se, ki phir áwe terí taraf terí ánkh; phir
jab dekhá wuh dhará apne pás, kahá, Yih mere
Rabb ke fazl se, mere jánchne ko, ki main
shukr kartá hún yá ná shukrí? Aur jo koí shukr
kare, so kare apne wáste; aur jo ná shukrí kare
merá Rabb beparwá hai nek zát.

41 Kahá, Rúp badal dikháo us aurat ke áge
us ke taḳht ká, ham dekhen sújh pátí hai, yá
un logon men hotí hai jin ko sújh nahín?

42 Phir jab á pahunchí, kisí ne kahá, Kyá
aisáhí hai terá ṭaḳht? Bolí, Goyá yih wuhí

hai, aur ham ko mạlúm ho chuká áge se, aur ham ho chuke hukmbardár.

43 Aur band kiyá us ko un chízoṉ se jo pújtí thí Alláh ke siwáe, albatta wuh thí munkir logoṉ meṉ.

44 Kisí ne kahá us ạurat ko, andar chal mahall meṉ; phir jab dekhá us ko ḳhiyál kiyá ki wuh páni hai gahrá, aur kholí apní piṉḍlíáṉ; kahá, Yih to ek mahall hai, jaṛe húe us meṉ shíshe.

45 Bolí, Ai Rabb, maiṉ ne burá kiyá hai apní ján ká, aur hukmbardár húí sáth Sulaimán ke Alláh ke áge, jo Rabb sáre jahán ká.

(4 *R.*) 46 Aur ham ne bhejá thá Samúd kí taraf un ká bhái Sálih, ki bandagí karo Alláh kí, phir we to do jathe hokar lage jhagaṛne.

47 Kahá, Ai qaum, kyúṉ shitáb mángte ho buráí pahle bhaláí se? Kyúṉ nahíṉ gunáh baḳhshwáte Alláh se, sháyad tum par rahm ho.

48 Bole, Ham ne bad qadam dekhá tujh ko aur tere sáth wáloṉ ko; kahá, Tumhárí burí qismat Alláh ke pás hai, koí nahíṉ, tum log jánche játe ho.

49 Aur the us shahr meṉ nau shaḳhs ḳharábí karte mulk meṉ, aur na saṉwárte.

50 Bole ápas meṉ Qasam kháo Alláh kí, muqarrar rát ko paṛeṉ ham us par, aur us ke ghar par, phir kah denge us ke dạwá karnewále ko, Ham ne nahíṉ dekhá jab tabáh húá us ká ghar, aur ham beshakk sach kahte haiṉ.

51 Aur unhoṉ ne banáyá ek fareb, aur ham ne banáyá ek fareb, aur un ko ḳhabar na húí.

52 Phir dekh, áḳhir kaisá húá un ke fareb ká, ki ham ne ukháṛ márá un ko aur un kí qaum ko sárí.

53 So yih paṛe haiṉ un ke ghar ḍhahe húe;

albatta is men nishání hai ek logon ko jo jánte hain.

54 Aur bachá diyá ham ne un ko jo yaqín láye the, aur bachte rahe the.

55 Aur Lút ne jab kahá apní qaum ko, Kyá tum karte ho behaiyáí, aur tum dekhte ho?

56 Kyá tum daurte ho mardon par lalchákar, auraten chhorkar? Koí nahín, tum log besamajh ho.

57 Phir, aur jawáb na thá us kí qaum ká magar yihí, ki bole, Nikálo Lút ke ghar ko apne shahr se; ye log hain suthre rahá cháhte hain.

58 Phir, bachá diyá ham ne us ko, aur us ke ghar ko magar us kí aurat, ṭhahrá diyá thá ham ne us ko rah jánewálon men.

59 Aur barsáyá ham ne un par barsáo; so kyá burá barsáo thá un daráe húon ká!

60 Tú kah, Taríf hai Alláh ko, aur salám hai us ke bandon par, jin ko us ne pasand kiyá, bhalá Alláh bhitar, yá jin ko we sharík karte hain?

BISWAN SIPARA. (5 *R.*) 61 Bhalá, kis ne banáe ásmán aur zamín, aur utár diyá tum ko ásmán se pání? Phir ugáe ham ne us se bág raunaq ke, tumhárá kám na thá ki ugáte un ke darakht; ab koí aur hákim hai Alláh ke sáth? koí nahín, we log ráh se murte hain.

62 Bhalá, kis ne banáyá zamín ko ṭhahráo, aur banáí us ke bích naddíán, aur rakhe us men bojh, aur rakhá do daryáon men oṭ? ab koí hákim hai Alláh ke sáth? koí nahín, un bahuton ko samajh nahín.

63 Bhalá, kaun pahunchtá hai phanse kí pukár ko jab us ko pukártá hai? aur uṭhá detá hai buráí, aur kartá hai tum ko naib zamín par?

ab koí hákim hai Alláh ke sáth? tum soch kam karte ho.

64 Bhalá, kaun ráh batátá hai tum ko andheroṉ meṉ jangal ke aur daryá ke? aur kaun chalátá hai báweṉ khushkhabrí látíáṉ us kí mihr se áge? ab koí hákim hai Alláh ke sáth? Alláh bahut úpar hai us se jo sharík batáte haiṉ.

65 Bhalá, kaun sire se banátá hai, phir us ko dharátá hai? aur kaun rozí detá hai tum ko ásmán se aur zamín se? ab koí hákim hai Alláh ke sáth? Tú kah, Láo apní sanad, agar tum sachche ho.

66 Tú kah, Khabar nahíṉ rakhtá jo koí hai ásmán aur zamín meṉ chhipí chíz kí magar Alláh, aur un ko khabar nahíṉ.

67 Kab jiláe jáwenge?

68 Balki hár girí un ke daryáft ákhirat meṉ, balki un ko dhokhá hai us meṉ, balki we us se andhe haiṉ.

(6 *R.*) 69 Aur bole we jo munkir haiṉ, Kyá jab ho gae ham miṭṭí, aur hamáre bápdáde, kyá ham ko zamín se nikálná hai?

70 Wạda mil chuká yihí us ká ham ko, aur hamáre bápdádoṉ ko áge se; aur kuchh nahíṉ, ye naqleṉ haiṉ agloṉ kí.

71 Tú kah, Phiro mulk meṉ, to dekho kaisá húá ákhir gunahgároṉ ká!

72 Aur gam na khá un par, aur na rah khafgí meṉ un ke dáo banáne se.

73 Aur kahte haiṉ, Kab hai yih wạda, agar tum sachche ho?

74 Tú kah, Sháyad tumhárí píṭh par pahunchí ho bazí chíz, jis kí shitábí karte ho.

75 Aur terá Rabb to fazl rakhtá hai logoṉ par, par un meṉ bahut shukr nahíṉ karte.

76 Aur terá Rabb jántá hai jo chhip rahá hai
un ke sinon men, aur jo kholte hain.
77 Aur koí khabar nahín jo gaib ho ásmán
aur zamín men, magar khulí kitáb men.
78 Yih Qurán sunátá hai baní Isráíl ko aksar
chíz jis men we phút rahe hain.
79 Aur yih sújh hai, aur mihr hai ímán-
wálon ko;
80 Terá Rabb un men faisala kare apní hukú-
mat se, aur wuhí hai zabardast sab jántá.
81 So, tú bharosá kar Alláh par, beshakk tú
hai sahíh khulí ráh par.
82 Tú nahín suná saktá murdon ko, aur na-
hín suná saktá bahron ko pukár kar jab phiren
we píth dekar.
83 Aur na tú dikhá sake andhon ko, jab ráh
se bichlne; tú to sunátá hai us ko jo yaqín rakhtá
ho hamárí báton par, so we hukm bardár hain.
84 Aur jab par chukegí un par bát, nikálenge
ham un ke áge ek jánwar zamín se; un se báten
karegá, is wáste ki log hamárí nishánián yaqín
na karte the.
85 Aur jis din gher láwenge ham har firqe
men se ek dal, jo jhuthláte the hamárí báten,
phir un kí masl banegí,
86 Yahán tak ki jab á pahunche, farmáyá,
Kyún tum ne jhúthláin merí báten, aur á na
chukí thín tumhárí samajh men? yá kaho, kyá
karte the?
87 Aur par chukí un par bát, is wáste ki unhon
ne sharárat kí, so we kuchh nahín bolte.
88 Kyá nahín dekhte, ki ham ne banáí rát,
ki us men chain pakren, aur din banáyá dekh-
ne ká? Albatta is men nishánián hain un lo-
gon ko jo yaqín karte hain.
89 Aur jis din phúnká jáwegá narsingá, to

ghabrá jáwe jo koí hai ásmán aur zamín men,
magar jis ko Alláh cháhe, aur sab chale áwen
us ke áge ájizí se.

90 Aur tú dekhtá hai pahár, jántá hai we jam
rahe hain, aur we chalenge jaise chale badalí,
kárígarí Alláh kí, jis ne sádhí hai har chíz, us
ko khabar hai jo tum karte ho.

91 Jo koí láyá bhaláí, to us ko miltá hai, us se
bihtar, aur un ko ghabráhat se us din chain hai.

92 Aur jo koí láyá buráí, so aundhe dále hain
un ke munh ág men; wuhí badlá páoge jo
kuchh karte the.

93 Mujh ko yihí hukm hai, ki bandagí
karún is shahr ke málik kí, jis ne us ko rakhá
adab ká, aur us kí hai har chíz, aur hukm hai
ki rahún hukmbardáron men.

94 Aur yih ki suná dún Qurán, phir jo koí
ráh par áyá, so ráh par áwegá apne bhale ko,
aur jo koí bahká rahá, tú kah de, Main yihí
hún dar sunánewálá.

95 Aur kah, Taríf hai sab Alláh ko, áge
dikháwegá tum ko apne namúne, to un ko
pahchán loge, aur terá Rabb bekhabar nahín
un kámon se jo karte ho.

SURA I QASAS.

Makke men názil húí; 88 áyat kí hai.

BISMI-L-LÁHI-R-RAHMÁNI-R-RAHÍM.

(1 R.) 1 T. S. M. Ye áyaten hain khulí
kitáb kí.

2 Ham sunáte hain tujh ko kuchh ahwál Mú-
sá aur Firaun ká tahqíq ek logon ke wáste, jo
yaqín karte hain.

3 Firaun charh rahá thá mulk men, aur kar

rakhe the wahán ke logon ke kaí jathe, kamzor
kar rakhá thá ek firqe ko un men zabh kartá
un ke beṭe, aur jíti rakhtá un kí ạuraten; wuh
thá ḳharábí ḍálnewálá.
4 Aur ham cháhte hain ki ihsán karen un
par jo kamzor paṛe the mulk men, aur kar den
un ko sardár, aur ḳar den un ko qáim muqám,
5 Aur jamá den, mulk men, aur dikhá den
Firạun aur Hámán ko, aur un ke lashkaron ko,
un ke háth se, jis chíz ká ḳhatra rakhte the.
6 Aur ham ne hukm bhejá Músá kí má ko, ki
us ko dúdh pilá, phir jab tujh ko ḍar ho us ká,
to ḍál de us ko páni men, aur na ḳhatra kar,
aur na gam khá; ham phir pahunchá denge us
ko terí taraf, aur karenge us ko rasúlon se.
7 Phir uṭhá liyá us ko Firạun ke gharwá-
lon ne, ki ho un ká dushman aur kuṛhánewálá;
beshakk Firạun, aur Hámán, aur un ke lashkar
chúknewále the.
8 Aur bolí Firạun kí ạurat, Ánkhon kí ṭhan-
ḍhak hai mujh ko aur tujh ko, is ko na máro,
sháyad hamáre kám áwe, yá ham us ko kar len
beṭá, aur un ko ḳhabar nahín.
9 Aur subh ko Músá kí má ke dil men qarár
na rahá; nazdík húí ki záhir kar de beqarárí ko,
agar na ham ne girih kar dí hotí us ke dil par,
is wáste ki rahe ímánwálon men.
10 Aur kah diyá us kí bahin ko, Us ke
píchhe chalí já; phir wuh dekhtí rahí us ko
ajnabí hokar, aur un ko ḳhabar na húí.
11 Aur rok rakhí thín ham ne us se dáián
pahle se; phir bolí, Main bátáún tum ko ek ghar-
wále, we us ko pál den tum ko, aur we us ká
bhalá cháhnewále hain.
12 Phir pahunchá diyá ham ne us ko us kí
má kí taraf, ki ṭhanḍí rahe us kí ánkh, aur

gam na kháwe, aur jáne, ki waḍa Alláh ká
ṭhík hai, par bahut log nahíṉ jánte.

RUBA. (2 R.) 13 Aur jab pahunchá apne zor
par aur sambhálá, diyá ham ne us ko hukm
aur samajh, aur isí tarah ham badlá dete haiṉ
nekíwáloṉ ko.

14 Aur áyá shahr ke andar jis waqt beḵha-
bar hote the wahán ke log, phir páe us meṉ
do mard larte, yih us ke rafíqoṉ meṉ, aur yih
us ke dushmanoṉ meṉ; phir faryád kí us pás
us ne jŏ thá us ke rafíqoṉ meṉ, us kí jo thá us
ke dushmanoṉ meṉ; phir mukká márá us ko
Músá ne, phir us ko tamám kiyá; bole, Yih húá
Shaitán ke kám se, beshakk wuh dushman
hai bahkánewálá saríh.

15 Bolá, Ai Rabb, maiṉ ne burá kiyá apní
ján ká, so baḵhsh mujh ko, phir us ko baḵhsh
diyá, beshakk wuhí hai baḵhshnewálá mihrbán.

16 Bolá, Ai Rabb, jaisá tú ne fazl kiyá mujh
par, phir maiṉ kabhí na húngá madadgár
gunahgároṉ ká.

17 Phir subh ko uṭhá us shahr meṉ ḍartá
ráh dekhte, phir tabhí jis ne kal madad mángí
thí us se faryád kartá hai, us ko kahá Músá ne,
Muqarrar tú be ráh hai saríh.

18 Phir jab cháhá, ki háth ḍále us par, jo
dushman thá un donoṉ ká, bol uṭhá, Ai Músá,
kyá cháhtá hai ki ḵhún kare merá, jaise ḵhún
kar chuká hai ek jí ká kal ko? tú yihí cháhtá
hai, ki zabardastí kartá phire mulk meṉ? aur
nahíṉ cháhtá ki howe miláp kar denewálá.

19 Aur áyá ek mard shahr ke parle sire se
dauṛtá ; kahá, Ai Músá, darbárwále mashwarat
karte haiṉ tujh par, ki tujh ko már ḍáleṉ; so
nikal já, maiṉ terá bhalá cháhnewálá húṉ.

20 Phir nikalá wahán se ḍartá húá, ráh

dekhtá; bolá, Ai Rabb, khalás kar mujh ko is qaum i beinsáf se!

(3 *R.*) 21 Aur jab munh dhará Madyan kí sídh par, bolá, Ummed hai ki merá Rabb le jáwe mujh ko sídhí ráh.

22 Aur jab pahunchá Madyan ke pání par, páe wahán jama ho rahe log pání piláte;

23 Aur páin un ke siwáe do auraten roke kharín; bolá, Tum ko kyá kám hai? Bolián, Ham nahín pilátián pání jab tak pher le jáwen charwáhe, aur hamárá báp búrhá hai barí umr ká.

24 Phir, us ne pilá diye un ke jánwar, phir hatkar áyá chháon kí taraf; bolá, Ai Rabb, tú jo utáre merí taraf achchhí chíz, main us ká muhtáj hún!

25 Phir, áí us pás un do men se ek chaltí sharm se; bolí, Merá báp tujh ko bulátá hai, ki badle men de haqq is ká ki tú ne pilá diye hamáre jánwar; phir jab pahunchá us pás, aur bayán kiyá us se ahwál, kahá, Mat dar, bach áyá tú us qaum i beinsáf se.

26 Bolí un do men se ek, Ai báp, is ko naukar rakh le, albatta bihtar naukar jo tú rakhá cháhe, wuh jo zoráwar ho amánatdár.

27 Kahá, Main cháhtá hún ki biyáh dún tujh ko ek betí apní in donon men se, us par ki tú merí naukarí kare áth baras; phir agar tú púre kare das baras, to terí taraf se, aur main nahín cháhtá ki tujh par taklíf dálún, tú áge páwegá mujh ko agar Alláh ne cháhá nek bakhton se.

28 Bolá, Yih ho chuká mere tere bích jaunsí muddat in donon men púrí kar dún so ziyádatí na ho mujh par, aur Alláh par bharosá is ká jo ham kahte hain.

(4 *R.*) 29 Phir jab púrí kar chuká Músá wuh muddat, aur lekar chalá apne gharwálon ko,

dekhí pahár ki taraf ek ág; kahá apne gharwá-
loṇ ko, Ṭhahr raho, maiṇ ne dekhí hai ek ág,
sháyad le áúṇ tumháre pás wahán se kuchh
khabar, yá angárá ág ká, sháyad tum tápo.

30 Phir jab pahunchá us pás, áwáz húí mai-
dán ke dáhine kanáre se, barakatwále takhte
meṇ us darakht se, ki Ai Músá, maiṇ húṇ maiṇ
Alláh jahán ká Rabb.

31 Aur yih ki Ḍál de apní láṭhí; phir jab de-
khá us ko phanphanáte goyá sámp ki saṭak
hai, ultá phirá muṇh mor kar, aur píchhe na
dekhá; Yá Músá, áge á, aur na ḍar, tujh ko
khatra nahíṇ.

32 Paiṭhá apná háth apne girebán meṇ, nikal
áwe chiṭṭá, na kuchh burái se, aur milá apní
taraf apná bázú ḍar se; so yih do sanadeṇ haiṇ
tere Rabb ki taraf se Firaun aur us ke sardároṇ
par; beshakk we the log behukm.

33 Bolá, Ai Rabb, maiṇ ne khún kiyá hai
un meṇ ek jí ká, so ḍartá húṇ ki mujh ko már
ḍáleṇ.

34 Aur merá bhái Hárún, us ki zubán chaltí
hai mujh se ziyáda, so us ko bhej sáth mere
madad ko, ki mujh ko sachchá kare, maiṇ
ḍartá húṇ ki mujh ko jhúṭhá kareṇ.

35 Farmáyá, Zor denge tere bázú ko tere
bhái se, aur denge tum ko galba, phir we
pahunch na sakenge tum tak; hamárí nishá-
níoṇ se tum, aur jo tumháre sáth ho, úpar
rahoge.

36 Phir jab pahunchá un pás Músá lekar
hamárí nisháníáṇ khulí, bole, Aur kuchh na-
híṇ, yih jádú hai jorá húá, aur ham ne suná na-
híṇ yih apne agle bápdádoṇ meṇ.

37 Aur kahá Músá ne, Merá Rabb to bihtar
jántá hai jo koí láyá hai sújh ki bát us ke pás

se, aur jis ko milegá pichhlá ghar; beshakk
bhalá na hogá beinsáfon ká.
38 Aur bolá Firaun, Ai darbárwálo, mujh ko
malúm nahín tumhárá koí hákim mere siwáe,
so ág de, ai Hámán, mere wáste gáre ko; phir
baná mere wáste ek mahall, sháyad main jhánk
dekhún Músá ká Rabb, aur merí atkal men to
wuh jhúthá hai.
39 Aur baráí karne lagá wuh, aur us ke lash-
kar mulk men náhaqq, aur atkale ki we hamárí
taraf phir na áwenge.
40 Phir pakrá ham ne us ko, aur us ke lash-
karon ko; phir phenk diyá un ko pání men;
so dekh, ákhir kaisá húá gunahgáron ká.
41 Aur kiyá ham ne un ko sardár buláte do-
zakh kí taraf, aur qiyámat ke din un ko madad
nahín.
42 Aur píchhe rakhí un par is dunyá men
phitkár, aur qiyámat ke din un par buráí hai.
(5 *R.*) 43 Aur dí ham ne Músá ko kitáb, us
píchhe ki khapá chuke aglí sangaten, samajháte
logon ko, aur ráh batáte, aur mihr, sháyad we
yád rakhen.
44 Aur tú na thá garab kí taraf jab ham ne
bhejá Músá ko hukm, aur na thá tú dekhtá.
45 Lekin ham ne utháín kittí sangate; phir
lambí guzrí un par muddat, aur tú na rahtá
thá Madyanwálon men un ko sunátá hamárí
áyaten, par ham rahe hain rasúl bhejte.
46 Aur tú na thá Túr ke kanáre jab ham ne
áwáz dí, walekin yih mihr se tere Rabb kí; ki
tú dar sunáwe ek logon ko, jin pás nahín áyá
koí dar sunánewálá tujh se pahle, sháyad we
yád rakhen.
NISF. 47 Aur itne wáste ki kabhí pare un par
áfat apne háthon ke bheje se, to kahne lagen, Ai

Rabb hamáre, kyún na bhej diyá ham pás kisí
ko paigám dekar, to ham chalte terí báton par,
aur hote yaqín rakhnewále?
48 Phir jab pahunchí un ko ṭhík bát hamáre
pás se, kahne lage, Kyún ná milá us ko jaisá milá
thá Músá ko? abhí munkir nahín ho chuke
Músá ke milne se us se pahle kahne lage, Do-
non jádú hain ápas men muwáfiq, aur kahne
lage, Ham donon ko nahín mánte.
49 Tú kah, Ab tum láo koí kitáb Alláh ke
pás kí, jo in donon se bihtar ho samjháne men;
us par chalo, agar tum sachche ho.
50 Phir, agar na kar láwen terá kahá, to ján
le ki we chalte hain burí apne cháo par; aur us
se bahká kaun, jo chale apne cháo par bin ráh
batáe Alláh ke? beshakk Alláh ráh nahín detá
beinsáf logon ko.
(6 *R.*) 51 Aur ham lagáe gae hain un se bát,
sháyad we dhiyán men láwen.
52 Jin ko ham ne dí hai kitáb is se pahle,
we us ko yaqín karte hain.
53 Aur jab un ko sunáiye, kahen, Ham ya-
qín láe us par, yihí hai ṭhík hamáre Rabb ká
bhejá, ham hain is se pahle ke hukmbardár.
54 We log páwenge apná haqq duhrá is par,
ki ṭhahre hain, aur bhaláí dete hain buráí ke
jawáb men aur hamárá diyá kuchh kharch kar-
te hain.
55 Aur jab sunen nikammí báten, us se ka-
nára pakren aur kahen, Ham ko hamáre kám,
aur tum ko tumháre kám; salámat raho; ham
ko nahín cháhen be samajh.
56 Tú ráh par nahín látá jis ko cháhe, par
Alláh ráh par láwe jis ko cháhe, aur wuhí khúb
jántá hai jo ráh par áwenge.
57 Aur kahne lage, Agar ham ráh pakren

tere sáth, uchke jáweṉ apne mulk se; kyá ham ne jagah nahíṉ dí un ko adab ke makán meṉ panáh kí, khainche áte haiṉ us taraf mewe har chíz ke, rozí hamárí taraf se? par bahut un meṉ samajh nahíṉ rakhte.

58 Aur kittí khapá díṉ ham ne bastíáṉ, jo itrá chalí thíṉ apní guzrán meṉ; ab yih haiṉ un ke ghar, baste nahíṉ un ke píchhe magar thoṛe; aur ham haiṉ ákhir sab lenewále.

59 Aur terá Rabb nahíṉ khapánewálá bastíoṉ ko, jab tak na bhej le un kí baṛí bastí meṉ kisí ko paigám dekar, jo suná de un ko hamárí báteṉ; aur ham nahíṉ khapánewále bastíoṉ ko, magar jab wahán ke log gunahgár hoṉ.

60 Aur jo tum ko milí hai koí chíz, so baratná hai dunyá ke jíte, aur yaháṉ kí raunaq; aur jo Alláh ke pás hai, so bihtar aur rahnewálá; kyá tum ko bújh nahíṉ?

(7 *R.*) 61 Bhalá, ek shakhs jo ham ne wạda diyá hai us ko achchá wạda, so wuh us ko pánewálá hai, barábar hai us ke jis ko ham ne baratwá liyá baratná dunyá ke jíte, phir wuh qiyámat ke din pakṛá áyá.

62 Aur jis din un ko pukáregá, to kahegá, Kaháṉ haiṉ mere sharík, jin ká tum dạwá karte the?

63 Bole jin par sábit húí bát, Ai Rabb, ye log haiṉ jin ko ham ne bahkáyá, un ko bahkáyá jaise ham áp bahke; ham munkir húe tere áge, we ham ko na pújte the.

64 Aur kahenge pukáro apne sharíkoṉ ko; phir pukárenge, to we jawáb na denge un ko, aur dekhenge azáb kisí tarah we ráh páe hote.

65 Aur jis din un ko pukáregá, to kahegá, Kyá jawáb kahá tum ne paigám pahunchánewáloṉ ko?

66 Phir, band ho gaíṉ un par báteṉ us din,
so ápas meṉ bhí nahíṉ púchhte.
67 So jis ne tauba kí, aur yaqín láyá, aur kí
bhaláí, so ummed hai ki howe chhúṭnewáloṉ
meṉ.
68 Aur terá Rabb paidá kartá hai jo cháhe,
aur pasand kare un ke háth nahíṉ pasand; Alláh
nirálá hai, aur bahut úpar hai is se ki sharík
batáte haiṉ.
69 Aur terá Rabb jántá hai jo chhip rahá
hai un ke sínoṉ meṉ, aur jo jatáte haiṉ.
70 Aur wuhí Alláh hai, kisí kí bandagí
nahíṉ us ke siwáe, usí kí taríf hai pahle meṉ,
aur pichhle meṉ, aur usí ke háth hukm hai,
aur usí pás phere jáoge.
71 Tú kah, Dekho to, agar Alláh rakh de
tum par rát hamesha ko qiyámat ke din tak,
kaun hákim hai Alláh ke siwáe, ki láwe tum
ko kahíṉ roshní? phir kyá tum sunte nahíṉ?
72 Tú kah, Dekho to, agar rakh de Alláh
tum par din hamesha ko qiyámat ke din tak,
kaun hákim hai Alláh ke siwáe, ki láwe tum
ko rát, jis meṉ chain pakṛo? kyá tum nahíṉ
dekhte?
73 Aur apní mihr se baná diyá tum ko rát
aur din, ki us meṉ chain bhí pakṛo, aur talásh
bhí karo kuchh us ká fazl, aur sháyad tum shukr
karo.
74 Aur jis din un ko pukáregá, to kahegá,
Kaháṉ haiṉ mere sharík jin ká tum dạwá karte
the?
75 Aur judá karenge ham har firqe meṉ se
ek ahwál batánewálá; phir kahenge, Láo apní
sanad; tab jánege ki sach bát hai Alláh kí, aur
khoí gaíṉ un se, jo báteṉ we joṛte the.
(8 *R.*) 76 Qárún jo thá, so Músá kí qaum se;

phir sharárat karne lagá un par, aur ham ne diye the us ko ḳhazáne itte, ki us kí kunjíoṉ se thakte kaí mard zoráwar, jab kahá us ko us kí qaum ne, Itrá mat, Alláh ko nahíṉ bháte itránewále.

77 Aur jo tujh ko Alláh ne diyá us se paidá kar pichhlá ghar, aur na bhúl apná hissa dunyá se, aur bhaláí kar jaise Alláh ne bhaláí kí tujh se, aur na cháh ḳharábí ḍální mulk meṉ; Alláh ko nahíṉ bháte ḳharábí ḍálnewále.

78 Bolá, Yih to mujh ko milá hai ek hunar se jo mere pás hai; kyá yih na jáná ki Alláh khapá chuká hai us se pahle kittí sangateṉ, jo us se ziyáda rakhte the zor, aur ziyáda mál kí jamạ, aur púchhe na jáeṉ gunahgároṉ se un ke gunáh?

79 Phir niklá apní qaum ke sámhne apní tayárí se, kahne lage jo tálib the dunyá kí zindagí ke, Ai, kisí tarah ham ko mile jaisá kuchh milá hai Qárún ko; beshakk us kí baṛí qismat hai.

80 Aur bole jin ko milí thí bújh, Ai ḳharábí tumhárí, Alláh ká diyá sawáb bihtar hai un ko jo yaqín láe, aur kiyá bhalá kám, aur yih bát unhíṉ ke dil meṉ paṛtí hai, jo sahnewále haiṉ.

81 Phir dhasá diyá ham ne us ko aur us ke ghar ko zamín meṉ; phir na húí us kí koí jamáạt jo madad kartí us kí Alláh ke siwáe, aur na wuh madad lá saká.

82 Aur fajr ko lage kahne jo kal shám manáte the us ká sá darja, Are ḳharábí, yih to Alláh kholtá hai rozí jis ko cháhe apne bandoṉ meṉ, aur roktá hai, agar na ihsán kartá ham par Alláh, to ham ko dhasá detá; are ḳharábí, yih to bhalá nahíṉ páte munkir.

(9 *R.*) 83 Wuh ghar pichhlá hai; ham denge

wuh un ko jo nahíṉ cháhte charhná mulk meṉ,
aur na bigáṛ ḍálná, aur áḳhir bhalá hai ḍarwá-
loṉ ká.
84 Jo koí láyá bhaláí, us ko miltá hai bih-
tar us se, aur jo koí láyá buráí, so buráíáṉ kar-
newále wuhí sazá páwenge jo karte the.
85 Jis shaḳhs ne hukm bhejá tujh par Qu-
rán ká, wuh bihtar lánewálá hai tujh ko pahlí
jagah; tú kah, Merá Rabb ḳhúb jántá hai kaun
láyá hai ráh kí sújh, aur kaun paṛá hai saríh
bhaṭkáwe meṉ.
86 Aur tú tawaqqu na rakhtá thá, ki utárí já-
we tujh par kitáb, magar mihr hokar tere Rabb
kí taraf se, so tú na ho madadgár káfiroṉ ká.
87 Aur na ho ki we tujh ko rok deṉ Alláh
ke hukmoṉ se, jab utar chuke terí taraf, aur
bulá apne Rabb kí taraf, aur na ho sharík wá-
loṉ meṉ.
88 Aur mat pukár Alláh ke siwáe aur há-
kim; kisí kí bandagí nahíṉ us ke siwáe; har
chíz faná hai, magar us ká muṉh, usí ká hukm
hai, aur usí kí taraf phir jáoge.

SURA I ANKABUT.

Makke meṉ názil húí; 69 áyat kí hai.

BISMI-L-LÁ HI-R-RAHMÁ NI-R-RAHÍM.

SULS. (1 *R.*) 1 A. L. M. Kyá yih samajhte
haiṉ log, ki chhúṭ jáwenge itná kah kar, ki
Ham ímán láe, aur un ko jánch na lenge?
2 Aur ham ne jánchá hai un ko, jo un se
pahle the; so albatta malúm karegá Alláh jo
log sachche haiṉ, aur albatta malúm karegá
jhúṭhe.
3 Kyá yih samajhe haiṉ jo log karte haiṉ

buráíán? ham se charh jáwen, burí bát chukáte hain.

4 Jo koí tawaqqu rakhtá ho Alláh kí muláqát kí, so Alláh ká wada átá hai, aur wuh hai suntá jántá.

5 Aur jo koí mihnat uṭháwe, so uṭhátá hai apne hí wáste; Alláh ko parwá nahín jahánwálon kí.

6 Aur jo log yaqín láe, aur kiye bhale kám, ham utárenge un se buráíán un kí, aur badlá denge bihtar se bihtar kámon ká.

7 Aur ham ne taqaiyud kar diyá insán ko apne má báp se bhale rahná, aur agar we tujh se zor karen, ki tú sharík pakar merá jis kí tujh ko khabar nahín, to un ká kahá na mán, mujhí tak pher áná hai tum ko, so main jatá dúngá tum ko jo tum karte the.

8 Aur jo log yaqín láe aur bhale kám kiye, ham un ko dákhil karenge nek logon men.

9 Aur ek log hain ki kahte hain, Yaqín ham láe Alláh par; phir jab us ko ízá pahunche Alláh ke wáste, ṭhahráwe logon ká satáná barábar Alláh kí már ke; aur agar á pahunchí madad tere Rabb kí taraf se, kahne lagen, Ham to tumháre sáth the; kyá yún nahín Alláh khúb khabardár hai jo kuchh jíon men hai jahán wálon ke?

10 Aur albatta malúm karegá Alláh jo log yaqín láe hain, aur albatta malúm karegá jo log dagábáz hain.

11 Aur kahne lage munkir ímánwálon ko, Tum chalo hamárí ráh, aur ham uṭhá len tumháre gunáh, aur we kuchh na uṭháwenge un ke gunáh, we jhúṭhe hain.

12 Aur albatta uṭháwenge apne bojh, aur kitte bojh sáth apne bojh ke, aur albatta un

se púchh hogí qiyámat ke din, jo báteṉ jhúṭh banáte the.

(2 *R.*) 13 Aur ham ne bhejá Núh ko us kí qaum pás; phir rahá un meṉ hazár baras pachás baras kam; phir pakṛá un ko túfán ne, aur we gunahgár the.

14 Phir bachá diyá ham ne us ko, aur jaház-wáloṉ ko, aur rakhá ham ne jaház nishání jahánwáloṉ ko.

15 Aur Ibráhím ko jab kahá apní qaum ko, Bandagí karo Alláh kí, aur us ká ḍar rakho, yih bihtar hai tum ko agar tum samajh rakhte ho.

16 Tum jo pújte ho Alláh ke siwáe, yihí butoṉ ke thán, aur banáte ho jhúṭhí báteṉ, beshakk jin ko pújte ho Alláh ke siwáe málik nahíṉ tumhárí rozí ke; so tum ḍhúnḍho Alláh ke yaháṉ rozí, aur us kí bandagí karo, aur us ká haqq máno; usí kí taraf phir jáoge.

17 Aur agar tum jhuṭhláoge, to juṭhlá chuke haiṉ bahut firqe tum se pahle, aur rasúl ká zimma yihí hai, pahunchá dená kholkar.

18 Kyá dekhte nahíṉ kyúnkar shurú kartá hai Alláh paidáish ko? phir us ko duhráwegá; yih Alláh par ásán hai.

19 Tú kah, Mulk meṉ phiro, phir dekho, kyúnkar shurú kí hai paidáish, phir Alláh uṭháwegá pichhlá uṭhán; beshakk Alláh har chíz kar saktá hai.

20 Dukh degá jis ko cháhe, aur rahm karegá jis par cháhe, aur usí kí taraf phir jáoge.

21 Aur tum ájiz karnewále nahíṉ zamín meṉ, na ásmán meṉ, aur koí nahíṉ tumhárá Alláh se ware himáyatí, na madadgár.

(3 *R.*) 22 Aur jo log munkir húí Alláh kí bátoṉ se, aur us ke milne se, we ná ummed húe merí mihr se, aur un ko dukh kí már hai.

23 Phir, kuchh jawáb na thá us kí qaum ká, magar yihí ki bole, Us ko már ḍálo, yá jalá do; phir us ko bachá diyá Alláh ne ág se; is meṉ baṛe pate haiṉ un logoṉ ko jo yaqín láte haiṉ.

24 Aur bolá, Jo ṭhahráe haiṉ tum ne Alláh ke siwáe butoṉ ke thán, so dostí kar kar ápas meṉ dunyá kí zindagí meṉ, phir din qiyámat ke munkir ho jáoge ek se ek, aur phiṭkároge ek ko ek, aur ṭhikáná tumhárá ág hai, aur koí nahíṉ tumhárá madadgár.

25 Phir máná us ko Lút ne, aur bolá, Maiṉ watan chhoṛtá húṉ apne Rabb kí taraf, beshakk wuhí hai zabardast hikmatwálá.

26 Aur diyá ham ne us ko Isháq, aur Yaqúb, aur rakhí us kí aulád meṉ paigambarí, aur kitáb, aur diyá ham ne us ko us ká neg dunyá meṉ, aur wuh ákhirat meṉ nekoṉ se hai.

27 Aur bhejá Lút ko, jab kahá apní qaum ko, Tum áte ho behayáí ke kám par, tum se pahle nahíṉ kiyá wuh kisí ne jahán meṉ.

28 Kyá tum dauṛte ho mardoṉ par, aur ráh márte ho, aur karte ho apní majlis meṉ burá kám? Phir kuchh jawáb na thá us kí qaum ká, magar yihí, ki bole, Le á ham par áfat Alláh kí, agar tú sachchá hai.

29 Bolá, Ai Rabb, merí madad kar in sharír logoṉ par.

(4 R.) 30 Aur jab pahunche hamáre bheje Ibráhím pás khushkhabarí lekar, bole, Ham ko khapá dení hai yih bastí, beshakk us ke log ho rahe haiṉ gunahgár.

31 Bolá, Us meṉ Lút hai; we bole, Ham ko khúb malúm hai jo koí us meṉ hai; ham bachá lenge us ko, aur us ke gharwáloṉ ko, magar us kí aurat rahe rah jánewáloṉ meṉ.

32 Aur jab pahunche hamáre bheje Lút

páe, nákhush búá un ko dekh kar, aur khafá búá dil se, aur we bole, Tú na ḍar, aur gam na khá, ham bachá denge tujh ko, aur tere ghar ko, magar terí aurat rah gaí rahnewálon men.

33 Ham ko utární hai is bastíwálon par ek áfat ásmán se, is par ki ye behukm ho rahe the.

34 Aur chhoṛ rakhá ham ne us ká nishán, nazar átá bújhte logon ko.

35 Aur bheja Madyan pás us ká bháí Shuaib; phir bole, Ai qaum, bandagí karo Alláh kí, aur tawaqqú rakho pichhle din kí, aur mat phiro zamín men kharábí macháte.

36 Phir, us ko jhuṭhláyá, to pakṛá un ko bhaunchál ne subh ko, rah gae apne gharon men aundhe paṛe.

37 Aur Ád ko, aur Samúd ko, aur tum par khul chuká hai un ke gharon se, aur rijháyá un ko Shaitán ne un ke kámon par, phir rok diyá un ko ráh se, aur the hoshyár.

38 Aur Qárún aur Firaun, aur Hámán ko, aur un pás pahuncha Músá khule nishán lekar; phir baṛáí karne lage mulk men, aur na the chír jánewále.

39 Phir, sab ko pakṛá ham ne apne apne gunáh par, phir koí thá ki us par bhejá pathráo báo se, aur koí thá ki us ko pakṛá chinghár ne, aur koí thá ki us ko dhasá diyá ham ne zamín men, aur koí thá ki us ko ḍubá diyá; aur Alláh aisá na thá ki un par zulm kare, par the we apná áp burá karte.

40 Kabáwat un kí jinhon ne pakṛe Alláh ko chhoṛkar aur himáyatí, jaise kahávat makṛí kí, banáyá us ne ek ghar, aur sab gharon men bodá so makṛí ká ghar, agar un ko samajh hotí.

41 Alláh jántá hai jis jis ko we pukárte hain,

us ke siwáe koí chíz ho, aur wuh zabardast hai hikmatonwálá.

42 Aur ye kahákwaten baithâte hain ham logon ke wáste, aur un ko búјhte hain, wuhí jin ko samajh hai.

43 Alláh ne banáye ásmán aur zamín jaise cháhen, us men patá hai yaqín lánewálon ko.

IKKISWAN SIPARA. (5 R.) 44

Tú parh jo utrí terí taraf kitáb, aur kharí rakh namáz, beshakk namáz roktí hai behayáí se, aur burí bát se, aur Alláh kí yád hai sab se barí, aur Alláh ko khabar hai jo karte ho.

45 Aur jhagrá na karo kitábwálon se, magar is tarah par jo bihtar ho, magar jo un men beinsáf hain; aur yún kaho, ki Ham mánte hain jo utará ham ko, aur utará tum ko, aur bandagí hamárí tumhárí ek ko hai, aur ham usí ke hukm par hain.

46 Aur waisí hí ham ne utárí tujh par kitáb, so jin ko ham ne kitáb dí hai we us ko mánte hain; aur un logon men bhí baze hain, ki us ko mánte hain; aur munkir wuhí hain hamárí báton se, jo behukm hain.

47 Aur tú parhtá na thá is se pahle koí kitáb, aur na likhtá thá apne dahine háth se, to albatta shubha kháte ye jhúthe.

48 Balki yih Qurán áyaten hain sáf síne men un ke, jin ko milí hai samajh, aur munkir nahín hamárí báton se, magar wuhí jo beinsáf hain.

49 Aur kahte hain, Kyún na utrín is par nishánián is ke Rabb se? tú kah, Nishánián to hain ikhtiyár men Alláh ke, aur main to yihí sunánewálá hún kholkar.

50 Kyá un ko bas nahín ki ham ne tujh par utárí kitáb, ki un par parhí játí hai; beshakk

is meṉ mihr hai, aur samajháná un logoṉ ko jo mánte haiṉ

(6 *R.*) 51 Tú kah, Bas hai Alláh mere tumháre bích gawáh;

52 Jántá hai jo kuchh hai ásmán zamín meṉ; aur jo log yaqín láe haiṉ jhúṭh par, aur munkir húe haiṉ Alláh se, unhíṉ ká burá hotá hai.

53 Aur shitáb mángte haiṉ tujh se áfat, aur agar na hotá ek wada ṭhahr rahá, to á pahunchtí un par áfat, aur áwegí un par achának, aur un ko ḳhabar na hogí.

54 Shitáb mángte haiṉ tujh se ạzáb, aur dozaḳh gher rahí hai munkiroṉ ko.

55 Jis din gher legá un ko ạzáb un ke úpar se, aur páoṉ ke níche se, aur kahegá, Chakho jaisá kuchh karte the.

56 Ai bando mere, jo yaqín láe ho, merí zamín kusháda hai, tú mujhí ko bandagí karo.

57 Jo jí hai, so chakhegá maut, phir hamárí taraf phir áoge.

58 Aur jo log yaqín láe, aur kiye bhale kám, un ko ham jagah denge bihisht meṉ jharokhe, níche bahtí nahreṉ, sadá raheṉ un meṉ, ḳhúb neg hai kámwáloṉ ko,

59 Jo ṭhahre haiṉ aur apne Rabb par bharosá rakhá.

60 Aur kitte jánwar haiṉ, jo uṭhá nahíṉ rakhte apní rozí; Alláh rozí detá hai un ko aur tum ko, aur wuhí hai suntá jántá.

61 Aur jo tú logoṉ se púchhe, kin ne banáye ásmán aur zamín aur kám lagáe súraj aur chánd? to kaheṉ, Alláh; phir kaháṉ se ulaṭ játe haiṉ?

62 Alláh phailátá hai rozí jis ke wáste cháhe apne bandoṉ meṉ, aur máp kar detá hai jis ko cháhe; beshakk Alláh har chíz se ḳhabardár hai.

63 Aur jo tú púchhe un se, Kis ne utárá ásmán se pání, phir jilá diyá us se zamín ko us ke mare píchhe? to kahen, Alláh ne; tú kah, Sab khúbí Alláh ko hai, phir bahut log nahín bújhte.

(7 *R.*) 64 Aur yih dunyá ká jíná to yihí hai jí bahláná, aur khelná; aur pichhlá ghar jo hai, so wuhí hai jíná, agar ye samajh rakhte.

65 Phir, jab sawár húe kishtí men pukárne lage Alláh ko, nire usí par rakh kar níyat, phir jab bachá láyá un ko zamín kí taraf, usí waqt lage sharík pakarne.

66 Mukarte rahen hamáre diye se, aur baratte rahen, ab áge ján lenge.

67 Kyá nahín dekhte, ki ham ne rakh dí hai panáh kí jagah aman kí, aur log uchke játe hain un ke áspás se? kyá jhúṭh par yaqín rakhte hain, aur Alláh ká ihsán nahín mánte?

68 Aur is se beinsáf kaun, jo bándhe Alláh par jhúṭh, yá jhuṭhláwe sachchí bát ko, jab us tak pahunche? kyá dozakh men basne ko jagah nahín munkiron ko?

69 Aur jinhon ne mihnat kí hamáre wáste, ham samjháenge un ko apní ráhen; aur beshakk Alláh sáth hai nekíwálon ke.

SURA I RUM.

Makke men názil húí; 60 *áyat kí hai.*

BISMI-L-LÁHI-R-RAHMÁNI-R-RAHÍM.

(1 *R.*) A. L. M. Dab gae hain Rúm,

2 Lagte mulk men, aur we is dabne píchhe ab gálib honge,

3 Kaí baras men, Alláh ke háth hai kám pahle

aur pichhe, aur us din khush honge musalmán,

4 Alláh kí madad se, madad kar de jis kí chábe, aur wuhí hai zabardast rahmwálá.

5 Alláh ká wada húá, khiláf na karegá Alláh apná wada, lekin bahut log nahíṇ jánte.

6 Jánte haiṇ úpar úpar dunyá ká jíná, aur we log ákhirat se khabar nahíṇ rakhte.

7 Kyá dhiyán nahíṇ karte apne jí meṇ? Alláh ne banáe ásmán zamín aur jo un ke bích hai, so thík sádhkar, aur thahre wade par, aur bahut log apne Rabb ká milná nahíṇ mánte.

8 Kyá phere nahíṇ mulk meṇ jo dekheṇ ákhir kaisá húá un se agloṇ ká? ziyáda the un se zor meṇ, aur zamín uṭháí, aur basáí un ke basáne se ziyáda, aur pahunche un pás rasúl un ke khule hukm lekar, aur Alláh na thá un par zulm karnewálá, lekin we apná áp burá karte the.

Phir húá ákhir burá karnewáloṇ ká burá us par ki jhuṭhláíṇ báteṇ Alláh kí, aur un par thaṭṭhe karte the.

(2 R.) 10 Alláh banátá hai pahlí bár, phir us ko duhráwegá, phir us kí taraf phir jáoge.

11 Aur jis din uṭhegí qiyámat, ás ṭúṭe rah jáwenge gunahgár,

12 Aur na honge in ke sharíkoṇ meṇ koí un ke sifárishwále, aur yih ho jáwenge apne sharíkoṇ se munkir.

13 Aur jis din uṭhegí qiyámat, us din log bhánt bhánt honge.

14 So jo log yaqín láe, aur kiye bhale kám, we bág meṇ haiṇ, un kí áobhagat hotí hai.

15 Aur jo munkir húe, aur jhuṭhláíṇ hamárí báteṇ, aur milná pichhle ghar ká, so santáp meṇ pakṛe áe haiṇ.

16 So pák Alláh kí yád hai jab shám karo, aur subh karo.

17 Aur us kí k̲h̲úbí hai ásmán o zamín meṇ, aur pichhle waqt, aur jab do pahar ho.

18 Nikáltá hai jítá murde se, aur nikáltá hai murda jíte se, aur jilátá hai zamín ko us ke mare píchhe, aur isí tarah tum nikále jáoge.

19 Aur us kí nisháníoṇ se yih ki tum ko banáyá miṭṭí se, phir ab tum insán ho phail paṛe.

(3 R.) 20 Aur us kí nisháníoṇ se yih, ki baná diye tum ko tumhárí qism se ki joṛe, ki chain pakṛo un ke pás, aur rakbá tumháre bích piyár aur mihr; is meṇ bahut pate haiṇ un ko, jo dhiyán karte haiṇ.

21 Aur us kí nisháníoṇ se ek ásmán zamín ká banáná, aur bhánt bhánt bolíáṇ tumhárí, aur raṇg; is meṇ bahut pate haiṇ bújhne-wáloṇ ko.

22 Aur us kí nisháníoṇ se hai tumhárá soná rát meṇ, aur din meṇ, aur talásh karná us ke fazl se; is meṇ bahut pate haiṇ un ko, jo sunte haiṇ.

23 Aur us kí nisháníoṇ se yih, ki dikhátá hai tum ko bijlí ḍar aur ummed ke liye, aur utártá hai ásmán se pání, phir jilátá hai us se zamín ko mar gae píchhe; is meṇ bahut pate haiṇ un ko jo bújhte haiṇ.

24 Aur us kí nisháníoṇ se yih, ki khaṛá hai ásmán zamín us ke hukm se, phir jab pukáregá tum ko ek bár zamín se, tab hí tum nikal paṛoge.

25 Aur us ke haiṇ jo koí haiṇ ásmán o zamín meṇ, sab us ke hukm ke tábi haiṇ.

26 Aur wuhí hai jo pahlí bár banátá hai, phir us ko dubráwegá, aur wuh ásán hai us par, aur us kí kaháwat sab se úpar ásmán zamín meṇ, aur wuh hai zabardast hikmatoṇwálá.

RUBA. (4 *R.*) 27 Banáí tumháre liye ek kaháwat tumháre andar se, tumháre jo háth ke mál haiṉ, un meṉ hai koí sájhí tumhárá hamárí dí rozí meṉ, ki tum sab us meṉ barábar ho, ḳhatra rakho un ká jaise ḳhatra rakho apnoṉ ká; yúṉ kholte haiṉ ham pate un logoṉ ko, jo bújhte haiṉ.

28 Balki chale haiṉ ye beinsáf apní cháo par bin samajhe, so kaun samajháwe jis ko Alláh ne bahkáyá? aur koí nahíṉ un ke madadgár.

29 So tú sídhá rakh apná muṉh dín par ek taraf ká ho, wuhí tarásh Alláh kí, jis par taráshá logoṉ ko, badalná nahíṉ Alláh ke banáe ko; yihí hai dín sídhá, lekin bahut log nahíṉ samajhte.

30 Sab rujú hokar us kí taraf, aur usí se ḍarte raho, aur kharí rakho namáz, aur mat ho sharíkwáloṉ meṉ.

31 Na ho un meṉ, jinhoṉ ne phúṭ ḍálí apne dín meṉ, aur ho gae bahut jathe, har firqa, jo apne pás hai, us par ríjh rahe.

32 Aur jab lage logoṉ ko kuchh saḳhtí, pukáreṉ apne Rabb ko us kí taraf rujú hokar; phir jaháṉ chakháí un ko apní taraf se kuchh mihr, tabhí ek log un meṉ apne Rabb ká sharík lage batáne.

33 Ki munkir ho jáweṉ hamáre diye se; so kám chalá lo, ab áge ján loge.

34 Kyá ham ne un par utárí hai koí sanad? so wuh boltí hai, jo yih sharík batáte haiṉ.

35 Aur jab chakháweṉ ham logoṉ ko kuchh mihr, is par ríjhne lageṉ, aur agar á paṛe un par kuchh buráí apne háthoṉ ke bheje par, tabhí ás toṛ deweṉ.

36 Kyá nahíṉ dekh chuke, ki Alláh philátá hai rozí jis par cháhe, aur máp kar detá hai? is

men pate hain un logon ko, jo yaqín rakhte hain.
37 So tú de nátewále ko us ká haqq, aur
muhtáj ko, aur musáfir ko; yih bihtar bát hai
un ko, jo log cháhte hain Alláh ká munh, aur
wuhí hai jin ká bhalá hai.
38 Aur jo dete ho biyáj par, ki barhtá rahe
logon ke mál men, wuh nahín barhtá Alláh ke
yahán; aur jo dete ho pák dil se cháh kar munh
Alláh ká, so wuhí hain jin ke dúne ho gae.
39 Alláh wuh hai, jis ne tum ko banáyá,
phir tum ko rozí dí, phir tum ko mártá hai,
phir tum ko jiláwegá. Koí hai tumháre sharí-
kon men, jo kar sake in kámon men ek? wuh
nirálá hai, aur bahut úpar hai us se, jo sharík
batáte hain.
40 Khul parí hai kharábí jangal men aur
daryá men logon ke háth kí kamáí se; chakhá-
yá cháhiye un ko kuchh maza un ke kám ká,
ki sháyad we phir áwen.
41 Tú kah, Phiro mulk men, to dekho, ákhir
kaisá húá pahlon ká; bahut un men the sharík-
wále.
42 So tú sídhá kar apná munh sídhí ráh par
is se pahle ki á pahunche ek din, jis ko phir-
ná nahín Alláh kí taraf se; us din log judá
judá honge.
43 Jo munkir húá, so us par pare us ká
munkir honá; aur jo karen bhale kám, so apní
ráh sanwárte hain.
44 Ki wuh badlá de un ko, jo yaqín láe, aur
bhale kám kiye, apne fazl se; beshakk us ko
nahín bháte inkárwále.
45 Aur us kí nisháníon men ek yih, ki
chalátá hai báwen khushkhabarí lánewálí, aur
tá chakháwe tum ko kuchh maza apní mihr
ká, aur tá chalen jaház us ke hukm se, aur tá

talásh karo us ke fazl se; aur sháyad tum haqq máno.

46 Aur ham bhej chuke hain tujh se pahle kitte rasúl apní apní qaum pás, phir áe un pás pate lekar, phir badlá liyá ham ne is se, jo gunahgár the; aur haqq hai ham par madad ímánwálon kí.

47 Alláh, jo chalátá hai báwen, phir ubhártíán hain badlí, phir phailátá hai us ko ásmán men, jis tarah cháhe, aur rakhtá hai us ko tah par tah; phir, tú dekhe menh nikaltá us ke bích se, phir jab us ko pahuncháyá jis ko cháhe apne bandon men, tabhí we lage khushíán karne.

48 Aur pahle ho rahe the us ke utarne se pahle hí náummaid.

49 So dekh, Alláh kí mihr ke nishán, kyúnkar jilátá hai zamín ko us ke mare píchhe; beshakk wuhí murde jilánewálá, aur wuh har chíz kar saktá hai.

50 Aur agar ham bhejen ek báo, phir dekhen we khetí zard par gaí, to lage is píchhe náshukrí karne.

51 So tú suná nahín saktá murdon ko, aur nahín suná saktá bahron ko pukárná jab phiren píṭh dekar.

52 Aur na tú ráh sujháwe andhon ko un ke bhaṭakne se; to tú sunáwe us ko, jo yaqín máne hamárí báten; so we musulmán hote hain.

(3 *R.*) 53 Alláh hai, jis ne banáyá hai tum ko kamzorí se, phir diyá kamzorí píchhe zor, phir dí zor píchhe kamzorí aur sufed bál; banátá hai jo cháhe, aur wuh sab jántá hai, kar saktá.

54 Aur jis din uṭhegí qiyámat, qasmen kháwenge gunahgár,

55 Ki ham nahíṇ rahe ek gharíse ziyáda; isí tarah the ulṭe játe.

56 Aur kahenge jin ko milí samajh aur yaqín, Tumhárá ṭhahráo thá Alláh ke likhe meṇ jí uṭhne ke din tak; so yih hai jí uṭhne ká din, par tum na the jánte.

57 So us din kám na áwegí un gunahgároṇ ko taqsír baḵhshwání, aur na koí un se maná-ná cháhe.

58 Aur ham ne paiṭháíṇ hai is Qurán meṇ har tarah ki kaháwat; aur jo tú láwe un pás áyat, to muqarrar kaheṇ we munkir, Tum sab jhúṭh banáte ho.

59 Yúṇ muhr kartá hai Alláh un ke diloṇ par, jo samajh nahíṇ rakhte.

60 So tú ṭhahrá rah; beshakk Alláh ká waḍa thík hai, aur uchhál na deṇ tujh ko jo yaqín nahíṇ láte.

SURA I LUQMAN.

Makke meṇ názil húí ; 84 áyat kí hai.

Bismi-l-lá hi-r-rahmá ni-r-rahím.

(1 R.)   1 A. L. M. Yih báteṇ haiṇ pakkí kitáb kí,

2 Sújh aur mihr nekíwáloṇ ko,

3 Jo kharí rakhte haiṇ namáz, aur dete haiṇ zakát, aur we haiṇ jo áḵhirat ko we yaqín karte haiṇ.

4 We haiṇ sújh par apne Rabb kí taraf se, aur we haiṇ jin ká bhalá hai.

5 Aur ek log haiṇ ki ḵharídár haiṇ khel kí bátoṇ ke, tá bichláweṇ Alláh kí ráh se bin samajhe, aur ṭhahráweṇ us ko hansí; we jo haiṇ, un ko zillat kí már hai.

6 Aur jab sunáiye us ko hamárí báten, píṭh de jáwe gurúr se, goyá un ko suná bí nahín, goyá us ke do kán bahre hain; so tú ḳhush-ḳhabrí de us ko dukhwálí már kí.

7 Jo log yaqín láe aur kiye bhale kám, un ko hain nimat ke bág.

8 Rahá karen un men; wada ho chuká Alláh ká sachchá; aur wuh zabardast hai, hikmatonwálá.

9 Banáe ásmán bin ṭeke, use dekhte ho, aur ḍále zamín par bojh, ki tum ko lekar jhuk na paṛe; aur bikhere us men sab tarah ke jánwar; aur utárá ham ne ásmán se pání, phir ugáe zamín men har qism ke joṛe ḳhásse.

10 Yih kuchh banáyá hai Alláh ká; ab dikháo mujh ko kyá banáyá hai auron ne, jo us ke siwáe hain; koí nahín, beinsáf saríh bhaṭakte hain.

11 Aur ham ne dí hai Luqmán ko aqlmandí, ki haqq mán Alláh ká; aur jo koí haqq mánegá, to mánegá apne bhale ko; aur jo koí munkir hogá, to Alláh beparwá hai, sab ḳhúbíon saráhá.

12 Aur jab kahá Luqmán ne apne beṭe ko, jab us ko samjháne lagá, Ai beṭe, sharík na ṭhahráiyo Alláh ká; beshakk sharík banáná baṛí beinsáfí hai.

13 Aur ham ne taqaiyud kiyá insán ko us ke má báp ke wáste; peṭ men rakhá us ko us kí má ne thak thak, aur dúdh chhuṛáná us ká hai do baras men, ki haqq mán merá aur apne má báp ká; áḳhir mujhí tak áná hai.

NISF. (2 *R.*) 14 Aur agar we donon tujh se aṛen is par, ki sharík mán merá, Jo tujh ko malúm nahín, to un ká kahná na mán, aur sáth de un ká dunyá men dastúr se, aur ráh chal us kí jo rujú húá merí taraf; phir merí taraf hai tum ko phir áná; phir main jatá dúngá tum ko jo kuchh tum karte the.

15 Ai beṭe, agar koí chíz howe barábar ráí ke dáne ke, phir rahí ho kisí patthar men, yá ásmánon men, yá zamín men, lá házir kare us ko Alláh; beshakk Alláh chhipe jántá hai khabardár.

16 Ai beṭe, khaṛí rakh namáz, aur sikhlá bhalí bát, aur mana kar buráí se, aur sahár jo tujh par paṛe; beshakk ye hain hikmat ke kám.

17 Aur apne gál na phailá logon kí taraf, aur mat chal zamín par itrátá; beshakk Alláh ko nahín bhátá koí itrátá buráián karnewálá.

18 Aur chal bích kí chál, aur níchí kar apní áwáz; beshakk burí se burí áwáz gadhon kí áwáz hai.

(8 *R.*) 19 Kyá tum ne nahín dekhá, ki Alláh ne kám lagáe tumháre jo kuchh hain ásmán o zamín men, aur bhar dín tum ko apní nimaten khulí aur chhipí? Aur ek ádmí we hain, jo jhagaṛte hain Alláh kí bát men, na samajh rakhen, na sújh, na kitáb chamaktí.

20 Aur jab un ko kahiye, Chalo us hukm par, jo utárá Alláh ne; kahen, Nahín, ham to chalenge us par, jis par páyá ham ne apne báp dádon ko; bhalá, aur jo Shaitán bulátá ho un ko dozakh ke azáb kí taraf, taubhí?

21 Aur jo koí tábi kare apná munh Alláh kí taraf, aur wuh ho nekí par, so us ne gahkar muhkam pakṛá, aur Alláh kí taraf ákhir har kám ká.

22 Aur jo koí munkir ho, to tú gam na khá us ke inkár se; hamáre yahán phir áná hai un ko, phir ham jatá denge un ko jo

unhoṇ ne kiyá hai ; muqarrar Alláh jántá hai jo
bát hai jíoṇ meṇ.

23 Kám chaláwenge ham un ká thoṛe din ;
phir pakaṛ buláwenge un ko gáṛhí már kí taraf.

24 Aur jo tú púchhe un se, Kis ne banáe
ásmán o zamín ? to kaheṇ, Alláh ne ; tú kah,
Sab khúbí Alláh ko hai, par bahut log we
samajh nahíṇ rakhte.

25 Alláh ká hai jo kuchh hai ásmán o za-
mín meṇ ; beshakk Alláh hí hai be parwá,
sab khúbíoṇ saráhá.

26 Aur agar jitne darakht haiṇ zamín meṇ
qalam hoṇ, aur samundar us kí siyáhí, us ke
píchhe sát samundar, na nibareṇ báteṇ Alláh
kí ; beshakk Alláh zabardast hai, hikmatoṇ-
wálá.

27 Tum sab ká banáná, aur mare par jiláná
wuhí jaisá ek jí ká ; beshakk Alláh suntá hai
dekhtá.

28 Tú ne nahíṇ dekhá, ki Alláh paiṭhátá
hai rát ko din meṇ, aur paiṭhátá hai din ko
rát meṇ, aur kám meṇ lagáe haiṇ súraj aur
chánd ; har ek chaltá hai ek ṭhahre húe waḍe
tak ; aur yih ki Alláh khabar rakhtá hai jo
karte ho ?

29 Yih is par kahí ki Alláh, wuhí ṭhík hai,
aur jo pukárte haiṇ us ke siwáe sohí jhúṭh
hai ; aur Alláh wuhí hai sab se úpar baṛá.

(4 R.) 30 Tú ne na dekhá, ki jaház chalte
haiṇ samundar meṇ Alláh kí nimat lekar ki
dikháwe tum ko kuchh apní qudrateṇ ? albatta
is meṇ pate haiṇ har ṭhahrnewále, haqq bújh-
newále ko.

31 Aur jab sir par áweṇ un ke lahar
jaise badlíáṇ, pukáreṇ Alláh ko narmí karkar
usí ko bandagí ; phir, jab bachá diyá un ko

jangal kí taraf, to koí hotá hai un meṉ bích kí chál par; aur munkir wuhí hote haiṉ hamárí qudratoṉ se, jo qaul ke jhúṭhe haiṉ, haqq na bújhnewále.

32 Logo, bachte raho apne Rabb se, aur ḍaro us din se, ki kám na áwe koí báp apne beṭe ke badle, aur na koí beṭá ho jo kám áwe apne báp kí jagah kuchh.

33 Beshakk Alláh ká wada ṭhík hai; so tum ko na bahkáwe dunyá ká jíná, aur na dhokhá de Alláh ke nám se wuh dagábáz.

34 Alláh jo hai, usí pás hai qiyámat kí khabar, aur utártá hai meṉh, aur jántá hai jo hai má ke peṭ meṉ, aur koí jí nahíṉ jántá kyá karegá kal, aur koí jí nahíṉ jántá kis zamín meṉ wuh maregá. Tahqíq Alláh hí sab jántá hai khabardár.

SURA I SIJDA.

Makke meṉ názil húí; 30 áyat kí hai.

BISMI-L-LÁHI-R-RAHMÁNI-R-RAHÍM.

(1 *R.*) 1 A. L. M. Utárá kitáb ká hai, us meṉ kuchh dhokhá nahíṉ, jahán ke Sáhib se.

2 Kyá kahte haiṉ, Yih bándh láyá? Koí nahíṉ, wuh ṭhík hai tere Rabb kí taraf se, ki tú ḍar sunáwe ek logoṉ ko, jin ko nahíṉ áyá koí ḍaránewálá tujh se pahle, sháyad we ráh par áweṉ.

3 Alláh hai, jis ne banáyá hai ásmán o zamín, aur jo un ke bích hai chhah din meṉ, phir qáim húá arsh par; koí nahíṉ tumhárá us ke siwáe himáyatí na sifárishí; phir, kyá tum soch nahíṉ karte?

4 Tadbír se utártá hai kám ásmán se zamín tak, phir chaṛhátá hai us kí taraf ek din meṉ,

jis ká mapáná hazár baras hai tumhárí ginti
men.
5 Yih hai jánnewálá chhipe aur khule ká,
zabardast rahmwálá.
6 Jis ne khúb banáí jo chíz banáí, aur shurú
kí insán kí paidáish ek gáre se.
7 Phir, banáí us kí aulád nichure pání be-
qadr se:
8 Phir us ko barábar kiyá, aur phúnkí us
men apní ján men se, aur baná diye tum ko
kán, aur ánkhen, aur dil; tum thorá shukr
karte ho.
9 Aur kahte hain, Kyá jab ham rul gae zamín
men, kyá ham ko nayá banná hai?
10 Koí nahín, we apne Rabb kí muláqát se
munkir hain.
11 Tú kah, Bhar letá hai tum ko firishta
maut ká, jo tum par taiyyun hai; phir apne
Rabb kí taraf phir jáoge.
(2 *R.*) 12 Aur kabhí tú dekhe jis waqt mun-
kir sar dále honge apne Rabb ke pás; Ai Rabb,
ham ne dekh liyá aur sun liyá; ab ham ko phir
bhej; ham karen bhaláí; ham ko yaqín áyá.
13 Aur agar ham cháhte, to dete har jí ko
sújh us kí ráh kí; lekin thík parí merí bát, ki
mujh ko bharní dozakh jinnon se aur ádmíon
se ikatthe.
14 So ab chakho maza jaise bhulá diyá thá
apne is din ká milná; ham ne bhulá diyá tum
ko; aur chakho már sadá kí, badlá apne kiye ká.
15 Hamárí báton ko mánte we hain, ki
jab un ko samjháiye, un se gir paren sijda
karkar; aur pák zát ko yád karen apne Rabb
kí khúbíon se, aur we baráí nahín karte.
16 Alag rahtí hain un kí karwaten apne
sone kí jagah se; pukárte hain apne Rabb ko

ḍar se aur lálach se, aur hamárá diyá kuchh ḳharch karte haiṉ.

17 So kisí jí ko malúm nahíṉ jo chhipá dhará hai us ke wáste, jo ṭhanḍak hai ánkhoṉ kí, badlá us ká jo karte the.

18 Bhalá, ek jo hai ímán par barábar hai us ke, jo behukm hai? nahíṉ barábar hote.

19 So we, jo yaqín láe, aur kiye bhale kám, to un ko bág haiṉ rahne ke, mihmání us par jo karte the.

20 Aur we, jo behukm húe, so un ká ghar hai ág; jab cháheṉ ki nikal paṛeṉ us meṉ se, ulṭe jáweṉ phir usí meṉ; aur kahe un ko, Chakho ág kí már, jis ko tum jhuṭhláte the.

21 Aur albatta chakháwenge ham un ko thoṛá sá azáb ware us baṛe azáb se, ki sháyad we phiráweṉ.

SULS. (3 *R.*) 22 Aur kaun beinsáf us se, jis ko samjháyá us ke Rabb kí bátoṉ se, phir un se muṉh moṛ gayá? Muqarrar ham ko un gunahgároṉ se badlá lená hai.

23 Aur ham ne dí hai Músá ko kitáb, so tú mat rah dhokhe meṉ us ke milne se; aur wuh kí hai ham ne sújh baní Isráíl ko.

24 Aur kiye ham ne un meṉ sardár, jo ráh chaláte hamáre hukm se, jab we ṭhahre rahe, aur rahe hamárí bátoṉ par yaqín karte.

25 Terá Rabb jo hai, wuhí chuká degá un meṉ din qiyámat ke, jis bát meṉ we phúṭ rahe the.

26 Kyá un ko sújh na áí us se, ki khapá díṉ ham ne in se pahle sangateṉ, phirte haiṉ un ke gharoṉ meṉ, is meṉ bahut pate haiṉ; kyá we sunte nahíṉ?

27 Kyá dekhá nahíṉ unhoṉ ne, ki ham hánk dete haiṉ pání ek chítal zamín kí taraf? phir nikálte haiṉ us se khetí, ki kháte haiṉ us meṉ

se un ke chaupáe, aur áp? phir kyá dekhte nahín?
28 Aur kahte hain, Kab hai yih faisala, agar tum sachche ho?
29 Tú kah, Faisale ke din kám na áwegá munkiron ko un ká yaqín láná, aur na un ko ḍhíl milegí.
30 So tú khiyál chhoṛ un ká, aur ráh dekh; we bhí ráh dekhte hain.

SURA I AHZAB.

Madíne men názil húí; 73 áyat kí hai.

BISMI-L-LÁ HI-R-RAHMÁ NI-R-RAHÍM.

(1 *R.*) 1 Ai Nabí, ḍar Alláh se, aur kahá na mán munkiron ká, aur dagábázon ká; muqarrar Alláh hai sab jántá, hikmatonwálá.
2 Aur chal usí par, jo hukm áwe tujh ko tere Rabb se; muqarrar Alláh tumháre kám kí khabar rakhtá hai.
3 Aur bharosá rakh Alláh par; aur Alláh bas hai kám banánewálá.
4 Alláh ne rakhe nahín kisí mard ke do dil us ke andar, aur nahín kiyá tumhárí jorúon ko, jin ko má kah baiṭhte ho, sach tumhárí máen. Aur nahín kiyá tumháre lepálakon ko tumháre beṭe. Yih tumhárí bát hai apne munh kí. Aur Alláh kahtá hai ṭhík bát, aur wuhí samjhátá hai ráh.
5 Pukáro lepálakon ko un ke báp ká kar kar; yihi púrá insáf hai Alláh ke yahán; phir, agar na jánte ho un ke báp ko, to tumháre bháí hain dín men, aur rafíq hain. Aur gunáh nahín tum par jis chíz men chúk jáo, par wuh jo dil se iráda kiyá; aur hai Alláh bakhshnewálá mihrbán.

6 Nabí se lagáo hai ímánwálon ko ziyáda apní ján se, aur us kí auraten un kí máen hain. Aur nátewále ek dúsre se lagáo rakhte hain Alláh ke hukm men, ziyáda sab ímánwálon, aur watan chhornewálon se, magar yih, ki kiyá cháho apne rafíqon se ihsán; yih hai kitáb men likhá.

7 Aur jab liyá ham ne nabíon se un ká qarár, aur tujh se, aur Núh se, aur Ibráhím se, aur Músá, aur Ísá se, jo betá Maryam ká;

8 Aur liyá ham ne un se gárhá qarár, tá púchhe Alláh sachchon se un ká sach, aur rakhí hai munkiron ko dukh kí már.

(2 *R.*) 9 Ai ímánwálo, yád karo ihsán Alláh ká apne úpar, jab tum par áín faujen, phir ham ne bhejí un par báo, aur we faujen, jo tum ne nahín dekhín; aur hai Alláh jo kuchh karte ho dekhtá.

10 Jab áe tum par úpar kí taraf se, aur níche se, aur jab digne lagen ánkhen, aur pahunche dil galon tak, aur atkalne lage tum Alláh par kaí kaí atkalen.

11 Wahán jánche gae ímánwále, aur jharjharáe gae zor jharjharáná.

12 Aur jab kahne lage munáfiq, aur jin ke dil men rog hai, jo wada diyá thá ham ko Alláh ne, aur us ke Rasúl ne, sab fareb thá.

13 Aur jab kahne lage ek log un men, Ai Yasrabwálo, tum ko thikáná nahín, so phir chalo. Aur rukhsat mángne lage ek log un men Nabí se, khane lage, Hamáre ghar khule pare hain; aur wuh khule nahín pare; garaz aur nahín magar bhágná.

14 Aur agar shahr men koí paith áwe kinároṉ se; phir un se cháhe dín se bichalná, to le milen aur dhíl na karen us men magar thorí.

15 Aur iqrár kar chuke the Alláh se áge, ki na pherenge píṭh; aur Alláh ke qarár kí púchh hotí hai.

16 Tú kah, Kám na áwegá tum ko bhágná, agar bhágoge marne se, yá máre jáne se, aur phir bhí phal na páoge magar thoṛe dinoṉ.

17 Tú kah, Kaun hai ki tum ko bacháwe Alláh se, agar cháhe tum par burái, yá cháhe tum par mihr? aur na páwenge apne wáste Alláh ke siwáe koí himáyatí, na madadgár,

18 Alláh ko malúm haiṉ jo aṭkáte haiṉ tum meṉ, aur kahte haiṉ apne bháioṉ ko, chale áo hamáre pás; aur laṛáí meṉ nahíṉ áte, magar kabhí.

19 Dareg rakhte haiṉ tumhárí taraf se; phir jab áwe ḍar ká waqt, to tú dekhe, takte haiṉ terí taraf, ḍagar ḍagar kartí haiṉ ánkheṉ un kí, jaise kisí par áwe behoshí maut kí. Phir jab játá rahe ḍar ká waqt, chaṛh chaṛh boleṉ tum par tez tez zubánoṉ se, ḍhuke paṛte haiṉ mál par. We log yaqín nahíṉ láe; phir akárat kar ḍále Alláh ne un ke kiye; aur yih Alláh par ásán hai.

20 Jánte haiṉ faujeṉ nahíṉ gaíṉ; aur agar á jáweṉ faujeṉ, to árzú kareṉ, kisí tarah báhar gae hoṉ gáṉwoṉ meṉ, púchhá kareṉ tumhárí khabareṉ; aur agar howeṉ tum meṉ laṛáí na kareṉ, magar thoṛe.

(3 *R.*) 21 Tum ko bhalí thí síkhní Rasúl kí chál us ke liye, jo koí ummed rakhtá hai Alláh kí, aur pichhle din kí, aur yád kartá hai Alláh ko bahut sárá.

22 Aur jab dekhíṉ musalmánoṉ ne faujeṉ, bole, Yih wuhí hai, jo wada diyá thá ham ko Alláh ne, aur us ke Rasúl ne; aur sach kahá

Alláh ne aur us ke Rasúl ne; aur un ke aur
baṛhá yaqín aur itáat.

23 Ímánwálon men kitte mard hain, ki sach
kar dikháyá jis par qaul kiyá thá Alláh se;
phir koí hai un men ki púrá kar chuká apná
zimma, aur koí hai un men ráh dekhtá; aur
badlá nahín ek zará.

24 Tá badlá de Alláh sachchon ko un ke
sach ká, aur azáb kare munáfiqon ko agar
cháhe, yá tauba ḍále un ke dil par; beshakk
Alláh hai bakhshtá, mihrbán.

25 Aur pher diyá Alláh ne munkiron ko
apne gusse men bhare, háth na lagí kuchh
bhalái; aur áp uṭhá lí Alláh ne musalmánon
kí laṛái; aur hai Alláh zoráwar, zabardast.

26 Aur utár diyá un ko, jo un ke rafíq húe
the kitábwále un kí gaṛhíon se, aur ḍálí un
ke dil men dhák, kitton ko tum ján se márne
lage, aur kitton ko bandí kiyá.

27 Aur tum ko wáris kiyá un kí zamín, aur
un ke ghar, aur un ke mál, aur ek zamín ká,
jis par nahín phere tum ne apne qadam; aur
hai Alláh sab chíz kar saktá.

(4 R.) 28 Ai Nabí, kah de apní auraton ko,
agar tum cháhtián ho dunyá ká jíná, aur yahán
kí raunaq, to áo, kuchh fáida dún tum ko, aur
rukhsat karún bhalí tarah se rukhsat.

29 Aur agar tum cháhtián ho Alláh ko, aur
us ke Rasúl ko, aur pichhle ghar ko, to Alláh
ne rakh chhoṛá hai un ko, jo tum men nekí
par hain, neg baṛá.

30 Ai Nabí kí aurato, jo koí láwe tum men
kám behayái ká, saríh dúní ho us ko már duhrí;
aur hai yih Alláh par ásán.

BAISWAN SIPARA. 31 Aur jo
koí tum men itáat kare Alláh kí, aur Rasúl kí,

aur kare kám nek, deṇ ham us ko us ká neg
do bár, aur rakhí hai ham ne us ke wáste rozí
izzat kí.

32 Ai Nabí kí ạurato, tum nahíṇ ho jaisí
har koí ạuraten; agar tum ḍar rakho, so tum
dabkar na kaho bát; phir lálach kare koí, jis
ke dil meṇ rog hai, aur kaho bát maqúl.

33 Aur qarár pakro apne ghar meṇ, aur
dikhátí na phiro, jaisá dikháná dastúr thá pahle
waqt nádání ke; aur kharí rakho namáz, aur de-
te raho zakát, aur itáat meṇ raho Alláh aur ra-
súl kí; Alláh yihí cháhtá hai, ki dúr kare tum
se gandí báteṇ is gharwáloṇ se, aur suthrá kare
tum ko suthráí se.

34 Aur yád karo jo paṛhí játí haiṇ tumháre
gharoṇ meṇ, Alláh kí báteṇ aur aqlmandí;
muqarrar Alláh hai bhed jántá khabardár.

(5 R.) 35 Tahqíq musalmán mard, aur musal-
mán ạurateṇ, aur ímándar mard, aur ímándár
ạurateṇ, aur bandagí karnewále mard, aur
bandagí karnewálí ạurateṇ, aur sachche mard,
aur sachchí ạurateṇ, aur mihnat sahnewále
mard, aur mihnat sahnewálí ạuraten, aur dabe
rahnewále mard, aur dabí rahnewálí ạurateṇ,
aur khairát karnewále mard, aur khairát karne-
wálí ạurateṇ, aur rozadár mard, aur rozadár
ạurateṇ, aur thámnewále mard apní shahwat kí
jagah, aur thámnewálí ạuraten, aur yád karne-
wále mard Alláh ko bahut sá, aur yád karne-
wálí ạurateṇ, rakhí hai Alláh ne un ke wáste
muáfí, aur neg baṛá.

36 Aur kám nahíṇ kisí ímándár mard ká,
na ạurat ká, jab thahráwe Alláh, aur us ká
Rasúl kuchh kám, ki un ko rahe ikhtiyár apne
kám ká; aur jo koí behukm chalá Alláh ke,
aur us ke Rasúl ke, so ráh bhúlá saríh chúk kar.

87 Aur jab tú kahne lagá us shakhs ko, jis par Alláh ne ihsán kiyá, aur tú ne ihsán kiyá, Rahne de apne pás apní jorú ko, aur ḍar Alláh se; aur tú chhipátá thá apne dil men ek chíz, jo Alláh us ko kholá cháhtá hai, aur tú ḍartá thá logon se; aur Alláh se ziyáda cháhiye ḍarná tujh ko; phir jab Zaid tamám kar chuká us ạurat se apní garaz, ham ne wuh tere nikáh men dí, tá na rahe sab musalmánon ko gunáh nikáh kar lená jorúon se apne lepálakon kí, jab we tamám karen un se apní garaz; aur hai Alláh ká hukm karná.

38 Nabí par kuchh muzáiqa nahín is bát men, jo ṭhahrá dí Alláh ne us ke wáste; dastúr rahá hai Alláh ká un logon men, jo guzre pahle. Aur hai hukm Alláh ká muqarrar ṭhahar chuká.

89 We, jo pahuncháte hain paigám Alláh ke, aur ḍarte hain us se, aur nahín ḍarte kisí se siwáe Alláh ke; aur bas hai Alláh kifáyat karnewálá.

40 Muhammad báp nahín kisí ká tumháre mardon men, lekin Rasúl hai Alláh ká, aur muhr sab nabíon par; aur hai Alláh sab chíz jántá.

(6 *R.*) 41 Ai ímánwálo, yád karo Alláh ko bahut sí yád; aur pákí bolo us kí subh aur shám.

42 Wuhí hai, jo rahmat bhejtá hai tum par, aur us ke firishte, ki nikále tum ko andheron se ujále men; aur hai ímánwálon par mihrbán.

43 Duạ un kí, jis din us se milenge, salám hai; aur rakhá hai un ke wáste neg ịzzat ká.

44 Ai Nabí, ham ne tujh ko bhejá batáne wálá, aur khushí sunánewálá, aur ḍaránewálá,

45 Aur bulánewálá Alláh kí taraf us ke hukm se, aur chirág chamaktá.

46 Aur khushí suná ímánwálon ko, ki un ko hai Alláh kí taraf se barí buzurgí.

47 Aur kahá na mán munkiron ká, aur dagá-bázon ká, aur chhoṛ de un ká satáná, aur bharosá kar Alláh par; aur Alláh bas hai kám banánewálá.

48 Ai ímánwálo, jab tum nikáh karo musalmán auraton ko, phir un ko chhoṛ do pahle is se ki háth lagáo, so un par haqq nahín tumhárá iddat men baiṭhná, ki gintí púrí karwáo; so un ko do kuchh fáida, aur ruḳhsat karo bhalí tarah se.

49 Ai Nabí, ham ne halál rakhín tujh ko terí auraten, jin ke mahr tú de chuká, aur jo mál ho tere háth ká, jo háth lagá de tujh ko Alláh; aur tere chachá kí betíán, aur phuphíon kí betíán, aur tere mámú kí betíán, aur terí ḳháláon kí betíán, jinhon ne watan chhoṛá tere sáth; aur koí aurat ho musalmán, agar baḳhshe apní ján Nabí ko, agar cháhe Nabí kí us ko nikáh men le; yih nirí hai tujh hí ko siwáe sab musalmánon ke.

50 Ham ko malúm hai jo ṭhahrá diyá ham ne un par un kí auraton men, aur un ke háth ke mál men, tá na rahe tum par tangí; aur hai Alláh baḳhshnewálá, mihrbán.

(7 R.) 51 Píchhe rakh de tú jis ko cháhe un men, aur jagah de apne pás jis ko cháhe, aur jis ko jí cháhe terá un men se, jo kanára kar de unhen, to kuchh gunáh nahín tujh par. Is men lagtá hai ki ṭhanḍí rahen ánkhen un kí, aur gam na kháwen, aur rází rahen is par, jo tú ne diyá sáríán; aur Alláh jántá hai jo tumháre dilon men hai; aur hai Alláh sab jántá, tahammulwálá.

52 Halál nahín tujh ko auraten us píchhe,

aur na yih ki in ke badle aur kare auraten agar khush lage tujh ko un kí súrat, magar jo mál ho tere háth ká; aur hai Alláh har chíz par nigahbán.

53 Ai ímánwálo, mat jáo gharon men Nabí ke, magar jo tum ko hukm ho kháne ke wáste; na ráh dekhní us ke pakne kí, lekin jab buláe, tab jáo; phir jab khá chuko, to áp áp ko chale áo, aur na ápas men jí lagáná báton men. Is bát se tumhárí taklíf thí paigambar ko; phir sharm kartá tum se. Aur Alláh sharm nahín kartá ṭhík bát batáne men. Aur jab mángne jáo bíbíon se kuchh chíz kám kí, to máng lo parde ke báhar se. Is men khúb suthráí hai tumháre dil ko, aur un ke dil ko. Aur tum ko nahín pahunchtá, ki taklíf do Alláh ke Rasúl ko, aur na yih, ki nikáh karo us kí auraton ko us ke píchhe kabhí. Albatta yih bát tumhárí Alláh ke yahán bará gunáh hai.

54 Agar kholkar kaho tum kisí chíz ko, yá us ko chhipáo, so Alláh har chíz jántá.

55 Gunáh nahín un auraton ko sámhne hone ká apne bápon se, aur na apne beṭon se, aur na apne bháíon se, aur na apne bháí ke beṭon se, aur na apní bahin ke beṭon se, aur na apní auraton se, aur na apne háth ke mál se. Aur ḍartíán raho Alláh se; beshakk Alláh ke sámhne hai har chíz.

56 Alláh aur us ke firishte rahmat bhejte hain Rasúl par. Ai ímánwálo, rahmat bhejo us par, aur salám bhejo salám kah kar.

57 Jo log satáte hain Alláh ko, aur us ke Rasúl ko, un ko phiṭkárá Alláh ne dunyá men aur ákhirat men, aur rakhí hai un ke wáste zillat kí már.

58 Aur jo log tuhmat lagáte hain musalmán

mardon ko, aur musalmán auraton ko, bin kiye kám ke, to uṭháyá unhon ne bojh jhúṭh ká, aur saríh gunáh ká.

59 (8 *R.*) Ai Nabí, kah de apní auraton ko, aur apní beṭion ko, aur musalmánon kí auraton ko, Níche laṭká len apne úpar thoṛí sí apní chádaren. Is men lagtá hai, ki pahcháni paṛen, to koí na satáwe; aur hai Alláh bakhshnewálá, mihrbán.

60 Kabhí báz na áe munáfiq, aur jin ke dil men rog hai, aur jhúṭh uṛánewále Madíne men, to ham lagá denge tujh ko un ke píchhe; phir na rahne páwenge tere sáth is shahr men, magar thoṛe dinon.

61 Phiṭkáre húe; jahán páe gae, pakṛe gae, aur máre gae ján se.

RUBA. 62 Dastúr paṛá húá hai Alláh ká un logon men, jo áge ho chuke hain; aur tú na dekhegá Alláh kí chál badaltí.

63 Log púchhte hain tujh se qiyámat ko; tú kah, Us kí khabar hai Alláh pás; aur tú kyá jáne sháyad wuh ghaṛí pás hí ho?

64 Beshakk Alláh ne phiṭkárá hai munkiron ko, aur rakhí hai un ke wáste dahaktí ág;

65 Rahá karen us men hamesha, na páwen koí himáyatí, na madadgár.

66 Jis din aundhe ḍále jáwen un ke munh ág men, kahenge, Kisí tarah ham ne kahá máná hotá Alláh ká, aur kahá máná hotá Rasúl ká!

67 Aur kahenge, Ai Rabb, ham ne kahá máná apne sardáron ká, aur apne baṛon ká; phir unhon ne bahká diyá ham ko ráh se.

68 Ai Rabb, un ko de dúní már, aur phiṭkár de un ko baṛí phiṭkár.

(9 R.) 69 Ai ímánwálo, tum mat ho waise, jinhon ne satáyá Músá ko; phir beaib dikháyá

us ko Alláh ne un ke kahe se; aur thá Alláh
ke wabán ábrú rakhtá.

70 Ai ímánwálo, ḍarte raho Alláh se, aur
kaho bát sídhí.

71 Sanwár de tum ko tumháre kám, aur
baḳhshe tum ko tumháre gunáh; aur jo koí
kahe par chalá Alláh ke, aur us ke Rasúl ke,
us ne pái baṛí murád.

72 Ham ne dikháí amánat ásmán ko, aur
zamín ko, aur pabáṛoṇ ko; phir sab ne qabúl
na kiyá, ki us ko uṭháweṇ, aur us se ḍar gae,
aur uṭhá liyá us ko insán ne; yih hai baṛá be-
tars nádán.

73 Táki azáb kare Alláh munáfiq mardoṇ
ko aur auratoṇ ko, aur sharíkwále mardoṇ
ko aur auratoṇ ko, aur muáf kare Alláh ímán-
wále mardoṇ ko aur auratoṇ ko. Aur hai Alláh
baḳhshnewálá, mihrbán.

SURA I SABÁ.

Makke meṇ ndzil húi; 54 dyat kí hai.

Bismi-l-láhi-r-rahmá ni-r-rahím.

(1 R.) 1 Sab ḳhúbí Alláh kí hai, jis ká hai
jo kuchh hai ásmáu o zamín meṇ, aur usí kí
ṭaríf hai áḳhirat meṇ, aur wuhí hai hikmatoṇ-
wálá, sab jántá.

2 Jántá hai jo paiṭhtá hai zamín meṇ, aur
jo nikaltá hai us se, aur jo utartá hai ásmán se,
aur jo charhtá hai us meṇ; aur wuhí hai rahm-
wálá, baḳhshtá.

3 Aur kahne lage munkir, na áwegí ham
par wuh ghaṛí. Tú kah, Kyúṇ nahíṇ? qasam
hai mere Rabb kí, albatta áwegí tum par us
chhipe jánnewále kí.   Gáib nahíṇ ho saktá us

se kuchh zará bhar ásmánon men, na zamín
men; aur koí chíz nahín chhoṭí, na us se baṛí,
jo nahín hai khulí kitáb men;
4 Tá badlá de un ko, jo yaqín láe, aur kiye
bhale kám; we jo hain, un ko hai muáfí, aur
rozí izzat kí.
5 Aur jo log dauṛe hamárí áyaton ke haráne
ko, un ko balá kí már hai dukhwálí.
6 Aur dekh len jin ko milí hai samajh, ki
jo tujh par utrá tere Rabb se, wuhí ṭhík hai,
aur samjhátá hai ráh us zabardast khúbíon-
wále kí.
7 Aur kahne lage munkir, Ham batáwen
tum ko ek mard, ki tum ko khabar detá hai,
jab tum phaṭkar ho jáo ṭukṛe ṭukṛe, tum ko
phir nayá banná hai.
8 Kyá baná láyá hai Alláh par jhúṭh, yá us
ko saudá hai? koí nahín, par jo yaqín nahín
rakhte ákhirat ká, áfat men hain, aur dúr paṛe
galtí men.
9 Kyá dekhte nahín jo kuchh un ke áge hai,
aur píchhe hai ásmán aur zamín? agar ham
cháhen, dhasáwen un ko zamín men, yá girá
den un par ṭukṛá ásmán se; is men patá hai
har bande ko, jo rujú rakhtá hai.
(2 *R.*) 10 Aur ham ne dí hai Dáúd ko apní
taraf se baṛáí; Ai paháṛo, rujú se paṛho us ke
sáth; aur uṛte jánwaro; aur narm kar diyá ham
ne us ke áge lohá, ki baná kusháda zirhen,
aur andáze se joṛ kaṛíán, aur karo tum sab
kám bhalá; jo karte ho main dekhtá hún.
11 Aur Sulaimán ke áge báo subh kí manzil
us kí, ek mahíne kí ráh, aur shám kí manzil
ek mahína; aur bahá diyá ham ne us ke wáste
chashma pighle támbe ká; aur jinnon men se
kitte log, jo mihnat karte us ke sámhne, us

ke Rabb ke hukm se; aur jo koí phire un men
hamáre hukm se, chakhá den ham us ko ág
kí már.
12 Banáte us ke wáste jo cháhtá qile, aur
taswíren, aur lagan jaise táláb, aur degen chúl-
hon par jamí; amal karo, Dáúd ke gharwálo,
haqq mánkar; aur thoṛe hain mere bandon
men haqq mánnewále.
13 Phir, jab taqdír kí ham ne us par maut,
na jatáyá un ko us ká marná, magar kíṛe ne
ghun ke khátá rahá us ká asá; phir jab wuh
gir paṛá, malúm kiyá jinnon ne, ki agar kha-
bar rakhte hote gaib kí, na rahte zillat kí tak-
líf men.
14 Qaum i Sabá ko thí, un kí bastí men ni-
shání, do bág dáhine aur báen; kháo rozí apne
Rabb kí, aur us ká shukr karo; des hai pákíza,
aur Rabb hai gunáh bakhshtá.
15 Phir dhiyán men na láe; phir chhoṛ diyá
ham ne un par nálá zor ká, aur diye un ko
badle un do bágon ke do aur bág, jin men
kuchh ek mewa kasailá, aur jháú, aur kuchh
ber thoṛe se.
16 Yih badlá diyá ham ne un ko is par, ki
náshukrí kí; aur ham badlá usí ko dete hain,
jo náshukr ho.
17 Aur rakhí thín ham ne un men, aur un
bastíon men, jahán ham ne barakat rakhí hai,
bastíán ráh par nazar átín; aur manzilen ṭhah-
rá dín ham ne un men chalne kí; phiro un
men ráton aur dinon amn se.
18 Phir kahne lage, Ai Rabb, faraq ḍál
hamáre safar men, aur apná burá kiyá; phir
kar ḍálá ham ne un ko kahániáṉ, aur chír kar
kar ḍálá ṭukṛe; is men pate hain har ṭhahar-
newále ko, jo haqq samjhe.

19 Aur sach kar dikhái un par Iblís ne apní
aṭkal; phir usí kí ráh chale, magar thoṛe se
ímándár.
20 Aur us ká un par kuchh zor na thá,
magar itne wáste, tá maʻlúm kareṇ ham kaun
yaqín látá hai ákhirat par, alag us se, jo rahtá
hai us kí taraf se dhokhe meṇ; aur terá Rabb
har chíz par nigahbán hai.
(3 *R.*) 21 Tú kah, Pukáro un ko, jin ko gu-
mán karte ho siwáe Alláh ke; we nahíṇ málik
ek zara bhar ke ásmánoṇ meṇ na zamíṇ meṇ;
aur na un ká in donoṇ meṇ sájhá, aur na un
meṇ koí us ká madadgár.
22 Aur kám nahíṇ átí sifárish us ke pás,
magar us ko, jis ke wáste hukm kar diyá;
yaháṇ tak ki jab ghabráhaṭ uṭhái jáwe un ke
dil se, kaheṇ, Kyá farmáyá tumháre Rabb ne?
we kaheṇ, Jo wájibí hai; aur wuhí hai sab se
úpar baṛá.
23 Tú kah, ki Kaun rozí detá hai ásmán se,
aur zamín se? Batá ki Alláh, aur yá ham, yá
tum beshakk sújh par haiṇ, yá paṛe haiṇ bhaṭ-
káwe meṇ saríh.
24 Tú kah, Tum se na púchhenge, jo ham
ne gunáh kiyá, aur ham se na púchhenge jo
tum karte ho.
25 Tú kah, Jamaʻ karegá ham sab ko Rabb
hamárá; phir faisala karegá ham meṇ insáf
ká; aur wuhí hai niyáo chukánewálá, sab jántá.
26 Tú kah, Mujh ko dikháo to, jin ko us
se milátí ho sájhí ṭhahrákar; koí nahíṇ, wuhí
Alláh hai zabardast, hikmatoṇwálá.
27 Aur tujh ko, jo ham ne bhejá, so sáre
logoṇ ke wáste khushí aur ḍar sunáne ko, lekin
bahut log nahíṇ samajhte.

28 Aur kahte haiṉ, Kab hai yih wada, agar tum sachche ho?

29 Tú kah, Tum ko wada hai ek din ká, na der karoge is se ek gharí, na shitábí.

(4 *R.*) 30 Aur kahne lage munkir, Ham hargiz na mánenge yih Qurán, aur na is se aglá. Aur kabhí tú dekhe jab gunahgár khare kiye gae haiṉ apne Rabb ke pás; ek dúsre par dáltá hai bát; kahte haiṉ jin ko kamzor samjhá thá baráí karnewáloṉ ko, Tum na hote, to ham ímándár hote.

NISF. 31 Kahne lage baráí karnewále kamzor kiye gayoṉ ko, Kyá ham ne rok rakhá tum ko sújh kí bát se; tumháre pás pahunche píchhe; koí nahíṉ, tum hí the gunahgár.

32 Aur kahne lage kamzor kiye gae baráí karnewáloṉ ko, Koí nahíṉ, par fareb se rát din ke, jab tum ham ko hukm karte, ki ham na máneṉ Alláh ko, aur thahrá deṉ us ke sáth barábar ke; aur chhipe chhipe pachhtáne lage, jab dekhá azáb; aur ham ne dále haiṉ tauq gardanoṉ meṉ munkiroṉ ke; wuhí badlá páte haiṉ jo karte the.

33 Aur nahíṉ bhejá ham ne kisí bastí meṉ koí daránewálá, magar kahne lage waháṉ ke ásúda log, Jo tumháre háth bhejá, ham nahíṉ mánte.

34 Aur kahne lage, Ham ko ziyáda haiṉ mál, aur aulád, aur ham par áfat nahíṉ átí.

35 Tú kah, Merá Rabb hai jo phailá detá hai rozí jis ko cháhe, aur máp kar detá hai; lekin bahut log samajh nahíṉ rakhte.

(5 *R.*) 36 Aur na tumháre mál, aur na tumhárí aulád, wuh nahíṉ ki nazdík kar deṉ hamáre pás tumhárá darja, par jo koí yaqín láyá, aur bhalá kám kiyá, so un ko hai badlá dúná un ke

kiye par; aur we jharokhon men baiṭhe hain ḳhátirjama se.

37 Aur jo log dauṛte hain hamárí áyaton ke haráne ko, we azáb men pakaṛe áte hain.

38 Tú kah, Merá Rabb phailá detá hai rozí jis ko cháhe apne bandon men; aur máp kar detá hai us ko; aur jo ḳharch karte ho kuchh chíz, wuh us ká iwaz detá hai; aur wuhí bihtar rozí denewálá.

39 Aur jis din jama karegá un sab ko, phir kahegá firishton ko, Kyá ye log the tum ko pújte?

40 We bole, pák zát hai terí; ham terí taraf hain, na un kí taraf; nahín, par pújte the jinnon ko; ye aksar unhín par yaqín rakhte hain.

41 So áj tum málik nahín ek dúsre ke bhale ke, na bure ke; aur kahenge ham un gunahgáron ko, Chakho taklíf us ág kí, jis ko tum jhúṭh batáte the.

42 Aur jab paṛhí jáwen un pás hamárí áyaten khulí kahen, Aur nahín, magar yih ek mard hai, ki cháhtá hai rok de tum ko un se, jin ko pújte rahe tumháre bápdáde. Aur kahen, Aur nahín, yih jhúṭh bándh liyá hai. Aur kahte hain munkir ṭhík bát ko, jab pahunchí un tak, Aur nahín, yih jádú hai saríh.

43 Aur ham ne nahín dín un ko kuchh kitáben, jin ko paṛhte hain, aur nahín bhejá un pás tujh se pahle koí ḍaránewálá.

44 Aur jhuṭhláyá hai un se aglon ne; aur ye nahín pahunche daswen hisse ko, jo ham ne diyá thá un ko; phir jhuṭláyá mere bhejon ko; to kyá húá bigáṛ merá?

(6 *R.*) 45 Tú kah, Main to ek hí nasíhat kartá hún tum ko, ki Uṭh khaṛe ho Alláh ke kám par do do, aur ek ek; phir dhiyán karo.

Tumháre rafíq ko kuchh saudá nahíṇ; yih to ek
ḍaránewálá hai tum ko áge áge ek baṛí áfat ke.

46 Tú kah, Jo maiṇ ne tum se mángá thá
kuchh neg, so tum hí ko pahunche; merá neg
hai usí Alláh par, aur us ke sámhne hai har
chíz.

47 Tú kah, Merá Rabb phenktá játá hai sach-
chá dín; wuh jánnewálá chhipí chizoṇ ká.

48 Tú kah, Áyá dín sachchá, aur jhúth kisí
chíz ko paidá nahíṇ kartá, aur nahíṇ phertá.

49 Tú kah, Agar maiṇ bahká húṇ, to yihí
ki bahkúngá apne bure ko; aur agar maiṇ sú-
jhá húṇ, to is sabab se ki wahí bhejtá hai mujh
ko merá Rabb; wuh suntá hai nazdík.

50 Aur kabhí tú dekhe jab yih ghabráe,
phir bháge nahíṇ bachte; aur pakṛe áe nazdík
jagah se.

51 Aur kahne lage, Us ko yaqín máná; aur
ab kaháṇ un ká háth pahunch saktá hai dúr
jagah se?

52 Aur is se munkir húe haiṇ áge se, aur
phenkte rahe bin dekhí nishání, par dúr ja-
gah se.

53 Aur aṭkáo paṛ gayá un meṇ aur jo un ká
jí cháhe us meṇ,

54 Jaisá kiyá hai un ke ráhwáloṇ se pahle.
We log the dhokhe meṇ, jo chain na lene detá.

SURA I MALÁIKA.

Makke meṇ nāzil húi; 45 āyat kí hai.

BISMI-L-LÁ HI-R-RAHMÁ NI-R-RAHÍM.

(1 R.) 1 Sab khúbí Alláh ko hai, jis ne ba-
ná nikále ásmán o zamín, jis ne ṭhahráe firishte

paigám lánewále, jin ke par haiṉ do do, aur tín tín, aur chár chár. Baṛhátá hai paidáish meṉ jo cháhe; beshakk Alláh har chíz kar saktá hai.

2 Jo khol de Alláh logoṉ par kuchh mihr, to koí nahíṉ us ko roknewálá; aur jo rok rakhe, to koí nahíṉ us ko bhejnewálá us ke siwáe; aur wuhí hai zabardast hikmatoṉwálá.

3 Logo, yád karo ihsán Alláh ká apne úpar; koí nahíṉ hai banánewálá Alláh ke siwáe, rozí detá tum ko ásmán aur zamín se; koí hákim nahíṉ magar wuh; phir kaháṉ ulṭe játe ho?

4 Aur agar tujh ko jhuṭhláweṉ, to jhuṭhláe gae kitte rasúl tujh se pahle; aur Alláh tak pahunchte haiṉ sab kám.

5 Logo, beshakk wạda Alláh ká ṭhík hai, so na bahkáwe tum ko dunyá ká jíná; aur na dagá de tum ko Alláh ke nám se wuh dagábáz.

6 Tahqíq Shaitán tumhárá dushman hai, so tum samajh rakho us ko dushman; wuh to bulátá hai apní guroh ko isí wáste, ki howeṉ dozakhwáloṉ meṉ.

7 Jo munkir húe, un ko sakht már hai.

8 Aur jo yaqín láe, aur kiye bhale kám, un ko muáfí hai aur neg baṛá.

(2 *R.*) 9 Bhalá, ek shakhs, ki bhalí sujhái us ko us ke kám kí burái, phir dekhá us ne us ko bhalí; kyúnki bhaṭkátá hai Alláh jis ko cháhe, aur sujhátá hai jis ko cháhe; so terá jí na játá rahe un par pachhtá pachhtá kar; Alláh ko mạlúm hai jo karte haiṉ.

10 Aur Alláh hai, jin ne chalái haiṉ báweṉ, phir ubhártíáṉ haiṉ badlí, phir hánk le gae ham us ko ek mar gae des ko, phir jiláí ham ne us se zamín us ke mar gae píchhe; is hí tarah hai jí uṭhná.

11 Jis ko cháhiye ịzzat, to Alláh kí hai ịzzat

sárí; us kí taraf charhtá hai kalám suthrá, aur kám nek, us ko uṭhá letá hai; aur jo log dáo men hain buráíon ke, un ko sakht már hai; aur un ká dáo wuhí ṭúṭegá.

12 Aur Alláh ne tum ko banáyá miṭṭí se, phir búnd pání se phir banáe tum ko joṛe joṛe; aur na peṭ rahtá hai kisí máda ko, aur na wuh jantí hai bin us kí khabar ke; aur na umr pátá hai koí baṛí umrwálá, aur na ghaṭtí hai kisí kí umr, magar likhá hai kitáb men; yih Alláh par ásán hai.

13 Aur barábar nahín do daryá, yih míṭhá hai, pyás bujhátá, píne men ruchtá, aur yih khárá kaṛwá; aur donon men se kháte ho gosht táza, aur nikálte ho gahná, jis ko pahinte ho; aur tú dekhe jaház us men chalte hain pháṛte, tá talásh karo us ke fazl se; aur sháyad tum haqq máno.

14 Rát paiṭhátá hai din men, aur din paiṭhátá hai rát men, aur kám lagáyá súraj aur chánd; har ek chaltá hai ek ṭhahráe wade par; yih Alláh hai tumhárá Rabb, us hí ke liye bádsháhí hai; aur jin ko tum pukárte ho us ke siwáe málik nahín ek chhilke ke.

15 Agar tum un ko pukáro, sunte nahín tumhárí pukár; aur agar sune, pahunche nahín tumhảre kám par; aur din qiyámat ke munkir honge tumháre sharík ṭhahráne se; aur koí na batáwegá tujh ko jaisá batáwe khabar rakhnewálá.

(3 R.) 16 Logo, tum ho muhtáj Alláh kí taraf, aur Alláh wuhí hai beparwá, sab khúbíon saráhá.

17 Agar cháhe, tum ko le jáwe, aur le áwe ek naí khilqat.

18 Aur yih Alláh par mushkil nahín.

19 Aur na uṭháwegá koí uṭhánewálá bojh
dúsre ká; aur agar pukáre koí bojhoṇ martá
apná bojh baṭáne ko, koí na uṭháwe us meṇ se
kuchh, agarchi ho nátewálá. Tú to ḍar suná
detá hai un ko, jo ḍarte haiṇ apne Rabb se bin
dekhe, aur kharí rakhte haiṇ namáz. Aur jo
koí saṇwregá, to yihí ki saṇwregá apne bhale
ko; aur Alláh kí taraf hai phir jáná.

20 Aur barábar nahíṇ andhá aur dekhtá;
aur na andherá aur na ujálá; aur na sáyá na lúh.

21 Aur barábar nahíṇ jíte na murde; Alláh
sunátá hai jis ko cháhe; aur tú nahíṇ sunáne-
wálá qabr meṇ paroṇ ko; tú to nahíṇ hai magar
ḍar kí khabar pahuncbánewálá.

22 Ham ne bhejá hai tujh ko sachchá dín
dekar, khushí aur ḍar sunátá; aur koí firqa
nahíṇ, jis meṇ nahíṇ ho chuká koí ḍaránewálá.

23 Aur agar we tujh ko jhuṭhláweṇ, to áge
jhuṭhlá chuke haiṇ un se agle; pahunche un
pás rasúl un ke lekar khulí báteṇ, aur warq,
aur chamaktí kitáb.

24 Phir pakrá main ne munkiroṇ ko, to kyúṇ-
kar húá inkár merá?

(4 R.) 25 Tú ne na dekhá, ki Alláh ne utárá
ásmán se pání, phir ham ne nikále us se mewe
tarah tarah un ke rang. Aur pahároṇ meṇ
kháíáṇ sufaid, aur surkh, tarah tarah un ke
rang, aur bhujang káli. Aur ádmioṇ meṇ, aur
kíroṇ meṇ, aur chaupáeoṇ meṇ, kaí rang ke
haiṇ is hí tarah. Alláh se ḍarte wuhí haiṇ
us ke bandoṇ meṇ, jin ko samajh hai; tahqíq
Alláh zabardast hai, bakhshnewálá.

26 Jo log paṛhte haiṇ kitáb Alláh kí, aur
sidhí karte haiṇ namáz, aur kharch karte haiṇ
kuchh hamárá diyá chhipe aur khule, ummaid-
wár haiṇ ek byopár ke, jo kabhí na ṭúṭe;

27 Tá púre de un ko neg un ke, aur baṛhtí
de apne fazal se; tahqíq wuh hai baḵhshbnewálá,
qabúl kartá.

28 Aur jo ham ne tujh par utárí kitáb, wuhí
ṭhík hai sachchá kartí áp se aglí ko; muqarrar
Alláh apne bandoṇ se ḵhabar rakhtá hai dekhtá.

29 Phir ham ne wáris kiye kitáb ke we, jo
chune ham ne apne bandoṇ meṇ se; phir koí
un meṇ burá kartá hai apní ján ká; aur koí
un meṇ hai bích kí chál par; aur koí un meṇ
hai ki áge baṛh gayá lekar ḵhúbíáṇ Alláh ke
hukm se; yihí hai baṛí buzurgí.

30 Bág haiṇ basne ke, jin meṇ jáwenge;
wahán gahná pahnáegá un ko kangan sone ke,
aur motí; aur un kí poshák hai wahán reshmí.

31 Aur kahenge, Shukr Alláh ká, jin ne
dúr kiyá ham se gam; beshakk hamárá Rabb
baḵhshtá hai qabúl kartá.

32 Jin ne utárá ham ko rahne ke ghar meṇ
apne fazl se, na pahunche ham ko us meṇ
mashaqqat, aur na pahunche ham ko us meṇ
thakná.

33 Aur jo munkir haiṇ, un ko hai ág dozaḵh
kí; na un par taqdír pahunchtí hai, ki mar
jáweṇ, aur na un par halkí hotí hai wahán kí
kuchh kulfat; yihí sazá dete haiṇ ham har
náshukr ko.

34 Aur we chilláte haiṇ us meṇ, Ai Rabb,
ham ko nikál, ki ham kuchh bhalá kareṇ; wuh
nahíṇ, jo karte the. Kyá ham ne umr na dí
thí tum ko jitne meṇ soch le jis ko sochná ho,
aur pahunchá tum ko dar sunánewálá ?

35 Ab chakho, ki koí nahíṇ gunahgároṇ ká
madadgár.

(5 R.) 36 Alláh bhed jánnewálá hai ásmánoṇ

aur zamín ká; us ko ḳhúb maʻlúm hai jo bát
hai dilon men.

37 Wuhí hai jis ne kiyá tum ko qáim ma-
qám zamín men; phir jo koí náshukrí kare,
to us par paṛe us kí náshukrí; aur munkiron
ko na baṛhegí un ke inkár se un ke Rabb ke
yahán magar bezárí; aur munkiron ko na baṛ-
hegá inkár se magar nuqsán.

38 Tú kah, Bhalá, dekho apne sharík, jin
ko pukárte ho Alláh ke siwáe; dikháo to mujh
ko kyá banáyá unhon ne zamín men, yá kuchh
un ká sájhá hai ásmánon men; yá ham ne dí
hai un ko koí kitáb, so yih sanad rakhte hain
us kí; koí nahín, par jo wada batáte hain
gunahgár ek dúsre ko, sab fareb hain.

39 Tahqíq Alláh thám rahá hai ásmánon
aur zamín ko, ki ṭal na jáwen; aur agar ṭal
jáwen, to koí na thám sake un ko us ke siwáe;
wuh hai tahammulwálá, baḳhshtá.

40 Aur qasam kháte the Alláh kí táqíd kí
qasamen apní, agar áwegá un pás koí ḍar suná-
newálá, albatta bihtar ráh chalenge, aur kisí
ek ummat se; phir jab áyá un pás ḍar sunáne-
wálá, aur ziyáda húá un ká badakná.

41 Gurúr karná mulk men aur dáo karná
bure kám ká; aur burái ká dáo ulṭegá unhín
dáowálon par; phir ab wuhí ráh dekhte hain
aglon ke dastúr kí; so tú na páwegá Alláh ká
dastúr badalná.

42 Aur na páwegá Alláh ká dastúr ṭalná.

43 Kyá phire nahín mulk men, ki dekhen
áḳhir kaisá húá un ká, jo un se pahle the, aur
the un se saḳht zor men? Aur Alláh wuh
nahín, jis ko thaká de koí chíz ásmánon men
aur na zamín men; wuh sab jántá hai kar saktá.

44 Aur agar pakaṛ kare Alláh logon ko un

kí kamáí par, na chhoṛe zamín kí piṭh par ek
hilne chalnewálá; par un ko ḍhíl detá hai ek
ṭhahre húe wạde tak.
45 Phir jab áyá un ká wạda, to Alláh kí
nigáh men̲ hain̲ us ke sab bande.

SURA I YÁ SÍN.

Makke men̲ názil húí; 83 áyat kí hai.

BISMI-L-LÁ HI-R-RAHMÁ NI-R-RAHÍM.

(1 *R.*) 1 Y. S. Qasam hai us pakke Qurán kí;
2 Tú tahqíq hai bheje húon̲ men̲ se,
3 Upar sídhí ráh ke.
4 Utárá zabardast rahmwále ká,
5 Ki tú ḍaráwe ek logon̲ ko, ki ḍar nahín̲
suná un ke bápdádon̲ ne; so we ḳhabar nahín
rakhte.
6 Sábit ho chukí hai bát un bahuton̲ par,
so we na mánenge.
7 Ham ne ḍále hain̲ un kí gardanon̲ men̲
tauq, so we hain̲ ṭhuḍḍhíon̲ tak; phir un ke
sir ulal rahe hain̲.
8 Aur banáí ham ne un ke áge díwár, aur
un ke píchhe díwár, phir úpar se ḍhánk diyá, so
un ko nahín̲ sújhtá
9 Aur barábar hai un ko tú ne ḍaráyá yá na
ḍaráyá, yaqín nahín̲ karte.
10 To tú ḍar sunáwe us ko, jo chale samjháe
par, aur ḍare Rahmán se bin dekhe; so us ko
de ḳhushḳhabrí muáfí kí, aur izzat ke neg kí.
11 Ham hain̲, jo jiláte hain̲ murde, aur likh-
te hain̲ jo áge bhej chuke aur un ke píchhe
nishání rahí, aur har chíz gin lí ham ne ek
khulí kitáb asl men̲.
(2 *R.*) 12 Aur bayán kar un ke wáste ek

kaháwat is gáṉw ke logoṉ kí, jab áe us meṉ
bheje húe.
13 Jab bhejá ham ne un kí taraf do ko, to
jhuṭhláyá; phir ham ne zor diyá tísre se, tab
kahá, Ham tumhárí taraf áe haiṉ bheje.
14 We bole, Tum to yihí insán ho, jaise
ham, aur Rahmán ne kuchh nahíṉ utárá; tum
sáre jhúṭh kahte ho.
15 Kahá, Hamárá Rabb jántá hai, ham be-
shakk tumhárí taraf bheje áe haiṉ.
16 Aur hamárá zimma yihí hai, pahunchá
dená kholkar.
17 Bole, Ham ne ná mubárak dekhá tum
ko; agar tum na chhoṛoge, to ham tum ko sang-
sár karenge, aur tum ko lagegí hamáre háth
se dukh kí már.
18 Kahne lage, Tumhárí námubárakí tum-
háre sáth hai: kyá is se ki tum ko samjháyá?
koí nahíṉ, par tum log ho hadd par nahíṉ rahte.
19 Aur áyá shahr ke parle sire se ek mard
dauṛtá; bolá, Ai qaum, chalo ráh par in bheje
húoṉ kí.
20 Chalo ráh par un kí, jo tum se neg na-
híṉ mángte, aur ráh sújhe haiṉ.

TEISWAN SIPARA 21 Aur mujh
ko kyá hai, ki bandagí na karúṉ us kí, jis ne
mujh ko banáyá? aur us kí taraf phir jáoge.
22 Bhalá, maiṉ pakaṛúṉ us ke siwáe auroṉ
ko pújná, ki agar mujh par cháhe Rahmán
taklíf; kuchh kám na áwe mujh ko un kí sifá-
rish, aur na we mujh ko chhoṛáweṉ.
23 Tau to maiṉ bhaṭká rahúṉ saríh.
24 Maiṉ yaqín láyá tumháre Rabb par; mujh
se sun lo.
25 Hukm húá, ki chalá já bihisht meṉ, bolá,
Kisí tarah merí qaum maʼlúm kareṉ.

26 Ki bakhshá mujh ko mere Rabb ne, aur kiyá izzatwálon men.

27 Aur utárí nahíṇ ham ne us kí qaum par us ke píchhe koí fauj ásmán se, aur ham utárá nahíṇ karte.

28 Yihí thí ek chinghár, phir tabhí sab sard ho rahe.

29 Kyá afsos hai bandon par ! nahíṇ áyá un pás koí rasúl, jis se thaṭṭhá nahíṇ karte.

30 Kyá nahíṇ dekhte, kittí khapá chuke ham un se pahle sangateṇ ?

31 Ki we un pás phir nahíṇ áte.

32 Aur sároṇ men koí nahíṇ, jo ekaṭṭhe na áweṇ hamáre pás pakṛe.

(3 R.) 33 Aur ek nishání hai un ko zamín murda; jiláyá ham ne us ko, aur nikálá us meṇ se anáj, so us hí meṇ se kháte hain.

34 Aur banáe ham ne us men bág khajúr ke, aur angúr ke, aur baháe us men baze chashme.

35 Ki kháweṇ us ke mewoṇ se, aur wuh banáyá nahíṇ un ke háthoṇ ne ; phir kyúṇ shukr nahíṇ karte ?

36 Pák zát hai, jin ne banáe joṛe sab chíz ke is qism se, jo ugtá hai zamín meṇ, aur áp un meṇ, aur jin chízoṇ men un ko khabar nahíṇ.

37 Aur ek nishání hai un ko rát ; udheṛ lete haiṇ ham us se din, phir tabhí yih rah já- te haiṇ andhere meṇ.

38 Aur súraj chalá játá hai apní ṭhaharí ráh par, yih sádhá hai us zabardast bákhabar ká.

39 Aur chánd ko ham ne bánṭ díṇ manzi- leṇ, yaháṇ tak ki phir á rahá jaisí ṭahaní purání.

40 Na súraj ko pahunche ki pakṛe chánd ko, aur na rát ko áge baṛhe din se ; aur har koí ek ek ghere men phirte haiṇ.

41 Aur ek nisháni hai un ko, ki ham ne uṭhá lí un kí nasl us bharí kishtí meṇ.

42 Aur baná dí ham ne un ko is hí tarah kí, jis par chaṛhte haiṇ.

43 Aur agar ham cháheṇ, to un ko ḍubá deṇ; phir koí na pahunche un kí faryád ko, aur na we ḳhalás kiye jáweṇ.

44 Magar ham apní mihar se, aur kám chaláne ko ek waqt tak.

45 Aur jab kahiye un ko, Bacho apne sámhne áne se, aur apne píchhe chhoṛe se, sháyad tum par rahm ho.

46 Aur koí hukm nahíṇ pahunchtá un ko apne Rabb ke hukmoṇ se, jis ko ṭalá nahíṇ rahte.

47 Aur jab kahiye un ko, ḳharch karo kuchh Alláh ká diyá, kahte haiṇ munkir ímán-wáloṇ ko, Ham kyúṇ khiláweṇ aise ko? Alláh cháhtá, to us ko khilátá; tum log to nire bahak rahe ho saríh.

48 Aur kahte haiṇ, Kab hai yih wạda, agar tum sachche ho?

49 Yihí ráh dekhte haiṇ ek chinghár kí, jo un ko pakṛegí, jab ápas meṇ jhagaṛ rahe honge.

50 Phir na sakenge, ki kuchh kah mareṇ, aur na apne ghar ko phir jáenge.

(4 *R.*) 51 Aur phúnká jáwe narsinghá, phir tabhí we qabroṇ se apne Rabb kí taraf phail paṛenge.

52 Kahenge, Ai ḳharábí hamárí, kis ne uṭháyá ham ko nínd kí jagah se? yih wuh hai, jo wạda diyá thá Rahmán ne, aur sach kahá thá bheje húoṇ ne.

53 Yihí hogí ek chinghár, phir tabhí we sáre hamáre pás pakṛe áe.

54 Phir, áj ke din zulm na hogá kisí já par kuchh, aur wuhí badlá páoge jo karte the.

55 Tahqíq bihisht ke log áj ek dhandhe men hain, báten karte.

56 We aur un kí auraten sáyon men takhton par baiṭhe hain takiye lagáe.

57 Un ko wahán hai mewa, aur un ke liye hai jo máng len.

58 Salám bolná hai Rabb mihrbán se.

59 Aur tum alag ho jáo áj, ai gunahgáro!

60 Main ne kah rakhá thá tum ko, ai Ádam kí aulád, ki Na pújiyo Shaitán ko; wuh tumhárá khulá dushman hai!

61 Aur yih, ki pújo mujh ko; yih ráh hai sídhí.

62 Aur wuh bahká le gayá tum men se bahut khalq ko, phir kyá tum ko bújh na thí?

63 Yih dozakh hai, jis ká tum ko wada thá.

64 Paiṭho is men áj ke din, badlá apne kufr ká.

65 Áj ham muhr kar denge un ke munh par, aur bolenge ham se un ke háth, aur batáwenge un ke pánw, jo kuchh we kamáte the.

66 Aur agar ham cháhen, miṭá den un kí ánkhen, phir dauṛen ráh chalne ko, phir kahán se sújhe?

67 Aur agar ham cháhen, súrat badal den un kí jahán ke tahán, phir na saken áge chalne, aur na we ulṭe phiren.

(5 *R.*) 68 Aur jis ko ham búṛhá karen, aundhá karen khilqat men: phir kyá bújh nahín rakhte?

69 Aur ham ne nahín sikháyá us ko shir kahná. Aur yih us ke láiq nahín; yih to nirí samjhautí hai, aur Qurán hai sáf.

70 Tá ḍar sunáwe us ko, jis men ján ho, aur sábit ho bát munkiron par.

71 Kyá aur nahín dekhte we, ki ham ne baná

diyá un ko chaupáe us se, ki hamáre háthon ne banáyá, phir we un ke málik hain.

72 Aur ájiz kar diyá un ko un ke áge; phir un men koí hai un kí sawárí, aur kisí ko kháte hain.

73 Aur un ko un men fáide hain, aur píne ke ghát; phir kyún nahín shukr karte?

74 Aur pakre hain Alláh ke siwáe aur hákim, ki sháyad un ko madad pahunche.

75 Na sakenge un kí madad karne, aur yih un kí fauj hokar pakre áwenge.

76 Ab tú gam na khá un kí bát se; ham jánte hain jo chhipáte hain, aur jo kholte hain.

77 Kyá dekhtá nahín ádmí, ki ham ne us ko banáyá ek búnd se, phir tabhí wuh ho gayá jhagartá boltá;

78 Aur baithátá hai ham par kaháwat, aur bhúl gayá apní paidáish; kahne lagá, Kaun jiláwegá haddián, jab khokhrí ho gain?

79 Tú kah, Un ko jiláwegá, jis ne banáyá un ko pahlí bár; aur wuh sab banáne jántá hai.

80 Jis ne baná dí tum ko sabz darakht se; ág; phir ab tum us se sulgáte ho.

81 Kyá jis ne banáe ásmán aur zamín, nahín saktá, ki banáwe waise aur? kyún nahín? aur wuh hai asl banánewálá, sab jántá.

82 Us ká hukm yihí hai, ki jab cháhe kisí chíz ko, kahe us ko, Ho! wuh ho jáwe.

83 So pák hai wuh zát, jis ke háth hai hukúmat har chíz kí, aur usí kí taraf phir jáoge.

SURA I SAFFAT.

Makke men názil húí; 182 *áyat kí hai.*

BISMI-L-LÁ HI-R-RAHMÁ NI-R-RAHÍM.

(1 *R.*) 1 Qasam saff bándhnewálon kí qatár hokar,
2 Phir dántnewálon kí jhirak kar,
3 Phir parhnewálon kí yád kar,
4 Beshakk hákim tumhárá ek hai,
5 Rabb ásmán ká, aur zamín ká, aur jo un ke bích hai; aur Rabb mashriqon ká.
6 Ham ne raunaq dí warle ásmán ko táron kí zínat se.
7 Aur bacháo banáyá har Shaitán sarkash se.
8 Sun nahín sakte úpar kí majlis tak, aur phenkte játe hain har taraf se.
9 Hánke gae, aur un ko már hai hamesha.
10 Magar jo uchak láyá jhap se; phir píchhe lagá us ke angárá chamaktá.
11 Ab púchh un se yih mushkil hain banáne; yá jitte khalq ham ne banáe; ham hí ne un ko banáyá hai ek gáre chipakte se,
12 Balki tú rahtá hai achambhe men, aur karte hain thatthe.
13 Aur jab samjháiye, nahín sochte.
14 Aur jab dekhen kuchh nishání hansí men,
15 Dál dete hain, aur kahte hain, Aur kuchh nahín, yih jádú hai khulá.
16 Kyá jab ham mar gae aur ho gae mittí aur haddián, kyá ham ko phir utháná hai?
17 Aur hamáre bapdádon ko agle?
18 Tú kah, Hán, aur tum zalíl hoge.
19 So, wuh to yihí hai ek jhirkí, phir tabhí yih lagenge dekhne.

20 Aur kahenge, Ái kharábí hamárí, yih áyá din jazá ká.
21 Yih hai din faisale ká, jis ko tum jhuṭhláte the.
(2 R.) 22 Jamạ karo gunahgároṉ ko, aur un ke joṛoṉ ko, aur jo kuchh pújte the,
23 Alláh ke siwáe; phir chaláo un ko ráh par dozakh kí,
24 Aur khaṛá rakho un ko, un se púchhná hai,
RUBA. 25 Kyá húá tum ko? ek dúsre kí madad nahíṉ karte?
26 Koí nahíṉ, wuh áj áp ko pakaṛwáte haiṉ.
27 Aur muṉh kiyá bạzoṉ ne bạzoṉ kí taraf, lage púchhne.
28 Bole, Tumhíṉ the ki áte the ham par dahne se.
29 We bole, Koí nahíṉ, par tumhí na the yaqín lánewále; aur hamárá tum par kuchh zor na thá; par tumhí the log behadd chalnewále.
30 So sábit húí ham par bát hamáre Rabb kí; ham ko maza chakhná.
31 Phir ham ne tum ko gumráh kiyá, ham the áp gumráh.
32 So we us din taklíf meṉ sharík haiṉ.
33 Ham aisá kuchh karte haiṉ gunahgároṉ ke haqq meṉ.
34 We the ki jab un se koí kahtá, Kisí kí bandagí nahíṉ siwáe Alláh ke, to gurúr karte,
35 Aur kahte, ki Kyá ham chhoṛ denge apne ṭhákuroṉ ko, kahe se ek sháịr diwáne ke?
36 Koí nahíṉ, wuh láyá hai sachchá dín, aur sach máná hai sab rasúloṉ ko.
37 Beshakk tum ko chakhní dukhwálí már.
38 Aur wuhí badlá páoge jo kuchh tum karte the;

39 Magar jo bande Alláh ke hain chune húe,
40 Jo hain, un ko rozí hai muqarrar, mewe,
41 Aur un kí izzat hai,
42 Bágon men nimat ke,
43 Takhton par, ek dúsre ke sámhne,
44 Log liye phirte hain un ke pás piyála
sharáb nithri ká;
45 Sufaid rang, maza detí pínewálon ko.
46 Na us men sir phirtá hai, aur na us se
bahakte hain.
47 Aur un ke pás hain auraten níche nigáh
rakhtíán barí ánkhonwálíán, goyá weande hain
chhipe dhare.
48 Phir munh kiyá ek ne dúsre kí taraf lage
púchhne;
49 Bolá ek bolnewálá un men, Mujh ko thá
ek sáthí.
50 Kahtá, Kyá tú yaqín kartá hai?
51 Kyá jab ham mar gae, aur ho gae mittí
aur haddíán, kyá ham ko badlá miltá hai?
52 Kahne lagá, Bhalá, tum jhánkkar de-
khoge.
53 Phir jhánká, to us ko dekhá, bíchon bích
dozakh ke.
54 Bolá, Qasam Alláh kí, tú to lagá thá ki
mujh ko garhe men dále.
55 Aur agar na hotá mere Rabb ká fazl, to
main bhí hotá un men jo pakre áe.
56 Kyá ab ham ko nahín marná?
57 Magar jo pahlí bár mar chuke aur ham
ko taklíf nahín pahunchtí.
58 Beshakk yihí hai barí murád milní.
59 Aisí chízon ke wáste cháhiye mihnat
karen mihnat karnewále.
60 Bhalá, yih bihtar mihmání, yá darakht
sehund ká.

61 Ham ne us ko rakhá hai ḳharáb karná zálimon ká.
62 Wuh ek daraḳht hai ki nikaltá hai dozaḳh kí jaṛ men.
63 Us ká shigúfa jaise sar Shaitánon ke.
64 So we kháwenge us men se, phir bharenge us se peṭ.
65 Phir un ko us par milauní jalte pání kí.
66 Phir un ko le jáná ág ke ḍher men.
67 Unhon ne páe bápdáde bahke húe.
68 So we unhín ke qadamon par dauṛte hain.
69 Aur bahak chuke hain un se áge bahut log pahle.
70 Aur ham ne bheje hain un men ḍar sunánewále.
71 Ab dekh, kaisá húá áḳhir ḍaráe húon ká,
72 Magar jo bande Alláh ke hain chune.
73 Aur ham ko pukárá thá Núh ne, so kyá ḳhúb pahunchnewále hain pukár par?
(3 R.) 74 Aur bachá diyá us ko, aur us ke ghar ko us baṛí ghabráhaṭ se.
75 Aur rakhí us kí aulád wuhí rah jánewálí.
76 Aur báqí rakhá ham ne us par pichhlí ḳhalq men,
77 Ki salám hai Núh par sáre jahánwálon men.
78 Ham yún badlá dete hain nekíwálon ko.
79 Wuh hai hamáre bandon ímándár men.
80 Phir ḍubáyá ham ne dúsron ko.
81 Aur usí ke ráhwálon men hai Ibráhím,
82 Jab áyá apne Rabb pás lekar dil nirogá,
83 Jab kahá apne báp ko, aur us kí qaum ko, Tum kyá pújte ho?
84 Kyún jhúṭh banáe hákimon ko Alláh ke siwáe cháhte ho?
85 Phir kyá ḳhiyál kiyá hai tum ne jahán ke sáhib ko?
86 Phir nigáh kí ek bár táron men;

87 Phir kahá, Main bímár húṇ;
88 Phir ulṭe gae us se píṭh dekar;
89 Phir já ghusá un ke butoṇ meṇ; phir
bolá, Tum kyúṇ nahíṇ kháte?
90 Tum ko kyá hai, ki nahíṇ bolte?
91 Phir ghúsá un par mártá dáhne háth se.
92 Phir log áe us par dauṛkar ghabráte.
93 Bolá, Kyúṇ pújte ho jo áp taráshte ho?
94 Aur Alláh ne banáyá tum ko, aur jo
banáte ho.
95 Bole, Chuno is ke wáste ek chunáí, phir
ḍálo us ko ág ke ḍher meṇ.
96 Phir cháhne lage us par burá dáo; phir
ham ne ḍálá un hí ko níche.
97 Aur bolá, Main játá húṇ apne Rabb kí
taraf, wuh mujh ko ráh degá.
98 Ai Rabb, bakhsh mujh ko koí nek beṭá.
99 Phir khushkhabarí dí ham ne us ko ek
laṛke kí, jo hogá tahammulwálá.
100 Phir jab pahunchá us ke sáth dauṛne ko:
101 Kahá, Ai beṭe, main dekhtá húṇ khwáb
meṇ, ki tujh ko zabh kartá húṇ, phir dekh to
tú kyá dekhtá hai?
102 Bolá, Ai báp, kar ḍál, jo tujh ko hukm
hotá hai; tú páwegá mujh ko agar Alláh ne
cháhá sahárnewálá.
103 Phir jab donoṇ ne hukm máná aur pa-
chháṛá us ko máthe ke bal,
104 Aur ham ne pukárá us ko yúṇ, ki Ai
Ibráhím!
105 Tú ne sach kar dikháyá khwáb; ham
yúṇ dete haiṇ badlá nekí karnewáloṇ ko.
106 Beshakk yihí hai saríh jánchná.
107 Aur uská badlá diyá ham ne zabh ko baṛá.
108 Aur báqí rakhá ham ne us par pichhlí
khalqat meṇ,

109 Ki salám hai Ibráhím par.
110 Ham yún dete hain badlá nekí karnewálon ko.
111 Wuh hai hamáre bandon men ímándár.
112 Aur khushkhabarí dí ham ne us ko Isháq kí, jo nabí hogá nek bakhton men.
113 Aur barakat dí ham ne us par aur Isháq par; aur donon kí aulád men nekwále hain, aur badkár bhí hain apne haqq men saríh.
(4 *R.*) 114 Aur ham ne ihsán kiyá Músá aur Hárún par.
115 Aur bachá diyá ham ne un ko, aur un kí qaum ko us barí ghabráhat se.
116 Aur un kí madad kí ham ne, to rahe wuhí zabardast;
117 Aur dí un ko kitáb i wázih,
118 Aur samjhái un ko sídhí ráh,
119 Aur báqí rakhá un par pichhlí khalq men,
120 Ki salám hai Músá aur Hárún par.
121 Ham yún dete hain badlá nekí karnewálon ko.
122 We donon hain hamáre bandon ímándár men.
123 Aur tahqíq Iliyás hai rasúlon men.
124 Jab kahá apní qaum ko, Kyá tum ko dar nahín?
125 Kyá tum pukárte ho Bal ko, aur chhorte ho bihtar banánewále ko?
126 Jo Alláh hai, Rabb tumhárá, aur Rabb tumháre agle bápdádon ká?
127 Phir us ko jhuthláyá; so we pakre áte hain,
128 Magar jo bande Alláh ke hain chune.
129 Aur báqí rakhá us par pichhlí khalq men,
130 Ki salám hai Iliyás par.

131 Ham yún dete hain badlá nekí karne-
wálon ko.
132 Wuh hai hamáre bandon ímándár men.
133 Aur tahqíq Lút hai rasúlon men se.
134 Jab bachá diyá ham ne us ko aur us ke
gharwálon ko sáre,
135 Magar ek burhiyá rah gai rahnewálon
men.
136 Phir ukhár márá ham ne dúsron ko.
137 Aur tum guzre ho un par subh ke waqt,
138 Aur rát ko, phir kyá nahín bújhte?
(5 R.) 139 Aur tahqíq Yúnas hai rasúlon
men se.
140 Jab bhágkar pahunchá us bharí kishtí
par.
141 Phir qurah dalwáyá, to ho gayá ilzám
kháyá.
142 Phir luqma kiyá us ko machhlí ne, aur
wuh uláhná kháyá húá thá.
143 Phir agar na hotá, ki wuh thá yád kartá
pák zát ko,
144 To rahtá us ke pet men jis din tak
murde jíwen.
NISF. 145 Phir dál diyá ham ne us ko pat-
par maidán men, aur wuh bímár thá.
146 Aur ugáyá ham ne us par ek darakht
bel ká.
147 Aur bhejá us ko lákh ádmíon par yá
ziyáda.
148 Phir we yaqín láe, phir un ko ham ne
baratne diyá ek waqt tak.
149 Ab un se púchh, Kyá tere Rabb ke ya-
hán betíán hain? aur un ke yahán bete?
150 Yá ham ne banáyá firishton ko aurat,
aur we dekhte the?

151 Suntá hai we apná jhúṭh banáyá kahte hain,
152 Ki Alláh kí aulád húí, aur yih beshakk jhúṭhe hain.
153 Kyá pasand kín beṭián beṭon se?
154 Kyá húá hai tum ko? kaisá insáf karte ho?
155 Kyá tum dhiyán nahín karte?
156 Yá tum pás koí sanad hai khulí?
157 To láo apní kitáb, agar ho tum sachche.
158 Aur ṭhahráyá hai us men, aur jinnon men nátá; aur jinnon ko malúm hai, ki we pakṛe áte hain.
159 Alláh nirálá hai in báton se jo batáte hain.
160 Magar jo bande hain Alláh ke chune.
161 So tum aur jin ko prújte ho,
162 Us ke háth se bahká nahín le sakte,
163 Magar usí ko jo paiṭhnewálá hai ág men.
164 Aur ham men jo hai, us ko ek ṭhikáná hai muqarrar,
165 Aur ham jo hain, ham hí hain qatár bándhnewále.
166 Aur ham jo hain ham hí hain pákí bolnewále.
167 Aur yih to kahte the,
168 Agar ham pás ahwál hotá pahle logon ká.
169 To ham hote bande Alláh ke chune.
170 So, us se munkir ho gae, ab áge ján lenge.
171 Aur pahle ho chuká hamárá hukm apne bandon ke haqq men, jo rasúl hain.
172 Beshakk unhín ko madad hotí hai.
173 Aur hamárá lashkar jo hai, beshakk wuhí zabr hain.
174 So, tú un se phir á ek waqt tak.
175 Aur un ko dekhtá rah, ki áge dekh lenge.

176 Kyá hamárí áfat shitáb mángte haiṉ?
177 Phir jab á utrenge un ke maidán meṉ, to burí subh hogí ḍaráe gaeoṉ kí.
178 Aur phir á un se ek waqt tak.
179 Aur dekhtá rah, ab áge dekh lenge.
180 Pák zát hai tere Rabb kí; wuh izzat ká sáhib, pák hai in bátoṉ se jo karte haiṉ.
181 Aur salám hai rasúloṉ par.
182 Aur sab khúbí Alláh ko hai, jo Rabb hai sáre jahán ká.

SURA I SWAD.

Makke meṉ názil húí; 88 áyat kí hai.

BISMI-L-LÁ HI-R-RAHMÁ NI-R-RAHÍM.

(1 *R.*) 1 S. Qasam hai is Qurán ke samjhánewále kí; balki jo log munkir haiṉ, gurúr meṉ haiṉ, aur muqábale meṉ.
2 Bahut khapá diṉ ham ne un se pahle sangateṉ; phir lage pukárne, aur waqt na rahá khalásí ká.
3 Aur achambhá karne lage is par, ki áyá un ko ek ḍar sunánewálá unhíṉ meṉ se; aur lage kahne munkir, Yih jádúgar hai jhúṭhá.
4 Kyá us ne kar dí itnoṉ kí bandagí ke badal ekhí kí bandagí? yih bhí hai baṛí taajjub kí bát.
5 Aur chal khaṛe húe kitte panch un meṉ se, ki chalo, aur ṭhahre raho apne ṭhákuroṉ par; beshakk is bát meṉ kuchh garaz hai.
6 Yih nahíṉ suná ham ne is pichhle dín meṉ; aur kuchh nahíṉ, yih banáí bát hai.
7 Kyá is hi par utrí samjhautí ham sab meṉ se? koí nahíṉ, un ko dhokhá hai merí nasíhat meṉ; koí nahíṉ, abhí chakhí nahíṉ, merí már:

8 Kyá un ke pás hain ḳhazáne tere Rabb
kí mihr ke, jo zabardast hai baḳhshnewálá?
9 Yá un kí hukúmat hai ásmánon men aur
zamín men, aur jo un ke bích hai? to cháhiye
chaṛh jáwen rassíán tánkar.
10 Ek lashkar yih bhí wahán tabáh húá un
sab lashkaron men.
11 Jhuṭhlá chuke hain in se pahle Núh kí
qaum, aur Ád aur Firaun meḳhonwálá.
12 Aur Samúd, aur Lút kí qaum, aur Aika
ke log we faujen.
13 Yih jitne the, sab ne jhuṭhláyá rasúlon
ko; phir sábit húí merí taraf se sazá.
(2 *R.*) 14 Aur ráh nahín dekhte yih log ma-
gar ek chinghár kí, jo bích men dam na legí.
15 Aur kahte hain, Ai Rabb, shitáb de ham
ko chiṭṭhí hamáre pahle hisáb ke din se.
16 Tú sahtá rah is par jo kahte hain, aur
yád kar hamáre bande Dáúd ko háth ke bal-
wálá; wuh thá rujú rahnewálá.
17 Ham ne tábi kiye pahár us ke sáth pákí
bolte shám ko aur subh ko.
18 Aur uṛte jánwar jama hokar; sab the us
ke áge rujú rahte.
19 Aur zor diyá ham ne us kí saltanat ko,
aur dí us ko tadbír, aur faisala bát ká.
20 Aur pahunchí hai tujh ko ḳhabar dawí-
wálon kí, jab díwár kúdkar áe ibádat ḳháne
men.
21 Jab paiṭh áe Dáúd pás, to un se ghabráyá;
we bole, Mat ghabrá; ham do jhagaṛte hain,
ziyádatí kí hai ek ne dúsre par, so faisala kar
de ham men insáf ká, aur dúr na ḍál bát ko;
aur batá de ham ko sídhí ráh.
22 Yih jo hai bhái hai merá; us ke yahán
hain ninánwe dumbiyán, aur mere yahán ek

dumbí: phir kahtá hai, Hawále kar mujh ko wuh, aur zabardastí kartá hai mujh se bát men.

23 Bolá, Wuh beinsáfí kartá hai tujh par, ki mángtá hai terí dumbí miláne ko apní dumbíon men; aur aksar sharík ziyádatí karte hain ek dúsre par, magar jo yaqín láe hain, aur nek kám kiye, aur thore log hain waise; aur khiyál kiyá Dáúd ne, ki ham ne us ko jánchá, phir gunáh bakhshwáne lagá apne Rabb se, aur girá jhukkar, aur rujú húá.

24 Phir ham ne muáf kar diyá us ko wuh kám; aur us ko hamáre pás martaba hai, aur achchhá thikáná.

25 Ai Dáúd, ham ne kiyá tujh ko náib mulk men, so tú hukúmat kar logon men insáf se, aur na chal jí kí cháh par, phir tujh ko bichláwe Alláh kí ráh se; muqarrar jo log bichalte hain Alláh kí ráh se, un ko sakht már hai is par, ki bhulá diyá din hisáb ká.

(3 *R.*) 26 Aur ham ne nahín banáyá ásmánon aur zamín ko, aur jo un ke bích hai, nikamma; yih khiyál hai un ká, jo munkir hain; so kharábí hai munkiron ko ág se.

27 Kyá ham karenge ímánwálon ko, jo karte hain nekíán, barábar un ke, jo kharábí dálen mulk men? kyá ham karenge darwálon ko barábar dhíth logon ke?

28 Ek kitáb hai, jo utárí ham ne terí taraf, barakat kí, tá dhiyán karen log us kí báten, aur tá samajhen aqlwále.

29 Aur diyá ham ne Dáúd ko Sulaimán; bahut khúb banda wuh hai, rujú rahnewálá.

30 Jab dikháne ko áe us ke sámhne shám ko ghore khásse,

31 To bolá, Main ne cháhí muhabbat mál kí apne Rabb kí yád se; yahán tak ki chhip gayá oṭ men.

32 Phir láo un ko mere pás, phir lagá jhárne pindlián aur gardanen.

33 Aur ham ne jánchá Sulaimán ko, aur dál diyá us ke takht par ek dhaṛ; phir wuh rujú húá.

34 Bolá, Ai Rabb mere, muáf kar mujh ko, aur bakhsh mujh ko wuh bádsháhí, ki na cháhe kisí ko mere píchhe; beshakk tú hai sab bakhshnewálá.

35 Phir ham ne tábi kí us ke báo chaltí us ke hukm se narm narm jahán pahunchá cháhtá.

36 Aur tábi kiye Shaitán sáre imárat karnewále, aur gote lagánewále;

37 Aur kitte aur bandhe húe beríon men.

38 Yih hai bakhshish hamárí; ab tú ihsán kar, yá rakh choṛ kuchh nahín hisáb.

39 Aur us ko hamáre pás martaba hai, aur achchhá thikáná.

40 Aur yád kar hamáre bande Aiyúb ko; jab pukárá apne Rabb ko, ki mujh ko lagá dí Shaitán ne izá aur taklíf.

(4 R.) 41 Lát már apne pánw se; yih chashma niklá naháne ko thandá, aur píne ko.

42 Aur dí ham ne us ko us ke gharwále, aur un ke barábar un ke sáth apní taraf kí mihr se, aur yád rahne ko aqlwálon ke,

43 Aur pakaṛ apne háthon men sínkon ká mutthá, phir us se már, aur qasam men jhúthá na ho; ham ne us ko páyá sahárnewálá.

44 Bahut khúb banda; wuh hai rujú rahnewálá.

45 Aur yád kar hamáre bandon ko Ibráhím,

aur Isháq, aur Yaqúb, háthoṇwále, aur ánkhoṇwále.

46 Ham ne imtiyáz diyá un ko ek chuní bát ká, wuh yád us ghar kí.

47 Aur we sab hamáre pás haiṇ, chune, nek logoṇ meṇ.

48 Aur yád kar Ismáíl ko, aur Ilísa ko, aur Zulkifl ko, aur har ek thá khúbíwálá.

49 Yih ek mazkúr ho chuká; aur tahqíq darwáloṇ ko hai achchhá thikáná.

50 Bág haiṇ basne ke, khol rakhe un ke wáste darwáze.

51 Takiyá lagáe baithe un meṇ, mangwáte haiṇ mewe bahut, aur sharáb.

52 Aur un ke pás aurateṇ haiṇ níchí nigáhwálíáṇ ek umr kí.

53 Yih wuh hai jo tum ko wada miltá hai hisáb ke din par.

SULS. 54 Yih hai rozí hamárí dí, us ko nahíṇ nibaṛná.

55 Yih sun chuke; aur tahqíq sharíroṇ ke wáste hai burá thikáná,

56 Dozakh hai, jis meṇ paithenge; so kyá burí taiyárí hai!

57 Yih hai, ab us ko chakheṇ garm pání aur píb,

58 Aur kuchh us hí shakl kí tarah tarah kí chízeṇ.

59 Yih ek fauj hai, wuhí dhastí átí hai tumháre sáth, jagah na miliyo un ko; ye haiṇ paithnewále ág meṇ.

60 We bole, Balki tum hí ho, ki jagah na miliyo tum ko: tum hí pesh láe hamáre yih balá; so kyá burá thahráo hai!

61 We bole, Ai Rabb hamáre, jo koí hamáre

pesh láyá yih, so baṛhtí de us ko már dúní ág
meṉ.
62 Aur kahenge ki Kyá húá, ki ham nahíṉ
dekhte kitte mardoṉ ko, ki ham un ko ginte
the bure logoṉ meṉ.
63 Kyá Ham ne un ko ṭhaṭṭhe meṉ pakṛá,
yá chúk gaíṉ un se ánkheṉ.
64 Yih bát ṭhík honí hai jhagṛá ápas meṉ
dozakhíoṉ ká.
65 Tú kah, Maiṉ to yihí húṉ ḍar sunáne-
wálá, aur hákim koí nahíṉ magar Alláh akelá
dabáowálá.
(5 *R.*) 66 Rabb ásmánoṉ ká, aur zamín ká,
aur jo un ke bích hai, zabardast gunáh bakhsh-
newálá.
67 Tú kah, Yih ek baṛí khabar hai,
68 Ki tum us ko dhiyán meṉ nahíṉ láte.
69 Mujh ko kuchh khabar na thí úpar kí
majlis kí, jab ápas meṉ takrár karte haiṉ.
70 Mujh ko to yihí hukm átá hai, ki aur
nahíṉ, maiṉ ḍar sunánewálá húṉ kholkar.
71 Jab kahá tere Rabb ne firishtoṉ ko,
Maiṉ banátá húṉ ek insán miṭṭí ká.
72 Phir jab ṭhík baná chukúṉ, aur phúṉ-
kúṉ us meṉ ek apní ján, to tum gir paṛo us
ke áge sijde meṉ.
73 Phir sijda kiyá firishtoṉ ne sáre ekaṭṭhe.
74 Magar Iblís ne gurúr kiyá, aur thá wuh
munkiroṉ meṉ.
75 Farmáyá, Ai Iblís, tujh ko kyá aṭkáo
húá, ki sijda kare is chíz ko, jo maiṉ ne banáí
apne do háthoṉ se?
76 Yih tú ne gurúr kiyá, yá tú baṛá thá
darje meṉ.
77 Bolá, Maiṉ bhitar húṉ us se; mujh ko
banáyá tú ne ág se, aur us ko banáyá miṭṭí se.

78 Farmáyá, Tú nikal yahán se, ki tú mardúd húá.
79 Aur tujh par merí phiṭkár hai us jazá ke din tak.
80 Bolá, Ai Rabb, mujh ko ḍhíl de jis din tak murde jíweṇ.
81 Farmáyá, To tujh ko ḍhíl hai,
82 Us hí waqt ke din tak jo mạlúm hai.
83 Bolá, To qasam hai terí ịzzat kí, maiṇ gumráh karúngá un sab ko,
84 Magar jo bande haiṇ tere un meṇ chune.
85 Farmáyá, To ṭhík bát yih hai, aur ṭhík hí kahtá húṇ; mujh ko bharná hai dozakh tujh se, aur jo un meṇ terí ráh chaleṇ, un se sáre.
86 Tú kah, Maiṇ mángtá nahíṇ tum se us par kuchh neg, aur maiṇ nahíṇ áp ko banánewálá.
87 Yih to ek samjhautí hai sáre jahánwáloṇ ko.
88 Aur mạlúm kar loge is ká ahwál thoṛí der píchhe.

SURA I ZAMR.

Make meṇ názil húí; 75 áyat kí hai.

BISMI-L-LÁ HI-R-RAHMÁ NI-R-RAHÍM.

(1 *R.*) 1 Utárá hai kitáb ká Alláh se, jo zabardast hai hikmatoṇ wálá.
2 Ham ne utárí hai terí taraf kitáb ṭhík; so bandagí kar Alláh kí, nirí karke us ke wáste bandagí.
3 Suntá hai Alláh hí ko hai bandagí nirí.
4 Aur jinhoṇ ne pakṛe haiṇ us se ware himáyatí, ki ham un ko pújte haiṇ is hí wáste ki ham ko pahuncháweṇ Alláh kí taraf pás ke

darje; beshakk Alláh chukáwegá un meṉ jis
chíz meṉ jhagaṛ rahe haiṉ.
5 Albatta Alláh ráh nahíṉ detá us ko, jo
ho jhúṭhá haqq na mánnewálá.
6 Agar Alláh cháhtá ki aulád kar le, to chun
letá apní ḳhalq meṉ jo cháhtá; wuh pák hai;
wuhí hai Alláh akelá dabáowálá.
7 Banáe ásmán aur zamín ṭhík, lapeṭtá hai
rát ko din par, aur lapeṭtá hai din ko rát par,
aur kám lagáe súraj aur chánd; har ek chaltá
hai ek ṭhahrí muddat par; suntá hai wuhí hai
zabardast gunáh baḳhshnewálá.
8 Banáyá tum ko ek jí se; phir banáyá usí
se us ká joṛá, aur utáre tumháre wáste chau-
páeoṉ ke áṭh nar máda; banátá hai tum ko
má ke peṭ meṉ tarah par tarah; banáyá tín
andheroṉ ke bích; wuh Alláh hai Rabb tum-
hárá, usí ká ráj hai, kisí kí bandagí nahíṉ siwáe
us ke; phir kaháṉ se phire játe ho?
9 Agar tum munkir hoge, to Alláh parwá
nahíṉ rakhtá tumhári, aur pasand nahíṉ kartá
apne bandoṉ kí munkirí; aur agar haqq má-
noge, to use tumháre liye pasand karegá; aur
na uṭháwegá koí uṭhánewálá bojh dúsre ká;
phir apne Rabb kí taraf tum ko phir jáná hai, to
wuh jatáwegá tum ko jo karte the.
10 Muqarrar us ko ḳhabar hai jíoṉ kí bát kí.
11 Aur jab lage insán ko saḳhtí, pukáre
apne Rabb ko rujú hokar us kí taraf; phir jab
baḳhshe us ko nimat apní taraf se, bhúl jáwe
jo pukártá thá us kám ko pahle se, aur ṭhahrá-
we Alláh ke barábar auroṉ ko, tá bahkáwe
us kí ráh se; tú kah, Barat le apne inkár ke
sáth thoṛe dinoṉ; beshakk tú hai ágwáloṉ meṉ.
12 Bhalá, ek jo bandagí meṉ lagá hai ghaṛí-
oṉ rát kí sijda kartá aur khaṛá hai, ḳhatra

rakhtá hai ákhirat ká, aur ummaid rakhtá hai apne Rabb kí mihr kí: tú kah, Koí barábar hote hain samajhwále, aur besamajh, wuhí sochte hain, jin ko aql hai.

(2 R.) 13 Tú kah, Ai bando mere, jo yaqín láe hon, ḍaro apne Rabb se; jinhon ne nekí kí is dunyá men, un ko hai bhaláí, aur zamín Alláh kí kusháda hai; ṭhaharnewálon hí ko miltá hai un ká neg angint.

14 Tú kah, Mujh ko hukm hai, ki bandagí karún Alláh kí nirí karkar us kí bandagí; aur hukm hai ki main hún sab se pahle hukmbardár.

15 Tú kah, Main ḍartá hún agar hukm na mánún apne Rabb ká ek baṛe din kí már se.

16 Tú kah, Main to Alláh ko pújtá hún nirí karkar apní bandagí usí ke wáste.

17 Ab tum pújo jis ko cháho us ke siwáe; tú kah, Baṛe háre we, jo hár baiṭhe apní ján aur apná ghar qiyámat ke din, suntá hai yihí hai saríh ṭoṭá.

18 Un ke wáste úpar se bádal hain ág ke, aur un ke níche se bádal; is chíz se ḍarátá hai Alláh apne bandon ko; ai bando mere, to mujh se ḍaro.

19 Aur jo log bache Shaitánon se, ki un ko pújen, aur rujú húe Alláh kí taraf, un ko hai khushkhabrí; so tú khushí suná mere bandon ko, jo sunte hain bát, phir chalte hain us ke nek par; wuhí hain, jin ko ráh dí Alláh ne, aur wuhí hain aqlwále.

20 Bhalá, jis par ṭhík ho chuká azáb ká hukm, bhalá tú khalás karegá ág men paṛe ko?

21 Lekin jo ḍarte rahe apne Rabb se, un ko hain jharokhe, un par aur jharokhe chune húe; un ke níche chaltí hain naddíán; wada húá

Alláh ká; Alláh nahín khiláf kartá hai wada.

22 Tú ne nahín dekhá, ki Alláh ne utárá ásmán se pání, phir chaláyá wuh pání chashmon men zamín ke, phir nikáltá hai us se khetí kaí kaí rang badalte us par; phir áí taiyárí par, to tú dekhe us ká rang zard, phir kar dáltá hai us ko chúr? beshakk us men nasíhat hai aqlmandon ko.

(3 *R.*) 23 Bhalá, jis ká síná khol diyá Alláh ne musalmání par, so wuh ujále men hai apne Rabb kí taraf se; so kharábí hai un ko, jin ke dil sakht hain Alláh kí yád se; we pare phirte hain bahke saríh.

24 Alláh ne utárí bihtar bát kitáb ápas men duhráí húí; bál khare hote hain us se khál par un logon ke, jo darte hain apne Rabb se; phir narm hotí hain un kí khálen, aur un ke dil Alláh kí yád par; yih hai ráh dená Alláh ká; is tarah ráh detá hai jis ko cháhe, aur jis ko ráh bhuláwe Alláh, us ko koí nahín sujhánewálá.

25 Bhalá, ek wuh jo roktá hai apne munh par burá azáb din qiyámat ke, aur kahegá beinsáfon ko, Chakho jo tum kamáte the.

26 Jhuthlá chuke hain un se agle; phir pahunchá un par azáb jahán se khabar na rakhte the.

27 Phir chakháí un ko Alláh ne ruswáí dunyá ke jíte, aur ákhirat ká azáb aur bará hai, agar yih samajh rakhte.

28 Aur ham ne bayán kí logon ko is Qurán men sab chíz kí kaháwat, ki sháyad we sochen.

29 Qurán hai Arabí zubán ká, jis men kají nahín, ki sháyad we bach chalen.

30 Alláh ne batái ek kaháwat, ek mard hai ki us men kaí sharík ziddí, aur ek mard hai púrá ek shakhs ká, koí barábar hotí hai un kí

kaháwat? sab khúbí Alláh ko hain, par we bahut log samajh nahín rakhte.

31 Beshakk tú bhí martá hai, aur beshakk we bhí marte hain.

32 Phir muqarrar tum din qiyámat ke apne Rabb ke áge jhagroge.

CHAUBISWAN SIPARA. (4 R.)

33 Phir us se zálim kaun, jin ne jhúṭh kahá Alláh par, aur jhuṭhláyá sachchí bát ko jab pahunchí us pás? kyá nahín dozakh men ṭhahráo munkiron ká?

34 Aur jo láyá sachchí bát aur sach máná jin ne us ko, wuhí log hain ḍarwále.

35 Un ko hai jo cháhen apne Rabb ke pás; yih hai badlá nekíwálon ká.

36 Tá utáre Alláh un se bure kám, jo kiye the, aur badle men de un ká neg bihtar kámon ká, jo karte the.

37 Kyá Alláh bas nahín apne bande ko? Aur tujh ko ḍaráte hain un se, jo us ke siwáe hain; aur jis ko ráh bhuláwe Alláh, to koí nahín us ko ráh denewálá.

38 Aur jis ko ráh sujháwe Alláh, us ko koí nahín bhulánewálá; kyá nahín hai Alláh zabardast badlá lenewálá?

39 Aur jo tú un se púchhe, Kis ne banáe ásmán aur zamín? to kahen, Alláh ne; tú kah, Bhalá, dekho to, jin ko púj te ho Alláh ke siwáe, agar cháhe Alláh mujh par kuchh taklíf, we hain ki khol den taklíf us kí ḍálí húí? yá wuh cháhe mujh par mihr, we hain ki rok den us kí mihr? Tú kah, Mujh ko bas hai Alláh; usí par bharosá rakhte hain bharosá rakhnewále.

40 Tú kah, Ai qaum, kám kiye jáo apní jagah; main bhí kám kartá hún; ab áge ján loge.

41 Kis par átí hai áfat ki us ko ruswá kare, aur utartí hai us par már sadá kí.

42 Ham ne utárí hai tujh par kitáb logon ke wáste, sachche dín ke sáth; phir jo koí ráh par áyá, so apne bhale ko, aur jo koí bahká, so yihí ki bahká apne bure ko; aur tujh par un ká zimma nahín.

(5 *R.*) 43 Alláh khainch letá hai jánen jab waqt húá un ke marne ká; aur jo nahín maren un kí nínd men, phir rakh chhoṛtá hai jin par marná ṭhahráyá, aur bhejtá hai dúsron ko ek ṭhahre wạde tak; albatta is men pate hain un logon ko jo dhiyán karen.

44 Kyá unhon ne pakṛe hain Alláh ke siwáe koí sifárishwále? tú kah, Agar jo un ko ikhtiyár na ho kisí chíz ká, aur na bújh, tau bhí?

45 Tú kah, Alláh ke ikhtiyár hai sifárish sárí; us hí ká ráj hai ásmán aur zamín men; phir usí kí taraf phir jáoge.

46 Aur jab nám líjiye Alláh ká nirá ruk jáwen dil un ke, jo yaqín nahín rakhte pichhle ghar ká; aur jab nám líjiye us ke siwáe auron ká, tab hí we lagen khushíán karne.

47 Tú kah, Ai Alláh, paidá karnewále ásmán aur zamín ke, jánnewále chhipe aur khule ke, tú hí faisala kare apne bandon men jis chíz men we jhagaṛ rahe the.

48 Aur gunahgáron ke pás ho jitná kuchh zamín men hai sárá, aur utná hí aur us ke sáth, sab de ḍálen apní chhoṛwáí men burí tarah kí már se din qiyámat ke, aur nazar áyá un ko Alláh kí taraf se jo khiyál na rakhte the.

49 Aur nazar áe un ko bure kám apne, jo kamáe the, aur ulaṭ paṛá un par jis chíz par ṭhaṭṭhá karte the.

50 So jab lage ádmí ko kuchh taklíf, ham

ko pukáre; phir jab ham bakhsheṇ us ko apní
taraf se koí niṃat, kahe, Yih to mujh ko milí
jo áge se malúm thí; koí nahíṇ, yih jánch hai,
par we bahut log nahíṇ samajhte.

51 Kah chuke haiṇ yih bát un se agle, par
kuchh kám na áyá un ko jo kamáte the.

52 Phir paríṇ un par buráíáṇ, jo kamáí thíṇ,
aur jo gunahgár haiṇ un meṇ se, un par bhí
ab partí haiṇ buráíáṇ, jo kamáí haiṇ, aur we
nahíṇ thakánewále.

53 Aur kyá nahíṇ ján chuke, ki Alláh phai-
látá hai rozí jis ko cháhe, aur máp kar detá hai?
albatta is meṇ pate haiṇ un logoṇ ko, jo mánte
haiṇ.

(6 R.) 54 Kah do, Ai bando mere, jinhoṇ
ne ziyádatí kí apní ján par, na ás toṛo Alláh kí
mihr se; beshakk Alláh bakhshtá hai sab gunáh;
wuh jo hai, wuhí hai gunáh muáf karnewálá
mihrbán.

55 Aur rujú ho apne Rabb kí taraf, aur us
kí hukmbardárí karo pahle us se, ki áwe tum
par azáb; phir koí tumhárí madad na áwegá.

56 Aur chalo bihtar bát par, jo utrí tum ko
tumháre Rabb se, pahle is se ki pahunche tum
par azáb achának, aur tum ko khabar na ho.

57 Kabhí kahne lage koí jí, Ai afsos is par,
ki maiṇ ne kamí kí Alláh kí taraf se, aur maiṇ
to haṇstá hí rahá.

58 Yá kahne lage, Agar Alláh mujh ko ráh
detá, to maiṇ hotá ḍarwáloṇ meṇ.

59 Yá kahne lage jab dekhe azáb, Kisí tarah
mujh ko phir jáná ho, to maiṇ húṇ nekíwáloṇ
meṇ.

60 Kyúṇ nahíṇ? pahunch chuke the tujh
ko mere hukm; phir tú ne un ko jhuṭhláyá,
aur gurúr kiyá; aur tú thá munkiroṇ meṇ.

61 Aur qiyámat ke din tú dekhe un ko, jo jhúṭh bolte hain Alláh par, un ke munh siyáh; kyá nahín dozakh men ṭhikáná gurúrwálon ko?

62 Aur bacháwegá Alláh un ko, jinhon ne ḍar rakhá, un ke bacháo kí jagah; na lage un ko buráí, aur na we gam kháwen.

63 Alláh banánewálá hai har chíz ká; aur wuh har chíz ká zimma letá hai; usí ke pás hain kunjíán ásmánon kí aur zamín kí; aur jo munkir húe hain Alláh kí báton se, we jo hain, wuhí hain ṭoṭe men paṛe.

64 Tú kah, Ab Alláh ke siwáe kisí ko batáte ho, ki púján, ai nádáno?

(7 *R.*) 65 Aur hukm ho chuká hai tujh ko, aur tujh se aglon ko, agar tú ne sharík máná, akárat jáwenge tere kiye, aur tú hogá ṭoṭe men.

66 Na; balki Alláh hí ko púj, aur rah haqq mánnewálon men.

67 Aur nahín samjhe Alláh ko jitná kuchh wuh hai; aur zamín sárí ek muṭṭhí hai us kí din qiyámat ke, aur ásmán lipṭe hain us ke dahne háth men; wuh pák hai, aur bahut úpar hai is se ki yih sharík batáte hain.

68 Aur phúnká gayá narsinghá; phir behosh ho girá jo koí hai ásmánon men, aur zamín men, magar jis ko Alláh ne cháhá; phir phúnká gayá dúsrí bár, phir tabhí khaṛe ho gae dekhte;

69 Aur chamkí zamín apne Rabb ke núr se, aur lá dhará daftar, aur házir áe paigambar aur gawáh, aur faisala húá un par insáf se, aur un men zulm na hogá.

70 Aur púrá milá har jí ko jo kiyá us ne, aur us ko khúb khabar hai jo karte hain.

(8 *R.*) 71 Aur hánke gae jo munkir the dozakh ko jathe jathe; yahán tak ki jab pahun-

che us par khole gae darwáze, aur kahne lage
un ko dárogá us ke, Kyá na pahunche the
tum pás rasúl tum meṇ ke paṛhte tum par
báteṇ tumháre Rabb kí? aur ḍaráte tum ko is
tumháre din kí muláqát se? bole, Kyúṇ na-
híṇ par sábit húá hukm azáb ká munkiroṇ par.

72 Hukm húá ki paiṭho darwázoṇ meṇ do-
zakh ke sadá rahne ko us meṇ; so kyá burí
jagah hai rahne kí gurúrwáloṇ ko!

73 Aur hánke gae jo darte rahe the apne
Rabb se bihisht ko jathe jathe; yaháṇ tak ki
jab pahunche us par, aur khole gae us ke
darwáze, aur kahne lage un ko dárogá us ke, ·
Salám pahunche tum ko; tum log pákíza ho;
so paiṭho is meṇ sadá rahne ko.

74 Aur we bole, Shukr Alláh ká, jis ne sach
kiyá ham se apná waḍa, aur wáris kiyá ham
ko is zamín ká, ghar pakaṛ leṇ bihisht meṇ
se jaháṇ cháheṇ; so kyá khúb neg hai mihnat
karnewáloṇ ká!

75 Aur tú dekhe firishte khaṛe raheṇ arsh
ke gird, pákí bolte haiṇ apne Rabb kí khú-
bíáṇ, aur faisala húá hai un meṇ insáf ká, aur
yihí bát húí, ki Sab khúbí Alláh ko, jo Sáhib
sáre jahán ká.

SURA I MUMIN.

Makke meṇ ndzil húí; 85 dyat kí hai.

BISMI-L-LÁ HI-R-RAHMÁ NI-R-RAHÍM.

RUBA. (1 R.) 1 H. M. Utárá kitáb ká Al-
láh se hai, jo zabardast hai, khabardár,

2 Gunáh bakhshnewálá, aur tauba qabúl
· kartá, sakht már detá,

3 Maqdúr ká sáhib; kisí kí bandagí nahíŋ siwáe us ke; usí kí taraf phir jáná hai.

4 Wuhí jhagarte haiŋ Alláh kí bátoŋ meŋ, jo munkir haiŋ, so tú na babak us par ki chalte phirte haiŋ shahroŋ meŋ.

5 Jhuṭhlá chuke haiŋ in se pahle qaum Núh kí, aur kaí firqe un se píchhe; aur iráda kiyá har ummat ne apne rasúl par, ki us ko pakar leŋ, aur láne lage jhúṭhe jhagre, ki us se digáweŋ sachchá dín; phir maiŋ ne un ko pakṛá, to kaisí húí merí sazá dení.

6 Aur waisí hí ṭhík ho chukí bát tere Rabb kí munkiroŋ par, ki ye haiŋ dozaḳhwále.

7 Jo log uṭhá rahe haiŋ arsh ko, aur jo us ke gird haiŋ, páḳí bolte haiŋ apne Rabb kí ḳhúbíáŋ, aur us par yaqín rakhte haiŋ, aur gunáh baḳhshwáte haiŋ ímánwáloŋ ke; ai Rabb hamáre, har chíz samáí hai terí mihr aur ḳhabar meŋ, so muát kar un ko, jo tauba kareŋ, aur chaleŋ terí ráh; aur bachá un ko ág kí már se.

8 Ai Rabb hamáre, aur dáḳhil kar un ko basne ke bágoŋ meŋ, jin ká waḍa diyá tú ne un ko; aur jo koí nek ho un ke bápoŋ meŋ, aur auratoŋ meŋ, aur aulád meŋ: beshakk tú hí hai zabardast hikmatwálá.

9 Aur bachá un ko buráíoŋ se; aur jis ko tú bacháwe buráíoŋ se us din. us par mihr kí tú ne; aur yih jo hai, yihí hai baṛí murád pání.

(2 R.) 10 Jo log munkir haiŋ. un ko pukárke kahenge, Alláh bezár hotá thá ziyáda us se, jo tum bezár húe ho apne jí se, jis waqt tum ko buláte the yaqín láne ko, phir tum munkir hote the.

11 Bole, Ai Rabb hamáre, tú maut de chuká ham ko do bár, aur zindagí de chuká do

bár; ab ham qáil húe apne gunáhoṉ ke; phir ab bhí hai nikalne ko koí ráh?

12 Yih tum par is wáste ki jab kisí ne pukárá Alláh ko akelá, to tum munkir húe; aur jab us ke sáth sharík pukáre, to tum yaqín láne lage; ab hukm wuhí, jo Alláh kare sab se úpar baṛá.

13 Wuhí hai tum ko dikhátá apní nishánián, aur utártá tumháre wáste ásmán se rozí; aur soch wuhí kare, jo rujú rahtá ho.

14 So pukáro Alláh ko nirí karkar us ke wáste bandagí, aur paṛe burá máne munkir.

15 Sáhib únche darjoṉ ká, málik takht ká; utártá hai bhed kí bát apne hukm se, jis par cháhe apne bandoṉ meṉ, ki wuh ḍaráwe mulá-qát ke din se.

16 Jis din we log nikal khaṛe hoṉge chhipí na rahegí Alláh par un kí koí chíz; kis ká ráj hai us din? Alláh ká hai, jo akelá hai dabáowálá.

17 Áj badlá páwegá har jí jaisá kamáyá; zulm nahíṉ áj; beshakk Alláh shitáb lenewálá hai hisáb.

18 Aur khabar suná de un ko nazdík ánewále din kí, jis waqt dil pahunchenge galoṉ ko, to dabá rahe hoṉge.

19 Koí nahíṉ gunahgároṉ ká dost, na koí sifárishí, jis kí bát mání jáwe.

20 Wuh jántá hai chorí kí nigáh, aur jo chhi-pá hai sínoṉ meṉ.

21 Aur Alláh chukátá hai insáf; aur jin ko pukárte haiṉ us ke siwáe nahíṉ chukáte kuchh; beshakk Alláh jo hai, wuhí suntá dekhtá.

(3 *R.*) 22 Kyá phire nahíṉ mulk meṉ, ki dekheṉ ákhir kaisá húá un ká, jo the un se pahle? we the un se sakht zor meṉ, aur jo ni-shán chhoṛ gae zamín meṉ phir un ko pakṛá

Alláh ne un ke gunáhon par; aur na húá un
ko Alláh se koí bachánewálá.
23 Yih is par, ki un pás áte the un ke rasúl
khulí nishánián lekar; phir munkir húe; phir
un ko pakṛá Alláh ne; beshakk wuh zoráwar
hai, sakht már denewálá.
24 Aur ham ne bhejá Músá ko apní nishá-
nián dekar, aur khulí sanad,
25 Firaun, aur Hámán, aur Qárún pás; phir
kahne lage, Yih jádúgar hai jhúṭhá.
26 Phir jab pahunchá un pás lekar sachchí
bát hamáre pás se, bole, Máro beṭe un ke, jo ya-
qín láe hain us ke sáth, aur jítí rakho un kí aura-
ten; aur jo dáo hai munkiron ká, so galtí men.
27 Aur bolá Firaun, Mujh ko chhoṛo, ki már
ḍálún Músá ko; aur pará pukáre apne Rabb
ko; Main ḍartá hún, ki bigáṛe tumhárí ráh,
yá nikále mulk men kharábí.
28 Aur kahá Músá ne, Main panáh le chuká
hún apne aur tumháre Rabb kí har gurúrwále
se, jo yaqín nahín látá hisáb ke din par.
(4 *R.*) 29 Aur bolá ek mard ímándár Firaun
ke logon men, jo chhipátá thá ímán, Kyá
máre ḍálte ho ek mard musalmán ko is par
ki kahtá hai, Merá Rabb Alláh hai; aur láyá
hai tum pás khulí nishánián tumháre Rabb
kí? aur agar wuh jhúṭhá hogá, to us par paṛe-
gá us ká jhúṭh; aur agar wuh sachchá hogá,
to tum par paṛegá koí wada, jo detá hai; be-
shakk Alláh ráh nahín detá us ko, jo ho be-
liház jhúṭhá.
30 Ai qaum merí, tumhárá ráj hai, áj chaṛh
rahe ho mulk men; phir kaun madad karegá
hamárí Alláh kí áfat se, agar á gaí ham par?
bolá, Firaun, main wuhí sujhátá hún tum ko,

jo sújhá mujh ko, aur wuhí ráh batátá húṇ,
jis meṇ bhaláí hai.

31 Aur kahá us ímándár ne, Ai qaum merí,
maiṇ ḍartá húṇ, ki áwe tum par din un firqoṇ
ká sá,

32 Jaisí rasm paṛí qaum i Núh kí, aur Ád,
aur Samúd kí,

£3 Aur jo un ke píchhe húe ; aur Alláh be-
insáfí nahíṇ cháhtá bandoṇ par.

34 Aur ai qaum merí, maiṇ ḍartá húṇ, ki
tum par áwe din hánk pukár ká.

35 Jis din bhágoge píṭh dekar, koí nahíṇ
tum ko Alláh se bachánewálá ; aur jis ko galtí
meṇ ḍále Alláh, to koí nahíṇ us ko sujhánewálá.

36 Aur tum pás á chuká hai Yúsafis se pahle
khulí báteṇ lekar ; phir tum rahe dhokhe hí
meṇ un chízoṇ se, jo wuh láyá ; yaháṇ tak ki jab
mar gayá, kahne lage, Hargiz na bhejegá Al-
láh us ke baḍ koí rasúl ; isí tarah bahkátá hai
Alláh us ko, jo ho ziyádatíwálá shakk kartá.

37 We jhagṛte haiṇ Alláh kí bátoṇ meṇ
bagair kuchh sanad ke, jo pahunchí un ko ;
baṛí bezárí hai Alláh ke yaháṇ, aur ímándároṇ
ke yaháṇ ; isí tarah muhr kartá hai Alláh har
dil par gurúrwále sarkash ke.

38 Aur bolá Firaun, ki Ai Hámán, baná mere
wáste ek mahall ; sháyad maiṇ pahunchúṇ ras-
toṇ meṇ.

39 Rastoṇ meṇ ásmánoṇ ke, phir jhánk de-
khúṇ Músá ke Mabúd ko ; aur merí aṭkal meṇ
to wuh jhúṭhá hai.

40 Aur isí tarah bhale dikháe the Firauṇ
ko us ke bure kám, aur roká gayá ráh se ; aur
jo dáo thá Firaun ká, so khapne ke wáste.

(5R.) 41 Aur kahá us ímándár ne, Ai qaum,

merí ráh chalo; pahunchá dúṇ tum ko nekí kí
ráh par.

42 Ai qaum, yih jo zindagí hai dunyá kí,
so barat lená hai ; aur wuh ghar, jo pichhlá hai,
wuhí hai ṭhahráo ká ghar.

43 Jis ne kí hai buráí, to wuhí badlá páwegá
us ke barábar; aur jis ne kí hai bhaláí, wuh
mard ho yá ąurat, aur wuh yaqín rakhtá ho,
so we log jáwenge bihisht meṇ ; rozí páwenge
waháṇ beshumár.

NISF. 44 Aur ai qaum mujh ko kyá húá hai?
bulátá húṇ tum ko bacháo kí taraf; aur tum
buláte ho mujh ko ág kí taraf.

45 Tum buláte ho mujh ko, ki munkir húṇ
Alláh se, aur sharík ṭhahráúṇ us ká, jis kí mujh
ko khabar nahíṇ ; aur maiṇ bulátá húṇ tum ko
us zabardast gunáh bakhshnewále kí taraf.

46 Áp hí húá, ki jis kí taraf mujh ko buláte
ho, us ká buláwá kahíṇ nahíṇ dunyá meṇ, na
ákhirat meṇ. Aur yih ki ham ko phir jáná
hai Alláh pás, aur yih, ki ziyádatíwále wuhí
haiṇ dozakh ke log.

47 So áge yád karoge jo maiṇ kahtá húṇ tum
ko; aur maiṇ somptá húṇ apná kám Alláh ko ;
beshakk Alláh kí nigáh meṇ haiṇ sab bande.

48 Phir bachá liyá Músá ko Alláh ne bure
dáo se, jo karte the, aur ulaṭ pará Firąunwáloṇ
par burí tarah ká azáb.

49 Ág hai, ki dikhá dete haiṇ un ko subh
aur shám; aur jis din uṭhegí qiyámat, dákhil
karo Firąunwáloṇ ko sakht se sakht azáb meṇ.

50 Aur jab ápas meṇ jhagrenge ág meṇ,
phir kahenge kamzor gurúr karnewáloṇ ko,
Ham the tumháre píchhe, phir kuchh tum ham
par se uṭháo hissa ág ká.

51 Kahenge jo gurúr karte the, Ham sab

hí paṛe haiṉ us meṉ; Alláh faisala kar chuká bandoṉ meṉ.

52 Aur kahenge jo log paṛe haiṉ ág meṉ dozaḳh ke dárogoṉ ko, Mángo apne Rabb se, ki ham par kare ek din thoṛá ạzáb.

53 Bole, Kyá na áte the tum pás rasúl tumháre khule nishán lekar? Kahenge, Kyúṉ nahíṉ? bole, Phir pukáro, aur kuchh nahíṉ pukárná káfiroṉ ká magar bhaṭakná.

(6 *R.*) 54 Ham madad karte haiṉ apne rasúloṉ kí, aur ímánwáloṉ kí, dunyá ke jíte, aur jab khaṛe honge gawáh.

55 Jis din kám na áwe munkiroṉ ko un ke baháne aur un ko phiṭkár hai, aur un ko burá ghar.

56 Aur ham ne dí Músá ko ráh kí sújh, aur wáris kiyá baní Isráíl ko kitáb ká; sújhátí aur samjhátí ạqlmandoṉ ko.

57 So tú ṭhahrá rah; beshakk Alláh ká wạda ṭhík hai; aur bakhshwá apná gunáh, aur páki bol apne Rabb kí ḳhúbíáṉ shám ko aur subh ko.

58 Jo log jhagaṛte hai Alláh kí bátoṉ meṉ bagair kuchh sanad ke, jo pahunchí ho un ko, aur kuchh nahíṉ, un ke jí meṉ gurúr hai, ki kabhí na pahunchenge us tak; so tú panáh máng Alláh kí; beshakk wuh hai suntá dekhtá.

59 Albatta paidá karná ásmán aur zamín ká baṛá hai logoṉ ke banáne se, lekin bahut log nahíṉ samajhte.

60 Aur barábar nahíṉ andhá aur dekhtá, aur na ímándár, jo bhale kám karte haiṉ, aur na badkár; tum thoṛá soch karte ho.

61 Tahqíq wuh ghaṛí ání hai, us meṉ dhokhá nahíṉ; lekin bahut log nahíṉ mánte.

62 Aur kahtá hai Rabb tumhárá, Mujh ko

pukáro ki pahunchún tumhárí pukár ko; beshakk jo log buráí karte hain merí bandagí se, ab paiṭhenge dozakh men zalíl hokar.

(7 *R.*) 63 Alláh hai jis ne baná dí tum ko rát, ki us men chain pakṛo, aur din diyá dikhátá; Alláh to fazl rakhtá hai logon par, lekin bahut log haqq nahín mánte.

64 Wuh Alláh hai Rabb tumhárá har chíz banánewálá; kisí kí bandagí nahín us ke siwáe, phir kahán se phire játe ho?

65 Isí tarah phire játe hain jo log Alláh kí báton se munkir hote rahte hain.

66 Alláh hai, jis ne baná dí tum ko zamín ṭhahráo, aur ásmán imárat, aur súrat banáí tumhárí; phir achchhí banáín shaklen, aur rozí dí tum ko suthrí chízon se; aur Alláh hai Rabb tumhárá; so baṛí barakat Alláh kí, jo Rabb hai sáre jahán ká.

67 Wuh hai zinda; kisí kí bandagí nahín us ke siwáe; so us ko pukáro nirí karkar us kí bandagí; sab khúbí Alláh ko, jo Rabb hai sáre jahán ká.

68 Tú kah, Mujh ko mana húá, ki pújún jin ko tum pukárte ho, jab pahunch chukín mujh ko khulí nishánián mere Rabb se, aur hukm húá, ki tábi rahún jahán ke sáhib ká.

69 Wuhí hai jis ne banáyá tum ko khák se, phir pání ki búnd se, phir lahú kí phuṭkí se, phir tum ko nikáltá hai laṛke, phir jab tak pahuncho apne zor ko, phir jab tak ho jáo búṛhe; aur koí hai tum men, ki bhar liyá pahle us se? aur jab tak pahuncho likhe wạde tak, aur sháyad tum bújho.

70 Wuhí hai, jo jilátá hai aur mártá hai; phir jab hukm kare kisí kám ko, to yihí kahe us ko, ki Ho! wuh ho játá hai.

(8 *R.*) 71 Tú ne na dekhe jo jhagaṛte haiṉ
Alláh kí báton meṉ? kahán se phire játe haiṉ?
72 Jinhoṉ ne jhuṭhláí yih kitáb, aur jo bhe-
já ham ne apne rasúloṉ ke sáth; so ákhir ján
lenge.
73 Jab tauq paṛe haiṉ un kí gardanoṉ meṉ,
aur zanjíreṉ; ghasíṭe játe haiṉ jalte pání meṉ;
phir ág meṉ un ko jhonkte haiṉ.
74 Phir un ko kahá jáwe, Kahán gae jin ko
tum sharík batáte the Alláh ke siwáe? Bole,
Ham se khoe gae, koí nahíṉ, ham to pukárte
na the pahle kisí chíz ko, isí tarah Alláh bich-
látá hai munkiroṉ ko.
75 Yih badlá hai us ká, jo tum ríjhte phirte
the zamín meṉ náhaqq, aur us ká, jo tum itráte
the.
76 Paiṭho darwázoṉ meṉ dozakh ke, sadá
rahne ko us meṉ; so kyá bad ṭhikáná hai gu-
rúrwáloṉ ká!
77 So tú ṭhahrá rah; beshakk Alláh ká
wada ṭhík hai; phir agar kabhí ham dikháweṉ
tum ko koí wada, jo un ko dete haiṉ, yá bhar
leṉ tujh ko, phir hamárí taraf phire áwenge.
78 Aur ham ne bheje haiṉ bahut rasúl tujh
se pahle, koí un meṉ haiṉ, ki sunáyá tujh ko
un ká ahwál; aur koí haiṉ ki nahíṉ sunáyá.
Aur kisí rasúl ko maqdúr na thá, ki le átá koí
nishání magar Alláh ke hukm se; phir jab áyá
hukm Alláh ká faisala ho gayá insáf se, aur
ṭoṭe meṉ áye us jagah jhúṭhe.
(9 *R.*) 79 Alláh hai, jis ne baná diye tum
ko chaupáe, tá sawárí karo kittoṉ par, aur kit-
toṉ ko kháte ho.
80 Aur un meṉ tum ko bahut fáide haiṉ;
aur tá pahuncho un par chaṛhkar kisí kám

ko, jo tumháre jí men ho; aur un par, aur kishtí par lade phirte ho.
81 Aur dikhátá hai tum ko apní nishániáṉ;
phir kin nisháníoṉ ko apne Rabb kí na mánoge?
82 Kyá phire nahíṉ mulk meṉ, ki dekhte
áḳhir kaisá húá un se pahloṉ ká? we the un se ziyáda, aur zor meṉ saḳht, aur nisháníoṉ meṉ, jo chhoṛ gae haiṉ zamín par; phir kám na áyá un ko jo we kamáte the.
83 Phir jab pahunche un pás rasúl un ke
khulí nisháníáṉ lekar, ríjhne lage us par jo un ke pás thí ḳhabar, aur ulaṭ paṛí un par jis chíz par ṭhaṭṭhá karte the.
84 Phir jab dekhí unhoṉ ne hamárí áfat, bo-
le, Ham yaqín láe Alláh akele par, aur chhoṛín jo chízeṉ sharík batáte the.
85 Phir na húá, ki kám áwe un ko yaqín láná
un ká jis waqt dekh chuke hamárá ạzáb; rasm paṛí húí Alláh kí, jo chalí áí hai us ke bandoṉ meṉ; aur ḳharáb húe us jagah munkir.

SURA I FUSSILAT.

Makke meṉ názil húí; 54 áyat kí hai.

BISMI-L-LÁ HI-R-RAHMÁ NI-R-RAHÍM.

SULS. (1 *R.*) 1 H. M. utárá húá hai baṛe
mihrbán rahmwále se.
2 Kitáb hai ki judí judí kí haiṉ us kí áyateṉ,
Qurán Ạrabí zubán ká ek samajhwále logoṉ ko.
3 Sunátá ḳhushí aur ḍar, phir dhiyán meṉ
na láe we bahut log, phir we nahíṉ sunte.
4 Aur kahte haiṉ, Hamáre dil giláf meṉ haiṉ
us bát se, jis taraf tú ham ko bulátá hai; aur hamáre kánoṉ meṉ bojh hai, aur hamáre tere

bích men oṭ hai, so tú apná kám kar, ham apná
kám karte hain.
5 Tú kah, Main bhí ádmí hún jaise tum;
hukm átá hai mujh ko, ki tum par bandagí
ek hákim kí hai, so sídhe raho us kí taraf, aur
us se gunáh bak̤hshwáo; aur k̤harábí hai sharík-
wálon ko.
6 Jo nahín dete zakát, aur we ák̤hirat se
munkir hain.
7 Albatta jo yaqín láe, aur kiye bhale kám,
un ko neg miltá hai jo bas na ho.
(2 *R.*) 8 Tú kah, Kyá tum munkir ho us se jis
ne banáí zamín do din men, aur barábar karte
ho us ke sáth auron ko; wuh hai Rabb jahán ká.
9 Aur rakhe us men bojh úpar se, aur bara-
kat rakhí us ke andar, aur ṭhahráí us men k̤hurá-
ken us kí chár din men púrá húá púchhnewálon
ko.
10 Phir chaṛhá ásmán kí taraf, aur wuh dhúán
ho rahá thá; phir kahá us ko, aur zamín ko,
Ao tum donon k̤hushí se yá zor se; we bole,
Ham áe k̤hushí se.
11 Phir ṭhahráe we sát ásmán do din men,
aur utárá har ásmán men hukm us ká; aur
raunaq dí ham ne warle ásmán ko chirágon
se, aur nigahbání, yih sádhá hai zoráwar k̤ha-
bardár ká.
12 Phir agar we ṭaláwen, to tú kah, Main
ne k̤habar suná dí tum ko ek kaṛáke kí jaisá
kaṛáká áyá Ád aur Samúd par;
13 Jab áe un ke pás rasúl áge se aur píchhe
se, ki na pújo kisí ko siwáe Alláh ke, kahne
lage, Agar hamárá Rabb cháhtá, to utártá firish-
te, so ham tumháre háth bhejá nahín mánte.
14 So we jo Ád the gurúr karne lage mulk
men náhaqq ká, aur kahne lage, Kaun hai ham

se ziyáda zor men ? kyá dekhte nahíṇ ki Al-
láh jis ne un ko banáyá, wuh ziyáda hai un se
zor meṇ? aur the hamárí nishánioṇ se munkir.

15 Phir bhejí ham ne un par báo baṛe zor
kí kaí din musíbat ke, ki chakháweṇ un ko
ruswái kí már dunyá ke jíte, aur ákhirat kí
már meṇ to púrí ruswái hai, aur un ko kahíṇ
madad nahíṇ.

16 Aur we jo Samúd the, so ham ne un kó
ráh batái; phir un ko khush lagá andhe rahná
sújhne se; phir pakṛá un ko kaṛáke ne żillat
kí már ke badlá us ká, jo kamáte the.

17 Aur bachá diye ham ne jo yaqín láe the,
aur bach chale the.

(3 R.) 18 Aur jis din jamạ honge dushman Al-
láh ke dozakh par, phir un kí masleṇ bateṇgí,

19 Yahán tak ki jab pahunche us par, batá-
wenge un ko un ke kán, aur un kí ánkheṇ,
aur un ke chamṛe jo kuchh we karte the.

20 Aur we kahenge apne chamṛoṇ ko, Tum
ne kyúṇ batáyá ham ko ? we bole, Ham ko
bulwáyá Alláh ne, jis ne bulwáyá hai har chíz
ko; aur usí ne banáyá tum ko pahlí bár, aur
usí kí taraf phir játe ho.

21 Aur tum par zimma karte the us se, ki
tum ko batáwenge tumháre kán, na tumhárí
ánkheṇ, aur na tumháre chamṛe; par tum ko
yih khiyál thá, ki Alláh nahíṇ jántá bahut
chízeṇ jo karte ho.

22 Aur yih wuhí tumhárá khiyál hai, jo
rakhte the apne Rabb ke haqq meṇ, usí ne tum
ko khapáyá; phir áj rah gae toṭe meṇ.

23 Phir agar we sabr kareṇ, to ág un ká
ghar hai; aur agar we manáyá cháheṇ, to un
ko koí nahíṇ manátá.

24 Aur lagá dí ham ne un par ṭainátí; phir

unhon ne bhalá dikháyá un ko jo un ke áge, aur jo un ke píchhe; aur ṭhík paṛí un par bát milkar sab firqon men, jo ho chuke hain un se áge jinnon ke aur ádmíon ke, we the ṭoṭewále.

(4 R.) 25 Aur kahne lage munkir, Na kán dharo is Qurán ke sunne ko, aur bak bak karo us ke paṛhne men, sháyad tum gálib ho.

26 So ham ko zarúr chakhání munkiron ko sakht már.

27 Aur un ko badlá dená bure se bure kámon ká jo karte the.

28 Yih sazá hai Alláh ke dushmanon kí ág un ko; us men ghar hai sadá ká badlá us ká jo hamárí báton se inkár karte the.

29 Aur kahenge jo log munkir hain, Ai Rabb hamáre, ham ko dikhá de donon ko jinhon ne ham ko bahkáyá, jo jinn hai aur jo ádmí, ki ḍálen ham un ko apne pánw ke níche, ki we rahen sab se níche.

30 Tahqíq jinhon ne kahá, Rabb hamárá Alláh hai, phir us par ṭhahre rahe; un par utarte hain firishte, ki tum na ḍaro, aur na gam kháo, aur khushí suno us bihisht kí jis ká tum ko wada thá.

31 Ham hain tumháre rafíq dunyá men, aur ákhirat men; aur tum ko wahán hai jo cháhe jí tumhárá; aur tum ko wahán hain jo mangwáo.

32 Mihrbání hai us bakhshnewále mihrbán se.

(5 R.) 33 Aur us se bihtar kis kí bát jis ne buláyá Alláh kí taraf, aur kiyá nek kám, aur kahá, Main hukmbardár hún?

34 Aur barábar nahín nekí na badí; jawáb men tú kah, Us se bihtar phir jo tú dekhe, to jis men tujh men dushmaní thí, jaise dostdár hai nátewálá.

35 Aur yih bát miltí hai unhín ko jo sabár rakhte hain, aur yih bát miltí hai us ko jis kí barí qismat hai.

36 Aur kabhí chúk lage tujh ko Shaitán ke chúkne se, tú panáh pakar Alláh kí; beshakk wuhí hai suntá jántá.

37 Aur us kí qudrat ke namúne hain rát aur din, aur súraj aur chánd; sijda na karo súraj ko aur na chánd ko; aur sijda karo Alláh ko jis ne un ko banáyá, agar tum usí ko pújte ho.

38 Phir agar gurúr karen, to jo log tere Rabb ke pás hain, pákí bolte hain us kí rát aur din, aur we nahín thakte.

39 Aur ek us kí nishání yih, ki tú dekhtá hai zamín ko dabí parí; phir jab utárá ham ne us par pání, tází húí aur ubhrí; beshakk jis ne us ko jiláyá, wuh jiláwegá murde, wuh sab chíz kar saktá hai.

40 Jo log terhe dhaste hain hamárí báton men, ham se chhipe nahín; bhalá ek jo partá hai ág men bihtar, yá ek jo áwe amn se din qiyámat ke? karte jáo jo cháho; beshakk jo karte ho wuh dekhtá hai.

41 Jo log munkir húe samjhautí se jab un pás áí; aur yih kitáb hai nádir;

42 Us par jhúṭh ká dakhl nahín áge se na píchhe se; utárí húí hai hikmatonwále, sab khúbián saráhe kí.

43 Tujh se wuhí kahte hain jo kah diyá hai sab rasúlon se tujh se pahle; tere Rabb ke yahán muáfí bhí hai aur sazá bhí hai dukhwálí.

44 Aur agar ham us ko karte Qurán úparí zubán ká, to kahte, Us kí báten kyún na kholí gaín? Kyá úparí zubán kí kitáb aur Arab ká ádmí? tú kah, Yih ímánwálon ko sújh hai, aur rog ká dáfa; aur jo yaqín nahín láte un ke

kánon̲ men̲ bojh hai, aur yih un ko andhápá, un ko pukárte the dúr kí jagah se.

(6 *R.*) 45 Aur ham ne dí thí Músá ko kitáb, phir us men̲ phúṭ paṛe; aur agar na hotí ek bát jo pahle nikal chukí tere Rabb se, to un men̲ faisala ho játá. aur we dhokhe men̲ hain̲ us se jo chain nahín̲ detá.

46 Jis ne kí bhaláí, so apne wáste, aur jis ne kí buráí, wuh hai usí par; aur terá Rabb aisá nahín̲, ki zulm kare bandon̲ par.

PACHISWAN SIPARA. 47 Usí kí taraf hawálá hai ḳhabar qiyámat kí; aur koí mewe nahín jo nikalte hain̲ apne giláf se, aur gábh nahín̲ rahtá kisí máda ko, aur na wuh jane jis kí us ko ḳhabar nahín̲; aur jis din un ko pukáregá, Kahán̲ hain̲ mere sharík? bolenge, Ham ne tujh ko kah sunáyá, ham men̲ koí nahín̲ iqrár kartá.

48 Aur chúk gayá un se jo pukárte the pahle, aur aṭkale ki un ko nahín̲ ḳhalásí.

49 Nahín̲ thaktá ádmí mángne se bhaláí; aur agar lag jáwe us ko buráí, to ás toṛe náummaid hokar.

50 Aur ham agar chakháwen̲ us ko kuchh apní mihr píchhe ek taklíf ke jo us ko lagí thí, to kahne lage, Yih hai mere láiq, aur main̲ nahín̲ samajhtá ki qiyámat ánewálí hai: aur agar main̲ phir gayá apne Rabb kí taraf beshakk hai mujh ko us ke pás ḳhúbí, so ham jatáwenge munkiron̲ ko jo unhon̲ ne kiyá hai, aur chakháwenge un ko már gáṛhí.

51 Aur jab ham nịmat bhejen̲ insán par ṭalá jáwe, aur moṛ le apní karwaṭ, aur jab lage us ko buráí, to duáen̲ karen̲ chauṛí.

52 Tú kah, Bhalá dekho to agar yih ho Alláh ke pás se; phir tum ne us ko na máná, usse

bahká kaun, jo dúr chaltá jáwe mukhálif hokar.
53 Ab ham dikháwenge un ko apne namúne
dunyá men, aur áp un kí ján men, jab tak ki
khul jáwe un par, ki yih ṭhík hai; kyá terá
Rabb thoṛá hai har chíz par gawáh?
54 Suntá hai we dhokhe men hain apne
Rabb kí muláqát se; suntá hai wuh gher rahá
hai har chíz ko.

SURA I SHORI.

Makke men názil húí; 53 áyat kí hai.

BISMI-L-LÁ HI-R-RAHMÁ NI-R-RAHÍM.

(1 *R.*) 1 H. M. A. S. Q. Isí tarah wahí bhejtá
hai terí taraf, aur tujh se pahlon kí taraf; Al-
láh zabardast hai hikmatwálá.
2 Usí ká hai jo kuchh ásmánon men aur za-
mín men, aur wuhí hai sab se úpar baṛá.
3 Qaríb hai ki ásmán phaṭ paṛen úpar se; aur
firishte pákí bolte hain khúbián apne Rabb kí,
aur gunáh bakhshwáte hain zamínwálon ke;
suntá hai wuhí hai muáf karnewálá mihrbán.
4 Aur jinhon ne pakṛe hain us ke siwá rafíq,
Alláh ko we yád hain; aur tujh par nahín un
ká zimma.
5 Aur isí tarah utárá ham ne Qurán Arabí
zubán ká, ki tú ḍar sunáwe baṛe gánwon ko,
aur us ke ás páswálon ko, aur khabar sunáwe
jama hone ke din kí, us men dhokhá nahín;
ek firqa bihisht men aur ek firqa ág men.
6 Aur agar Alláh cháhtá to sab logon ko kar-
tá ek firqa, par wuh dákhil kartá hai jis ko chá-
he apní mihr men; aur gunahgár jo hain, un
ká koí nahín rafíq na madadgár.
7 Kyá unhon ne pakṛe hain us se ware kám

banánewále; so Alláh jo hai wuhí kám banánewálá, aur wuhí jilátá hai murde, aur wuh har chíz kar saktá hai.

(2 *R.*) 8 Aur jis bát men̲ phúṭe ho tum log koí chíz na ho, us kí chukautí hai Alláh par hawálá; wuh Alláh hai Rabb merá, usí par mujh ko bharosá, aur usí kí taraf merí rujú̲.

9 Baná nikálnewálá ásmánon̲ ká aur zamín ká, baná diye tum ko tumhín̲ men̲ se joṛe, aur chaupáeon̲ men̲ se joṛe; bikhertá hai tum ko us men̲, nahín̲ us kí tarah ká sá koí; aur wuhí hai suntá dekhtá.

10 Usí pás hain̲ kunjíán̲ ásmánon̲ kí aur zamín kí, phailá detá hai rozí jis ko cháhe, aur máp detá hai; wuh har chíz kí ḳhabar rakhtá hai.

11 Ráh ḍál dí tum ko dín men̲, wuhí jo kah dí thí Núh ko, aur jo hukm bhejá ham ne terí taraf, aur wuh, jo kah diyá ham ne Ibráhím ko, aur Músá ko, aur Isá ko, yih ki Qáim rakho dín, aur phúṭ na ḍálo us men̲, jo bhárí paṛtá hai sharíkwálon̲ ko.

12 Jis taraf tú bulátá hai un ko, Alláh chun letá hai apní taraf jis ko cháhe, aur ráh detá hai apní taraf us ko jo rujú̲ láwe.

13 Aur phúṭ jo ḍálín̲, so samajh á chukí píchhe ápas kí zidd se; aur agar na hotí ek bát jo nikal gaí hai tere Rabb se ek ṭhahre wạde tak, to faisala ho játá un men̲; aur jin ko háth lagí hai kitáb un ke píchhe we dhokhe men̲ hain̲ us ke jo chain nahín̲ detá.

14 So tú usí taraf bulá, aur qáim rah jaisá farmáyá, aur na chal un kí cháon̲ par, aur kah, Main̲ yaqín láyá har kitáb par jo utárí Alláh ne, aur mujh ko hukm hai ki insáf karún̲ tumháre bích; Alláh Rabb hai hamárá aur tumhárá; ham ko milte hain̲ hamáre kám, aur

tum ko tumháre kám; kuchh jhagṛá nahín ham men aur tum men. Alláh ekaṭṭhá karegá ham sab ko, aur usí kí taraf phir jáná hai.

15 Aur jo log jhagṛá ḍálte hain Alláh kí bát men jab khalq us ko mán chukí, un ká jhagṛá ḍig rahá hai un ke Rabb ke yahán, aur un par gazab hai, aur un ko sakht már hai.

16 Alláh wuh hai jis ne utárí kitáb sachche dín par aur tarázú; aur tum ko kyá khabar hai? sháyad wuh ghaṛí pás ho.

17 Shitábí karte hain us kí, jo yaqín nahín rakhte us par; aur jo yaqín rakhte hain, un ko us ká ḍar hai, aur jánte hain ki wuh ṭhík hai; suntá hai jo log jhagaṛte hain us ghaṛí ke áne men, we bahke hain saríh.

(3 *R.*) 18 Alláh narmí rakhtá hai apne bandon par, rozí detá hai jis ko cháhe; aur wuh hai zoráwar zabardast.

19 Jo koí cháhtá ho ákhirat kí khetí, baṛhá den ham usko us kí khetí; aur jo koí cháhtá ho dunyá kí khetí, us ko den ham kuchh us men se, aur us ko kuchh nahín ákhirat men hissa.

20 Kyá un ke aur sharík hain ki ráh ḍálí hai unhon ne un ke wáste dín kí, jo hukm nahín diyá Alláh ne; aur agar na hotí bát faisale kí, to faisala ho játá un men; aur beshakk jo gunahgár hain un ko dukh kí már hai.

21 Tú dekhe gunahgár ḍarte honge apní kamáí se, aur wuh paṛtá hai un par; aur jo yaqín láe aur bhale kám kiye bágon men hain bihisht ke, un ko hai jo cháhen apne Rabb ke pás; yihí hai baṛí buzurgí.

22 Yih hai jo khush khabarí detá hai Alláh apne ímándár bandon ko jo karte hain bhale kám, tú kah, Main mángtá nahín tum se is par kuchh neg, magar dostí cháhiye náte men;

aur jo koí kamáwegá nekí, us ko ham baṛháwenge us kí ḳhúbí: beshakk Alláh muạ́f kartá hai haqq mántá.

23 Kyá kahte hain, Us ne bándhá Alláh par jhúṭh? so, agar Alláh cháhe muhr kar de tere dil par; aur miṭátá hai Alláh jhuṭh ko, aur sábit kartá hai sach ko apní báton se; us ko mạlúm hai jo dilon men hai.

24 Aur wuh hai jo qabúl kartá hai tauba apne bandon se, aur muạ́f kartá hai buráíán, aur jántá hai jo karte ho.

25 Aur duạ́ suntá hai ímánwálon kí jo bhale kám karte hain, aur baṛhtí detá hai un ko apne fazl se; aur jo munkir hain un ko saḳht már hai.

26 Aur agar phailáwe Alláh rozí apne bandon ko, to dhúm uṭháwen mulk men, par utártá hai mápkar jitní cháhtá hai; beshakk wuh apne bandon kí ḳhabar rakhtá hai, dekhtá.

27 Aur wuhí hai jo utártá hai menh píchhe is se ki ás toṛ chuke, aur phailátá hai apní mihr; aur wuhí hai kám banánewálá, ḳhúbíán saráhá.

28 Aur ek us kí nisháni hai banáná ásmánon ká aur zamín ká, aur jitne bikhere hain un men jánwar: aur wuh jab cháhe un sab ko ekaṭṭhá kar saktá hai bahut.

(4 *R.*) 29 Aur jo paṛe tum par koí saḳhtí, so badlá us ká jo kamáyá tumháre háthon ne, aur muạ́f kartá hai.

30 Aur tum thakánewále nahín bhág kar zamín men: aur koí nahín tum ko Alláh ke siwáe kám banánewálá na madadgár.

31 Aur ek us kí nisháni hai, chalte hain jaház daryá men jaise paháṛ, agar cháhe thám de báo; phir rah jáwe sáre din ṭhahrá us kí

píṭh par; muqarrar is meṉ pate haiṉ har ṭhaharnewále ko jo haqq máne.

32 Yá tabáh kar de un ko un kí kamáí se, aur muáf bhí kare bahutoṉ ko.

33 Aur ján leweṉ jo jhagaṛte haiṉ hamárí qudratoṉ meṉ, ki nahíṉ un ko bhágne kí jagah.

RUBA. 34 So, jo milá hai tum ko kuchh chíz ho, so baratná hai dunyá ke jíte; aur jo Alláh ke yaháṉ hai bihtar hai aur rahnewálá wáste ímánwáloṉ ke jo apne Rabb par bharosá rakhte haiṉ.

35 Aur jo bachte haiṉ baṛe gunáhoṉ se, aur behaiyáí se, aur jab gussa áwe we muáf karte haiṉ.

36 Aur jinhoṉ ne hukm máná apne Rabb ká, aur khaṛí kí namáz, aur un ká kám mashwarat ápas kí, aur hamárá diyá kuchh ḳharch karte haiṉ.

37 Aur we log ki jab un par howe chaṛháí, to badlá lete haiṉ.

38 Aur buráí ká badlá hai buráí waisí hí, phir jo koí muáf kare aur saṉwáre, so us ká sawáb hai Alláh ke zimme; beshakk us ko ḳhush nahíṉ áte gunahgár.

39 Aur jo koí badlá le apne zulm par, so un par nahíṉ uláhná.

40 Uláhná to un par jo zulm karte haiṉ logoṉ par, aur dhúm uṭháte haiṉ mulk meṉ náhaqq, un logoṉ ko hai ek dukh kí már.

41 Aur albatta jis ne sahá aur muáf kiyá, beshakk yih kám himmat ke haiṉ.

(5 *R.*) 42 Aur jis ko ráh na de Alláh, to koí nahíṉ us ká kám banánewálá us ke siwáe; aur tú dekhe gunahgároṉ ko,

43 Jis waqt dekhenge azáb, kahenge, Kisí tarah phir jáne kí bhí hogí koí ráh.

44 Aur tú dekhe un ko sámhne láe gae hain ág ke, níwí ánkhen, zillat se dekhte hain chhipí nigáh se; aur kahte hain jo ímándár the, Muqarrar ṭoṭewále wuhín hain jinhon ne ganwáí apní ján, aur apná ghar qiyámat ke din; suntá hai gunahgár pare hain sadá kí már men.

45 Aur koí na howe un ke himáyatí jo madad karte un kí Alláh ke siwáe; aur jis ko bhaṭkáwe Alláh, us ko kahín nahín ráh.

46 Máno apne Rabb ká hukm us se pahle, ki áwe ek din jo phirtá nahín Alláh ke yahán se; na milegá tum ko bacháo us din, aur na milegá alop ho jáná.

47 Phir agar we ṭaláwen, to tujh ko nahín bhejá ham ne un par nigahbán; terá zimma yihí hai pahunchá dená, aur ham jab chakháte hain ádmí ko apní taraf se mihr, ríjhtá hain us par; aur agar pahunchtí hai un ko kuchh buráí badlá apní kamáí ká, to insán bará náshukr hai.

48 Alláh ká ráj hai ásmánon men aur zamín men; paidá kartá hai jo cháhe, bakhshtá hai jis ko cháhe beṭíán, aur bakhshtá hai jis ko cháhe beṭe.

49 Yá un ko detá hai joṛe beṭe aur betíán, aur kartá hai jis ko cháhe bánjh; wuhí sab jántá hai, kar saktá.

50 Aur kisí ádmí kí hadd nahín ki us se báten kare Alláh, magar isháre se, yá parde ke píchhe se.

51 Yá bheje koí paigám lánewálá; phir pahuncháwe us ko hukm se jo cháhe, wuh sab se úpar hai, hikmatonwálá.

52 Aur isí tarah bhejá ham ne terí taraf ek firishta apne hukm se; tú na jántá thá ki kyá hai kitáb, na ímán? par ham ne rakhí hai yih

roshní ; is se ráh dete haiṇ jis ko cháheṇ apne
bandoṇ meṇ, aur tú hí albatta samjhátá hai sí-
dhí ráh.

53 Ráh Alláh kí hai jis ká hai jo kuchh hai
ásmánoṇ meṇ aur zamín meṇ ; suntá hai Alláh
hí tak pahunch hai kámoṇ kí.

SURA I ZUKHRAF.

Makke meṇ ndzil húí ; 89 dyat kí hai.

BISMI-L-LÁ HI-R-RAHMÁ NI-R-RAHÍM.

(1 *R.*) 1 H. M. Qasam hai us kitáb wázih kí,

2 Ham ne rakhá us ko Qurán Arabí zubán
ká, sháyad tum bújho.

3 Aur yih baṛí kitáb meṇ ham pás hai únchá
muhkam.

4 Kyá pher denge ham tumhárí taraf se yih
samjhautí moṛkar is se, ki tum ho log jo hadd
par nahíṇ rahte ?

5 Aur bahut bheje haiṇ ham ne nabí pahloṇ
meṇ.

6 Aur nahíṇ átá logoṇ ko koí paigám láne-
wálá jis se thaṭṭhá nahíṇ karte.

7 Phir khapá diye ham ne in se sakht zorwá-
le, aur chalí áí hai haqíqat pahloṇ kí.

8 Aur agar tú un se púchhe, Kis ne banáe
ásmán aur zamín ? to kaheṇ, Banáe us zabar-
dast khabardár ne.

9 Wuh hai jis ne baná dí tum ko zamín
bichauná, aur rakh díṇ tum ko us meṇ ráheṇ,
sháyad tum ráh páo.

10 Aur jis ne utárá ásmán se pání mápkár,
phir ubhárá ham ne us se ek des murda ; isí
tarah tum ko nikálenge.

11 Aur jis ne banáe sab chíz ke joṛe, aur

baná diye tum ko, kishtí aur chaupáe jis par sawár hote ho.

12 Tá chaṛh baiṭho us kí píṭh par; phir yád karo apne Rabb ká ihsán jab baiṭh chuko us par, aur kaho, Pák zát hai wuh, jis ne bas meṉ diyá hamáre yih; aur ham na the us ke muqábil honewále.

13 Aur ham ko apne Rabb kí taraf phir jáná hai.

14 Aur ṭhahráí hai unhoṉ ne us ko aulád us ke bandoṉ se; tahqíq insán baṛá náshukr hai saríh.

15 Kyá rakh líṉ apní paidáish meṉ se beṭíáṉ, aur tum ko diye chunkar beṭe?

16 [Aur jab un meṉ kisí ko ḳhushḳhabarí mile us chíz kí, jo Rahmán par nám dhará sáre din, rahe us ká muṉh siyáh, aur wuh dil meṉ ghunṭ rahá.

(2 R.) 17 Aur aisá shaḳhs, ki paltá rahe gahine meṉ, aur jhagṛe meṉ bát na kah sake.

18 Aur ṭhahráyá firishtoṉ ko jo bande haiṉ, Rahmán kí auraten; kyá dekhte the un ká banná? ab likh rakhenge un kí gawáhí, aur un se púchh hogí.

19 Aur kahte haiṉ, Agar cháhtá Rahmán, ham na pújte un ko; kuchh ḳhabar nahíṉ un ko us kí, yih sab aṭkale dauṛáte haiṉ.

20 Kyá ham ne koí kitáb dí hai un ko is se pahle? so we us par mazbút haiṉ.

21 Balki kahte haiṉ, Ham ne páe apne báp-dáde ek ráh par, aur ham unhíṉ ke qadamoṉ par haiṉ ráh páe.

22 Aur isí tarah jo bhejá ham ne tujh se pahle ḍar sunánewálá kisí gáṉw meṉ, so kahne lage wahán ke ásúda log, Ham ne páe apne

bápdáde ek ráh par, aur ham unhíṉ ke qada-
moṉ par chalte haiṉ.
23 Wuh bolá, Aur jo maiṉ lá dúṉ tum ko
us se ziyáda sújh kí ráh jis par tum ne páe
apne bápdáde? taubhí kahne lage, Ham ko
tumháre háth bhejá na mánná.
24 Phir ham ne un se badlá liyá; so dekh,
áḳhir kaisá húá jhuṭhlánewáloṉ ká?
(3 *R.*) 25 Aur jab kahá Ibráhím ne apne báp
ko, aur us kí qaum ko, Maiṉ alag húṉ un chízoṉ
se jo pújte ho;
26 Magar jis ne mujh ko banáyá, so wuh
ráh degá mujh ko.
27 Aur yihí bát píchhe chhoṛ gayá apní au-
lád meṉ, sháyad we rujú raheṉ.
28 Koí nahíṉ, par maiṉ ne baratne diyá un
ke bápdádoṉ ko, yaháṉ tak ki pahunchá un
ko dín sachchá, aur rasúl khulí sunánewálá.
29 Aur pahunchá un ko sachchá dín, kahne
lage, Yih jádú hai, aur ham us ko na mánenge.
30 Aur kahne lage, Kyúṉ na utrá Qurán
kisí baṛe mard par in do bastíoṉ ke?
31 Kyá we bánṭte haiṉ tere Rabb kí mihr?
ham ne bánṭí hai un meṉ rozí un kí dunyá ke
jíte, aur únche kiye ham ne darje ek ke ek se,
ki ṭhahrátá hai ek dúsre ko kamerá; aur tere
Rabb kí mihr bihtar hai in chízoṉ se jo sameṭ-
te haiṉ.
32 Aur agar yih na hotá ki log ho jáweṉ ek
dín par, to ham dete un ko jo munkir haiṉ
Rahmán se un ke gharoṉ ko chhat rúpe kí,
aur síṛhíáṉ jin par chaṛheṉ.
33 Aur un ke gharoṉ ko darwáze, aur taḳht,
jin par lag baiṭhe.
34 Aur sone ke; aur yih sab kuchh nahíṉ
magar baratná dunyá ke jíte; aur pichhlá ghar

tere Rabb ke yahán unhín ko hai jo ḍar rakhen.
NISF. (4 *R.*) 35 Aur jo koí ánkhen choráwe
Rahmán kí yád se, ham us par taiyun karen ek
Shaitán, phir wuh rahe us ká sáthí.
36 Aur we un ko rokte hain ráh se, aur yih
samajhte hain ki ham ráh par hain,
37 Yahán tak ki jab áwe ham pás, kahe,
Kisí tarah mujh men aur tujh men faraq ho
mashriq magrib ká sá, ki kyá burá sáthí hai!
38 Aur kuchh fáida nahín tum ko áj ke din,
jab tum zálim ṭhahre is se, ki tum már men
shámil ho.
39 So kyá sunáwegá tú bahron ko? yá su-
jháwegá andhon ko? aur saríh galtí men bha-
ṭakton ko?
40 Phir agar kabhí ham tujh ko le gae, to
ham ko un se badlá lená.
41 Yá tujh ko dikháwen jo un ko wada diyá
hai, to yih hamáre bas men hain.
42 So tú mazbút rah usí par jo tujh ko hukm
áyá; tú hai beshakk sídhí ráh par.
43 Aur yih mazkúr rahegá terá aur terí qaum
ká, aur áge tum se púchh hogí.
44 Aur púchh dekh jo rasúl bheje ham ne
tujh se pahle; kadhí ham ne rakhe hain Rah-
mán ke siwáe aur hákim, ki púje jáwen?
(5 *R.*) 45 Aur ham ne bhejá Músá ko apní
nishánián dekar Firaun aur us ke sardáron
pás, to kahá, Main bhejá hún jahán ke sáhib ká.
46 Phir, jab láyá un pás hamárí nishánián,
we to lage un par hansne.
47 Aur jo dekháte gae ham un ko nishání,
so dúsrí se baṛí; aur pakṛá ham ne un ko taklíf
men, sháyad we báz áwen.
48 Aur kahne lage, Ai jádúgar, pukár hamá-

re wáste apne Rabb ko, jaisá sikhá rakhá hai tujh ko, ham muqarrar ráh par áwenge.

49 Phir jab ham ne uṭhá lí un par se taklíf, tabhí we wạda toṛ ḍálte.

50 Aur pukárá Firaun ne apní qaum men, bolá, Ai qaum merí, bhalá mujh ko nahín hukúmat Misr kí, aur yih nahren chaltí nahín mere níche? kyá tum nahín dekhte?

51 Bhalá main hún bihtar is shakhs se, jis ko izzat nahín?

52 Aur sáf nahín bol saktá?

53 Phir kyún na á paṛe us paṛ kangan sone ke, yá áte us ke sáth firishte pará bandhkar?

54 Phir ạql kho dí apní qaum kí, phir usí ká kahá máná; muqarrar we the log behukm.

55 Phir jab ham ko jhonjhal diláí, to ham ne un se badlá liyá; phir ḍubá diyá un sab ko.

56 Phir kar ḍálá un ko gae guzre, aur kahá-wat pichhlon ke wáste.

(6 *R.*) 57 Aur jab kaháwat láiye Maryam ke beṭe ko, tabhí qaum terí lagtí hai us se chilláne,

58 Aur kahte hain, Hamáre ṭhákur bihtar hain, yá wuh? yih nám jo dharte hain tujh par sab jhagṛe ko; balki yih log hain jhagṛálú.

59 Wuh kyá hai? ek banda hai, ki ham ne us par fazl kiyá, aur khaṛá kiyá baní Isráíl ke wáste.

60 Aur agar ham cháhen, nikálen tum men se firishte; rahen zamín men tumhárí jagah.

61 Aur wuh nishán hai us ghaṛí ká; so us men dhokhá na karo, aur merá kahá máno; yih ek sídhí ráh hai.

62 Aur na roke tum ko Shaitán, wuh tumhárá dushman hai saríh.

63 Aur jab Ísá áyá nishánián lekar, bolá, Main láyá hún tumháre pás pakkí báten, aur

batáne ko bazí chíz, jis meṉ tum jhagaṛte the;
so ḍaro Alláh se aur merá kahá máno.
64 Beshakk Alláh jo hai, wuhí hai Rabb
merá aur Rabb tumhárá; us kí bandagí karo,
yih ek sídhí ráh hai.
65 Phir phaṭ gae kitne firqe un ke bích se;
so kharábí hai gunahgároṉ ko áfat se dukh-
wále din kí.
66 Ab yihí ráh dekhte haiṉ us ghaṛí kí, ki
á khaṛí ho un par achának, aur un ko khabar
na ho.
67 Jitne dost haiṉ us din dushman honge,
magar jo haiṉ ḍarwále.
(7 R.) 68 Ai bando mere, na ḍar hai tum par
áj ke din, aur na gam kháo.
69 Jo yaqín láe hamárí bátoṉ par, aur rahe
hukm bardár.
70 Chale jáo bihisht meṉ tum aur tumhárí
ąuraten, ki tumhárí izzat kareṉ.
71 Liye phirte haiṉ un pás rakábíán sone kí,
aur ábkhore; aur waháṉ hai jo dil cháhe, aur
árám páweṉ jis se ánkheṉ; aur tum ko un meṉ
hamesha rahná.
72 Aur yih wuhí bihisht hai, jo mírás páí
tum ne badle un kámoṉ ke jo karte the.
73 Tum ko un meṉ mewe haiṉ bahut, un meṉ
se kháte ho.
74 Albatta jo gunahgár haiṉ, dozakh kí már
meṉ haiṉ hamesha rahte.
75 Na halkí hotí hai un par; aur us meṉ paṛe
haiṉ náummaid.
76 Aur ham ne un par zulm nahíṉ kiyá,
lekin the we beinsáf.
77 Aur pukárenge, Ai málik, kahíṉ ham
par faisal kar chuke terá Rabb; wuh kahegá,
Tum ko rahná hai.

78 Ham láe hain tumháre pás sachchá dín,
par tum bahut log sachchí bát se burá mánte ho.
79 Kyá unhon ne ṭhahráí hai ek bát? to ham
bhí kuchh ṭhahráwenge.
80 Kyá khiyál rakhte hain, ki ham nahín
jánte un ká bhed aur mashwara? kyún nahín?
aur hamáre bheje hain un ke pás likhte.
81 Tú kah, Agar ho Rahmán ko aulád, to
main sab se pahle pújún.
82 Pák zát hai wuh Rabb ásmánon ká aur
zamín ká, Sáhib takht ká, in báton se jo batá-
te hain.
83 Ab chhoṛ de un ko, bak bak karen aur
khelen, jab tak milen apne us din se, jis ká
un ko wada hai.
84 Aur wuhí hai, jis kí bandagí hai ásmán
men, aur us kí bandagí zamín men; aur wuhí
hai hikmatwálá, sab jántá.
85 Aur baṛí barakat hai us kí, jis ká ráj hai
ásmánon men aur zamín men, aur jo un ke bích
hai; aur usí pás hai khabar qiyámat kí, aur
usí tak phir jáoge.
86 Aur ikhtiyár nahín rakhte jin ko ye pu-
kárte hain sifárish ká, magar jis ne gawáhí dí
sachchí, aur un ko khabar thí.
87 Aur agar tú un se púchhe, ki Un ko kis
ne banáyá? to kahenge, Alláh ne; phir kahán
se ulaṭ játe hain?
88 Qasam hai rasúl ke is kahne kí, ki Ai
Rabb, ye log hain ki yaqín nahín láte.
89 So tú muṛ já un kí taraf se, aur kah, Salám
hai; ab ákhir malúm kar lenge.

SURA I DUKHAN.

Makke meṇ názil húí ; 59 áyat kí hai.

BISMI-L-LÁ HI-R-RAHMÁ NI-R-RAHÍM.

(1 *R.*) 1 H. M. Qasam hai is wázih kitáb kí.

2 Ham ne us ko utárá ek barakat kí rát meṇ; ham haiṇ kah sunánewále.

3 Us meṇ judá hotá hai har kám jánchá húá.

4 Hukm hokar hamáre pás se, ham haiṇ bhejnewále,

5 Mihr se tere Rabb kí; wuhí hai suntá jántá.

6 Rabb ásmánoṇ aur zamín ká, aur jo un ke bích hai; agar tum ko yaqín hai.

7 Kisí kí bandagí nahíṇ, siwáe us ke, jilátá hai aur mártá hai, Rabb tumhárá, aur tumháre agle bápdádoṇ ká.

8 Koí nahíṇ, we dhokhe meṇ haiṇ khelte.

9 So tú ráh dekh, jis din kar láwe ásmán dhúáṇ saríh.

10 Jo gher le logoṇ ko; yih hai dukh kí már.

11 Ai Rabb, khol de ham se yih áfat, ham yaqín láte haiṇ.

12 Kabáṇ mile un ko samajhná ? aur á chuká un pás rasúl khol sunánewálá.

13 Phir us se píṭh pherí, aur kahne lage, Sikháyá húá hai báolá.

14 Ham kholte haiṇ azáb thoṛe dinoṇ, tum phir wuhí karte ho.

15 Jis din pakṛenge ham baṛí gah; ham badlá lenewále haiṇ.

16 Aur jánch chuke haiṇ un se pahle Eiraun kí qaum ko, aur áyá un pás rasúl izzatwálá,

17 Ki hawále kar do mere Khudá ke bande; main tum pás áyá húṇ bhejá mutabar.

18 Aur yih ki chaṛho na jáo Alláh ke muqá-

bil men; main láyá hún tum pás ek sanad khulí.
19 Aur main panáh le chuká hún apne aur
tumháre Rabb kí, is se ki mujh ko sangsár karo.
20 Aur agar tum nahín yaqín karte mujh
par, to mujh se pare ho jáo.
21 Phir pukárá apne Rabb ko, ki yih log
gunahgár hain.
22 Phir le nikal rát se mere bandon ko, al-
batta tumhárá píchhá karenge.
23 Aur chhor já daryá ko tham rahá; albatta
we lashkar dúbnewále hain.
SULS. 24 Kitte chhor gae bág aur sarchashme.
25 Aur khetíán, aur ghar khásse,
26 Aur árám jis men the báten banáte,
27 Isí tarah, aur wuh sab háth lagáyá ham
ne ek aur qaum ko.
28 Phir na royá un par ásmán aur zamín,
aur na milí un ko dhíl.
(2 *R.*) 29 Aur ham ne bachá nikálá baní Is-
ráíl ko zillat kí már se,
30 Firaun se, beshakk wuh thá charh rahá
hadd se barhnewálá.
31 Aur ham ne un ko pasand kiyá ján bújh
kar jahán ke logon se.
32 Aur dín un ko nishánián jin men madad
thí saríh.
33 Yih log kahte hain,
34 Aur kuchh nahín, hamárá yihí marná
hai pahlá, aur ham ko phir uthná nahín.
35 Bhalá, le áo hamáre bápdáde, agar tum
sachche ho.
36 Ab yih bihtar hain, yá Tuba kí qaum?
37 Aur jo in se pahle the, ham ne un ko
khapá diyá, we the gunahgár.
38 Aur ham ne jo banáyá ásmán aur zamín
aur jo un ke bích hai, khel nahín.

39 Un ko to banáyá ham ne ṭhík kám par,
par bahut log nahíṉ samajhte.
40 Tahqíq faisale ká din wada hai un sab ká.
41 Jis din kám na áwe koí rafíq kisí rafíq
ke kuchh, aur na un ko madad pahunche,
42 Magar jis par mihr kare Alláh; beshakk
wuhí hai zabardast rahm wálá.
(3 *R.*) 43 Muqarrar darakht sehunḍ ká,
44 Khána hai gunahgár ká.
45 Jaise pighlátá támba khaultá hai peṭoṉ
meṉ,
46 Jaise khaultá pání.
47 Pakṛo us ko, aur ḍhakel le jáo bíchoṉ
bích dozakh ke.
48 Phir ḍálo us ke sir par jalte pání ká azáb.
49 Yih chakh, tú hí hai baṛá izzat wálá sardár.
50 Yih wuhí hai jis meṉ tum dhokhá rakh-
te the.
51 Beshakk ḍarwále ghar meṉ haiṉ chain ke,
52 Bágoṉ meṉ aur chashmoṉ meṉ.
53 Pahinte haiṉ poshák reshmí patlí aur gá-
ṛhí ek dúsre ke sámhne.
54 Isí tarah aur biyáh diṉ ham ne un ko
goríáṉ baṛí ánkhoṉ wálíáṉ.
55 Mangwáte haiṉ wahán har mewe khátir
jama se.
56 Na chakhenge waháṉ marná, magar jo
pahle mar chuke; aur bacháyá un ko dozakh
kí már se,
57 Fazl se tere Rabb ke; yihí hai baṛí mu-
rád milní.
58 So yih Qurán ásán kiyá ham ne terí bolí
meṉ, sháyad we yád rakheṉ.
59 Ab tú ráh dekh, we bhí ráh takte haiṉ.

SURA I JASIYAH.

Makke meṇ ndzil húi ; 36 dyat kí hai.

BISMI-L-LÁ HI-R-RAHMÁ NI-B-RAHÍM.

(1 *R.*) 1 H. M. Utárá kitáb ká hai Alláh
se, jo zabardast hai, hikmatwálá.

2 Beshakk ásmánoṇ meṇ aur zamín meṇ
bahut pate haiṇ mánnewáloṇ ko.

3 Aur tumháre banáne meṇ aur jitne bi-
khertá hai jánwar, pate haiṇ ek logoṇ ko jo
yaqín rakhte haiṇ.

4 Aur badalne meṇ rát din ke; aur wuh jo
utárí Alláh ne ásmán se rozí, phir jiláyá us se
zamín ko mar gae píchhe; aur badalne meṇ
báoṇ ke, pate haiṇ ek logoṇ ko jo bújhte haiṇ.

5 Yih báteṇ haiṇ Alláh kí, ham sunáte haiṇ
tujh ko ṭhík; phir kaun sí bát ko Alláh aur
us kí báteṇ chhoṛkar mánenge?

6 Kharábí hai har jhuṭhe gunahgár kí:

7 Ki sune báteṇ Alláh kí us pás paṛhí jáweṇ;
phir zidd kare gurúr se jaise wuh sumí nahíṇ,
so khushí sumá us ko dukhwálí már kí.

8 Aur jab khabar páwe hamárí bátoṇ meṇ
kisí chíz kí, us ko ṭhahráwe ṭhaṭṭhá; aisoṇ ko
zillat kí már hai.

9 Pare un ke dozakh hai, aur kám na áwegá
un ko jo kamáyá thá kuchh; aur na we jo pak-
re the Alláh ke siwáe rafíq, aur un ko baṛí már
hai.

10 Yih sujhá diyá, aur jo munkir haiṇ apne
Rabb kí bátoṇ se, un ko már hai ek balá kí
dukhwálí.

(2 *R.*) 11 Alláh wuhí hai jis ne bas meṇ diyá
tumháre daryá, ki chaleṇ us meṇ jaház us ke

hukm se, aur táki talásh karo us ke fazl se, aur sháyad tum haqq máno.

12 Aur kám lagáe tumháre jo kuchh hain ásmánon men aur zamín men, sab us kí taraf se; is men pate hain ek logon ko jo dhiyán karte hain.

13 Kah de ímánwálon ko, Muáf karen un ko jo ummaid nahín rakhte Alláh ke dinon kí, ki wuh sazá de ek logon ko, badlá us ká jo kamáte the.

14 Jis ne bhalá kiyá, to apne wáste, aur jis ne burá kiyá, to apne haqq men; phir apne Rabb kí taraf phere jáoge.

15 Aur ham ne dí baní Isráíl ko kitáb, aur hukúmat, aur paigambarí, aur kháne ko dín suthrí chízen, aur buzurgí un ko jahán par.

16 Aur dín un ko khulí báten dín kí; phir phút jo dálí to samajh á chukí píchhe ápas kí zidd se; terá Rabb chukautí karegá un men qiyámat ke din, jis bát men we jhagrate the.

17 Phir tujh ko rakhá ham ne ek raste par us kám ke; so tú usí par chal, aur na chal cháon par nádánon ke.

18 We kám na áwenge tere Alláh ke sámhne kuchh; aur beinsáf ek dúsre ke rafíq hain, aur Alláh rafíq hai darwálon ká.

19 Yih sújh kí báten hain logon ke wáste, aur ráh kí, aur mihr hai un logon ko jo yaqín láte hain.

20 Kyá khiyál rakhte hain jinhon ne kamáí hain buráián, ki ham kar denge un ko barábar un ke, jo yaqín láe, aur kiye bhale kám? eksán un ká jíná aur marná, bure dawe hain jo karte hain.

(3 *R.*) 21 Aur banáe Alláh ne ásmán aur zamín jaise cháhiye; aur tá badlá páwe har koí apní kamáí ká, aur un par zulm na hogá.

22 Bhalá, dekh tú, jis ne ṭhahráyá apná hákim apní cháo ko, aur ráh se khoyá us ko Alláh ne, jántá, bújhtá, aur muhr kí us ke kán par, aur dil par, aur ḍálí us kí ánkh par andherí; phir kaun ráh par láwe us ko Alláh ke siwáe? kyá tum soch nahín karte?

23 Aur kahte hain, Aur nahín, yihí hai hamárá jíná dunyá ká, ham marte hain aur jíte hain, aur halák kartá hai ham ko zamána; aur un ko kuchh khabar nahín us kí, nirí aṭkalen dauṛáte hain.

24 Aur jab sunáiye un ko hamárí áyaten khulí; aur jhagṛá nahín un ko, magar yihí ki kahte hain, Le áo hamáre bápdádon ko agar tum sachche ho.

25 Tú kah, Alláh jilátá hai tum ko, phir máregá tum ko, phir ekaṭṭhá karegá tum ko qiyámat ke din tak; us men kuchh shubha nahín; par bahut log nahín samajhte.

(4 *R.*) 26 Aur Alláh ká ráj hai ásmánon men aur zamín men; aur jis din qáim hogí qiyámat, us din kharáb honge jhúṭhe.

27 Aur tú dekhe har firqe zánú par baiṭhe hain, har firqa buláyá játá hai apne apne daftar pás; áj badlá páoge jaisá tum karte the.

28 Yih hamárá daftar hai, boltá hai Tumháre kám ṭhík; ham likhwáte játe the jo kuchh tum karte the.

29 So jo yaqín láe hain, aur bhale kám kiye, so un ko dákhil karegá un ká Rabb apní mihr men; yih jo hai, yihí hai saríh murád milní.

30 Aur jo munkir húe, kyá tum ko sunáí na játín thín báten merí? phir tum ne gurúr kiyá aur ho rahe tum log gunahgár.

31 Aur jab kahiye, ki Wada Alláh ká ṭhík hai, aur us gharí men dhokhá nahín, tum kah-

te ho, Ham nahín samajhte, kyá hai wuh gharí? ham ko átá hai to ek khiyál sá, aur ham ko yaqín nahín hotá.

32 Aur khulín un par buráíán un kámon kí jo kiye the, aur ulaṭ parí un par jis chíz se ṭhaṭṭhá karte the.

33 Aur hukm húá ki áj ham tum ko bhulá denge jaise tum ne bhulá diyá apne is din ká milná; aur ghar tumhárá dozakh hai, aur koí nahín tumhárá madadgár.

34 Yih tum par is wáste, ki tum ne pakṛá Alláh kí báton ko ṭhaṭṭhá, aur bahke dunyá ke jíne par; so áj na un ko nikálná hai wahán se, aur na un se cháhen tauba.

35 So Alláh ko hai sab khúbí, jo Rabb hai ásmánon ká, aur Rabb hai zamín ká, Rabb sáre jahán ká.

36 Aur us hí kí baṛáí hai ásmánon men aur zamín men; aur wuhí hai zabardast, hikmatwálá.

SURA I AHQÁF.

Makke men názil húí; 35 áyat kí hai.

BISMI-L-LÁ HI-R-RAHMÁ NI-R-RAHÍM.

CHHABISWAN SIPARA.

(1 R.) 1 H. M. Utárá kitáb ká hai Alláh se, jo zabardast hikmatwálá.

2 Ham ne jo banáe ásmán o zamín, aur jo un ke bích hai, so ek kám par, aur ek ṭhahre wade par; aur jo munkir hain ḍar sunáyá, nahín dhiyán karte.

3 Tú kah, Bhalá dekho to, jin ko pukárte ho Alláh ke siwáe, dikháo to mujh ko unhon ne kyá banáyá zamín men? yá un ká kuchh sájhá hai ásmánon men? láo mere pás koí kitáb

is se pahle kí, yá chalá átá koí ilm, agar ho tum sachche.

4 Aur us se bahká kaun, jo pukáre Alláh ke siwáe aise ko, ki na pahunche us kí pukár ko qiyámat ke din tak, aur un ko khabar nahíŋ un ke pukárne kí?

5 Aur jab log jamạ honge, we honge un ke dushman, aur honge un ke pújne se munkir.

6 Aur jab sunáiye un ko hamárí báteŋ khulí, kahte haiŋ munkir sachchí bát ko jab un tak pahunchí, Yih jádú hai saríh.

7 Kyá kahte haiŋ, Yih baná láyá ? tú kah, Agar maiŋ yih baná láyá húŋ, to tum merá bhalá nahíŋ kar sakte Alláh ke sámhne kuchh; us ko khúb khabar hai jin bátoŋ meŋ lage ho; wuh bas hai haqq batánewálá mere tumháre bích; aur wuhí hai gunáh bakhshtá, mihrbán.

8 Tú kah, Maiŋ kuchh nayá rasúl nahíŋ áyá, aur mujh ko mạlúm nahíŋ kyá hotá hai mujh se aur tum se ; maiŋ usí par chaltá húŋ jo hukm átá hai mujh ko, aur merá kám yihí hai ḍar suná dená kholkar.

9 Tú kah, Bhalá dekho to, agar yih ho Alláh ke yaháŋ se, aur tum ne us ko nahíŋ máná, aur gawáhí de chuká ek gawáh baní Isráíl ká ek aisí kitáb kí ; phir wuh yaqín láyá, aur tum ne gurúr kiyá ; beshakk Alláh ráh nahíŋ detá gunahgároŋ ko.

(2 R.) 10 Aur kahne lage munkir ímánwáloŋ ko, Agar yih kuchh bihtar hotá, to ye na dauṛte is par pahle ham se ; aur jab ráh par nahíŋ áe us ke bátáne se, to ab kahenge, Yih jhúṭh hai muddat ká.

11 Aur is se pahle kitáb Músá kí hai ráh batánewálí, aur mihr ; aur yih kitáb hai us ko sachchá kartí Arabí zubán meŋ, ki ḍar suná-

we gunahgároṉ ko; aur ḳhushḳhabarí nekí-
wáloṉ ko.
12 Muqarrar jinhoṉ ne kahá, Rabb hamárá
Alláh hai, phir sábit rahe, to na ḍar hai un
par, na we gam kháwenge.
13 We haiṉ bihisht ke log, sadá rahenge us
meṉ badlá us ká jo karte the.
14 Aur ham ne taqaiyud kiyá hai insán ko
apne má báp se bhaláí ká; peṭ meṉ rakhá us
ko us kí má ne taklíf se, aur janá us ko taklíf
se; aur haml meṉ rahná us ká, aur dúdh chhoṛ-
ná tís mahíne meṉ hai, yaháṉ tak ki jab pahun-
chá apní quwwat ko, aur pahunchá chális baras
ko, kahne lagá, Ai Rabb, merí qismat meṉ
kar, ki shukr karúṉ tere ihsán ká, jo mujh par
kiyá, aur mere má báp par; aur yih ki karúṉ
nek kám jis se tú rází ho, aur nek de mujh ko
aulád merí; maiṉ ne tauba kí terí taraf, aur
maiṉ húṉ hukmbardár.
15 We log haiṉ jin se ham qabúl karte haiṉ
bihtar se bihtar kám jo kiye haiṉ, aur muáf
karte haiṉ ham buráíáṉ un kí jannat ke logoṉ
meṉ, sachchá wada jo un ko miltá thá.
16 Aur jis shaḳhs ne kahá apne má báp ko,
Maiṉ bezár húṉ tum se; kyá mujh ko wada
dete ho ki maiṉ nikálá jáúngá qabar se? aur
guzar chukí haiṉ ittí sangateṉ mujh se pahle?
aur we donoṉ faryád karte haiṉ Alláh se, ki
Ai ḳharábi terí, tú ímán lá, beshakk wada Al-
láh ká ṭhík hai; phir kahtá hai, Yih sab naqleṉ
haiṉ pahloṉ kí.
17 We log jin par sábit húí bát jo guzre haiṉ
aur firqoṉ meṉ pahle un se jinnoṉ ke aur ád-
míoṉ ke, beshakk we the ṭoṭe meṉ.
18 Aur har firqe ke kai darje haiṉ apne kiye

kámoṇ se, aur tá púre un ko de kám un ke, aur un par zulm na hogá.

19 Aur jis din láe jáwenge munkir ág ke sire par, záyạ kiye tum ne apne maze dunyá ke jíte, aur un ko barat chuke; ab áj sazá páoge zillat kí már badlá us ká jo tum gurúr karte the mulk meṇ náhaqq, aur us ká jo tum behukmí karte the.

(3 R.) 20 Aur yád kar Ád ke bháí ko, jab daráyá apní qaum ko Ahqáf meṇ, aur guzar chuke the daránewále áge se, aur píchhe se, ki Bandagí na karo kisí kí Alláh ke siwáe ; maiṇ dartá húṇ tum par afát se ek bạre din kí.

21 Bole, Kyá tú áyá hai ki phere ham ko hamáre thákuroṇ se ? so le á ham par jo wạda detá hai, agar hai tú sachchá.

22 Kahá, Yih khabar to Alláh ko hai, aur maiṇ pahunchá detá húṇ jo kah diyá mere háth ; lekin maiṇ dekhtá húṇ tum log nádání karte ho.

23 Phir, jab dekhá us ko abr sámhne áyá un ke náloṇ ke, Bole, Yih abr hai, ham par barsegá. Koí nahíṇ, yih wuh hai jis kí tum shitábí karte the ; báo hai jis meṇ dukh kí már hai.

24 Ukhár máre har chíz ko apne Rabb ke hukm se ; phir kal ko rah gae, koí nazar nabíṇ átá siwáe un ke gharoṇ ke ; yúṇ ham sazá dete haiṇ gunahgár logoṇ ko.

25 Aur ham ne maqdúr dí thí un ko, jo muqdúr nabíṇ dí tum ko, aur un ko diye the kán, aur ánkheṇ, aur dil ; phir kám na áe un ko kán un ke, na ánkheṇ un kí, na dil un ke, kisí chíz meṇ, is par ki the munkir hote Alláh kí bátoṇ se, aur ulaṭ paṛí un par jis bát se thaṭthá karte the.

(4 R.) 26 Aur ham khapá chuke haiṇ jitne

tumháre ás pás hain gánw, aur pher pher sunáín un ko báten, sháyad we phir áwen.

27 Phir, kyún na madad pahunchí un kí jin ko pakṛá thá Alláh se ware mabúd darja páne ko? koí nahín, gum ho gae un se, aur yihí jhúṭh thá un ká, aur jo bándhte the.

28 Aur jab mutawajjih kar diye ham ne terí taraf kitte log jinnon se, sunne lage Qurán; phir jab wahán pahunche, bole, Chup raho; phir jab tamám húá ulṭe phire apní qaum ko ḍar sunáte.

29 Bole, Ai qaum hamárí, ham ne suní ek kitáb jo utrí hai Músá ke píchhe sachchá kartí sab aglíon ko, sujhátí sachchá dín, aur ráh sidhí.

30 Ai qaum hamárí, máno Alláh ke buláne-wále ko, aur is par yaqín láo, ki bakhshe tum ko kuchh tumháre gunáh, aur bacháwe tum ko ek dukh kí már se.

31 Aur jo koí na mánegá Alláh ke buláne-wále ko, to wuh na thaká sakegá bhág kar zamín men; aur koí nahín us ko us ke siwáe madadgár; we log bhaṭakte hain saríh.

32 Kyá nahín dekhte, ki wuh Alláh jis ne banáe ásmán aur zamín, aur na thaká un ke banáne men, wuh saktá hai, ki jilá de murde, kyún nahín; wuh har chíz kar saktá hai.

33 Aur jis din sámhne láwe munkiron ko ág ke; ab yih ṭhík nahín? kahenge Kyún nahín? qasam hai hamáre Rabb kí; kahá, To chakho már badlá us ká jo tum munkir hote the.

34 So tú ṭhahrá rah, jaise ṭhahre rahen him-matwále rasúl; aur shitábí na kar un ke wáste; ye log jis din dekhenge jis chíz ká un se wạda hai.

35 Ḍhíl na páí thí magar ek ghaṛí din pahunchá dená; ab wuhí halák húe jo log behukm hain.

SURA I MUHAMMAD.

Madíne men názil húí; 40 áyat kí hai.

BISMI-L-LÁ HI-R-RAHMÁ NI-R-RAHÍM.

(1 *R.*) 1 Jo log munkir húe, aur roká unhon
ne Alláh kí ráh se, kho diye us ne un ke kiye;
2 Aur jo yaqín láe, aur kiye bhale kám, aur
máná jo utrá Muhammad par; aur wuhí hai
sachchá dín un ke Rabb kí taraf se, un se utárín
un kí buráíán, aur sanwárá un ká hál.
RUBA. 3 Yih is par ki jo munkir hain, we
chale jhúṭhí bát par; aur jo yaqín láe, unhon
ne mání sachchí bát apne Rabb kí taraf se;
yún batátá hai Alláh logon ko un ke ahwál.
4 So jab tum bhiro munkiron se, to mární
hai gardanen, yahán tak ki jab kaṭáo ḍál chu-
ke un men, to mazbút bándho qaid.
5 Phir, yá ihsán kariyo píchhe, aur yá chhuṛ-
wáí líjiyo jab tak ki rakh de laṛáí apne bojh;
yih sun chuke. Agar cháhe Alláh, to badlá le
un se, par jánchne ko tumháre ek se dúsre ko.
Aur jo log máre gae Alláh kí ráh men, to na
kho degá wuh un ke kiye.
6 Un ko ráh degá, aur sanwáregá un ká hál.
7 Aur dákhil karegá un ko bihisht men;
malúm karwá dí hai un ko.
8 Ai ímánwálo, agar tum madad karoge
Alláh kí, to wuh tumhárí karegá, aur jamá-
wegá tumháre pánw.
9 Aur jo log munkir húe, un ko lagí ṭhokar,
aur kho diye un ke kiye.
10 Yih is par ki unhon ne pasand na rakhá
jo utárá Alláh ne; phir akárat kar diye un ke
kiye.

11 Kyá phire nahín mulk men, ki dekhen ákhir kaisá húá un ká, jo pahle the un se? ukhár márá Alláh ne un ko; aur munkiron ko miltí hain aisí chízen.

12 Yih is par ki Alláh hai rafíq un ká, jo yaqín láe, aur yih ki jo munkir hain, un ká rafíq nahín koí.

(2 *R.*) 13 Muqarrar Alláh dákhil karegá un ko jo yaqín láe, aur kiye bhale kám, bágon men; níche bahtí un ke naddián. Aur jo munkir hain baratte hain, aur kháte hain jaise kháwen dhor; aur ág hai un ká ghar.

14 Aur kittí thín bastíán, jo ziyáda thín zor men is terí bastí se, jis ne tujh ko nikálá; ham ne un ko khapá diyá, phir koí nahín un ká madadgár.

15 Bhalá, ek jo chaltá hai sújhí ráh par apne Rabb kí, barábar us ke, jis ko bhalá dikháyá us ká burá kám, aur chalte hain apne cháon par?

16 Ahwál us bihisht ká, jo wada hai dar-wálon ko, us men nahren hain pání kí, jo bú nahín kar gayá; aur nahren hain dúdh kí, jis ká maza nahín phirá; aur nahren sharáb kí, jis men maza hai pínewálon ko.

17 Aur nahren hain shahad kí, jhág utárá húá; aur un ko wahán sab tarah ke mewe, aur muáfí hai un ke Rabb se. Barábar us ke jo sadá rahtá hai ág men; aur piláyá hai khaultá pání; to kát nikalá un kí ánten.

18 Aur baze un men hain, ki kán rakhte hain terí taraf, yahán tak, ki jab nikle tere pás se, kahte hain un ko, jin ko ilm milá, Kyá kahá thá us shakhs ne abhí? wuhí hain, jin ke dil par muhr rakhí Alláh ne; aur chale hain apní cháon par.

19 Aur jo log ráh par áe hain, un ko aur

baṛhí us se sújh, aur un ko us se milá bachkar chalná.

20 Ab yihí ráh dekhte hain̲ us ghaṛí kí, ki á khaṛí ho un par achának; kyúnki á chukí hain̲ us kí nishánián̲; so kahán̲ milegí un ko jab wuh á pahunchí samajh pakaṛní?

21 So tú ján rakh, ki kisí kí bandagí nahín̲ siwáe Alláh ke; aur muáfí máng *apne gunáh* ke wáste, aur ímándár mardon̲ aur ṣuraton̲ ke liye; aur Alláh ko maṭúm hai gasht tumhárá, aur ghar tumhárá.

(3 *R.*) 22 Aur kahte hain̲ ímánwále, Kyún̲ na utrí ek súrat? phir jab utrí ek súrat jánchí húí, aur us men̲ húá zikr laṛáí ká, to tú dekhtá hai jin ke dil men̲ rog hai, terí taraf takte hain̲, jaise taktá hai koi behosh paṛá marne ke waqt; so ḳharábí hai un kí; hukm mánná hí hai, aur bhalí bát kahní;

23 Phir jab tákíd ho kám kí, to agar sachche rahen̲ Alláh se, to un ká bhalá hai.

24 Phir tum se yihí tawaqqu hai, ki agar tum ko hukúmat ho, ki ḳharábí ḍálo mulk men̲, aur toṛo apne náte.

25 Aise log wuhí hain̲, jin ko phiṭkárá Alláh ne; phir kar diyá un ko babre, aur andhí un kí ánkhen̲.

26 Kyá dhiyán nahín̲ karte Qurán men̲, yá dilon̲ par lag rahe hain̲ un ke qufl?

27 Beshakk jo log ulṭe phir gae apní píṭh par, píchhe is se, ki khul chukí un par ráh, Shaitán ne bát banáí un ke dil men̲, aur der ke wạde diye.

28 Yih is wáste ki unhon̲ ne kahá un se, jo bezár hain̲ Alláh ke utáre se, Ham tumhárí bát bhí mánenge baze kám men̲; aur Alláh jántá hai un ká mashwara karná.

29 Phir kaisá hogá, jab ki firishte ján lenge un ki? márte játe hain un ke munh par, aur píṭh par.

30 Yih us par ki we chale is ráh, jis se Alláh bezár, aur na pasand kí us kí ḳhushí; phir us ne akárath kar diye un ke kiye.

(4 *R.*) 31 Kyá ḳhiyál rakhte hain, jin ke dil men rog hai? ki Alláh na kholegá un ke jíon ke bair?

32 Aur agar ham cháhen, tujh ko dikháwen un ko; so pahchán tú chuká hai un ko chihre se; aur áge pahchán legá bát ke ḍhab se; aur Alláh ko malúm hain tumháre kám.

33 Aur albatta tum ko jánchenge, tá ma-lúm karen jo tum men laṛáíwále hain, aur ṭha-harnewále, aur tahqíq karen tumhárí ḳhabren.

34 Jo log munkir húe, aur roká Alláh kí ráh se, aur ḳhiláf húe Rasúl se, pichhe us ke ki khul chukí un par ráh, na bigáṛenge Alláh ká kuchh; aur wuh akárath kar degá un ke kiye.

35 Ai ímánwálo, hukm par chalo Alláh ke, aur hukm par chalo Rasúl ke, aur záyạ na karo apne kiye.

36 Jo log munkir húe, aur roká Alláh kí ráh se, phir mar gae, aur we munkir hí rahe, to hargiz na baḳhshegá Alláh un ko.

37 So tum bode na ho jáo, aur pukárne lago sulh, aur tum hí rahoge úpar, aur Alláh tumhá-re sáth hai; aur nuqsán na degá tum ko tum-háre kámon men.

38 Yih dunyá ká jíná to khel hai, aur tamásha; aur agar tum yaqín láoge, aur bach chaloge, wuh degá tum ko tumháre neg, aur na mángegá tum se tumháre mál.

39 Agar mánge tum se wuh mál, phir tang

kare, to baḵẖíl ho jáo, aur nikál de tumháre
dil kí ḵẖafgíáṉ.

40 Sunte ho tum log tum ko buláte haiṉ ki
ḵẖarch karo Alláh kí ráh meṉ. Phir tum meṉ koí
hai ki nahíṉ detá ? aur jo koí na degá, so na de-
gá áp ko; aur Alláh beniyáz hai, aur tum muh-
táj ho; aur agar tum phir jáoge, badal legá
log siwáe tumháre; phir we na honge tum-
hárí tarah ke.

SURA I FATAH.

Madíne meṉ ndzil húi; 29 áyat kí hai.

BISMI-L-LÁ HI-R-RAHMÁ NI-R-RAHÍM.

(1 *R.*) 1 Ham ne faisala kar diyá tere wáste
saríh faisala.

2 Tá muáf kare tujh ko Alláh, jo áge húe
tere gunáh, aur jo píchhe rahe, aur púrá kare
tujh par ihsán apná, aur chaláwe tujh ko sídhí
ráh.

3 Aur madad kare Alláh tujh ko zabardast
madad.

4 Wuhí hai, jis ne utárá chain dil meṉ ímán-
dároṉ ke, ki aur barhe un ká ímán un ke ímán
ke sáth; aur Alláh ke haiṉ lashkar ásmánoṉ
aur zamín ke; aur hai Alláh ḵẖabardár, hik-
matwálá.

5 Tá pahuncháwe ímánwále mardoṉ ko aur
auratoṉ ko bágoṉ meṉ; níche bahtí un ke nah-
reṉ, sadá raheṉ un meṉ; aur utáre un se un kí
buráíáṉ; aur yih hai Alláh ke yaháṉ barí murád
milní.

6 Aur tá azáb kare dagábáz mardoṉ ko, aur
auratoṉ ko, aur shirkwále mardoṉ ko, aur

auraton ko, jo aṭkalte hain Alláh par burí aṭkalen; un hí par paṛe pher musíbat ká. Aur gussa húá Alláh un par, aur un ko phiṭkárá, aur maujúd kiyá un ke wáste dozaḳh; aur burí jagah pahunche.

NISF. 7 Aur Alláh ke hain lashkar ásmánon ke, aur zamín ke; aur hai Alláh zabardast, hikmatwálá.

8 Ham ne tujh ko bhejá ahwál batánewálá, aur ḳhushí aur ḍar sunánewálá.

9 To tum log yaqín láo Alláh par, aur us ke Rasúl par, aur us kí madad karo, aur us ká adab rakho, aur us kí pákí bolo subh aur shám.

10 Jo log háth miláte hain tujh se, we háth miláte hain Alláh se, Alláh ká háth úpar hai un ke háth ke. Phir jo koí qaul toṛe, so toṛe apne bure ko, aur jo koí púrá kare jis par qarár kiyá Alláh se, wuh degá us ko neg baṛá.

(2 *R.*) 11 Ab kahenge píchhe rahnewále ganwár, Ham lage rah gae apne málon men, aur gharon men, so hamárá gunáh baḳhshwá; kahte hain apní zubán se, jo nahín un ke dil men. Tú kah Kisí ká chaltá hai kuchh tumháre wáste Alláh se, agar wuh cháhe tum par taklíf, yá cháhe tumhárá fáida? balki Alláh hai tumháre kám se ḳhabardár.

12 Koí nahín, tum ne ḳhiyál kiyá, ki phirkar na áwegá Rasúl aur musalmán apne ghar kabhí, aur bhalá nazar áyá tumháre dil men, aur yih aṭkal kí tum ne burí aṭkal, aur tum log the halák honewále.

13 Aur jo koí yaqín na láwe Alláh par, aur us ke Rasúl par, to ham ne rakhí hai munkiron ke wáste dahaktí ág.

14 Aur Alláh ká ráj ásmánon ká aur zamín ká; baḳhshe jis ko cháhe, aur már de jis ko

cháhe; aur hai Alláh bakhshnewálá, mihrbán.

15 Ab kahenge píchhe rah gae húe, jab chaloge ganímaten lene ko, Chhoṛo, ham chalen tumháre sáth ; cháhte hain ki badlen Alláh ká kabá ; tú kah, Tum hamáre sáth na chaloge. Yúnhín kah diyá Alláh ne pahle se: phir ab kahenge, Nahín, tum jalte ho ham se. Koí nahín, par we nahín samajhte hain magar thoṛá.

16 Kah de píchhe rah gae ganwáron ko, Áge tum ko buláwenge ek logon par, baṛí sakht laṛáí tum un se laṛoge, yá we musalmán honge. Phir, agar hukm mánoge, degá Alláh neg achchá ; aur agar palaṭ jáoge, jaise palaṭ gae pahlí bár, már degá tum ko ek dukh kí már.

17 Andhe par taklíf nahín, aur na langṛe par taklíf, aur na bímár par taklíf; aur jo koí máne hukm Alláh ká, aur us ke Rasúl ká, dákhil kare bágon men, jin ke níche bahtí naddíán ; aur jo koí palaṭ jáwe, us ko már de dukh kí már.

(3 R.) 18 Alláh khush húá ímánwálon se jab háth miláne lage tujh se us darakht ke níche ; phir jáná un jo ke jí men thá, phir utárá un par chain, aur inám diyá un ko ek fatah nazdík,

19 Aur bahut ganímaten, jo un ko lenge ; aur hai Alláh zabardast, hikmatwálá.

20 Wạda diyá hai tum ko Alláh ne bahut lúṭon ká, tum un ko loge ; so shitáb milá dí tum ko yih, aur ruke háth logon ke tum se, aur tá ek namúna ho qudrat múminon ke wáste, aur chaláwe tum ko ráh sídhí.

21 Aur dúsrí fatah, jo tumháre háth na áí, wuh Alláh ke qábú men hai ; aur hai Alláh sab chíz kar saktá.

22 Aur agar laṛenge tum se káfir, to pherenge

píṭh; phir na páwenge koí himáyatí, na madadgár.

23 Rasm paṛí hai Alláh kí, jo chalí átí hai pahle se; aur tú na dekhe rasm Alláh kí badalte.

24 Aur wuhí hai, jis ne rok rakhe un ke háth tum se, aur tumháre háth un se, bích meṇ shahr Makke ke, píchhe us se, ki tumháre háṭh lagáwe; aur hai Alláh jo karte ho dekhtá.

25 Wuhí haiṇ, jinhoṇ ne inkár kiyá, aur roká tum ko adabwálí masjid se, aur niyáz kí qurbání ko band paṛe, na pahunche apní jagah tak. Aur agar na hote kitte mard ímánwále, aur kittí ʿauraten ímánwálíáṇ, jo tum ko malúm nahíṇ, yih khatrá ki un ko pís ḍálte; phir tum par kharábí paṛtí bekhabrí se, ki Alláh dákhil kartá hai apní mihr meṇ jis ko cháhe. Agar we log ek taraf ho játe, to ham áfat ḍálte munkiroṇ par dukh kí már.

26 Jab rakhí munkiroṇ ne apne dil meṇ pachh, ki nádání kí zidd hai; phir utárá Alláh ne apní taraf ká chain apne Rasúl par, aur musalmánoṇ par; aur lagá rakhá un ko adab kí bát par, aur wuhí the us ke láiq, aur us kám ke; aur hai Alláh har chíz se khabardár.

(4 *R.*) 27 Alláh ne sachchá kiyá apne Rasúl ke liye khwáb, ki sach thá; tum dákhil ho rahoge adabwálí masjid meṇ; agar Alláh ne cháhá chain se bál múndte apne siroṇ ke, aur katarte bekhatrá. Phir jáná jo tum nahíṇ jánte; phir ṭhahráwe us se ware ek fatah nazdík.

28 Wuhí hai jis ne bhejá apná Rasúl ráh par, aur sachche dín par, ki úpar rakhe us ko har dín se; aur bas hai Alláh haqq sábit karnewálá.

29 Mahammad Rasúl Alláh ká, aur jo us ke sáth haiṇ zoráwar haiṇ káfiroṇ par; narm dil haiṇ ápas meṇ; tú dekhe un ko rukú meṇ aur

sijda men; dhúndhte hain Alláh ká fazl, aur us kí khushí. Báná un ká un ke munh par hai sijde ke asr se; yih kaháwat hai un kí Taurát men, aur kaháwat un kí Injíl men. jaise khetí ne nikálá apná pathá; phir us kí kamar mazbút kí, motá húá, phir khará húá apní nál par, khush lagtá khetíwálon ko, tá jiláwe un se jí káfiron ká. Wada diyá hai Alláh ne un men se jo yaqín láe, aur kiye bhale kám, muáfí ká, aur bare neg ká.

SURA I HUJRAT.

Madíne men názil húí; 18 áyat kí hai.

BISMI-L-LÁ HI-R-RAHMÁ NI-R-RAHÍN.

(1 *R.*) 1 Ai ímánwálo, áge na barho Alláh se, aur us ke Rasúl se, aur darte raho Alláh se; Alláh suntá hai, jántá.

2 Ai ímánwálo, únchí na karo apní áwázen Nabí kí áwáz se úpar; aur us se na bolo kuhuk kar, jaise kuhukte ho ek dúsre par, kahín akárath na ho jawen tumháre kiye, aur tum ko khabar na ho.

3 Jo log dabí áwáz bolte hain Rasúl Ulláh ke pás, wuhí hain jin ke dil jánche hain Alláh ne adab ke wáste; un ko muáfí hai aur neg bará.

4 Jo log pukárte hain tujh ko díwár ke báhar se, we aksar aql nahín rakhte.

5 Aur agar sabr karte jab tak tú nikaltá un kí taraf, to un ko bihtar thá; aur Alláh bakhshtá hai mihrbán.

6 Ai ímánwálo, agar áwe tum pás ek gunahgár khabar lekar, to tahqíq karo kahín na já paro kisí qaum par nádání se, phir kal ko lago apne kiye par pachhtáne.

7 Aur ján lo, ki tum meṇ Rasúl Alláh ká
kai, agar wuh tumhárí bát máná kare bahut
kámoṇ meṇ, to tum par mushkil paṛe.   Par
Alláh ne muhabbat dálí tumháre dil meṇ ímán
kí, aur achchhá dikháyá us ko tumháre dilon
meṇ, aur burá lagáyá tum ko kufr, aur gunáh,
aur behukmí, we log wuhí haiṇ nek chál par,

8 Alláh ke fazl se aur ibsán se; aur Alláh
sab jántá hai hikmatwálá.

9 Aur agar do firqe musalmánoṇ ke laṛ
paṛeṇ, to un meṇ miláp karwá do; phir, agar
charh jáwe ek un meṇ dúsre par, to sab laṛo
us charháíwále se, jab tak phir áwe Alláh ke
hukm par. Phir, agar phir áyá, to miláp karwá
do un meṇ barábar, aur insáf karo; beshakk
Alláh ko khush áte haiṇ insáfwále.

10 Musalmán jo haiṇ, we bháí haiṇ, so miláo
apne do bháíoṇ ko, aur ḍarte raho Alláh se,
sháyad tum par rahm ho.

11 Ai ímánwálo, ṭhaṭṭhá na kareṇ ek log
dúsroṇ se, sháyad we bihtar hoṇ un se, aur na
aurateṇ dúsrí auratoṇ se, sháyad we bihtar
hoṇ un se; aur aib na lagáo ek dúsre ko, aur
nám na dálo chiṛ ek dúsre kí; burá nám hai
gunahgárí píchhe ímán ke; aur jo koí tauba na
kare, to wuhí log haiṇ beinsáf.

(2 R.) 12 Ai ímánwálo, bachte raho bahut
tuhmateṇ lagáne se; muqarrar bazí tuhmat
gunáh hai; aur bhed na ṭaṭolo kisí ká, aur bad
na kaho píṭh píchhe ek dúsre ko; bhalá, khush
lagtá hai tum meṇ kisí ko, ki kháwe gosht
apne bhái ká, jo murda ho? so ghin áe tum
ko, aur ḍarte raho Alláh se; beshakk Alláh
muáf karnewálá hai mihrbán.

13 Ai ádmío, ham ne tum ko banáyá ek nar
aur ek máda se, aur rakhíṇ tumhárí záteṇ,

aur goteṇ, tá ápas kí pahchán ho. Muqarrar izzat Alláh ke yaháṇ usí kí baṛí, jis ko adab baṛá; Alláh sab jántá hai khabardár.

14 Kahte haiṇ gaṇwár, Ham ímán láe; tú kah, Tum ímán nahíṇ láe; par tum kaho, ki Ham musalmán húe, aur abhí nahíṇ paiṭhá ímán tumháre diloṇ meṇ; aur agar hukm par chaloge Alláh ke, aur us ke Rasúl ke, kát na rakhegá tumháre kámoṇ se kuchh; Alláh bakhshtá hai mihrbán.

15 Ímánwále we haiṇ, jo yaqín láe Alláh par, aur us ke Rasúl par, phir shubha na láe, aur laṛe apne mál aur ján se Alláh kí ráh meṇ; we jo haiṇ, wuhí haiṇ sachche.

16 Tú kah, Kyá jatáte ho Alláh ko apní díndárí? aur Allah ko khabar hai jo kuchh hai ásmánoṇ meṇ, aur jo kuchh hai zamín meṇ; aur Alláh har chíz jántá hai.

17 Tujh par ihsán rakhte haiṇ, ki musalmán húe; tú kah, Mujh par ihsán na rakho apní musalmání ká, balki Alláh ihsán rakhtá hai tum par, ki tum ko ráh dí ímán kí, agar sach kaho.

18 Alláh jántá hai chhipe bhed ásmánoṇ ke aur zamín ke, aur Alláh dekhtá hai jo karte ho.

SÚRA I QÁF.

Makke meṇ nдзil húi; 45 áyat kí hai.

BISMI-L-LÁ HI-R-RAHMÁ NI-R-RAHÍM.

SULS. (1 R.) 1 Q. Qasam hai us Qurán baṛe shánwále kí.

2 Balki un ko taajjub húá, ki áyá un pás ḍar sunánewálá unhíṇ meṇ ká; to kahne lage munkír, Yih taajjub kí chíz hai.

3 Kyá jab ham mar gae, aur ho gae miṭṭí,
yih phir áná bahut dúr hai.
4 Ham ko, malúm hai jitná ghaṭátí hai za-
mín un se, aur hamáre pás likhá hai jis meṉ
sab yád hai.
5 Koí nahíṉ, par jhuṭhláne lage haiṉ sach-
che dín ko, jab un tak pahunchá; so we paṛe
haiṉ uljhí bát meṉ.
6 Kyá nigah nahíṉ karte ásmánoṉ kí taraf,
kaisá banáyá ham ne us ko un par, aur raunaq
dí? aur us meṉ nahíṉ koí surákh.
7 Aur zamín phailáyá ham ne use, aur ḍále
us meṉ bojh, aur ugái ham ne us meṉ har qism
raunaq kí chíz,
8 Samjháne ko, aur yád diláne ko us bande
ko, jo rujú rakhe.
9 Aur utárá ham ne ásmán se pání barakat
ká; phir ugáe ham ne us se bág, aur anáj kaṭe
khet ká,
10 Aur khajúreṉ lambí, un ká gábhá hai
tah par tah,
11 Rozí dene ko bandoṉ ke; aur jiláyá ham
ne us se ek des murda; yúnhíṉ hai nikal khaṛe
honá.
12 Jhuṭhlá chuke haiṉ us se pahle Núh kí
qaum, aur kúewále, aur Samúd,
13 Aur Ád, aur Firaun, aur Lút ke bhái,
aur ban ke rahnewále, aur Taba kí qaum. Sab
ne jhuṭhláyá rasúloṉ ko, phir ṭhík paṛá merá
ḍar ká.
14 Ab kyá ham thak gae pahlí bár banákar?
koí nahíṉ; un ko dhokhá hai ek naye banne
meṉ.
(2 *R.*) 15 Aur ham ne banáyá insán ko, aur
ham jánte haiṉ jo báteṉ átí haiṉ un ke jí meṉ;

aur ham ziyáda nazdík haiṉ us kí taraf dharakti rag se.

16 Jab lete játe haiṉ do lenewále, dahne baiṭhe, aur báeṉ baiṭhe.

17 Nahíṉ boltá ek bát magar us pás hai ráh dekhtá taiyár.

18 Aur ái behoshí maut kí tahqíq; wuh hai jis se tú ṭal rahá kartá thá.

19 Aur phúnká gayá narsingá; yih hai din ḍarke ká.

20 Aur áyá har ek jí, us ke sáth hai ek hánknewálá, aur ek ahwál batánewálá.

21 Tú bekhabar rahá us din se, ab khol dí ham ne tujh par se terí andherí, ab terí nigáh áj tez hai.

22 Aur bolá us ke sáthwálá, Yih hai jo thá mere pás házir.

23 Ḍálo tum donoṉ dozakh meṉ har náshukr mukhálif ko:

24 Nekí se aṭkánewálá, hadd se baṛhnewálá, shubhe nikáltá.

25 Jis ne ṭhahráyá Alláh ke sáth aur ko pújná, to ḍálo us ko sakht már meṉ.

26 Bolá us ká sáthí, Ai Rabb hamáre, maiṉ ne us ko sharárat meṉ nahín ḍálá; yih thá bhúlá, ráh se dúr.

27 Farmáyá, Jhagṛá na karo mere pás, aur maiṉ bhej chuká pahle hí tum ko ḍarká.

28 Badaltí nahíṉ bát mere pás, aur maiṉ zulm nahíṉ kartá bandoṉ par.

29 Jis din ham kaheṉ dozakh ko, Tú bhar chukí? aur wuh bole, Kuchh aur bhí hai.

30 Aur nazdík láí gaí bihisht ḍarwáloṉ ke wáste.

31 Dúr nahíṉ, yih hai jis ká wada thá tum ko, har ek rujú rahne, yád rakhnewále ko.

32 Jo ḍará Rahmán se bin dekhe, aur láyá
dil, jis men rujú hai.
33 Chale jáo us men salámat; yih hai din
hamesha rahne ká.
34 Un ke liye jo cháhen wahán hai, aur hamá-
re pás hai kuchh ziyáda bhí.
35 Aur kittí khapá chuke ham un se pahle
sangaten? we zabardast the un se quwwat men.
Phir lage kured karne shahron men; kahín
hai bhágne ko ṭhikána?
36 Is men sochne kí jagah hai us ko, jis ke
andar dil hai, yá lagáwe kán dil lagá kar.
37 Aur ham ne banáe ásmán, aur zamín aur
jo un ke bích hai chhah din men, aur ham ko
na áí kuchh mándagí.
38 So tú sahtá rah is par jo kahte hain, aur
pákí bol khúbíán apne Rabb kí pahle súraj
nikalne se, aur pahle ḍúbne se.
39 Aur kuchh rát men bol us kí pákí, aur pí-
chhe sijde ke.
40 Aur kán rakh jis din pukáre pukárne-
wálá nazdík kí jagah se.
41 Jis din sunenge chinghár; tahqíq wuhí
din hai nikal parne ká.
42 Ham jiláte hain, aur márte hain, aur ham
hí tak pahunchná.
43 Jis din zamín phaṭkar nikal paren ye
daurte; yih ikaṭṭhe karná ham ko ásán hai.
44 Ham khúb jánte hain jo kuchh we kahte
hain, aur tú nahín un par zor karnewálá.
45 So, tú samjhá Qurán se us ko, jo ḍare
mere darke se.

SURA I ZÁRIYÁT.

Makke men názil húí; 60 áyat kí hai.

BISMI-L-LÁ HI-R-RAHMÁ NI-R-RAHÍM

(1 *R.*) 1 Qasam hai bakhernewálon kí uṛákar;
2 Phir uṭhánewálián bojhe ko;
3 Phir chalnewálián narmí se;
4 Phir bánṭnewálián hukm se:
5 Beshakk jo tum ko wạda diyá, so sach hai.
6 Aur beshakk insáf honá hai.
7 Qasam hai ásmán jálídár kí,
8 Tum paṛ rahe ho ek jhagṛe kí bát men.
9 Us se rahe láe wuhí, jo pherá gayá.
10 Máre gae aṭkal duṛánewále.
11 We, jo gaflat men hain bhúl rahe,
12 Púchhte hain, Kab hai din insáf ká?
13 Jis din we ág par ulṭe sídhe paṛenge,
14 Chakho maza apní shararat ká; yih hai
jis kí tum shitábí karte the.
15 Albatta ḍarwále bágon men hain, aur
chashmon men.
16 Pái hain jo diyá un ko un ke Rabb ne;
we the is se pahle nekíwále.
17 We the rát ko thoṛá,sote,
18 Aur subh ke waqton men muáfí mángte,
19 Aur un ke mál men hissa thá mángte
ká, aur háre ká.
20 Aur zamín men nishánián hain yaqín
lánewálon ko;
21 Aur ḳhud tumháṛe andar; kyá tum ko
sújh nahín?
22 Aur ásmán men hai rozí tumhárí, aur jo
kuchh tum se wạda kiyá.
23 So qasam hai Rabb kí ásmán aur zamín
ke, yih bát tahqíq hai, jaisá ki tum bolte ho.

(2 R.) 24 Pahunchí hai tujhe bát Ibráhím ke mihmánoṇ kí, jo izzatwále the?

25 Jab andar áe us ke pás, to bole, Salám; wuh bolá, Salám hai, ye log haiṇ úprí.

26 Phir daurá apne ghar ko, to le áyá ek bachhra ghí meṇ talá.

27 Phir un ke pás rakhá; kahá, Kyúṇ tum kháte nahíṇ?

28 Phir jí meṇ harbaráyá un ke dar se; bole, tú na dar; aur khushkhabarí dí ek laṛke hoshiyár kí.

29 Phir sámhne se áí us kí aurat boltí; phir pítá apná máthá, aur kahá, Kyá buṛhiyá bánjh?

30 We bole, ki Yúnhíṇ kahá tere Rabb ne. Wuh jo hai, wuhí hai hikmatwálá khabardár.

SATAISWAN SIPÁRA. (8 R.) 31 Bolá, Phir kyá matlab hai tumhárá, ai bheje húo?

32 We bole, Ham ko bhejá hai gunahgár logoṇ par;

33 Ki chhoreṇ ham un par patthar miṭṭí ke.

34 Nishán paṛe tere Rabb ke yaháṇ se behadd chalnewáloṇ ke liye.

35 Phir bachá nikálá ham ne jo thá waháṇ ímándároṇ se.

36 Phir na páyá ham ne us jagah siwáe ek ghar musalmánoṇ ká.

37 Aur rakhá us meṇ nishán un logoṇ ko, jo ḍarte haiṇ dukh kí már se.

38 Aur nishán hai Músá ke hál meṇ, jab bhejá ham ne us ko Firaun pás dekar sanad khulí.

39 Phir us ne muṇh moṛá apne zor par, aur bolá, Yih jádúgar hai, yá díwána.

40 Phir pakṛá ham ne us ko, aur us ke lashkaroṇ ko; phir phenk diyá un ko daryá meṇ, us par paṛá uláhná.

41 Aur nishání hai Ád men, jab bhejí ham
ne un par báo bekhabar.
42 Nahín chhoṛtí hai koí chíz, jis par guzarí,
magar kar ḍále us ko jaise chúrá.
43 Aur nishání hai Samúd men, jab kahá
un ko, Barato ek waqt tak.
44 Phir sharárat karne lage apne Rabb ke
hukm se; phir, pakṛá un ko kaṛáke ne, aur
we dekhte the.
45 Phir na sake ki uṭhen, aur na sake ki
badlá len.
46 Aur Núh kí qaum ko is se pahle, muqar-
rar we log the behukm.
(4 *R.*) 47 Aur ásmán banáyá ham ne háth
bal se, aur ham ko sab maqdúr hai.
48 Aur zamín ko bichháyá ham ne, so kyá
ḳhúb bichhá jánte hain!
49 Aur har chíz ke ham ne banáe joṛe, shá-
yad ki tum dhiyán karo.
50 So bhágo Alláh kí taraf; main tum ko
ḍar sunátá hún kholkar.
51 Aur na ṭhahráo Alláh ke sáth dúsrá ma-
búd; main tum ko usí kí taraf se ḍar sunátá
hún kholkar.
52 Isí tarah un se pahlon ke pás, jo áyá rasúl,
yihí kahá, ki Jádúgar hai, yá díwána.
53 Kyá yihí kah mare hain ek dúsre ko?
koí nahín; par ye log sharír hain.
54 So tú haṭ á un kí taraf se; ab tujh par
nahín uláhná.
55 Aur samjhátá rah, ki samjháná kám átá
hai ímánwálon ko.
56 Aur main ne banáe jinn aur ádmí, so apní
bandagí ko.
57 Main nahín cháhtá un se rozína, aur na-
hín cháhtá, ki mujh ko khiláwen.

58 Alláh jo hai, wuhí hai rozí denewálá, zoráwar, mazbút.
59 So un gunahgároṉ ká yihí ḍaul hai, jaise ḍaul paṛá un ke sáthioṉ ká; so ab mujh se shitábí na kareṉ.
60 So ḳharábí hai munkiroṉ ko un ke us din se, jis ká in se wạda hai.

SURA I TUR.

Makke meṉ názil húí; 49 *áyat kí hai.*

BISMI-L-LÁ HI-R-RAHMÁ NI-R-RAHÍM.

(1 *R.*) 1 Qasam hai Túr kí,
2 Aur likhí kitáb kí,
3 Kusháda waraq meṉ,
4 Aur ábád ghar kí,
5 Aur únchí chhat kí,
6 Aur ubalte daryá kí;
7 Beshakk ạzáb tere Rabb ká honá hai.
8 Us ko koí nahíṉ haṭánewálá,
9 Jis din larze ásmán kapkapákar,
10 Aur phireṉ paháṛ chalkar,
11 So ḳharábí hai us din jhuṭhlánewáloṉ ko,
12 Jo báteṉ banáte haiṉ khelte,
13 Jis din ḍhakele jáweṉ dozaḳh ko ḍhakelkar.
14 Yih hai wuh ág, jis ko tum jhúṭh jánte the.
15 Ab bhalá, yih jádú hai, yá tum ko nahíṉ sújhtá?
16 Paiṭho us meṉ; phir sabr karo, yá na karo, tum ko barábar hai; wuhí badlá páoge jo tum karte the.
17 Jo ḍarwále haiṉ, bágoṉ meṉ haiṉ, aur nịmat meṉ,

18 Mewe kháte, jo diye un ke Rabb ne, aur
bachá diyá un ke Rabb ne dozakh kí már se.
19 Kháo, aur pío ruch se, badlá us ká, jo
karte the.
20 Lage baiṭhe takhtoṉ par barábar bichhí
qatár, aur byáh díṉ ham ne un ko gorián barí
ánkhoṉwálián.
21 Aur jo yaqín láe, aur un kí ráh chale un
kí aulád ímán se, pahunchá diyá ham ne un
tak un kí aulád ko, aur ghaṭáyá nahíṉ un se
un ká kiyá kuchh; har ádmí apní kamáí meṉ
phaṉsá hai.
22 Aur rel pel lagá dí ham ne un ko mewe,
aur gosht jis chíz ká jí cháhe.
23 Jhapaṭte haiṉ wahán piyála, na bakná
hai us sharáb meṉ, na gunáh meṉ ḍálná.
24 Aur phirte haiṉ un ke pás chhokre un
ke, goyá we motí haiṉ giláf meṉ dhare.
25 Aur muṉh kiyá ekoṉ ne dúsroṉ kí taraf
ápas meṉ púchhte.
26 Bole, Ham the apne ghar meṉ ḍarte rahte.
27 Phir ihsán kiyá Alláh ne ham par, aur
bacháyá ham ko lúh ke azáb se.
28 Ham áge se pukárte the us ko; beshakk
wuhí hai nek salúk rahmwálá.
(2 *R.*) 29 Ab tú samjhá, ki tú apne Rabb
ke fazl se paríoṉwálá nahíṉ, na díwána.
30 Kyá kahte haiṉ, Yih sháir hai; ham ráh
dekhte haiṉ us par gardish zamáne kí?
31 Tú kah, Tum ráh dekho, ki maiṉ bhí
tumháre sáth ráh dekhtá húṉ.
32 Kyá un kí aqleṉ yihí sikhátí haiṉ un ko,
yá we log sharárat par haiṉ?
33 Yá Kahte haiṉ, Yih bát baná láyá? koí
nahíṉ, par un ko yaqín nahíṉ.

34 Phir cháhiye le áwen koí bát is tarah kí,
agar sachche hain :
35 Yá we ban gae hain áp hí áp, yá wuhí
hain banánewále ?
36 Yá unhon ne banáe ásmán aur zamín ?
koí nahín, par yaqín nahín karte.
37 Kyá un ke pás hain ḳhazáne tere Rabb
ke, yá we dároge hain ?
38 Kyá un pás koí sírhí hai, jo sun áte hain ?
to le áwe jo suntá hai un men ek sanad khulí.
39 Kyá us ke yahán beṭián, aur tumháre
yahán beṭe ?
40 Kyá tú mángtá hai un se kuchh neg ?
so un par chaṭṭí ká bojh hai.
41 Kyá un ko ḳhabar hai bhed kí ? so we
likh rakhte hain.
42 Kyá cháhte hain kuchh dáo karne ? so
jo munkir hain, wuhí áe hain dáo men.
43 Kyá un ká koí hákim hai Alláh ke siwáe?
wuh Alláh nirálá hai un ke sharík batáne se.
44 Aur agar dekhen ek taḳhta ásmán se gir-
tá, kahen, Yih badlí hai gárhí.
45 So tú chhoṛ de un ko jab tak milen apne
din se, jis men un par kaṛáká paṛegá.
46 Jis din kám na áwegá un ká dáo kuchh,
aur na un ko madad pahunchegí.
47 Aur un gunahgáron ko ek már hai us
Din se ware, par bahut un ke nahín jánte.
48 Aur tú ṭhahrá rah muntazar apne Rabb
ke hukm ká, to tú hamárí ánkhon ke sámhne
hai ; aur pákí bol apne Rabb kí khúbíán, jab
tú uṭhtá hai.
49 Aur kuchh rát men bol us kí pákí, aur
píṭh dete waqt táron ke.

SÚRA I NAJM.

Makke men̠ ndzil húí; 62 dyat kí hai.

BISMI-L-LÁ HI-R-RAHMÁ ÑI-R-RAHÍM.

(1 *R.*) 1 Qasam hai táre kí jab gire,

2 Bahká nahín̠ tumhárá rafiq, aur beráh nahín̠ chalá.

8 Aur nahín̠ boltá hai apní cháo se.

4 Yih to hukm hai jo bhejtá hai.

5 Us ko sikháyá sakht quwwaton̠wále ne,

6 Zorwar ne; phir sídhá baiṭhá.

7 Aur wuh thá únche kanáre ásmán ke.

8 Phir nazdík húá, aur laṭkáyá.

9 Phir rah gayá farq dokamán ke barábar, yá us se bhí nazdík.

10 Phir hukm bhejá Alláh ne apne bande par, jo bhejá.

11 Jhúṭh nahín̠ kahá dil ne jo dekhá.

12 Ab kyá tum jhagaṛte ho us se is par, jo us ne dekhá?

18 Anr us ko dekhá hai us ne ek dúsre utár men̠,

14 Behadd kí berí pás,

15 Usí ke pás bihisht rahne kí.

16 Jab chhá rahá thá us berí par jo kuchh chhá rahá thá.

17 Bahkí nahín̠ nigáh, aur hadd se nahín̠ baṛhí.

18 Beshakk dekhe us ne apne Rabb ke baṛe namúne.

19 Bhalá, tum dekho to Lát, aur U̠zzá,

20 Aur Manát, tísrá pichhlá.

21 Kyá tum ko beṭe, aur us ko beṭián̠?

22 To tú yih bán̠ttá, bhún̠ḍá.

23 Ye sab nám haiṉ, jo rakh liye haiṉ tum
ne, aur tumháre bápdádon ne; Alláh ne nahíṉ
utárí un kí koí sanad; nirí aṭkal par chalte
haiṉ; aur jo jíoṉ kí cháo haiṉ, aur pahunchí
un ko un ke Rabb se ráh kí sújh.
24 Kahíṉ ádmí ko miltá hai jo cháhe?
25 So Alláh ke háth hai pichhle aur pahle.
(2 *R.*) 26 Aur bahut firishte haiṉ ásmánoṉ
meṉ; kám nahíṉ átí un kí sifárish kuchh,
27 Magar jab hukm de Alláh, jis ke wáste
cháhe, aur pasand kare.
28 Jo log yaqín nahíṉ rakhte pichhle ghar
ká, nám rakhte haiṉ firishtoṉ ke zanáne nám.
29 Aur un ko us kí kuchh ḳhabar nahíṉ;
nirí aṭkal par chalte haiṉ, aur aṭkal kám na-
híṉ átí ṭhík bát meṉ kuchh.
30 So tú dhiyán na kar us par, jo muṉh mo-
ṛe hamárí yád se, aur kuchh na cháhe magar
dunyá kí zindagání.
31 Yaháṉ hí tak pahunchí un kí samajh;
terá Rabb bihtar jántá hai jo bahká us kí ráh
se, aur wuhí ḳhúb jántá hai use jo áyá ráh par.
RUBA. 32 Aur Alláh ká hai jo kuchh hai
ásmánoṉ meṉ aur zamín meṉ, tá wuh badlá
dewe buráíwáloṉ ko un ke kiye ká, aur badlá
de bhaláíwáloṉ ko bhaláí se.
33 Jo log bachte haiṉ baṛe gunáhoṉ se, aur
behayáí ke kámoṉ se, magar kuchh álúdagí,
beshakk tere Rabb kí baḳhshish meṉ samáí
hai; wuh tum ko ḳhúb jántá hai, jab tum ko
nikálá zamín se, aur jab tum bachche the má
ke peṭ meṉ; so na kaho apní suthráíáṉ; wuh
bihtar jáne use, jo bach chalá.
(3 *R.*) 34 Bhalá, tú ne dekhá use, jis ne muṉh
pherá,
35 Aur láyá thoṛá sá, aur saḳht niklá.

36 Kyá us ke pás ḳhabar hai gaib kí? so
wuh dekhtá hai.
37 Kyá use ḳhabar nahíṉ pahunchí, jo hai
waraqoṉ meṉ Músá ke?
38 Aur Ibráhím ke, jis ne púrá utárá?
39 Ki uṭhátá nahíṉ uṭhánewálá bojh kisí
dúsre ká.
40 Aur yih, ki ádmí ko wuhí miltá hai, jo
kamáyá.
41 Aur yih, ki us kí kamáí us ko dikhání hai.
42 Phir, us ko badlá deṉá hai púrá us ká
badlá.
43 Aur yih, ki tere Rabb tak pahunchná hai.
44 Aur yih, ki wuhí hai haṉsátá, aur rolátá.
45 Aur yih, ki wuhí hai mártá aur jilátá.
46 Aur yih, ki us ne banáyá joṛá, nar aur máda,
47 Ek búnd se jab ṭapakáí.
48 Aur yih, ki us par lázim hai dúsrá uṭháná.
49 Aur yih, ki us ne daulat dí aur púnjí.
50 Aur yih, ki wuhí hai Rabb Shuṛá ká.
51 Aur yih, ki us ne khapá diye Ád agle,
52 Aur Samúd; phir báqí na chhoṛá;
53 Aur Núh kí qaum is se pahle, wuh to thí
aur bhí zálim aur sharír,
54 Aur ulṭí bastí ko paṭká.
55 Phir, us par chháyá jo chháyá.
56 Ab tú kyá kyá niṃateṉ apne Rabb kí
jhuṭláwegá?
57 Yih ek ḍar sunánewálá hai, pahle suná-
newáloṉ meṉ ká.
58 Á pahunchí ánewálí; koí nahíṉ us ko
Alláh ke siwáe khol dikhlánewálá.
59 Kyá tum is bát se achambhá karte ho?
60 Aur haṉste ho, aur nahíṉ rote?
61 Aur tum khiláṛíáṉ karte ho?
62 So sijda karo Alláh ke áge, aur bandagí.

SURA I QAMR.

Makke men nâzil húí; 55 áyat kí hai.

BISMI-L-LÁ HI-R-RAHMÁ NI-R-RAHÍM.

(1 *R.*) 1 Pás á lagí wuh gharí, aur phaṭ
gayá chánd.
2 Aur agar dekhen koí nishání, ṭál den, aur
kahen, Yih jádú hai chalá átá.
3 Aur jhuṭhláyá aur chale apne cháon par,
aur har kám ṭhahrá rahá hai waqt par.
4 Aur pahunch chuke hain un ko ahwál jitne
men ḍánṭ ho saktí hai púrí.
5 Ạql kí bát hai, phir kám nahín karte ḍar
sunánewále.
6 So tú haṭ á un kí taraf se, jis din pukáre
pukárnewálá ek chíz andekhí ko.
7 Nawí ánkhen nikal paṛen qabron se, jaise
ṭiḍḍí bikhar paṛe.
8 Dauṛte jáwen pukárnewále pás kahte mun-
kir, Yih din mushkil áyá.
9 Jhuṭhlá chuke hain un se pahle Núh kí
qaum, phir jhúṭhá kiyá hamáre bande ko, aur
bole, Díwána hai, aur jhiṛak liyá.
10 Phir us ne púkárá apne Rabb ko, ki Main
dab gayá hún, tú badlá le.
11 Phir ham ne khol diye dahánе ásmán ke
pání kí rel se.
12 Aur bahá diye zamín se chashme; phir
mil gayá pání ek kám par, jo ṭhahr rahá thá.
13 Aur sawár kiyá us ko ek taḳhton aur
kílonwálí par.
14 Bahtí hamárí ánkhon ke sámhne, badlá
us kí taraf se, jis kí qadr na jání thí.
15 Aur us ko ham ne rahne diyá nishání
ko, phir koí hai sochnewálá?

16 Phir kaisá thá merá ạzáb aur merá daṛká!
17 Aur ham ne ásán kiyá Qurán samajhne
ko, phir hai koí sochnewálá?
18 Jhuṭhláyá Ạd ne, phir kaisá húá merá
ạzáb aur merá daṛká!
19 Ham ne bhejí un par báo sannáṭe kí ek
nahúsat ke din, jo chalí gaí.
20 Ukháṛ márti logon ko, jaise we jaṛen
khajúr kí hain ukhṛí paṛí.
21 Phir, kaisá húá merá ạzáb, aur merá daṛká!
22 Aur ham ne ásán kiyá Qurán samajhne
ko, phir hai koí sochnewálá?
(2 *R.*) 23 Jhuṭhláyá Samúd ne ḍar sunáne
men.
24 Phir, kahne lage, Kyá ek ádmí hai ham
men ká? akelá ham us ke kahne par chalen-
ge, tau to ham galtí men paṛe, aur saudá men.
25 Kyá utarí aise par samjhautí ham sab
men se? koí nahín, yih jhúṭhá hai baṛáí mártá.
26 Ab ján lenge kal ko kaun hai jhúṭhá baṛáí
mártá.
27 Ham bhejte hain únṭní un ke jánchne ko;
so dekhtá rah, un ko, aur ṭhahrá rah.
28 Aur suná de un ko, ki pání ká bánṭá hai
un men, har bárí par pahunchtá hai.
29 Phir pukárá unhon ne apne rafíq ko,
phir háth chaláyá aur káṭá.
30 Phir, kaisá húá merá ạzáb, aur merá daṛká!
31 Ham ne bhejí un par ek chinghár, phir
rah gae jaise raundí báṛ kánṭon kí.
32 Aur ham ne ásán kiyá Qurán samajh-
ne ko, phir hai koí sochnewálá?
(3 *R.*) 33 Jhuṭhláyá Lút kí qaum ne ḍar
sunáte.
34 Ham ne bhejí un par báo patthráo kí, si-

wáe Lút ke ghar ke; un ko bachá diyá ham ne
pichhlí rát se,
35 Fazl se apní taraf ke; ham yún badlá
dete hain us ko, jo haqq máne.
36 Aur wuh ḍará chuká un ko hamárí pakaṛ
se, phir lage mukráne ḍar ká.
37 Aur us se lene lage us ke mihmán; phir
ham ne kho dín un kí ánkhen; ab chakho merá
ạzáb aur daṛká.
38 Aur paṛá un par subh ko sawere ạzáb,
jo ṭhahar rahá thá.
39 Ab chakho merá ạzáb, aur merá daṛká.
40 Aur ham ne ásán kiyá Qurán samajhne
ko; phir hai koí sochnewálá?
41 Aur bheje Firạunwálon pás daṛke.
42 Jhuṭhláín hamári nisháníán sárí; phir
pakṛe ham ne un ko pakaṛ zabardast ke qábú
men lekar.
43 Ab tum men, jo munkir hain, kuchh bib-
tar hain un sab se, yá tum ko fárig ḳhattí likhí
gaí waraqon men?
44 Kyá kahte hain, ki Ham sab ká mel hai
badlá lenewále?
45 Ab shikast kháwegá mel, aur bhágenge
píṭh dekar.
46 Balki wuh gharí hai, un ke wạda ká waqt,
aur wuh gharí baṛí áfat hai aur bahut kaṛwí.
47 Jo log gunahgár hain, galtí men hain,
aur saudá men.
48 Jis din ghasíṭe jáwenge ág men aundhe
munh; chakho maza ág ká.
49 Ham ne har chíz banáí pahle ṭhahrákar.
50 Hamárá kám yihí ek dam kí bát hai jaise
lapak nigáh kí
51 Aur ham khapá chuke hain tumháre sáth-
wálon ko; phir hai koí sochnewálá?

52 Aur jo chíz unhoṇ ne kí hai, likhí gaí
waraqoṇ meṇ.

53 Aur har chhoṭe aur baṛe likhne meṇ á
chuke.

54 Jo log ḍarwále, bágoṇ meṇ haiṇ aur nah-
roṇ meṇ.

55 Baiṭhe sachchí baiṭhak meṇ bádsháh pás,
jis ká sab par qabza.

SURA I RAHMÁN.

Madíne meṇ ndzil húí ; 78 áyat kí hai.

BISMI-L-LÁ HI-R-RAHMÁ NI-R-RAHÍM.

(1 R.) 1 Rahmán ne sikháyá Qurán,

2 Banáyá ádmí,

3 Phir sikhái us ko bát.

4 Súraj aur chánd ko ek hisáb hai.

5 Aur jháṛ aur daraḵht lage haiṇ sijde meṇ.

6 Aur ásmán ko únchá kiyá, aur rakhí tarázú,

7 Ki mat ziyádatí karo tarázú meṇ.

8 Aur sídhí tarázú taulo insáf se, aur mat
ghaṭáo taul,

9 Aur zamín bichhái ḵhalq ke wáste.

10 Us meṇ mewa hai, aur khajúreṇ, jin ke
mewe par giláf,

11 Aur anáj, jis ke sáth bhús hai, aur phúl i
ḵhushbú.

12 Phir kyá kyá niṃmateṇ apne Rabb kí jhuṭh-
láoge tum donoṇ?

NISF. 13 Banáyá ádmí khankhanátí miṭṭí se,
jaise ṭhíkrá.

14 Aur banáyá ján ko ág kí dík se.

15 Phir kyá kyá niṃmateṇ apne Rabb kí jhuṭh-
láoge tum donoṇ?

16 Málik do mashriq ká,
17 Aur málik do magrib ká.
18 Phir kyá kyá nịmateṇ apne Rabb kí jhuṭh-
láoge?
19 Chaláe do daryá bhiṛ chalte.
20 Un meṇ hai ek parda wuh ziyádatí nahíṇ
karte.
21 Phir kyá kyá nịmateṇ apne Rabb kí jhuṭh-
láoge?
22 Nikaltá hai un se motí aur múngá.
23 Phir kyá kyá nịmateṇ apne Rabb kí jhuṭh-
láoge?
24 Aur usí ke haiṇ jaház únche khaṛe daryá
meṇ, jaise pahár.
25 Phir kyá kyá nịmateṇ apne Rabb kí jhuṭh-
láoge?
26 Jo koí hai zamín par miṭ jánewálá hai,
27 Aur rahegá muṇh tere Rabb ká buzurgí
aur tázím wálá.
28 Phir kyá kyá nịmateṇ apne Rabb kí jhuṭh-
láoge?
(2 *R.*) 29 Us se mángtá hai jo koí hai ásmá-
noṇ aur zamín meṇ, har roz wuh ek dhandhe
meṇ lagá hai.
30 Phir kyá kyá nịmateṇ apne Rabb kí jhuṭh-
láoge?
31 Ham jald fárig hote haiṇ tumhárí taraf,
ai do bojhal qáfilo.
32 Phir kyá kyá nịmateṇ apne Rabb kí jhuṭh-
láoge?
33 Ai, firqe jinnoṇ ke, aur insánoṇ ke,
agar tum se ho sake, ki nikal bhágo kanároṇ se
ásmánoṇ aur zamín ke, to nikal bhágo; nahíṇ
nikal sakne ke bin sanad.
34 Phir kyá kyá nịmateṇ apne Rabb kí jhuṭh-
láoge?

35 Chhúṭte haiṉ tum par shụle ág ke, sáf aur dhúáṉ mile, phir tum badlá nahíṉ le sakte.
36 Phir kyá kyá nịmateṉ apne Rabb kí jhuṭh-láoge?
37 Phir jab phaṭ jáwe ásmán, aur ho jáwe gulábí jaise tel ke talchhaṭ.
38 Phir kyá kyá nịmateṉ apne Rabb kí jhuṭh-láoge?
39 Phir us din púchh nahíṉ us ke gunáh kí kisí ádmí se, na jinn se.
40 Phir kyá kyá nịmateṉ apne Rabb kí jhuṭh-láoge?
41 Pahcháne pareṉge gunahgár apne chihre se; phir pakṛá jáwegá máthe ke bál se, aur páoṉ se.
42 Phir kyá kyá nịmateṉ apne Rabb kí jhuṭh-láoge?
43 Yih dozaḳh hai, jis ko jhúṭh batáte the gunahgár.
44 Phirte haiṉ us ke bích, aur khaulte pání meṉ.
45 Phir kyá kyá nịmateṉ apne Rabb kí jhuṭh-láoge?
(3 *R.*) 46 Aur jo koí ḍará apne Rabb ke áge khaṛe hone se, us ke liye haiṉ do bág.
47 Phir kyá kyá nịmateṉ apne Rabb kí jhuṭh-láoge?
48 Jis meṉ bahut sí ṭahníáṉ.
49 Phir kyá kyá nịmateṉ apne Rabb kí jhuṭh-láoge?
50 Un meṉ do chashme bahte haiṉ.
51 Phir kyá kyá nịmateṉ apne Rabb kí jhuṭh-láoge.
52 Un meṉ har mewe se qism qism.
53 Phir kyá kyá nịmateṉ apne Rabb kí jhuṭh-láoge?

54 Lage baiṭhe bichháunon par, jin ke astar táfta ke; aur mewa un bágon ká jhuk rahá.
55 Phir kyá kyá nịmaten apne Rabb kí jhuṭhláoge?
56 Un men ạuraten hain níchí nigáhwálíán, nahín sáth suláyá un ko kisí ádmí ne in se pahle, na kisí jinn ne.
57 Phir kyá kyá nịmaten apne Rabb kí jhuṭhláoge?
58 We hain jaise lál aur múngá.
59 Phir kyá kyá nịmaten apne Rabb kí jhuṭhláoge?
60 Nekí ká badlá nahín hai magar nekí.
61 Phir kyá kyá nịmaten apne Rabb kí jhuṭhláoge?
62 Aur un do ke siwáe aur do bág hain.
63 Phir kyá kyá nịmaten apne Rabb kí jhuṭhláoge?
64 Gahrí sabz hain, siyáhí máil.
65 Phir kyá kyá nịmate apne Rabb kí jhuṭhláoge?
66 Un men do chashme hain ubalte húe.
67 Phir kyá kyá nịmaten apne Rabb kí jhuṭhláoge?
68 Un men mewe, aur khajúren, aur ánár.
69 Phir kyá kyá nịmaten apne Rabb kí jhuṭhláoge?
70 Sab bágon men nek ạuraten hain ḳhúbsúrat.
71 Phir kyá kyá nịmaten apne Rabb kí jhuṭhláoge?
72 Húren rokí húín hain ḳhimon men.
73 Phir kyá kyá nịmaten apne Rabb kí jhuṭhláoge?
74 Nahín chhúá un ko kisí ádmí ne in se pahle, na kisí jinn ne.

75 Phir kyá kyá nimaten apne Rabb kí jhuṭh-
láoge?
76 Takiya lagáe baiṭhe sabz chándníon par,
aur qímatí bichhaune khush tarah.
77 Phir kyá kyá nimaten apne Rabb kí jhuṭh-
láoge?
78 Baṛí barakat hai tere Rabb ke nám ko,
jo buzurgí rakhtá hai, tazímwálá.

SURA I WAQIA

Makke men ndzil húí; 96 áyat kí hai.

BISMI-L-LÁ HI-R-RAHMÁ NI-R-RAHÍM.

(1 *R.*) 1 Jab ho paṛí ho paṛnewálí,
2 Nahín us ke ho paṛne men jhúṭh.
3 Utártí hai, chaṛhátí.
4 Jab larze zamín kapkapákar;
5 Aur tukṛe hon pahár ṭúṭ kar;
6 Phir ho jáwen gard uṛte;
7 Aur tum ho jáo tín qism.
8 Phir dáhinewále kaise dáhinewále!
9 Aur báwenwále kaise báwenwále!
10 Aur agáṛíwále, so agáṛíwále.
11 We log hain páswále;
12 Bágon men nimat ke.
13 Amboh hain pahlon men;
14 Aur thoṛe hain pichhlon men.
15 Baiṭhe hain jaṛáú takhton par.
16 Takiya diye un par ek dúsre ke sámhne.
17 Liye phirte hain un pás laṛke sadá rahne-
wále,
18 Abkhore, aur tuhtuhián, aur piyála nith-
rí sharáb ká,

19 Sar na dukhe jis se, aur na bakná lage;
20 Aur mewe jaun sá chun lewen;
21 Aur gosht uṛte jánwaron ká, jis qism
ko jí cháhe;
22 Aur goríán baṛí ánkhonwálíán, barábar
lipṭe motí ke;
23 Badlá us ká, jo karte the.
24 Nahín sunte waháṇ bakná, aur na jhúṭh
lagáná;
25 Magar ek bolná Salám, Salám!
26 Aur dáhinewále kaise dáhnewále!
27 Rahte berí ke darakhton kánṭe jháṛe húe
men,
28 Aur kele tah par tah,
29 Aur chháon lambí,
30 Aur pání babáyá húá,
31 Aur mewe bahut,
32 Na ṭúṭá, aur na roká húá,
33 Aur bichhaune únche.
34 Ham ne we ạuraten uṭháín ek uṭhán par;
35 Phir kiyá un ko kunwáríán;
36 Piyár dilátíán, ek ụmr kiyán;
37 Wáste dáhinewálon ke.
38 Amboh hai pahlon men;
39 Aur amboh hai pichhlon men.
(2 *R.*) 40 Aur báwenwále kaise báwenwále!
41 Ánch kí bháp men, aur jalte pání men,
42 Aur chháon men dhúen kí;
43 Na thandí aur na ịzzat kí.
44 We log the us se pahle ásúda.
45 Aur zidd karte the is baṛe gunáh par;
46 Aur kahte the,
47 Kyá jab ham mar gae, aur ho gae miṭṭí,
aur haḍḍíán, kyá ham ko phir uṭháná hai?
48 Kyá hamáre bápdádon ko bhí agle?
49 Tú kah, Agle aur pichhle,

50 Sab ekaṭṭhe hote haiṉ ek din muqarrar ke waqt par.
51 Phir tum jo ho, ai bahke húo, jhuṭhlánewále!
52 Albatta kháoge ek daraḳht se sehunḍ ke.
53 Phir bharoge us se peṭ.
54 Phir píoge us par ek jaltá pání.
55 Phir píoge jaise píweṉ únṭ tauṉs se.
56 Yih mihmání hai un kí insáf ke din.
57 Ham ne tum ko banáyá, phir kyún nahíṉ mánte?
58 Bhalá, dekho, jo pání ṭapkáte ho.
59 Ab tum us ko banáte ho, yá ham haiṉ banánewále?
60 Ham ne ṭhahrá diyá tum meṉ marná, aur ham hár nahíṉ rahe.
61 Is se ki badal láweṉ tumhárí tarah ke, aur uṭhá khaṛá kareṉ tum ko jahán tum nahíṉ jánte.
62 Aur ján chuke haiṉ uṭhán pahlá, phir kyúṉ nahíṉ yád karte?
63 Bhalá, dekho to, jo bote ho.
64 Kyá tum us ko karte ho khetí, yá ham khetí karnewále?
65 Agar ham cháheṉ, kar ḍáleṉ us ko raundan, phir tum sáre din raho báteṉ banáteṉ,
66 Ham qarzdár rah gae, balki ham be-nasíb húe.
67 Bhalá, dekho to pání, jo tum píte ho.
68 Kyá tum ne utárá us ko bádal se, yá ham haiṉ utárnewále?
69 Agar ham cháheṉ, kar deṉ use khárá; phir kyúṉ nahíṉ haqq mánte?
70 Bhalá, dekho to ág, jo sulgáte ho.
71 Kyá tum ne paidá kiyá us ká daraḳht, yá ham haiṉ paidá karnewále?

72 Ham ne we banáe yád diláne ko, aur baratne ko, jangalwálon ke.

78 So bol pákí apne Rabb ke nám kí, jo sab se bará.

SULS. (8 R.) 74 So main qasam khátá hún táre ḍúbne kí,

75 Aur yih qasam hai, agar samajho, to baṛí qasam,

76 Beshakk Qurán hai izzatwálá,

77 Likhá chhipí kitáb men.

78 Us ko wuhí chhúte hain, jo pák bane hain.

79 Utárá hai jahán ke Sáhib se.

80 Ab kyá is bát men tum sustí karte ho?

81 Aur apná hissa yihí lete ho, ki jhuṭhláte ho?

82 Phir kyún na jis waqt ján pahunche halq ko?

88 Aur tum us waqt dekhte ho.

84 Aur ham us ke pás hain ziyáda tum se, par tum nahín dekhte.

85 Phir kyún agar tum nahín kisí ke hukm men.

86 Kyún nahín phir lete, agar ho tum sachche?

87 So jo agar wuh húá páswálon men,

88 To ráhat hai, aur rozí, aur bág nimat ká,

89 Aur jo húá wuh dáhinewálon men,

90 To salámatí pahunche tujh ko, dáhinewálon se.

91 Aur jo agar wuh húá jhuṭhlánewálon,

92 Bahkon men se,

93 To mihmání hai jaltá pání,

94 Aur paiṭháná ág men.

95 Beshakk yih bát yihí hai láiq yaqín ke.

96 So bol pákí apne Rabb ke nám se, jo sab se bará.

SURA I HADÍD.

Madíne men ndzil húí; 29 áyat kí hai.

BISMI-L-LÁ HI-R-RAHMÁ NI-R-RAHÍM.

(1 *R.*) 1 Alláh kí pákí boltá hai jo kuchh hai ásmánon men aur zamín men, aur wuhí hai zabardast hikmatwálá.
2 Usí ko ráj hai ásmánon aur zamín ká; jilátá hai, aur mártá hai, aur wuh sab chíz kar saktá hai.
3 Wuhí hai pahlá, aur pichhlá, aur báhar, aur andar, aur wuh sab chíz jántá hai.
4 Wuhí hai, jis ne banáe ásmán aur zamín chhah din men; phir baithá takht par; jántá hai jo paithtá hai zamín men, aur jo nikaltá hai us se, aur jo utartá hai ásmán se, aur jo charhtá hai us men, aur wuh tumháre sáth hai jahán kahín tum ho, aur Alláh jo karte ho dekhtá hai.
5 Usí ko ráj hai ásmánon aur zamín ká; aur Alláh hí tak pahunchte hain sab kám.
6 Dákhil kartá hai rát ko din men, aur dákhil kartá hai din ko rát men, aur us ko khabar hai jíon kí bát kí.
7 Yaqín láo Alláh par, aur us ke Rasúl par, aur kharch karo kuchh, jo tumháre háth men diyá apná náib kar kar; jo log yaqín láe hain tum men se aur kharch karte hain, un ko neg bará hai.
8 Aur tum ko kyá húá, ki yaqín nahín láte Alláh par? aur Rasúl bulátá hai tum ko, ki yaqín láo apne Rabb par, aur le chuká hai tum se tumhárá qarár, agar tum mánte ho.
9 Wuhí hai, jo utártá hai apne bandon par áyaten sáf, ki nikál láwe tum ko andheron se

ujále kí taraf, aur Alláh tum par narmí rakhtá hai, mihrbán.

10 Aur tum ko kyá húá hai ki ḳharch nahíṉ karte Alláh kí ráh meṉ? Aur Alláh hí ko bach rahtá hai har kuchh ásmánoṉ meṉ aur zamín meṉ; barábar nahíṉ tum meṉ jis ne ḳharch kiyá fath se pahle, aur laṛáí kí; un logoṉ ká darja baṛá hai un se, jo ḳharch kareṉ us se píchhe, aur laṛeṉ; aur sab ko wada diyá hai Alláh ne ḳhúbí ká, aur Alláh ko ḳhabar hai jo tum karte ho.

(2 *R.*) 11 Kaun hai aisá ki qaraz de Alláh ko achchhí tarah qaraz, phir wuh us ko dúná kar de us ke wáste, aur us ko mile neg izzat ká.

12 Jis din tú dekhe ímánwále mardoṉ ko aur auratoṉ ko, dauṛtí játí hai un kí roshní áge un ke, aur dahine un ke; ḳhushḳhabarí hai tum ko áj ke din; bág haiṉ, níche bahtí jin ke nahreṉ, sadá raheṉ un meṉ; yih jo hai, yihí hai baṛí murád milní.

13 Jis din kahenge dagábáz mard aur aurateṉ ímánwáloṉ ko, Hamárí ráh dekho; ham bhí sulgá leṉ tumhárí roshní se; kisí ne kahá, Ulṭe jáo píchhe, phir ḍhúṉḍh lo roshní, phir khaṛí kar dí un ke bích ek díwár, jis ká ek darwáza; us ke andar wahán mihr hai, aur bábar kí taraf azáb. Yih un ko pukárte haiṉ, Kyá ham na the tumháre sáth? we bole, Kyúṉ nahíṉ? lekin tum ne bichlá diyá áp ko, aur ráh dekhte rahe, aur dhokhe meṉ paṛe, aur bahke ḳhiyáloṉ par, jab tak á pahunchá hukm Alláh ká, aur tum ko bahkáyá Alláh ke nám se us dagábáz ne.

14 So áj qabúl nahíṉ tum se chhuṛwáí dení, aur na munkiroṉ se; tum sab ká ghar dozaḳh

hai, wuh tumháre láiq hai, aur burí jagah já pahunche.

15 Kyá nahíṉ pahunchá ímánwáloṉ ko ki girgiráweṉ un ke dil Alláh kí yád se, aur jo utrá sachchá dín ? aur na hoṉ aise jin ko kitáb milí is se pahle, phir lambí guzrí un par muddat, phir saḳht ho gae un ke dil ; aur bahut un meṉ behukm haiṉ.

16 Ján rakho, ki Alláh jílátá hai zamín ko píchhe us kí maut ke ; ham ne khol sunáe tum ko, agar tum ko bújh hai.

17 Tahqíq jo log ḳhairát karnewále haiṉ, mard aur aurat, aur qaraz dete haiṉ Alláh ko achchhí tarah qaraz, dúní miltí hai un ko, aur un ko neg hai izzat ká.

18 Aur jo log yaqín láe Alláh par, aur us ke rasúloṉ par, wuhí haiṉ sachche ímánwále, aur ahwál batánewále apne Rabb ke pás, un ko hai un ká neg, aur un kí roshní ; aur jo munkir húe, aur jhuṭhláíṉ hamárí báteṉ, we haiṉ log dozaḳh ke.

(8 R.) 19 Ján rakho, ki dunyá ká jíná yihí hai, khel, aur tamásha, aur banáo, aur baṛáíáṉ karní ápas meṉ, aur bahutáyat dhúndhní mál kí, aur aulád kí, jaise kaháwat ek meṉh kí, jo ḳhush lagá kisánoṉ ko un ká sabza ugná, phir zor par átá hai, phir tú dekhe zard ho gayá, phir ho játá hai raundan ; aur pichhle ghar meṉ saḳht azáb hai ;

20 Aur muáfí bhí hai Alláh se, aur razámandí, aur jíná yihí hai dunyá ká dagá kí jins.

21 Dauṛo apne Rabb kí muáfí kí taraf, aur bihisht ko, jis ká phailáo hai jaise phailáo ásmán aur zamín ká ; rakhí hai wáste un ke, jo yaqín láe Alláh par aur us ke rasúloṉ par ; yih baṛái

Alláh kí hai dewe us ko jis ko cháhe, aur Alláh ká fazl bará hai.

22 Koí áfat nahíṉ parí mulk meṉ, aur na áp tum meṉ, jo nahíṉ likhí ek kitáb meṉ pahle is se ki paidá kareṉ ham us ko dunyá meṉ; beshakk yih Alláh par ásán hai.

23 Tá tum gam na kháyá karo us par jo háth na áyá, aur na ríjhá karo us par, jo tum ko us ne diyá; aur Alláh nahíṉ cháhtá kisí itráte baráí márte ko.

24 We jo áp na deṉ, aur sikháweṉ logoṉ ko na dená, aur jo koí muṉh more, to Alláh áp hai beparwá sab khúbíoṉ saráhá.

25 Ham ne bheje haiṉ apne rasúl nisháníáṉ dekar, aur utárí un ke sáth kitáb, aur tarázú, ki log sídhe raheṉ insáf par; aur ham ne utárá lohá, us meṉ sakht laráí hai, aur kám chalte logoṉ ke, aur tá malúm kare Alláh kaun madad kartá hai us kí, aur us ke rasúloṉ kí bin dekhe; beshakk Alláh zoráwar hai zabardast.

(4 *R.*) 26 Aur ham ne bhejá Núh aur Ibráhím ko, aur rakhí donoṉ kí auláid meṉ paigambarí, aur kitáb; phir koí un meṉ ráh par hai, aur bahutere un meṉ behukm haiṉ.

27 Phir bheje un ke pichhárí par apne rasúl, aur píchhe bhejá Ísá Maryam ke bete ko, aur us ko dí Injíl. Aur rakhí ham ne us ke sáth chalnewáloṉ ke dil meṉ narmí, aur mihr, aur ek dunyá chhorná; unhoṉ ne nayá nikálá; ham ne nahíṉ likhá thá; yih un par, magar Alláh kí razámandí cháhne ko; phir na nibáhá us ko jaisá cháhiye nibáhná; phir diyá ham ne un ko, jo ímándár the un meṉ, un ká neg; aur bahut un meṉ behukm haiṉ.

28 Ai ímánwálo, darte raho Alláh se, aur yaqín láo us ke Rasúl par; dewe tum ko do bo-

jhe apní mihr se, aur rakh de tum meṉ roshní, jis ko liye phiro, aur tum ko muáf kare; aur Alláh muáf karnewálá hai, mihrbán.

29 Tá na jáneṉ kitábwále, ki pá nahíṉ sakte kuchh Alláh ká fazl, aur yih ki buzurgí Alláh ke háth hai, detá hai jis ko cháhe, aur Alláh ká fazl baṛá hai.

SURA I MUJADILA.

Madíne meṉ názil húí; 22 áyat kí hai.

BISMI-L-LÁ HI-R-RAHMÁ NI-R-RAHÍM.

ATHAISWAN SIPARA. (1 *R.*) 1
Sun lí Alláh ne bát us aurat kí, jo jhagaṛtí hai tujh se apne kh```áwind ke haqq meṉ, aur jhínktí hai Alláh ke áge; aur Alláh suntá hai sawál jawáb tum donoṉ ká; beshakk Alláh suntá hai dekhtá.

2 Jo log má kah baiṭheṉ tum meṉ se apní auratoṉ ko, we nahíṉ un kí máeṉ; má wuhí un kí, jinhoṉ ne un ko janá, aur we bolte haiṉ ek nápasand bát, aur jhúṭh.

3 Aur Alláh muáf kartá hai bakhshnewálá.

4 Aur jo má kah baiṭhe apní auratoṉ ko, phir wuhí kám cháheṉ, jis ko kahá hai, to ázád karná ek barda pahle se, ki háth lagáweṉ; is se tum ko nasíhat ho gaí, aur Alláh khabar rakhtá hai jo tum karte ho.

5 Phir jo koí na páwe, to roze do mahíne ke lagte tár, pahle us se ki ápas meṉ chhúweṉ; phir jo koí na kar sake, to kháná dená sáṭh muhtáj ká, is wáste ki hukm máno Alláh ká, aur us ke Rasúl ká; aur ye hadden bándhí haiṉ Alláh kí; aur munkiroṉ ko dukh kí már hai.

6 Jo log mukhálif hote hain Alláh se, aur
us ke Rasúl se, we radd húe, jaise radd húe
hain un se pahle; aur ham ne utárí hain áyat-
en sáf; aur munkiron ko zillat kí már hai,
7 Jis din uṭháwegá Alláh un sab ko, phir
jatáwegá un ko un ke kiye; Alláh ne we gin ra-
khe hain, aur we bhúl gae; aur Alláh ke sámh-
ne hai har chíz.
(2 *R.*) 8 Tú ne na dekhá, ki Alláh ko ma-
lúm hai jo kuchh hai ásmánon men, aur jo
kuchh hai zamín men? nahín hotá mashwara
tín ká, jahán wuh nahín un men chauthá; aur
na pánch ká, jahán wuh nahín un men chhaṭhá;
aur na is se kam na ziyáda, jahán wuh nahín
un ke sáth, jahán kahín hon. Phir jatáwegá
unhen jo unhon ne kiyá qiyámat ke din; be-
shakk Alláh ko malúm hai har chíz.
9 Tú ne na dekhe jin ko mana húí káná-
phúsí? phir wuhí karte hain jo mana ho chuká
hai, aur kán men báten karte hain gunáh kí,
aur ziyádatí kí, aur Rasúl kí behukmí kí; aur
jab áwen tere pás, tujh ko duá den, jo nahín
dí tujh ko Alláh ne; aur kahte hain apne dil
men, Kyún nahín kartá Alláh azáb ham ko, is
par, jo ham kahte hain? Bas hai un ko dozakh,
paiṭhenge us men; so burí jagah á pahunche.
10 Ai ímánwálo, jab kán men bát karo, to mat
karo bát gunáh kí, aur zayádatí kí, aur Rasúl
kí behukmí kí; aur bát karo ihsán kí, aur adab
kí, aur darte ráho Alláh se, jis ke pás jama hoge.
11 Yih jo hai kánáphúsí, so Shaitán ká kám
hai, ki dilgír kare ímánwálon ko; aur wuh un
ká kuchh na bigáṛegá bin hukm Alláh ke, aur
Alláh par cháhiye bharosá karen ímánwále.
12 Ai ímánwálo, jab tum ko kahiye, Khul
baiṭho majlison men, to khul baiṭho, kushádagí

de Alláh tum ko; aur jab kahiye, Uṭh khaṛe ho, to uṭh khaṛe ho, Alláh únche kare un ke, jo ímán rakhte haiṉ tum meṉ se, aur jinheṉ diyá gayá ilm, darje; aur Alláh jo karte ho k̤habar rakhtá hai.

13 Ai ímánwálo, jab tum kán meṉ bát kaho Rasúl se, to áge dhar lo apní bát kahne se pahle k̤hairát; yih bihtar hai tumháre haqq meṉ, aur bahut suthrá; phir agar na páo, to Alláh bak̤hsh-newálá hai mihrbán.

14 Kyá tum ḍar gae, ki áge rakhá karo kán kí bát kahne se pahle k̤hairáteṉ? so jab tum ne na kiyá, aur muáf kiyá Alláh ne tum ko, to ab khaṛí rakho namáz, aur dete raho zakát, aur hukm par chalo Alláh ke, aur uske Rasúl ke; aur Alláh ko k̤habar hai jo kuchh tum karte ho.

(3 *R.*) 15 Tú ne nahíṉ dekhe we, jo rafíq ho gae haiṉ ek logoṉ ke, jin par gussa húá hai Alláh? na we tum meṉ haiṉ, na un meṉ, aur qasameṉ kháte haiṉ jhúṭh bát par, aur we k̤habar rakhte haiṉ.

16 Rakhí hai Alláh ne un ke liye sak̤ht már; beshakk we bure kám haiṉ, jo karte haiṉ.

17 Banáyá hai apní qasamoṉ ko ḍhál, phir rokte haiṉ Alláh kí ráh se; to un ko zillat ká azáb hai.

18 Kám na áwenge un ko un ke mál, na un kí aulád Alláh ke háth se kuchh; we log haiṉ dozak̤h ke, we usí meṉ rah paṛe.

19 Jis din jama karegá Alláh un ko sáre, phir qasameṉ kháwenge us ke áge jaisá kháte haiṉ tumháre áge; aur k̤hiyál rakhte haiṉ we kuchh bhalí ráh par haiṉ; suntá hai wuhí haiṉ asal jhúṭhe.

20 Qábú kar liyá un par Shaitán ne, phir bhulái un ko Alláh kí yád; we log haiṉ Shaitán

jathe ke; suntá hai jo jathá hai Shaitán ká, wuhí kharáb hote hain.

21 Jo log mukhálif hote hain Alláh se, aur us ke Rasúl se, we log hain sab se beqadr logon men. Alláh likh chuká, ki main zabar rahúngá. aur mere Rasúl; beshakk Alláh zoráwar hai zabardast.

22 Tú na páwegá koí log, jo yaqín rakhte hon Alláh par, aur pichhle din par, dostí karen aison se, jo mukhálif ho Alláh ke, aur us ke Rasúl ke, agarchi we apne báp hon, yá apne bete, yá apne bhái, yá apne gharáne ke; un ke dilon men likh diyá hai ímán, aur un ko madad kí apne gaib ke faiz se, aur dákhil karegá un ko bágon men, jin ke níche bahtí nahren; sadá rahen un men, Alláh un se rází, aur we us se rází; we hain jathe Alláh ke; suntá hai jo jathá hai Alláh ká, wuhí murád ko pahunche.

SURA I HASHR.

Madíne men názil húí; 24 áyat kí hai.

BISMI-L-LÁ HI-R-RAHMÁ NI-R-RAHÍM.

(1 *R.*) 1 Alláh kí pákí boltá hai jo kuchh hai ásmánon men aur zamín men, aur wuhí hai zabardast, hikmatwálá.

2 Wuhí hai, jis ne nikál diye jo munkir hain kitábwálon men un ke gharon se pahle hí bhír hote; tum na atkalte the, ki we niklenge; aur we khiyál rakhte the, ki un ko bacháo hain un ke qile Alláh ke háth se; phir pahunchá un par Alláh jahán se un ko khiyál na thá, aur dálí un ke dil men dhák; ujárne lage

apne ghar apne háthoṇ aur musalmánoṇ ke háthoṇ ; so dahshat máno, ai ánkhwálo.

3 Aur agar na hotá, ki likhá thá Alláh ne un par ujarná, to un ko dukh detá dunyá meṇ, aur ákhirat meṇ hai un ko ág ká azáb.

4 Yih us par ki we mukhálif húe Alláh se aur us ke Rasúl se ; aur jo koí mukhálif húá Alláh se, to Alláh kí már sakht hai.

5 Jo kát dálá tum ne khajúr ká per, yá rahne diyá khará us kí jar par, so Alláh ke hukm se, aur tá ruswá kare bebukmoṇ ko.

6 Aur jo háth lagáyá Alláh ne apne Rasúl ko un se, to tum ne nahíṇ dauráe us par ghore, aur na únt ; lekin Alláh jatá detá hai apne rasúloṇ ko jis par cháhe ; aur Alláh sab chíz kar saktá hai.

7 Jo háth lagáwe Alláh apne Rasúl ko bastíoṇwáloṇ se, so Alláh ke wáste, aur Rasúl ke, aur nátewále ke, aur bin báp ke larkoṇ ke, aur muhtájoṇ ke, aur musáfir ke, tá na áwe lene dene meṇ daulatmandoṇ ke tum meṇ se ; aur jo de tum ko Rasúl, so le lo ; aur jis se manạ kare, so chhor do ; aur darte raho Alláh se ; beshakk Alláh kí már sakht hai.

RUBA. 8 Wáste un muslisoṇ watan chhornewáloṇ ke, jo nikále húe áe haiṇ apne gharoṇ se aur máloṇ se, dhúndhte áe haiṇ Alláh ká fazl, aur us kí razámandí, aur madad karne ko Alláh ke, aur us ke Rasúl ke, we log wuhí haiṇ sachche.

9 Aur jo jagah pakar rahe haiṇ is ghar meṇ, aur ímán meṇ, un se áge muhabbat karte haiṇ us se, jo watan chhor áwe un ke pás, aur nahíṇ páte apne dil meṇ garaz us chíz se, jo un ko milá, aur dil rakhte haiṇ apní jánoṇ se ; aur agarchi ho un ko bhúkh, aur jo bacháyá

gayá apne jí kí lálach se, to wuhí log haiṉ
murád pánewále.
10 Aur un ke wáste, jo áe un ke píchhe kah-
te húe, Ai Rabb, baḳhsh ham ko aur hamáre
bháíoṉ ko, jo áge pahunche ham se ímán meṉ,
aur na rakh hamáre dil meṉ bair ímánwáloṉ
ká; ai Rabb, tú hí hai narmíwálá mihrbán.
(2 *R.*) 11 Tú ne na dekhe we, jo dagábáz
haiṉ? kahte haiṉ apne bháíoṉ ko, jo munkir
haiṉ kitábwáloṉ meṉ se, Agar tum ko koí
nikál degá, to ham bhí niklenge tumháre sáth,
aur kahá na mánenge kisí ká tumháre haqq meṉ
kabhí; aur agar tum se laṛáí hogí, to ham
tumhárí madad karenge; aur Alláh gawáhí
detá hai we jhúṭhe haiṉ.
12 Agar we nikále jáwenge, ye na niklenge
un ke sáth; aur agar un se laṛáí hogí, ye na
madad karenge un kí; aur agar madad karen-
ge, to bhágenge píṭh dekar; phir kahíṉ madad
na páwenge.
13 Albatta tumhárá ḍar ziyáda hai un ke
dil meṉ Alláh se; yih is se ki we log bújh na-
híṉ rakhte.
14 Na laṛ sakenge tum se sab milkar bastíoṉ
kí koṭ meṉ, yá díwároṉ kí oṭ meṉ; un kí laṛáí
ápas meṉ saḳht hai; tú jáne we ekaṭṭhe haiṉ,
aur un ke dil phúṭ rahe haiṉ; yih is se ki we
log aql nahíṉ rakhte.
15 Jaise kahávat un kí, jo ho chuke haiṉ
un se pahle; pás hai ki chakheṉ sazá apne
kám kí, aur un ko már hai dukh kí.
16 Jaise kahávat Shaitán kí, jab kahe insán
ko, Tú munkir ho; phir jab wuh munkir húá,
kahe, Maiṉ alag húṉ tujh se; maiṉ ḍartá húṉ
Alláh se, jo Rabb sáre jahán ká.
17 Phir áḳhir un donoṉ ká yihí, ki we do-

noṇ haiṇ ág meṇ : sadá raheṇ us meṇ ; aur
yihí hai sazá gunahgároṇ kí.

(3 R.) 18 Ai ímánwálo, ḍarte raho Alláh se;
aur cháhiye ki dekh le har koí jí kyá bhejtá
hai kal ke wáste; aur ḍarte raho Alláh se ;
beshakk Alláh ko khabar hai jo karte ho.

19 Aur mat ho waise, jinhoṇ ne bhuláyá
Alláh ko; phir us ne bhulá diye un ko un ke
jí; we log wuhí haiṇ behukm.

20 Barábar nahíṇ log dozakh ke aur log
bihisht ke ; bihisht ke log wuhí haiṇ murád
ko pahunche.

21 Agar ham utárte yih Qurán ek pahár par,
to tú dekhtá wuh dab játá, phaṭ játá Alláh ke
ḍar se ; aur ye kaháwaten sunáte haiṇ ham
logoṇ ko, sháyad we dhiyán kareṇ.

22 Wuh Alláh hai, jis ke siwáe kisí kí banda-
gí nahíṇ ; jántá hai chhipá aur khulá; wuh hai
mihrbán rahmwálá.

23 Wuh Alláh hai, jis ke siwáe bandagí na-
híṇ aur kí; wuh bádsháh hai pák zát ; changá
ímán detá, panáh meṇ letá, zabardast, dabáo-
wálá, sáhib baṛáí ká ; pák hai Alláh us se, jo
sharík batáte haiṇ.

24 Wuh Alláh banánewálá, nikál khaṛá kar-
tá, súrat khainchtá ; us ke haiṇ sab nám khás-
se ; pákí boltá hai jo kuchh hai ásmánoṇ meṇ
aur zamíṇ meṇ ; aur wuhí hai zabardast, hik-
matwálá.

SURA I MUMTAHINA.

Madíne meṇ ndzíl húí ; 13 áyat kí hai.

BISMI-L-LÁ HI-R-RAHMÁ NI-R-RAHÍM.

(1 R.) 1 Ai ímánwálo, na pakṛo mere aur

apne dushmanon ko dost, un ko paigám bhejte ho dostí se, aur we munkir húe hain us se, jo tum ko áyá sachchá dín; nikálte hain Rasúl ko aur tum ko is par ki tum mánte ho Alláh apne Rabb ko; agar tum nikle ho laṛáí ke wáste merí ráh men, aur merí razámandí cháh kar, chhipe paigám bhejte ho un ko dostí ke; aur mujh ko khúb malúm hai jo chhipáyá tum ne, aur jo záhir kiyá; aur jo koí yih kám kare tum men se, wuh bhúlá sídhí ráh.

2 Agar tum ko we páwen, ho jáwen tumháre dushman, aur baṛháwen tum par apne háth, aur apní zabánen burái ko, aur cháhen kisí tarah tum munkir ho jáo.

3 Hargiz kám na áwenge tum ko tumháre náte, aur na tumhárí aulád qiyámat ke din; wuh faisala karegá tum men, aur Alláh jo karte ho dekhtá hai.

4 Tum ko chál chalní hai achchhí Ibráhím kí, aur jo us ke sáth the, jab kahá apní qaum ko, Ham alag hain tum se, aur jin ko tum pújte ho, Alláh ke siwáe un se, ham munkir húe tum se, aur khul paṛí ham men aur tum men dushmaní aur bair hamesha ko, jab tak tum yaqín na láo Alláh akele par; magar ek kahná Ibráhím ká, apne báp ko, Main mángúngá muáfí terí; aur málik nahín main tere bhale ko Alláh ke háth se kisí chíz ká; ai Rabb hamáre, tujh par bharosá kiyá ham ne, aur terí taraf rujú húe, aur terí taraf phir áná.

5 Ai Rabb hamáre, na jánch ham par káfiron ko, aur ham ko muáf kar; ai Rabb hamáre, tú hí hai zabardast hikmatwálá.

6 Albatta tum ko bhalí chál chalní hai un kí, jo koí ummed rakhtá ho Alláh kí aur pichh-

le din kí; aur jo koí muṇh phere, to Alláh wuhí hai beparwá, ḳhúbíoṇ saráhá.

(2 *R.*) 7 Ummed hai ki Alláh kar de tum meṇ, aur jo dushman haiṇ tumháre un meṇ se dostí; aur Alláh sab kar saktá hai; aur Alláh baḳhshnewálá hai mihrbán.

8 Alláh tum ko mana nahíṇ kartá un se jo laṛe nahíṇ tum se dín par, aur nikálá nahíṇ tum ko tumháre gharoṇ se, ki un se karo bhaláí aur insáf ká sulúk; Alláh cháhtá hai insáf-wáloṇ ko.

9 Alláh to mana kartá hai tum ko un se, jo laṛe tum se dín par, aur nikálá tum ko tumháre gharoṇ se, aur mel bándhá tumháre nikálne par, ki un se dostí karo, aur jo koí un se dostí kare, so we log wuhí haiṇ gunahgár.

10 Ai ímánwálo, jab áweṇ tum pás ímánwálí auraten watan chhoṛ kar, to un ko jánch lo; Alláh bihtar jántá hai un ká ímán; phir agar jáno, ki we ímán par haiṇ, to na phero un ko káfiroṇ kí taraf; na ye auraten halál un mardoṇ ko, na we mard halál in auratoṇ ko; aur de do un mardoṇ ko, jo un ká ḳharch húá; aur gunáh nahíṇ tum par, ki nikáh kar lo un se, jab un ko do un ke mahr; aur na rakho qabze meṇ námús káfir auratoṇ ke; aur máng lo jo tum ne ḳharch kiyá, aur we káfir máng leṇ jo unhoṇ ne ḳharch kiyá; yih faisala hai Alláh ká, faisala kartá hai tum meṇ; aur Alláh sab jántá hai hikmatwálá.

11 Aur agar játí raheṇ koí tumhárí auratoṇ se káfiroṇ kí taraf, phir tum khapá máro, to do un ko, jin kí auraten játí rahíṇ, jitná unhoṇ ne ḳharch kiyá thá; aur ḍarte raho Alláh se, jis par tum ko yaqín hai.

12 Ai Nabí, jab áweṇ tere pás musalmán

ạurateṉ qarár karne ko is par, ki sharík na ṭhahráweṉ Alláh ke sáth kisí ko, aur chorí na kareṉ, aur badkárí na kareṉ, aur apní auląd na máreṉ, aur túfán na láweṉ bándh kar apne háthoṉ aur páoṉ meṉ, aur terí behukmí na kareṉ kisí bhale kám meṉ, tú un se qarár kar, aur muáfí máng un ke wáste Alláh se; beshakk Alláh bakhshnewálá mihrbán hai.

13 Ai ímánwálo, mat dostí karo un logoṉ se, jin par gussa ho Alláh; we ás toṛ chuke pichhle ghar se, jaise ás toṛí munkiroṉ ne qabr wáloṉ se.

SURA I SAF.

Madíne meṉ názil húí; 14 áyat kí hai.

BISMI-L-LÁ HI-R-RAHMÁ NI-R-RAHÍM.

(1 *R.*) 1 Alláh kí pákí boltá hai jo kuchh hai ásmánoṉ meṉ aur zamín meṉ; aur wuhí hai zabardast hikmatoṉwálá.

2 Ai ímánwálo, kyúṉ kahte ho muṉh se, jo nahíṉ karte?

3 Baṛí bezárí hai Alláh ke yaháṉ, ki kaho wuh chíz, jo na karo.

NISF. 4 Alláh cháhtá hai un ko, jo laṛte haiṉ us kí ráh meṉ qatár bándhkar, jaise wuh díwár hai sísa piláí.

5 Aur jab kahá Músá ne apní qaum ko, Ai qaum, kyúṉ satáte ho mujh ko, aur jánte ho ki maiṉ Alláh ká bhejá húṉ tumháre pás; jab we phir gae, pher diye Alláh ne un ke dil; aur Alláh ráh nahíṉ detá behukm logoṉ ko.

6 Aur jab kahá Isá Maryam ke beṭe ne, Ai baní Isráíl, maiṉ bhejá áyá húṉ Alláh ká tum-

hári taraf; sachchá kartá us ko, jo mujh se áge hai Taurát, aur ḳhushḳhabarí sunátá ek rasúl kí, jo áwegá mujh se píchhe; us ká nám hai Ahmad; phir jab áyá un ke pás khulí nishánían lekar, bole, Yih jádú hai saríh.

7 Aur us se beinsáf kaun, jo bándhe Alláh par jhúṭh, aur us ko buláte hain musalmán hone ko? aur Alláh ráh nahín detá beinsáf logon ko.

8 Cháhte hain, ki bujháwen Alláh kí roshní apne munh se; aur Alláh ko púrí karní apní roshní; aur paṛe burá mánen munkir.

9 Wuhí hai, jis ne bhejá apná Rasúl ráh kí sújh lekar, aur sachchá dín, ki us ko úpar kare dínon se sab se; aur paṛe burá mánen shirk karnewále.

(2 *R.*) 10 Ai ímánwálo, main batáún tum ko ek saudágarí, ki bacháwe tum ko dukh kí már se.

11 Imán láo Alláh par, aur us ke Rasúl par, aur laṛo Alláh kí ráh men apne mál se aur ján se; yih bihtar hai tumháre haqq men, agar tum samajh rakhte ho.

12 Baḳhshe wuh tumháre gunáh, aur dáḳhil kare tum ko bágon men, jin ke níche bahtí nahren, aur suthre gharon men basne ke, bágon men; yih hai baṛí murád milní.

13 Aur ek aur chíz we jis ko tum cháhte ho madad Alláh kí taraf se, aur fath nazdík; aur ḳhushí suná ímánwálon ko.

14 Ai ímánwálo, tum ho madadgár Alláh ke, jaise kahá Isá Maryam ke beṭe ne yáron ko, Kaun hai ki madad kare merí Alláh kí ráh men? bole yár, Ham hain madadgár Alláh ke; phir ímán láyá ek firqa baní Isráíl men se, aur munkir húá ek firqa; phir zor diyá ham ne un ko,

jo yaqín láe the, un ke dushmanoŋ par; phir
ho raḥe gálib.

SURA I JUMA.

Madíne meŋ ndzil húi; 11 áyat kí hai.

BIŚMI-L-LÁ HI-R-RAHMÁ NI-R-RAHÍM.

(1 R.) 1 Alláh kí pákí boltá hai jo kuchh
hai ásmánoŋ meŋ aur zamín meŋ; bádsháh pák
zát, zabardast hai, ḥikmatwálá.

2 Wuhí hai, jis ne uṭháyá anparhoŋ meŋ ek
Rasúl unhíŋ meŋ ká, paṛhtá un pás us kí áyateŋ,
aur un ko saŋwártá, aur sikhátá kitáb aur aql-
mandí; aur us se pahle paṛe the we saríh bhulá-
we meŋ.

8 Aur ek auroŋ ke wáste unhíŋ meŋ se, jo
ab hí nahíŋ mile in meŋ, aur wuhí hai zabar-
dast, ḥikmatwálá.

4 Yih baṛái Alláh kí hai, detá hai jis ko chá-
he; aur Alláh ká fazl baṛá hai.

5 Kaháwat un kí, jin par ládí Taurát, phir
na uṭhái unhoŋ ne, aisí jaisí kaháwat gadhe
kí, píṭh par liye chaltá hai kitábeŋ; burí kahá-
wat hai un logoŋ kí, jinhoŋ ne jhuṭhlái Alláh
kí báteŋ; aur Alláh ráh nahíŋ detá beinsáf
logoŋ ko.

6 Tú kah, Ai Yahúd honewálo, agar dawá
karte ho, ki tum dost ho Alláh ke sab logoŋ
ke siwáe, to manáo maut, agar tum sachche ho.

7 Aur kabhí na manáwenge maut, jis wáste
áge bhej chuke haiŋ un ke háth; aur Alláh ko
khúb malúm haiŋ gunahgár.

8 Tú kah, Maut wuh hai, jis se tum bhágte
ho, so wuh tum se milní hai; phir phere jáoge

us chhipá aur khulá jánnewále pás; phir jatáwe-
gá wuh tum ko jo karte the.

(2 R.) 9 Ai ímánwálo, jab azán ho namáz
kí Jumạ ke din, to dauṛo Alláh kí yád ko, aur
chhoṛo bechná; yih bihtar hai tumháre haqq
meṇ, agar tum ko samajh hai.

10 Phir jab tamám ho chuke namáz, to phail
paṛo zamín meṇ, aur ḍhúnḍho fazl Alláh ká;
aur yád karo Alláh ko bahut; sháyad tumhárá
bhalá ho.

11 Aur jab dekheṇ saudá bikná, yá kuchh
tamáshá, khiṇḍ jáweṇ us kí taraf, aur tujh ko
chhoṛ jáweṇ khaṛá; tú kah, Jo Alláh ke pás
hai, so bihtar hai tamáshe se aur saudágarí se;
aur Alláh bihtar hai rozí denewálá.

SURA I MUNÁFIQUN.

Madíne meṇ ndzil húi; 11 áyat kí hai.

BISMI-L-LÁ HI-R-RAHMÁ NI-R-RAHÍM.

(1 R.) 1 Jab áweṇ tere pás munáfiq, kaheṇ,
Ham qáil haiṇ, tú Rasúl hai Alláh ká, aur Alláh
jántá hai ki tú us ká Rasúl hai; aur Alláh gawáhí
detá hai ki ye munáfiq jhúṭhe haiṇ.

2 Rakhí haiṇ apní qasmeṇ ḍhál banákar;
phir rokte haiṇ Alláh kí ráh se; ye log jo karte
haiṇ, bure kám haiṇ.

8 Yih us par ki we ímán láe, phir munkir
ho gae, phir muhr ho gaí un ke dil par; ab we
nahíṇ bújhte.

4 Aur jab tú dekhe un ko, khush lageṇ
tujh ko un ke dil; aur agar bát kaheṇ, sune tú
un kí bát; kaise haiṇ, jaise lakṛí lagá dete díwár

se; jánte haiṉ ki har ek balá áí unhíṉ par; wuhí
haiṉ dushman; un se bachtá rah; gardan máre
un ko Alláh! kaháṉ se phire játe haiṉ?
5 Aur jab kahiye un ko, Ao, muáf karwáwe
tum ko Rasúl Alláh ká, hum káte haiṉ apne sar;
aur tú dekhe ki we munh pher rakhte haiṉ,
aur ġurúr karte haiṉ.
6 Barábar hai un kí, tú muáfí cháhe, yá na
muáfí cháhe, hargiz na muáf karegá un ko Al-
láh; muqarrar Alláh ráh nahíṉ detá behukm
logoṉ ko.
7 Wuhí haiṉ jo kahte haiṉ, Mat kharch karo
un par, jo pás rahte haiṉ Rasúl Alláh ke, jab
tak ki khand jáweṉ; aur Alláh ke haiṉ khazá-
ne ásmánoṉ ke aur zamín ke; lekin munáfiq
nahíṉ búјhte.
8 Kahte haiṉ, Albatta agar ham phir gae
Madíne ko, to nikál degá jis ká zor hai waháṉ
se beqadr logoṉ ko; aur zor Alláh ká hai, aur
us ke Rasúl ká, aur mominoṉ ká; lekin muná-
fiq nahíṉ samajhte.
(2 *R.*) 9 Ai ímánwálo, na ġáfil kareṉ tum
ko tumháre mál, aur na tumhárí aulád Alláh
kí yád se; aur jo koí yih kám kare, to wuhí
log haiṉ ṭoṭe meṉ áe.
10 Aur kharch karo hamáre diye meṉ se us
se pahle ki pahunche kisí ko tum meṉ maut,
tab kahe, Ai Rabb, kyúṉ na ḍhíl dí tú ne mujh
ko ek thoṛí muddat, ki maiṉ khairát kartá, aur
hotá nek logoṉ meṉ?
11 Aur hargiz na ḍhíl degá Alláh kisíjí ko,
jab pahunchá us ká wada; aur Alláh ko kha-
bar hai jo karte ho.

Madíne meṇ ndzil húi; 18 áyat kí hai.

BISMI-L-LÁ HI-R-RAHMÁ NI-R-RAHÍM.

(1 *R.*) 1 Pákí boltá hai Alláh kí jo kuchh hai ásmánoṇ meṇ aur zamín meṇ; usí ká ráj hai, aur usí kí tạríf bai, aur wuhí bar chíz kar saktá hai.

2 Wuhí hai, jis ne tum ko banáyá; phir koí tum meṇ munkir hai, aur koí ímándár; aur Alláh jo karte ho dekhtá hai.

3 Banáe ásmán aur zamín tadbír se, aur súrat khainchí tumhárí; phir achchhí banáí tumhárí súrat; aur usí taraf phir jáná bai.

4 Jántá hai jo kuchh hai ásmánoṇ meṇ aur zamín meṇ, aur jántá hai jo chhipáte ho aur jo kholte ho; aur Alláh ko mạlúm hai jioṇ kí bát.

5 Kyá pahunchá nabíṇ tum ko abwál un logoṇ ká, jo munkir ho chuke haiṇ pahle; phir chakhí sazá apne kám kí, aur un ko hai dukh kí már?

6 Yih is par ki láte the un pás un ke rasúl nishániáṇ, phir kabte, Kyá ádmí ham ko ráh sujháenge? phir munkir húe, aur muṇh moṛá; aur Alláh ne beparwáí kí; aur Alláh beparwá hai, sab khúbíoṇ saráhá.

7 Dạwá karte haiṇ munkir, ki hargiz un ko uṭháná nahíṇ; tú kah, Kyúṇ nahíṇ; qasam mere Parwardigár kí, tum ko uṭháná hai, phir tum ko jatáná hai, jo tum ne kiyá, aur yih Al-láh par ásán hai.

8 So ímán láo Alláh par, aur us ke Rasúl par, aur us núr par, jo ham ne utárá; aur Alláh ko tumháre kám kí khabar hai.

9 Jis din tum ko ikaṭṭhe karegá, jama hone
ke din, wuh din hai hár jít ká; aur jo koí yaqín
láwe Alláh par, aur kare kám bhalá, utáre us
kí buráíáṇ, aur dákhil kare us ko bágoṇ meṇ,
jin ke níche bahtí nadíáṇ: rahá kareṇ un meṇ
hamesha; yihí barí murád milní.

10 Aur jo munkir húe, aur jhuṭhláíṇ hamárí
áyateṇ, we haiṇ dozakhwále; rahá kareṇ us
meṇ, aur burí jagah pahunche.

SULS. (2 R.) 11 Nahíṇ parṭí koí taklíf bin
hukm Alláh ke; aur jo koí yaqín láwe Alláh
par, wuh ráh batáwe us ke dil ko; aur Alláh
ko har chíz malúm hai.

12 Aur hukm máno Alláh ká, aur hukm
máuo Rasúl ká; phir agar tum munh moṛo,
to tumháre Rasúl ká kám yihí hai pahunchá
dená kholkar.

13 Alláh, us bin kisí kí bandagi nahíṇ; aur
Alláh par cháhiye bharosá kareṇ ímánwále.

14 Ai ímánwálo, hazí tumhárí jorúeṇ aur
aulád dushman haiṇ tumháre; so un se bachte
raho; aur agar muáf karo, aur darguzaro, aur
bakhsho, to Alláh hai bakhshnewálá mihrbán.

15 Tumháre mál aur aulád yihí haiṇ jánch-
ne ko; aur Alláh jo hai, us ke pás hai neg baṛá.

16 So ḍaro Alláh se jahán tak sako, aur suno,
aur máno, aur kharch karo apne bhale ko; aur
jis ko bachá diyá apne jí kí lálach se, so we
log wuhí murád ko pahunche.

17 Agar qaraz do Alláh ko, achchhí tarah
qaraz dená. dúná kar de wuh tum ko, aur tum
ko bakhshe; aur Alláh qadrdán hai, tahammul-
wálá;

18 Jánnewálá chhipe aur khule ká, zabar-
dast, hikmatwálá.

SURA I TALAQ.

Madíne men názil húí ; 12 áyat kí hai.

BISMI-L-LÁ HI-R-RAHMÁ NI-R-RAHÍM.

(1 *R.*) 1 Ai Nabí, jab tum taláq do auraton ko, to un ko taláq do un kí iddat par, aur ginte raho iddat; aur daro Alláh se, jo Rabb hai tumhárá; mat nikálo un ko un ke gharon se, aur we bhí na niklen magar jo karen saríh behayáí; aur ye hadden bándhí hain Alláh kí; aur jo koí baṛhe Alláh kí haddon se, to us ne burá kiyá apná; tum ko khabar nahín, sháyad Alláh baná nikále is píchhe kuchh kám?

2 Phir jab pahunchín apne wade ko, to rakh lo un ko dastúr se, yá chhoṛ do un ko dastúr, aur gawáh kar lo do mutabar apne men ke, aur sídhí rakho gawáhí Alláh ke wáste; yih bát jo hai, is se samajh jáwegá jo koí yaqín rakhtá hogá Alláh par, aur pichhle din par; aur jo koí ḍartá hai Alláh se, wuh kar de us ká guzárá; aur rozí de us ko jahán se un ko khiyál na ho.

3 Aur jo koí bharosá rakhe Alláh par, to wuh us ko bas hai; muqarrar púrá kar letá hai Alláh apná kám; Alláh ne rakhá hai har chíz ká andáza.

4 Aur jo auraten na ummed húín haiz se tumhárí auraton men, agar tum ko shubha rah gayá ho, to un kí iddat hai tín mahíne; aur aisí hí jin ko haiz nahín áyá, aur jin ke peṭ men bachcha hai, un kí iddat yih, ki jan len peṭ ká bachcha; aur jo koí ḍartá rahe Alláh se, kar de wuh us ke kám men ásání.

5 Yih hukm hai Alláh ká, jo utárá tumharí

taraf; aur jo koí ḍartá hai Alláh se, utáre us se us kí buráíán, aur baṛá de us ko neg.

6 Ghar do un ko rahne ko jahán tum áp raho apne maqdúr ke muwáfiq, aur ízá na cháho un kí, tá tang pakṛo un ko; aur agar rakhtí hon peṭ men bachcha, to kharch karo un par jab tak janen peṭ ká bachcha; phir agar dúdh piláwen tumhárí kháṭir, to do un ko un ke neg; aur sikháo ápas men nekí; aur agar ápas men zidd karo, to dúdh piláwe us kí kháṭir dúsrí ‘aurat.

7 Cháhiye kharch kare wasaṭwálá apní wasaṭ ke muwáfiq; aur jo ki tang húí us par us kí rozí, to kharch kare jaisá diyá us ko Alláh ne; aur Alláh kisí par taklíf nahín detá, magar jitná us ko diyá; ab kar degá Alláh sakhtí ke píchhe ek ásání.

(2 *R.*) 8 Aur kittí bastíán uchhal chalín apne Rabb ke hukm se, aur us ke rasúlon ke; phir ham ne hisáb men pakṛá un ko, sakht hisáb men, aur áfat ḍálí un par andekhí áfat.

9 Phir chakhí us ne sazá apne kám kí, aur ákhir un ke kám men ṭoṭá áyá.

10 Rakhí hai Alláh ne un ke wáste sakht már; so ḍarte raho Alláh se, ai ‘aqlwálo.

11 Jin ko yaqín hai, Alláh ne utárí hai tum par samjhautí; Rasúl hai, jo paṛhtá hai tum pás Alláh kí áyaten khulí sunánewálí, ki nikále un ko jo ímán láe, aur kiye bhale kám, andheron se ujále men; aur jo koí yaqín láwe Alláh par, aur kare kuchh bhaláí, dákhil kare wuh us ko bágon men, níche bahtí jin ke nahren, sadá rahen un men hamesha; khúb dí Alláh ne us ko rozí.

12 Alláh wuh hai, jis ne banáe sát ásmán aur zamín bhí utní; utartá hai hukm un ke

bich; to tum jáne ki Alláh har chíz kar saktá hai; aur Alláh ke ilm men samái hai har chíz kí.

SURA I TAHRIM.

Madíne men názil húí; 12 áyat kí hai.

BISMI-L-LÁ HI-R-RAHMÁ NI-R-RAHÍM.

(1 *R.*) 1 Ai Nabí, tú kyún harám kartá hai jo halál kiyá Alláh ne tujh par? cháhtá hai tú razámandí apní auraton kí, aur Alláh bakhshnewálá hai, mihrbán.

2 Thahrá diyá Alláh ne tum ko utár dálná tumhárí qasamon ká, aur Alláh dost hai tumhárá, aur wuh hai sab jántá, hikmatonwálá.

3 Aur jab chhipákar kahí Nabí ne apní kisí aurat se ek bát, phir jab us ne khabar kar dí us kí, aur jatá diyá wuh Alláh ne Nabí ko, Nabí ne jatá dí us men se kuchh, aur talá dí kuchh; phir jab wuh jatá diyá aurat ko, bolí, Tujh ko kis ne batáyá yih? kahá, Mujh ko batáyá us khabardár wáqifkár ne.

4 Agar tum tauba kartíán ho, to jhuk pare hain tumháre dil; aur agar tum donon charháí karogíán us par, to Alláh hai us ká rafíq, aur Jabráíl aur nek ímánwále, aur firishte us ke píchhe madadgár hain.

5 Abhí agar Nabí chhor de tum sab ko, us ká Rabb badle men de us ko auraten tum se bihtar, hukmbardár, yaqín rakhtíán, namáz men kharí hotíán, tauba kartíán, bandagí bajá látíán, rozadár, biyáhíán, aur kunwáríán.

6 Ai ímánwálo, bacháo apní ján ko, aur apne gharwálon ko us ág se, jis kí chhiptíán

hain ádmí aur patthar; us par muqarrar hain firishte tundkho zabardast, behukmí nahín karte Alláh kí, jo bát un ko farmá dí, aur wuhí karte hain, jo hukm ho.

7 Ai munkir honewálo, mat baháne banáo áj ke din; wuhí badlá páoge jo tum karte the.

(2 *R.*) 8 Ai ímánwálo, tauba karo Alláh kí taraf sáf dil kí tauba; sháyad tumhárá Rabb utáre tum par se tumhárí buráíán, aur dákhil kare tum ko bágon men, jin ke níche bahtí nahren, jis din Alláh sharminda na karegá Nabí ko, aur jo log ímán láe us ke sáth; un kí roshní daurtí hai un ke áge, aur un ke dáhine kahte hain, Ai Rabb hamáre, púrí kar de ham ko hamárí roshní, aur muáf kar ham ko; tú har chíz kar saktá hai.

9 Ai Nabí, lar káfiron se, aur dagábázon se, aur sakhtí kar un par; aur un ká ghar dozakh hai, aur burí jagah pahunche.

10 Alláh kí banáí ek kahávat munkiron ke wáste Núh kí aurat, aur Lút kí aurat; ghar men thín donon hamáre nek bandon se do nek bandon ke; phir unhon ne chorí kí un se; phir wuh kám na áí un ko Alláh ke háth se kuchh; aur hukm húá, ki chalí jáo dozakh men jánewálon ke sáth.

11 Aur Alláh ne banáí ek kaháwat ímánwálon ke wáste aurat Firaun kí, jab bolí, Ai Rabb, baná mere wáste apne pás ek ghar bihisht men, aur bachá nikál mujh ko Firaun se, aur us ke kám se; aur bachá nikál mujh ko zálim logon se.

12 Aur Maryam betí Imrán kí, jis ne rokí apní shahwat kí jagah; phir phúnk dí ham ne us men ek apní taraf se ján, aur sach jánín apne

Rabb kí báteṉ aur us kí kitábeṉ, aur wuh thí bandagí karnewálíoṉ meṉ.

SURA I MULK.

Makke meṉ názil húí; 30 áyat kí hai.

BISMI-L-LÁ-HI-R-RAHMÁ-NI-R-RAHÍM.

UNTISWAN SIPARA. (1 *R.*) 1
Baṛí barakat hai us kí, jis ke háth hai ráj; aur
wuh sab chíz kar saktá hai.
2 Jis ne banáyá marná aur jíná, ki tum ko
jánche kaun tum meṉ achchhá kartá hai kám;
aur wuh zabardast hai, bakhshnewálá.
3 Jis ne banáe sát ásmán tah par tah; kyá
dekhtá hai tú Rahmán ke banáe meṉ kuchh
faraq? phir duhrákar nigáh kar, kahíṉ dekhtá
hai daráṛ?
4 Phir duhrákar nigáh kar do do bár, ulṭí
áwe terí nigáh radd hokar thakkar.
5 Aur ham ne raunaq dí warle ásmán ko
chirágoṉ se, aur rakhí un se phenk már shaitá-
noṉ kí, aur rakhí un ke liye márdahaktí ág kí.
6 Aur un ke wáste, jo munkir húe apne
Rabb se, azáb hai dozakh ká, aur burí jagah
pahunche.
7 Jab ḍále jáweṉ us meṉ, suneṉ us ká dháṛná,
aur wuh uchhaltí hai.
8 Abhí lagtá hai, ki phaṭ paṛe josh se, jis
bár paṛá us meṉ ek dal; púchhá us se us ke dá-
rogoṉ ne, Kyá na pahunchá thá tum pás koí
ḍar sunánewálá?
9 We bole, Kyún nahíṉ? ham pás pahunchá
thá ḍar sunánewálá; phir ham ne jhuṭhlá diyá,
aur kahá, Nahíṉ utárí Alláh ne kuchh chíz;
par tum paṛe ho baṛe bahkáwe meṉ.

10 Aur bole, Agar ham hote sunte aur bújh-
te, na hote dozakhwálon men.

11 So qáil húe apne gunáh ke; ab dafạ hon
dozakhwále.

12 Jo log darte hain apne Rabb se bin dekhe,
un ko muáfi hai aur neg bará.

18 Aur tum chhipí kaho apní bát, yá khol-
kar, wuh jántá hai dilon ke bhed.

14 Bhalá, wuh na jáne, jis ne banáyá? aur
wuhí hai bhed jántá, khabardár.

(2 R.) 15 Wuhí hai, jis ne kiyá tumháre áge
zamín ko past; ab phiro us ke kandhon par,
aur kháo kuchh dí húi us kí rozí; aur usí kí
taraf jí uthná hai.

16 Kyá niḍar húe us se, jo ásmán men hai,
ki dhasáwe tum ko zamín men? phir tabhí
wuh laraztí hai.

17 Yá niḍar húe us se, jo ásmán men hai,
ki dále tum par patthráo báo ká? so ab jánoge
kaisá hai merá darká.

18 Aur jhuṭhlá chuke hain jo un se pahle
the; phir kaisá húá merá inkár?

19 Aur kyá nahín dekhte urte jánwar apne
úpar par khole aur jhapakte? koí nahín thám
rahá un ko Rahmán ke siwáe; us kí nigáh men
hai har chíz.

20 Bhalá, wuh kaun hai, jo fauj hai tumhárí
madad kare tumhárí Rahmán ke siwáe? mun-
kir paṛe hain nire bahkáwe men.

21 Bhalá, wuh kaun hai, jo rozí degá tum ko,
agar wuh rakh chhoṛe apní rozí? koí nahín, par
uṛ rahe hain sharárat aur badakne par.

22 Bhalá, ek jo chale aundhá apne munh
par, wuh sídhí ráh páwe, yá wuh, jo chale sídhá
ek sídhí ráh par?

23 Tú kah, Wuhí hai, jis ne tum ko nikál

khaṛá kiyá, aur baná diyá tum ko kán, aur
ánkhen, aur dil; tum thoṛá haqq mánte ho.
24 Tú kah, Wuhí hai, jis ne khaṇḍáyá tum
ko zamín men; aur usí kí taraf ekaṭṭhe kiye
jáoge.
25 Aur kahte hain, Kab hai yih wạda, agar
tum sachche ho?
26 Tú kah, Khabar to hai Alláh hí pás, aur
main to yihí ḍar sunánewálá hún kholkar.
27 Phir jab dekhenge wuh pás á lagá, bure
ban jáwenge munh munkiron ke, aur kahegá,
Yihí hai, jis ko tum mángte the.
28 Tú kah, Bhalá, dekho to, agar khapáwe
mujh ko Alláh, aur mere sáthwálon ko, yá
ham par mihr kare, phir wuh kaun hai, jo
bacháwe munkiron ko dukh kí már se?
29 Tú kah, Wuhí Rahmán hai; ham ne us ko
máná, aur usí par bharosá kiyá; so ab tum ján
loge kaun paṛá hai saríh bahkáwe men.
30 Tú kah, Bhalá, dekho to, agar ho rahe
subh ko pání tumhárá khushk, phir kaun hai,
jo láwe tum pás pání nithrá?

SURA I QALAM.

Makke men názil húí; 52 áyat kí hai.

BISMI-L-LÁHI-R-RAHMÁNI-R-RAHÍM.

(1 *R.*) 1 N. Qasam hai qalam kí, aur jo kuchh
likhte hain,
2 Tú nahín apne Rabb ke fazal se díwána.
3 Aur tujh ko neg hai beintihá.
4 Aur tú paidá húá hai baṛe khulq par.
5 So ab tú bhí dekh legá, aur we bhí dekh
lenge,

6 Kaun hai tum meṉ, ki bichal rahá hai.
7 Terá Rabb wuhí bihtar jáne jo bahká us
kí ráh se, aur wuhí bihtar jántá hai ráh páne-
wáloṉ ko.
8 So tú kahá na mán jhuṭhlánewáloṉ ká.
9 We cháhte haiṉ, kisí tarah tú ḍhílá ho, to
we bhí ḍhíle hoṉ.
10 Aur kahá na mán kisí qasameṉ kháne-
wále beqadr ká,
11 Taná detá, chuglí kartá phirtá;
12 Bhale kám se roktá hai, hadd se baṛhtá,
baṛá gunahgár;
13 Bad ḳho, us sab ke píchhe badnám,
14 Is se ki rakhtá hai mál aur beṭe.
15 Jab sunáiye us ko hamárí áyateṉ, kahe,
Yih naqleṉ haiṉ pahloṉ kí.
16 Ab dág denge ham us ko súṉḍ par.
17 Ham ne un logoṉ ko jánchá hai, jaise
jánchá bágwáloṉ ko, jab sab ne qasam kháí,
ki us ká mewa toṛenge subh ko,
18 Aur inshá Alláh na kahá.
19 Phir pherá kar gayá us par koí phere-
wálá tere Rabb kí taraf se, aur we sote rahe.
20 Phir subh tak ho rahá jaise ṭúṭ chuká.
21 Phir ápas meṉ bole, subh hote,
22 Ki sawere chalo apne khet par, agar tum
ko toṛná hai.
23 Phir chale, aur ápas meṉ kahte the chup-
ke chupke,
24 Ki Andar na áne páe us meṉ áj tumháre
pás koí muhtáj.
25 Aur sawere chale lapakte zor par.
26 Phir jab us ko dekhá, bole, Ham ráh
bhúle.
27 Nahíṉ; hamárí qismat phúṭí.

28 Bolá bichlá un ká, Na kahá thá main ne
tum ko, Kyún nabín pákí bolte Alláh kí?
29 Bole, Pák zát hai hamáre Rabb kí; ham-
hí taqsírwár the.
30 Phir munh karkar ek dúsre kí taraf lage
uláhná dene.
31 Bole, Ai kharábí hamárí, ham the hadd
se barhnewále.
32 Sháyad hamárá Rabb badal de ham ko is
se bihtar; ham apne Rabb se árzú rakhte hain.
33 Yún átí hai áfat; aur ákhirat kí áfat to
sab se barí hai, agar un ko samajh hotí.
34 Albatta darwálon ko un ke Rabb ke pás
bág hain nimat ke.
(2 *R.*) 35 Kyá ham karenge hukmbardáron
ko barábar gunahgáron ke?
36 Kyá húá tum ko; kaisí bát thahráte ho?
37 Kyá tum pás koí kitáb hai, jis men parh
lete ho?
38 Us men milná hai tum ko jo pasand karo?
39 Kyá tum ne ham se qasamen lín hain
púrí pahunchtí qiyámat ke din tak, ki tum ko
milegá jo tum thahráoge?
40 Púchh un se, Kaun sá un men us ká zim-
ma letá hai?
41 Kyá un ke koí sharík hain? to cháhiye
le áwen apne apne sharíkon ko, agar we sach-
che hain:
42 Jis din kholí jáwe pindlí, aur buláe jáwen
sijde ko, phir na kar saken.
43 Niwí hain un kí ánkhen; charhí átí hai
un par zillat; aur pahle un ko buláte the sijde
ko, aur we change the.
44 Ab chhor de mujh ko, aur jhuthlánewá-
lon ko is bát ke; ab sírhí sírhí utárenge un ko
jahán se we na jánenge.

45 Aur un ko ḍhíl detá húṉ; beshakk merá
dáo pakká hai.
46 Kyá tú mángtá hai un se kuchh neg? so
un par chaṭṭí bojh paṛí hai.
47 Kyá un ke pás ḳhabar hai gaib kí, jo we
likh láte haiṉ?
48 Ab ṭhahar, ráh dekh apne Rabb ke hukm
kí, aur mat ho jaisá machhlíwálá, jab pukárá
us ne, aur wuh gusse meṉ bhará thá.
49 Agar na sambháltá us ko ihsán tere Rabb
ká, to phenká gayá hí thá chaṭiyal maidán
meṉ ilzám khákar.
50 Phir nawázá us ko us ke Rabb ne; phir
kar diyá us ko nekoṉ meṉ.
51 Aur munkir to lage hí haiṉ, ki ḍigáweṉ
tujh ko apní nigáhoṉ se, jab sunte haiṉ sam-
jhautí, aur kahte haiṉ, Wuh báolá hai.
52 Aur yih to yihí samjhautí hai sáre jahán-
wáloṉ ko.

SURA I HÁQA.

Makke meṉ názil húí; 52 áyat kí hai.

BISMI-L-LÁ HI-R-RAHMÁ NI-R-RAHÍM.

RUBA. (1 R.) 1 Wuh sábit ho chukí.
2 Kyá hai wuh sábit ho chukí?
3 Aur tú ne kyá bújhá? kyá hai wuh sábit
ho chukí?
4 Jhuṭhláyá Samúd aur Ád ne us khaṛke-
wálí ko.
5 So we jo Samúd the, so khapáe gae
uchhál se.
6 Aur we jo Ád the, so khapáe gae ṭhanḍhí
sannáṭe kí báo se háthoṉ se niklí játí.

7 Taayun kiye un par sát rát aur áṭh din
kaṭte; phir tú dekhe un men log pichhaṛ gae,
jaise we ḍhúnḍh hain khajúr ke khokhṛe.
8 Phir tú dekhtá hai koí un ká bach rahá.
9 Aur áyá Firaun aur jo us ke píchhe the,
aur ulṭí bastíán taqsír kartí.
10 Phir hukm na máná apne Rabb ke rasúl
ká; phir pakṛá un ko baṛí pakaṛ.
11 Ham ne jis waqt pání ublá lád liyá tum
ko náo men.
12 Tá rakhen us ko tumhárí yád, aur sune
us ko kán sunnewálá.
13 Phir jab phúnke narsinghe men ek phúnk,
14 Aur uṭháwe zamín aur pahár, aur paṭke
jáwen ek choṭ,
15 Phir us din ho paṛe ho paṛnewálí.
16 Aur phaṭ jáwe ásmán, phir wuh us din
bekas rahá hai.
17 Aur firishte hain us ke kináron par, aur
uṭhá rahe hain takht tere Rabb ká apne úpar
us din áṭh shakhs.
18 Us din sámhne jáoge; chhip na rahegá
tum men koí chhipnewálá.
19 So jis ko milá us ká likhá dáhine háth
men, wuh kahtá hai, Líjiyo, paṛhiyo merá likhá.
20 Main ne khiyál rakhá, ki mujh ko milná
hai merá hisáb.
21 So wuh hai manmántí guzrán men,
22 Unche bág men;
23 Jis ke mewe jhuk rahe hain.
24 Kháo aur píyo ruch se badlá us ká, jo áge
bhejá tum ne pahle dinon men.
25 Aur jis ko milá us ká likhá báwen háth
men, kahtá hai, Kisí tarah mujh ko na miltá
merá likhá;

26 Aur mujh ko ḳhabar na hotí kyá hisáb
hai merá !
27 Kisí tarah wuhí maut nibaṛ játí !
28 Kuchh kám na áyá mujh ko merá mál.
29 Khap gaí mujh se merí hukúmat.
30 Us ko pakṛo, phir tauq ḍálo.
31 Phir ág kí ḍher men̲ us ko paiṭháo.
32 Phir ek zanjír men̲, jis ká máp hai sattar
gaz ká us ko jakaṛ do.
33 Wuh yaqín na látá thá Alláh par, jo sab
se baṛá ;
34 Aur tákíd na kartá thá kháne par faqír ke.
35 So koí nahín̲ áj us ká yahán̲ dostdár ;
36 Aur na kuchh kháná, magar zaḳhmon̲
ká dhowan.
37 Koí na kháwe us ko, magar wuhí gunahgár
(2 *R.*) 38 So qasam khátá hún̲ un chízon̲
kí, jo ḍekhte ho,
39 Aur jo nahín̲ dekhte,
40 Yih kahá hai ek paigám lánewále sardár ká.
41 Aur nahín̲ yih kahá kisí sháir ká ; tum
thoṛá yaqín karte ho.
42 Aur na kahá húá parion̲ wále ká ; tum
thoṛá dhiyán karte ho.
43 Yih utárá hai jahán ke Rabb ká.
44 Aur agar yih baná látá ham par koí bát,
45 To ham pakaṛte us ká dáhiná háth ;
46 Phir káṭ ḍálte us kí náṛ.
47 Phir tum men̲ koí nahín̲ is se roknewálá.
48 Aur yih jo hai, samjhautí hai ḍarwálon̲ ko.
49 Aur ham ko malúm hai, ki tum men̲ baze
jhuṭhláte hain̲.
50 Aur wuh jo hai, pachhtáwá hai munkiron̲
par.
51 Aur wuh jo hai, qábil yaqín karne ke hai.

52 Ab bol pákí apne Rabb ke nám kí, jo sab
se baṛá.

SURA I MAĄRIJ.

Makke men̲ názil húí; 44 áyat kí hai.

BISMI-L-LÁ HI-R-RAHMÁ NI-R-RAHÍM.

(1 *R.*) 1 Mángá ek mángnewále ne azáb
paṛnewálá.
2 Munkiron̲ ke wáste koí nahín̲ us ko haṭá-
newálá,
3 Alláh kí taraf ká, jo chaṛhe darjon̲ ká Sáhib.
4 Chaṛhenge us kí taraf firishte aur rúh us
din men̲ jis ká lambáo pachás hazár baras hai.
5 So tú sabr kar, bhalí tarah ká sabr.
6 We dekhte hain̲ us ko dúr;
7 Aur ham dekhte hain̲ us ko nazdík,
8 Jis din hogá ásmán jaise támbá pighlá,
9 Aur honge pahár jaise rangí ún.
10 Aur na púchhegá dostdár, dostdár ko.
11 Sab nazar á jáwenge un ko; manáwegá
gunahgár kisí tarah chhuṛwáí men̲ de us din
kí már se apne beṭe ko;
12 Aur sáthwále aur bhái ko;
13 Aur apne gharáne ko, jis men̲ rahtá thá;
14 Aur jitne zamín par hain̲ sáre, phir áp ko
bacháwe.
15 Koí nahín̲, wuh taptí ág hai,
16 Khainch lenewálí kalejá,
17 Bulátí hai us ko, jis ne píṭh dí, aur phir
gayá,
18 Aur ekaṭṭhá kiyá, aur sameṭá.
19 Tahqíq ádmí banáyá hai jí ká kachchá.
20 Jab lagí us ko buráí, to ghábará.

21 Aur lagí us ko bhaláí, to andewá.
22 Magar we namází,
23 Jo apní namáz par qáim hain,
24 Aur jin ke mál men hissa ṭhahar rahá hai,
25 Mángte aur háre ká,
26 Aur jo yaqín karte hain insáf ke din ko,
27 Aur jo apne Rabb ke azáb se ḍarte han,—
28 Beshakk un ke Rabb ke azáb se niḍar
na húá cháhiye,—
29 Aur jo apní shahwat kí jagah thámte hain,
30 Magar apní jorúon se, yá apne háth ke
mál se, so un par nahín uláhná.
31 Phir jo koí ḍhúnḍhe is ke siwáe, so wuhí
hain hadd se baṛhte.
(2 *R.*) 32 Aur jo koí apní dhardharen aur
apná qaul nibáhte hain,
33 Aur jo apní gawáhíon par sídhe hain,
34 Aur jo apní namáz se khabardár hain,
35 Wuhí hain bágon men izzat se.
36 Phir kyá húá hai munkiron ko? terí
taraf daure áte hain,
37 Dáhine se aur báwen se joṭ kí joṭ.
38 Kyá lálach rakhtá hai har ek un men, ki
dákhil howe nimat ke bág men?
39 Koí nahín; ham ne un ko banáyá hai jis
chíz se jánte hain.
40 So main qasam khátá hún mashriqon
magribon ke málik kí, ham sakte hain,
41 Ki badal kar le áwen un se bihtar, aur
ham se chaṛh na jáwenge.
42 So chhoṛ de un ko; báten banáwen, aur
khelen, jab tak bhiṛen apne us din se, jis ká
un se wada hai;
43 Jis din nikal paṛenge qabron se dauṛte,
jaise kisí nisháne par dauṛe játe hain.
44 Niwí hain un kí ánkhen; chaṛhtí átí hai

un par zillat; yih wuh din hai, jis ká un se wạda hai.

SURA I NUH.

Makke meṉ názil húí; 28 áyat kí hai.

BISMI-L-LÁ HI-R-RAHMÁ NI-R-RAHÍM.

(1 *R.*) 1 Hamne bhejá Núh ko us kí qaum
kí taraf, ki ḍará apní qaum ko is se pahle, ki
pahunche un par dukhwálí áfat.
2 Bolá, Ai merí qaum, maiṉ tum ko ḍar
sunátá húṉ kholkar.
3 Ki bandagí karo Alláh kí, aur us se ḍaro,
aur merá kahá máno.
4 Ki bakhshe wuh tum ko kuchh tumháre
gunáh, aur ḍhíl de tum ko ek ṭhahráe wạde
tak; wuh jo wạda rakhá Alláh ne, jab á pahun-
che us ko, ḍhíl na hogí, agar tum ko samajh hai.
5 Bolá, Ai Rabb, bulátá rahá maiṉ apní qaum
ko rát din; phir mere buláne se aur ziyáda
bhágte hí rahe.
6 Aur maiṉ jis bár un ko buláyá, ki tú muạ́f
kare un ko, ḍál lí unglíáṉ apne kánoṉ meṉ aur
lapeṭe úpar apne kapṛe, aur zidd kí, aur gurúr
kiyá, baṛá gurúr.
7 Phir maiṉ ne un ko buláyá ujágar.
8 Phir maiṉ ne khol kar kahá un ko, aur
chhipkar kahá chupke se.
9 To maiṉ ne kahá, Gunáh bakhshwáo apne
Rabb se; beshakk wuh hai bakhshnewálá.
10 Chhoṛ de ásmán kí tum par dháreṉ;
11 Aur baṛhtí de tum ko mál aur beṭoṉ se,
aur baná de tum ko bág, aur baná de tum ko
nahreṉ.

12 Kyá hai tum ko? kyúṉ nahíṉ ummed
rakhte Alláh se baṛáí kí?
13 Aur banáyá us ne tum ko tarah tarah se.
14 Kyá tum ne nahíṉ dekhá, kaise banáe
Alláh ne sát ásmán tah par tah?
15 Aur rakhá chánd un meṉ ujálá, aur rakhá
súraj chirág jaltá.
16 Aur Alláh ne ugáyá tum ko zamín se
jamá kar.
17 Phir ḍálegá tum ko duhrákar us meṉ,
aur nikálegá báhar.
(2 *R.*) 18 Aur Alláh ne baná dí tum ko
zamín bichhauná,
19 Ki chalo us meṉ kushádá raste.
20 Kahá Núh ne, Ai Rabb mere, unhoṉ ne
merá kahá na máná, aur máná aise ká, jis ko
us ke mál se, aur aulád se aur baṛhá ṭoṭá.
21 Aur dáo kiyá hai, baṛá dáo.
22 Aur bole, Na chhoṛiyo apne ṭhákuroṉ ko,
aur na chhoṛiyo Wadd ko, aur na Sowá ko,
23 Aur na Yagús ko, aur Yaúq ko, aur Nasr
ko.
24 Aur bahká diyá bahutoṉ ko, aur na baṛ-
háiyo tú beinsáfoṉ ko, magar bahkáwá.
25 Kuchh we apne gunáhoṉ se ḍubáe gae;
phir paiṭháe gae ág meṉ;
26 Phir na páyá apne wáste Alláh ke siwáe
koí madadgár.
27 Aur kahá Núh ne Ai Rabb, na chhoṛ
zamín par munkiroṉ ká ek ghar basnewálá;
28 Agar tú chhoṛe, muqarrar bahkáweṉ tere
bandoṉ ko; aur jo janeṉ, so ḍhíṭh haqq na
samajhtá.
29 Ai Rabb, muáf kar mujh ko, aur mere
má báp ko, aur jo áe mere ghar meṉ ímándár,
aur sab ímándár mardoṉ ko, aur auratoṉ ko;

aur gunahgáron par yihí baṛhná rakh barbád honá.

SURA I JINN.

Makke men názil húí; 28 áyat kí hai.

BISMI-L-LÁ HI-R-RAHMÁ NI-R-RAHÍM.

NISF. (1 *R.*) 1 Tú kah, Mujh ko hukm áyá, ki sun gae kaí log jinnon ke; phir kahá, Ham ne suná hai ek Qurán ajíb;

2 Samjhátá nek ráh; so ham us par yaqín láe, aur hargiz sharík na banáwenge apne Rabb ká kisí ko.

3 Aur yih, ki únchí hai shán hamáre Rabb kí; nahín rakhí us ne jorú, na beṭá.

4 Aur yih, ki ham men ká bewaqúf Alláh par baṛhákar báten kartá.

5 Aur yih, ki ham ko khiyál thá, ki na bolenge ádmí aur jinn Alláh ke úpar jhúṭh.

6 Aur yih, ki the kitte mard ádmíon ke panáh pakaṛte kitte mardon kí jinnon ke; phir un ko baṛhá aur sar chaṛhná.

7 Aur yih, ki un ko bhí khiyál thá, jaisá tum ko khiyál thá, ki hargiz na uṭháwegá Alláh kisí ko.

8 Aur yih, ki ham ne ṭaṭol dekhá ásmán ko; phir páyá us ko, bhar rahe us men chaukidár sakht aur angáre.

9 Aur yih, ki ham baiṭhe the ásmánon ke ṭhikánon men sunne ko; phir jo koí ab suná cháhe, páwe apne wáste ek angárá ghát men.

10 Aur yih, ki ham nahín jánte kuchh burá irádá ṭhahrá hai zamín ke rahnewálon par, yá cháhá un ke haqq men un ke Rabb ne ráh par láná.

11 Aur yih, ki koí ham meṇ nek haiṇ, aur koí us ke siwáe ham the kaí ráh par phaṭ rahe.

12 Aur yih, ki hamáre khiyál meṇ áyá, ki ham charh na jáwenge Alláh se zamín meṇ, aur na thakáwenge us ko bhág kar.

13 Aur yih, ki jab ham ne suní ráh kí bát, ham ne us ko máná; phir jo koí yaqín láwegá apne Rabb par, so na ḍaregá nuqsán se, aur na zabardastí se.

14 Aur yih, ki koí ham meṇ hukmbardár haiṇ, aur koí beinsáf; so jo hukm meṇ áe unhoṇ ne nikálí nek ráh.

15 Jo beinsáf haiṇ, we húe dozakh ke índhan.

16 Aur yih hukm áyá, ki agar log sídhe rahte ráh par, to ham piláte un ko pání bhar-kar.

17 Táki un ko jánchen us meṇ; aur jo koí muṇh moṛe apne Rabb kí yád se, wuh paiṭhá-wegá us ko charhte azáb meṇ.

18 Aur sijde ke háth páṇw haqq Alláh ká hai; so mat pukáro Alláh ke sáth kisí ko.

19 Aur yih, ki jab khaṛá ho Alláh ká banda, us ko pukártá; log hone lagte haiṇ us par thaṭ-ṭhá.

(2 R.) 20 Tú kah. Maiṇ, to yihí pukártá húṇ apne Rabb ko; sharík nahíṇ kartá us ká kisí ko.

21 Tú kah, Mere háth nahíṇ tumhárá burá, aur na ráh par láná.

22 Tú kah, Mujh ko na bacháwegá Alláh ke háth se koí;

23 Aur na páúngá us ke siwáe sarak rahne ko kahíṇ jagah;

24 Magar pahuncháná hai Alláh kí taraf se, aur us ke paigám dene; aur jo koí hukm na máne Alláh ká, aur us ke Rasúl ká, so us ke

liye ág hai dozaḵh kí ; rahá kareṇ us meṇ
hamesha ;

25 Yaháṇ tak, ki jab dekhenge jo un se waḍa
húá, tab ján lenge kis kí madad kamzor hai,
aur gintí meṇ thoṛe.

26 Tú kah, Maiṇ nahíṇ jántá, ki nazdík hai
jis chíz ká tum se waḍa hai ; yá kar de us ko
merá Rabb ek muddat kí hadd ; jánnewálá
bhed ká, so nahíṇ ḵhabar detá apne bhed kí
kisí ko,

27 Magar jo pasand kar liyá kisí rasúl ko,
to wuh chálátá hai us ke áge aur píchhe chauki-
dár.

28 Tá jáne, ki unhoṇ ne pahuncháe paigám
apne Rabb ke, aur qábú meṇ rakhá hai, jo un
ke pás hai, aur gin lí hai har chíz kí gintí.

SURA I MUZZAMMIL.

Makke meṇ ndzil húí ; 20 áyat kí hai.

BISMI-L-LÁ HI-R-RAHMÁ NI-R-RAHÍM.

(1 R.) 1 Ai jhurmaṭ márnewále,

2 Khará rah rát ko, magar kisí rát,

3 Ádhí rát, yá us se kam kar thoṛá sá,

4 Yá ziyáda kar us par, aur khol khol paṛh
Qurán ko sáf.

5 Ham áge ḍálenge tujh par ek bhárí bát.

6 Albatta uṭhán rát ká saḵht raundtá hai,
aur sidhí nikaltí hai bát.

7 Albatta tujh ko din meṇ shagl rahtá hai
lambá.

8 Aur paṛh nám apne Rabb ká, aur chhúṭ
á us kí taraf sab se alag hokar.

9 Málik mashriq aur magrib ká, us bin kisí

kí bandagí nahín, so pakar us ko kám sompná.

10 Aur sahtá rah jo kahte hain, aur chhoṛ un ko bhalí tarah ká chhoṛná.

11 Aur chhoṛ de mujh ko, aur jhuṭhlánewálon ko, jo árám men rahe hain, aur ḍhíl de un ko thoṛí sí.

12 Albatta hamáre pás beṛíán hain, ág ká aur ḍher,

13 Aur kháná gale men aṭaktá, aur dukh kí már,

14 Jis din kámpe zamín aur pahár, aur ho jáwen pahár ret phisalte.

15 Ham ne bhejá tumhárí taraf Rasúl batánewálá tumhárá, jaise bhejá Firaun ke pás rasúl.

16 Phir kahá na máná Firaun ne rasúl ká, phir pakṛá ham ne us ko pakar wabál kí.

17 Phir kyúnkar bachoge, agar munkir hoge us din se, jo kar ḍále laṛkon ko búṛhá?

18 Ásmán phaṭá hai us se; us ká wada honá hai.

19 Yih to samjhautí hai; phir jo koí cháhe, baná rakhe apne Rabb kí taraf ráh.

(2 *R.*) 20 Terá Rabb jántá hai, ki tú uṭhtá hai nazdík do tiháí rát ke, aur ádhí rát, aur tiháí rát, aur kitte log tere sáth ke; aur Alláh máptá hai rát ko aur din ko; un ne jáná ki tum us ko púrá na kar sakoge; to muáfí bhejí tum par; so paṛho jitná ásán ho Qurán se; jáná, ki áge honge tum men kitte bímár, aur kitte phirenge mulk men ḍhúnḍhte fazl Alláh ká, aur kitte aur laṛte Alláh kí ráh men; so paṛho jitná ásán ho us men se, aur khaṛí rakho namáz, aur dete raho zakát, aur qaraz do Alláh ko qaraz dená achchhí tarah ká; aur jo áge bhejoge apne wáste koí nekí, us ko páoge Alláh

ke pás bihtar, aur sawáb men ziyáda; aur muáfí mángo Alláh se; beshakk Alláh bakhshnewálá, mihrbán hai.

SURA I MUDDASSIR.

Makke men názil húí; 55 áyat kí hai.

BISMI-L-LÁ HI-R-RAHMÁ NI-R-RAHÍM.

(1 *R.*) 1 Ai liháf men lapete,
2 Khará ho phir dar suná;
3 Aur apne Rabb kí baráí bol;
4 Aur apne kapre pák kar;
5 Aur ginehari ko chhor de.
6 Aur aisá na kar, ki ihsán aur badlá bahut cháhe.
7 Aur apne Rabb kí ráh dekh.
8 Aur jab kharkharáwe wuh khokhrá,
9 Phir wuh us din mushkil din hai.
10 Káfiron par nahín ásání.
11 Chhor de mujh ko, aur jis ko main ne banáyá ikká;
12 Aur diyá main ne us ko mál phailákar;
13 Aur baithe majlis men baithnewále;
14 Aur taiyár kar dí us ko khúb taiyárí;
15 Phir lálach rahtá hai, ki aur dún.
16 Koí nahín; wuh hai hamárí áyaton ká mukhálif.
17 Ab use charháúngá barí charháí.
18 Us ne soch kiyá, aur dil men thahráyá,
19 So márá jáiyo kaisá thahráyá.
20 Phir márá jáiyo kaisá thahráyá.
21 Phir nigáh kí.
22 Phir teorí charháí, aur munh thuthháyá.
23 Phir píth dí, aur gurúr kiyá.

24 Phir bolá, Aur nahíṉ; yih jádú hai chalá átá.
25 Aur nahíṉ, yih kahá hai ádmí ká.
26 Ab us ko ḍálúngá ág meṉ.
27 Aur tú ne bújhá kyá hai wuh ág?
28 Na báqí rakhe, aur na chhoṛe.
29 Nazar átí hai pinḍe par.
30 Us par muqarrar haiṉ unnís shakhs.
31 Aur ham ne jo rakhe haiṉ dozakh par
log aur nahíṉ, firishte haiṉ; aur un kí jo gintí
rakhí, so jánchne ko munkiroṉ ke, tá yaqín
kareṉ jin ko milí hai kitáb, aur baṛhe ímándá-
roṉ ká ímán;
32 Aur dhokhá na kháweṉ jin ko milí hai
kitáb aur musalmán;
33 Aur tá kaheṉ jin ke dil meṉ rog hai,
aur munkir, Kyá garaz thí Alláh ko is kahá-
wat se?
34 Yúṉ bichlátá hai Alláh jis ko cháhe, aur
ráh detá hai jis ko cháhe; aur koí nahíṉ ján-
tá tere Rabb ke lashkar, magar wuhí áp; aur
wuh to samjhautí hai logoṉ ke wáste.
(2 R.) 35 Sach kahtá húṉ, qasam hai chánd kí;
36 Aur rát kí, jab píṭh phere;
37 Aur subh kí, jab roshan howe;
38 Wuh dozakh hai ek baṛí chízoṉ meṉ,
39 Ḍaráwá hai logoṉ ko,
40 Jo koí cháhe tum meṉ, ki áge baṛhe,
yá píchhe rahe;
41 Har jí apne kiye meṉ phaṉsá hai; magar
dáhinewále,
42 Bágoṉ meṉ haiṉ, milkar púchhte haiṉ
gunahgároṉ ká ahwál.
43 Tum káhe se paṛe dozakh meṉ?
44 We bole, Ham na the namáz paṛhte;
45 Aur na the khiláte muhtáj ko;

46 Aur ham the bát meṉ dhaste sáth dhasne-
wáloṉ ke;
47 Aur ham the jhuṭhláte insáf ke din ko,
48 Jab tak á pahunchí ham par yaqín áne-
wálí.
49 Phir kám na áwegí un ko sifárish sifárish-
karnewáloṉ kí.
50 Phir kyá hai un ko? samjhautí se muṉh
moṛte haiṉ.
51 We jaise gadhe haiṉ badke; bhágegul kar-
ne se.
52 Balki cháhtá hai har ek mard un meṉ,
ki us ko mileṉ warq khule.
53 Koí nahíṉ; par ḍarte nahíṉ ákhirat se.
54 Koí nahíṉ; yih samjhautí hai; phir jo
koí cháhe, use yád kare.
55 Aur we yád jab hí kareṉ, ki cháhe Al-
láh; wuh hai, jis se ḍar cháhiye; aur wuh hai
bakhshne ke láiq.

SURA I QIYAMAT.

Makke meṉ názil húí; 40 áyat kí hai.

BISMI-L-LÁ HI-R-RAHMÁ NI-R-RAHÍM.

SULS. (1*R.*) 1 Qasam khátá húṉ qiyámat ke
din kí.
2 Aur qasam khátá húṉ jí kí, jo uláhná detá
hai.
3 Kyá khiyál rakhtá hai ádmí, ki ham jamạ
na kareṉge us kí haḍḍíáṉ?
4 Kyúṉ nahíṉ? sakte haiṉ ham, ki ṭhík kar
deṉ us kí poríáṉ.
5 Balki cháhtá hai ádmí, ki ḍhiṭháí kare us
ke sámhne.

6 Púchhtá hai, Kab hai din qiyámat ká?
7 Phir jab chundhláne lage tíwar,
8 Aur gah jáwe chánd,
9 Aur ikaṭṭhe hoṉ súraj aur chánd,
10 Kahegá us din ádmí, Kaháṉ jáúṉ bhágkar?
11 Koí nahíṉ; kahíṉ nahíṉ bacháo.
12 Tere Rabb tak us din já ṭhaharná.
13 Jatá denge insán ko us din jo áge bhejá, aur píchhe chhoṛá.
14 Balki ádmí apne wáste áp bíná hai.
15 Aur paṛá lá ḍále apne baháne.
16 Na chalá tú us ke paṛhne par apní zubán, ki shitáb us ko síkh le.
17 Wuh to hamárá zimma hai, us ko sameṭ rakhná aur paṛhná.
18 Phir jab ham paṛhne lageṉ, to sáth rah tú us ke paṛhne ke.
19 Phir muqarrar hamárá zimma hai, us ko khol batáná.
20 Koí nahíṉ; par tum cháhte ho shitáb milne ko.
21 Aur chhoṛte ho der áne ko.
22 Kitte muṉh us din táze haiṉ,
23 Apne Rabb kí taraf dekhte.
24 Aur kitte muṉh us din udás haiṉ;
25 Ḳhiyál meṉ haiṉ, ki un par howe, jis se kamar ṭúṭe.
26 Koí nahíṉ; jis waqt ján pahunche háṉs tak;
27 Aur log kaheṉ, Kaun hai jháṛnewálá.
28 Aur us ne aṭkalá, ki áyá waqt judáí ká;
29 Aur lipaṭ gaí pinḍlí par pinḍlí;
30 Tere Rabb kí taraf hai us din khainch jáná.
(2 *R.*) 31 Phir na yaqín láyá, aur na namáz paṛhí.
32 Par jhuṭhláyá, aur muṉh moṛá.

33 Phir gayá apne ghar ko akaṛtá.
34 Kharábí terí, phir kharábí terí!
35 Tis par phir kharábí terí; kharábí par
kharábí terí!
36 Kyá khiyál rakhtá hai ádmí, ki chhúṭá
rahegá beqaid?
37 Bhalá na thá ek búnd maní ká, jo ṭapká?
38 Phir thá lahú kí phuṭkí; phir us ne banáyá,
aur ṭhík kar uṭháyá.
39 Phir kiyá us men joṛá, nar aur máda.
40 Kyá aisá shakhs nahín saktá, ki jiláwe
murde?

SURA I DAHR.

Makke men názil húí; 31 áyat kí hai.

BISMI-L-LÁ HI-R-RAHMÁ NI-R-RAHÍM.

(1 *R.*) 1 Kabhí húá hai insán par ek waqt
zamáne men, jo na thá wuh kuchh chíz, ki
takrár men átí?
2 Ham ne banáyá ádmí ek búnd kí lajhí se;
palaṭte rahe us ko; phir kar diyá us ko suntá
dekhtá.
3 Ham ne samjháí ráh, yá haqq mántá hai,
yá náshukr hai.
4 Ham ne rakhí hain munkiron ke wáste
zanjíren, aur tauq, aur ág dahaktí.
5 Albatta nek log píte hain piyála, jis kí
milauní hai káfúr.
6 Ek chashma, jis se píte hain bande Alláh
ke; chaláte hain we us kí nálíán.
7 Púrí karte hain mannat, aur ḍarte hain
us din se, ki jis kí buráí phail paṛegí.
8 Aur khiláte hain khána us kí muhabbat par
muhtáj ko, aur bin báp ke laṛke aur qaidí ko.

9 Tum ko, jo ham khiláte haiṉ, nirá Alláh
ke muṉh cháhne ko; ham nahíṉ cháhte tum
se badlá, aur na shukrguzárí.
10 Ham ḍarte haiṉ apne Rabb se ek din udás
kí saḳhtí se.
11 Phir bachá diyá un ko Alláh ne buráí se
us din kí, aur áge láyá un ke wáste tázagí aur
ḳhushwaqtí.
12 Aur badlá diyá un ko us par, ki we ṭhahare
rahe, bág aur poshák reshmíṉ.
13 Lage baiṭhe us meṉ taḳhtoṉ par; nahíṉ
dekhte waháṉ dhúp na ṭhiṭhur,
14 Aur jhuk rahíṉ un par us kí chháweṉ, aur
past kar rakhe haiṉ us ke guchchhe laṭkákar,
15 Aur log liye phirte haiṉ un pás básan rúpe
ke, aur ábḳhore, jo ho rahe haiṉ shíshe.
16 Shíshe par rúpe ke máp rakhá un ká máp.
17 Aur piláte haiṉ waháṉ piyála, jis kí mi-
launí sonṭh.
18 Ek chashma hai us meṉ, us ká nám kahte
haiṉ Salsabíl.
19 Aur phirte haiṉ un pás laṛke sadá rahne-
wále; jab tú un ko dekhe, ḳhiyál kare, motí
haiṉ bikhre.
20 Aur jab tú dekhe waháṉ, to dekhe niḿat
aur saltanat baṛí.
21 Upar kí poshák un kí kapṛe haiṉ bárík
resham ke, sabz aur gáhṛe, aur un ko pahináe
jáeṉ kangan rúpe ke, aur piláyá un ko un ke
Rabb ne sharáb, jo pák kare dil ko.
22 Yih hai tumhárá badlá, aur kamáí tum-
hárí neg lagí.
(2 *R.*) 23 Ham ne utárá tujh par Qurán,
sahaj sahaj utárná.
24 So tú ráh dekh apne Rabb ke hukm kí,

aur kabá na mán un meṉ kisí gunahgár yá
náshukr ká.
25 Aur yád kar nám apne Rabb ká subh
aur shám.
26 Aur kuchh rát meṉ sijda kar us ko, aur
pákí bol us kí baṛí rát tak.
27 Ye log cháhte haiṉ shitáb milnewálí ko,
aur chhoṛ rakhá hai apne píchhe ek din bhárí.
28 Ham ne un ko banáyá, aur mazbút bándhí
un kí girah bandí; aur jab ham cháheṉ, badal
láweṉ un ke tarah kí log badalkar.
29 Yih to samjhautí hai; phir jo koí cháhe,
kar rakhe apne Rabb tak ráh.
30 Aur tum na cháhoge, magar jo cháhe Al-
láh; beshakk Alláh hai sab jántá hikmatwálá.
31 Dákhil kare jis ko cháhe apní mihr meṉ;
aur jo gunahgár haiṉ, rakhí hai un ke wáste
dukh kí már.

SURA I MURSALAT.

Makke meṉ názil húí ; 50 áyat kí hai.

BISMI-L-LÁ HI-R-RAHMÁ NI-R-RAHÍM.

(1 *R.*) 1 Qasam hai chaltí báoṉ kí, dil ko
ḳhush átí;
2 Jhuká denewáliáṉ zor se;
3 Phir ubhárnewáliáṉ uṭhákar;
4 Phir pháṛnewáliáṉ báṉṭkar;
5 Phir firishtoṉ kí utárnewálí samjhautí;
6 Ilzám utárne ko, yá ḍar sunáne ko;
7 Muqarrar jo tum se wạda hai, honá hai.
8 Phir jab táre miṭáe jáweṉ;
9 Aur jab ásmán meṉ jharokhe paṛeṉ;
10 Aur jab paháṛ uṛáe jáweṉ;

11 Aur jab rasúloṉ ká wạda ṭhahare;
12 Kis din ke wáste un ko der hai;
13 Us faisale ke din ke wáste.
14 Aur tú ne kyá búJhá, kyá hai faisale ká din?
15 Ḳharábí hai us din jhuṭhlánewáloṉ ko.
16 Kyá ham khapá nahíṉ chuke agle?
17 Phir un ke píchhe bhejte pichhle.
18 Aisá hí kuchh ham karte haiṉ gunahgároṉ se.
19 Musíbat hai us din jhuṭlánewáloṉ ko.
20 Kyá ham ne nahíṉ banáyá tum ko ek beqadr pání se?
21 Phir rakhá us ko ek jame ṭhahráo meṉ,
22 Ek muqarrar wạde tak?
23 Phir ham kar sake, to kyá ḳhúb sakatwále haiṉ?
24 Hairání hai us din jhuṭhlánewáloṉ ko.
25 Kyá ham ne nahíṉ banáí zamín sameṭnewálí,
26 Jítoṉ ko aur murdoṉ ko?
27 Aur rakhe us meṉ pahāṛ únche; aur piláyá ham ne tum ko pání piyás bujhátá.
28 Burái hai us din jhuṭhlánewáloṉ kí.
29 Chalo, dekho jis chíz ko tum jhuṭhláte the.
30 Chalo ek chháṉw meṉ, jis kí tín phánkeṉ.
31 Na ghan kí chháṉw, aur na kám áwe tapish meṉ.
32 Wuh ág phenktí hai chingáríáṉ, jaise mahal,
33 Jaise we úṉṭ haiṉ zard.
34 Dukh hai us din jhuṭhlánewáloṉ ko.
35 Yih wuh din hai, ki na bolenge;
36 Aur na un ko hukm ho, ki tauba kareṉ.
37 Saḳhtí hai us din jhuṭhlánewáloṉ ko.
38 Yih din hai faisale ká; jamạ kiyá ham ne tum ko, aur agloṉ ko.

39 Phir agar kuchh hai tumhárá dáo, to
chalá lo mujh par.
(2 *R.*) 40 Ruswáí hai us din jhuṭhlánewá-
loṉ ko.
41 Jo ḍarwále haiṉ, we chháṉw meṉ haiṉ,
aur nahroṉ meṉ.
42 Aur mewe, jis qism ke jí cháhe.
43 Kháo aur pío ruch se, badlá us ká, jo kar-
te the.
44 Ham yúṉ badlá dete haiṉ nekíwáloṉ ko.
45 Azáb hai us din jhuṭhlánewáloṉ ko.
46 Khá lo, aur barat lo thoṛe dinoṉ; tum
muqarrar gunahgár ho.
47 Kharábí hai us din jhuṭhlánewáloṉ kí.
48 Aur jab kahiye un ko, Neo, nahíṉ neote.
49 Ruswáí hai us din jhuṭhlánewáloṉ kí.
50 Ab kis bát par us ke bad yaqín láwenge?

SURA I NABA.

Makke meṉ názil húí; 41 áyat kí hai.

BISMI-L-LÁ HI-R-RAHMÁ NI-R-RAHÍM.

TISWAN SIPARA. (1 *R.*) 1 Kyá
bát púchhte haiṉ log ápas meṉ,
2 Us baṛí khabar se,
3 Jis meṉ we kaí taraf ho rahe haiṉ?
4 Yúṉ nahíṉ ab ján lenge;
5 Phir bhí yúṉ nahíṉ ab ján lenge.
6 Kyá ham ne nahíṉ banáí zamín bichhauná?
7 Aur pahár mekheṉ?
8 Aur banáyá ham ne tum ko joṛe joṛe.
9 Aur banáí tumhárí nind dafa i mándagí.
10 Aur banáí rát oṛhná.
11 Aur banáyá din rozgár ko.

12 Aur chunín tum par sát chunáí mazbút.
13 Aur banáyá ek chirág chamaktá.
14 Aur utárá nichoṛtí badlion se pání ká relá.
15 Ki nikálen us se anáj aur sabza,
16 Aur bág patton men lipṭe húe.
17 Beshakk din faisale ká hai ek waqt ṭhahar rahá.
18 Jis din phúnke narsingá; phir chale áo
joṭ joṭ.
19 Aur khul jáe ásmán; phir ho jáwen darwáze.
20 Aur chaláe jáwen pahár, to ho jawen retá.
21 Beshakk dozakh hai ták men,
22 Sharíron ká ṭhikáná.
23 Rahte hain us men qarnon.
24 Na chakhen wahán kuchh maza ṭhanḍak ká, aur na mile kuchh píne,
25 Magar garm pání aur bahtí píb.
26 Badlá hai púrá.
27 We tawaqqu na rakhte the hisáb kí;
28 Aur jhuṭhláín hamárí áyaten mukrákar.
29 Aur har chíz ham ne gin rakhí hai likhkar.
30 Ab chakho, ki ham na baṛháte jáwenge tum par magar már.
(2 *R.*) 31 Beshakk ḍarwálon ko murád milní hai;
32 Bág hain aur angúr;
33 Aur nau jawán ʿauraten ek ʿumr kí sab;
34 Aur piyála chhalaktá.
35 Na sunenge wahán bakná, aur na mukráná.
36 Badlá hai tere Rabb ká diyá hisáb se,
37 Jo Rabb hai ásmánon ká, aur zamín ká,
aur jo un ke bích hai; baṛí mihrwálá; qudrat nahín, ki koí us se bát kare.
38 Jis din khaṛá ho rúh aur firishte qatár

hokar, koí nahíṉ boltá, magar jis ko hukm
diyá Rahmán ne, aur bolá bát ṭhík.
39 Wuh din hai tahqíq; phir jo koí cháhe,
baná rakhe apne Rabb ke pás ṭhikáná.
40 Ham ne ḳhabar suná dí tum ko ek nazdík
áfat kí.
41 Jis din dekh lewe ádmí, jo áge bhejá us
ke háthoṉ ne, aur kahe munkir, Kisí tarah
maiṉ miṭṭí hotá!

SURA I NÁZIÁT.

Makke meṉ názil húí; 46 áyat kí hai.

BISMI-L-LÁ HI-R-RAHMÁ NI-R-RAHÍM.

(1 *R.*) 1 Qasam hai ghasíṭ lánewáloṉ kí
ḍúb kar,
2 Aur band chhuṛánewáloṉ kí khol kar;
3 Aur pairnewáloṉ kí pairte;
4 Phir áge baṛhte dauṛ kar;
5 Phir kám banáte hukm se;
6 Jis din kámpe kámpnewálí;
7 Us ke píchhe dúsrí;
8 Kitte dil us din dhaṛakte haiṉ;
9 Un ke tíwar níwe haiṉ.
10 Log kahte haiṉ, Kyá ham phir áwenge
ulṭe páwṉ?
11 Kyá jab ham ho chuke haḍḍíáṉ, khokhaṛí?
12 Bole, Tau to yih phir áná ṭoṭá hai.
13 Phir wuh to ek jhiṛkí hai.
14 Phir tab hí we á rahe maidán meṉ,
15 Kuchh pahunchí hai tujh ko bát Músá kí?
16 Jab pukárá us ko us ke Rabb ne, pák
maidán meṉ jis ká nám Towá,
17 Já Firaun pás; us ne sar uṭháyá.

18 Phir kah, Terá jí cháhtá hai ki tú sanware?
19 Aur ráh batáún tujh ko tere Rabb kí
taraf; phir tujh ko ḍar ho.
20 Phir dikhái us ko wuh baṛí nisháni.
21 Phir jhuṭhláyá us ne, aur na máná.
22 Phir chalá píṭh pher kar talásh kartá.
23 Phir sab ko jama kiyá; phir pukárá,
24 To kahá, Main hún tumhárá Rabb sab
se úpar.
25 Phir pakṛá us ko Alláh ne sazá men pichh-
le kí, aur pahle kí.
26 Beshakk is men soch kí jagah hai jis ko
ḍar hai.
(2 *R.*) 27 Kyá tum mushkil ho banne men,
yá ásmán? Us ne wuh banáyá
28 Unchí kí us kí bulandí; phir us ko sáf kiyá.
29 Aur andherí kí us kí rát aur khol nikálí
us kí dhúp.
30 Aur zamín ko us píchhe durust bichháyá.
31 Nikálá us se us ká pání aur chárá;
32 Aur paháṛon ko bojh rakhá;
33 Kám chaláne ko tumháre, aur tumháre
chaupáeon ke.
34 Phir jab áwe wuh baṛá hangáma;
35 Jis din yád kare ádmí jo us ne kamáyá;
36 Aur nikál rakhí dozakh, jo cháhe, dekhe.
37 So jis ne sharárat kí;
38 Aur bihtar samajhá dunyá ká jíná;
39 So dozakh hí hai us ká ṭhikáná.
40 Aur jo koí ḍará apne Rabb pás khaṛe hone
se, aur roká us ne jí ko cháo se;
41 So bihisht hí hai us ká ṭhikáná.
42 Tujh se púchhte hain, Wuh ghaṛí kab
hai us ká ṭhahráo?
43 Tú kis bát men hai us ke mazkúr se?
44 Tere Rabb kí taraf hai pahunch us kí.

45 Tú to ḍar sunáne ko hai us ko, jo us se
ḍartá hai.
46 Aisá lagegá jis din dekhenge us ko, ki
der nahíṉ lagí un ko magar ek shám yá subh
us kí.

SURA I ABAS.

Makke meṉ názil húí; 42 áyat kí hai.

BISMI-L-LÁ HI-R-RAHMÁ NI-R-RAHÍM.

(1 *R.*) 1 Tíwar chaṛháí aur muṉh moṛá;
2 Is se ki áyá us pás andhá.
3 Aur tujh ko kyá ḳhabar hai, sháyad wuh
saṉwartá?
4 Yá sochtá, to kám átá us ke samajháná;
5 Wuh jo parwá nahíṉ kartá;
6 So tú us kí fikr meṉ hai.
7 Aur tujh par kuchh gunáh nahíṉ, ki wuh
nahíṉ saṉwartá.
8 Aur wuh jo áyá tere pás dauṛtá;
9 Aur wuh ḍartá hai;
10 So tú us se tagáful kartá hai.
11 Yúṉ nahíṉ; yih to samjhautí hai.
12 Phir jo koí cháhe, us ko paṛhe;
13 Likhí adab ke warqoṉ meṉ;
14 Unche dhare suthre;
15 Háthoṉ meṉ likhnewáloṉ ke, jo sardár
haiṉ nek.
16 Márá jáiyo; ádmí kaisá náshukr hai!
17 Kis chíz se banáyá us ko?
18 Ek búnd se;
19 Banáyá us ko, phir andáza rakhá us ká.
20 Phir ráh ásán kar dí us ko,

21 Phir murda kiyá; phir qabr meṇ rakh-
wáyá us ko.

22 Phir jab cháhá, uṭhá nikálá us ko.

23 Koí nahíṇ; púrá na kiyá jo us ko farmáyá.

24 Ab nigáh kare ádmí apne kháne ko,

25 Ki ham ne ḍálá pání úpar se girtá.

26 Phir chírá zamín ko pháṛ kar,

27 Phir ugáyá us meṇ anáj;

28 Aur angúr, aur tarkárí;

29 Aur zaitún, aur khajúreṇ;

30 Aur bág ghane;

31 Aur mewe, aur dúb;

32 Kám chaláne ko tumháre, aur tumháre
chaupáeoṇ ke.

33 Phir jab áwe wuh gul;

34 Jis din bháge mard apne bháí,

35 Aur apní má aur apne báp se;

36 Aur apní sáthwálí se, aur betoṇ se,

37 Har kisí ko un meṇ se us din ek fikr lagá
hai, jo us ko bas hai.

38 Kitte muṇh us din roshan haiṇ;

39 Haṇste khushíáṇ karte.

40 Aur kitte muṇh us din un par gard paṛí hai;

41 Chaṛhí átí hai un par siyáhí.

42 We log, wuhí haiṇ, jo munkir haiṇ dhíṭh.

SURA I TAKWIR.

Makke meṇ ndzil húí; 29 áyat kí hai.

BISMI-L-LÁ HI-B-RAHMÁ NI-R-RAHÍM.

(1 R.) 1 Jab áftáb kí dhúp ṭah ho jáwe;

2 Aur jab táre maile ho jáweṇ;

3 Aur jab paháṛ chaláe jáweṇ;

4 Aur jab biyátí úṇṭníáṇ chhuṭí phireṇ;

5 Aur jab jangal ke jánwaroṇ meṇ rol paṛe;

6 Aur jab daryá jhonke jáweṇ;

7 Aur jab jíoṇ ke joṛ bandheṇ;

8 Aur jab jítí beṭí gáṛ diye ko púchhe,

9 Kis gunáh par wuh márí gaí ?

10 Aur jab kágaz khole jáweṇ;

11 Aur jab ásmán ká chhilká utáre;

12 Aur jab dozakh dabkáe;

13 Aur jab bihisht pás láe;

14 Ján le jí, jo lekar áyá;

15 So qasam khátá húṇ maiṇ píchhe haṭ játe,

16 Sídhe chalte, dabak jánewáloṇ kí;

17 Aur rát kí, jab us ká uṭhán ho;

18 Aur subh kí, jab dam bhare;

19 Muqarrar yih kahá hai bheje húe izzat-wále ká.

20 Quwwat rakhtá takht ke málik pás darja páyá húá.

21 Sab ká máná húá waháṇ mutabar.

22 Aur yih tumhárá rafíq nahíṇ kuchh díwána.

23 Aur is ne dekhá us ko khule kanáre ásmán pás.

24 Aur yih gaib kí bát par nahíṇ bakhíl,

25 Aur yih kahá nahíṇ Shaitán i mardúd ká.

26 Phir tum kidhar chale játe ho ?

27 Yih to ek samjhautí hai jahán ke wáste;

28 Jo koí cháhe tum meṇ se, ki sídhá chale;

29 Aur tum jabhí cháho, ki cháhe Alláh jahán ká Sáhib.

SURA I INFITÁR.

Makke meṇ ndzil húí ; 19 áyat kí hai.

Bismi-l-lá hi-r-rahmá ni-r-rahím.

(1 R.) 1 Jab ásmán chír jáwe;

2 Aur jab táre jhaṛ paṛeṉ;
3 Aur jab daryá bah chaleṉ;
4 Aur jab qabreṉ uṭhái jáweṉ;
5 Ján lewegí, jo áge bhejá, aur píchhe chhoṛá.
6 Ai ádmí, káhe se bahká tú apne Rabb
Karím par?
7 Jis ne tujh ko banáyá; phir tujh ko ṭhík
kiyá; phir tujh ko barábar kiyá.
8 Jis súrat meṉ cháhá, tujh ko joṛ diyá.
9 Koí nahíṉ; par tum jhúṭh jánte ho insáf
honá.
10 Aur tum par nigahbán muqarrar haiṉ,
11 Sardár likhnewále;
12 Jánte haiṉ, jo tum karte ho.
13 Beshakk nek log haiṉ bihisht meṉ.
14 Aur beshakk gunahgár haiṉ dozakh meṉ;
15 Paiṭhenge us meṉ insáf ke din;
16 Aur na honge us se chhip rahnewále.
17 Aur tujh ko kyá ḳhabar hai, kyá hai din
insáf ká?
18 Phir bhí tujh ko kyá ḳhabar hai, kyá hai
din insáf ká?
19 Jis din bhalá na kar sake koí jí kisí ká
kuchh; aur hukm us din Alláh hí ká hai.

SURA I TATFÍF.

Makke meṉ názil húí; 36 áyat kí hai.

BISMI-L-LÁ HI-R-AHMÁ NI-R-RAHÍM.

RUBA. (1 *R.*) 1 Ḳharábí hai ghaṭánewál-
oṉ kí;
2 We, jab máp leṉ, logoṉ se púrá bhar leṉ;
3 Aur jab máp deṉ un ko, yá taul deṉ, to
ghaṭákar deṉ.

4 Kyá ḳhiyál nahíṉ rakhte we log, ki un
ko uṭhná hai,
5 Baṛe din ke wáste;
6 Jis din khaṛe raheṉ log ráh dekhte jahán
ke Sáhib kí?
7 Koí nahíṉ; likhá gunahgároṉ ká pahun-
chá bandíḳháne meṉ.
8 Aur tujh ko kyá ḳhabar hai, kyá hai ban-
díḳhána?
9 Ek daftar hai likhá húá.
10 Ḳharábí hai us din jhuṭhlánewáloṉ kí;
11 Jo jhúṭh jánte haiṉ insáf ká din;
12 Aur us ko jhuṭhlátá, wuhí hai, jo baṛh
chalnewálá gunahgár hai.
13 Jab sunáiye us ko hamárí áyateṉ, kahe,
Naqleṉ haiṉ pahloṉ kí.
14 Koí nahíṉ; par zang pakaṛ gayá hai un
ke diloṉ par, jo we kamáte the.
15 Koí nahíṉ; we apne Rabb se us din roke
jáwenge.
16 Phir we tahqíq paiṭhenge dozaḳh meṉ.
17 Phir kahegá, Yih hai, jis ko jhúṭh jánte
the.
18 Koí nahíṉ; likhá húá nekoṉ ká hai illíyín
meṉ.
19 Aur tujh ko kyá ḳhabar hai, kyá hai
illíyín?
20 Daftar hai likhá húá.
21 Us ko dekhte haiṉ nazdíkwále.
22 Beshakk nek log haiṉ árám meṉ;
23 Taḳhtoṉ par baiṭhe dekhte.
24 Pahcháne tú un ke muṉh par tázagí árám
kí.
25 Un ko pilái játí hai sharáb ḳhális, muhr
kí húí;

26 Jis kí muhr jamtí hai mushk par; aur
us par cháhiye dhaunke dhaunknewále.
27 Aur us kí milauní hai tasním se.
28 Wuh ek chashma hai, jis se píte hain
nazdíkwále.
29 We jo gunahgár hain, the ímánwálon se
hanste.
30 Aur jab ho nikalte un ke pás, ápas men
sain karte.
31 Aur jab phir játe apne ghar, phir játe
báten banáte.
32 Aur jab un ko dekhte, kahte,
33 Beshakk ye log bahak rahe hain; Aur
nahín bhejá un ko un par nigahbán.
34 So áj ímánwále munkiron se hanste hain;
35 Takhton par baithe dekhte hain.
36 Yih badlá páyá munkiron ne jaisá kuchh
karte the.

SURA I INSHIQÁQ.

Makke men názil húí; 25 áyat kí hai.

BISMI-L-LÁ HI-R-RAHMÁ NI-R-RAHÍM.

(1 *R.*) 1 Jab ásmán phat jáwe;
2 Aur sun le hukm apne Rabb ká, aur use
láiq hai;
3 Aur jab zamín phailáí jáwe;
4 Aur nikál dále jo kuchh us men hai, aur
khálí ho jáwe;
5 Aur sun le hukm apne Rabb ká, aur use
láiq hai;
6 Ai ádmí, tujh ko pahunchná hai apne
Rabb tak, pahunchne men bach bachkar; phir
us se milná hai.
7 So jis ko milá likhá us ká dáhine háth men,

8 To us se hisáb lená hai ásán hisáb.
9 Aur phirkar áwe apne logoṉ pás ḳhush-
waqt.
10 Aur jis ko milá us ká likhá píṭh ke pí-
chhe se,
11 So wuh pukáregá maut ko,
12 Aur paiṭhegá ág meṉ.
13 Wuh rahá thá apne ghar meṉ ḳhushwaqt.
14 Us ne ḳhiyál kiyá thá, ki phir na jáwegá.
15 Kyúṉ nahíṉ? us ká Rabb us ko dekhtá thá.
16 So qasam khátá húṉ maiṉ shám kí sur-
ḳhí kí;
17 Aur rát kí, aur jo wuh sameṭtí hai;
18 Aur chánd kí, jab púrá bhare;
19 Tum ko chaṛhná hai khanḍ par khand.
20 Phir kyá húá hai un ko, jo yaqín nahíṉ
láte?
21 Aur jab paṛhiye un pás Qurán, sijda na-
híṉ karte.
22 Upar se ye munkir jhuṭhláte haiṉ.
23 Aur Alláh ḳhúb jántá hai jo andar bhar
rakhte haiṉ.
24 So ḳhushí suná un ko dukhwálí már kí.
25 Magar jo yaqín láe, aur kíṉ bhaláíáṉ, un
ko neg hai beintihá.

SURA I BURUJ.

Makke meṉ názil húí; 22 áyat kí hai.

BISMI-L-LÁ-HI-R-RAHMÁ-NI-R-RAHÍM.

(1*R.*) 1 Qasam hai ásmán kí, jis meṉ burj haiṉ.
2 Aur us din kí, jis ká wada hai;
3 Aur házir honewále kí, aur jis pás házir
howeṉ;
4 Máre gae kháíáṉ khodnewále,
5 Ág bharí índhan se,

6 Jab we us par baiṭhe ;

7 Aur jo kuchh we karte musalmánoṇ se sámhne dekhte.

8 Aur un se badlá na lete the, magar isí ká, ki we yaqín láe Alláh par, jo zabardast hai, khúbíoṇ saráhá ;

9 Jis ká ráj hai ásmánoṇ meṇ aur zamín meṇ ; aur Alláh ke sámhne hai har chíz.

10 Jo din se bichláne lage ímánwále mardoṇ aur auratoṇ ko, phir tauba na kí, to un ko azáb hai dozakh ká, aur un ko azáb hai lagí ág ká.

11 Jo log yaqín láe, aur kíṇ unhoṇ ne bhaláíáṇ, un ke wáste bág haiṇ, níche bahtí nahreṇ ; yih hai baṛí murád milní.

12 Beshakk tere Rabb kí pakaṛ sakht hai.

13 Beshakk wuh hí kare pahle martaba aur dúsre.

14 Aur wuhí hai bakhshtá, muhabbat kartá.

15 Málik takht ká, baṛí shánwálá,

16 Kar ḍále jo cháhe.

17 Kuchh pahunchí bát tujh ko un lashkaroṇ kí ;

18 Firaun aur Samúd kí.

19 Koí nabíṇ ; balki munkir jhuṭhláte haiṇ.

20 Aur Alláh ne un ke gird se gher liyá bai.

21 Koí nabíṇ ; yih Qurán hai baṛí shán ká ;

22 Likhá takhte meṇ, jis kí nigahbání hai.

SURA I TÁRIQ.

Makke meṇ ndzil húí ; 17 dyat kí hai.

BISMI-L-LÁ HI-R-RAHMÁ NI-R-RAHÍM.

(1 R.) 1 Qasam hai ásmán kí, aur andherá paṛe ánewále kí.

2 Aur tú Kyá samajhá, kaun hai andherá paṛe
ánewálá?
3 Wuh tárá chamaktá.
4 Koí jí nahíṉ, jis par nahíṉ ek nigahbán.
5 Ab dekh le ádmí káhe se baná.
6 Baná ek uchhalte pání se,
7 Jo nikaltá hai piṭh aur chhátí ke bích se.
8 Beshakk wuh us ko pher lá saktá hai.
9 Jis din jánche jáweṉ bhed;
10 To kuchh na hogá us ko zor, na koí kar-
newálá.
11 Qasam hai ásmán chakar márnewále kí;
12 Aur zamín darár khánewálí kí;
13 Yih bát do ṭúk hai;
14 Aur nahíṉ yih bát hansí kí.
15 Albatta we lage haiṉ ek dáo karne meṉ.
16 Aur maiṉ lagá húṉ ek dáo karne meṉ.
17 So ḍhíl de munkiroṉ ko; fursat de un
ko thoṛe din.

SURA I ALA.

Makke meṉ názil húí; 19 áyat kí hai.

BISMI-L-LÁ HI-R-RAHMÁ NI-R-RAHÍM.

(1 *R.*) 1 Páki bol apne Rabb ke nám kí, jo
sab se úpar;
2 Jis ne banáyá,
3 Phir ṭhík kiyá; Aur jis ne ṭhahráyá, phir
ráh dí;
4 Aur jis ne nikálá chárá,
5 Phir kar ḍálá us ko kúṛá kálá,
6 Ham paṛháwenge tujh ko, phir tú na bhú-
legá,
7 Magar jo cháhe Alláh; wuh jántá hai pu-
kárá aur chhipá.

8 Aur sahaj sahaj pahuncháwenge ham tujh ko ásání tak.

9 So tú samajhá de, agar kám kare samjháná.

10 Samajh jáwegá jis ko ḍar hogá.

11 Aur sarak rahegá us se baṛá badbaḳht;

12 Wuh jo paiṭhegá baṛí ág men.

13 Phir na maregá us men, na jíwegá.

14 Beshakk bhalá húá us ká, jo saṇwará.

15 Aur paṛhá nám apne Rabb ká, phir namáz kí.

16 Koí nahíṇ; tum áge rakhte ho dunyá ká jíná.

17 Aur pichhlá ghar bihtar hai aur rahnewálá.

18 Yih kuchh likhá hai agle warqoṇ men;

19 Waraq men Ibráhím ke aur Músá ke.

SURA I G̣ASHIYA.

Makke men ndzil húí ; 26 áyat kí hai.

BISMI-L-LÁ HI-R-RAHMÁ NI-R-RAHÍM.

(1 *R.*) 1 Kuchh pahunchí tujh ko bát us chhipá lenewálí kí ?

2 Kitte muṇh us din niwe haiṇ.

3 Mihnat karte thakte.

4 Paiṭhenge dahaktí ág men.

5 Pání milegá ek khaulte chashme ká.

6 Nahíṇ un pás kháná magar jháṛ kánṭe.

7 Na moṭá kare, aur na kám áwe bhúkh men,

8 Kitte muṇh us din táza haiṇ ;

9 Apní kamáí se rází ;

10 Unche bág men.

11 Nahín sunte us men bakná.
12 Us men ek chashma hai bahtá.
13 Us men takht hain únche bichhe;
14 Aur ábkhore dhare;
15 Aur qáliche qatár pare;
16 Aur makhmal ke nihálche khind rahe.
17 Bhalá, kyá nahín nigáh karte únton par,
kaise banáe hain?
18 Aur ásmán par, kaisá buland kiyá hai?
19 Aur paháron par, kaise khare kiye hain?
20 Aur zamín par, kaisí sáf bichhái hai?
21 So samjhá, terá kám yihí hai samjháná.
22 Tú nahín hai un par dároga.
23 Magar jis ne munh morá, aur munkir húá.
24 To azáb karegá us ko Alláh wuh bará
azáb.
25 Beshakk ham pás hai un ko phir áná.
26 Phir beshakk hamárá zimma hai un se
hisáb lená.

SURA I FAJR.

Makke men názil húí; 30 áyat kí hai.

BISMI-L-LÁ HI-R-RAHMÁ NI-R-RAHÍM.

NISF. (1 *R.*) 1 Qasam hai fajr kí, aur das
ráton kí;
2 Aur juft aur táq kí;
3 Aur us rát ki, jab rát ko chale;
4 Hai in chízon kí qasam púre aqlmandon
ke wáste;
5 Tú ne na dekhá, kaisá kiyá tere Rabb ne
Ád se?
6 We jo Iram the, bare sitúnonwále,
7 Jo baná nahín waisá sáre shahron men.

8 Aur Samúd se, jinhoṉ ne taráshe patthar
wádí meṉ.
9 Aur Firaun se, wuh mekhoṉwálá.
10 Ye sab, jinhoṉ ne sar uṭháyá mulkoṉ meṉ;
11 Phir bahut ḍálí un meṉ kharábí;
12 Phir phenká un par tere Rabb ne koṛá
azáb ká.
13 Terá Rabb lagá hai ghát meṉ.
14 So ádmí jo hai, jab jánche us ko us ká
Rabb, phir us ko izzat de, aur us ko nimat de;
15 To kahe, Mere Rabb ne mujhe izzat dí.
16 Aur wuh jis waqt us ko jánche, phir
khainch kare us par rozí kí,
17 To kahe, Mere Rabb ne mujhe zalíl kiyá.
18 Koí nahíṉ; par tum izzat nahíṉ karte
yatím kí;
19 Aur tákíd nahíṉ rakhte ápas meṉ muh-
táj ke kháne par;
20 Aur kháte ho murde ká mál sameṭkar sárá;
21 Aur piyár karte ho mál ko jí bharkar.
22 Koí nahíṉ; jab past kare zamín kúṭ
kúṭ kar,
23 Aur áwe terá Rabb, aur firishte áweṉ
qatár qatár,
24 Aur láwe us din dozakh ko; us din soche
ádmí, aur kaháṉ mile us ko sochná?
25 Kahe, Kisí tarah main áge bhejtá apne
jíte! phir us din már na de us kí sí már koí;
26 Aur bándh na rakhegá us ká sá bándh-
ná koí.
27 Ai jí, chain pakṛe;
28 Phir chal apne Rabb kí taraf, tú us se
rází, wuh tujh se rází.
29 Phir mil mere bandoṉ meṉ;
30 Aur paiṭh merí bihisht meṉ.

SURA I BALAD.

Makke men ndzil húí; 20 áyat kí hai.

BISMI-L-LÁ HI-R-RAHMÁ NI-R-RAHÍM.

(1 *R.*) 1 Qasam kháta hún is shahr kí;
2 Aur tujh ko qaid na rahegí is shahr men.
3 Aur jante kí, aur jo janá.
4 Ham ne banáyá ádmí ko mihnat men;
5 Kyá khiyál rakhtá hai wuh, ki us par bas
na chalegá kisí ká?
6 Kahtá hai, Main ne khapáyá mál dheron.
7 Kyá khiyál rakhtá hai, ki dekhá nahín us
ko kisí ne?
8 Bhalá, ham ne nahín dín us ko do ánkhen?
9 Aur zubán, aur do honth?
10 Aur samjhá dín us ko do ghátíán?
11 So na humak saká ghátí par.
12 Aur tú kyá bújhá, kyá hai wuh ghátí?
13 Chhuráná gardan;
14 Yá khiláná bhúkh ke din men;
15 Bin báp ke larke ko, jo nátedár hai;
16 Aur muhtáj ko, jo khák men rultá hai;
17 Phir húá ímánwálon men, jo taqaiyud
karte hain sahárne ká, aur taqaiyud karte hain
rahm kháne ká.
18 We log hain bare nasíbwále.
19 Aur jo munkir húe hamárí áyaton se,
we hain kambakhtíwále.
20 Unhín ko ág men múndá hai.

SURA I SHAMS.

Makke men ndzil húí; 15 áyat kí hai.

BISMI-L-LÁ HI-R-RAHMÁ NI-R-RAHÍM.

(1 *R.*) 1 Qasam hai súraj kí, aur us kí charhtí
dhúp kí;

2 Aur chánd kí, jab áwe us ke píchhe;
3 Aur din kí, jab us ko roshan kare;
4 Aur rát kí, jab us ko ḍhánp lewe;
5 Aur ásmán kí, aur jaisá us ko banáyá;
6 Aur zamín kí, aur jaisá us ko phailáyá;
7 Aur jí kí, aur jaisá us ko thík banáyá;
8 Phir samjh dí us ko ḍhiṭhái kí, aur bach
chalne kí.
9 Murád ko pahunchá, jis ne us ko sanwárá.
10 Aur námurád húá, jis ne us ko ḳhák
men miláyá.
11 Jhuṭhláyá Samúd ne apní sharárat se,
12 Jab uṭh khaṛá húá un men ká baṛá bad-
baḳht.
13 Phir kahá us ko Alláh ke rasúl ne, Ḳhabar-
dár ho Alláh kí úṇṭní aur us ke píne kí bárí se.
14 Phir jhuṭhláyá un bon ne us ko; phir káṭ
ḍálá use; phir ulaṭ márá un par un ke Rabb ne
un ke gunáh se; phir barábar kar diyá.
15 Aur wuh nahín ḍartá ki píchhá karenge.

SURA I LAIL.

Makke men názil húí; 21 áyat kí hai.

BISMI-L-LÁ HI-R-RAHMÁ NI-R-RAHÍM.

(1 *R.*) 1 Qasam hai rát kí, jab chhá jáwe;
2 Aur din kí, jab roshan howe;
3 Aur us kí, jin ne paidá kiyá nar aur máda;
4 Tumhárí kamáí bhánt bhánt hai.
5 So jis ne diyá, aur ḍar rakhá;
6 Aur sach jáná bhalí bát ko;
7 So sahaj sahaj pahuncháwenge ham us ko
ásání men.

8 Aur jis ne na diyá, aur beparwá rahá ;

9 Aur jhúṭh jáná bhalí bát ko,

10 So sahaj sahaj pahuncháwenge ham us ko saḵhtí meṉ ;

11 Aur kám na áwegá us ko mál us ká jab garhe meṉ giregá.

12 Hamárá zimma hai samjhá dená.

13 Aur hamáre háth meṉ hai pichhlá aur pahlá.

14 So maiṉ ne ḵhabar suná dí tum ko ek taptí ág kí.

15 Us meṉ wuhí paiṭhegá, jo bará badbaḵht hai ;

16 Jis ne jhuṭhláyá, aur muṉh morá.

17 Aur bacháwenge us se bare ḍarwále ko,

18 Jo detá hai apná mál dil pák karne ko ;

19 Aur nahíṉ kisí ká us par ihsán, jis ká badlá de ;

20 Magar cháhkar muṉh apne Rabb ká, jo sab se úpar ;

21 Aur áge wuh rází hogá.

SURA I ZUHÁ.

Makke meṉ názil húá ; 11 áyat kí hai.

BISMI-L-LÁ HI-R-RAHMÁ NI-R-RAHÍM.

(1R.) 1 Qasam hai dhúp charhte waqt kí ;

2 Aur rát kí, jab chhá jáwe ;

3 Na ruḵhsat kiyá tujh ko tere Rabb ne, na bezár húá.

4 Aur albatta pichhlí bihtar hai tujh ko pahlí se.

5 Aur áge degá tujh ko terá Rabb ; phir tú rází hogá.

6 Bhalá, na páyá tujh ko yatím? phir jagah dí.
7 Aur páyá tujh ko bhaṭaktá, phir ráh samjhái.
8 Aur páyá tujh ko muflis, phir mahzúz kiyá.
9 So jo yatím ho, us ko na dabá.
10 Aur jo mángtá ho, us ko na jhiṛak.
11 Aur jo ihsán hai tere Rabb ká, us ko
bayán kar.

SURA I INSHIRAH.

Makke men̲ názil húí; 8 áyat kí hai.

BISMI-L-LÁ HI-R-RAHMÁ NI-R-RAHÍM.

(1 *R.*) 1 Kyá ham ne nahín̲ khol diyá terá síná?
2 Aur utár rakhá ham ne tujh par se terá bojh.
3 Jis ne kaṛkái terí píṭh,
4 Aur únchá kiyá mazkúr terá,
5 So albatta mushkil ke sáth ásání hai.
6 Albatta mushkil ke sáth ásání hai.
7 Phir jab fárig ho, to mihnat kar.
8 Aur apne Rabb kí taraf dil lagá.

SURA I TÍN.

Makke men̲ názil húí; 8 áyat kí hai.

BISMI-L-LÁ HI-R-RAHMÁ NI-R-RAHÍM.

(1 *R.*) 1 Qasam anjír kí, aur zaitún kí;
2 Aur Túr i Sinín kí;
3 Aur is shahr amanwále kí,
4 Ham ne banáyá ádmí ḳhúb se andáze par;
5 Phir phenk diyá us ko níchon̲ se níche.
6 Magar jo yaqín láe, aur kín̲ bhaláián̲, so
un ko neg hai beintihá.

7 Phir kyúṉ jhuṭhláwe tú us píchhe badlá
milná?
8 Kyá nahíṉ Alláh sab hákimoṉ se bihtar
hákim?

SURA I ẠLAQ.

Makke meṉ názil húí; 19 *áyat kí hai.*

BISMI-L-LÁ HI-R-RAHMÁ NI-R-RAHÍM.

(1 *R.*) 1 Paṛh apne Rabb ke nám se, jis ne
banáyá.
2 Banáyá ádmí lahú kí phuṭkí se.
3 Paṛh, aur terá Rabb baṛá karím hai,
4 Jis ne ịlm sikháyá qalam se;
5 Sikháyá ádmí ko, jo na jántá thá.
6 Koí nahíṉ; ádmí sar chaṛhtá hai,
7 Is se ki dekhe hai áp ko mahzúz.
8 Beshakk tere Rabb kí taraf phir jáná hai.
9 Tú ne dekhá wuh, jo manạ kartá hai
10 Ek bande ko, jab wuh namáz paṛhe?
11 Bhalá, tú dekh to, agar hotá nek ráh par,
12 Yá sikhátá ḍar ke kám.
13 Bhalá, dekh tú, agar jhuṭhláyá aur muṉh
moṛá;
14 Yih na jáná, ki Alláh dekhtá hai.
15 Koí nahíṉ; agar báz na áwegá, ham ghasíṭ-
enge choṭí pakaṛkar.
16 Kaisí choṭí jhúṭhe gunahgár.
17 Ab buláwe apní majlis ko;
18 Ham buláte haiṉ piyáde siyásat karne ko.
19 Koí nahíṉ; na mán us ká kahá; aur sijda
kar, aur nazdík ho.

SURA I QADR.

Makke men názil húí; 5 áyat kí hai.

BISMI-L-LÁ HI-R-RAHMÁ NI-R-RAHÍM.

(1 *R.*) 1 Ham ne yih utárá shab i qadr men.
2 Aur tú kyá bújhá, kyá hai shab i qadr?
3 Shab i qadr bihtar hai hazár mahíne se.
4 Utarte hain firishte aur rúh us men, apne Rabb ke hukm se, har kám par.
5 Amán hai wuh rát subh ke nikalte tak.

SURA I BAIYANA.

Makke men názil húí; 8 áyat kí hai.

BISMI-L-LÁ HI-R-RAHMÁ NI-R-RAHÍM.

SULS, (1 *R.*) 1 Na the we log, jo munkir húe kitábwále aur shirkwále, báz ánewále jab tak na pahunche un ko khulí bát.
2 Ek Rasúl Alláh ká parhtá waraq pák; un men likhín kitáben mazbút.
3 Aur phúte we, jin ko milí kitáb; so jab á chukí un ko khulí bát;
4 Aur un ko hukm yihí húá, ki bandagí karen Alláh kí nirí kar kar us ke wáste bandagí, Ibráhím kí ráh par; aur kharí karen namáz, aur den zakát; aur yih hai ráh mazbút logon kí.
5 We, jo munkir húe kitábwále aur shirkwále, dozakh kí ág men sadá rahen us men; we log hain badtar sab khalq ke.
6 We log, jo yaqín láe, aur kiye bhale kám, we log hain bihtar sab khalq ke.
7 Badlá un ká un ke Rabb ke yahán bág hain basne ke, níche bahtín un ke nahren, sadá rahen un men hamesha.

8 Alláh un se rází, aur we us se; yih miltá hai us ko, jo ḍará apne Rabb se.

SURA I ZILZÁL.

Makke yd Madine meṉ ndzil húi ; 8 dyat kí hai.

BISMI-L-LÁ HI-R-RAHMÁ NI-R-RAHÍM.

(1 *R.*) 1 Jab hiláwe zamín ko us kí bhaun-chál se ;

2 Aur nikál ḍále zamín apne bojh ;

3 Aur kahe ádmí, Us ko kyá húá ?

4 Us din batáwegí wuh apní báteṉ ;

5 Is wáste ki tere Rabb ne hukm bhejá us ko.

6 Us din ho pareṉge log bhánt bhánt, ki un ko dikháe un ke kiye.

7 So jis ne kí zara bhar bhalái, wuh dekh legá use.

8 Aur jis ne kí zara bhar burái, wuh dekh legá use.

SURA I ÁDIYÁT.

Makke meṉ ndzil húi ; 11 dyat kí hai.

BISMI-L-LÁ HI-R-RAHMÁ NI-R-RAHÍM.

(1*R.*) 1 Qasam hai daurte ghoroṉ kí hámpte;

2 Phir ág sulgáte jháṛ kar ;

3 Phir dháṛ dete subh ko ;

4 Phir utháte us meṉ gard ;

5 Phir paiṭh játe us waqt fauj meṉ ;

6 Beshakk ádmí apne Rabb ká náshukr hai.

7 Aur wuh yih kám sámhne dekhtá hai.

8 Aur ádmí mál kí muhabbat par mazbút hai.

9 Kyá nahíṉ jántá wuh waqt, ki kurede já-weṉ jo qabroṉ meṉ haiṉ ;

10 Aur tahqíq ho jo jíoṉ meṉ hai ?

11 Beshakk un kí un ke Rabb ko us din sab khabar hai.

SURA I QÁRIA.

Makke men názil húí ; 11 *áyat kí hai.*

BISMI-L-LÁ-HI-R-RAHMÁ-NI-R-RAHÍM.

(1 *R.*) 1 Wuh kharkharátí;
2 Kyá hai wuh kharkharátí?
3 Aur tú kyá bujhá, kyá hai wuh kharkharátí?
4 Jis din howen log jaise patange bikhre.
5 Aur howen pahár jaise rangí ún dhuní.
6 So jis kí bhárí howen taulen,
7 To us ko guzrán hai man mántí.
8 Aur jis kí halkí howen taulen,
9 To us ká ṭhikáná garhá.
10 Aur tú kyá búj há, wuh kyá hai?
11 Ág dahaktí.

SURA I TAKÁSUR.

Makke men názil húí ; 8 *áyat kí hai.*

BISMI-L-LÁ HI-R-AHMÁ NI-R-RAHÍM.

(1 *R.*) 1 Gaflat men rakhá tum ko bahutáyat kí hirs ne.
2 Jab tak já dekhen qabren koí,
3 Nahín, áge ján loge.
4 Phir bhí koí nahín, áge ján loge.
5 Koí nahín; agar tum jáno yaqín kar jánná;
6 Beshakk tum ko dekhná dozakh.
7 Phir dekhná us ko yaqín kí ánkh se.
8 Phir púchhenge tum se us din árám kí haqíqat.

SURA I ASAR.

Makke meṉ názil húí; 4 áyat kí hai.

BISMI-L-LÁ HI-R-RAHMÁ NI-R-RAHÍM.

(1 *R.*) 1 Qasam hai utarte din kí;
2 Muqarrar insán ṭoṭe meṉ hai.
3 Magar jo yaqín láe, aur kiye bhale kám,
4 Aur ápas meṉ taqaiyud kiyá sachhe dín ká, aur ápas meṉ taqaiyud kiyá sahárne ká.

SURA I HAMZA.

Makke meṉ názil húí; 9 áyat kí hai.

BISMI-L-LÁ HI-R-RAHMÁ NI-R-RAHÍM.

(1 *R.*) 1 Ḳharábí hai har ṭana dene ṣib chunnewále kí;
2 Jis ne sameṭá mál, aur gin gin rakhá.
3 Kyá ḳhiyál rakhtá hai, ki us ká mál sadá rahegá us ke sáth?
4 Koí nahíṉ; us ko phenkná hai us raundnewálí meṉ.
5 Aur tú kyá bújhá, kyá hai wuh raundnewálí?
6 Ág hai Alláh kí sulgáí;
7 Wuh, jo jhánk letí hai dil ko.
8 Un ko us meṉ múndá hai;
9 Lambe lambe satúnoṉ meṉ.

SURA I FIL.

Makke meṉ názil húí; 5 áyat kí hai.

BISMI-L-LÁ HI-R-RAHMÁ NI-R-RAHÍM.

(1 *R.*) 1 Kyá túne nahíṉ dekhá, kaisá kiyá tere Rabb ne háthíwáloṉ se?
2 Na kar diyá un ká dáo galat?

3 Aur bheje un par jánwar tang tang.
4 Phenkte in par pattharíáṇ kankar kí.
5 Phir kar ḍálá un ko jaisá bhus kháyá húá.

SURA I QORESH.

Makke meṇ ndzil húí; 4 dyat kí hai.

BISMI-L-LÁ HI-R-RAHMÁ NI-R-RAHÍM.

(1 *R.*) 1 Is wáste ki milá rakhá Qoresh ko;
2 Milá rakhá un ko kúch se, jáṛe ke, aur garmí ke ;
3 To cháhiye bandagí kareṇ is ghar ke Rabb kí, jis ne kháná diyá un ko bhúkh meṇ ;
4 Aur aman diyá ḍar meṇ.

SURA I MAUN.

Makke meṇ ndzil húí; 7 dyat kí hai.

BISMI-L-LÁ HI-R-RAHMÁ NI-R-RAHÍM.

(1 *R.*) 1 Kyá Tú ne dekhá wuh, jo jhuṭhlátá hai insáf honá.
2 So wuhí hai, jo ḍhakeltá hai yatím ko ;
3 Aur nahiṇ tákíd kartá muhtáj ke kháne par.
4 Phir kharábí hai un namázíoṇ kí,
5 Jo apní namáz se beḵhabar haiṇ ;
6 We, jo dikháwá karte naiṇ :
7 Aur mángí na deṇ baratne kí chíz.

SURA I KAUSAR.

Madíne meṇ ndzil húí; 3 áyat kí hai.

BISMI-L-LÁ HI-R-RAHMÁ NI-R-RAHÍM.

(1 *R.*) 1 Ham ne dí tujh ko Kausar.

2 Tú namáz paṛh apne Rabb ke áge, aur qurbání kar.

8 Beshakk jo bairí hai terá, wuhí rahá píchhá kaṭá.

SURA I KÁFIRÚN.

Makke meṇ ndzil húí; 6 áyat kí hai.

BISMI-L-LÁ HI-R-RAHMÁ NI-R-RAHÍM.

(1 *R.*) 1 Tú kah, Ai munkiro,

2 Maiṇ nahíṇ pújtá jis ko tum pújo ho.

3 Aur na tum pújo ho jis ko maiṇ pújúṇ.

4 Aur na Maiṇ pújnewálá us ká, jis ko tum ne pújá.

5 Aur na tum pújnewále us ke, jis ko maiṇ pújúṇ.

6 Tum ko tumhárí ráh; mujh ko merí ráh.

SURA I NASR.

Madíne meṇ ndzil húí; 3 áyat kí hai.

BISMI-L-LÁ HI-R-RAHMÁ NI-R-RAHÍM.

(1 *R.*) 1 Jab pahunch chukí madad Alláh kí aur faisala;

2 Aur tú ne dekhe log paiṭhe Alláh ke dín meṇ fauj fauj;

3 Ab pákí bol apne Rabb kí khúbíáṇ, aur gunáh bakhshwá us se; tahqíq wuh hai muáf karnewálá.

SURA I LAHAB.

Makke men názil húi ; 5 áyat kí hai.

BISMI-L-LÁ HI-R-RAHMÁ NI-R-RAHÍM.

(1 *R.*) 1 Ṭúṭ gae háth Abí Lahab ke, aur ṭúṭ gayá wuh áp.
2 Na kám áyá us ko us ká mál, aur na jo kamáyá.
3 Ab paiṭhegá ḍík márti ág men.
4 Aur us kí jorú sir par liye phirtí índhan.
5 Aur us kí gardan men rassí hai múnj kí.

SURA I IKHLAS.

Makke men názil húi ; 4 áyat kí hai.

BISMI-L-LÁ HI-R-RAHMÁ NI-R-RAHÍM.

(1 *R.*) 1 Tú kah, Wuh Alláh ek hai.
2 Alláh nirá ádhár hai.
3 Na kisí ko janá, na kisí se janá.
4 Aur nahín us ke joṛ ká koí.

SURA I FALAQ.

Makke men názil húi ; 5 áyat kí hai.

BISMI-L-LÁ HI-R-RAHMÁ NI-R-RAHÍM.

(1 *R.*) 1 Tú kah, Main panáh men áyá subh ke Rabb kí,
2 Har chíz kí badí se, jo us ne banáí ;
3 Aur badí se andhere kí, jab simaṭ áí ;
4 Aur badí se phúnknewálí ạuraton kí gurohon men ;
5 Aur badí se burá cháhnewále ki jab lage húnsne.

SURA I NAS

Makke yd Madine meṇ ndzil húí ; 6 dyat kí hai.

BISMI-L-LÁ HI-R-RAHMÁ NI-R-RAHÍM.

(1 *R.*) 1 Tú kah, Maiṇ panáh meṇ áyá log-
oṇ ke Rabb kí ;

2 Logoṇ ke bádsháh kí ;

2 Logoṇ ke púje húe kí ;

4 Badí se us kí, jo sankáre aur chhip jáwe ;

5 Wuh, jo ḳhiyál dáltá hai logoṇ ke dil meṇ ;

6 Jinnoṇ yá ádmíoṇ meṇ se.

FIHRIST.

[*Is fihrist meṉ hindasa i Roman (yane* I. II. III. *wag.) se Sípára, hindasa* (1), (2), (3), *wag. se Ruqú, aur* 1. 2. 3. *wag. se Súre kí áyat murád hai.*]

Ahl i kitáb mushrik kahláte haiṉ: X, Tauba, (5), 31.
Muhammad ko áẓmáte the: IV, Ịmrán, (19), 187.
dín kí báton meṉ mubálaga karte: VI, Nisá, (23), 169;—(10), 81.
meṉ se bạze Muḥammad ko mánte the: IV, Ịmrán, (19), 199;—XXI, Ạnkabút, (5), 46.
meṉ se bạze sidhí ráh par haiṉ: IV, Ịmrán, (12), 112.
meṉ se bạze ímándár aur bạze dagábáz: III, Ịmrán, (8), 74.
par zubán muroṛne ká ilzám: III, Ịmrán, (8), 77.
ke sáth musalmánoṉ ko jhagaṛná na cháhiye: XXI, Ạnkabút, (5), 45.
ke mulla o darwesh unheṉ burái se nabiṉ haṭáte: VI, Máida, (9), 68;—X, Tauba, (5), 34.
musalmánoṉ ke dushman: VI, Máida, (9), 64.
musalmánoṉ se shikast kháwenge: IV, Ịmrán, (12), 111.
ke wáste zillat o muḥtájí kí már hai: IV, Ịmrán, (12), 112.
ká kháná musalmán ke liye ḥalál: VI, Máida, (1), 6.
Dekho bhí, Yahúdí o Ịsáí.

Allah ek hai: XIV, Naḥl, (7), 53—55;—XVIII, Furqán, (1), 1, 2;—XXX, Ikhlás, (1), 1—4.
ká nám "*maiṉ jo húṉ*" XVI, T. H. (1), 14;—XIX, Naml, (1), 9, 10.
akelá Sachchá Mạbúd hai: III, Baqr, (34), 255;—Ịmrán, (1, 2), 26, 118;—V, Nisa, (11), 86;—VII, Inạm, (12, 13), 96—102;—IX, Ạráf, (19, 20), 156, 159;—XI, Tauba, (14), 130;—XIV, Naḥl, (1), 2;—XVI, Maryam, (4), 66;—T. H. (1), 6, 7;—(5), 98;—XX, Naml, (5), 61—68;—Qasas, (7), 68—75;—(9), 88;—XXIII, Zamr, (1), 7, 8;—XXIV, Zamr, (7), 65, 66;—Fussilat, (5), 37;—XXV, Zukhráf, (7), 84, 85;—Dukhán, (1), 6, 7;—XXVIII, Hashr, (3), 22—24;—XXIX, Mulk, (2), 15—24;—Muzammal, (1), 9.

ALLÁH Khálíq o Málik hai: I, Baqr, (3), 21, 22;—III, Baqr, (34), 255;—(40), 284;—IV, Imrán, (11, 13, 19), 109, 129, 190;—V, Nisa, (18, 19), 125, 130, 131;—VI, Nisa, (23), 168, 169;—Máida, (3), 20—22;—(6), 44;—VII, Máida, (16), 120;—Inám, (2), 12;—VIII, Aráf, (7), 55;—IX, Aráf, (19, 20), 156—159;—XI, Tauba, (14), 117;—Yúnas, (1), 3, 5;—(4), 32;—(6), 56, 57;—XII, Húd, (1), 8;—XIII, Rad, (1), 1—5;—(2), 16, 17;—Ibráhím, (3), 22;—XIV, Hajr, (2), 16, 19—23;—Nahl, (1, 2), 3—17;—(6), 42;—(7), 53—55;—(8, 9), 67—72;—XV, Kahaf, (1), 6;—XVI, T. H. (1), 3—5;—XVII, Ambiyá, (2), 19;—Hajj, (9), 66, 67;—XIX, Furqán, (5), 60;—XXI, Ankabút, (6), 60—63;—XXI, Rúm, (4), 39;—(5), 53;—Luqmán, (1), 9;—(3), 24, 25;—Sijda, (1), 3;—XXII, Sabá, (1), 1;—Maláika, (1), 13;—(2), 14;—(5), 39;—XXIII, Saffát (1), 1—6;—Swád, (3, 5), 26, 66;—Zamr, (1), 7, 8;—(2), 22;—XXIV, Zamr, (5), 47;—Múmin, (7), 64—70;—Fussilat, (2), 8—10;—XXV, Shorí, (1), 2;—(2), 9, 10;—(5), 48—53;—Jasáiyah, (3), 21;—XXVI, Ahqáf, (1), 2;—Fatah, (2), 14;—Qáf, (2), 37;—XXVII, Záriyát, (4), 47—51;—Najm, (2), 32;—Wáqia, (2), 57—73;—Hadíd;—(1), 1—6;—XXVIII, Tagábun, (1), 2—6;—XXIX, Núh, (1), 13;—Mursilát, (1), 1;—XXX, Nabá, (1), 6—16;—(2), 37;—Náziát, (2), 27—33;—Abas, (1), 17—32;—Infitár, (1), 6—9;—Burúj, (1), 6—10;—Alá, (1), 1—7;—Gáshiyáh, (1), 17—20;—Balád, (1), 4—9.

Hamadán hai: II, Baqr, (30), 235;—III, Baqr, (34), 255;—Imrán, (1), 5;—(3), 29;—VII, Inám, (1), 3;—(8), 58;—XI, Húd, (1), 6;—XII, Húd, (1), 7;—(10), 123;—XIII, Rad, (2), 9—11;—XV, Baní Isráíl, (2), 18;—XVII, Hajj, (9), 71;—XXI, Rúm, (1), 4—7;—Luqmán, (2), 15;—(4), 34;—XXII, Sabá,

Alláh (1), 2;—XXV, Shorí, (3), 23, 24;—XXVI, Ḥujrát, (2), 16—18;—XXVIII, Mujádala, (2), 8.
Qádir i Mutlaq hai: I, Baqr, (18), 108;—III, Baqr, (40), 284—286;—XXIII, Yá Sín, (3), 33—45;—XXIV, Fussilat, (5), 37;—XXV, Shorí, (3), 28;—Zukhráf, (1), 8—12;—Jasáiyah, (1), 2—5;—(2), 11, 12;—XXVI, Qáf, (1), 6—11;—XXVIII, Taláq, (2), 12.
Pák hai: VIII, Aráf, (4), 38, 34;—XI Yúnas, (2), 19;—(7), 69;—XIII, Yúsuf, (12), 108;—XIV, Naḥl, (1), 1;—XVIII, Núr, (2), 15;—XXIII, Yá Sín, (5), 83;—Saffát, (5), 151—159;—XXV, Zukhráf, (7), 82;—XXIX, Qalam, (1), 29.
Ádil hai: X, Anfál, (7), 55;—XI, Tauba, (14), 116;—XXII, Sabá, (3), 24, 25;—XXVI, Fataḥ, (1), 5, 6.
Rahím hai: I, Fátiha, (1), 1—4;—III, Baqr, (37), 268;—III, Imrán, (8), 73:—XI, Húd, (1), 4;—XIV, Ḥajr, (4), 49, 50;—Naḥl, (2), 18;—(10), 74;—XV, Baní Isráíl, (7), 68—72;—Kahaf, (8), 57;—XVIII, Múminún, (1), 17—23;—XXI, Rúm, (2), 47, 49;—XXIV, Zamr, (6), 54;—XXV Shorí, (3), 23, 24;—XXVII, Najm, (3), 43—56;—Raḥmán, (1), 1—28;—XXVIII, Juma, (1), 4.
Sachchá o Wafádár hai: II, Baqr, (19), 164;—III, Imrán, (1) 9;—V, Nisá, (18), 121;—XXI, Rúm, (1), 4—7;—XXVIII, Saf, (1), 1.
ká jalál ásmán o zamín se záhir hai: II, Baqr, (20), 165;—XIV, Naḥl, (6), 50—52;—XVII, Ḥajj, (2), 18;—(8), 61—65;—XVIII, Núr, (6), 41;—XXIV, Zamr, (7), 67—70;—XXV, Jasáiyah, (4), 34, 36;—XXVI, Fataḥ (1), 7;—XXX, Burúj, (1), 12—16.
Hádí hai: III, Imrán, (8), 72.
Madadgár hai: IV, Imrán, (17), 161;—*Dekho bhí* Kháilq o Málik.
fareb kartá hai: III, Imrán, (5), 53;—IX, Anfál, (4), 30;—XIII, Rad, (6), 42.

ALLÁH beparwá hai: VIII, Inám, (16), 188;—XXVII, Zariyát, (4), 57, 58;—XXVIII, Mumtahina, (1), 6.
neki ká báni: V, Nisá, (11), 78;—XXIV, Múmin, (1), 1—8;—*Dekho bhí us kí Sifteṉ mazkúra bálá.*
gunáh ká báni: IX, Aráf, (22), 180;—XIV, Hajr, (3), 39—43;—Nahl, (13), 95;—XV, Baní Isráíl, (2—4), 10—41;—XVI, T. H. (4), 87;—XXV, Shorí, (5), 45;—XXIX, Muddassar, (1), 20—27.
shukrguzár ("*Qadrdán*"), II, Baqr, (19), 159;—V, Nisá, (21), 146;—XXVIII, Tagábun, (2), 17.
ká beṭá, yá auláá nahíṉ: I, Baqr, (14), 116;—VII, Inám, (13), 101;—XV, Baní Isráíl, (12), 111;—Kahaf, (1), 3;—XVI, Maryam, (2), 36;—XVII, Ambiyá, (2), 19;—XXIII, Saffát, (5), 149, 150, 151—159;—XXV, Zukhráf, (1), 14—15.
ke ahkám: *Dekho* HUKM.
ráh detá jis ko cháhe: VIII, Inám, (15), 125;—IX, Aráf, (22, 23), 179, 186;—XIII, Ibráhím, (4), 34;—XV, Baní Isráíl, (7), 99;—XVIII, Núr, (6), 45;—XX, Qasas, (6), 56;—XXI, Rúm, (4), 28;—XXIII, Zamr, (3), 24;—XXIV, Zamr, (4), 37, 38;—XXV, Shorí (2), 12.
ká kalám daryá kí siyáhí se na likhá játá: XVI, Kahaf, (12), 109;—XXI, Luqmán, (3), 26.
kí khwáhish musalmánoṉ ke liye: V, Nisá, (5), 25—27, musalmánoṉ ke liye bojh halká kartá hai: V, Nisá, (5), 27.
ne musalmánoṉ ko (Badr meṉ) bacháyá: X, Anfál, (5), 45.
ímándáron kí duáoṉ ko suntá hai: XXV, Shorí, (3), 25.
ká apne ko záhir karná: IX, Aráf, (17), 143.
ádmíoṉ se kis tarah boltá hai: XXV, Shorí, (5), 50, 51,
apne bhed ko sirf rasúl i pasandída ko záhir kartá hai: XXIX, Jinn, (2), 26, 27.
kí bandagí neki karní: V, Nisá, (6), 35.

BANÍ ISRÁÍL Misr se nikal bhágе: XI, Yúnus, (9), 90 ;—XVI, T. H. (4), 79 ;—XIX, Shurá, (4), 52—68 ;—XXV, Dukhán, (1), 24—27.
ne daryá pár jákar, sonahrí bachhrá banákar, butparastí kí: I, Baqr, (6), 50, 58 ;—(11), 91, 92 ;—IX, Aráf, (16), 138;—(18), 148.
ke liye Samerí ne bachhre kí múrat banáí: XVI, T. H. (4), 90.
ke liye Mann o Salwá Ásmán se utre: I, Baqr, (6), 56 ;—IX, Aráf, (20), 161 ;—XVI, T. H. (4), 82.
Misr kí kakrí wag. ke liye khwáhish karte the: I, Baqr, (7), 60.
ko Alláh ne bichlá diyá: XVI, T. H. (4, 5), 87, 96.
ke bárah Firqon ke liye Músá ne patthar se pání nikálá: IX, Aráf, (20), 161.
kí hálat Koh i Túr pás: VI, Nisá, (22), 152, 153.
kí beímání o kufr: I, Baqr, (4), 91, 92; VI, Nisá, (22), 154—156.
ke upar pahár uthäyá gayá: IX, Aráf, (21), 170.
ke liye Naját kí ráh: VI, Máida, (3), 13.
ahd ko torkar lanatí húe: VI, Máida, (3), 14.
kí sarkashí aur chálís baras Bayábán men phirná: VI, Máida (4), 23—29.
ko shahr (Yaríhú? Arba?) men basne ká hukm: IX, Aráf, (20), 162.
kí beímání aur sazá: IX, Aráf, (20), 163 ;—(21), 168.
men se baze bandar ban gae: IX, Aráf, (21) 164—167.
Firaun kí zamín ke wáris húe: IX, Aráf, (16), 137.
ko Alláh ne kitáb, hukumat, paigambar, wag. diyá: XXV, Jasáiyah, (2), 15.
ne mulk men do bár kharábí kí: XV, Baní Isráíl, (1), 4.
kí laráí o khúnrezí: I, Baqr, (10), 84.
ne apne Nabíon ko radd karke bazon ko qatl kiyá: I, Baqr, (7), 60 ;— (11), 86, 90 ;—VI, Máida, (10), 74.

BANÍ ISRÁÍL ne apne liye bádsháh cháhá : II, Baqr, (32), 246.
ko Ịsá ne tạlím dí : VI, Máida, (10), 76.
ne Ịsá ko már ḍálá : VI, Nisá (22), 156.
ke munkir lạnatí húe : VI, Máida, (11,) 82.
BETARAFDÁR ko márne ká ḥukm : V, Nisá, (12), 90.
BIHISHT kí k͟húbíoṉ aur k͟hushíoṉ ká bayán : I, Baqr, (3), 25;—III, Ịmrán, (2), 15;—IV, Ịmrán, (14), 136;—(19), 196—198;—VII, Máida, (11), 88;—X, Tauba, (9), 73;—XI, Tauba, (13), 101;—Yúnus, (1), 9;—XIII, Rạd, (3), 23, 24;—(5), 35; Ibrahím, (4), 28;—XIV, Ḥajr, (4), 45—48;—XV, Kaḥaf, (4), 30; XVI, Kaḥaf, (12), 107, 108;—XVII, Ḥajj, (3), 23, 24; XXI, Ạnkabút, (6), 56—59;—XXII, Maláika, (4), 30—32;—XXIII, Y. S. (4), 55—58;—Saffát, (2), 39—60. Swád, (4), 49—53;—XXV, Zuk͟hráf, (7), 68—73;—Duk͟hán, (3), 50—57;—XXVI, Muḥammad, (2), 16, 17;—XXVII, Túr, (1), 17—28;—Raḥmán, (3), 46—78;—Wáqiạ, (1), 1—39;—XXIX, Dahr, (1), 5—22;—XXX, Mursalát, (2), 41—44;—Nabá, (2), 31—36;—Tatfíf, (1), 18—28;—Ġáshiyah, (1), 8—16.
parhezgároṉ aur nek kám karnewáloṉ ke liye : II, Baqr, (25), 200;—IV, Ịmrán, (14), 132—136;—XIV, Naḥal, (4), 32—34;—XVI, Maryam, (4), 61—64;—T. H. (3), 77, 78;—XXVI, Záriyát, (1), 15—23;—XXVII, Ḥadíd, (3), 21.
meṉ log k͟hushí o shukr kareṉge : VIII, Ạraf, (5), 44—48.
meṉ nekbak͟ht abad tak raheṉge : XII, Húd, (9), 109.
BUT ḥarám haiṉ : VII, Máida, (12), 92.
oṉ kí batálat : IX, Ạráf, (24), 195—198;—XVII, Ambiyá, (4), 44, 58—64;—Ḥajj, (10), 74;—XXII, Maláika, (2), 14, 15;—(5), 38;—XXVI, Aḥkáf, (1), 3.
k͟háliq nahíṉ : XI, Yúnus, (4), 35;—XIII, Rạd, (2), 17;—XXI, Luqmán, (1), 10;—XXII, Sabá, (3), 21.

DÁÚD ko Alláh kí nasíhat: XXIII, Swád, (2), 25.

DÍN ek hí hai: II, Baqr, (26), 212.
Alláh se hai: III, Imrán, (2), 19.
zor se na phailáná cháhiye: III, Baqr, (34), 256.
Ibráhím ká sachchá: IV, Imrán, (10), 95.
kí khúbían dekhkar mánná farz: VI, Máida, (7), 58.
ke liye laṛáí karne kí khúbí: IV, Imrán, (17), 159.
men bahut firqe na honá cháhiye: VIII, Inám, (20), 159.
dunyá o ákhirat men fáidamand: XXV, Shorí, (3), 19.
ke liye laṛná; *Dekho* LAṚNÁ.
Islám ke faráiz: *Dekho* ISLÁM aur MUSALMÁN.

DOZAKH kí sakhtí o azáb: V, Nisá, (8), 54;—XII, Húd, (9), 107;—XIII, Ibráhím, (3), 19—21;—XV, Kahaf, (4), 28;—XVII, Hajj, (2), 19—22;—XVIII, Múminún, (6), 100—109;—Furqán, (2), 11—15;—XXIII, Saffát, (2), 61—71;—Swád, (4), 57—60;—XXIV, Zamr, (8), 72, 73;—Múmin, (8), 71—76;—Fussilat, (3), 18—23;—XXV, Dukhán, (3), 43—50;—XXVI Muhammad, (2), 7;—XXVII, Wáqia, (2), 40—56;—XXX, Nabá, (1), 20—30;—Gáshiya, (1), 1—7;—Alá, (1), 10—15.
kin logon ke liye;—Zálimon ke liye: V, Nisá, (5), 29;—Un ke liye jo qasd karke musalmán ko máre: V, Nisá, (13), 92;—Shaitán aur us ke mánnewálon ke liye: VIII, Aráf, (2), 19;—Gunáhgáron ke liye: XI, Yúnas, (3), 28;—XIII, Ibráhím, (5), 33—35;—XXIII, Swád, (4), 54—65;—Munkiron ke liye: XVIII, Furqán, (2), 11—15;—XXIII, Saffát, (2), 61—71;—XIII, Rad, (3), 25, 26;—XV, Kahaf, (12), 102;—XXVI, Qáf, (2), 23—26;—XXVIII Hadíd, (2), 14, 15.
munkiron kí bandí kháná hai: XV, Baní Isráíl, (1), 8.
ke sát darwáze hain: XIV, Hajr, (3), 44.

FIRẠUN ne apne jádúgaroṉ ko buláyá aur unheṉ Músá o Hárún se muqábila kiyá: IX, Ạráf, (14), 111—118;—XI, Yúnas, (8), 78—81.
apne jádúgaroṉ se náráz húá: IX, Ạráf, (14), 124, 125;—XIX, Shụrá, (3), 48—51.
ke sardároṉ kí mashwarat: IX, Ạráf, (14, 15) 109, 128.
ki beímání o makar: IX, Ạráf, (16), 132—135;—XXV, Zuḳhráf, (5), 47—54.
ne Músá o Hárún par zulm kiyá: IX, Ạráf, (13), 104;—XXIV, Múmin, (3), 27.
ne Músá o Hárún ko jádúgar ṭhahrá diyá: XV, Baní Isráíl, (12), 103;—XVI, T. H. (3), 59, 66.
par musibateṉ bhejí gaíṉ: IX, Ạráf, (16), 131—135.
samundar meṉ beímání ke sabab, ḍúbkar halák húá: IX, Ạráf, (16), 136;—XV, Baní Isráíl, (12), 105;—XVI, T. H. (4), 81;—XIX, Shụrá, (4), 53—66;—XX, Qasas, (4), 36—42;—XXV, Zuḳhráf, (5), 47—55;—XXVII, Záriát, (2), 38—40;—Qamr, (2), 41, 42;—XXIX, Ḥáqa, (1), 9, 10;—Muzammil, (1), 15, 16.
aur us ke log dozaḳh meṉ ḍále gaye: XXIX, Múmin, (5), 48—50.
kí lásh Baní Isráíl ke liye nishání: XI, Yúnus, (9), 91, 92. *Dekho bhí* MÚSÁ o HÁRUN aur BANÍ ISRÁÍL.
FIRISHTE ásmán meṉ Alláh kí taṛíf karte: XXIV, Zamr, (8), 75;—Múmin, (1), 7;—XXV, Shorí, (1), 2.
oṉ ke par do do aur tín tín: XXII, Maláika, (1), 1.
oṉ ne Ádam ko sijda kiyá: I, Baqr, (4), 31—34;—XV, Baní Isráíl, (7), 8;—Kahaf, (7), 48;—XXIII, Swád, (5), 72, 73.
agar munkir pás bheje játe, to mard kí súrat meṉ hoke játe: VII, Inạ́m, (1), 9.
Ibráhím pás bheje gae: XII, Húd, (7), 69—75.
Lút ko bacháne ke wáste bheje gae: XII, Húd, (7), 76—80;—XIV, Hajr, (4, 5), 58—72.

FIRISHTE (do) murdon kí ján nikálnewále: V, Nisá, (14), 96;—XXI, Sijda, (1), 11.
on ká zikr jo har ek ke nekí o badí likhte hain: XXVI, Qáf, (2), 16.
on ne Qurán ko utárá XIV, Nahl, (14), 104.
zamínwálon ko bakhswáte hain: XXV, Shorí, (1), 3.
kín logon kí sifárish karte hain: XXVII, Najm, (2), 26, 27.
Alláh kí auraten thaharáe gae: XXV, Zukhráf, (2), 18.
Alláh kí betíán nahín: XXVII, Najm, (1, 2), 21, 28.
19 dozakh par muqarrar hain: XXIX, Mudassir, (1), 30—32.
on ne jang men madid kí: III, Imrán (2), 13;—IV, Imrán, (13), 124.
FURQÁN Tauret hai: I, Baqr, (6), 52;—Ambiya, XVII, (4), 49.
GALAT hisáb i zamáne men: II, Baqr, (32, 33), 348, 349.
Lút kí jorú kí bábat, *Dekho* LÚT.
Yúsuf, Ibráhím wag. kí bábat, *Dekho* YÚSUF, IBRÁHÍM, WAG.
Mariyam, Isá kí má kí bábat: XVI, Mariyam, (2), 29—34;—XXVIII, Tahrím, (2), 12.
GANIMAT ká hukm: IX, Anfál, (1), 1;—X, Anfál, (5), 42.
en Alláh kí bahut hain: V, Nisá, (13), 93.
ká hissa us ko na milegá, jo laṛái men na jáwe: XXVI, Fatah, (2), 15, 16.
ímándáron ko miltí: XXVI, Fatah, (3), 18—20.
Al Nadr kí ká sirf Muhammad ke liye honá: XXVIII, Hashr, (1), 6, 7.
GÁE kí kaháwat: I, Baqr, (8, 9), 66—73.
GUNAHGÁR Adam pahlá: I, Baqr, (4), 35.
apne apne bojh uṭháwenge: XXII, maláika, (3), 19.
kí ján ke chhuṭkáre ke liye sárá jahán káfí nahín: XXIV, Zamr, (5), 48, 49.
on kí náshukrí o kambakhtí: XXIV, Zamr, (5), 48—52;—XXX, Fajr, (1), 15—25;—Máún, (1), 1—7.

IBRÁHÍM ko Alláh ne bacháyá aur mulk (Kanán) kí taraf nikálá: XVII, Ambiyá, (5), 71;—XX, Ankabút, (3), 23.
ko Lút ne máná: XX, Ankabút, (3), 25.
ne Alláh se ek betá mángá: XXIII, Saffát, (3), 98.
ne khwáb men dekhá ki main apne bete (*Ismáil*) ko zabh kartá hún: XXIII, Saffát, (3), 101.
apne bete ko apne khwáb ká bayán karke us ko zabh karne lagá: XXIII, Saffát, (3), 101—103.
ko Alláh ne bete ke zabh karne se rok kar, us ke badle men barrá diyá: XXIII, Saffát, (3), 104—107.
ko Isháq aur Yaqúb ká wada milá: XII, Húd, (7), 71;—XIV, Hajr, (4), 51—57;—XVI, Maryam, (3), 50;—XVII, Ambiyá, (5), 72;—XIX, Ankabút, (3), 26;—XXIII, Saffát, (3), 112, 113;—XXVI, Záriát, (2), 28—30.
ko Alláh ne apne ko záhir kiyá: VII, Inám, (9), 76—80.
ne firishton kí mihmání kí: XII, Húd, (7), 69;—XIV, Hajr, (4) 51—57;—XXVI, Záriát, (2), 24—27.
ko firishton ne Lút ke shahr kí gárat hone kí khabar dí;—XX, Ankabút, (4), 30:—XXVII, Záriát, (2), 31—34.
ne Lút ke haqq men Alláh se jhagrá: XII, Húd, (7), 74.
kí aulád na Yahúdí na Isáí thi: I, Baqr, (16), 140.
kí duá apne aur apni aulád ke wáste: XIII, Ibráhím, (6), 38—42;—XIX, Shurá, (5), 83—89.
ne apne gunáh se muáfí mángí: XIII, Ibráhím, (6), 41.
ne apne má aur báp ke liye muáfí mángí: XXVIII, Mumtahiná (1), 4.
kí duá apne má báp ke liye befáida thahrí: XI, Tauba, (14), 115.
ko Alláh ne baland darjá bakhshá: VII, Inám, (10), 84.
kí wasiyat: I, Baqr, (16), 132.

IMÁNDÁR Qurán ko sunke sijda karte haiṇ: XX, Qasas, (6), 53—56;—XXI, Sijda, (3), 15.
azmáe jáwenge: XX, Ạnkabút, (1), 1, 2.
oṇ ko Alláh aur Muḥammad kí ḳhidmat karní cháhiye: XXII, Ahzáb, (5), 36.
bihisht meṇ dáḳhil honge: X, Tauba, (9), 78;—XIII, Rạd, (4), 28;—XVIII, Múminún, (2), 4;—XXII, Maláika, (4), 29;—XXVI, Qáf, (2), 32—34;—XXVII, Túr, (1), 17, 28;—Qamr, (3), 54, 55;—Ḥadíd, (2), 11, 12;—XXX, Nabá, (2), 31—36;—Náziạt, (2), 40, 41;—Ịnfitár, (1), 13.
kí ḳhush-ḥálí bihisht meṇ: XXIII, Y. S. (4), 55—58;—Saffát, (2), 39—60;—XXV, Duḳhán, (3), 51—57.
qiyámat meṇ munkiroṇ par haṇsenge; XXX, Ịnfitár, (1), 30—36.
oṇ ká ajar daryáft se báhir hai: XXI, Sijda, (2), 17.
Dekho bhí MUSALMÁN.
INJÍL Ịsá ko dí gaí aur Tauret ko tasdiq kartí: VI, Máida, (7), 50. *Dekho bhí* TAURET O INJÍL.
INSÁN Alláh ká aḥsánmand: XXVI, Aḥkáf, (2), 14.
Alláh ká náshukrguzár: XV, Baní Isráíl, (7), 69;—(9), 85—87;—XXV, Fussilat, (6), 50, 51;—Zuḳhráf, (2), 14, 16;—XXX, Ạbas, (1), 16.
kí tang dilí o ḳhám ḳhayálí: XV, Baní Isráíl, (11), 102.
kí ryákárí: XXIII, Zamr, (1), 11;—X, XV Fussilat, (6), 50, 51.
INTIQÁM LENÁ, *Dekho* BADLÁ aur DUSHMAN.
ỊSÁ beṭá Maryam ká: I, Baqr, (11), 86;—III, Ịmrán, (5), 45.
"*Kalima min Alláh*" martabawálá dunyá o áḳhirat meṇ: III, Ịmrán, (4, 5), 39, 45.
Rusúl, Kalám, aur *Rúhulláh* hai: VI, Nisá, (23), 169.
banda Alláh ká: VI, Nisá, (24), 170;—XXV, Zuḳhráf, (6), 57—59.

KÁFIR on se laṛná cháhiye: XI, Tauba, (16), 124.
on ko qatl karne ká ḥukm: V, Nisá, (12), 88.
agar musalmán ho jáwe to muạf kiyá jáwe: V, Nisá, (12), 89;—IX, Anfál, (5), 40, 41.
dozakh men sakht sazá páwenge: III, Imrán, (6), 55;—IV, Imrán, (14), 131;—(16), 151;—(19), 197;—V, Nisá, (20, 21), 139—144;—VII, Inạm, (3), 26—29;—IX, Anfál, (4), 37;—XVI, Kahaf, (11), 100.
Dekho bhí MUNKIR, MUSHRIK, aur GUNAHGÁR.
KAHÁWAT gáe ki: I, Baqr, (8), 66—73.
Hizkíel Nabí kí royat kí: II, Baqr, (32), 243.
Asḥáb ul Kahaf kí: XV, Kahaf, (1—3), 7—25.
do bágwálon kí: XV, Kahaf, (5), 31—42.
Músá aur Khizr kí: XV, Kahaf, (9, 10), 59—81.
Zulqarnain kí: XVI, Kahaf, (11), 82—101.
Alláh kí roshní kí: XVIII, Núr, (5), 35.
Sulaimán aur Sabá kí: XIX, Naml, (2, 3), 20—45.
chiyuntíon kí: XIX, Naml, (2), 18, 19.
Hudhud kí: XIX, Naml, (2, 3), 15—45.
Qárún kí: XX, Qasas, (8), 76.
Isá ke Ḥawáríon kí: XXII, Yá, Sín, (2), 12—28.
Uriya kí: XXIII, Swád, (2), 20—23.
un kí jin par ládí Tauret: XXVIII, Jumạ, (1), 5.
Lút aur Núḥ kí ạuraton kí: XXVIII, Taḥrím, (2), 10.
Firạun kí ạurat kí: XXVIII, Taḥrím, (2), 11.
Maryam kí: XXVIII, Taḥrím, (2), 12.
chhiṛíon ke kankar márne kí: XXX, Fíl, (1), 1—5.
KALÁM Ulláh ko chhipáná lạnat ká báịs hai: II, Baqr, (19, 21), 160, 175.
Ulláh ko bạze badalte the: I, Baqr, (9), 74.
kí taḥríf jo kare so lạnatí hai: I, Baqr, (9), 77—80.
"*Kalima min Alláh*": III, Imrán, (4), 39.
KÁNAPHÚSÍ munkiron aur ímándáron kí: XXVIII, Mujádila, (2), 9, 10.

LAṚNÁ Laṛnewále ímándár haiṉ: V, Nisá, (10), 74.
ke ḥukm se baṛe musalmán náráz húe: XXVI, Muḥammad, (3), 22.
Un kí sazá jo Alláh kí ráh meṉ na laṛeṉ: X, Tauba, (7), 44, 45;—(11), 84.
Rasúl o musalmán ján o mál se laṛte: X, Tauba, (11), 89, 90.
Zaíf o láchár ádmí laṛne se maẕúr: X, Tauba, (12), 92.
Alláh laṛáí meṉ musalmánoṉ ká madadgár: XXI, Aḥzáb, (3), 25.
Un ká darja baṛá hai jo Alláh kí ráh meṉ laṛte haiṉ: XXVIII, Ḥadíd, (1), 10;—Saf, (1), 4.
dín ke liye ḥájíoṉ kí ḳhidmat se bihtar hai: X, Tauba, (3), 19.
Jo dín ke liye laṛne meṉ mar jáe shahíd ho játá hai: IV, Imrán, (14), 140;—(17), 158.
Laṛne ká fáida: V, Nisá, (11), 76;—(14), 94, 95;—X, Tauba, (11), 89, 90.
baḳhshish ká báis hai: II, Baqr, (27), 217;—IV, Imrán, (19), 196.

LAUḤ I MAḤFÚZ par sab kuchh likhá hai: XI, Yúnus, (7), 62.

LUQMÁN ko Alláh ne aqlmand banáyá: XXI, Luqmán, (1), 11.
kí nasíḥat apne beṭe ko: XXI, Luqmán, (1, 2), 12–18.

LÚT nabí thá; VIII, Aráf, (10), 81.
Ibráhím ke sáth mulk Kanán kí taraf áyá: XVII, Ambiyá, (5), 71.
kí qaum kí sharárat: VIII, Aráf, (10), 81, 82;—XIX, Naml, (4), 55, 56.
kí qaum ne use radd kiyá;—VIII, Aráf, (10), 83;—XIX, Shura, (9), 160—175;—Naml, (4), 57;—XX, Ankabút, (3), 28.
ke ḥaqq meṉ Ibráhím Alláh se jhagaṛne lagá: XII, Húd, (7), 74.
ke pás firishte bheje gae: XIV, Ḥajr, (4), 58—68.

LÚT firishtoṉ ke áne se ḳhafa húá: XII, Húd, (7), 76;—XX, Ạnkabút, (4), 32.
kí qaum firishtoṉ kí beịzatí karne cháhtí thí: XII, Húd, (7), 77.
ko firishtoṉ ne ḳhabar dí ki us kí ạurat halák hogí: XX, Ạnkabút, (4), 33.
ko firishtoṉ ne shahr (Sadúm) se nikálá: XIV, Ḥajr, (5), 63—66;—XVII, Ambiyá, (5), 74.
kí qaum halák húí: VIII, Ạráf, (10), 85;—XII, Húd, (7), 81, 82;—XIV, Ḥajr, (5), 74—76;—XIX, Shụrá (9), 172, 173;—Naml, (4), 59;—XXIII, Sáffát, (4), 136;—XXVII, Qamr, (3), 33—39.
ká shahr miṭṭí ke patthar se halák húá: XXVII, Zá-riát, (2), 33.
kí jorú halák húí: VIII, Ạráf, (10), 86;—XIX, Shụrá, (9), 171;—XXIII, Sáffát, (4), 135.
kí jorú dozaḳh meṉ gayí: XXVIII, Taḥrím, (2), 10.
ko aur us kí auläd ko Alláh ne bacháyá: XIX, shụrá, (9), 170;—Naml, (4), 58;—XXIII, Sáffát, (4), 133, 134;—XXVII, Záriát, (2), 35—37.

MADÍNEWÁLOṈ meṉ se baṛe munáfiq the: XI, Tauba, (13), 102.
Madína ke mụnáfiqoṉ ká ḥál: XI, Tauba, (15), 121—123.

MADIYÁN ke pás Shuạib bhejá gayá: XII, Húd, (8), 83.
ne apne nabí Shuạib ko radd kiyá: VIII, Ạráf, (11), 86—91;—XII, Húd, (8), 91.
ke munkir zalzale se halák húe: VIII, Ạráf, (11), 92, 93;—XII, Húd, (8), 95, 96.

MAKKÁ Ibráhím ká shahr aur Khudá ká pahlá ghar: IV, Ịmrán, (10), 96, 97.
kí ḳhubsúratí: VIII, Ạráf, (7), 58.
par Muḥammad ḥamla karne se báz rahá: XXVI, Fataḥ, (3), 22—26.

MAKKÁROṈ ká fareb o sazá: I, Baqr, (2), 8—20;—(9), 75;—(11), 89;—*Dekho bhí* MUNKIR O MUNÁFIQ.

MASJID-UL-ḤARÁM men mushrik na á sake: X, Tauba, (4), 28
Dekho bhí KAḂA, aur QIBLA.

MÍRÁS bántná: IV, Nisá, (1), 6—13: Dekho bhí WASAṬ.

MÚÁFÍ Alláh hí se hotí: XIII, Raḍ, (1), 7;—XXX, Nasr, (1) 1—3.
nek kámon se ḥásil hotí: V, Nisá, (5), 30;—IX, Anfál, (4), 29;—XXII, Maláika, (1), 8.
dín ke liye watan chhoṛne, yá laṛái yá safr men márá jáne se miltí: V, Nisá, (14), 99.
tauba se miltí: VII, Inám, (6), 53.
ímán se miltí: XXII, Aḥzáb, (9). 73;—Máláiká, (1), 8.
un ko milegí jo kabíre gunáhon se bachte: XXV, Shorí, (4), 35;—XXVII, Najm, (2), 33.
un ko jo Alláh aur Muḥammad par ímán láte milegí: XXVII, Ḥadíd, (4), 28, 29.
un ko jo Alláh se ḍarte milegí: XXIX, Mulk, (1), 12.
kí ummaid nádánon ko miltí: V, Nisá, (14), 98.
Dekho bhí NAJÁT.

MUHABBAT Alláh ke wáste farmánbardárí se záhir hotí: III, Imrán, (4), 31, 32.

MUḤAMMAD rusúl Ulláh: I, Baqr, (12), 100;—II, Baqr, (18), 152;—(33), 252;—IV, Imrán, (15), 144;—VI, Nisá, (23), 168;—XXVI, Fataḥ, (4), 29;—XIV, Naḥl, (6), 45—47.
Ummí nabí: IX, Aráf, (19), 158;—XXVIII, Juma, (1), 2.
ká nabí hone ke liye muqarrar honá: XXIX, Mudassir (1), 1—7.
sirf Arab ká nabí: XIII, Ibráhim, (1), 4.
ká piagám: XIII, Raḍ, (5), 36.
Alláh ká náib: XI, Tauba, (14), 114.
pahlá na kitáb na ímán jántá thá: XXV, Shorí, (5), 52.
khushí o ḍar sunánewálá: II, Baqr, (26), 212;—XI, Húd, (1), 3;—XIX, Furqán, (5), 58;—XXVI, Fataḥ (1), 8.

Muḥammad pahlá Musalmán húá : VIII, Inạm, (20), 168.
ká mịráj : XV, Baní Isráíl, (1), 1.
ká sína kholá gayá : XXX, Inshiráh, (1), 1—8.
ká munkiron se ạláhida honá : XXX, Káfirún, (1), 1—6.
ko Ahl i kitáb ne ázmáyá : IV, Ịmrán, (19), 187.
ko káfiron se laṛne ká ḥukm milá : V, Nisá, (11), 88 ;—XIX, Furqán, (5), 54 ;—XXVIII, Taḥrím, (2), 9.
ne laṛáí men zakhm páyá : IV, Ịmrán, (14), 140.
ne Musalmánon ko jahád aur laṛáí karne ká shauq diláyá : IV, Ịmrán, (14), 139—141;—X, Anfál, (9), 66, 67.
ká Gawáh o Madadgár Alláh hai : VII, Inạm, (2), 19 ;—X, Tauba, (6), 40.
ne aur sab rasúlon ko sachche jáná : XXIII, Sáffát, (2), 36.
har kitáb par, jise Alláh ne utárá, ímán láyá : XXV, Shorí, (2), 14.
par Alláh ne sachchá dín bhejá : XXVI, Fataḥ, (4), 28.
ke haqq Ịsá kí peshgoí ! XXVIII, Saf, (1), 6.
ká dạwa dar báb Tauret o Injíl kí peshgoí ke : IX, Ạráf, (19, 20), 158, 159.
ká yaqín ki main waḥí se boltá hún : XI, Yúnus, (2), 16;—XV, Baní Isráíl, (8), 75.
se logon ne mụjize talab kiye : XI, Yúnus, (2), 21 ;—XIII, Rạd, (1), 8;—XVI, T. H. (8), 129—132.
mụjize na kar sake : I, Baqr, (14), 118, 119;—IV, Ịmrán, (19), 184;—VII, Inạm, (4), 34—36;—(18), 109 ;—VIII, Inám, (14), 111 ;—XI, Yúnus, (2), 21 ;—XV, Baní Isráíl, (10), 92—95 ;—XVI, T. H. (8), 134. *Dekho bhí* Mụjize.
gáib kí báton se wáqif na thá : IV, Ịmrán, (18), 180 ;—VII, Inạm, (5), 49;—XI, Húd, (3), 32.
gunahgáron ká shafị nahín : VII, Inạm, (6), 51;—

MUNÁFIQ on ká fareb, riyákárí, wagaira: V, Nisá, (10), 80;—X, Tauba, (9), 66, 67;—XVIII, Núr, (6), 46, 47;—XX, Ankabút, (1), 9, 10;—XXI, Aḥzáb, (2), 12—20;—XXV, Dukhán, (1), 8—15;—XXVIII, Majádila, (3), 15—17;—Ḥashr, (2), 11—13;—Munáfiqún, (1), 1—3.
on kí buzdilí: X, Tauba, (7), 49, 50;—(11), 82—84.
Alláh o Muḥammad ke munkir hain: X, Tauba, (7), 54.
on ki khudgarazí o bakhílí: X, Tauba, (10), 76, 77.
khairátí Musalmánon par ṭhaṭhe karte the: X, Tauba, (10), 80.
on kí khairát Alláh qubúl nahín kartá: X, Tauba, (7), 53, 54.
kí ḥálat o chatarái laṛái men: IV, Imrán, (17), 168, 169;—V, Nisá, (10), 70—75.
Madíne shahr ke. *Dekho* MADÍNEWÁLE.
on kí kánáphúsí: XXVIII, Mujádila, (2), 9.
Shaitán ke qábú men hain: XXVIII, Mujádila, (3), 20.
lanatí hain: V, Nisá, (12), 87.
on ko Alláh hargiz muáf na karegá: XXVIII, Mujádila, (1), 6.
on kí qabron par namáz na paṛhná chháhiye: X, Tauba, (11), 85, 86.
on ko firishte baṛá ahzáb denge: X, Anfál, (7), 51—54.
dozakh ke sab se níche ke orlí makán men ḍále jáenge: V, Nisá, (2), 144.
MUNKIR kaun hain: V, Nisá, (6), 37;—XXVI, Fataḥ, (2), 13;—XXVII, Ḥadíd, (3), 18;—XXVIII, Mujádila, (1), 6;—Mumtaḥina, (1), 2.
on ká kám: II, Baqr, (26), 211;—VII, Inám, (4), 30—33;—XI, Yúnus, (4), 40, 41;—XXIX, Qalam, (1), 8—15.
on kí burí ḥálat o beímání: III, Imrán, (3), 21;—VIII, Inám, (14), 111;—XI, Tauba, (12), 95—99;—XIII, Rad, (5), 33, 34;—XV, Kahaf, (8),

MUNKIR 54;—XVIII, Múminún, (5), 85—91;—XXI, Ankabút, (6), 52—55;—Rúm, (1), 8, 9;—Luqmán, (1), 5, 6;—XXII, Maláika, (5), 37;—XXIII, Swád, (1), 2—6;—XXV, Jásíyah, (1), 7—10;—XXVI, Muḥammad, (1), 1, 3, 9—12;—Qáf, (1), 2—5;—XXVII, Túr, (2), 35—43;—XXIX, Muddassir, (1), 10—29.

oṉ ke kám par bharosá nahíṉ: IV, Imrán, (16), 149;—XVIII, Núr, (5), 39, 40;—XX, Ankabút, (1), 11, 12.

rasúloṉ se ṭhaṭhe karte the: XIII, Rad, (5), 32.

sab nabíoṉ ko radd karte: XVII, Ḥajj, (6), 44, 45;—XXII, Maláika, (3), 28;—XXIII, Ṣwád, (1), 11;—XXIV, Múminún, (1), 4, 5.

Muḥammad ko nahíṉ mánte the: XIII, Rad, (6), 43;—XIV, Ḥajr, (1), 6, 7;—XVII, Ambiyá, (3), 37;—XIX, Shurá, (1), 2;—XXII, Sabá, (5), 42;—Y. S. (1), 6—9;—XXV, Zukhráf, (3), 30.

oṉ ke itráz Muḥammad ke ḥaqq: XV, Baní Isráíl, (11), 96;—XX, Qasas, (5), 47;—XXI, Rúm, (5), 58.

qiyámat ke hone se qáil nahíṉ: XV, Baní Isráíl, (11), 100;—XVIII, Múminún, (5), 83, 84;—XX, Naml, (6), 69;—XXV, Dukhán, (2), 33—35.

Muḥammad se nisháni mángte the;—VII, Inám, (13), 110;—XIII, Rad, (1, 14), 8, 27.

nisháni dekhke na mánenge;—VIII, Inám, (14), 111;—IX, Aráf, (13), 102;—XIV, Ḥajr, (1), 13–15.

Qurán par itráz karke use radd karte;—XVII, Ḥajj, (9), 72;—XIX, Furqán, (3), 34;—XXII, Sabá, (4), 30.

Alláh ke sab ḥukmoṉ ko ṭál dete haiṉ: XXIII, Y. S. (3), 46.

Alláh ke náshukrguzár: XXIII, Y. S. (5), 71—73.

Alláh kí qudrat ko nahíṉ pahchánte: XVII, Ambiyá (3), 31—34.

MUNKIR on ke kám o khiyál Alláh se chhipe nahín;—XXIV, Fussilat, (5), 40;—XXV, Zukhraf, (7), 80.
on ká rafíq Shaitán hai: III, Baqr, (34), 257.
on ká sáthí, Shaitán, unhen dhokhá detá hai: XXV, Zukhraf, (4), 35—37.
on ke liye nasíhat: V, Nisá, (9), 61.
on ko tauba karne ká hukm: X, Tauba, (1), 1—3.
agar tauba karen to maqbúl ho játe: XIV, Nahl, (14), 108.
agar tauba na karen to unhen márne ká hukm: X, Tauba, (1), 5, 6.
on se larne aur unhen qatal karne ká hukm;—V, Nisá, (10), 74;—X, Anfál, (7), 57—59;—Tauba, (1), 5;—XXVI, Muhammad, (1), 4.
bahre, gunge, aur andhe hain: II, Baqr, (21), 172;—VII, Inám, (4), 38;—IX, Anfál, (3), 22;—XI, Yúnus, (5), 43, 44;—XXI, Rúm, (2), 50—52.
on ke dilon par Alláh ne giláf dálá: VII, Inám, (3), 24;—XV, Baní Isráíl, (5), 47—50.
on ko Alláh ne halákat ke liye muqarrar kiyá: XV, Kahaf, (8), 55.
on ko fursat miltí táki un kí sazá barh jáwe: IV, Imrán, (18) 179.
on ko chhorkar Alláh hargiz na bakhshegá;—XXV, Zukhraf, (7), 83;—XXVI, Muhammad, (4), 36.
on kí khushí chand roz kí hai: II, Baqr, (15), 126.
lanatí hain: II, Baqr, (19), 162, 163;—XXVII, Wáqia, (3), 91—94.
on kí bastíon ko Alláh ne khapá diyá: XVII, Ambiyá, (2), 11;—Hajj, (6), 46—49;—XX, Qasas, (6), 58, 59;—XXVIII, Taláq, (2), 8—10.
on ne agle dinon sazá páí; XXIV, Múmin, (3), 22, 23;—XXVII, Qamr, (3), 48—51;—XXVIII, Tagábún, (1), 6.
on ko Alláh qiyámat men ikatthá karegá; XXV,

MUNKIR Jásíyah, (3), 25;—XXIII, Sáffát, (1), 16—21;—XXVIII, Tagábun (1), 6.
qiyámat men kyá karenge: V, Nisá, (6), 41;—XIII, Ibráhím, (7), 45—47;—XIX, Furqán, (3), 24—31;—XXI, Sijda, (2), 12—14;—XXII, Sabá, (4), 30—32;—XXIII, Y. S. (3, 4), 49—52;—XXIV, Zamr, (6), 57—64;—XXV, Jásíyah, (4), 30—34.
on ká koí Sifárishwála nahín: VII, Inám, (11), 95.
qiyámat men apní jánon ke khátir sárá jahán dete: VI, Máida, (6), 40, 41.
kí sazá: I, Baqr, (1), 6, 7;—III Imrán, (1, 2), 4, 11;—IV, Imrán, (12), 116;—V, Nisá, (8, 9), 57, 60;—VI, Nisá, (23), 166, 167;—Máida, (2, 5, 6), 11, 37, 40, 41;—VII, Inám, (5), 48;—VIII, Aráf, (4), 38—40;—(6), 51—54;—XI, Yúnus, (7), 71;—XII, Húd, (2), 19—28; XIII, Rad, (1), 6;—Ibráhím, (3), 16—18;—XV, Baní Isráíl, (11), 99;—XVI, Kahaf, (12), 102—106;—XVII, Ambiyá, (3), 40—42;—Hajj, (1), 8, 9;—(7), 56;—XXI, Ankabút, (7), 68;—Luqmán, (3), 22, 23;—Sijda, (2), 20, 21;—XXII, Sabá, (5), 37—41;—Maláika, (4), 33—35;—XXIII, Y. S. (4), 53, 54;—Sáffát, (2), 22—38;—(5) 176—179;—Zamr, (3), 25—27;—XXIV, Zamr, (8), 71;—Múmin, (6, 8), 62, 71—76;—XXVI, Ahqáf, (2, 3), 19, 33—35;—Muhammad, (2), 13;—Fatah, (2), 13;—Záriát, (1), 11—14;—XXVII, Túr, (1), 7—16;—XXVIII, Tagábun, (1), 10;—XXIX, Mulk, (1), 6, 7;—Muzammal, (1), 11—14;—Jinn, (1), 17;—Dahr, (1), 4;—Mursalát, (1, 2), 8—50;—XXX, Lail, (1), 14—16;—Alaq, (1), 1—19;—Baiyaná, (1), 5.
on kí kambakhtí: XXX, Balad, (1), 19, 20.
áfat ke waqt apne ko gunáhgár mánte: XVII, Ambiyá, (2), 14.

Músá ne ek ján ko már ḍálá: XVI, T. H. (2), 41;—XX, Qasas, (2), 14.
ne ḳhún ke gunáh se tauba kí: XX, Qasas, (2), 15, 16.
apne watn se nikl Madyán ke mulk men bhágá: XVI, T. H. (2), 42;—XX, Qasas, (2, 3), 19—22.
kí shádí: XX, Qasas, (3), 23—28.
ne apní jorú ke wáste das baras kí naukarí kí: XX, (4), 26—29.
ne ek ág dekhí ki jis se Alláh kí áwáz áí: XVI, T. H. (1), 8—11;—XIX, Naml, (1), 7, 8;—XX, Qasas, (4), 29, 30.
par Alláh ne apná nám "*Main hún*" záhir kiyá: XIX, Naml, (1), 9, 10.
kí láṭhí sámp, aur us ká háth sufaid ho jáná: XVI, T. H. (1), 18—21;—XIX, Naml, (1), 10—12;—XX, Qasas, (4), 31, 32.
ko nau nishániáṉ dí gaiṉ: XV, Baní Isráíl, (12), 103;—XIX, Naml, (1), 12.
aur Hárún Firaun pás bheje gae: IX, Aráf, (13), 104;—XI, Yúnus, (8), 76;—XII, Húd, (9), 97, 98;—XVI, T. H. (1), 25;—(2), 44—50;—XVIII, Múminún, (3), 47, 48;—XIX, Shurá, (2), 9, 16;—XX, Qasas, (4), 36, 37;—XXV, Zukhraf, (5), 45;—Dukhán, (1), 16, 17;—XXVII, Saf, (1), 5;—XXX, Náziát, (1), 15, 16.
ká paigám: IX, Aráf, (13), 106;—(19), 156:—XIII, Ibráhím, (1, 2), 6—8;—XVI, T. H. (1), 14—17;—XXV, Dukhán, (1), 18—23.
ke mujize: IX, Aráf, (13, 14), 107, 118;—XIX, Shurá, (2), 31, 32.
Firaun se ḍará: XVI, T. H. (2, 3), 47, 70;—XIX, Shurá, (2), 11, 12;—XX, Qasas, (4), 33.
ne Firaun ke sámhne apní náshukrí ká iqrár kiyá: XIX Shurá, (2), 19, 20.
aur Firaun kí guftagú: XIX, Shurá, (2), 20—30.

MÚSÁ aur Hárún ko Firaun ne jádúgar ṭhahráyá: XI, Yúnus, (8), 77;—XX, Qasas, (3), 36, 37;—XXV, Zukhraf, (5), 46.

aur Hárún ne Misr ke jádúgaron se ziyáda nishánián dikhláín: XVI, T. H. (3), 66—73;—XIX, Shurá, (3), 33—44.

aur Hárún par Misr ke jádúgar ímán láe: XVI, T. H. (3), 73—75;—XIX, Shurá, (3), 45—51.

aur Hárún ko Firaun ne radd kiyá: XI, Yúnus, (8), 78, 79;—XVI, T. H. (2, 3), 51—59;—XVIII, Múminún, (3), 49, 50;—XIX, Naml, (1), 14;—XXIV, Múmin, (3), 24, 25;—XXVII, Záriat, (2), 38, 39;—XXVIII, Saf, (1), 5.

ne Firaun par bad duá kí: XI, Yúnus, (9), 88, 89.

ko Firaun ne márná cháhá, magar Alláh ne use chhipe Musalmán ke wasíle se bachá liyá: XXIV, Múmin, (3—5), 27—48.

kí qaum (yane Misr ke logon) ke dilon ko Alláh ne pher diyá: XXVIII, Saf, (1), 5.

kí qaum márí gaí: XIX, Furqán, (4), 39. *Dekho bhí*, FIRAUN, aur BANÍ ISRÁÍL.

ne Baní Isráíl ko un ke larkon ke qatl hone kí bábat tasallí dí: IX, Aráf, (15), 128, 129.

ne Baní Isráíl ko but-parastí se mana kiyá: IX, Aráf, (16), 141.

apne asá se daryá ko do ṭukre karke Baní Isráíl ko pár le gayá: XIX, Shurá, (4), 63—65.

ne koh i Túr par jáke chális rát Alláh se kalám kiyá, wagaira: IX, Aráf, (16, 17), 142, 143;—XVI, Maryam, (3), 53.

ko shariat takhtíon par likhí húí milí: IX, Aráf, (17), 145.

ne Kitáb aur Furqán páyá: I, Baqr, (6), 52;—(11), 86;—VIII, Inám, (19), 154;—XII, Húd, (10),

MUSALMÁN oṉ se Alláh ne mulk dene ká wạda kiyá: VXIII, Núr, (7), 54.
jis mulk meṉ maqdúr páweṉ waháṉ namáz, wagaira, muqarrar kareṉ; XVII, Ḥajj, (6), 43;—XVIII, Núr, (7), 55.
munkiroṉ ke gharoṉ o zamín ke wáris haiṉ: XXI, Aḥzáb, (3), 27.
oṉ se Alláh ne bahut lúṭ ká wạda kiyá: XXVI, Fataḥ, (3), 20.
oṉ ká madadgár Alláh hai, táki káfiroṉ ko káṭ ḍáleṉ: IV, Ịmrán, (13), 126, 127.
oṉ ke liye tạríf o nasíhat: XXVI, Ḥujrát, (1), 7, 8;—XVII, Ḥajj, (10), 78, 79,.
oṉ se Muḥammad ká kahná: VII, Inạm, (2), 53.
ko Muḥammad kí kaisí farmán-bardárí cháhiye: XVIII, Núr, (9), 62, 63;—XXVI, Ḥujrát, (1), 1—5.
ko koí nahíṉ bahká sake: XXIII, Sáffát, (5), 160—174.
kí saudágarí Alláh aur Muḥammad par ímán láná wagaira hai: XXVIII, Saf, (2), 12, 13,
Deḳho bhí IMÁNDÁR.
MUSHRIK oṉ ká gunáh o kufr: X, Tauba, (2), 9, 10;—XIV, Naḥl, (5), 37;—(7), 59.
apne báp dádoṉ kí ráh par chalte: XXV, Zuḳhraf, (2), 21, 23.
oṉ kí himáqat: XXI, Luqmán, (3), 19, 20.
oṉ ko Alláh beímání se qáil kartá: XXIV, Zamr, (3), 39;—XXVII, Wáqiạ, (2), 57—73.
Alláh ke badle Shaitán ko apná rafíq banáte haiṉ: XV, Kahaf, (7), 48.
Alláh ke náshukrguzár haiṉ: XI, Yúnus, (3), 24;—XIV, Naḥl, (11), 85.
taklíf ke waqt Alláh ko pukárte haiṉ: XI, Yúnus (2), 22—24.
Apní beṭioṉ ko már ḍálte: XIV, Naḥl, (7), 61.

NÚḤ apne gunáh ke wáste muạfí mángtá: XII, Húd, (4), 47.
apní qaum meṉ 950 baras rahá: XX, Ạnkabút, (2), 13.
kí ạurat dozakh meṉ ḍálí gaí: XXVIII, Taḥrím, (2), 10.

OHAD ke jang ká zikr: IV, Ịmrán, (12), 121.
ke jang meṉ Musalmánoṉ ká chál: IV, Ịmrán, (16), 153—155.

OZAIR ek sau baras ká murda hokar zinda húá: III, Baqr, (35), 259.
ko Yahúdí log Alláh ká beṭá kahte: X, Tauba, (5), 30.

PARHEZGÁROṈ ká bojh Alláh ne halká kiyá: VI, Máida, (2), 7.

PESHGOÍÁṈ jo Muḥammad ne (bamújab *mufassiroṉ* ke kahe ke) kí haiṉ: VI, Máida, (8), 59;—XXI, Rúm, (1), 1, 2.

PÍR-PARAST *Dekho* BUT-PARAST aur MUSHRIK.

QÁIN, *Dekho* HÁBÍL.

QÁRÚN kí kahávat: XX, Qasas, (8), 76.
pás Músá pahunchá: XX, Ạnkabút, (4), 38.

QASM Alláh kí: V, Nisá, (9), 63.
ján kí, wagaira: XIV, Ḥajr, (5, 6), 72, 92.
Qurán kí: XXII, Y. S. (1), 1;—XXVI, Qáf, (1), 1.
saff bándhnewáloṉ kí: XXIII, Sáffát, (1), 1.
Kitáb wáziḥ kí: XXV, Zukhráf, (1), 1;—Dukhán, (1), 1.
Túr, wagaira, kí: XXVII, Túr, (1), 1—6.
táre kí: XXVII, Najm, (1), 1;—Wáqiạ, (3), 74.
qalam kí: XXIX, Qalam, (1), 1.
dekhí aur andekhí chízoṉ kí: XXIX, Ḥáqa, (2), 38, 39.
chánd, wagaira, kí: XXIX, Muddassir, (2), 35—37.
Qiyámat ke din kí: XXIX, Qiyámat, (1), 1, 2.

QURÁN ḳhud mujiza hai: XI, Yúnus, (4), 38, 39;—XII, Húd, (2), 14, 15;—XXVII, Túr, (2), 34.
mujiza nahín hai: XVII, Ambiyá, (1), 5.
Ạrabí zubán men utrá: XII, Yúsuf, (1), 2;—XIII, Rạd, (5), 37;—XVI, Maryam, (6), 97;—T. H. (6), 112;—XIX, Shurá, (11), 192—195;—XXIII, Zamr, (3), 29;—XXV, Zuḳhráf, (1), 2.
Ạrabí zubán men kyún utárá gayá: XXIV, Fussilat, (5), 44;—XXV, Shorí, (1), 5.
áhista áhista utárá gayá; XVI, T. H. (6), 113;—XIX, Furqán, (3), 34;—XXIV, Fussilat, (1) 2;—XXIX, Dahr, (2), 23.
ke áhista áhista utarne ke ḥaqq men munkiron ká gumán: XIX, Furqán, (3), 36.
ke áhista áhista utarne ká sabab: XV, Baní Isráíl, (12), 107.
ká paṛhná Alláh ne ásán kiyá;—XXVII, Qamr, (1, 3), 11—22, 33—40;—XXIX, Muzammil, (2), 20.
wahí se likhá gayá: VI, Nisá, (23), 163;—XV, Kahaf, (4), 26.
ko koí nahín badal saktá: VIII, Inạm, (14), 115;—XV, Kahaf, (4), 26.
ká ḥáfiz Alláh hai: XIV, Ḥajr, (1), 8, 9.
ráh batátá hai: I, Baqr, (1), 2.
sab se sídhí ráh batátá hai: XV, Baní Isráíl, (1), 9.
rogí ko changá kartá hai: XV, Baní Isráíl, (9), 84.
sachchá hai: IV, Nisá, (16), 104;—XV, Baní Isráíl, (12), 106.
par Alláh aur firishte gawáh hain: VI, Nisá, (23), 165.
logon ko jo andhere men hain roshan kartá: XIII, Ibráhím, (1), 1.
men Muḥammad ká nám: XV, Ambiyá, (1), 10.
kí áyaten ímándár ke liye sáf hain: XXI, Ạnkabút, (5), 48;—XXIII, Y. S. (5), 69, 70.
men sab chízon kí kabáwaten: XXIII, Zamr, (3). 28.

QURÁN izzatwálí kitáb hai: XXVII, Wáqia, (3), 76.
kí bábat Tauret men likhá hai: XIX, Shurá, (11), 196, 197;—XXVI, Ahqáf, (1), 9.
agar pahár par utartá to pahár phat játá: XXVIII, Hashr, (3), 21.
aglí kitábon ke muwáfiq kalám kartá hai: XIII, Yúsuf, (12), 111.
Tauret aur agle nawishton ko tasdíq kartá hai: I, Baqr, (5), 40;—(11) 90, 91;—(12) 96, 100;—III, Imrán, (1), 2;—(9) 80;—V, Nisá, (7) 45—49;—(20) 135;—VI, Nisá, (22), 161;—Máida, (7), 47—52;—(10), 72;—VII, Inám, (11), 90, 98;—VIII, Inám, (19), 154;—XI, Tauba, (14), 112—Yúnus, (4) 38;—XII, Húd, (2), 18;—XIII, Yúsuf, (12), 111;—XVII, Ambiyá, (7), 105;—XIX, Furqán, (4) 37;—XX, Qasas, (5), 48;—XXII, Maláika, (4), 23, 28;—XXIII, Sáffát, (4), 116;—XXIV, Múmin, (6), 56;—XXVI, Ahqáf, (2), 11;—(4), 30;—XXVII, Hadíd, (4), 27.
Agar jhúthá hotá to us men tafáwat hotí: V, Nisá, (11), 81.
kí ibárat sunke baze Ahl i Kitáb khushí se rone lage: VII, Máida, (11), 86;—XII, Rad, (5), 36.
ke haqq men khiláf gumán;—XVII, Ambiyá, (1), 5;—XII, Húd, (10), 111.
ko baze Muhammad kí banáwat kahte the: XII, Húd, (3), 36;—XVIII, Furqán, (1), 5, 6.
ko munkir radd karte the: XXIV, Fussilat, (4), 25.
ko úparí zubánwále nahín samajh sakte: XIX, Shurá (11), 198, 199.
ko gunahgár nahín mánenge jab tak na dekhen dukh kí már: XIX, Shurá, (11), 200—207.
kí bábit bahut báten púchhná, munásib nahín: VII, Máida, (14), 101.
ko jo tukre tukre karwáte, un par lanat: XIV, Hajr, (6), 91, 92.

RUSÚL ke kám o faráiz: XIV, Naḥl, (5) 37.
Alláh ká kalám sachchá ṭhahráte haiṉ: III, Ịmrán, (9), 80.
Ādam kí aulád pás bheje gae: VIII, Ạráf, (4), 36, 37;—XIX, Shụrá, (11), 208, 209.
ḍar o ḳhushí, wag. sunáne ke liye bheje gae: V, Nisá, (9), 62;—VII, Inạm, (5), 41, 47;—XV, Kahaf, (8), 54;—XXVII, Hadíd, (3), 25.
apní qaumoṉ kí bolí bolte the; XIII, Ibráhím, (1), 4.
sirf Alláh se nishán pá sakte: XXIV, Mumin, 8, 78.
munkiroṉ se radd kiye gae: VII, Inạm, (5), 42—46;—XI, Yúnus, (2), 14;—(8), 75;—XIII, Ibráhím, (2, 3), 9—16;—XIV, Ḥajr, (1), 10—12;—XVII, Ambiyá, (1), 6—9;—XVIII, Muminún, (2,3), 33—46;—XIX, Furqán, (4), 37—44;—XXII, Maláika, (1), 4;—XXV, Zuḳhráf, (1), 5, 6;—XXVI, Qáf, (1), 12—14.
Jinnoṉ ke: VIII, Inạm, (16), 130.
apní bhaláí yá buráí ke málak nahíṉ haiṉ: XI, Yúnus, (5), 50.
Agle rusúloṉ ká hál o paigám: XIII, Rạd, (6), 38;—XVII, Ambiyá, (2), 25;—XXV, Shorí, (2), 11.
Agle rusúloṉ ko Alláh ne bacháyá: XVII, Ambiyá, (1), 9.
sachche logoṉ kí sifárish karte haiṉ: XVII, Ambiyá, (2), 28, 29.
oṉ ká zimma paigám dená: XVII, Núr, (7), 53:—XX, Ạnkabút, (2), 17.
ke pairau sab ek hí dín par chalte haiṉ: XVII, Múminún, (4), 54.
oṉ se Alláh hisáb legá, aur un ká jawáb: VII, Máida, (15), 108.

SABÁ KÍ MALIKA. *Deḳho* SULAIMÁN aur KAHÁWAT.

SHAFÍ qiyámat men kam honge: XVI, T. H. (6), 108.
un ke liye jo tauba karke Alláh kí ráh men chale hon: XXIV, Múmin, (1), 7.
qiyámat men koí nahín: I, Baqr, (6), 47;—(15), 123;—III, Baqr, (39), 254;—VII, Inám, (6), 50.
gunahgár ke liye koí nahín: XXIV, Múmin, (2), 19.
haqíqí kaun ho saktá: XVII, Ambiyá, (2), 28, 29.

SHAHWAT Islám se pálí játí: II, Baqr, (28), 223. *Dekho bhí* NIKÁH aur BIHISHT.

SHAITÁN ko Alláh ne bad ráh kiyá: VIII, Aráf, (2), 16;—XIV, Hajr, (3), 39, 40.
ká gunahgár banná: *Dekho* IBLÍS.
Rabb ká náshukrguzár: XV, Baní Isráíl, (3), 29.
ne Alláh kí behukmí kí: XVI, Maryam, (3), 45.
ká fareb: XXVIII, Hashr, (2) 16, 17.
kí najásat: IX, Anfál, (2), 11.
ká ilm: I, Baqr, (12), 101.
ádmíon aur Musalmánon ká dushman: II, Baqr, (21), 169;—(25), 207;—XV, Baní Isráíl, (6), 55;—XIX, Furqán, (3), 31;—XXII, Maláika, (1), 6;—XXV, Zukhráf, (6), 62.
gunáh aur jhúth sikhlátá hai: II, Baqr, (21), 170.
sakht málik hai: III, Baqr, (37), 268.
ne Alláh ke sámhne apne bahkáne ká iráda záhir kiyá: V, Nisá, (18) 117, 118.
ne Ádam aur Hawwá ko un ke *aib* dikháke unhen bahká diyá: VIII, Aráf, (2), 21—23.
munkiron ká rafíq o madadgár: III, Baqr, (34), 257;—V, Nisá, (11), 75;—VIII, Aráf, (3), 28;—XIV, Nahl, (8), 65.
apne rafíqon ko ubhártá hai ki we Musalmánon se jhagren: VIII, Inám, (14), (121).
Sharáb júa, wag. ke wasíle se Musalmánon men dushmaní dáltá hai: VII, Máida, (12) 93.

SHÚÁIB ko Alláh ne bacháyá: XII, Húd, (8), 95.
kí qaum halák húí: XII, Húd, (10), 189;—XX, Ạnkabút, (4), 36.
SIFÁRISHWÁLÁ. *Dekho* SHAFỊ.
SÚD harám hai: III, Baqr, (38), 275;—IV, Ịmrán, (14), 130;—VI, Nisá, (22), 160.
nuqsán ká báis hai: III, Baqr, (38), 276;—XXI, Rúm, (4), 38.
SULAIMÁN Dáúd ká beṭá hai: XXIII, Swád, (3), 29.
Dáúd ká wáris: XIX, Naml, (2), 16.
kí dánáí: XVII, Ambiyá, (6), 78;—XIX, Naml, (2, 3), 15—45.
uṛte jánwaroṉ kí bolí jántá thá: XIX, Naml, (2), 15, 16.
ke pás jinnoṉ, ádmíoṉ aur uṛte jánwaroṉ ke lashkar the: XIX, Naml, (2), 17;—XXII, Sabá, (2), 11, 12.
ke tạbidár hawá, shaitán, wag. húe: XXIII, Swád, (3), 34—38.
ká sabá kí malika apne pás bulána: XIX, Naml, (2, 3), 20—45.
kí baṛáí: XXII, Sabá, (2), 11.
kí maut: XXII, Sabá, (2), 13.
SÚRAJ ek daldal kí nadí meṉ ḍúb játá: XVI, Kahaf, (11), 84.

TALÁQ kí sharteṉ: II, Baqr, (28), 233;—XXVIII, Taláq, (1), 1—6.
ikaṭhe hone se pahle: II, Baqr, (31), 236, 237.
ạuratoṉ kí: XXVIII, Mujádalá, (1), 1—5.
do bár se ziyáda na ho jab tak ki dúsre se nikáh na húá ho: II, Baqr, (29), 229, 230.
TÁLÚT ká qadd, wag.: II, Baqr, (32), 247.
ká lashkar Jálút se ḍartá thá: II, Baqr, (33), 249.
par Jaddun kd hdl mausúb húd: II, Baqr, (33), 249.
TAMSÍL machhar kí: I, Baqr, (3), 26.
andhe bahre kí: XII, Húd, (2), 25.

TAURET ko jo nahín mántá so Alláh kí báteṉ jhúṭhlátá hai: XI, Yúnus, (10), 95.
ke munkir dozakhí haiṉ: XII, Húd, (2), 18.
kí hifázat: VI, Máida, (7), 47, 48.
TAWÁF ká zikr: II, Baqr, (25), 198, 199.
TOWA ke maidán meṉ Alláh ne Músá ko pukárá: XXX, Náziát (1), 16.
TUBA kí qaum ko Alláh ne khapá diyá: XXV, Dukhán, (2), 36, 37.

UDHÁR ke muámalá kí sharteṉ: III, Baqr, (39), 282.
UMMÍ NABÍ. Dekho MUHAMMAD.
UMMAT Log ek hí ummat meṉ shámil honge: XI, Yúnus, (2), 20.

WAHÍ kin logoṉ ko milí: VI, Nisá, (23), 162.
se sab Nabí bolte the: VI, Nisá, (23), 162.
Alláh hí se hotí hai: XV, Baní Isráíl, (10), 88.
Jo jhúṭh se us ká dawa kare so zálim hai: VII, Inám, (11), 94.
ká dáwa Muhammad ne kiyá: XII, Húd, (2), 18.
Muhammad ko milí: XV, Baní Isráíl, (4), 41;—XXII, Sabá, (6), 49;—XXV, Shorí, (1), 1.
Muhammad kí kaisí: VI, Nisá, (23), 162.
Shahd kí makkhí kí: XIV, Nahl, (9), 70.
WÁRIS hone ká haqq meṉ hukm: VI, Nisá, (24), 275.
Dekho bhí WASÍYAT.
WASÍYAT maut ke waqt zurúrí: II, Baqr, (22), 180.
kí sharteṉ o haddeṉ: IV, Nisá, (2), 10—13.
kí táriq: VII, Máida, (14), 105—107.
auratoṉ ke liye karná: II, Baqr, (31), 240.
ká hukm kalále ko: VI, Nisá, (24), 175.
meṉ har ek ko wájib hissa cháhiye: IV, Nisá, (1), 6.
ká badalná gunáh hai: II, Baqr, (22), 181.
ko púrá karná cháhiye: V, Nisá, (5), 32.
WAZÚ *Dekho* NAMÁZ.

YAḤIYA Zakaryá ká beṭá "*Kalima min Alláh*" ká naqib : III, Ịmrán, (4), 39 ;—XVI, Maryam, (1), 7.
gúngá húá : III, Ịmrán, (4), 4.
ká chál chalan : XVI, Maryam, (1), 11—15.

YAHÚDÍ apní kitáb ko badalte haiṉ : I, Baqr, (5), 41.
o Ịsáí kitábwále haiṉ : III, Ịmrán, (7), 63.
oṉ aur Ịsaíoṉ ká jhagṛá : I, Baqr, (14), 112.
o Ịsáí ápas ke rafíq : VI, Máida, (8), 56.
Muḥammad aur Qurán ke munkir : III, Ịmrán, (7), 63—70.
Muḥammad se kabhí rází na honge : I, Baqr, (14), 120.
Musalmánoṉ ke dushman : VI, Máida, (11), 85.
cháhte the ki Musalmánoṉ ko bhuláweṉ : III, Ịmrán, (7), 68.
ạlim Qurán ko mánte the : VI, Nisá, (22), 161.
kí ek qaum Muḥammad ko mánte the : IX, Ạráf, (20), 160.
o Ịsáí apne ko Alláh ke beṭe kahte haiṉ : VI, Máida, (3), 21.
Alláh par jhúṭhe ilzám lagáte : VI, Máida, (9), 69.
Uzáir ko Alláh ká beṭá ṭhahráte the : X, Tauba, (5), 30.
munkir o lạnatí haiṉ : V, Nisá, (7), 44.
kí beímání : III, Ịmrán, (3), 23—25 ;—V, Nisá, (7), 43.
oṉ ko "*Alláh márḍále*" : X, Taubá, (5), 30.
oṉ kí Al Nádir se khárij hone ká ahwál : XXVIII, Hashr, (1), 2—10.

YAJÚJ O MAJÚJ pás Zulqarnain pahunchá : XVI, Kahaf, (11), 93.
munkiroṉ ko sazá denge : XVII, Ạnkabút, (7), 96.

YÁQÚB kí maut ká zikr : I, Baqr, (16), 133.

YASHÚẠ O QÁLIB kí imándárí : VI, Máida, (4), 26.

YATÍM oṉ kí ḳhabar lene ká ḥukm : IV, Nisá, (1), 2 ;—XXX, Zuḥá. (1), 6—11.
oṉ se nikáh karná : IV, Nisá, (1), 3.

YATÍMON ká mál na lená chháhiye: XV, Baní Isráíl, (4), 36.
on se nekí karní cháhiye: IV, Nisá, (1), 5, 7, 9.
YÚNUS rusúl ká bhág jáná: XXIII, Sáffát, (5), 139, 140.
ko machh ne nigal liyá: XXIII, Sáffát, (5), 141, 142.
ká gunáh aur Alláh ká fazl: XXIX, Qalm, (2), 48—50.
ko jab us ne tauba kí, Alláh ne bacháyá: XVII, Ambáyá, (6), 87, 88.
zamín par phenká gayá aur bímár ho gayá: XXIII, Sáffát, (5), 145.
par sáyah ke liye Alláh ne bel ugaí: XXIII, Sáffát, (5), 146.
shahr (Ninevah) ke lákh ádmíon pás bhejá gayá aur we ímán láye: XXIII, Sáffát, (5), 147, 148;—XI, Yúnus, (10), 98.
YÚSUF ká aḥwál: XII, XIII, Yúsuf, (1—11), 1—104.
Misríon ká nabí thá: XXIV, Múmin, (4), 36.
ZABÚR Dáúd ko dí gaí: XV, Baní Isráíl, (6), 57.
ke wạde Alláh ke bandon ke liye: XVII, Ambiyá, (7), 105.
ZÁID o ZÁỊNAB: XXI, Ahzáb, (1), 4, 6.
ZAKARIYÁ ká beṭe ke wáste dúạ́ mángná: III, Imrán, (4), 38.
kí dúạ́ Alláh ne qabúl kí: XVI, Maryam, (1), 7;—XVII, Ambiyá, (6), 89, 90.
ko Yahiyá ká wạda milá;—III, Ịmrán, (4) 39;—XVI, Maryam, (1), 7, 8.
wạde par shakk láte nishání mángtá thá: XVI, Maryam, (1), 9—11.
ká tín rát gungá ho jáná: XVI, Maryam, (1), 11, 12.
ZIKÁT maqdúr ke muáfiq dená chháhiye: XXVIII, Ṭaláq, (1), 7.
kis kám men kharch kiyá jáwe;—X, Tauba, (8), 60.
ke wasíle munáfiq pák ho saktá: XI, Tauba, (13), 104.
ZINÁKÁR ạurat ghar men band karke márí jáwe: IV, Nisá, (3), 4.

E. M. W.

TAMÁM SHUD.